화제와 초점

한국어 정보 구조의 통합적 탐구

차 례

서 문

한국어에서 보조사 '은/는'은 전통적으로 화제(topic)를 나타내는 표지로 알려져 있지만, 실제 담화에서는 단순한 화제 표지를 넘어서 대조(contrast)의 의미까지 함께 전달하는 중요한 역할을 한다. 기존의 정보 구조(information structure) 이론은 화제와 초점(focus)의 개념을 중심으로 이들을 기술해 왔으며, 여기에 대조 의미가 결합된 대조 화제(contrastive topic)와 대조 초점(contrastive focus)의 용법에 대한 연구도 활발히 이루어졌다. 특히 한국어에서는 이 네 가지 정보 구조적 기능이 어떻게 실현되는지를 분석하고, 보조사 '은/는'이 이 모든 기능을 어떻게 표상(representation)하는지를 고찰함으로써, 한국어의 대조 표지가 지닌 형식적 명확성과 이론적 함의를 언어학적으로 조명해 왔다.

화제는 담화나 문장에서 이미 알려져 있거나, 청자와 화자 모두가 공유하고 있는 정보를 기반으로 하여 문장의 주요 내용이나 관심 대상이 되는 성분을 의미한다. 정보 구조 이론에서 화제는 문장에서 새로운 정보인 초점과 상보적인 관계를 이루며, 일반적으로 관계적 주어짐성(relational givenness)으로 정의된다. 이는 어떤 발화가 담화 내에서 이전 발화와 연결되는 고리(link)를 형성함으로써 해당 정보가 "주어진 것"으로 간주되는 것을 말한다. 예컨대, "철수는 학교에 갔어요."라는 문장에서 '철수'는 이미 담화에서 언급되었거나 청자에게 친숙한 인물로, 문장의 화제가 된다.

반면, 초점은 그 문장에서 전달하고자 하는 새로운 정보, 즉 청자가 알지 못하거나 질문의 답으로 주어지는 정보를 지칭한다. 초점은 화제에 대한 설명이나 기술로 주어지며, 문장의 핵심 정보라고 할 수 있다. 정보의 흐름상 초점은 담화 내에서 새롭게 도입되는 관계적 신정보(relational new information)에 해당한다. 예를 들어, "철수는 학교에 갔어요."에서 '학교에 갔어요'는 '철수'라는 이미 주어진 화제에 대해 새롭게 제공되는 초점이 된다. 따라서, 화제와 초점은 관계적으로 구성된 정보 단위로, 대화 흐름에 따라 동적으로 변할 수 있다.

대조 화제는 화제의 기능을 하면서 동시에 같은 범주에 속하는 다른 대안들과 비교되거나 대립되는 정보를 표현하는 요소이다. 다시 말해, 하나의 화제가 선택되면서 나머지 잠재 화제들(potential topics)과의 대조 관계를 전제로 하는 경우를 말한다. 예를 들어, "큰 애는 자요."에서 '큰 애는'은 다른 아이들(둘째, 막내 등)과의 대조를 암시하는 화제로, 이때 사용되는 보조사 '은/는'은 단순 화제 표지가 아니라 대조적인 기능을 한다. 대조 화제는 질문에 대한 전체적인 답변이 아니라 질문을 세분화한 하위 질문들 중 하나에 대한 대답으로 사용되며, 이러한 구조는 전략(strategy)이라는 정보 구조적 개념으로 설명된다. 전략은 여러 하위 질문들로 구성된 질문-대답의 담화 흐름으로, 대조 화제는 이러한 전략의 일부로 작동한다.

대조 초점이란 초점이면서도 그 초점 항목이 대안 집합(alternative set) 내의 다른 항목들과 비교되거나 대립되는 기능을 수행하는 경우를 말한다. 이는 단순히 새로운 정보를 제공하는 것을 넘어서, 선택되지 않은 대안 항목들에 대한 간접적인 정보까지 전달하는 효과를 지닌다. 예를 들어 "영희가 빨간색은 골랐어요."라는 문장에서 초점은 '빨간색'에 놓이며, 이는 파랑, 노랑 등 다른 색상들이 대안으로 존재하는 가운데 오직 빨간색만이 선택되었음을 나타낸다. 이러한 표현은 '빨간색 외의 다른 색은 선택되지 않았다'는 암시를 수반하며, 이는 대조 초점의 대표적인 화용론적 특성이다. 특히 초점이 놓인 항목이 대안 집합 내에서 척도상 중간 또는 낮은 위치에 있을 경우, 더 높은 항목이 부정된다는 척도 함축(scalar implicature)이 함께 형성된다. 이처럼 대조 초점은 단순 초점과 구별되는 특유의 의미적, 화용적 효과를 동반한다.

화제와 초점, 그리고 이들에 대한 대조가 각각 독립적으로 존재할 수 있다는 사실은 정보 구조 이론에서 중요한 시사점을 제공한다. 특히, 한국어에서는 이 네 가지 기능이 모두 보조사 '은/는'에 의해 실현될 수 있으며, 이를 통해 한국어가 대조 기능을 형식적·문법적으로 명확하게 드러내는 언어라는 점이 부각된다. 또한 대조 화제와 대조 초점은 모두 전략 구조를 요구하지만, 대조 초점만이 척도 함축이라는 의미적 특징을 가진다는 점에서 상호 구별된다. 이는 대조가 단순히 화제의 파생적 개념이 아니라, 독립된 정보 구조 범주로 기능함을 보여준다(자세한 논의는 5장 참조).

'은/는'의 기능은 단순한 화제 표시에 머무르지 않고, 정보 구조의 네 가지 층위—화제, 초점, 대조 화제, 대조 초점—를 유연하게 아우르는 표지로 작용한다. 이러한 다층적 기능은 담화의 흐름을 섬세하게 조율하고, 의미를 미묘하게 분화하는 데 핵심적인 역할을 하며, 한국어 정보 구조에 대한 정밀한 분석을 가능케 한다. 이 책은 '은/는'의 용법에 대한 논의를 출발점으로 삼아, 이를 '은/는' 구문을 넘어 다양한 문장 구조로 확장하여 화제와 초점, 그리고 이들과 결합된 대조 기능에 대한 이론적 탐색을 시도한다. 이러한 논의를 통해 한국어의 화제·초점 체계에 관한 기존 연구들을 종합적으로 정리하고, 앞으로의 연구 방향을 제시함으로써 한국어 정보 구조에 대한 보다 깊이 있는 이해와 연구의 확장을 추구하고자 한다. 총 19장으로 구성된 이 책의 좀 더 세부적인 내용은 아래와 같다.

1장에서 문귀선·김선웅은 한국어 문장에서 화제/주제(topic)의 개념을 명확히 하기 위해 어떤 명사구(NP)가 주제로 작용할 수 있는지를 분석하였다. 주제는 의미적으로 총칭적(generic) 또는 특정적(specific) 명사구, 혹은 특정 집합에 대한 양화 명사구로 특징지어지며, 통사적으로는 문두에 위치하고 '-은/는' 표지를 가진다. 문귀선·김선웅은 한국어 주제 구문이 공백 없는(gapless) 유형과 공백이 있는(gapped) 유형으로 나뉘며, 전자는 단순한 주제화 개념에 근거하고, 후자는 주제와 술어 간의 공지시 관계가 요구된다고 설명한다. 또한 문장 내에 두 개 이상의 '-은/는'이 있을 경우 첫 번째는 주제로, 두 번째는 대조적 의미로 해석되며, 각 문장은 단일한 주제만을 갖는다는 결론을 제시하였다. 이 분석은 한국어 주제 구조의 통사적·의미적 특성을 보다 정밀하게 이해하는 데 기여한다.

2장에서 이정민은 명사구의 한정성(definiteness)/특정성(specificity)과 문장의 화제/초점 구조가 술어의 개체층위(individual-level)와 단계층위(stage-level) 구별과 어떤 관련이 있는지를 고찰한다. Higginbotham(1992)은 사건 논항(event argument)이 단계층위뿐 아니라 개체층위 술어와 명사에도 적용된다고 주장하며, 술어의 층위 구분 자체에 의문을 제기한다. 이에 따라 동사의 유형보다는 적용 가능한 상(aspect)에 주목할 필요성이 제기된다. Carlson(1989) 역시 두 층위 간 관계 정립을 시도하며 술어 구별의 유효성을 지지한다. 나아가 종래에 별개로 다뤄지던 현상들이 일정한 원리 하에 유기적으로 연결됨을 밝히고, 국어의 총칭(genericity) 구문이 화제 구조이며 명시적 양화 표현 없이도 양화 기능을 수행함을 논의한다. 또한 화제가 IP의 Spec 위치에 놓일 수 없음을 지적한다.

3장에서 홍기선은 한국어의 격 이론(case theory)에서 오랫동안 난제로 여겨져 온 '가/를'의 의미를 통합적으로 설명한다. 홍기선은 '가/를'이 통사적 제약을 받지 않을 때 의미 격(semantic case) 표지로서 최대한 분포를 보이며, 굴절 접미사보다 형태론적으로 더 독립적이라고 가정한다. '가/를'은 (i) 주제역(thematic role) 정보와 상적(aspectual) 특성에 관련된 상황 의미(situation meaning)와 (ii) 화자가 문장의 성분을 제시하는 방식과 관련된 담화 의미(discourse meaning)의 두 가지 의미를 지닌다고 주장한다. 이 중 상황 의미로 인하여 문법적인 격 표지로 사용될 수 있다는 설명을 제안한다. 이 분석은 (i) 특정 동사류에서 부사어 성분에 나타나는 '가/를' 교체 현상, (ii) '가/를'이 붙은 명사구와 무표지 명사구 간의 대조, (iii) '-지다' 구성 및 어휘적 피동 구문 등의 현상을 일관되게 설명할 수 있음을 보인다.

4장에서 김일규는 '-은/는'과 '-이/가'는 문장의 진리조건적(truth conditional) 의미에 직접 기여하지 않는 사용조건적(use conditional) 의미를 지니며, 화자의 언어 행위와 관련된다고 제안한다. '-은/는'은 결합하는 성분에 두드러짐(saliency)을 부과하는 기능을, '-이/가'는 그 성분을 지정하는 혹은 '가리키는' 기능을 수행한다. 이 두 기능은 상호 배타적이기 때문에, 각각의 조사가 자연스럽게 사용되는 환경이 다르다. 이는 '-이/가'가 자연스러운 문맥에서 '-은/는'이 부자연스럽고, 그 반대도 성립하는 이유를 설명한다. 하지만 여전히 해결되지 않은 쟁점들이 존재함을 지적한다. 예를 들어, '-은/는'이 야기하는 함축이 고정함축(conventional implicature)인지 대화함축(conversational implicature)인지에 대한 논의, '-은/는'이 대조초점을 나타낼 수 있는지 여부, 그리고 이러한 기능이 다른 언어에도 존재하는지에 대한 범언어적 연구가 필요하다는 점 등이 남아 있다.

5장에서 전영철은 한국어 보조사 '는'이 화제(topic)와 대조(contrast)라는 두 용법을 가지며, 이 둘이 독립적인 정보 구조적(information structural) 기능으로 작동한다고 주장한다. 화제와 초점은 관계적 주어짐성(relational givenness)을 기반으로 상보적인 관계를 이루지만, 대조는 이와 별개의 정보로서 화제나 초점에 덧붙여질 수 있다. 이에 따라 한국어에서는 '는'이 대조 화제(contrastive topic)와 대조 초점(contrastive focus)을 모두 표지할 수 있으며, 이는 대조가 독립된 정보 범주로 존재함을 보여준다. 대조 화제와 대조 초점은 모두 담화 전략(discourse strategy)을 필요로 하지만, 대조 초점만이 척도 함축(scalar implicature)을 유발한다는 점에서 차이를 보인다. 이러한 분석을 통해 한국어는 대조 범주가 명확하게 드러나는 언어 유형에 속하며, 대조가 단지 화제의 특수한 형태가 아니라 정보 구조 내 독립적 기능을 가진 범주임을 강조한다.

6장에서 정대호는 한국어 조각 의문문 중 대조주제 표지 'XP은/는?'이 포함된 대조주제 조각 의문문(contrastive topic fragmental question, CTFQ)만이 내용의문문(WH-question) 해석을 가질 수 있는 이유를 해석적 비대칭성 관점에서 분석한다. 일반 조각 의문문은 판정의문 해석만 가능한 반면, CTFQ는 내용의문 해석도 가능하다. 이는 'XP은/는?'이 뒤에 생략된 위치에 대조 초점을 요구하고, 생략 조건(E-givenness)을 만족시키기 위해 해당 초점이 초점값(focus value)을 가져야 하기 때문이다. 의문사구는 이 조건에 부합하는 최적의 후보로, CTFQ 내 생략 영역에 존재할 수 있어 내용의문 해석이 가능하다. 반면, 일반 조각 의문문은 잔존 요소 자체가 초점 역할을 하므로, 생략 영역에 의문사구가 들어가면 간섭효과로 인해 허용되지 않아 내용의문 해석이 불가능하다. 이로써 두 문형의 의미 차이를 설명한다.

7장에서 안희돈·조성은은 한국어에서 주어와 목적어 의문사 간 해석의 차이를 분석한다. 격 표지가 없는 목적어 의문사는 담화 연결(D-linked) 및 비담화 연결 해석이 모두 가능하지만, 주어 의문사는 오직 담화 연결 해석만 허용된다. 이는 주어 의문사가 좌치된(left-dislocated) 명사구로 파생되며, 의문사-복귀대명사(resumptive pronoun)나 의문사-접어(clitic) 복사와 유사한 구조를 가지기 때문으로 분석된다. 이러한 구조는 담화 연결 해석을 유도한다. 또한 격 표지 없는 주어 의문사 구문이 '은/는'이 결합된 의문사-주제 구문과 유사하며, 두 구문 모두 주제성을 띤다고 본다. 특히 '는/은' 구문은 대조적 성격을 지니므로 일관되게 대조적 주제로 해석되어야 한다고 주장한다. 마지막으로, 주어 의문사의 특수한 구문 구조와 해석을 설명하며, 의문사 구성의 정보 구조적 함의를 조명한다.

8장에서 홍용철은 한국어에는 두 종류의 무표지 화제(bare topic)가 존재한다고 관찰한다. 하나는 문두에 나타나는 잘 알려진 무표지 화제로, 흔히 공중화제(hanging topic)나 전위 요소(dislocated element)로 간주된다. 다른 하나는 명사구 내부 처음에 나타나는 덜 알려진 무표지 화제로, Kim Y.-H.(1989)는 이를 '구성 성분 주제(constituent theme)'라 명명하고, 해당 명사구 전체가 이를 주제로 한다고 주장하였다. 그러나 홍용철은 이 구성 성분 주제가 실제로는 명사구와 구성 성분을 이루지 않는다고 본다. 그 근거로 구성 성분 주제가 부사어에 의해 명사구의 나머지 부분과 분리될 수 있다는 점을 제시한다. 이에 따라 해당 주제는 문장 내부에서 이후 절 전체가 이를 주제로 하는 구조로, TP와 vP 사이에서 기저 생성(base-generated)되는 요소임을 주장한다.

9장에서 이혜란은 한국어의 좌변부(left periphery)가 [CP TopP FocP* TP] 구조로 구성되며, 주제와 초점 해석이 통사적 위치에 따라 결정됨을 밝힌다. 주제화(topicalization)와 초점화(focalization)는 각각 EF(edge feature)에 의해 외현적 이동(overt movement)으로 실현되며, 장거리 전치는 초점화로 간주된다. 장거리(long-distance) 전치에서는 재구성 효과와 초점화 효과가 관찰되며, 이는 복사 이론(copy theory)에 따라 설명된다. 양화사(quantifier)의 장거리 전치 또한 초점화의 일환으로 분석되며, 이 과정에서 연쇄 머리 복사(chain head copy)와 꼬리 복사(chain tail copy)가 역할을 나눠 갖는다. 반면, 뒤섞기(scrambling)는 의미적 효과가 없는 PF 기반 운용으로, vP를 넘을 수 없다. 작용역 변화(scope reversal)를 유도하거나 주제·초점 해석을 유도하는 운용은 LF에서의 통사적 이동을 수반한다. 결과적으로, 한국어의 자유 어순은 단순한 뒤섞기가 아닌 좌변부 기반 통사 구조로 설명된다.

10장에서 박명관은 영어의 동사구(VP) 전치 구문과 한국어의 유사 구문을 비교 구문론(comparative syntax) 관점에서 분석한다. 영어와 달리 한국어에서는 Infl 요소가 문장 또는 절의 끝에 위치하기 때문에 영어식 VP 전치가 적용되지 않으며, 동사구는 원위치(in-situ)에 머무른다. 대신 주제 또는 초점 표지가 동사구 오른쪽에 붙고, 남겨진 Infl을 지지(support)하기 위해 대용 동사(substitute verb) '하-'가 사용되거나, 앞선 VP가 반복된다. 이러한 구조는 정보 구조상 영어의 VP 전치와 유사한 기능을 수행한다. 또한 표면적으로 영어 VP 전치와 유사한 한국어 구문이 존재하지만, 이는 반복(repetition) 동사구 초점 구조로 분석되며 우측 이탈 구문(right-dislocation)에 가깝다. 이때 '하-'는 원위치 VP에서는 대용 동사로, 반복 구조에서는 실질 동사로 기능하며, 이는 Yim(2020)의 분류를 통해 그 통사적 분포 차이가 입증된다.

11장에서 김랑혜윤은 한국어 '-것' 분열 구문(cleft constructions)에서 동사구나 절이 초점 위치에 올 때 반드시 '-것'으로 명사화되어야 하는 이유를 설명한다. 일반적으로 비명사 범주도 초점 자리에 올 수 있음에도 불구하고, 이러한 명사화가 요구되는 점은 언뜻 보기엔 모순처럼 보인다. 이에 대해 저자는 (i) 부사 '바로'가 초점화할 수 있는 범주와 '-것' 분열 구문에서 초점이 될 수 있는 범주가 일치하고,

(ii) 두 초점 모두 확인적(identification)이고 총망라성(exhaustiveness)의 특징을 보이며, (iii) '바로' 초점과 '-것' 분열 구문은 모두 명사나 '-서'와 같은 개체화(개별화) 형태소를 포함한다는 점에 주목한다. 김량혜윤은 초점의 총망라성이 Brody와 Szendrıi(2010)가 제안한 의미 연산자 EXH에 의해 유도되며, 이 연산자가 바로 '-서', 명사, '-것' 등의 개체화 형태소에 위치한다는 분석한다.

12장에서 박종언은 한국어에서도 일본어와 마찬가지로 다중분열구문이 허용되며, 이는 담화 맥락에서 '논의 중 질문(question under discussion)'과의 정합성이 있을 때 인허될 수 있다고 주장한다. 특히 분열문의 '것' 절에서 일부 요소가 생략될 경우 맥락 정보 부족으로 수용성이 낮아지며, 담화 내 질문이 해당 생략 부분을 보완하고 다중 초점 요소가 중심축(pivot)에 위치해 질문에 대한 응답 기능을 수행할 수 있을 때 허용된다고 본다. 통사적으로는 다중 초점 요소가 사선적 병합(oblique merge)에 의해 하나의 구성소를 이루되, 이들이 선택된 논항인지 부가어인지에 따라 병합 방식이 달라진다고 제안한다. 또한 사선적 병합의 적용은 국면 불가침 조건(phase impenetrability condition, PIC) 및 전이(transfer) 원리에 의해 제한되며, 이를 통해 다중 초점 요소는 동일절(clausemate) 내에 존재해야 한다는 조건이 도출됨을 보인다.

13장에서 박동우는 한국어 유사 다중 분열문에서 DP/PP 초점과 NP 초점이 동시에 출현하는 구조를 분석한다. 이 구문은 DP/PP 초점이 항상 NP 초점보다 앞서야 하는 어순(word order) 제약을 가지며, 이는 일반 다중 분열문과 구별된다. 박동우는 유사 다중 분열문이 분열문과 유사 분열문 도출 방식이 혼합된 결과로 보며, NP 초점은 CopP의 지정어 자리에서 생성되고, DP/PP 초점은 화제 표지 '-은'과 결합한 후 그 자리에 이동해 위치한다고 주장한다. Chomsky(2023)의 상자 체계(box system)를 통해 이 구조를 설명하면서, 이 체계에 세 가지 보완이 필요하다고 제안한다: (1) 통사 내 운용 순서가 어순에 반영됨, (2) 동일한 cc-구조의 요소는 모두 복사로 해석됨, (3) 국면 핵(phase head)은 다수의 요소에 개별 접근이 아닌 일괄 접근을 수행함.

14장에서 염재일은 한국어에서 'XP-(이)나'의 형태가 두 가지 분명한 의미를 가지며, 이는 기존에 하나의 형태소로 간주되던 '-(이)나'가 실제로는 두 개의 독립된 어휘항목(lexeme)임을 보여준다. 전통적으로는 이 두 의미가 맥락에 따라 달리 해석되는 하나의 형태소에서 비롯된 것으로 여겨졌으며, 이는 공통적으로 포함된 척도적 의미(scalar meaning) 때문이었다. 그러나 의미적 분석 결과, 두 해석은 상호 독립적이며 문법적으로도 구분된다. 첫 번째 용법에서는 XP보다 더 강한 대안(stronger alternative)이 성립하지 않음을 의미하며, 두 번째 용법에서는 XP가 기대보다 더 강한 대안이라는 함의를 동반한다. 이 두 의미는 문장 유형, 양상의 종류와 강도 등에 따라 나타날 수 있는 문법적 조건이 다르며, 이는 단순한 화용적 차원의 의미 차이가 아니라 두 개의 독립된 어휘항목이라는 것을 뒷받침한다.

15장에서 강아름은 한국어 수사의문문(rhetorical questions)을 진실성 초점(verum focus, VF)의 관점에서 분석한다. VF는 명제의 긍정 또는 부정 여부에 초점을 두어 진실값(truth value)을 강조하는 기능을 한다. 기존 연구에서 수사의문문은 강한 주장으로 간주되어 공통 기반(common ground)을 갱신하고, 극성 전환(polarity-reversing) 의미를 유도하는 것으로 설명되었다. 강아름은 수사의문문이 VF로 표시된 발화로서, 이미 전제되었거나 문맥상 수용된 극성 대안(polar alternative)에 대한 반응으로 나타난다고 본다. 이러한 관점을 뒷받침하기 위해 극성 기능 머리(polarity functional head)를 포함하는 통사 구조를 제안하고, 의미 해석은 논리형식(LF)에서 부정 동일 함수(negative identity function)를 통해 도출된다고 설명한다. 이 분석은 수사의문문에 대한 새로운 통찰을 제공하며, 다른 언어들과의 비교 연구를 통해 보다 일반적인 언어 현상을 밝힐 수 있는 가능성을 제시한다.

16장에서 허세문은 한국어 자유 선택어(free choice) '누구나'와 '아무나'의 차이를 명령문 환경을 중심으로 분석한다. 기존 연구에서 두 표현은 모두 자유 선택어로 분류되지만, 분포와 양화 특성에서 차이를 보이는 것으로 알려져 있다. 허세문은 Dayal(2009)의 분석을 바탕으로 '누구나'를 본유적으로 전칭 양화(universal quantification)를 내포한 자유 선택어로 보며, 그 인허 환경은 변동성 조건(fluctuation condition)에 의해 결정된다고 주장한다. 반면, '아무나'는 Chierchia(2013)의 비한정 대명사(indefinite pronoun) 기반 자유 선택어로 분석되며, 'only' 운용소에 의해 유도되는 척도 함축과 자유 선택 함축의 상호작용을 통해 전칭성이 나타난다고 본다. 특히 '아무나'는 문맥에 따라 전칭적 또는 존재적 해석이 가능함을 강조한다. 명령문의 양상 의미 이론을 검토하며, 두 표현의 분포 차이를 설명할 수 있는 통합적 구조를 제안한다.

17장에서 장영준·엄홍준은 한국어 명령문에서 해체와 해라체의 차이를 격식성(formality)이나 상대높임(addressee honorification)의 정도가 아닌 명령의 직접성(directness)에 기반해 설명한다. 기존에는 두 종결형이 높임법의 등급 차이로 이해되었으나, 장영준·엄홍준은 해체가 청자에게 직접적인 명령을 전달하는 반면, 해라체는 직접명령문에 간접명령의 어미 '-라'가 결합되어 직접성과 간접성의 화용적 효과를 동시에 가진다고 분석한다. 이를 입증하기 위해 장영준·엄홍준은 (1) 직접명령만 자연스러운 경우, (2) 간접명령만 자연스러운 경우, (3) 해라체의 사용이 가능한/불가능한 다양한 문맥을 제시한다. 이러한 분석을 통해 해체와 해라체의 차이를 단순한 격식 수준이 아니라 명령 전달 방식의 차이로 설명하며, 한국어 명령문의 화용론적 이해를 심화한다.

18장에서 위혜경은 전통적으로 구분되어 온 주제(topic), 대조 주제(contrastive topic), 초점(focus) 등의 정보 구조 범주를 두 가지 기본 정보 특징 {±topical, ±focal}로 정의할 수 있다고 제안한다. 이 이진(binary) 특징 체계는 총 네 가지 정보 범주—[+t, -f], [+t, +f], [-t, +f], [-t, -f]—를 산출하며, 이는 문장에서 각 성분의 정보적 지위를 포괄적으로 설명한다. 특히 초점([-t, +f])과 초점 틀(focus frame, [-t, -f])에 대해 통합적 분석을 제시하며, [+f]가 갖는 의미론적 기능을 정체구현 술어화(identificational predication)로 보고, 이 기능이 담화 맥락과 상호작용하는 통사구조와 연결된다고 분석한다. 또한 [-t, -f]는 선행 문맥에서 도출되는 함의에 기반한 조응적(anaphoric) 속성을 가지며, 그로 인해 가장 넓은 해석 범위를 가진다는 점을 설명한다

19장에서 김광섭은 영어의 세 가지 'so'-시작(so-initial) 구문—'so-조동사-주어', 'so-주어-조동사', 'so-조동사-절'—을 대상으로 각각이 서로 다른 유형의 'so'를 사용한다고 분석한다. 'so-조동사-주어' 구문은 담화 주제를 이어주는 주제어(topic) 'so', 'so-주어-조동사' 구문은 정보 구조상 강조를 받는 초점(focus) 'so', 그리고 'so-조동사-절' 구문은 긍정적인 맥락에서만 허용되는 긍정극어(positive polarity item, PPI) 'so'를 포함한다고 주장한다. 본 연구는 이러한 분석을 바탕으로 각 구문이 가지는 문법적·화용적 특성—예컨대, 전후 맥락 제약, 문장 구조, 담화 기능 등—을 이론적으로 설명하고, 단일하게 취급되어 온 'so'-시작 구문을 미세하게 분류하여 이해할 수 있는 새로운 틀을 제시한다. 이로써 'so'의 의미 기능과 구조적 다양성에 대한 심화된 통찰을 제공한다.

재언하자면, 이 책은 한국어의 보조사 '은/는'의 용법을 출발점으로 하여, 이를 다양한 한국어 문장 구문 및 영어의 'so' 도치 구문에 확장시켜 화제, 초점, 그리고 대조 기능에 대한 이론적 탐색을 시도한 연구 성과들을 담고 있다. 한국어 정보 구조 전반에 대한 기존 논의를 종합적으로 정리하고, 앞으로의 연구 방향을 제시함으로써 화제와 초점 현상에 대한 이해를 심화하는 데 목적이 있다. 특히 이 주제를 박사학위 논문 이후 오랜 기간에 걸친 활발한 후속 연구를 통해 지속적으로 탐구해온 김선웅 교수와 정대호 교수(Kim, Sun-Woong. 1991. On the Syntax of Noun Phrases in English. Ph.D. dissertation, Seoul National University, 1991; Chung, Daeho. 1996. On the Representation and Licensing of Q and Q-dependents. Ph.D. dissertation, University of Southern California)가 정년을 갖이함에 따라, 이들과 학문적 관심을 공유해온 연구자들이 뜻을 모아 관련 논문을 엮은 기념 헌정집으로 출간하게 되었다. 화제와 초점 연구의 핵심 쟁점을 조망하는 이 책이 해당 주제에 대한 학문적 논의를 한층 더 심화하고 확장하는 계기가 되기를 기대한다.

필자들을 대표하여

문귀선·박명관 씀

I 한국어 주제 구문

01

한국어 주제 구문*

문귀선·김선웅

1. 서론

언어 연구에서 주제(topic)는 "무엇에 관한 것인지(aboutness)"에 따라 정의되는지, 혹은 "술어적 관계를 이루는지(predication)"에 따라 정의되는지에 대해 다양한 논의가 있어 왔다. 주제성을(topichood) 언어 연구의 기본 개념으로 간주할 수 있는지 여부도 중요한 논점 중 하나이다. 이와 관련해 주목할 만한 제안으로는 주제를 술어적 관계의 관점에서 정의하려는 시도가 있는데, 예를 들어 Dahl(1976)은 주제-술부(topic-comment) 구조가 문장의 의미적 표현을 반영한다고 주장한 바 있다. 문장의 의미 표현은 일반적으로 두 부분으로 나뉘며, 이때 주제는 집합이나 개별 존재를 나타내고, 술부는 이 집합이나 존재에 대해 '서술'을 수행하는 명제적 함수로 이해된다.

본 장에서는 한국어 주제 구문 분석을 위한 구체적인 방향을 제시하고자 한다. 우선, 문장의 주제 개념이 일반적(generic) 또는 한정(definite) 명사구로 의미적으로 특징지어진다는 점을 살펴볼 것이다.* 다음으로, 한국어에는 크게 두 가지 종류의 주제 구문이 존재하는데, 이는 공백이 없는(gapless) 주제 구문과 공백이 있는(gapped) 주제 구문으로 구분된다. 이를 통해 주제는 "무엇에 관한 것인지(aboutness)"와 "술어적 관계(predication)"라는 두 측면 모두에서 정의될 필요가 있음을 보일 것이다. 마지막으로, 한 문장에는 단일한 주제만이 할당된다는 점을 주장하며, 이를 기반으로 한국어 주제 구문의 통합적 분석의 틀을 제시할 것이다.

* 본 장은 Exploration in Generative Grammar(1994)에 실렸던 Moon(1994) 원고를 기본으로 한글로 수정보완하여 작성한 것이다.

2. 주제의 개념

주제(topic)는 어떻게 정의할 수 있을까? 생성문법에서 Chomsky는 Aspects of the Theory of Syntax(1965)에서 문장의 주제를 표면 구조상 S에 의해 즉각적으로 지배받는 가장 왼쪽의 명사구(NP)로 정의하였다. “On Wh-movement”(1977)에서는 S”에 의해 즉각적으로 지배받는 NP를 주제로 제안하였으며, 결국 Chomsky의 문장 주제 개념은 계층적으로 가장 높은 노드에 의해 지배되는 NP로 정의된다고 볼 수 있다. 한편 Li & Thompson(1976)은 주제가 문장의 가장 왼쪽 위치를 차지한다고 일반화하며 주제는 선형 순서에 의해 결정된다고 주장하였다. Chomsky는 문법적으로 왼쪽으로 이동되거나 주제화된 NP를 주제로 간주하며, 이러한 NP는 S”에 의해 즉각적으로 지배받는 것으로 보았다.[1] 다만, Chomsky는 주제로 기능하는 NP와 그렇지 않은 NP 간의 의미적/화용론적 차이에 대해서는 별도로 다루지 않았다. Chomsky(1965)와 Li & Thompson(1976)의 정의에 따르면, 언어 유형에 관계없이 문두에 나타나는 것이 일반적이며, 이는 Yang(1973, 1975), Lee(1973a) 등 여러 한국어 연구자들에 의해서도 통사적 관찰로서 수용되어 왔다.[2]

그러나 문두에 나타난다는 사실만으로는 한국어에서 주제의 충분조건이 될 수 없다(Bak 1981, Chae 1976). 한국어에서 문두의 요소가 주제로 기능하기 위해서는 강조 없이 주제 표지(는/은)를 필요로 한다는 점이 중요하다. 이러한 관점은 주제가 문장의 통사적 구조에서 가장 높은 위치를 차지한다는 점을 시사한다. 다만, 이 위치가 (1a)와 같이 CP 노드의 SPEC인지(Moon 1989, 1991), 혹은 (1b)와 같이 TopP라는 기능 범주의 SPEC인지(Kim 1993, 1994)는 특정 이론 내의 분석 차이에 해당하며, 기본적으로는 주제가 가장 높은 노드의 위치에 놓인다는 점에서 공통적이다.

(1) a.

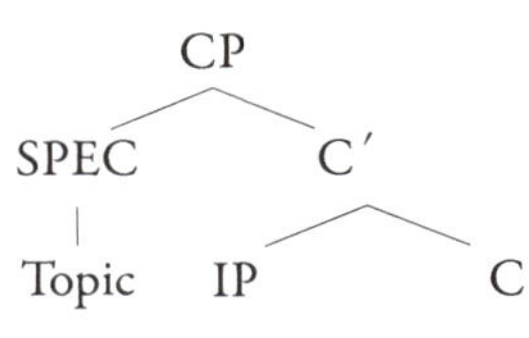

b.

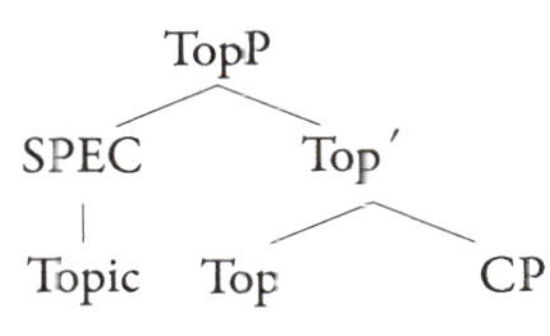

1) Chomsky(1977)는 왼쪽 절단(left-dislocation) 구문과 주제화(topicalization) 구문에 동일한 구문 구조 규칙(PS rules)을 제시한다:
(i) S″ → Top S′ / S′ → Comp {S S″}
그러나 Greenberg(1984) 및 다른 언어학자들(Baltin 1982, Bowers 1976, 1981, Rivero 1980 등)은 Chomsky의 제안에 반대한다. Greenberg는 감탄사(interjections)의 위치를 이용해 왼쪽 절단된 구성 요소와 주제화된 구성 요소가 다른 위치에 놓여야 한다고 주장한다: 감탄사는 Comp 왼쪽에 위치해야 하며, 왼쪽 절단된 구성 요소 오른쪽에 나타날 수 있지만, 주제화된 요소 왼쪽에만 나타나야 한다.

2) 이 가정은 한국어에 대한 Bak(1986)의 관점과 일치한다. Kuroda(1988) 역시 일본어에서 주제 표지 ‘-wa’가 문두의 SPEC 위치를 차지한다고 제안한다(그의 용어로는 C의 외부 보충어, External Complement of C, Ext(C)).

문장 주제(topic-of-the-sentence) 개념은 형식적 의미론이나 화용론에서의 정의와는 또 다른 측면이 있다. 주제로 간주될 수 있는 명사구(NP)의 종류를 살펴보는 것은 문장 주제 개념을 보다 구체적으로 이해하는 데 중요한 단서가 된다. 이에 다음 절에서는 구체적인 예제를 통해 어떤 명사구가 주제로 작동할 수 있는지를 살펴보며, 한국어 주제 구문의 특성을 구체적으로 분석해 보고자 한다.

(2) *mwues-un Tori-ka mekess-ni?
무엇-은 Tori-가 먹었-니?
"무엇에 관해서는, Tori가 그것을 먹었니?"

문장 (2)의 비문법성은 의문사가 주제로 사용될 수 없음을 시사한다. 의문사가 주제로 기능할 수 없다는 점은 한국어에만 국한된 것이 아니라, (2)의 영어 대응문이 수용될 수 없다는 사실에서도 알 수 있다. 다음 예문에서 관찰되는 대조를 살펴보자.

(3) a. *etten kay-un nay-ka ku cip-eyse poassta
어떤 개-는 내-가 그 집-에서 보았다
"어떤 개에 관해서는, 내가 그것을 그 집에서 보았다."
b. ce kay-un nay-ka ku cip-eyse poassta
저 개-는 내-가 그 집-에서 보았다
"저 개에 관해서는, 내가 그것을 그 집에서 보았다."

앞서 살펴본 바와 같이, 주제로 작용할 수 있는 명사구의 유형을 살펴보는 것은 문장 주제 개념을 구체적으로 이해하는 데 중요한 단서를 제공한다. 특히 주제의 한정성(definiteness)은 주제성을 판단하는 핵심 요인 중 하나이다.

문장 (3a)와 (3b)의 비교를 통해 이를 구체적으로 확인할 수 있다. (3a)는 비한정(indefinite) 명사구가 주제로 사용된 예인 반면, (3b)는 한정(definite) 명사구가 주제로 사용된 예이다. (3a)와 (3b) 간의 대조, 그리고 (2)의 비문법성은 주제가 반드시 한정 명사구여야 함을 시사한다. 이러한 일반화는 기능주의 문헌에서도 널리 수용되고 있는데, 예를 들어 Bak(1986)은 한국어에서 특정 지시(reference)를 가지지 않은 비한정 명사구는 주제로 사용될 수 없다고 관찰한 바 있다. 이러한 관찰은 주제의 한정성이 한국어 주제 구문 분석에 있어 핵심적인 제약으로 작용함을 보여준다.

한편, Dahl(1974) 또한 다음과 같은 문장을 비교하여 한정성과 주제성의 관계를 논의하고 있으며, 이 비교는 이후 분석에서 중요한 사례로 참고될 수 있다.

(4) a. John is sitting on the grass.
 존은 잔디 위에 앉아 있다.
 b. A man is sitting on the grass.
 한 남자가 잔디 위에 앉아 있다.

(4a)에서 John은 술부(comment) 앞에 일시적인 휴지(pause)가 있을 경우 주제로 선택될 수 있다 (Krifka 1987). 반면, (4b)에서는 "a man"과 그 뒤의 문자열 사이에 멈춤이 없으므로, "a man"은 주제로 간주되지 않는다. 다시 말해, (4a)는 John에 관한 문장이지만, (4b)는 어떤 상황을 설명하는 주제 없는 문장으로 볼 수 있다. 만약 주제성이 한정 명사구로만 제한된다면, 아래 예문들의 수용 가능성을 어떻게 설명할 수 있을까?

(5) a. kay-nun yengrihan tongmwul ita
 개-Top 영리한 동물 이다.
 "개에 관해서는, 영리한 동물이다."
 b. sakwa-nun Hongok-i masissta
 사과-Top 홍옥-이 맛있다.
 "사과에 관해서는, 홍옥이 맛있다."

(5)의 주제들은 한정 명사구가 아니지만, 이 예문들은 완전히 수용 가능하다. 비한정 명사구는 자연 종류(natural kind)를 지시하기 위해 사용될 수 있다.[3] Givón(1984)에 따르면, 자연 종류는 모든 문화/집단 구성원이 공유하는 배경 지식에 저장된 오래된 정보와 대응한다. 주제는 오래된 정보를 전달하며, 총체적(generic) 지시 명사구는 오래된 정보를 전달한다. (5)의 비한정 명사구 '개는'과 '사과는'은 각각 총체적 개의 집합과 총체적 사과의 집합을 지시하는 것으로 해석된다. 즉, 이들은 자연 종류를 나

---

3) 한국어는 무관사언어로 널리 알려져있다. 한국어에서는 명사 앞에 관사없이 나오는 민명사(bare nominal)경우 총체적, 한정적, 또는 비특정 비한정적으로 문맥에 따라서 중의적 해석을 하게된다(Kim and Moon 2021).

타내는 일반적 명사구로 사용되며 오래된 정보를 전달하고 있다. 따라서 (5)의 주제구는 문장의 주제에 대한 제한 조건을 충족한다고 볼 수 있다.

더 흥미로운 사실은, 양화 명사구(quantified noun phrase) 또한 주제로 사용될 수 있다는 점이다. 다음 문장이 이를 보여준다.

(6) motun salam-un Tori-ka chenca-la-ko sayngkakhanta
모든 사람-은 Tori-가 천재-라고 생각한다.
"모든 사람에 대해, 그는 Tori가 천재라고 생각한다."

양화 명사구 '모든 사람'에 주제 표지 '-는'이 동반되었다는 것은 이미 이전 담화에서 언급된 사람들의 집합에서 개별적 한명 한명의 해석을 하게한다. 그러나 Dahl(1974)은 양화명사구에는 두 가지 유형이 있다고 분류하는데, 하나는 담화에서 이미 언급된 집합에 대한 수량화이고, 다른 하나는 새로 도입된 집합에 대한 수량화이다. 전자는 (7a)와 같이 이미 한정된 학생들의 집합에 속한 특성을 나타내며, 후자는 (7b)와 같이 비한정 범위를 수량화한다.

(7) a. Many of the students were in the corridor.
학생들 중 많은 수가 복도에 있었다.
b. There were many students in the corridor.
복도에 많은 학생이 있었다.

따라서, 이미 담화에서 언급된 집합을 언급하는 양화 명사구만이 주제로 사용될 수 있으며, 이러한 점에서 한정 명사구처럼 행동한다. (6)으로 돌아가서, '모든 사람'은 화자와 청자 모두가 알고 있는 사람들의 집합을 수량화하고 있는데, 따라서 이는 주제로 기능할 수 있다. 또한, 전칭 양화사(universal quantification)의 경우, 이는 총칭적(generic)으로 해석될 수 있다. 예를 들어, 화자 A가 "어제 모든 사람이 무엇을 먹었나요?"라고 묻는다면, 전칭양화사는 한정된 사람들의 집합을 대상으로 하게 된다. 반면, 화자 A가 "15세기에 모든 사람이 무엇을 먹었나요?"라고 묻는다면, '모든 사람(everybody)'은 총체적 해석을 갖는 명사구로 사용된다.

요약하자면, 문장 주제의 개념은 의미적으로 총칭적(generic) 또는 한정(definite) 명사구, 혹은 특정된 집합을 수량화하는 양화 명사구로 특징지어진다. 통사적으로는, 주제는 문두에 위치하며 '-는/은'

주제 표지를 가진 구성 요소이다.

3. 두 가지 종류의 주제 구문

3.1. 공백 없는 주제 구문

이 절에서는 한국어에서 주제와 후속 문자열 간에 대응하는 공백(gap)이 있는지 여부에 따라 주제 구문이 두 가지 유형으로 나뉠 수 있음을 보일 것이다. 두 종류의 주제 구문 모두에서 주제-술부 관계(topic-comment relation)가 성립한다. 후속 문자열에 공백이 없는 경우, 이를 공백 없는 주제 구문(gapless topic construction)이라고 부른다. 다음 예문들이 이를 보여준다.

앞서 살펴본 바와 같이, 주제의 한정성은 한국어 주제 구문을 이해하는 핵심 단서가 된다. 이제 본 절에서는 한국어 주제 구문이 주제와 후속 문자열 간의 공백(gap) 존재 여부에 따라 두 가지 유형으로 나뉠 수 있음을 살펴보고자 한다. 두 유형 모두에서 주제-술부 관계(topic-comment relation)가 성립한다는 점은 동일하지만, 후속 문자열에 공백이 존재하는지 여부에 따라 구문적 특징이 달라진다.

먼저, 후속 문자열에 공백이 없는 경우를 **공백 없는 주제 구문(gapless topic construction)**이라고 하며, 다음 예문에서 이를 구체적으로 확인할 수 있다.

(8) a. Khokkiri-nun [kho-ka kilta]
코끼리-는 [코-가 길다]
"(코끼리에 관해서는) 코가 길다."
b. ce umsikcem-un [pizza-ka masissta]
저 음식점-은 [피자-가 맛있다]
"(그 음식점에 관해서는) 피자가 맛있다."
c. i chayk-un [Swuni-ka han peyicil ilkessta]
이 책-은 [순이-가 한 페이지를 읽었다]
"(이 책에 관해서는) 순이가 한 페이지를 읽었다."

d. kwail-un [sakwa-ka masissta]

과일-은 [사과-가 맛있다]

"(과일에 관해서는) 사과가 맛있다."

e. soselchayk-un [Swuni-ka Cencayng-kwa-Pyenghwa-rul ilkessta]

소설책-은 [순이-가 전쟁과 평화를 읽었다]

"(소설책에 관해서는) 순이가 전쟁과 평화를 읽었다."

주제 구문 (8)에서 후속 술부(comment) 부분에 공백이 필요 없는 이유는 공백 없는 주제 구문이 동사(또는 술어)에 의해 하위 범주화되지 않는 부가어 구(adjunct phrase)를 주제화함으로써 구성되기 때문이다. 이러한 구문은 또한 (8a-c)와 (8d-e)에 나타난 것처럼 주제와 술부의 후속 명사구 간에 부분/전체(part/whole) 또는 종류/객체(kind/object) 관계를 나타내는 것으로 보인다. 공백 없는 주제 구문의 술부는 주제 구에 대해 정보를 제공하고 있기 때문에, 이때 주제는 "무엇에 관한 것인지"(aboutness)라는 관점에서 정의될 수 있다. 주제의 aboutness 개념은 주제 구문 분석에서 핵심적이며, 이러한 구문이 어떻게 주제성을 실현하는지를 이해하는 기본 틀로 작용한다.

Williams(1980, 1983)의 술어(predication) 이론에 따르면, NP와 최대 투사(maximal projection) 간의 상호 성분통어(mutual c-command) 및 동일 지시(coindexing)에 의해 주어-술어 관계가 정의되며, "절(clause)" 개념은 이러한 관계로부터 파생된다. 이 관점에서 술어는 열린 통사적 위치(open syntactic position)를 포함하는 절로 간주된다.

(9) a. John tried [PRO to leave].

존은 [떠나려고] 시도했다.

b. the man [who t came yesterday]

[어제 t 온] 남자

따라서 (9a)에서는 통제된 부정사의 절이 선행사 "John"에 대해 술어화되고, (9b)에서는 관계절이 선행사 "the man"에 대해 술어화된다. 이 경우, 각각 PRO와 이동 흔적(trace)이라는 공백을 포함하고 있다는 점이 중요하다. 반면, (8)에서 살펴본 공백 없는 주제 구문의 경우, 술부 부분이 열린 통사적 위치를 포함하지 않기 때문에 술어 개념에 근거해 주제-술어 관계로 정의될 수 없다. 따라서 이러한 구문에서의 주제는 술어 개념이 아닌 aboutness 개념에 의해서만 정의될 수 있음을 알 수 있다.

3.2. 공백이 있는 주제 구문 (Gapped Topic Construction)

앞서 살펴본 공백 없는 주제 구문에서는 주제가 "무엇에 관한 것인지"(aboutness)라는 관점에서 정의될 수 있음을 보았다. 그러나 한국어 주제 구문에는 또 다른 유형으로, 주제와 후속 문자열 간에 공백(gap)이 필수적으로 요구되는 구문이 존재한다.

이러한 공백이 있는 주제 구문(gapped topic construction)에서는 문두에 주제 표지 '-는'이 나타나며, 주제구와 동일 지시(coindexed)되는 공백이 후속 술부(comment) 부분에 반드시 포함된다. 다음 예문에서 이를 확인할 수 있다.

(10) a. i-chayk-un Swuni-ka e ilkessta
이 책-은 순이-가 e 읽었다.
"이 책에 관해서는, 순이가 그것을 읽었다."

b. Swuni-는 e i-chayk-ul ilkessta
순이-는 e 이 책-을 읽었다.
"순이에 관해서는, 그녀가 이 책을 읽었다."

이러한 구문에서 술부 부분에 주제구를 동지시하는 공백이 필수적인 이유는, (11a)와 (11b)에서 보여주듯이, 해당 공백이 주제구와 동일하게 지시하는 "복원 대명사(resumptive pronoun)"로 대체될 수 있기 때문이다. 이를 통해 공백 있는 주제 구문이 주제와 술부 간의 관계를 술어(predication) 관점에서 정의할 수 있는 구문임을 확인할 수 있다.

(11) a. i-chayk-un Swuni-ka kukes-ul ilkessta
이 책-은 순이-가 그것-을 읽었다.
"이 책에 관해서는, 순이가 그것을 읽었다."

b. Swuni-nun kunye-ka i-chayk-ul ilkessta
순이-는 그녀-가 이 책-을 읽었다.
"순이에 관해서는, 그녀가 이 책을 읽었다."

그러나 주제구 바로 뒤의 술부 문자열에서 공백 위치가 비대명사(non-pronominal) 명사구로 채워지는 경우, 결과 문장은 비문법적으로 판정된다. 이는 다음 예문에서 확인할 수 있다.

(12) a. *i-chayk-un Swuni-ka sinmun-ul ilkessta
이 책-은 순이-가 신문-을 읽었다.
b. *Swuni-nun Tori-ka i-chayk-ul ilkessta
순이-는 토리-가 이 책-을 읽었다.

(12)의 예문들이 비문법적인 이유는, 주제구와 후속 술부(comment) 사이에 주제-술부 관계(topic-comment relation)가 유지되지 않기 때문이다. 앞서 살펴본 것처럼, 공백이 있는 주제 구문(gapped topic construction)에서는 주제구와 동일지시(coindexed)되는 공백이 술부에 필수적으로 나타나야 한다. (11)에서 확인한 바와 같이, 이 공백 자리는 주제구를 참조하는 복원 대명사(resumptive pronoun)로 실현될 수도 있으며, (10)에서 보았듯이 이러한 복원 대명사는 영논항(null argument)으로 대체될 수 있다.

이처럼 영논항이 복원 대명사와 자유롭게 교체될 수 있다는 점에서, 공백이 있는 주제 구문의 공백은 pro로 식별 가능하다. 이러한 속성은 앞서 살펴본 공백 없는 주제 구문(gapless topic construction)과 공백이 있는 주제 구문을 구별해 주는 중요한 기준이 된다.

앞서 살펴본 바와 같이, 공백이 있는 주제 구문(gapped topic construction)에서는 주제구가 후속 술부(comment) 부분의 공백과 동일지시(coindexed) 관계를 맺으며, 이 공백은 pro로 식별될 수 있다.

여기서 한 가지 가능한 분석으로, 공백이 있는 주제 구문의 주제가 술부의 공백 위치로부터 문두로 이동하여 형성되었으며, 따라서 문두의 주제는 이동된 주제구의 흔적(trace)이라는 가설을 생각해 볼 수 있다. 그러나 아래에서 우리는 주제 구문과 어순뒤섞기(scrambling) 구문을 비교함으로써, 공백이 있는 주제 구문에서의 주제가 이동에 의해 도출된 것이 아니라 문두에 기저 생성(base-generated) 되었음을 보일 것이다.

(13) a. Seoul$_1$-ey [Tori-ka [taumtal-ey {*keki$_1$-ey/t$_1$}] kalye-ko
서울-에 [토리-가 [다음 달-에 {거기-에/t}] 가려-고
saynkakha-ko issta]
생각하-고 있다]

"서울에, 토리는 다음 달에 {*거기에/t} 가려고 생각하고 있다."

b. Seoul$_1$-un [Tori-ka [taumtal-ey {keki$_1$-ey/e}] kalyel kc

서울$_1$-은 [토리-가 [다음 달-에 {*거기$_1$-에/e} 가려고

sayngkakhako issta]

생각하고 있다]

"서울에 관해서는, 토리는 다음 달에 {*거기-에/e} 가려고 생각하고 있다."

(14) a. *Tori$_1$-lul [Chelswu-ka [Swuni-ka {*ku$_1$-lul$_1$}] silhehanta-ko mitko issta]

토리-를 [철수-가 [순이-가 {*그-를/t}] 싫어한다-고 믿고 있다.]

"토리를, 철수가 순이가 {*그$_1$를/t$_1$} 싫어한다고 믿고 있다."

b. Tori$_1$-nun [Chelswu-ka [Swuni-ka {ku$_1$-lul$_1$/e}] silhehanta-ko mitko issta]

토리-는 [철수-가 [순이-가 {그1를/e$_1$}] 싫어한다-고 믿고 있다.]

"토리에 관해서는, 철수가 순이가 {그를/e} 싫어한다고 믿고 있다."

(15) a. *Tori$_1$-lul [Swuni-ka {*ku$_1$-lul$_1$}] poassta

토리-를 [순이-가 {*그$_1$-를/t$_1$}] 보았다.

"토리를, 순이가 {*그를/t$_1$} 보았다."

b. Tori$_1$-nun [Swuni-ka {ku$_1$-lul/e$_1$}] poassta

토리-는 [순이-가 {그-를/e} 보았다.]

"토리에 관해서는, 순이가 {그를/e} 보았다."

(a) 예문들은 어순뒤섞기에 의해 파생된 것으로, 어순뒤섞기가 발생한 위치에 복원대명사가 나타날 경우 비문법적이다. 반면, (b) 예문들은 문법적인데, 이 대조는 공백이 있는 주제 구문이 술부 문자열에 복원대명사가 나타나는 것을 허용한다는 점을 보여준다.[4)]

공백이 있는 주제 구문이 이동에 의해 형성되지 않는다는 점을 뒷받침하는 또 다른 증거는, 이 구문이 섬 제약(island constraints)에 민감하지 않다는 데에 있다. 이는 공백이 있는 주제 구문과 어순뒤섞

---

4) 로망스어(Romance languages)에서 주제화는 복원 대명사를 필요로 하며 섬 효과(island effects)를 나타내기 때문에, 복원 대명사의 존재는 이동을 부정하는 증거로 사용할 수 없다.

기(scrambling) 구문을 구별해 주는 또 하나의 중요한 특징으로, 어순뒤섞기 구문은 섬 제약을 위반할 수 없는 반면, 주제 구문은 이러한 제약을 받지 않는다. 다음 절에서는 이에 대한 구체적인 예문을 통해 이를 살펴보고자 한다.

(16) a. ?ce moca1-lul [Tori-ka [[e_2 t_1 ssuko issessten] $salam_2$-ul cal algo issta]]

"저 모자를, 토리가 쓰고 있던 사람을 잘 알고 있다."

b. ce $moca_1$-nun [Tori-ka [[e_2 e_1 ssuko issessten] $salam_2$-ul cal algo issta]]

그 모자-는 [토리-가 [[e e 쓰고 있었던] 사람-을 잘 알고 있다]]

"그 모자에 관해서는, 토리는 그것을 쓰고 있었던 사람을 잘 알고 있다."

(17) a. ?i $chayk_1$-ul [Tori-ka [[e_2 t_1 sa-ss-ten] $salam_2$-ul manassta]]

이 책-을 [토리-가 [[e t 샀던] 사람-을 만났다]]

"이 책을, 토리가 샀던 사람을 만났다."

b. i $chayk_1$-un [Tori-ka [[e_2 e_1 sa-ss-ten] $salam_2$ -ul manassta]]

이 책-은 [토리-가 [[e e 샀던] 사람-을 만났다]]

"이 책은, 토리가 (그것을) 샀던 사람을 만났다."

(18) a. ?$Swuni_1$-lul [Tori-ka [[e_2 t_1 mann-ass-ten] namca-lul uysimhaysstal]]

순희-를 [토리-가 [[e_2 t_1 만났던] 남자-를 의심했다]]

"순희를, 토리가 만났던 남자를 의심했다."

b. $Swuni_1$-nun [Tori-ka [[e_2 e_1 mann-ass-ten] namca-lul uysimhaysstal]]

순희-는 [토리-가 [[e_2 e_1 만났던] 남자-를 의심했다]]

"순희는, 토리가 만났던 남자를 의심했다."

(16), (17), (18)에서 (a) 예문들은 어순뒤섞기가 관계절 밖으로 발생한 경우로, 문법성이 (b)에 비해 다소 떨어지는 경향을 관찰할 수 있다. 반면, (b) 예문들은 주제구가 관계절 내의 공범주와 동일지시(coindexed)되어 (a)에 비해 보다 더 문법성이 개선되는 것으로 판정된다. 만약 주제구가 관계절 밖으로 이동되었다면, (b) 예문들도 (a) 예문들처럼 문법성이 떨이질 것으로 예측되지만 실제로는 그

렇지 않다.[5] 이 대조는 주제 구문에서는 이동이 발생하지 않으며, 주제구가 문두에 기저 생성(base-generated)된다는 점을 보여준다.[6]

또한, 복원 대명사를 대체하여 별칭(epithet)을 사용할 수 있다는 점은 공백이 있는 주제 구문이 이동을 포함하지 않는다는 또 다른 증거이다. 예를 들어, 아래 문장에서 명사구 ku casik("그 녀석")은 주제어인 Tori를 지칭한다.

(19) Tori"-nun" Swuni-ka ku casik-ul cohahaci anhnun-ta

토리-는 순이-가　그 녀석-을 좋아하지 않는-다.

"토리에 관해서는, 순이가 그 녀석을 좋아하지 않는다."

요약하자면, 지금까지 살펴본 바와 같이, 공백이 있는 주제 구문은 주제구와 동일지시(coindexing)되는 복원 대명사를 후속 문자열에 허용하며, 이러한 복원 대명사는 영논항(null argument)으로도 대체될 수 있다. 이는 주제구가 이동에 의해 형성된 것이 아니라 문두에 기저 생성되었음을 보여 주는 근거가 된다.

또한, 공백이 있는 주제 구문에서도 주제는 공백 없는 주제 구문과 마찬가지로 "무엇에 관한 것인지"의 개념으로 정의된다. 이는 공백이 있는 주제 구문이 기본적으로 주제-술부 관계를 유지하며, 술부가 주제에 대해 말하고 있기 때문이다. 그러나 앞서 살펴본 바와 같이, 공백이 있는 주제 구문에서는 술부 부분이 열린 통사적 위치(open syntactic position)를 포함하며, 이 열린 위치가 주제구에 대해 술어화(predication)된다. 이로써 공백이 있는 주제 구문에서 주제-술부 관계는 주어-술어 관계(subject-predicate relation)로 구체화된다. 다음 예문이 이를 보여준다.

(20) i-chayk-un [Swuni-ka pro ilkessta]

이 책-은　[순이-가 pro 읽었다]

"이 책에 관해서는, 순이가 그것을 읽었다."

따라서, 공백이 있는 주제 구문에서 주제는 "무엇에 관한 것인지"와 "술어화"의 개념 모두에 의해 정

5) 위 예문에 대한 문법성 판단은 화자들마다 다소 차이가 있음을 인지하고 있다.

6) 일본어도 한국어와 유사한 주제 구문을 가지고 있다 (cf. Kuno 1973).

의된다고 결론 내릴 수 있다.

요약하자면, 공백 없는 주제 구문은 동사(또는 술어)에 의해 하위 범주화되지 않는 부가어구(adjunct phrase)를 주제화하여 구성되며, 후속 술부 문자열에서 공백을 필요로 하지 않는다. 반면, 공백이 있는 주제 구문은 후속 문자열에서 주제구와 동일지시되는 공백을 필수적으로 요구하며, 어순뒤섞기 구조와 달리 이 공백을 복원 대명사로 채울 수 있다. 이러한 두 가지 유형의 주제 구문을 통해, 주제는 "무엇에 관한 것인지"(aboutness)라는 측면과 "술어화"(predication)라는 측면에서 정의될 수 있음을 확인할 수 있다.

4. 주제 구문에 대한 제약

앞 절에서는 한국어에 공백 없는 주제 구문과 공백이 있는 주제 구문이라는 두 가지 유형이 존재함을 보였다. 공백 없는 주제 구문에서는 주제가 "무엇에 관한 것인지"라는 개념으로 정의되는 반면, 공백이 있는 주제 구문에서는 "무엇에 관한 것인지"와 "술어화"라는 두 가지 측면 모두에서 정의될 수 있음을 논의하였다. 이번 절에서는 이러한 분석을 바탕으로, 주제 구문에 적용되는 특정 제약을 살펴보고자 한다. 우리가 주장하는 핵심 제약은 '문장당 하나의 주제(one-topic-per-sentence) 제약'으로, 하나의 문장에는 단일한 주제만이 할당될 수 있다는 것이다. 이를 보여 주기 위해 다음 예문을 살펴보자.

(21) a. Tori "-nun" Swuni "-nun" chotayhayssta
토리-는 순이-는 초대했다.
As for Tori, he invited Swuni(not someone else)
"토리에 관해서는, 순이를 초대했다(다른 사람이 아니라)."

b. Tori "-nun" tambay "-nun" phiwunta-ko malhayssta
토리-는 담배-는 피운다-고 말했다.
As for Tori, he said that he smokes cigarettes(not something else).
"토리에 관해서는, 그는 담배를 피운다고 말했다(다른 것이 아니라)."

각 문장에는 (21)에서 보이는 바와 같이 두 개의 "-는" 표지가 포함되어 있다. 그러나 영어 번역에서 드러나듯, 의미적 관점에서 첫 번째 "-는"은 주제로 해석되고, 두 번째 "-는"은 대조적 읽기(contrastive reading)를 가진다.[7] (21)에서 관찰되듯, 문장이 두 개의 "-는" 표지를 가지고 나타날 경우, 첫 번째 "-는"을 가진 명사구만이 주제로 해석되며, 두 번째 "-는"을 가진 명사구는 자연스럽게 대조적 의미로 해석된다.

Hoji(1985)는 일본어에서 주제 표지 "-wa"와 대조 표지 "**-wa**"를 구분하며, 이는 대용어(anaphor)의 결속 가능성(binding) 여부로 구별된다고 주장한다.

(22) a. *[sono $zibun_1$ ni tuite-no $hon]_2$-wa John1-ga e_2 suteta

[그 자신에 관한 책]-은 존-이 버렸다.

"그 자신에 관한 책에 대해, 존이 그것을 버렸다."

b. [sono zibun1 ni tuite-no hon]-o John1-ga t_2 suteta

[그 자신에 관한 책]-을 존-이 버렸다.

"다른 것이 아니라, 그 자신에 관한 책을 존이 버렸다."

c. [sono zibun ni tuite-no hon]**-wa** John-ga suteta

[그 자신에 관한 책]-은 존이 버렸다.

"다른 것이 아니라, 그 자신에 관한 책에 대해 존이 그것을 버렸다."

(22b)와 같이 어순뒤섞기가 발생한 문장에서는 재구조화(reconstruction)을 통하여 재귀대명사 'zibun'이 'John'에 의하여 결속될 수 있으므로 문법적인 문장으로 판단된다. 그러나 (22a)와 같은 주제 구문에서는 이러한 대용어 결속 관계가 허용되지 않는다. (22c)에서는 대조 표지 "**-wa**"를 사용하면 대용어 결속이 가능하다. 이러한 사실을 바탕으로 Hoji는 대조 표지 "**-wa**"를 가진 구성 요소는 어순뒤섞기의 대상이 될 수 있는 반면, 주제 표지 "-wa"를 가진 구성 요소는 그렇지 않다고 주장한다.

같은 논의는 한국어에도 적용된다. 한국어의 주제 표지 "-는"과 대조적 "**-는**" 사이에는 본질적인 차이가 존재한다. 첫 번째로, 주제 표지 "-는"은 문두의 주제 위치(문장 CP의 SPEC 위치로 간주됨)에 기저 생성되는 반면, 대조적 "**-는**"은 S(IP) 내부에 기저 생성된다는 점에서 차이가 있다.[8]

---

7) (22c)의 대조적 읽기를 가진 **wa(-는)**은 굵은 글씨체로 주제 표지 wa(-는)와 구별한다.

8) Saito(1985)를 따라, Hoji는 문두 위치가 S"에 의해 즉각적으로 지배된다고 가정한다. 그러나 이 장에서는 Chomsky(1986)의 Barriers 이론 틀을 채택하여 문두 위치가 주절 CP의 SPEC임을 가정한다.

(23) a. [$_{CP}$ Swuni-nun [$_{IP}$ Tori-ka e poassta]]
순이-는 [토리-가 e 보았다]
"순이에 관해서는, 토리가 그녀를 보았다."
b. [$_{CP}$ [$_{IP}$ Tori-ka Swuni-nun poassta]]
[토리-가 순이-는 보았다]
"토리가 순이를 보았다(다른 사람이 아니라)."

두 번째로, 이러한 구조적 차이는 어순뒤섞기 가능 여부에서도 드러난다. 주제 표지 "-는"이 붙은 명사구는 어순뒤섞기를 허용하지 않는 반면, 대조적 "**-는**"이 붙은 명사구는 어순뒤섞기를 허용한다는 점이다. 이러한 차이는 (24)에서 확인할 수 있다.[9)]

(24) a. 주제 "-는"을 가진 명사구 :
[$_{CP}$ NP-nun [$_{IP}$ … e …]]
b. 대조적 "**-는**"을 가진 명사구 :
[$_{CP}$ … [$_{IP}$ NP_1-nun [$_{IP}$ t_1 …]]]

(24a)는 주제 "-는"이 D-구조에서 주절 CP의 SPEC에 기저 생성되어 S-구조에서도 동일한 위치에 유지됨을 나타낸다. 반면, (24b)는 대조적 "**-는**"이 D-구조에서 IP 내부의 논항 위치(argument position)에 기저 생성되었다가, S-구조에서 IP의 부가 위치(adjunct position)로 어순뒤섞기 되는 과정을 보여 준다.

세 번째로, 두 구성 간의 차이는 하위접근성 조건(Subjacency condition)에 대한 민감성에서도 확인된다. 주제 "-는"을 가진 구문은 하위접근성 조건의 제약을 받지 않지만, 대조적 "**-는**"을 가진 구문은 이 조건의 영향을 받는다. 이는 대조적 "**-는**"을 가진 명사구가 내부적으로 격 표지를 가진 명사구처럼 하위접근성 조건에 민감하게 작동함을 보여 준다.[10)]

(25) a. [$_{CP}$ ce moca-nun [$_{IP}$ Tori-ka [$_{NP}$ [$_{CP}$ e e ssuko issessten]
[그 모자-는 [토리-가 [e e 쓰고 있었던]

9) 어순뒤섞기된 구문에서 뒤섞이를 당한 문구가 부착되는 위치는 이 절에서 주요 논점이 아니다. 여기서는 Kuno(1973)와 Saito(1985)의 가정을 따르며, S에 부착되는 것으로 본다.

10) 하위접근성 조건(Subjacency condition)은 이동에 대한 조건으로 간주되며, 표상 조건이 아니다.

salam-ul cal anta]]]

사람-을 잘 안다]]

"그 모자에 관해서는, 토리는 그것을 쓰고 있었던 사람을 잘 알고 있다."

b. [$_{CP}$ ce moca-lul/**nun** [$_{IP}$ Tori-ka [$_{NP}$ [$_{CP}$ e e ssuko issessten]

[그 모자-를/**는** [토리-가 [e e 쓰고 있었던]

salam-ul cal anta]]]

사람-을 잘 안다]]

"그 모자(다른 것이 아니라)를 토리는 그것을 쓰고 있었던 사람을 잘 알고 있다."

이러한 분석은 공백 없는 주제 구문에도 동일하게 적용된다. 즉, 공백 없는 주제 구문 역시 "문장 당 하나의 주제(one-topic-per-sentence)" 제한의 적용을 받는다. 이를 (26)의 예문에서 확인할 수 있다.

(26) a. kwail-un sakwa-**nun** masissta

과일-은 사과-는 맛있다.

"(과일에 관해서는) (다른 것이 아니라) 사과가 맛있다."

b. Khokkiri-nun kho-**nun** kilta

코끼리-는 코-는 길다

"(코끼리에 관해서는) (다른 것이 아니라) 코가 길다."

c. ce umsikcem-un pizza-**nun** masissta

저 음식점-은 피자-는 맛있다.

"(저 음식점에 관해서는) (다른 것이 아니라) 피자가 맛있다."

d. soselchayk-un Swuni-ka Cencayng-kwa-Pyenghwa-**nun** ilkessta

소설책-은 순이-가 전쟁과 평화-는 읽었다.

"(소설책에 관해서는) (다른 것이 아니라) 순이가 전쟁과 평화를 읽었다."

이 예문들의 의미 해석에서 보이듯, 비록 표면적으로 여러 개의 "-는" 표지가 등장하더라도 각 문장은 단일한 주제에 기반해 해석된다. 표면상 중복된 "-는" 표지는 실제로는 대조적 "**-는**"으로 해석되며, 따라서 "문장 당 하나의 주제 제한"에 대한 반례가 되지 않는다.

5. 결론

본 장에서는 문장의 주제 개념을 보다 명확히 이해하기 위해 어떤 종류의 명사구(NP)가 주제로 간주될 수 있는지를 살펴보았다. 의미적으로 주제는 총체적(generic) 또는 한정(definite) 명사구, 혹은 한정된 집합에 대해 수량화하는 양화 명사구로 특징지어진다. 통사적으로는 문두에 위치하며 '는/은' 주제 표지를 가진 구성 요소로서 문장의 통사 구조에서 가장 높은 위치를 차지한다는 점을 확인하였다.

또한, 한국어에는 두 가지 유형의 주제 구문이 존재함을 보였다. 공백 없는 주제 구문은 동사(또는 술어)에 의해 하위 범주화되지 않는 부가어구(adjunct phrase)를 주제로 삼아 구성되며, 후속 술부(comment) 문자열에 공백을 필요로 하지 않기 때문에 주제는 "무엇에 관한 것인지"의 개념으로 정의된다. 반면, 공백이 있는 주제 구문은 후속 술부 문자열에서 주제구와 동일지시되는 공백을 필수적으로 요구하며, 이에 따라 주제는 "무엇에 관한 것인지"와 "술어화(predication)"라는 두 가지 측면 모두에서 정의될 수 있음을 밝혔다.

마지막으로, "-는" 표지가 두 번 이상 나타나는 구문에서도 주제 구문에는 특정한 제약이 적용됨을 주장하였다. 즉, 문장 내 두 개의 "-는" 표지 중 첫 번째 "-는"은 주제로 해석되며, 두 번째 "-는"은 대조적 해석(contrastive reading)을 갖는다. 이를 통해 공백 여부와 관계없이 모든 주제 구문은 단일한 주제를 기반으로 해석되며, 문장에는 하나의 주제만이 할당된다는 결론에 도달하였다.

참고문헌

Bak, S.-Y. (1981) Studies in Korean Syntax, Dissertation, University of Hawaii.

Bak, S.-Y. (1986) "Topic in Korean: A Discourse functional Analysis," *Linguistic Journal of Korea*, 11.1.

BalLin, M. (1982) "A landing site theory of movement rules," *Linguistic Inquiry*, 13.1.

Bowers, J. (1976) "On surface structure, grammatical relations and the structure preserving hypothesis," *Linguistic Analysis* 3.2.

Bowers, J. (1981) The Theory of Grammatical Relations. Cornell University Press, Ithaca, New York.

Chae, Wan (1976) "The meaning of Case marker nun," *Korean Linguistics* 4(1984), edited by Y. K. Koh and K. S. Nam.

Chomsky, N. (1965) *Aspects of the Theory of Syntax*, MIT Press.

Chomsky, N. (1977) "On Wh-movement," in Culicover el al. (eds.) *Formal Syntax*, pp. 71-132.

Chomsky, N. (1986) *Barriers*, MIT Press, Cambridge, Massachusetts.

Dahl, O. (1974) "Topic-Comment Structure Revisited," Dahl, O. (ed.) Topic & Comment Contextual Boundedness and Focus, Helmut Burke Verlag, Hamburg, pp. 1-24.

Dahl, O. (1976) "Topic Comment Structure in a Generative Grammar with a Semantic Base," in F. Daues (ed.), Papeers on Functional Sentence Perspective, Mouton, The Hague, pp. 75-80.

Givon, T. (1984) *Syntax: A Functional-Typological Introduction Vol. 1*, John Benjamins Publishing Company.

Greenberg, G. R. (1984) "Left Dislocation, Topicalization, and Interjections." *Natural Language and Linguistic Theory 2*, 283-287.

Hoji, H. (1985) Logical Form Constraints and Configurational Structures in Japanese, Ph.D. dissertation, University of Washington, Seattle, Washington.

Kim, Y.-S. (1993) *Control Theory*, Hanshin Publishing Company.

Kim, Y.-S. (1994) "On Empty Pronouns in Korean." *Studies in Generative Grammar*, 4.1. Kim, S and G-S Moon(2021) NP/DP Parameter and (In)definiteness in Articleless Languages. *Studies in Generative Grammar* Vol. 31, No2.

Kim, S and G-S Moon (2021) NP/DP Parameter and (In)definiteness in Articleless Languages. Studies in Generative Grammar Vol. 31, No2.

Krifka, M. (1987) "An Outline of Genericity," *Forschungsbericht des Seminars fur naturlich sprachliche Systeme der Universitat Tubingen 25*.

Kuno. S. (1973) *The Structure of the Japanese Language*, MIT Press, Cambridge, Massachusetts.

Kuroda, S.-Y. (1988) "Whether We Agree or Not: A Comparative Syntax of English and Japanese," in W. J. Poser, ed., *Japanese Syntax*, CSLI, Stanford.

Lee, C. M.(1973a) Abstract Syntax and Korean with Reference to English, Ph.D. Dissertation, Indiana University.

Li, C. and S. Thompson(1976) "Subject and Topics A New Typology," in C. Li, (ed.), *Subject and Topic*, Academic Press, New York.

Moon, G.-S.(1987) "The Distribution of pro in Korean and the Theoretica! Implications," *Harvard Studies in Korean Linguistics II*, Harvard University.

Moon, G.-S.(1989) *The Syntax of Null Arguments with special reference to Korean*, Ph.D. Dissertation, University of Texas at Austin.

Moon, G.-S.(1991) "Identification of Null Arguments, Studies in Generative Grammar, 2.1.

Rivero, M.-L.(1980) "On Left-Dislocation and Topicalization in Spanish," *Linguistic Inquiry* 11, 363-393.

Saito, M.(1985) Some Asymmetries in Japanese and Their Throretical Implications, Ph.D. dissertation, MIT.

Williams. E.(1980) "Predication," *I,inguisticic Inquiry* 11, 203-238.

Williams, E.(1983) "Against Small Clauses," *inguisticic Inquiry* 14, 287-308.

Yang, D.-W.(1975) *Topicalization and Relativization in Korean*, Pan Korea Book Corporation, Seoul.

Yang, I.-S.(1973) "Semantics of Delimiters in Korean," *Language Research*, 9.2.

II

(비)한정성/ (불)특정성 대 화제(topic)

02

(비)한정성/(불)특정성 대 화제(topic)

초점 : 개체 층위/단계 층위 술어와도 관련하여

이정민

본 장은 문장의 화제(topic)/초점(focus)과 NP의 한정성(definiteness)/특정성(specificity) 사이의 관계를 다루되, 이들 현상이 술부 쪽의 개체 층위(individual-level)/단계 층위(stage-level) 술어의 구별과도 밀접히 연관되어 있으므로 이들 사이의 관계에 대해서도 논의하려고 한다. 이 과정에서 총칭(generic) 구문이 어떻게 화제 구문의 특성을 갖는가에 대해서도 유의하게 된다.[1)]

한정성(definiteness)은 Christophersen(1939) 이래의 전통적 연구에서나, 담화표상이론(Discourse Representation Theory)(Kamp 1981 & Heim 1982)과 같은 형식 화용론에서나, Chafe, Du Bois, Thompson 및 Prince와 같은 비형식 화용론에서나, 그 밖에 Karttunen, Stalnaker에서도 대체로 '가정된 친숙성'(assumed familiarity)으로 성격짓는다. 화자와 청자 사이의 공통된 장을 위해 화역(domain of discourse) 속에 들여놓은 것으로 전제된 대상의 표현이 한정적이다.

한편, 특정성(specificity)은 (화자가 가정하는) 정체 확인 가능성(identifiability)과 관계된다. NP의 독자적 자질로 보려는 입장과 영향권(scope) 관계 하에 보려는 입장이 있으나, 여기서는 영향권의 영향을 인정하더라도 그 작용이 없는 경우를 감안하여 NP의 자질로 본다.

그러면, 화제(topic)는 무엇인가? 발화 속에서 그것에 대해 이야기하기 위해 뽑아내 발화의 나머지 부분에 앞서 맨 먼저 별도로 내놓는 요소라 할 수 있다. 그러나, 여기서 뽑아내는 경우는 원형적인 경우이고, 나중에 다룰 외적(external, extrinsic) 화제는 발화 속의 명제 내용에서 뽑아낸 것이 아닌 경우이다. 여기서는 주로 문장 발화의 화제를 다루지만, 담화 단위와도 연관된다.

---

1) 본 장은 1990년 국어학회와 같은 해 여름 Barcelcma에서 열린 International Pragmatics Conference에서 발표한 논문을 약간 손질한 것이다. 회의에서 논평과 질문을 해 주신 분들께 감사드린다.

1. 화제와 한정성 및 한정성에의 육박

화제(topic)는 전형적으로 한정 명사구(definite NP)로서 문두에 위치한다고 본다. 물론 그 역은 성립하지 않는다. 필요충분 조건이 안 되기 때문이다. 명시적으로 한정적이지 않은 경우에도 몇 가지 수단으로 가정된 친숙성을 얻어야 화제가 된다고 본다. 그 수단에는 총칭성(genericness), 수식에 의해 발화상황에 닻내리기, 기타 양상, 조건 및 관계문에 의한 양화적 힘(quantificational force)이 있다. 이러한 표현의 수단으로 NP가 한정성에 육박(approximate)해야 화제가 될 수 있다고 필자는 주장한다.

1. 한국어에서, 원형적인(prototypical) 무표적(unmarked) 화제 표현은 전형적으로 한정적이면서 화제 표지인 '-는'을 가진 것이라고 본다. 문법 관계 중에서는 전형적으로 주어에서 나오며 문두에 위치하나, 말하기 동사에 내포된 경우나 문체상 문두가 아닌 위치로 물러날 수도 있다. 고유명사와 (인칭) 대명사와 같은 한정 명사는 그대로 '는'만 붙여 쉽게 화제로 삼을 수 있다. 대화에서는 화제가 화제 표지 없이도 자유로이 나타나나, 표지 없는 화제의 경우에도 친숙성과 그밖의 조건들을 충족시켜야 한다. 그리고 이러한 표지 없는 화제가 일본어에서보다는 한국어에서 더 풍부히 나타나는 경향이 있다. 대화 상황에서 표지 없는 화제가 쓰이는 경우에는 대조의 뜻이 배제되나, '-는'을 일부러 붙이면 상대적으로 대조의 뜻이 생길 수 있다(예: '그 친구 멋있어' 대 '그 친구는 멋있어').

처음부터 한정성을 지닌 것으로 취급되는 고유명사도, 그것이 듣는 이에게 친숙한 이름이라는 가정이 화자에게 없으면 곧바로 화제로 등장하기가 어렵다. 그 가정이 없을 때에는 그 고유명사를 화역에 새롭게 도입하는 발화가 선행해야 한다(예컨대, '김철수라는 사람,' 'a person called John Smith,' 'a John Smith'). 담화표상이론에서처럼, 다른 모든 친숙하지 않은 실체가 그와 같은 도입 과정을 거쳐야 하며, 그렇게 새로이 도입되는 실체를 나타내는 명사는 의미상 비한정적(indefinite)이다.[2)]

인칭 대명사도 한정적이어서 자유로이 화제가 되며, [지시사 + 명사]의 구성도 대체로 한정적이라 하겠으나, 후자의 경우 대화 상황에서 비로소 상대방의 주의를 끄는 데 쓰이는 일이 많아 친숙성의 가정이 확고하지 않을 수 있고(1b 참조), 한정적이라도 대조의 뜻으로 쓰일 때가 많다.

(1) a. 철수는 요즈음 사랑에 빠져 있다.

---

2) 예컨대, '옛날에 어느 마을에 농부가 살고 있었다'라고 하면, 이 경우 '농부'는 비한정적이다(졸고 1989 참고). 다음의 '한 선비가'도 비한정적이다.

(i) '옛날 작은 마을에〈한 선비가/?*그 선비가/?*한 선비는/?*한 선비〉살고 있었다.'

b. 너 이걸 알아야 돼. 거기 가는 것은 네 손해야. (역행대용)

c. 이 물은 깨끗하지가 않다.

Russell 이후 연구되어 온 이른바 영어의 한정 기술(definite description)은 [정관사 + 단순 명사/복합 명사]의 구성이며, 한국어에는 정관사가 없으므로 이에 해당하는 구문 역시 의미·화용론상의 해석에 의존할 수밖에 없다.

(2) a. 소주 마시고 있는 신사는 탈렌트야.

b. 담배를 피우는 사람은 암에 걸리기 쉽다.

(2a)의 경우, 수식에 맞는 단일한 존재로서의 신사가 있어(발화 상황에서 보인다든지 하여) 상호 간에 친숙성이 가정될 때, 화제로서 성립된다. 즉, '수식 표현 + 보통명사'는 맥락에 의해 한정성 여부(상대가 모른다고 가정하면 비한정적. 영어에서 같으면 the도 a도 붙을 수 있음) 및 정도와 그에 따른 화제 가능성이 결정된다. 형용사로만 수식된 '형용사 + 보통명사'의 경우에도('뚱뚱한 신사'는) 기본적으로는 마찬가지다. 관계절의 수식을 받는 경우보다 한정성의 가능성이 약하기는 하지만(따라서 전제 없이 대화 초두에 내놓을 경우 한정적 특정인 또는 특정물을 가리킬 수 없다), 상호 간의 친숙성의 가정만 확실하면 한정적이어서 그러한 절대적인 상황에서는 화제가 된다. 이때 '형용사 + 보통명사' 구성은 한정 기술의 속성적(attributive) 용법이 아닌 지시적 용법(referential use)(Donnellan 1966)으로 쓰인 것이다. 마치 이름처럼 쓰이는 예다. 형용사 앞의 '그'가 없이('그 뚱뚱한 신사') 쓰이는 예로도 볼 수 있다. (소설에서 '빨간 모자는 묵묵히 따라갔다'라는 표현이 쓰인다.) 이 용법으로는 설사 화자가 '양주'를 '소주'로 잘못 알고 말한 경우에도 성공적인 지시의 화행을 수행하게 된다고 보는 것이다. 물론 지시사 '이', '그', '저'가 덧붙으면 한정성이 확실해진다. 그 밖에는 수식에 부합되는, 머리 명사가 지시하는 개체의 집합을 총칭적으로 생각하게 되나, 그러한 해석으로는 (2b)의 예가 적합하다. 뒤에 논하겠지만, 총칭은 항구적 속성을 나타내는 개체-층위 술어와 어울린다. 총칭적이 아닌 복수로 해석되더라도 발화 상황에 연관성이 있는 집합을 가리키게 된다. '신사' 뒤에 비한정적 표현으로 만드는 '한 사람'과 같은 '수사 + 분류사'가 덧붙는 경우에는 특정적(specific)이더라도 화제성(topicality)이 약화되고, 대조성이 강화된다.

이와 같이 보통명사(common noun)도 자유로이 화제(topic)로 등장한다. 보통명사가 특히 수식 없이 총칭적(generic)으로 종류(kind)를 나타내거나 대부분의 질량이나 구성원을 뭉뚱그려 떠올릴 때에는, 상당히 잘 정의된 집합이나 질량을 가리키게 되어 친숙성 가정에 어려움이 없고 자연히 한정성에 육박하게 된다. 그리하여 화제가 되는 데 전혀 무리가 없다. 총칭성에 대해서는 뒤(II)에서 자세히 논의하기로 한다.

2. 통사론상으로 한정적이 아닌 명사구라도 의미상 한정성에 육박할 때에는 화제가 된다는 것이 필자의 견해다. 통사론상으로 비한정 명사구더라도 다음(3a, b)와 같이 발화 상황에 닻내리기(anchor)되었을 때에는 한정성에 육박하여 중한정물(quasi-definite)이 된다고 하겠다. 이 경우는 듣는 이에게 원래 생소하더라도, 발화 상황에의 닻내리기로 인해 상대방이 그럴 수 있다고 보고 이의나 의문을 제기하지 않으리라는 가정이 화자에게 있을 가능성이 있으며, 이 과정에는 대화상의 협조 원리(Grice 1967)가 작용한다. 닻내리기시키는 수식절이 없는 비한정 명사구는(3c, d)에서와 같이 화제를 이루지 못한다. (3f)도 마찬가지이며, 여기서 형용사가 속성적으로만 쓰이고 막연하여 닻내리기 역할을 못 한다.

(3) a. 내가 아는 선생님 한 분은 90이 넘었는데도 정정하시다.
 b. 우리 옆집에 있는 개 한 마리는 나만 보면 짖는다.
 c. ?*개 한 마리는 나만 보면 짖는다.
 d. ?*여러 사람은 부지런히 일한다.
 e. ?*노래 여러 곡은 철수가 지었다. (cf. 그 노래는 철수가 지었다.)
 f. ?*뚱뚱한 신사 한 사람은 새로 이사 왔다.

그 밖에도 다음 예(4a)에서와 같이, 청자와 화자가 잘 알고 있는 고유명사로 된 제도 등에 소속되어 있는 인물 등은, 그 자체는 한정적이지 못하더라도 친숙한 고유명사의 한정성을 물려받아 전체적으로 한정성에 육박하게 되고, 따라서 화제가 된다.

(4) a. 경기고등학교의 럭비부 학생들은 선배가 죽으라면 죽는다.
 b. 철수의 손은 피투성이가 되었다.

이 예에서 '학생들'은 꼭 모두일 필요도 없어 한정적이지 않고, 부분격(partitive)적인 성질을 가지고 으나, '경기고등학교'가 서로에게 알려져 있고 그곳의 럭비부는 한정적이 되므로, 그 안의 '학생들'은 한정적이지 않더라도 '한정성'을 물려받아 닻내리기가 되고, 한정성에 육박하게 됨으로써 화제가 된다. (4b)에서 '철수의 손'은 두 손일 수도 있으나 한 손일 가능성이 커 그 자체는 한정적이기 힘들지만

('철수의 오른손'은 한정적이다), 육박의 개념으로 화제화를 설명할 수 있다. 위와 같은 비한정 명사구의 화제화 현상은 영어에서도 지적된 바 있으며('a child of my acquaintance' 등의 예)(Reinhart 1982), 필자의 설명 방식이 적용될 수 있는 상황들이다.

양화적 힘(quantificational force)이 작용하는 구문의 화제 위치 명사구에도 같은 개념이 적용된다. 실상 이미 살펴본 총칭적 구문이 이에 해당한다. 다음 예들을 보자.

(5) a. 당나귀i를 가진 농부는 늘(으레히, 번번이, 보통, 흔히, 대개) 그걸i 때린다.
b. 당나귀i를 가진 농부는 그걸i 때린다.
c. ?*당나귀i를 가진 농부가 그걸i 때린다.
d. 당나귀i를 가진 모든(대부분의) 농부는 그걸i 때린다.
e. *당나귀i를 가진 일부의 농부는 그걸i 때린다.

(5a)에서 농부를 양화시키는 양화 부사 '모두', '대부분', '거의 다', '예외 없이' 등이 화제인 '농부는' 다음에 와도, 비슷하게 경우에 대한 양화로 의미상 작용하여 담화 표상 이론(Discourse Representation Theory = DRT)에서처럼 농부가 당나귀를 갖는 것과 그걸 때리는 것 사이를 양화된 조건 표시처럼 나타낼 수 있다. (다음 부사들은 주로 술부 동작을 수식하는 듯하다: '툭하면', '심심찮게', '빈번히', '자주', '뻔질나게', '식은 죽 먹듯이' 등.) 이 논문에서는 특히 (5b)처럼, 한국어에서 그와 같은 양화 표현 없이도 '관계절 + 보통명사'의 NP가 (준)한정물로서 같은 효과를 나타내면서, 지배-결속(GB) 이론에서 설명하지 못하는 성분 통어(c-command) 위배의 대명사화가 똑같이 일어난다는 점에 주목한다. 화제화가 된, 관계절의 수식을 받는 보통명사 자체가 총칭적이어서 양화적 힘을 발휘하되, 그것은 집합 또는 질량 대부분을 가리키는 한정성에의 육박하에서만 가능한 것이며, 양화에 있어 지극히 미흡한 '일부의', '일부'('농부는'의 뒤 위치)가 들어가는 경우, 한정성에의 육박은 깨어지고, 그 경우에는 (5e)에서처럼 대명사 결속 관계도 성립하지 않는다. 이 (준)한정성에 의한 화제화야말로 그것에 의존하고 있는 비한정적인 관계절 속의 목적어 '당나귀'로 하여금, 성분 통어 없이도 뒤에 오는 대명사를 묶게 하는 힘이 된다. 그러므로 주어 NP에 주격 표지 '-가'가 붙으면 총칭적 양화의 조건 관계가 안 생겨 (5c)처럼 결속 관계도 일어나기 힘드나, '-가'에 비상한 강세를 주어 초점화하면 (5b)의 관계가 전제되어 간신히나마 결속 관계가 일어난다.

2. 총칭 구문과 화제

총칭적 명사구가 문장의 주어 기능에서 나온 경우를 대표적인 총칭문(generic sentence)으로 보겠다. 앞에서 언급한 바와 같이, 보통명사가 총칭적으로 쓰여 한정성에 육박하고 화제가 될 수 있다. 이때 한국어에서는 총칭적 보통명사에 아무런 한정사(determiner)도 앞에 붙지 않고, 물론 뒤에 '수사 + 분류사/도량사'가 따르지 않는다. 그러나 영어에서는 총칭의 경우에도 질량명사만 한정사가 붙지 않고, 셀 수 있는 명사의 경우에는 정관사('the'), 부정관사('a')가 붙은 단수나 관사 없는 복수 명사가 쓰인다. 그러나 화제 위치에서라야 통사상 비한정(indefinite) 명사구인 '부정관사 + 명사'나 무관사(bare) 복수 명사가 총칭성을 띨 수 있음을 모두들 간과하고 있다. 대개 질량명사(mass term)는 총칭문 논의에서 제외시키고 있으나, 한국어의 특징상 여기서는 포함시키기로 하며, 이는 지극히 당연하다고 본다. 다음 예를 보자.

(6) a. 물은 무색 투명하다.
    b. 개는 영리하다.
    c. 개는 짖는다.
    d. 도도새는 멸종했다.

(6a, b)에서 '물', '개', '도도새'는 문법 관계 중 주어에서 온 화제다. 보통명사가 종류(kind)를 나타내거나(6d), 대부분의 구성원을 포함하는 집합(즉, 당연 총칭 = default generic, Heyer 1990)을 가리킬 때에는 그것과 연관된 술어(predicate)는 그 종류나 집합 일반의 어떤 성질이나 특징적 경향을 보인다. 따라서 (6a, b)의 술어들은 항구적인 속성을 나타내며, (6c)의 주도적인 해석은 '개'라는 것은 우연한 예외를 제하고는 전형적으로 짖는 속성을 가지고 있다는 것이다. 여기 (6)의 술어들은 Carlson의 구별을 술어에 적용한 Kratzer(1989)의 이른바 개체-층위(individual-level) 술어가 된다. 이는 다음에 나올 장면/단계-층위(stage-level) 술어와 대조된다. '물'은 질량의 자연류(natural kind)로서 개체-층위의 술어를 가지고 화제가 되었다. (6c)의 '개'는 그러나 특별한 맥락에서의 한정적(definite) '개'일 수도 있으며, 그 경우 표지 '-는'은 대조적(contrastive)(때로 유보적, 조건적) 의미를 갖게 되고, 술어 '짖는다'는 진행의 장면/단계-층위 해석을 받게 되는 것이 상례이나, 아주 특수하게 개체-층위의 해석을 받을 수도 있다.[3)]

3) '개는 짖는다'의 총칭적 의미를 이영헌(1984)에서 잘 다루고 있으나, 다른 의미 가능성을 빠뜨리고 있다. 단수일 때 오히려 종류-지칭/

(6c)가 만일 그 부정문과 접속되면, 아래 (7a)와 같이 모순 명제가 되고 만다. 이는 영어의 총칭적(generic) 표현에서도 마찬가지다.

(7) a. ?*개는 짖고 개는 짖지 않는다.(cf. 이 개는 짖고 저 개는 짖지 않는다.)
b. ?*Dogs bark and dogs don't bark.

이는 한국어의 단순 보통명사나 영어의 관사 없는(bare) 복수 명사에 의한 총칭적 종류 지시(kind reference)나 당연 지시(default reference)는 고정되어 있고 한정성에 육박함을 뜻한다. (6c)에서 만일 한정적 지시사인 '그'가 붙어 '그 개'가 되면 이 NP는 총칭적 지시가 될 수 없고, 맥락상 분명한 특정한 개가 될 뿐이다. 그때 술어는 개체층위일 수도, 단계층위('짖고 있다'의 뜻)일 수도 있다. 전자일 때의 NP는 화제가 되고, 후자일 때의 NP는 대조(contrastive)가 되는 것이 전형적인 해석이 되나, 맥락에 따라 달라질 수 있다. 이는 정관사를 취하는 영어의 NP 'the dog'이 총칭적으로 쓰일 수 있고, 그때 개체층위 술어인 'barks'와만 결합되는 것과 대조된다(우리말 '그'의 지시사적 성격이 영어의 정관사의 기능과 차이를 낸다). (7a) 대신 '개는 짖는 동물인데, 저렇게 안 짖고 있다' 하면 뒤 성분 문장이 앞에 나타난 '개'의 형태에 기대어 영주어를 갖되, 맥락상의 한정적인 '개'를 뜻하게 된다. (영어의 예 (7b)에서도 뒤 접속지의 술부가 단계층위인 진행형인 경우에는 뒤의 'dogs'는 총칭적인 것이 아니어서 모순이 안 될 가능성이 있다.)

총칭적 지시가 (6c)에서처럼 대체로 전체 집합을 가리키므로, 앞에서 이미 본 바와 같이 '모두'나 '대부분'과 같이 전체 집합에 육박하게 하는 양화사는 전형적인 화제 뒤에 자연스럽게 오나, '3분의 1이' 처럼 전체에 훨씬 미치지 못하게 하는 양화사가 뒤에 오면 그 영향으로 한정성에의 육박이 깨지고, 그 경우 약간 대조의 의미를 띠게 된다. 영어에서도 [most + 보통명사]는 비한정적 NP만 나타날 수 있는 존재의 there 구문에 나타나지 못하는 점과 공통된다.

정의를 내리는 발화는 보통 주어 명사구가 화제가 된다. (6c)에서 술부를 '젖빨이 동물이다'로 바꾼 형태가 전형적인 예가 되겠다(이 경우 개는 종류 지칭이 되겠다). 은유(metaphor)는 대개 정의 내리기의 형식을 취하고 있으면서 주어에 대해 범상치 않은 술부가 선택되어 긴장감과 동시에 초점적 정보율

집합-지칭이 선호되고(위 '멸종되다'의 주어처럼, 종류-지칭일 때 특히 더 그렇다), 복수일 때, 즉 '개들은 짖는다'일 때에는 존재적, 대조적 해석의 경향이 생기나 이러한 경향을 이익환(1992)은 간과하고 있다. 예컨대 '사람들은' 하면 존재적 해석이 먼저 나오게 마련이다. 원래 단계층위 술어이지만, 현재형이 쓰여 무시적(atemporal)이 되고, 따라서 개체층위 술어의 해석을 받으면서 총칭문이 될 수 있다.

을 주기 때문에, 그 주어는 반드시 화제화되는 특징을 지니고 있다. 예를 보자.

(8) a. 결혼은/??결혼이 전부 아니면 전무의 (zero sum) 게임이다.
b. 인간은/??인간이 생각하는 갈대다.

여기서 '결혼'은 결혼의 모든 경우를 망라하거나 추상적 개념을 나타내거나 간에 총칭적으로 한정성에 육박하여 화제화가 되면서, 뒤의 참신한 정보의 술부와 결합하여 정의 내리기의 은유를 구성한다. 정의 내리기의 술부는 지속적 속성의 개체층위이므로, 만일 주어에 주격 표지가 붙으면 초점의 뜻을 갖게 되어 술부의 정보는 전제된 것이 되므로, 참신한 주장을 하는 은유의 본질에서 벗어나 김빠진 주장이 되고 만다.

다음과 같은 정의에서는 조건의 의미가 두드러지게 나타난다.

(9) 3각형의 내각의 합은 180도이다.

그러나 일반적으로 화제화된 형태가 조건으로 표현된 경우보다 주어짐(givenness)의 정도가 크다(졸고 1980 참조).

다음과 같은 내포적 의미를 갖는 명사도 어느 정도 총칭성을 지녀 한정성에 육박하여 화제가 될 수 있다.

(10) 미스 코리아는 매년 키가 커진다.

여기서 '미스 코리아'는 해마다 새로 뽑혀 계속 생기는 '미스 코리아'를 함수적으로 뜻하므로, 어느 특정한 미스 코리아일 수 없다. 그러나 연도만 주면 그때그때 미스 코리아가 특정지어지는 함수적 특성이 있기 때문에 그 외연이 결정될 수 있고, 따라서 그런 뜻의 한정성에의 육박이 가능해진다고 본다. (10)에서는 술부가 과정(process) 표현이어서 다소간 단계층위적 뜻을 가져 가장 전형적인 화제는 못 되나, 술부가 예컨대 '늘 키가 크다'이면 화제로서 더욱 자연스러워진다.

다음에는 다른 언어에서 어떻게 나타나는지, 관사 유무와 관련하여 유형적인 특징을 살펴보자.

(11) a. Oil floats on water.

b. L'eau va à la rivière. (물은 강으로 간다 [돈은 부자에게 간다].)

c. Les oiseaux ont des ailes. (새는 날개가 있다.)

영어의 질량명사는 (11a)와 같이 관사 없이 쓰이기 때문에 무조건 비한정 명사로 다루어지고 있으나, 불어에서는 (11b)처럼 정관사가 붙어 한정 명사로서 총칭문을 이룬다. 불어에서는 셀 수 있는 명사도 총칭적으로는 정관사가 붙은 복수 한정 명사가 되어 쓰이는 것이 대표적이다. 영어에서조차 종류 지칭 술어에는 주어로 부정관사 명사구는 허용되지 않으며, 또한 간과되고 있는 점은 무관사(bare) 복수 명사구나 부정관사 명사구가 화제 위치에서라야 총칭적으로 쓰이는 데에 큰 무리가 없고, 다른 위치에서는 바람직하지 않다는 점이다. 예를 보자.

(12) a. The lion/Lions/*A lion will become extinct/die out soon.

b. Nora has been studying the medieval mystery play [generic]/a medieval mystery play [single]/ medieval mystery plays[주로 subset]. (Quirk et al 1985)

(12b)에서 보듯이, 목적어 위치에서는[정관사 + 단수명사]만 확실한 총칭적 명사구로 쓰인다. 즉, 영어에서조차 한정 명사구가 무표적으로(unmarked) 총칭에 쓰임을 보여주며, 통사상의 비한정 명사구도 무관사 복수형으로 한정성에 육박하여 화제 위치에 놓여 화제가 될 때 총칭으로 잘 쓰이고, 집합의 대표적인 구성원을 뽑아 총칭에 쓰는[부정관사 + 단수명사]의 경우도 유표적으로, 제약적으로나마 화제 위치에서만 개체층위 술어와 함께 총칭에 쓰인다. 어느 경우에나 NP가 화제가 되어야 총칭적 해석이 가능한 총칭문을 구성한다.

영어에서도 심리 동사는 특이하여, 그 목적어 자리에서는 무관사 복수 명사가 총칭적으로 쓰인다. 우리말에서도 보통명사가 심리 동사의 대상(theme)으로서 총칭적으로 쓰인다. 다음 예를 보자.

(13) a. 영희는 개를 좋아한다.

b. 나는 거미가 무섭다.

c. John likes dogs.

영어에서, 잘 확립된 종류에만['the' + 단수 보통명사]의 총칭이 가능하다. 범주가 확실해야 단수 명사를 가지고 총칭적인 한정성을 확보할 수 있다고 본다. 종류를 갈라주지 못하는 형용사 수식은 특정성에 기여하게 마련이어서 한정적 단일 개체를 가리키게 한다.

(14) a. The coke bottle has a narrow neck.
b. ??The green bottle has a narrow neck. (종류 지칭 안됨) (Krifka 1990)

3. 초점(Focus)/대조와 특정성(specificity)

초점의 발생과 관련하여 주격 표지가 붙은 다음 (15b)의 예문이 화제 구문과 어떻게 다른지 먼저 살펴 보자.

(15) a. 영희는 총명하다.
b. 영희가 총명하다.
c. 영희가 참 총명하네/총명하더라.

(15a)는 개체층위 술어를 가진 화제 구문인 데 반하여, 화제 표지 '-는' 대신 주격 표지 '-가'가 들어간 (15b)에서 '영희'는 배제적 제시의 초점을 받는다. [나는 총명하다]가 전제된 정보인 상황에서 다른 개체들의 선택 가능성을 배제하면서, 알려지지 않은 x의 값을 새 정보로 내놓을 때 그것은 배제적 제시의 초점이 되면서 '-가/이'가 붙는다. 주문(matrix S)에서 개체층위 술어와 함께 쓰인 주어 NP의 '-가'는 중립적 주어의 뜻이 되기가 어렵다. 주문에서는 단계층위 술어와 함께 쓰인 '-가'가 붙은 NP가 중립적인 주어가 된다. 다음 예를 보자.

(16) a. 철수가 졸고 있다
b. 개가 짖는다.

(16a)에서 단계층위 술어와 함께 쓰인 주어가 중립적인 주어가 되고, 문장 전체는 주술 관계가 밀착된 단일한 단위의 정보를 전달한다. 단계/장면에서 지각된 것을 그대로 옮긴 것이다. (16b)도 마찬가

지로 주어가 중립적으로 해석되어 존재적(existential)이고, 술어는 진행의 뜻을 갖는 단계층위인 해석이 지배적이고(단복수 다 가능), 이때 주어가 존재적이 아니고 맥락에 따라 친숙하게 된 한정적인 개일 수도 있다. 또 한 가지 힘든 해석이지만, (6c)에서 본 바와 같이 '짖는다'를 개체층위로 읽는 경우, '짖는 속성을 가진 것은 개다'라는 뜻으로서 NP가 초점(focus)을 지니는 해석이다. 이 경우 '무엇인가가 짖는 속성을 가지고 있다'라는 부분은 다소 전제된다. '짖다'는 본래 동작의 동사이기 때문에, 습관상(habitual aspect)과 무시성(atemporalness)의 현재형과 쓰이면서 화제 구문일 때 주로 개체층위 해석을 받고, 나머지 경우에는 단계층위 해석이 주도적이다. 그리고 (15a)에서 본 화제와 초점은 주로 주문에서 일어나고, 내포문에서는 중화되고 만다. 따라서 내포문에서는 다음과 같이 중립적 주어가 나타난다. 굳이 초점을 줄 수는 있다. 화제는 원래 말하는 이가 듣는 이도 알고 있다고(또는 반대하지 않을 것이라고) 전제하는 대상으로서, 그것에 대해 말하는 것이기 때문에 주문에 하나가 나타나는 것이 자연스럽다.

(17) 철수는 영희가 총명하다는 것을 안다.

한편, 위의 (15c)에서 보듯이, 발화 장면에서의 예기치 않은 당장의 발견을 나타내는 인식 양상 어미(epistemic modality marker) '-네'는 장면의 지각을 옮긴 (15b)에서와 같이 항시 주격 표지가 붙는다. 과거의 현장 지각을 전하는 이른바 '회상'의 양상 표지 '-더'의 경우에도 비슷하나, 현장성이 '-네'보다는 약간 약해 주어가 '-는'과 같이 나타날 가능성도 좀 있다. '총명하다'는 전형적으로 개체층위 술어인데도 양상 어미 '-네'의 영향으로 그 한 단계인 총명한 행위를 보고 적용한 셈이다. 장면/단계들이 축적되어 개체층위 술어나 그에 해당하는 습관상을 형성한다고 하겠다.

그러면 나아가, 종류와 단계가 섞여 일어나는 수수께끼를 보자. 갑자기 뜻밖에 개가 웃는 것을 보았다고 가정하면, 그에 대한 발화는 다음 (18a)와 같을 것이다.

(18) a. 개가 다 웃네.
b. 개를 다 먹네.
c. *개 다 웃네.
d. *개 다 먹네. (목적어로 쓰인 특정 개의 경우에만 괜찮음)
e. *개는 다 웃네. (특정 개들의 경우 개 아닌 것과의 대조의 뜻으로 만 괜찮음)

개 한 마리(대상, object)가 웃는 단계를 지각하고, 개-종류에 관해서 논평한 것이다. (18a)의 주어는 '포함적(inclusive) 초점'[필자의 용어]을 얻는다고 할 수 있다. 웃는 다른 모든 경우는 내가 아는데[전제된 부분], 그 웃는 것의 범주에 개-종류까지 포함시키는 초점이다. 즉, 종류를 대표하는 예시의 경우가 되어 웃는 것들의 집합('웃다'라는 술어는 의미 유형<e, t>로서 웃는 개체들의 집합) 속에 개-종류까지 들어간다는 표현이 된다. (18b)처럼, 보통명사인 '개'가 목적어로 쓰인 경우도 예시된 개가 개-종류에 적용된 점에서 마찬가지이다. 이들 경우는 모두 초점이고 전제된 것이 아니어서 주의를 끌고 있기 때문에, (18c, d)에서 보듯이 격 표지가 탈락될 수 없다. 초점의 뜻은 의외성을 나타내는 전제 유발의 부사 '다' 때문에 틀림없이 나타나고, '다'가 없더라도 여기서 초점의 '-가' 대신 '-는'을 넣으면, (18d)처럼 같은 뜻일 수 없다(목적어일 때도 마찬가지). 구조상 이들 초점 NP는 중립적인 IP에서 부가(adjunction)되어 올라붙는 것으로 볼 수 있다.[4)]

그러면 대조(contrast)는 어떠한가? 말하기 동사에 내포된 개체층위 술어와 관련된 화제(예: '철수가 인생은 유한하다고 말했다') 등 특수한 경우를 제하고는, 문중의 '-는' 명사구는 화제가 아닌 대조의 뜻을 지닌다.[5)]

무표적인 어순에서 '-는'이 대체로 문미에 가까이 놓일수록, 명사성과 거리가 클수록 대조성(contrastiveness)이 커진다. 그러한 요소일수록 문두로 옮겨도 화제화될 가능성이 희박해진다.[6)] 문두의 '-는' NP도 상황에 따라 대조의 대상을 염두에 둘 때에나 명시적으로 표현할 경우(예: '철수는 다른 형제들과 달리 부지런하다'), 또는 부정문일 경우 대조의 뜻을 지닐 수 있다. 또한 문두에서라도 머리 명사가 고유명사나 통칭적 보통명사 외에 지시사나 다른 수식어가 있을 경우에 그만큼 대조성의 가능성이 생긴다(예: '이 물은 노랗다'). 접속문의 접속지 문장마다 문두에 온 '-는'도(예: '인생은 짧고 예술은 길다') 대조성이 생긴다. 문장들이 독립되어 있더라도 문두 '-는' NP들이 가까이서 지시 대상을 달리할

---

4) 정보 초점은 다른 사정이 같은 한, 동사 바로 앞에 놓이는 것이 무표적이다. 헝가리어에서 두드러지고, 우리말에서도 그렇고(1), 영어에서는 어순상 맨 뒤의 NP가 초점을 받는 경향이다. 담화상 작주는 화제화되어 동사 표현만 정보 초점으로 남을 수 있다(2). A. H.-O. Kim(1985)에서도 국어에 대해 비슷한 결론이다.

(i) a. 이거 누가 먹었니?
　b. 내가 먹었다.
　c. 너 그거 누구한테 주었니?
　d. 철수한테 주었어.

(ii) a. Hallod a dalt? 'Can you hear the song?'
　b. Hallom(헝가리어) 'I can hear (it)'.

5) 졸고(1973), 채완(1977) 등 참고

6) 예: '영희가 과자를 입에 대기는 했다.'(동사 어간에는 '-는'이 안 붙기 때문에 어미 '-기' 표현이 명사성이 생겨 있어 문두로 옮겨질 때에는 다소간 화제성이 생긴다) '철수가 빨리는 뛰었다.' '아기가 우유는 먹었다.' '신문이 오늘은 안 왔다' 등.

때에는 약간 대조성이 생긴다. 위 (15c)에서 '-가'를 '-는'으로 대치하면 물론 대조가 된다. 내포문의 중립적 주어 자리에 '-가' 대신 '-는'을 쓰면(말하기 동사에 내포된 개체층위 화제 외에는) 대조가 된다.

대조의 경우에는 대조되는 대상을 화자가 염두에 두고 있다는 점이 배제적 제시의 초점과 다르다. 한가지 유의할 점은 LFG 같은 통사 이론에서나 최근의 형식 의미론에서 대조도 초점의 범주에 넣고 그 안에서 구별하는 것이 보통이나, 국어에서는 표지가 달라 그 구별이 더 명확하다는 특징이 있다. '만'이나 '도'와 같은 특수 조사도 초점의 범주에 넣을 수 있다.

다음과 같이 비한정 존재(indefinite existential) NP 목적어도 그 지시가 새로이 도입되고 '선생님 만나는 것'이 듣는 이에게 가정되어 있지 않을 때에는(그래서 화자가 그렇게 믿을 때에는), 비록 특별한 초점이 가지 않더라도 목적격 표지가 탈락될 수 없다.

(19) 길에서 선생님 한 분을 만났어.

여기서 목적어 '선생님 한 분'은 비한정적이지만, 화자가 특정한 대상을 염두에 두고 있기 때문에 특정적(specific)이다. 존재 술어와 나타나는 존재적 '…가'가 꼭 '-가'가 붙어야 하는 점과 같으며(주1 참조), 이들 주격이나 대격의 표지가 같은 위치에서 탈락된 경우보다 지시 대상에 각광을 주어 주의를 끄는 격이 된다. 한편, NP가 양화사 영향권 관계에 따라 다른 양화사나 영향권 효과를 나타내는 부정, 양상 표현, 명제에 대한 태도 동사보다 큰 영향권을 가진 경우만 특정성을 인정하는 정의의 예도 있다(Fodor & Sag 1982). 다음 예에서 비한정(부정) 대명사 두 가지의 차이를 살펴보자.

(20) a. 모두가 누구를 좋아했다.
b. 모두가 누군가를 좋아했다.
c. 모두가 어떤 가수를 좋아했다.

(20a)는 중의적이되, 대상이 하나뿐인 해석에서 '누구'는 화자가 정체를 확인할 수 있는 인지된 대상일 가능성이 큰 데 반해, (b)도 중의적이되, 대상이 하나뿐인 해석에서는 화자가 당장 인지하지 못하는(그러나 그 존재를 인정하는) 대상이라는 차이가 있다(물론 인지하면서 인지하지 못하는 것으로 위장하기 위해 쓸 수는 있다)(졸고 1989 참조). 이의 '어떤 여자'는 비한정적이나 인지된 대상을 가리키므로 특정적이고, 이때 '모두'보다 큰 영향권을 갖는다. ['어떤' + N]은 영향권에 관계없이 특정적이다. 이렇게 볼 때 국어에는 중의적인 (a)와 (b)에서 보듯이 영향권이 커서 어느 한 대상을 가리키는 경우에도 화자가

당장 인지하지 못하는 대상이라는 전제를 일으키는 비한정 대명사 '누군가'가 있어 특정성의 정의를 더욱 어렵게 만든다. 이 경우는 특정적이라기보다 지시적(referential)이라고 해야 할 것 같다. 그렇게 할 때, 다음과 같은 언짢은 문장이 설명된다.

(21) a. *너 누군가를 놀리니?(cf. 너 누구를 놀리니?)

b. ???너 누군가 만나러 나가니?(cf. 너 누구 만나러 나가니?/너 누군가 만나러 나갔었지?)

앞의 (19)의 목적어와 같은[N + 수량사 + 분류사 + 주격/목적격 표지] 구성은 비한정적이나 특정적일 때, [N + 격표지 + 수량사(+격표지)]의 구성(예: 공책을 세 권)은 불특정적일 때 쓰임이 무표적이다. [수량사 + N + (격표지)]의 구성에 쓰이는 명사는 '사람', '집', '남자', '여자', '아이', '어른' 등 생활에 밀접하거나 인간에 관한 것으로 국한되어 있고, 특정적인 것이 무표적이나 수가 강조되는 해독에서는 불특정적이다. '한'은 수사의 의미 외에 '어떤'의 의미를 지니는 해독이 있으며, 이 경우['한' + 휴지(pause) + N]의 운율상의 차이가 나고 비한정적이며 어느 명사 앞에나 올 수 있다.[7] (즈2도 참조)

4. 비한정-습관상(Indefinite-Habitual) 결합의 수수께끼

다음 비한정-습관상 결합의 수수께끼의 예를 살펴보자. 문두에 비한정 NP가 나오고(영어) 뒤에 처소 표현이나 한정적 목적어가나와 있다.

(22) a. 옆 집에서는 매일 〈개가/개 한 마리가/개들이〉 짖는다.

b. A cat runs across my lawn every day.

c. Hurricanes arise in this part of the Pacific.

d. A computer computes the daily weather forecast.

7) 명제에 대한 태도 술어에 내포되어도 특정성의 큰 영향권 해독이 나온다. '철수는 한(어떤) 인도 여자와 결혼하고 싶어한다.' 이는 무수식 명사 '인도 여자'와 나타날 때의 불특정성 가능성과 대조된다.

우리말 예문 (22a)는 어떤 공통의 장에서 나온 한정적 또는 총칭적 개에 관한 이야기가 아니고, 우연히 새로 도입된, 또는 도입되는 개가 관여된 짖기의 장면/단계들의 축적(habitual)에 관한 것이다. 이 경우 주어는 화제가 될 수 없다. 존재적이며, 한정적이지도 않고 그에 육박하지도 못한다. 오히려 처소 표현이 화제성을 지니고 있다. 영어의 예문 (22b, d)도 마찬가지다. 국어로 번역해도 모두 주격 표지를 받을 뿐이다.

그런데 자동사가 있는 (22c)의 경우에는 중의적이다(ambiguous). 'Hurricanes'가 총칭적으로 전체적인 것을 나타낼 수도 있으나(사실과 다름) 물론 바람직한 해석은 아니다. 그 경우 화제가 되어 우리말에서는 화제 표지가 붙는다. 존재적(existential) 해석은 존재(생성) 구문으로서 주격 표지를 요구하며, 장소 표현이 한정적 표현으로서 문두에 오는 것이 자연스럽다. 더 흔한 해석은 다음과 같이 말바꿈이 가능하다.

(23) a. There arise hurricanes in this part of the Pacific.

b. In this part of the Pacific arise hurricanes. (Carlson 1989)

(24) V etoj casti Tixogo Okeana voznikajut uragany.

in this part of-the Pacific Ocean arise hurricanes(Nakhimovsky' 90)

또 노어에서는 존재-습관상 해석은(24)의 어순으로만 가능하고, 총칭-습관상 해석은 'Uragany'(hurricanes)가 맨 앞에 오는 순서로만 가능하다.[8)]

위의 (22d)에서도 목적어가 한정적임에 유의해야 한다(Nakhimovsky '90). 즉, 발화에서 한정/비한정(definite/indefinite) 배열의 정보 구조를 파악해야 한다. 한정 명사구가 문두에 오고 비한정 명사구의

8) 다음에서 보듯이 정관사가 무조건 붙는 스페인어에서도 도입의 NP는 문미에 오고, 헝가리어 (2)에서는 존재문 (2a)에 정관사가 안 붙고, 정관사 NP의 화제문에는 완료상이 따른다.

(i) a. Empezo la resistencia
'There started a resistence.' --intended
b. La resistencia empezo
'The resistence started.'(von Stechow et al)

(ii) a. Lanyok-0erkeztek
girls Nom arrived
There arrived girls.' -- intended
b. A lanyok meg-erkeztek
the girls Perf arrived
'The girls arrived/(Szabolcsi)

목적어를 포함하는 술부가 뒤에 옴으로써, 뒤에 새 정보가 배치되는 것이 무표적임은 후기 Prague 학파의 연구 전통과 화용론적 연구의 결과에도 부합된다고 할 수 있다. 존재(생성) 구문에서는 시공간적 배경이 앞서거나(한국어), 최소한 이를 대신하는 허사가 앞서고 비한정적 명사구가 뒤따르는 것이 무표적이다(23a, Freeze '92). Carlson은 총칭 구문에 대한 종래의 입장을 바꾸어 주어-술어 분석을 버리고 문장 운용소(sentential operator)로서의 총칭 운용소(generic operator, Gn)도 적절치 못함을 보이고, 담화 요소가 관련됨을 고백하면서 내포성(intensionality)에 입각하여 내포적 요소와 내포적 요소 사이의 관계로 분석하려는 시도를 하고 있다.[9] 따라서 고유명사의 개체조차 내포적으로 분석하는 방식을 취하고 있다(예: 'Mary smokes'). 그러나 Carlson에게는 한정성(과 한정성에의 육박)에 입각한 화제의 개념이 없다. (22a)도 처소 표현이 한정적이면서(22b도 'my lawn'이 한정적), '매일'이라는 양화 부사가 있기 때문에 내포적 해독이 되고 총칭 구문으로도 볼 수 있는 것이다. 예를 더 보자.

(25) a. 새 차는 로보트가 조립한다.
b. (매일 매일의) 일기예보는 컴퓨터가 계산한다.
c. 미스 코리아는 매년 키가 커진다.
d. Robots assemble the new cars.
e. Slaves work.
f. Slaves work Lower Slobbovia's salt mines.

(22c)도 국어로는 (25b)처럼 한정적 목적어가 화제화된 상태에서 가장 편안한 총칭문이 된다. 'daily', '매일매일'(일기)의 양화 표현이 내포적 해석을 쉽게 해준다. (25a)와 (25d)도 마찬가지다. 여기서 '새 차'는 자꾸 나오는 것이면서도 그 개념이 한정성에 육박하여 화제화가 되었으며, 내포적 의미를 띠게 된다. (25c)의 화제도 내포적 의미를 가져야 술어와 어울린다. Carlson에게는 (25f)가 중의적인 데 반해, 왜 (25e)의 자동사 때에는 존재적 주어로 하는 총칭문이 안 나오는가가 가장 큰 의문으로 남으나, 준화제(quasi-topic)가 될 한정적 목적어 NP가 없기 때문이다. 한쪽이 화제/준화제이면 다른 쪽은 그것이 아니라는 대칭성(asymmetry)이 어느 언어에서나 성립하며, 영어에서 목적어 위치에 총칭적 준화제가 놓이는 것은 유표적이다.

다음, 총칭문의 총칭적 NP가 어떠한 양의 질량이나 집합이냐에 대한 의문을 풀기 위해서는 총칭문

---

9) 일정한 값을 줌에 따라 그 때마다 외연이 결정되는 함수관계를 내포성이라 한다.

분석에서 전제 수용(presupposition accommodation) 도입을 제의한다. Lewis('75), Kamp('81), Heim('82)의 양화사, 제한절(restrictive clause), 핵권(nuclear scope)으로 구성되는 3부(tri-partite) 의미 구조의 얼개를 약간 빌려 생각해 보기로 한다. 다음 예문에서 보듯이, 화제로 등장한 'Italians', 'Finns'는 전체를 나타내지 않는다.[10)]

(26) a. Italians make fine furniture. (Chesterman 1991)

b. Finns always do well in ski-jumping competitions.

(26)의 'Italians'는 실제로 'Italians'의 작은 부분집합을 가리키고, 'Finns'는 더욱 작은 주요 부분으로서 두세 명을 가리킬 수도 있다. 이는 전칭 양화사나 전체집합에 가까운 것(예컨대, 95%)으로 나타낼 수 없다. 그러면 이를 어떻게 표상할 것인가가 문제인데, 총칭적으로 양화사 부분에 총칭 운용소(G)를 두고, 배경적 전제들이 들어가는 제한절에 술어 부분과 관계된 전제를 수용해 넣음으로써 해결한다. 수용될 전제는 각각 'if they make furniture,' 'if they ski in ski-jumping competitions'가 되겠다. 그러면 원래 새 정보가 들어가도록 되어 있는 핵권 안에 초점적 정보인 'make fine furniture', 'do well in ski-jumping competitions'가 들어가게 될 것이다. 이러한 기술은 담화표상이론의 틀로도 어려움 없이 해낼 수 있다. 이렇게 기술하면 먼저 총칭적 Italians, Finns를 각각 떠올리고, 그다음 수용된 전제를 통해 논리적으로 술부와 무리 없이 연결되어 이러한 총칭문을 잘 설명하는 것이 된다. 이는 '커피는 잠이 안 와'라는 외적 화제 구문에 대해 총칭적 '커피'를 두면서 '그것을 마시면'에 해당되는 전제를 제한절에 수용하여 논리적 비약의 연결을 설명할 수 있는 것과 같다(Bak 1981, Ahn et al. 1992 참조).

5. 화제선택과 개체층위/단계층위 술어의 분석

Kratzer(1989)는 영어에서 (25a)가 총칭적 의미만 갖는다고 보고, 존재적 해석을 막기 위해 주어를 기저에서부터 IP의 Spec에 둔다. 또한 행위나 일시적인 것과 관계되는 단계층위 술어에 대해서만 사건/시

10) 'The new cars are built by robots'는 오히려 좋은 총칭문이 되는 것은 영어에서도 총칭적 NP가 화제가 되어 문두에 오는 것이 무표적이기 때문이다. 'Beavers build dams'가 총칭문인 데 반해, 'Dams are built by beavers'는 경험 세계에서 총칭문이 아닐 뿐더러, 능동문 상태에서 목적어까지 총칭적일 수는 없다는 정보 구조의 제약도 있다.

공간적 위치에 해당하는 별도의 논항 자리를 더 두는 분석 방식을 취하고 있다(Davidson 1967 참조).

(27) a. Firemen are altruistic. (비중의적, 총칭적 해독)

b. Firemen are available. (중의적, 존재/총칭)

이에 반해 Diesing(1992)은 VP-내적 주어 가설을 받아들여 S-구조에서만 모두 IP의 Spec에 위치하고, 그 대신 의미 해석의 기초를 제공하는 LF 층위에서 VP의 Spec 자리로 내려가면(lowering) 존재적 해독이 되어 소방관들이 가까이 있어 부르면 언제나 온다는 뜻이 되고(주도적 의미), IP Spec 자리의 주어가 그 안에서도 그대로 같은 자리에 머물러 있으면 총칭적 해독이 되어 소방관은 으레히 부르면 오게 돼 있다는 뜻이 된다. VP 쪽을 핵권에, IP 쪽을 제한절에 대응시켜 총칭적인 후자의 경우 IP 쪽 구조와 VP 구조를 분리시키는 것으로 보고 있다. Lewis/Kamp/Heim의 분석으로는 (22c)의 존재적 해석, 즉 (23b)의 처소 표현을 총칭적으로 잡는 표상을 하게 되나, GB의 방법으로는 주어만 IP Spec으로 갈 수 있어 이 상황을 다루지 못하는 맹점이 있다.

국어에서 이미 보아온 바와 같이 총칭적 의미로는 주어가 화제가 되어 '는'이 붙고, 존재적 의미로는 '-가'가 붙는 것이 매우 규칙적이다. 국어에서 그러면 화제를 IP의 Spec 위치에 두는 것으로 설명이 된다고 볼 수 있는가? 그렇지 않다. IP 위에 독자적인 TopP를 두어 그것의 Spec 위치에 '-는' 표지 화제 표현이 발생해야 한다. 그렇지 않으면, (23a)와 같이 주어가 있으면서 화제가 있는 경우를 설명할 길이 없게 된다. TopP는 주문(matrix S) 현상이고 귀환적(recursive)인 CP와는 구별되어야 할 것이다. 그리고 배제적 제시의 초점, 포함적 초점, 정보 초점(의문사류), 대조 등의 초점 범주는 IP, VP의 부가(adjunction) 마디(node)에 매달아야 한다. 이 분석은 영어에도 적용되어야만 한다. 그러지 않으면, 대용형을 문중에 남기는 진정한 영어의 화제 구문인 좌측 전위(left dislocation)의 구문을 설명할 길이 없게 되며, 그것이 왜 귀환적이지 못한가도 설명하지 못한다. 불행히 Chomsky의 오도로 영어에서 '화제화(Topicalization)'가 잘못 설정되었다. Partee(1991)의 화제의 귀환성 주장도 맞지 않는 것으로 본다.

문중의 논항/보어 가운데 어느 것이 더 쉽게 화제가 되느냐에 따라 화제 선택의 계층을 생각해 볼 수 있으나, 지금까지 살펴본 바와 같이 술어가 개체층위이냐 하는 종류에 영향을 받고, 또 명사성의 정도에 영향을 받고, 그다음 논항의 종류가 문제된다고 볼 수 있다. 그러나 대체로 Fillmore의 주어 선택 계층 제의 이후 Keenan과 Comrie(1977)의 NP 도달 가능성 계층 등 여러 가지 조금씩 차이가 나는 제의가 있었던 가운데 Agent > Theme > Goal > Obliques (manner, location, time, …) (Carrier-Duncan 1985)의 예도 있다. 그러나, 화제 구문이 화제의 특징적 성격/속성을 거시적/전국적(global)으로 판단하는 구문이므로, 일단 화제가 된 대상은 화자의 입장에서 Agent보다는 Theme으로 본 것이 무표적 상황이라고 본다. 그리고 상황배경적인 처소/시간의 위치(location)는 사건의 직접적인 위치(VP-내적)와 달리 화제화 가능성이 대단히 높다. 그러므로, 일률적으로 위와 같이 늘어놓는 계층화는 큰 의미가 없다. 그리고 필자가 여기서 뜻하는 Theme은 성격 규정 대상으로서의 그것이고, 행위의 Patient를 뜻하지 않는다.

그러면, [화제 + 단계층위 술어]의 구조와 [주격 주어 + 단계층위 술어]의 구조는 어떻게 차이나는가? 앞의 (16a)를 다음에 다시 놓고 비교해 보자.

(28) a. 철수가 졸고 있다.[11]
b. 철수는 졸고 있다.

(28a)는 하나의 정보 단위로서의 장면을 사진 찍듯 지각한 것을 그대로 옮겨 기술했다면, 대조의 해석을 접어둔 화제 해석의 (b)는 철수와 관련될 수 있는 모든 가능한 속성(즉, 술어로 표현될 것) 가운데에서 특정 시공간에서의 한 가지 실현을 보고, 그것이 화제 철수에게 연관됨을 거시적 관점에서 말하는 것이다. 그러므로 화제에 단계/장면-층위 술어가 연관되는 것은 유표적이다. 그럴 때에는 대조의 해석이 좀 더 자연스럽다. 특정 개체의 화제에는 그러므로 여러 가지 술어가 같이 매달리는 것이 더 자연스럽다. 이런 점에서 고유명사 개체도 화제화할 때에는 잠재적인 내포적 의미(속성들의 집합)가 동원된다고 볼 수 있다. 그러므로 특히 총칭적 화제에는 전형적인 단계층위 술어가 허용될 수 없다고 본다. 다음을 비교해 보자.

(29) a. 시간/물은 흐르고 있다.
b. 시간/물은 흐른다.

(29a)는 시공간이 제약된 관점의 술어가 쓰였고(따라서 부분적 '시간'/'물'에만 적용됨), (b)는 무시적 관점이 가능한 현재형이 쓰인 것이다. 그러므로, (a)는 대조, (b)만 총칭적 화제문으로 쓰일 수 있다.

11) '모두는 왔다'가 받아들이기 어려운 표현인 이유에 대해 졸고(1989) 참조. Krifka(1990)는 Carlson에 반박하여, 다음과 같이 총칭에 상태적이지 않은 것이 올 수 있다고 한 것은 옳은 관찰이나, 종류 지칭의 총칭 때 거시적 관점으로 쥐들의 전파 역사 전체가 염두에 있음에 유의해야 한다.

(i) The rat/Rats reached Australia in 1770.

6. 맺는 말

이상 명사구의 한정성/특정성과 문장의 화제/초점 사이의 관계를 술어의 개체층위 대 단계층위의 구별과 관련지어 살펴보았다. 술어의 양분에 관해 Higginbotham(1992)은 Kratzer와 달리 사건(event) 논항을 단계층위 술어에만 두지 않고 개체층위 술어에도 두어야 한다고 주장하고 있으며, 명사에도 둘 수 있는 것으로 보고 있다. 또한 한편으로 개체층위와 단계층위 술어의 구별 자체가 수월치 않은 경우가 많고, 상황에 따라 바뀔 수 있는 점에 근거하여 술어 자체를 구별하는 방법을 공격하고 있다. 따라서 동사의 분류보다 어떠한 상(aspect)의 적용이 가능한가에 큰 비중을 두려고 한다. 적절한 비판이나, Carlson도 단계층위 술어에서 개체층위를 도출하는 방식을 제시하는 등, 이 두 종류의 술어 사이의 관계를 정립하려고 노력하고 있으므로 그 관계가 좀 더 밝혀진다면 구별의 공이 무너지지는 않을 것이다. 필자는 1990년도 국어학회에서 본 연구를 구두 발표하면서 기능 범주의 구조에 AspP를 두어 상(aspect)이 술어와 주어/화제 간의 관계에 관한 조절 기능을 발휘해야 할 것으로 제의했었다. 그렇게 되면 상의 선택이 바로 실질적으로 술어의 종류 선택이 되어 버린다.

종래에 상호 관련 없이 부분적으로 연구되어 오던 것들이 놀라울 정도로 유기적인 관계 속에 얽혀 작용하면서도, 그 모든 현상이 원리하에 나타남을 보았다. 특히 총칭 구문의 성격이 화제 구문인 것으로 드러났으며, 국어의 총칭 구문은 명시적 양화 표현 없이도 양화적 힘을 발휘함을 보았다. 화제는 GB에서 주장하듯 보통의 주어 자리인 IP의 Spec 위치에 놓일 수 없음도 밝혔다. 아직 문제 제기에 머문 부분도 적지 않으므로 앞으로의 연구에 더 기대를 가져야 하겠다.

참고문헌

김영희(1984) 한국어 셈숱화 구문의 통사론, 탑출판사.

이영헌(1984) 한국어 양화사 연구, 한신문화사.

이정민(1980) '한국어 조건 원인 구문의 통사론과 의미론,' 제1회 국제 한국학 회의논문집, 한국정신문화연구원.

(1991) '일반양화사', 의미론 특강 자료, 한국언어학회.

채 완(1977) 현대국어 특수조사의 연구', 국어연구 39.

Ahn, Sung-Ho, Kwang-Sup Kim, Chungmin Lee.(1992) 'Constraints on Presupposition Accommodation.' Asian Conference on Language, Information and Computation, SICOL.

Bak, S.-Y.(1981) *Studies in Korean Syntax: Ellipsis, Topic,* and Relative Constructions. U. of Hawaii Dissertatipon.

Carlson, G.(1977) *Reference to Kinds in English.* U. of Mass Diss.

(1989) On the Semantic Composition of English Generic Sentences,' in G. Chierchia et al(eds) Properties, Types and Meaning Vol.II Semantic Issues, Kluwer, Dordrecht. Chesterman, A. (1991) *On Definiteness*, Cambridge U. Press.

Christophersen, P.(1939) *The Articles: A Study of their Theory and Use in English*, Munksgaard, Copenhagen.

Diesing, M.(1992) *Indefinites*, MIT Press.

Donnellan, K.(1966) 'Reference and Definite Descrptions,' *The Philosophical Review* 75.

Grice, H. P.(1967) 'Logic and Conversation,' Havard U. William James Lectures.

Higginbothom, J.(1992) SICOL Lectures.

Kamp, H.(1981) A Theory of Truth and Semaantic Represenatation,' in G. Groenedijk et al(eds), *Formal Methods in the Study of Language*, Mathematical Centre, Amsterdam.

Keenan & Comrie(1977) Noun Phrase Accessability and Universal Grammar,' *Linguistic Inquiry* 8, 63-99.

Kratzer, A.(1989) 'Stage-Level and Individual -Level Predicates,' ms.

Heim, I.(1982) *The Semantics of Definite and Indefinite Noun Phrases*, U. of Massachusetts Dissertation. Krifka, M. (1990) 'Genericity,' ms.

Lee, Chungmin(1973) *Abstract Syntax and Korean with Reference to English*, Indiana U. Dissertation.

(1989) (In)definites, Case Markers, Classifiers and Quantifiers in Korean,' Harvard WOKL III.

(1982) Aspects of Aspect in Korean,' Linguistic Journal of Korea 7-2.

Lee, Hyo Sang(1987) Discourse Presupposition and the Discourse Function of the Topic Marker nun in Korean.'

Lewis, D.(1975) Adverbs of Quantification,' in E. Keenan(ed), Formal Semantics of Natural Language, Cambridge U. Pres, Cambridge.

Nakhimovsky, A.(1990) 'Pragmatic Factors in the Interpretation of Generics,' *NELS* 20.

Partee, B.(1991) Topic, Focus and Quantification,' E. Sapir Lecture at the UC Santa Cruz LSA Institute.

Prince, E. F.(1981) 'Toward a Taxonomy of Given-New Information,' in P. Cole(ed) *Radical Pragmatics*, Academic Press, New York.

Reinhart, T.(1982) 'Pragmatics and Linguistics: an Analysis of Sentence Topics,' IULC.

III 한국어의 조사 '가'와 '를': 격과 의미

03

한국어의 조사 '가'와 '를': 격과 의미

홍기선

1. 서론

한국어의 조사 '가'와 '를'(이후 함께 지칭할 때에는 '가/를'로 표기)은 격(case) 이론의 난제로 한국어 문법과 보편문법에서 수많은 연구가 이루어져 왔기 때문에, 학자들이 현상과 문제에 대해 대체로 동의하고 있고 필요한 개념들도 이미 다 제시되었다고 할 수 있다. 본 장에서는 그동안의 통사/의미적인 논의들을 종합하여, '가/를'과 격의 관계에 대한 새로운 관점을 제시하는 것을 목표로 한다.

'가/를'에 대한 기존연구들은 의미적인 관점에서 보면 첫째, 모든 '가/를,' 또는 주어/목적어의 표지로 쓰이는 문법격(grammatical case)[1]인 '가/를'은 의미가 없다고 보는 입장(Kang 1986, Yoon 1986, Kim 1990, 최기용 2009, 신서인 2014 등)과 둘째, 모든 '가/를'은 본질적으로 의미표지로 한국어에는 문법격이 없다고 보는 입장(남기심 1991, 선우용 1994, 목정수 2003, 고석주 2002/2004, 졸고 2007 등)[2]으로 대별할 수 있다. 첫 번째 입장에서는 문법격이 아닌 용법들에 대해 설명이 제한되거나, '가/를'을 각기 문법

* 본 논문은 언어 제42권4호(2017년12월호, 961-988)에 게재된 논문을 재게재하는 것이다.

1) 언어보편적으로 전형적인 주격(nominative)과 대격(accusative)에 대해 Chomsky의 생성문법(Generative Grammar)은 성분구조(constituent structure)에 근거한 구조격(structural case), 어휘기능문법(Lexical Functional Grammar)은 문법기능/문법관계에 근거한 문법격 등 이론에 따라 상이한 가설과 개념들을 제시하였다. 본고에서는 이론중립적(theory-neutral) 입장에서, 고유한 의미가 없고 직간접적으로 주어/목적어와 연결되는 것으로 설명되는 격들을 "문법격"으로 통칭한다.

2) 선우용(1994)는 '가'를 [강화, 배타적대립, 정태성], '를'을 [강화, 배타적대립, 비정태성]으로 정의하였다. 목정수(2003)는 '가'는 [비한정성, 주체지향, 유정지향], '를'은 [비한정성, 객체지향, 무정지향]의 의미를 지니며, 이들은 [한정성]을 의미하는 '는, 도' 등 보조사와 동일한 계열에 속한다고 설명하였다. 고석주(2004)도 '가/를'을 화자의 판단과 주관적 태도를 지시하는 양태조사로 파악하고, '가'는 [선택지정], '를'은 [행위의 도달점 선택지정]으로 분석하였다. 본고는 이들과 동일한 방향의 시도로서 더 정확한 개념을 찾고 통사론과 연결시키려는 노력이다.

격과 의미/화용표지 등의 동음이의어로 설명해야 하고,[3] 두 번째 입장에서는 의미표지임에도 불구하고 '가/를'의 일부가 주어/목적어의 표지로 쓰이는 이유를 설명해야 한다.

본 장에서는 세 번째의 새로운 입장을 제안하는 것으로, 두 번째 입장과 같이 모든 '가/를'이 의미표지이되, 그 의미가 문법격의 의미를 포함한다는 것이다. 구체적으로 '가/를'은 각기 첫째, 절(clause)이 지시하는 전체 상황과 관련되는 상황(situation) 의미와 둘째, 화자(speaker)가 절의 성분들을 제시(presentation)하는 방식과 관련되는 담화(discourse) 의미의 두 가지 의미자질을 가지고 있으며, 이 중 상황의미가 동사의 사건(event) 의미를 포함하기 때문에 문법기능 표지로 쓰이는 것이라고 주장한다.[4]

이런 입장은 사실 주어/목적어가 동사의 사건의미인 의미역(thematic roles)과 체계적으로 연결(linking) 또는 사상(mapping)된다고 설명하는 주요 통사이론들의 입장과 크게 다르지 않다. 통사이론들에서 문법격은 대체로 의미가 없는 것으로 설명되지만, 영어와 같이 문법기능과 문법격이 일대일 대응을 이루는 언어에서는 문법기능을 통해 의미역과 간접적으로 연결되게 된다. 이에 비해 한국어의 '가/를'은 절 전체의 상황의미 조건이 충족되는 모든 위치에 나타날 수 있으며, 모든 위치에서 항상 담화의미를 수반한다는 것이 본 장에서의 주장이다.

2장에서는 기존의 격 이론이나 의미역 이론이'가/를'의 분포에 대해 설명하지 못하는 문제점들을 지적한다. 3장에서는 '가/를'의 의미를 상황의미와 담화의미로 나누어 제시하고, 4장에서 그런 의미이론이 설명하는 현상들을 살펴본다.[5]

특정동사군에서 부사적 성분들에 나타나는 '가/를'교체현상, '가/를'이 실현되지 않은 무조사구(임홍빈 2007)와 조사구의 의미 차이, '지다' 구문과 어휘수동태의 의미가 논의될 것이다. 5장에서 언어유형론적(language typology) 함의를 간략하게 정리하며 논의를 끝맺는다.

---

3) 최기용(2009)은 생성문법이론 틀 내에서 '가/를'의 초점이나 특정성 효과를 이동으로 설명할 수 있다고 주장하였다.

4) '가/를'에 대해 워낙 많은 연구들이 있었으며, 본고가 '가/를'의 전체 체계에 초점을 맞추고 있기 때문에 '가/를'의 연구사에서 중요한 연구들조차 적절히 소개하지 못함을 아쉽게 생각한다. 본고의 입장과 가장 가까운 것은 엄정호(2011)로, 엄정호(2011)는 격을 형태나 통사가 아니라 기능(function)으로 정의해야 한다고 보는 de Hoop and Malchukov(2007)의 주장에 따라 문법격의 기능을 구별하기(distinguishing)으로 파악하고 이런 면에서 '가/를'이 문법격이면서 담화표지라고 주장하였다. 본고는 새로운 기능을 고려하지 않는 전통적인 관점에서도 '가/를'이 격의 기능을 수행함을 주장하고, '가/를'이 오히려 문법격의 의미적 동기(motivation)를 드러내 보여준다는 더 강한 주장이다.

5) 본고의 연구 대상은 단일절 내의 '가/를'이며, 절 단위를 넘어서는 사동구문(Causative Construction), 인상구문(Raising Construction), 결과구문(Resultative Construction), '싶다' 구문, 'Tough' 구문은 통사적으로 설명되어야 한다.

2. 기본 논의와 문제 제기

2.1. '가/를'과 격의 관계

격 개념은 기원전 3-6세기경 파니니의 산스크리트어와 아리스토텔레스의 그리스어 연구에서부터 언어 연구에서 중요한 역할을 해 왔는데, 최근 연구들이 대체로 받아들이는 Blake(2001)의 격에 관한 일반화는 다음과 같다.

(1) 격은 종속명사들이 자신의 핵에 대해 갖는 관계 유형에 대한 표지체계이다. (Case is a system of marking dependent nouns for the type of relationship they bear to their heads.) (Blake 2001: 1)

(1)에서 핵을 동사에 국한시켜 해석하면, 격은 동사와 그에 종속적인 명사들 간의 종속관계를 명시하는 기재이다. 이 종속관계는 고전적인 연구에서부터 의미적 관계로 파악되었고, Gruber(1965)와 Fillmore(1968)의 의미역 연구로 이어졌다. 현대 통사이론들은 대체로 의미역과 문법기능 간에 체계적인 연결관계가 있는 것으로 이론화하되, 종속명사를 통사적 논항(argument)에 국한시킴으로써 문법격 개념을 발전시켰다. 그러나 앞에서 서술한 대로 영어와 같이 문법기능과 문법격 간에 일대일 대응관계가 있는 언어에서는 문법격은 문법기능을 통해 의미역과 간접적으로 연결된다.

(1)을 기준으로 하면, '가/를'의 분포 중에서 동사에 대한 명사들의 의미적 종속 관계를 표지하는 일부를 격이라고 할 수 있다. 그러나 본고는 격표지가 아닌 다른'가/를'의 용법들도 모두 동일한 의미를 공유한다고 보며, '가/를'은 절이 지시하는 전체 상황에 종속적인 성분들의 관계유형에 관한 표지로서 동사의 종속명사를 진부분집합으로 포함한다고 주장할 것이다. '가/를'은 언어보편적인 격의 의미가 통사적인 요소들(논항/부가어 (adjunct) 구분 등)에 의해 제한받지 않고, 교착어(Agglutinative language)의 독립적인 표지로서 나타날 수 있는 최대한의 분포를 보여준다는 것이 본고의 가설이다.

2.2. 피행위자 (Patient) 주어의 문제

의미역은 수, 종류, 의미역 간의 위계(hierarchy) 등에 대해 많은 이론들이 있으나, 모두가 공유하는 가설은 행위자(Agent)와 피행위자 개념 간의 위계로 행위자 논항이 있을 때 피행위자는 주어로 실현될 수 없다. 행위자는 협의의 의지적인(volitional) 동작주(Actor)에서부터, "술어가 지시하는 상황을 수행하거나, 초래하거나, 시작하거나, 통제하는 참여자(the participant which performs, effects, instigates, or controls the situation denoted by the predicate)"라는 포괄적 정의로 쓰이기도 하고(Foley and Van Valin 1984), "지각력 및/또는 인지력(sentience and/or perception)"을 지니는 경험자(Experiencer)를 포함하기도 한다(Dowty 1991). 피행위자는 행위의 영향을 받는(affected) 개체이거나, 종결점(endpoint)이 있는 상황을 지시하는 동사들의 논항으로 상적(aspectual)으로 정의되기도 한다.

그러나 한국어에서는 (2)와 같이 '받다, 맞다, 듣다, 당하다, 입다, 되다'등의 소위 반의타동사들(adversative verbs)이 일반동사로 쓰이거나 복합동사를 만들어 내고, (3)과 같이 '이/히/리/기'접사가 수동태 동사들을 만들어 냄으로써 행위자가 논항으로 표현될 때 피행위자가 주어가 될 수 없다는 일반화가 적용되지 않는다.

(2) a. 철수가 민수를 야단쳤다.
    b. 민수가 철수에게 야단맞았다.
(3) a. 철수가 민수를 잡았다.
    b. 민수가 철수에게 잡혔다.

(2b)와 (3b)는 각기 (4)와 (5)와 같이 쓰일 수 있는데, 이들이 보여주는 바는 행위에서 영향을 받는 피행위자도 그런 상황을 초래하거나 의지적으로 통제할 수 있다는 점이다.[6]

(4) a. 민수가 일부러 철수에게 야단맞았다.
    b. 민수가 철수에게 야단맞기로 작정했다.
(5) a. 민수가 의도적으로 철수에게 잡혔다.
    b. 철수가 다가오면 도망가지 말고 그에게 잡혀라.

즉, 앞에서 인용한 Foley and Van Valin(1984)의 정의에서 "상황에서 일어나는 행위를 수행하는" 참여자와 "상황을 초래하거나 시작하거나 통제하는" 참여자는 항상 일치하지 않는다. 통제자는 행위자보

---

6) 본고의 연구 대상은 단일절 내의 '가/를'이며, 절 단위를 넘어서는 사동구문(Causative Construction), 인상구문(Raising Construction), 결과구문(Resultative Construction), '싶다' 구문, 'Tough' 구문은 통사적으로 설명되어야 한다.

다 상황에 직간접적으로 영향을 미치는 사동주(Causer)에 가깝다. (2)와 (3)의 두 문장은 행위의 관점에서는 동일하게 철수가 행위자이고 민수가 피행위자이나, (a)는 철수를 통제자로, (b)는 민수를 통제자로 그린 것이다.

2.3. '가'와 '를'의 교체

언어보편적으로 주격과 대격은 동일한 위치에 나타날 수 없다는 것이 통사이론의 중요한 가설이다. '가'와 '를'도 전형적인 논항의 위치에서는 상보적 분포를 보이나, 빈도(frequency), 지속(duration), 계량(quantity)을 나타내는 부가어에서는 (6)과 같이 교체가 가능하여(Maling 1989, Wechsler and Lee 1996, H. Lee 1999, Maling, Jun and Kim 2001, Kim and Sells 2010 등), 상황한정사(situation delimiter) 등으로 설명되어 왔다.[7]

(6) a. 비가 세 번이/을 왔다.
b. 비가 세 시간동안이/을 왔다.
c. 비가 50mm가/를 왔다.

그런데 '가/를'의 교체는 이보다 더 다양한 구문들에서 발견된다.

(7) a. 비가 작년보다 세 배가/를 왔다.
b. 차가 정문 앞에가/를 도착했다.
c. 꽃이 절벽 위에가/를 피었다.
d. 밥이 맛있게가/를 되었다.

'가/를' 교체는(7a)와 같이 다른 단위명사에서도 가능하고, (7b)-(7d)와 같이 매우 제한적이기는 하나

---

7) 이런 구문이 부동양화사 구문(Quantifier Floating Construction)이라는 의견도 있다. 그런 해석을 받을 때도 있으나, 아래 예들은 이런 부가어와 부동양화사가 다르게 설명되어야 함을 보인다.
(i) 건물이 세 번이/을 무너졌다.
(ii) 건물이 세 채가/*를 무너졌다.

구어체에서 '에, 에게'등의 부사격조사가 붙은 표현이나 부사/부사형에도 가능하다. (7b)와 (7d)는 절의 필수적 성분이므로 '가/를' 교체는 부가어에 국한되지 않는다. 본고에서는 이들이 품사나 필수성으로 구분되지 않으므로 기능을 중시하여 "부사적 성분"으로 통칭하겠다.[8)]

'가/를'교체는 부사적 성분들에서 항상 일어나는 것이 아니라, (8)과 같이 동사와 주어에 의해 제한받는다.

(8) a. 철수가 밥을 세 번을/*이 먹었다.
b. 철수가 빨리를/*가 왔다.

또한 절 내에 '가/를'교체를 허용하는 표현이 2개 나올 경우에는 (9)와 같이 4가지의 조사 실현이 가능하다.

(9) a. 비가 세 번이 세 시간동안이 왔다.
b. 비가 세 번을 세 시간동안을 왔다.
c. 비가 세 번이 세 시간동안을 왔다.
d. 비가 세 번을 세 시간동안이 왔다.

'가'와 '를'이 대립적 의미(예: [+상태성]과 [-비상태성])를 지니는 동사들에서 상보적으로 나타난다고 가정하는 이론에서는 (9)의 분포를 설명할 수 없다. 본고의 가설은 '가'와 '를'이 전체 상황에 종속적인 의미를 표현하되, 대립적 의미가 아니라 서로 양립가능한(compatible) 다른 종류의 의미를 지시한다는 것이다.

8) 본고에서는 다른 예들과 일관성을 유지하기 위해 저자가 만든 문장을 예시하였다. 보다 자연스러운 예문들과 깊이있는 논의에 대해서는 임홍빈(1974/2007), 선우용(1994), 신서인(2014) 참조. 신서인(2014)은 '가/를'의 소위 비전형적인 경우들에 대해 통합적인 의미화용적 설명을 제시하였으나, 그런 설명이 전형적인 문법격에는 적용되지 않는 것으로 보았다.

3. '가/를'의 의미

3.1. 상황의미

3.1.1. 기본 가설

본고의 기본 가설은 절이 표현하는 것은 실세계(real world)의 상황이 아니라 화자가 그리는 상황이라는 것이다.

(10) a. 철수가 민수를 때렸다.
　　b. 민수가 철수에게 맞았다.
(11) a. 철수가 산에 오른다.
　　b. 철수가 산을 오른다.

어휘의미론적(lexical semantics) 연구들에서는 위의 문장쌍(pair)들을 비교하여, (10b)의 '민수'는 (10a)의 '민수'에 비해 의지적인(volitional) 개체이며, (11b)의 '산'은 "영향입는(affected)" 개체로서 철수가 산의 정상에 성공적으로 오르는 것을 표현하고 (11a)에는 이런 함의(entailment)나 함축(implicature)이 없다고 설명하기도 한다.

그러나 이 문장쌍들은 실제 상황이 다른 경우들도 포함할 수 있지만 기본적으로는 하나의 상황을 화자가 어떻게 바라보거나 그리는가의 문제이다. (10)은 동일한 상황을 화자가 통제자나 관점을 달리해서 그리고, (11)은 장소이면서 행위의 대상일 때 장소표지와 대상표지 중에서 선택하였을 뿐, 실세계에서 민수의 의지가 얼마나 작동하였는지 또는 철수가 산을 얼마나 올랐는지와는 관련이 없다.

3.1.2. '가'

'가'의 의미를 설명하기 위해 본고가 제시하는 개념은 통제자(Controller)이다.

(12) 통제자(Controller)
　　상황을 시작하거나 끝낼 수 있는 힘

통제자의 개념은 최현배(1937/1991: 259)의 "주관적 지배관계"에서부터 시작하여, C. Lee(1973: 150)의 "책임성(Responsibility)," K. Lee(1987), Klaiman(1991), Song(1988), 유동석(1993), 졸고(2007), 이필영(2010)의 "통제자(Controller)," 졸고 (1994)의 "결정자(Determinant)" 등의 상이한 이름으로 한국어 문법에서 오랫동안 연구되었던 개념이다. 상황에 대해 지배력, 통제력, 결정력이 있는 개체에게 그 상황에 대한 책임이 있기 때문이다.[9)]

통제자는 (13a)의 타동사의 유정물(animate) 주어, (13b)의 힘(force)을 지닌 자연현상이나 무정물(inanimate), (14a)의 반의타동사(adversative verbs)의 피행위자 주어, (14b)의 의지적으로 할 수 있는 행위를 그리는 비대격동사(unaccusative verbs)의 유정물 주어 등을 포괄한다.

(13) a. 철수가 민수를 때렸다.
　　b. 태풍이 나무들을 쓰러뜨렸다.
(14) a. 민수가 철수에게 맞았다.
　　b. 민수가 의자에 앉았다.

또한 '미워하다/밉다'와 같은 두 가지 감정동사를 구분한다.

(15) a. 철수가 영미를 이제 그만 미워하기로 마음을 먹었다.
　　b. *철수가 영미가 이제 그만 밉기로 마음을 먹었다.

(15b)와 달리 (15a)의 '철수'는 현재의 감정 상태를 끝낼 수 있는 통제자로 그려지고 있으며, 이는 3.1.1.에서 언급하였듯이 화자가 '철수'를 어떻게 그리는가의 문제이지 실세계에서 철수가 자신의 감정을 통제할 수 있는가의 문제가 아니다. 한국어의 절 성분들에 나타나는 '가'의 의미는 다음과 같다.

(16) '가'의 의미

9) 이 개념들은 보편문법의 다양한 의미역 이론들에서도 계속 추구되었던 것이며, 앞에서 언급한 Gruber(1965), Fillmore(1968), Foley and Van Valin(1984), Kim(1990) 등도 비슷한 정의와 테스트들을 제시하였다. 그러나 의미역 이론의 공통적인 문제점은 앞에서도 언급한 바와 같이 통제자를 행위자와 동일시함으로써 피행위자나 대상이 주어가 되는 경우를 설명할 수 없었다는 점이다. Grimshaw(1990)는 상태와 비상태 간의 구분을 중요시하는 상적(aspectual) 정의를 제시하였으나, 후에 제시되는 바와 같이 상태가 더 세분될 수 있음을 고려하지 않았다. 한국어 문법에서 유동석(1993)과 이필영(2010)이 통제성에 주목하고, [+통제성] 동사는 명사적/부사적 성분에 '를'을 배당하고 [-통제성] 동사는 '가'를 배당한다고 설명하였다. 이필영(2010)은 '가/를'에 관련된 의미를 "구조적 의미"와 "담화적 의미"로 구분하고 통제성 개념을 이용한다는 면에서 본고의 기본적인 틀과 매우 가까우나, (i) 눈에 안 보이는 "제로형 조사"인 문법격을 가정하고, (ii) 부사격조사와 '가/를'의 차이를 실세계의 의미차이로 설명하고, (iii) 비명사구에 결합되는 '가/를'만 담화적 의미인 "강조"로 설명하는 점에서 본고와 다르다.

상황에서 타자의 통제를 받지 않음.

(16)에 따르면 '가'표지는 어떤 성분의 지시(reference) 자신이 통제자이거나, 절 내에 통제자가 없는 두 경우에 가능하다. 즉, 적극적인 통제자이거나 최소한 타자에게 통제당하지 않는 의미를 표현하는 성분들에 '가'가 붙는다는 것이다. 통제자 성분에 붙은 '가'는 지금까지 살펴본 예들 중 (2)-(5), (8), (10)-(11), (13)-(14)의 주어표지이며, 통제자가 없는 절에 쓰인 '가'는 (6)-(7), (9)의 주어와 부사적 성분에 붙은 '가'이다. 통제자가 없는 경우에는 (17)과 같이 비대격동사의 무정물 주어, 비의지적 행위를 그리는 비대격동사의 유정물 주어, 상태동사의 논항들이 포함된다.

(17) a. 불이 났다.
b. 철수가 쓰러졌다.
c. 민수가 씩씩하다.
d. 철수가 영미가 좋다.

3.1.3. '를'

'를'의 의미를 설명하기 위해 본고가 제시하는 개념은 (18)이다.

(18) '를'의 의미
변화의(의도되는) 목표
(i) 동사가 지시하는 변화에서 통제자의 행동, 생각, 감정이 목표(target)로 하는[10] 또는
(ii) 절 전체가 지시하는 변화의(의도되는) 목표(수혜자, 도달점, 결과 포함)와 변화가 수행되는 성상/방식

(18)은 두 가지 '를'을 제안하는 것으로, (i)은 절 내의 명사적 성분들, (ii)는 부사적 성분들에 나타나는 '를'이다. 변화의 의미는 전자는 동사의 어휘의미, 후자는 동사의 어휘의미, 시제, 상, 법에 기

10) 객체 이런 "객체"의 정의는 Oxford 영어사전의 "object" 항목에 대한 "a thing, person, or matter to which thought or action is directed, the end toward which effort or action is directed; goal; purpose"라는 사전적 정의를 참조한 것이다. 최호철 (1996)의 "객체격"에 가장 가깝다.

인한다.[11)]

그동안 보편문법에서도 대격을 목적어 표지와 지속/빈도 등의 부가어 표지 두 가지로 설명하였다. 전자는 상태변화를 겪는 피행위자(Patient), 영향입음(affectedness)[12)], 점증적 대상(incremental theme) (Dowty 1991) 등의 개념으로 자주 설명되었고, 후자는 상황한정자(situation delimiter) (Maling 1989), 유계성(boundedness) (Kratzer 2004), 가법성(additivity) (Wechsler and Lee 1996), 끝점(endpoint) 등으로 설명되었다. 이 중 피행위자와 영향입음의 개념은 객체의 직접적인 상태변화를 가정함으로써 심리동사(psychological verbs) 등 객체가 변화를 겪지 않는 동사들을 설명하기 어려웠으며, 다른 개념들은 모두 상황 변화의 종결을 가정하기 때문에 상태동사(stative verbs)와 행위동사(activity verbs) 문장에 나오는 대격을 설명할 수 없었다.

(18)의 일반화는 '를'을 "변화나 변화가능성"을 지시하는 절에서만 가능하다고 설명함으로써, 한편으로는 '를'을 허용하지 않는 한국어의 상태동사를 제외하면서, 다른 한편으로는 심리동사의 목적어와 같이 변화하지 않는 객체, 행위동사의 목적어와 같이 끝점이 아닌 객체, 다양한 부사적 성분들을 포함시키려는 것이다.[13)] (18)의 두 경우의 차이는 동사는 추상적인 차원에서 힘이나 생각이 향해지는 목표를 지시하고, 절은 시제/상 등에 의해 실제 변화하는 것으로 그려지는 상황의 목표를 지시한다는 것이다. '의도되는'은 변화의 목표가 실제 달성될 필요는 없음을 의미한다.

변화의 성상과 방식은 엄밀하게는 목표라는 정의에 부합하지 않는다고 볼 수 있으나, 본고는 이들이 의미적으로 결과상태로 이어질 수 있고 형태적으로 부사형을 공유하기 때문에 '를' 표지가 가능하

11) 격표지가 시제, 상, 법과 관련될 수 있다는 것은 Nordlinger(1998)의 호주원주민 언어 연구에서 주장된 바 있다. 호주원주민 언어는 교착어로서 격중첩 등 한국어의 격과 공통점을 보인다. Nordlinger(1998)의 구성격 이론(Constructive Case Theory)을 한국어에 적용한 H. Lee(1999)는 '를'이 문법기능에 관한 정보 외에도 그들이 나타나는 절의 통사적, 상적인 자질에 대한 정보들을 담고 있으며, 이런 '를'의 정보와 동사나 절 자체가 가지고 있는 정보들이 양립가능(compatible)할 때 '를'이 쓰일 수 있다고 주장하였다. 본고는 조사가 정보를 담고 있되, 그 정보가 완전히 의미적이라고 보는 점에서 H. Lee(1999)와 다르다.

12) Tenny(1987)는 "영향입음"을 기존연구들이 피행위자로 해석했던 데에서 벗어나 개체의 변화가 사건의 변화를 보여준다는 상적(aspectual) 정의로 설명하였고, 그런 설명이 Dowty(1991)의 "점증적 대상"으로 이어졌다.

13) 이들 외에 아래와 같이 부정사구에도 '가/를'이 나타날 수 있다. 본고에서 논의하지는 않으나 이를 허용하는 동사들은 '주다, 하다'를 제외하고는 대체로 상황의 변화를 지시하는 상적 동사들(예: 보다, 버리다, 말다, 내다, 주다, 두다, 놓다, 대다, 쌓다, 가다, 오다, 하다 (임홍빈 2007: 586))이라는 점과, (ii)과 같이 '가/를' 교체를 보인다는 점에서 부사적 성분으로 설명하여야 한다고 생각한다.
(i) 우선 먹어를 보아라.
(ii) 벼가 노랗게 익어가/를 간다.
또한 이와 관련하여 장형부정 조동사 '않다'가 올 때 아래와 같이 부정사구의 동사의 의미유형에 따라 '가/를'이 다르게 나타나는 것에 대해 논의가 많았다(Kang 1988, 최기용 2006/2009, 박소영 2011 등).
(iii) 철수가 밥을 먹지*가/를 않는다.
(iv) 비가 오지가/를 않는다.
(v) 영미가 예쁘지가/를 않다.
본고는 '않다' 구문은 위의 상적 동사들과 달리 부정사구가 명사적 성분이며, '않다'가 '아니다'와 '하다'의 복합동사로서 각기 '가'와 '를'을 허용하는데, 통제자 주어가 있을 때에는 '가'가 가능하지 않은 일반화에 따라 (iii)에서 '가'가 제외된다고 생각한다.

며, 따라서 (6)-(7) 유형의 동사들과 함께 쓰일 경우 (19)와 같이 '가/를' 교체를 보인다고 생각한다.

(19) a. 봄비가 촉촉하게가/를 온다.
b. 안개가 자욱하게가/를 끼었다.
c. 먼지가 뽀얗게가/를 앉았다.

(18)은 절 내의 모든 '를'을 설명한다. (20)의 주어가 통제자인 다양한 절에서(20a)-(20c)의 모든 명사적 성분은 (18i)의 경우이며, (20d)의 부사적 성분들은(18ii)의 경우를 보여준다. (20c)의 "집, 다리, 공원, 빗속, 시대"들도 각기 의미역 이론의 출발점(Source), 경로 (Path), 장소(Location), 시간(Time)으로서가 아니라 동사가 지시하는 행위에서 통제자의 힘이 목표로 하는 객체로서 '를' 표지된 것이다. 이들 중 '공원, 빗속, 시대'는 '를' 표지가 논항이 아닌 명사적 성분에도 가능함을 보인다.

(20) a. 철수가 밥을 먹었다/영미를 사랑한다.
b. 철수가 영미를 책을 주었다/벽을 페인트를 칠했다/물을 얼음을 만들었다.
c. 철수가 집을 떠났다/다리를 건넜다/공원을 달렸다/빗속을 달렸다/어두운 시대를 살았다.
d. 철수가 한 시간동안을 빨리를 달렸다.[14]

(21)은 통제자가 없는 변화를 그리는 절에서(18ii)의 의미로 부사적 성분에 나타나는 '를'을 보여준다. '를'은 변화 가능한 상황에서만 쓰이므로 변화하지 않는 영속적인 상태를 그리는 절에는 나올 수 없다.

(21) a. 비가 세 시간동안을/세 번을/10mm를 왔다.
b. 얼음이 단단하게를 얼었다.

통제자가 있는 상황에서 모든 참여자가(18i)의 객체인 것은 아니다. 객체가 아닌 참여자들은(22)-(23)의 두 가지 유형으로 구분된다.

---

14) 행위의 지속기간은 객체로서 (20c)에 포함되는 것이 더 적절한 듯도 보인다. 임홍빈(2007)은 지속부사를 객체/대상 표현으로 분석하였다.

(22) a. 철수가 학교에서/*를 밥을 먹었다.
b. 철수가 세 시에/*를 밥을 먹었다.
c. 철수가 도끼로/*를 나무를 베었다.
d. 철수가 감기로/*를 회사를 결근했다.
e. 철수가 반장으로서/*을 아이들을 통솔했다.
f. 철수가 영미처럼/*을 밥을 먹었다.

(23) a. 철수가 영미에게/*를 책을 던졌다.
b. 철수가 의자에/*를 앉았다.
c. 철수가 부산에/*을 도착했다.

(22)는 변화가능한 상황의 공간/시간적 배경, 도구, 이유, 자격, 비교 등으로 이들은 변화가 목표로 하는 객체가 아니고 상황이 일어나는 배경과 주변적인 요소들이다. 또한 어떤 것이 변화의 객체로 어휘화(lexicalization)되는가 아닌가는 매우 정교한 어휘의미의 문제로, 영어의 교체(alternation) 현상에서도 많이 논의되었듯이 (23)의 예들은 의미역으로는 도달점이지만'를'로 표지되지 않는다. 이들은 Pinker(1984)의 세부적(narrow) 의미자질 분석에 따르면 방향(direction)과 접촉(contact)을 지시하는 동사들인데, 이런 의미만으로는 변화의(의도되는) 목표가 되지 못하는 듯하다.[15)]

그러나 (23)의 절들은 (24)와 같이 부사격조사와 '를'을 중첩해서 쓰면 가능해지는데, 이 때 '를'은 (18i)의 동사의 객체로서 명사적 성분에 붙은 것이 아니라, (18ii)의 상황의 도달점으로서 부사적 성분에 붙은 것이기 때문이다.

(24) a. 철수가 영미에게를 책을 던졌다.
b. 철수가 의자에를 앉았다.
c. 철수가 부산에를 도착했다.

15) 영어에서도 이런 차이를 설명하기 위해 "전체적으로 영향입음(totally affected)" 와 같은 의디자질들이 제시되었으나, 모든 예를 설명하지는 못하였다.

3.2. 담화의미

'가/를'은 3.1.에서 살펴본 상황의미 외에 담화의미를 가지는데,[16] 본고에서 담화의미는 화자가 절의 성분들을 제시하는 방식과 관련되는 의미를 지시한다. 본고는 Yang(1973)의 한정사(delimiter) 분석으로부터 비롯되어 한국어 보조사 연구에 많이 적용되어 온 바와 같이 모든 보조사는 자신과 교체될 수 있는 선택항(들)의 대안집합(alternative sets)을 전제(presupposition) 또는 함축(implicature)하는 초점(Focus) 표지라고 가정한다. 본고는 보조사를 의미에 따라 두 가지로 구분하는데, (25)는 보다 객관적인 선택을 표현하며, (26)은 이에 덧붙여 선택항에 대한 화자의 주관적 판단도 포함한다.

(25) a. 철수부터 왔다. (선두)
b. 철수만 책을 읽고 있다. (유일)
c. 철수밖에 책을 읽고 있지 않다. (배제)
d. 철수도 떠났다. (추가)
e. 누구나/든지 좋다. (전체)
f. 철수는 왔다. (대조)

(26) a. 철수마저/까지/조차 떠났다. (예상 밖의 선택항)
b. 철수야 왔지. (예상했던 선택항)
c. 철수인들/라고 할 말이 없겠니? (중요하지 않다고 생각하는 선택항)
d. 밥이나/이라도/이나마 먹어야겠다. (불만족스러운 선택항)
e. 철수야말로 내 진짜 친구이다. (기대했던 확실한 선택항)
f. 잎은커녕 싹도 나지 않는다. (만족스러운 선택항)

'가/를'은 (25)의 보조사들과 같이 대안집합을 전제/함축하고, 선택항 중 특정한 것을 분명하게 가리킨다는 '지정(designation)'의 의미를 지닌다. (27)의 '가/를'이 전형적인 지정의 의미이다.

16) 이런 관점에서의 '가/를'의 의미로 "배타적 대립 (임홍빈 1974)," "지정서술/선택지정 (신창순 1975)," "주의집중 (신현숙 1982)," "대조적 의미의 양태후치사 (홍재성 1987)," "강화/배타적 대립 (선우용 1994)," "강조 (이필영 2010)"등의 개념들이 제안되었다. 고석주(2002/2004)는 '가/를'의 의미가 "선택지정"으로 화자의 판단이나 주관적 태도를 보여주는 "양태의미"이며, 이런 점에서 한국어의 보조사 중 '는, 도, 야, 나, 나마, 라도'의 유형에 속한다고 주장하였다. 본고는 본문에서 상술할 것처럼 "(전제된 대안집합 중) 선택"은 모든 보조사가 공유하는 의미이며, '가/를'의 의미는 "지정"이라고 설명한다.

(27) a. 네가 직접 와라.

b. 제일 재미있는 책을 골라봐.

'가/를'은 선택항이 복수인 것이 분명히 느껴지는 다른 보조사들에 비해 선택항이 단수일 때에도 가능하다. 여기에서도 강조되어야 할 점은 이런 선택의 의미는 화자가 개체를 제시하는 방식이지 실세계에서의 선택을 의미하는 것이 아니라는 점이다. 따라서 (28)과 같이 언제든지 전제의 취소(cancellation)가 가능하다.

(28) a. 철수부터 왔어요. 하긴 애초에 철수밖에 올 사람이 없었죠.

b. 철수는 왔어요. 다른 애들도 물론 다 왔어요.

기존연구에서는 '가'를 새롭거나 새로 활성화된(newly-activcated) 신정보(new information), 배타성(exhaustiveness), 대조(contrast) 등을 표현하는 초점표지로 설명하는 연구가 많았으나, '가'는 구정보(old information)나 비대조적 의미에도 쓰인다. Lambrecht(1994)의 세 가지 초점구조에서 '가'는 다음과 같이 쓰인다.

(29) a. 철수한테 무슨 일이 있었어?

b. 철수가 <u>차사고가 났어.</u>

(30) a. 영미가 왔다며?

b. 아니, <u>철수가</u> 왔어.

(31) a. 무슨 일이야?

b. <u>철수가 차사고가 났어.</u>

(29)는 술부초점(predicate-focus) 또는 화제-평언(topic-comment) 구조, (30)은 논항초점(argument-focus) 구조, (31)은 문장초점(sentence-focus) 구조를 예시하며, 각 예문에서 밑줄친 부분이 초점이다. '가'는 (30)과 (31)에서는 초점표지이지만, (29)에서는 구정보(old information)인 화제 (Topic)를 표지하고 있다.[17]

17) 이때(29)의 '철수가'는 주어, (30)-(31)의 '철수가'는 초점으로 구분하는 것은 설명력이 없다. 문법구조와 정보구조는 워낙 상호 독립적인 구조이기 때문이다.

또한 (32)-(33)과 같이 다른 보조사들도 초점을 표지할 수 있으므로, '가'와 초점 간에는 일대일 대응 관계가 성립하지 않는다.

(32) a. 영미가 왔다며?

b. 아니, 철수만 왔던데?

(33) a. 무슨 일이야?

b. 여기 와보니, 철수밖에 없어.

(30)의 논항초점을 (34)와 같이 세 가지로 세분하여 살펴보면 (Lee 2011: 25), (34b)와 (34c)에서는 '영미는 안 오고 철수만이 왔다'는 배타적인 해석을 받고, (34a)에서는 배타적이나 대조적인 의미가 수반되지 않는다.

(34) a. 정보초점 (informational focus)

A: 어제 누가 왔어?

B: 철수가 왔어.

b. 선발초점 (selecting focus)

A: 어제 철수가 왔어? 영미가 왔어?

B: 철수가 왔어.

c. 대체초점 (replacing focus)

A: 어제 영미가 왔어.

B: 아냐, 철수가 왔어.

따라서 (34)에는 다음과 같은 대답도 가능하다.

(35) A: 어제 누가 왔어?

B: 철수가 왔어. 영미도 오고, 우리 반 애들 다 왔어.

이때 '철수가 왔어'라는 첫 번째 문장이 발화되었을 때 '철수가'가 배타적인 해석인 것처럼 느껴지는 이유는 '가'가 화자가 대안집합의 선택항 중에서 지정을 한다는 담화의미를 지녔기 때문이다. 그러나 하나의 선택항을 지정하는 것이 다른 것들에 대한 배제를 함의(entailment)하는 것은 아니다.

4. 의미적 설명

4.1. '가'와 '를'의 교체

3.2.에서 서술한'가'와 '를'의 상황의미와 그 전형적인 경우들을 정리하던 (36)과 같다.

(36)

구분	의미	전형적인 경우들
가	자신이 통제자인 경우	(a) 비능격동사절과 타동사절의 주어
	절 내에 통제자가 없는 경우	(b) 비대격동사절의 무정물 주어 (c) 비대격동사절의 부사적 성분 (d) 1항/2항 상태동사절의 명사적 성분들
를	동사가 지시하는 변화에서 통제자의 힘, 생각, 감정이 목표(target)로 하는 객체	(e) 타동사절의 목적어
	절 전체가 지시하는 변화의 목표(수혜자, 목표, 결과 포함)과 변화가 수행되는 성상/방식	(f) 타동사절의 부사적 성분 (g) 비대격동사절의 부사적 성분

위의 표에서 (36c)와 (36g)의 비대격동사절의 부사적 성분들이 '가'로도 표지되고 '를'로도 표지될 수 있는데, 이는 이런 절이 의미적으로 통제자가 없는 변화가능한 상황을 지시하기 때문이다. 이 경우 화자는 '가'를 써서 절 내에 통제자가 없음을 명백하게 표지할 수도 있고, '를'을 써서 이 표현들이 절 전체가 지시하는 변화의 의도되는 목표라는 것을 표지할 수도 있다. 그리고 이는 3.1.에서 서술한 대로 화자의 두 개 이상의 언어표현이 가능할 때 어떤 방식으로 세계를 그리고자 하는 문제이지 실세계의 차이를 보여주는 것이 아니다.

(36)을 동사, 주어, 시제/상 등 절의 특징에 따라 상세하게 구분해 보면 다음과 같다.[18] 모든 절에서 주어는 스스로 통제자이거나 타자의 통제를 받지 않아 '가'로 표지되므로 일단 표에서 제외하고 주어가 아닌 성분들만 살펴본다.

(37)

동사	명사적 성분들	부사적 성분들	동사, 주어, 시제/상
A그룹	를	를	(i) 사람이나 힘(Force)[19] 이 주어인 비상태동사(non-stative verbs)의 능동태 (ii) 진행적인(progressive) 상태를 지시하는 장면층위(stage-level) 상태동사(stative verbs)
B그룹	가	가/를	(i) 불특정 사물이나 사람이 주어인 비대격동사 (ii) '지다/되다'동사 (iii) 사물이나 수동적인 사람이 주어인 장면층위(stage-level) 상태동사 (iv) 변화 가능한 상태[20]를 지시하는 개체층위(individual-level) 상태동사의 과거시제/미래시제/완료상(perfective aspect)/가정법(subjunctive mood)
C그룹	가	가	영속적인 상태를 지시하는 개체층위(individual-level) 상태동사의 현재시제

(37)은 '가/를'의 분포를 설명하기 위해서는 기본적인 동사 분류 (타동사, 비능격동사, 비대격동사, 상태동사 등)에서 더 나아가 동사의 세부적 의미, 주어, 시제/상도 고려해야 함을 보여준다. A그룹은 통제자 주어가 있는 변화 가능한 상황을 지시하며, B그룹은 통제자가 없는 변화가능한 상황, C그룹은 통제자가 없고 변화하지 않는 영속적 상태를 지시한다.

(37)의 세 그룹에 속하는 대표적인 예들은 다음과 같다.[21]

---

18) 이 분류는 Maling, Jun, and Kim(2001)의 분류를 기본으로 하고, Kim and Sells(2010)의 사람주어와 동사의 상적 자질이 중요하다는 주장을 받아들여 더 발전시킨 것이다. 그러나 Kim and Sells(2010)에서 '가'와 '를'을 각기 개체층위(individual-level) 해석과 장면층위(stage-level) 해석, Kuroda(1972)의 이론체계에서 전체적 판단(thetic judgment)과 범주적 판단(categorical judgment)으로 구분하여 대립적으로 설명하는 것에는 동의하지 않는다.

19) "힘 (Force)"은 의미역 중에서 어떤 일을 일으킬 수 있는 무생물("an inanimate entity which causes something")을 가리킨다(Saeed 2009: 156). 한국어에서는 힘이 아닌 무생물은 상황에 대한 통제력이 없다고 보기 때문에 (i)과 같은 소위 무생물주어 구문은 자연스럽지 않고, (ii)와 같이 사람을 주어로 하는(또는 조사의 관점에서는 사람을 '가'명사구로 표현하는) 문장이 선호된다.
(i) The noise brought them to the scene.
(ii) 왁자지껄한 소리에 그들은 소리 나는 곳으로 모여들었다.(문용 1999: 44)

20) "변화 가능한 상태"란 그 상태에 참여하는 개체가 변화를 겪을 수 있다는 것이 아니라, 상태 자체가 시작되거나 끝날 수 있다는 것을 의미한다.

21) 부사적 성분의 예로는 여러 가지 동사와 함께 쓰일 수 있고 문어체에도 쓰이는 '세 번/세 시간동안'을 주로 사용하였다.

(38) A그룹

a. 타동사(transitive verbs): 철수가 삼년동안을 약을 먹었다/책을 읽었다/영미를 좋아했다. 태풍이 세 번을 나무들을 쓰러뜨렸다.

b. 장소조사와 '를'교체를 보이는 3항동사: 철수가 세 번을 영미를(에게) 책을 주었다/벽을(에) 페인트를 칠했다/트럭을(에) 짐을 실었다/물을 얼음을(으로) 만들었다.

c. 장소조사와 '를' 교체를 보이는 2항동사: 철수가 세 번을 산을(에) 올랐다/다리를(로) 건넜다/운동장을(에서) 달렸다.

d. 비능격동사(unergatives): 철수가 세 시간동안을 달렸다/일했다.

e. 반의타동사(adversative verbs): 철수가 세 번을 선물을 받았다/야단을 맞았다/해고를 당했다/칭찬을 들었다.[22)]

f. 사람이 주어인 비대격동사(unaccusatives): 철수가 세 번을 잤다/누웠다. 철수가 세 번을 학교를(에) 왔다/부산을(에) 갔다/고향을(에서) 떠났다. 철수가 세 번을 의자에 앉았다/부산에 살았다.

g. 진행적인 상태를 지시하는 장면층위(stage-level) 상태동사(statives): 철수가 삼일동안을 방에 있다/해결책을 고민 중이다/굶고 있는 상태이다.

h. '하다' 동사: 철수가 세 번을 공부를 했다/감동을 했다/낙상을 했다/기절을 했다/칩거를 했다.[23)] 회사가 삼년동안을 발전을 했다.

(39) B그룹

a. 불특정 사물이나 사람이 주어인 비대격동사: 비가 세 번이/을 왔다. 부잣집이(에) 도둑이 세 번이/을 들었다. 부산이(에) 관광단이 세 번이/을 왔다.

b. '지다/되다' 동사: 건물이 세 번이/을 무너졌다/파괴되었다. 철수가 세 번이/을 미끄러졌다/쓰러졌다/떨어졌다/해고되었다.

c. 상태의 지속을 지시하는 장면층위 상태동사: 철수가 평생동안이/을 아프다/건강하다/가난하다/고향이 그립다/영미가 좋다. 철수가 삼년동안이/을 아팠다/건강했다/가난했다/고향

---

22) 이들도 '하다'처럼 경동사(light verb)로 쓰여 많은 동사를 만들어 내며, '야단맞다, 해고당하다, 칭찬듣다'등과 같이 '를'없이 쓰이는 경우는 (38f)의 예가 된다.

23) 이들이 '공부했다, 감동했다, 낙상했다, 기절했다, 칩거했다'와 같이 '를'없이 쓰이는 경우는 의미와 논항 수에 따라 (38a), (38d), (38f)가 된다.

이 그리웠다/영미가 좋았다. 하늘이 세 시간동안이/을 잿빛이었다. 사무실이 한달동안이/을 휴업중이다. 비가 잠시동안이/을 그친 소강상태이다.

d. 변화가능한 상태를 지시하는 개체층위(individual-level) 상태동사의 과거시제/미래시제/완료상: 철수가 삼년동안이/을 순수했다/이타적이었다. 철수가(앞으로) 삼십년동안이/을 순수할 것이다/이타적일 것이다. 철수가(앞으로) 삼십년동안이/을 순수하면/이타적이면 좋을텐데.[24)]

(40) C그룹

영속적인 상태를 지시하는 개체층위(individual-level) 상태동사의 현재시제: 철수가 천재이다/거인이다. 지구가 둥글다.

(38)에서는 모든 성분이 타자인 주어의 통제를 받으므로 모두 '를' 표지만 가능하며, 가장 전형적인 절의 의미는 '철수가 밥을 먹었다'와 같이 능동적인 주체가 이끄는 변화나 변화 가능성이다. 동사에는 행위자, 경험자, 힘/원인 등의 주어를 취하는 (38a)-(38d)의 동사들, 피행위자나 대상인 사람 주어를 취하는 (38e)~(38f)의 동사들, 사람의 의지가 작용할 수 있고 변화가능성이 높은 상태를 지시하는 (38g)와 같은 세 가지 유형의 동사들이 속한다. 일반동사 '하다'는 (38a)에 속하지만, 경동사 '하다'는 (38h)가 예시하는 바와 같이 이 세 가지 유형의 동사를 모두 만들 수 있다.[25)]

(39)는 능동적인 주체가 없는 변화나 변화가능성을 지시하며, 위에서 서술한 대로 통제자가 없으므로 모든 성분이'가'로 표지될 수 있고, 이 중 변화의 목표를 지시하는 부사적 성분들은 '를'로도 표지될 수 있다. (39a)-(39b)의 사람 주어는 (38)의 사람 주어와 비교해 불특정적(non-specific)이거나 비능동적으로 그려지는 것이다. (39c)와 (39d)의 예들은 상태동사의 세부적 의미나 시제/상을 통해 변화가능한 상황을 지시하기 때문에 지속부사 등과 함께 쓸 수 있으나(38g)와 달리 주어의 의지에 따라 변화할 수 있는 상태는 아니다.

(40)은 변화가능성이 없는 영속적 상태를 지시하는 경우로 지속부사나 빈도부사 에 의해 수식을 받을 수 없다. 이 경우들이 '철수가 천재였다/거인이었다'와 같이 과거시제로 표현했을 때 '철수'가 죽었

---

24) (39)와 (40)의 '하다'로 만들어지는 상태동사들에 나타나는 '를'은 의미가 없는 '를'로 설명되었다(이필영 2010, 박소영 2011). 본고에서는 상태동사가 변화가능성이라는 관점에서 (37)의 세 가지로 세분되어야 한다고 생각하며, 그에 따라 이런 '를'도 의미가 있다고 본다.

25) 부사적 성분 중 '도대체'는 '철수가 도대체가/를 왜 떠났니?'와 같이 A그룹 문장에서도 '가'를 허용한다. '도대체'와 같이 문장 전체를 수식하는 부사구는 주격중출구문의 주어 앞의 명사구들과 같이 주어의 통제영역 밖에 있기 때문인 것같다.

다는 함의를 가지며(Carlson 1977), '지구가 둥글다'와 같은 문장은 종결될 수 없는 사실이기 때문에 과거시제나 완료상으로 표현할 수 없다.[26)]

4.2. 무조사구와 조사구의 의미 차이

본고는 임홍빈(2007)을 따라 조사가 실현되지 않은 형태를 "무조사구"로 칭하며, 무조사구는 조사가 생략된 형태가 아니라 조사가 붙은 형태와 의미적으로 대립되는 독립적인 형태라고 주장한다.[27)]

무조사구는 조사의 의미를 표지하지 않음으로써, 첫째, 상황에서의 종속관계를 명시하지 않고, 둘째, 대안집합에 대한 전제/함축 없이 상황 참여자들을 제시하는 방식이다. 첫째, 상황의미는 기본적으로 동사의 의미에서 비롯되는 것이므로, (41)과 같이 무조사구를 쓰고 어순이 바뀌어도 통제나 객체에 대한 정보를 동사로부터 유추할 수 있다.

(41) a. 철수 봄 좋아해.
　　b. 봄 철수 좋아해.

그러나 (42a)와 같이 두 참여자가 유정성(animacy)에서 구분이 안 되거나, (42b)와 같이 종속관계가 중의적일 때에는 무조사구를 쓸 수 없고 조사에 의해 관계를 명시하는 것이 오해를 피할 수 있다.

(42) a. 철수 영미 좋아해. ('철수가 영미를 좋아해'와 '철수를 영미가 좋아해'의 중의성)[28)]
　　b. 철수 부산 떠났어. ('부산에서'와 '부산으로'의 중의성)

---

26) 더 생각해 봐야 할 문제는 첫째, '지구가 태양 주위를 돈다, 사자가 용감하다'와 같은 총칭문(generic statement)을 C그룹으로 설명하는 문제와 둘째, C그룹의 절에서 '가/를'을 테스트해 볼 수 있는 부사적 표현을 찾는 일이다.

27) 다른 설명으로는 부정격(안병희 1966, 이남순 1988/1998), 무표격(민현식 1982, 김영희 1991), 격조사 생략(김지은 1991, Ahn and Cho 2006), 격조사 비실현(Chai et al. 2004) 등을 들 수 있다.

28) Ahn and Cho(2006)는 두 명사구 중에 하나만 무조사구로 표현되는 경우 주어와 목적어 간의 비대칭성(asymmetry)을 주장하였다.
(i) 영희가 철수 만났다.
(ii)*철수를 영희 만났다.
임홍빈 (2007: 94)은 다음과 같은 반례들을 제시하고 문맥에서 주어의 초점적 성격이 강화되면 주어도 무조사구가 될 수 있다고 주장하였다. 이 문제는 어순뒤섞기(scrambling)의 문제와 함께 다음 연구로 미루기로 한다.
(iii) 이 돈을 너 다 가져라.
(iv) 이 사실을 지금 영희 일부러 모른척해.

둘째, 담화의미는 보조사('가/를' 포함)의 고유한 어휘의미로 동사 등으로부터 유추할 수 없다. 무조사구는 보조사가 붙은 명사구들과 담화의미 면에서 대비를 이루어, 뒤따르는 담화의 주제(Theme)[29]를 무표적(unmarked)으로 제시하는 기능을 한다. (43)-(44)는 1인칭과 2인칭 대명사가 문두에 쓰인 문장들 간의 대비를 보인다.

(43) a. 나 간다.
  b. 내가 간다.
  c. 나는 간다.

(44) a. 너 올래?
  b. 네가 올래?
  c. 너는 올래?

(43)의 세 문장은 모두 '나'라는 담화 주제에 대해 '간다'라는 평언(Rheme)을 제시하는데, (43a)의 '나'는 대안집합에 대한 함축이 없다. 이에 비해(43b)와 (43c)는 선택항(들) 중 선택한다는 함축을 지니며, 전자는 지정, 후자는 대조의 의미를 표현한다. (44)에도 동일한 설명이 적용된다.

무조사구도 화자가 절의 성분을 제시하는 방식으로 앞에서 설명한 '가'와 같이 정보구조와는 별개의 문제이다. 무조사구를 화제(Topic)와 관련시켜 화자와 청자의 인지 속에 활성화된(active) 정보(Lambrecht 1994: 165)로 설명한 연구들이 많았으나(김지은 1991, 임홍빈 2007, Oh 2013 등),[30] 무조사구는 (45)-(46)가 예시하듯이 활성화되지 않은 정보들도 표현한다.

---

29) 본고에서 사용하는 주제(Theme)와 곧 이어 나올 평언(Rheme) 개념은 프라그 학파와 Halliday(1985/1994)가 제시했던 주제구조(Thematic Structure) 상에서의 개념들과 정의 상 동일하다. 주제는 Halliday(1985/1994)의 정의를 따라 "메시지의 출발점; 그에 관해 절이 서술하는 바"이며 평언은 "메시지의 나머지 부분; 주제가 발전되는 부분"을 가리킨다. 그러나 Halliday(1985/1994)는 다양한 주제 중 상대적으로 중요한 화제적 주제(Topical Theme)를 구정보인 화제(Topic)와 동일시하였는데, 한국어에서는 주제가 구정보와 신정보를 모두 표현할 수 있기 때문에 그의 설명을 전적으로 받아들일 수는 없다.

30) Lambrecht (1994: 165)의 화제가능성 척도는 다음과 같으며 위로 갈수록 화제로 표현될 가능성이 높다. Oh(2013)는 한국어에서 (a)는 무조사구나 영대명사, (b)는 "는", (c)는 "는"이나 "말이야" 등으로 표현되며, (d)는 화제가 될 수 없다고 주장하였다.
(i) 활성화된(active)
(ii) 중간활성화된(semi-active)/접근가능한(accessible)
(iii) 사용되지 않은(unused) (식별가능하나 비활성화된 (identifiable but inactive))
(iv) 완전히 새로운(brand-new) (식별불가능한(unidentifiable))

(45) a. 웬 여자, 무대로 등장한다.

b. 웬 여자가 무대로 등장한다.

c. *웬 여자는 무대로 등장한다.

(46) (아이들이 방금 보고 나온 영화에 대해 활발하게 대화를 하는 중에 한 아이가)

a. 근데 너희들, 이번 시험, 어떻게 생각해?

b. 근데 너희들, 이번 시험을 어떻게 생각해?

c. 근데 너희들, 이번 시험은 어떻게 생각해?

(45a)와 (46a)의 무조사구는 비활성화된 정보를 제시하는 가장 자연스러운 방식이다. (45b)와 (46b)의 '가/를' 형태는 배타성으로 해석될 수 있는 가능성을 가지며, (45c)의 '웬 여자'는 대조할 대상이 없으므로 가능한 문장이 아니고, (46c)의 '이번 시험은'은 '영화' 또는 아이들이 머리에 떠올릴 수 있는 다른 선택항들과 대조된다는 의미를 표현한다.

무조사구는 무표적 제시어이기 때문에 신문기사 제목에 많이 쓰이는데, 제목의 내용이 독자들의 인지 속에 활성화되어 있다고 볼 수는 없다.

(47) a. 오바마, 한국 방문으로 일본 압박한다.

b. 빅데이터, 서울 대중교통 지도 바꾼다.

(48) a. 미국의 북 공격 시나리오, '죽음의 백조'가 아니었다.

b. 류현진의 딜레마, 득점지원 부족과 한계 투구수

(49) a. 남편에게 증여받은 집, 자녀들이 소송을 제기했는데 어쩌죠?

b. 잠들기까지 30분 이상 걸리거나 5번 이상 기상, 불면증 극복하는 법

(www.chosun.com 기사 제목)

위의 무조사구들에 조사를 붙인다면 뒤따르는 평언의 내용에 따라 (47)에서는 '가/를,' (48)에서는 '는'이 자연스러우며, (49)에서는 조사로 표현할 수 없다.

4.3. '지다'구문과 어휘수동태

첫째, '지다' 구문은 (50)에서는 영어의 수동태처럼 행동하지만, (51)과 같이 자동사에도 적용되므로 쉽게 설명할 수 없었다.

(50) a. 모래성이 파도에 의해 무너졌다.
 b. 옷이 영미에 의해 찢어졌다.

(51) a. 이사해서 거리가 멀어지니, 친정에도 잘 안 가져.
 b. 요즘 너무 피곤해서, 아침에 잘 안 일어나져.
 c. 안 그러려고 하는데, 자꾸만 벽에 기대지네.

(52)-(53)은 능동태 구문은 어떤 상황을 통제자가 있는 것으로 그리고, 그에 대응되는 '지다'구문은 통제자가 없는 것으로 그리는 것을 보여준다.

(52) a. 내가 요즘 일부러 친정에 잘 안 가.
 b. *내가 요즘 일부러 친정에 잘 안 가져.

(53) a. 내가 친정에 안 가기로 결심했다.
 b. *내가 친정에 안 가지기로 결심했다.

'지다'는 또한 (54)와 같이 상태동사에도 적용되어 통제자를 취하지 않는 비상태동사로 바꾼다.

(54) a. 씀씀이가 커지고 있다.
 b. 철수가 점점 즐거워지고 있다.

본고는 '지다'가 모든 종류의 동사에 붙어[31] (37)에서 B그룹의 통제자가 없는 변화가능한 상황을 그

31) (38)~(40)의 동사들 중 '지다'를 허용하지 않는 3가지 종류의 동사는 (i)'있다'와 '이다' (ii) (38h)의 '하다' (iii) (39a)의 '(비가) 오다'등의 동사들이다. 첫째, '있다'와 '이다'는 '지다'를 취하지 않고, 둘째, '하다'는 '지다'가 아니라 '되다'를 통해 통제자없는 변화를 그린다(예: '내가 오늘 공부를 잘 한다' vs. '내가 오늘 공부가 잘 된다'). 셋째, 이런 일부의 비대격동사들은 애초에 통제자없는 변화를 그리므로 '지다'가 붙지 않거나(예:'*토마토가 벌레가 끼어진다'), 붙어도 특별한 의미를 더하지 않는다(예: '옷감이 물이 잘 들어진다').

리는 동사를 만든다고 주장한다.[32] 즉, A그룹의 통제자를 취하는 동사에 붙으면 통제자를 취하지 않는 동사를 만들어 내고, C그룹의 상태동사에 붙으면 변화를 지시하는 동사를 만들어 낸다.

따라서 '지다'구문은 B그룹의 동사들과 같이 명사적 성분은 '가'로만 표지되고, 부사적 성분은 (55)와 같이 '가/를' 교체를 허용한다.

(55) a. 집이 철수에 의해 세 번을/이 칠해졌다.
b. 철수가 삼년동안을/이 가난해졌다.

둘째, '이/히/리/기'접사에 의한 어휘수동태는 '지다'구문과 다르다.

(56) a. 철수가 영미를 손을 잡았다.
b. 영미가 철수에게 손을 잡혔다.
c. 영미가 철수에게 손이 잡혔다.

(56a)의 대격중출구문에 대응되는 어휘수동문은 (56b)와 (56c)와 같이 부분명사에 '가/를' 교체를 허용한다. 이렇게 어휘수동문에 나타나는 '을/를'에 대해서는 대격조사(Kang 1986, 이광호 1988, 이홍식 1996, 남수경 2005 등), 주제 (임홍빈 1977 등), 초점 (유혜원 1999 등) 등 다양한 분석이 있었다. 기존연구에 대한 상세한 논의는 남수경 (2005) 참조.

이때 (57)과 같이 상황 내에 통제자가 있으면 '를'만 가능하고, (58)과 같이 통제자가 없으면 '가'만 가능하다.

(57) a. 영미가 철수에게 일부러 손을/*이 잡혔다.
b. 철수에게 손을/*이 잡혀라.
(58) a. 서울이 홍수에 도심이/*을 휩쓸렸다.
b. 책이 철수에게 표지가/*를 찢겼다.

32) '지다'는 형태적으로도 다른 조동사들과 같이 (i)과 같이 보조사가 붙는 형태를 허용하며, 본동사의 어근이 1음절일 때에는 (ii)와 같이 자연스럽지 않다.
(i) 벽에 기대는 진다, 창문이 닫혀는 진다. 나무가 뽑혀는 진다.
(ii)*잠이 와는 진다, *친정에 가는 진다.

이로부터 본고는 어휘수동 접사가 (37)의 A그룹의 동사들의 통제자를 통제자가 아닌 것으로 강등(demote)시키는 기능을 한다고 주장한다. 통제자가 강등되었을 때, 화자는 상황 내의 다른 개체를 새로운 통제자로 그리거나, 통제자가 없는 상황으로 그릴 수 있다. (56b)는 '영미'를 새로운 통제자로 그려 부분명사에 '를'이 붙고, (56c)는 통제자가 없는 상황으로 그려 부분명사에 '가'가 붙는다.

부사적 성분들도 통제자가 있을 때에는 A그룹에 속하므로 (59)와 같이'를'만 자연스럽고, 통제자가 없을 때에는 B그룹에 속하므로 (60)과 같이 '가/를'교체를 허용한다.

(59) a. 영미가 철수에게 일부러 세 번을/*이 잡혔다.
b. 철수에게 세 번을/*이 잡혀라.

(60) a. 서울이 홍수에 세 번을/이 휩쓸렸다.
b. 책이 철수에게 세 번을/이 찢겼다.

4. 결론

본고에서는 단일절 내에 나타나는 '가'와 '를'의 분포를 의미적으로 설명해 보았다. 그들의 두 가지 의미자질 중 상황의미 때문에 주어/목적어에 대한 표지인 문법격으로 쓰이고, 담화의미 면에서 무조사구와 대립된다고 주장하였다. 또한 '가'와 '를'은 대립적 의미가 아니기 때문에 서로 교체할 수 있으며, 의미역 이론으로는 잘 설명되지 않는 '지다'구문과 어휘수동태 구문이 통제자와 변화가능성이라는 의미로 설명됨을 보였다.

본고의 이런 설명은 한국어가 통사조건보다 의미조건이 중요한 언어라는 가설에 기초하고 있다. 이 외에도 본고에서 논의하지는 않았으나 언어유형론적 연구들이 주장하듯이 교착어(Agglutinative language)의 표지가 굴절어미(inflectional suffix)보다 형태적으로 독립적이기 때문에 조사 간의 교체, 중첩, 무조사구 등이 자유롭고, 담화주제 중심언어(Theme-oriented languages)로서 명사구들이 여러 개 나올 수 있어 격중출구문(multiple case construction)이 가능하다는 사실 등이 '가/를'의 넓은 분포를 설명한다는 것이 본고의 가설이다. 이런 현상들은 사실 한국어 뿐 아니라 다양한 어족의 많은 언어들에서 보고되어 왔다(Butt 2006). 지금까지는 격의 비전형적인 경우들로 분류되어 체계적으로 연구되지 않았으나, 이들의 비교 연구가 앞으로 더 넓은 관점에서 격을 볼 수 있게 할 것이라고 생각한다.

참고문헌

고석주(2002) "조사 '가'의 의미," 국어학 40. 국어학회.

______(2004) 현대 한국어 조사의 연구 I–'격 개념'과 조사 '-가'와 '-를'을 중심으로. 서울: 한국문화사.

김영희(1991) "무표격의 조건," 언어논총 9, 5-32.

김지은(1991) "국어에서 주어가 조사 없이 나타나는 환경에 대하여," 한글 212. 한글학회.

남기심(1991) "국어의 격과 격조사에 대하여," 겨레문화 5. 한국겨레문화연구원.

남수경(2005) "조사 '을/를'이 나타나는 피동문에 대하여," 어학연구 41-1, 79-99.

민현식(1982) 현대국어 격에 관한 연구. 서울대학교 석사학위논문.

목정수(2003) 한국어문법론: 비교론적 관점에서 본 조사와 어미의 형태, 통사론. 서울: 월인.

문 용(1999) 영어의 발상, 한국어의 발상. 서울: 서울대학교 출판부.

박소영(2011) "한국어 장형 부정문의 격 교체와 '하다'의 유형론," 한국어학 52, 83-119.

선우용(1994) 국어조사 '이/가,' '을/를'에 대한 연구–그 특수조사적 성격을 중심으로–. 국어연구 124. 국어연구회.

신서인(2014) "이/가, 을/를'의 비전형적인 분포와 기능," 국어학 69. 69-103.

신창순(1975) "국어의 '주어문제'연구," 문법연구 2. 문법연구회.

신현숙(1982) "목적격 표지 /-를/의 의미연구," 언어 7-1, 119-139.

안병희(1966) "부정격의 정립을 위하여," 계명대 출판부.

엄정호(2011) "격의 개념과 한국어의 조사," 국어학 62, 199-223.

유동석(1993) "국어의 격 중출 구성에 대하여," 국어학 31, 307-337.

유혜원(1999) "'을/를'이 나타나는 피동문 연구,"한국어학 9, 205-227.

이광호(1988) 국어 격조사 '을/를'의 연구. 서울: 탑출판사.

이남순(1988) 국어의 부정격과 격표지 생략. 탑출판사.

______(1998) "격표지의 비실현과 생략," 국어학 31. 국어학회.

이필영(2010) "조사 '이/가'와 '을/를'의 통사와 의미," 한국어학 49, 345-368.

이홍식(1996) 국어 문장의 주성분 연구. 서울대학교 박사학위논문.

임홍빈(1974) "주격중출론을 찾아서," 문법연구 1. 문법연구회.

______(1977) "피동성과 피동구문," 국민대 논문집 12.

______(2007) 한국어의 주제와 통사분석: 주제 개념의 새로운 전개. 서울대학교 출판부.

최기용(2006) "장형 부정구문의 격교체," 언어 31, 441-462.

______(2009) 한국어 격과 조사의 생성통사론. 서울: 한국문화사.

최현배(1937/1991) 우리말본. 서울: 정음사.

최호철(1996) "국어의 의미격 설정에 대하여," 한글 232, 123-146.

홍재성(1987) 현대 한국어 동사구문의 연구. 탑출판사.

Ahn, H.-D. and S.-E. Cho(2006) "Unpronounced case markers and apparent subject-object asymmetry," *Studies in Modern Grammar* 43, 55-80.

Blake, B.(2001) *Case*. Cambridge University Press.

Butt, Miriam(2006) *Theories of Case*. NY: Cambridge University Press.

Carlson, Gregory Norman(1977) *Reference to Kinds in English*. doctoral dissertation. University of Massachusetts at Amherst.

Chai, Myong-Hi, Sae-Youn Cho, and Namgeun Lee. 2004. "Case realization and word order variation,"in Park, Byung-Soo and Jong-Bok Kim, eds., *Perspective on Korean Case and Case Marking*, 345-368.

de Hoop , H. and A. Malchukov.(2007) "On Fluid Differential Case Marking: A Bidirectional OT Approach," *Lingua* 117, 1636-1656.

Dowty, D(1991) "Thematic Proto-Roles and Argument Selection," Language 67, 547-619.

Fillmore, Charles(1968) "The case for case," in Bach, E. and R. Harms, eds., *Universals in Linguistic Theory*, 1-88. NY: Holt.

Foley, William A. and Robert D. Van Valin(1984) *Functional Syntax and Universal Grammar*. NY: Cambridge University Press.

Grimshaw, Jane(1990) *Argument Structure*. Cambridge: MIT Press.

Gruber, J. S(1965) *Studies in Lexical Relations*. doctoral dissertation. MIT.

Halliday, M.A.K(1985/1994) *An Introduction to Functional Grammar*. NY: Routledge, Chapman and Hall, Inc.

Kang, Young-Se(1986) *Korean Syntax and Universal Grammar*. doctoral dissertation. Harvard University.

Kang, Myung-Yoon(1988) *Topics in Korean Syntax*. doctoral dissertation. MIT.

Kim, Youngjoo(1990) *The Syntax and Semantics of Korean Case: The Interaction between Lexical and Syntactic Levels of Representation*. doctoral dissertation. Harvard University.

Kim, Jong-Bok and Peter Sells(2010) "On the Role of the Eventuality in Case Assignment on Adjuncts," *Language and Linguistics* 11-3, 625-652.

Klaiman, M. H(1991) *Grammatical Voice*. Cambridge: Cambridge University Press.

Kratzer, Angelika(2004) "Interpreting focus: presupposed or expressive meaning," *Theoretical Linguistics* 30-1, 123-136.

Kuroda, Shigeyuki(1972) "The Categorical and the Thetic Judgment: Evidence from Japanese Syntax," *Foundations of Language* 9, 153-185.

Lambrecht, Knud(1994) *Information Structure and Sentence Form: Topic, Focus, and the Mental Representation of Discourse Referents*. Cambridge: Cambridge University Press.

Lee, Chungmin(1973) *Abstract Syntax and Korean with reference to English*. doctoral dissertation. Indiana University.

Lee. Hanjung(1999) "The Domain of Grammatical Case in Lexical-Functional Grammar," *Proceedings of the LFG99 Conference*. The University of Manchester.

__________(2011) "Gradients in Korean Case Ellipsis: An Experimental Investigation," *Lingua* 121, 20-34.

Lee, Keedong(1987) "The meanings of the two passives in Korean," *Language Research* 23-2.

Maling, Joan(1989) "Adverbials and structural case," *Harvard Studies in Korean Linguistics* 3, 297-308.

Maling, Joan, Jong Sup Jun and Soowon Kim. 2001. "Case Marking on Duration Adverbials Revisited," in Hee-Don Ahn and Namkil Kim. eds., *Selected Papers from the 12th International Conference on Korean Linguistics*, 323-335. Seoul: Kyungjin Munhwasa.

Nordlinger, Rachel(1998) *Constructive Case: Evidence from Australian Languages*. Stanford: CSLI.

Oh, Chisung(2013) "Topic Acceptability Scale and Topic Constructions in Korean," *The Jungang Journal of English Language and Literature* 55-3, 361-384.

Pinker, Steven(1984) *Language Learnability and Language Development*. Cambridge: Harvard University Press.

Saeed, John(2009) *Semantics*. Singapore: Wiley-Blackwell.

Song, Jae Jung(1988) "Clause linkage in Korean periphrastic causative and purposive constructions," *Language Research* 24, 583-606.

Tenny, Carol(1987) *Grammaticalizing Aspect* and Affectedness. doctoral dissertation. MIT.

Wechsler, Stephen and Yae-Sheik Lee(1996) "The Domain of Direct Case Assignment," *Natural Language and Linguistic Theory* 14, 629-664.

Yang, In-Seok(1973) "Semantics of Delimiters," *Language Research* 9-2, 84-122.

Yoon, James H.-S(1986) "Some Queries Concerning the Syntax of Multiple Subject Constructions in Korean, *Studies in the Linguistic Sciences* 16, 215-236.

IV '-은/는'과 '-이/가'의 의미

04

'-은/는'과 '-이/가'의 의미

김일규

1. 들어가며

'-은/는'과 '-이/가'는 한국어 문장의 정보구조(information structure) 실현에서 중요한 역할을 한다. 정보구조란 음운구조, 통사구조, 의미구조 등 한 문장이 지니는 다양한 구조 중의 하나로, 화자가 전달하고자 하는 정보를 청자의 머릿속 담화 문맥을 고려하여 다양한 방식으로 "포장(packaging)"[1] 한 결과물이다. 정보 포장에는 강세, 어휘, 어순 등 다양한 음운적, 형태적, 통사적 도구가 사용되며 같은 목적을 위해서라도 언어마다 사용되는 도구는 다를 수 있다.

정보구조에 대한 더욱 명확한 이해를 위해 구체적인 예문을 살펴보도록 하자. 아래 (1)은 '철수가 학교에 간다'는 정보를 지닌 문장의 주어를 다양한 방식으로 포장할 수 있음을 보여준다.

(1) a. 철수는 학교에 가.
  b. 철수 학교에 가.
  c. 철수가 학교에 가.
  d. (철수가) 학교에 가.

---

1) "포장"이라는 용어는 Chafe (1976)가 정보구조를 설명하면서 사용한 "packaging"이라는 표현을 직역한 것이다.
I have been using the term packaging to refer to the kind of phenomena at issue here, with the idea that they have to do primarily with how the message is sent and only secondarily with the message itself, just as the packaging of toothpaste can affect sales in partial independence of the quality of the toothpaste inside (Chafe 1976: 28).

진리조건적으로(truth-conditionally) 동일한 정보를 전달하는 문장이 의사소통 과정에서 이렇게 다양한 방식으로 실현되는 이유는 무엇인가? 정보구조 이론에 따르면, 청자의 머릿속에 담화 문맥이 저장 되어있는 양상에 따라 화자가 정보를 포장하는 방식이 달라진다. 예를 들어, (1)이 "누가 학교에 가니?"라는 질문에 대한 대답이라면 (1c)가 가장 자연스러운 포장 방식이 된다. 반면, "철수가 어디에 가니?"라는 질문에 대한 답이라면 가장 자연스러운 포장 방식은 주어가 생략된 (1d)가 될 것이다. 이처럼 주어진 담화 문맥에 따라 동일한 정보를 여러 방식으로 포장할 수 있고 바로 이런 차원의 문장 구조를 정보구조라고 한다.

문장 각 층위의 구조는 나름대로의 고유한 기본 범주를 가진다. 예를 들어, 음운구조는 변별자질(distinctive feature), 자음, 모음, 음절 등의 범주를 통해 분석되며, 통사구조와 의미구조 또한 각각의 체계적 분석 단위를 기반으로 한다. 마찬가지로, 정보구조는 일반적으로 화제(topic), 초점(focus), 대조(contrast)와 같은 기본 범주를 바탕으로 분석이 이루어진다. 한국어에서도 '-은/는'은 화제 그리고/혹은 대조 표지로, '-이/가'는 주격 조사이면서 동시에 초점 표지로 널리 알려져 있다.

본 장에서는 두 조사가 사용되는 다양한 문맥을 살펴봄으로써 이들을 단순히 화제, 대조, 초점 표지로 보는 전통적인 견해로는 이들의 의미와 기능을 충분히 만족스럽게 설명할 수 없음을 밝히고, '두드러짐 부과(imposing salience)' 및 '지정(pointing)'이라는 수행적(performative) 기능이 '-은/는'과 '-이/가'의 본질적인 의미임을 주장하고자 한다.

본 장의 구성은 다음과 같다. 먼저, 2절과 3절에서는 각각 '-은/는'과 '-이/가'의 의미에 대해 논의한다. 특히, 이들의 본질적인 의미는 화제, 대조, 초점이 아닌 '두드러짐 부과' 및 '지정'이며 화제, 대조, 초점 등의 의미는 '두드러짐 부과'와 '지정'이라는 의미가 다양한 통사적, 의미적, 화용적 요인과 상호작용하여 발생하는 해석적 효과(interpretive effect)임을 주장한다. 4절에서는 '-은/는'과 '-이/가'에 의해 표현되는 대조의 의미적 차이에 대해 논의한다. 여기서 핵심은 '-은/는'의 대조는 주로 불확실성(uncertainty), 양보(concessivity) 등의 의미를 동반함에 반해 '-이/가'의 대조는 총망라성(exhaustivity)을 표현한다는 것이다. 끝으로 5절에서는 본 장의 핵심 주장을 요약하며 글을 마무리 한다.

2. '-은/는'

'-은/는'의 의미를 본격적으로 다루기에 앞서, '-은/는'과 밀접한 관련이 있는 화제와 대조의 정의를 명확히 할 필요가 있다. 두 개념에 대해 모두가 동의하는 절대적이고 객관적인 정의는 존재하지 않지만, 기존 연구들이 대체로 동의하면서 '-은/는'의 의미를 파악하기에 충분한 수준의 정의는 아래와 같다.

2.1. 화제

화제는 크게 두 가지 의미로 사용된다. 하나는 '대하여성(aboutness)'에 기반한 의미이고 다른 하나는 '프레임성(framehood)'에 기반한 의미이다. 각각의 정의는 아래 (2)와 같다.

(2) 화제의 두 가지 정의

a. 대하여성에 기반한 정의(Lambrecht 1994: 131)

A referent is interpreted as the topic of a proposition if in a given situation the proposition is construed as being about this referent, i.e. as expressing information which is relevant to and which increases the addressee's knowledge of this referent.

b. 프레임성에 기반한 정의(Jacobs 2001: 656)

In(X Y), X is the frame for Y iff X specifies a domain of(possible) reality to which the proposition expressed by Y is restricted.

대하여성에 기반한 정의는 주어진 명제가 어떤 지시 대상에 대한 것으로 해석된다면 그 지시 대상을 화제로 볼 수 있다는 것이다. 여기서 명제가 그 지시 대상에 대한 것으로 해석된다는 것은 화자가 해당 명제를 통해 청자에게 그 대상에 대한 지식을 더해주거나 그 대상과 관련이 있는 정보를 전달해준다는 뜻이다. 이 정의에 따르면, 대하여성에 기반한 화제의 전형적인 예는 "철수는 영희를 좋아해." 와 같은 문장에서 '철수'[2]이다. 즉, 영희를 좋아한다는 내용은 철수라는 사람과 관련된 정보이며 이 발

2) 엄밀히 따지면 화제는 '철수'라는 표현이 아닌 그 표현이 가리키는 대상, 즉 실제 사람이다. 하지만 본 장에서는 꼭 필요한 경우가 아니라면 편의상 이 둘을 구분하지 않는다.

화의 목적은 청자로 하여금 철수에 대한 지식을 증가시키는 것이라고 볼 수 있다.

프레임 개념에 기반한 화제는 주어진 명제의 진리를 담보하는 '영역(domain)'을 제한해 주는 역할을 한다. 예를 들어, 전형적인 프레임 기반의 화제는 "어제는 비가 내렸어."와 같은 문장에서 '어제'와 같은 요소이다. 즉, '어제'라는 프레임이 비가 내렸다는 정보의 시간적 영역을 제한해 준다고 이해할 수 있는 것이다. 프레임은 시간 외에도 장소나 방법 등 다양한 종류의 영역을 제한해 줄 수 있다. 여기서 중요한 것은 '-은/는' 자체가 대하여성이나 프레임성을 의미하는 것이 아니라 '-은/는'과 결합하는 요소의 의미에 의해 그 의미가 결정된다는 것이다.

2.2. 대조

화제나 초점과 달리 대조는 특정 지시 대상의 '속성'이 아니라 지시 대상들 사이의 '관계'이다.[3]

(3) 대조의 정의(Kim 2015a: 95)

Contrast is a relation between discourse referents that are partitioned with respect to some semantic property P such that it is established(either via assertion or implicature) that the value 'true' results when P is applied to one part of the set and 'false' or 'unknown' when applied to the other.

위의 정의에 따르면, 대조는 어떤 의미적 속성 P를 기준으로 하여 P를 지시 대상 집합 중 한 집단에 적용하면 '참(true)'이라는 값이 나오고 다른 집단에 적용하면 '거짓(false)' 또는 '알 수 없음(unknown)'이라는 값이 나오는 두 집단 사이의 관계이다.

'-은/는'과 '-이/가'의 의미와 관련하여 중요한 것은 두 조사 모두 대조의 의미를 나타낼 수 있다는 것, 그리고 그 둘이 나타낼 수 있는 대조의 의미는 서로 다르다는 것이다. 아래에서 구체적인 예시와 함께 더욱 자세히 논의하겠지만, '-이/가'가 나타내는 대조는 주로 선택(selection)과 정정(correction)의 문맥에서 이루어져 총망라성의 의미를 동반하는 반면, '-은/는'이 일으키는 대조는 주로 불확실성이나 양보의 의미를 동반한다는 점을 인식하는 것이 중요하다.[4]

---

3) "We have focus [and topic] ON an item but contrast BETWEEN items." (Repp 2010: 1335)

4) 4절에서 더욱 자세히 다루겠지만 '-은/는'의 대조가 항상 양보와 불확실성을 전달하는 것은 아니다. '-은/는'이 사용된 문맥에 따라 두 의미가 모두 전달될 수도 있고, 둘 중 한 의미만 전달될 수도 있고, 두 의미 모두 전달되지 않을 수도 있다.

2.3. '-은/는'의 의미

'-은/는'의 의미를 다룬 기존 연구는 수없이 많지만 대부분이 아래 (4)와 같은 예문을 바탕으로 '-은/는'이 단순히 화제와 대조를 나타낸다는 피상적인 이해를 넘어서지 못하는 한계가 있다.

(4) a. 철수는 학생이다. (화제)
  b. 철수가 축구는 잘 한다. (대조)

'-은/는'의 의미를 더 깊이 이해하기 위해 가장 중요한 질문 중 하나는 '-은/는'이 화제와 대조를 나타내는 것이 어떻게 가능한가이다. 좀 더 구체적으로, 화제와 대조가 어떤 의미/화용적 연관성이 있기에 이 둘이 '-은/는'이라는 하나의 어휘에 의해 나타내어질 수 있는지에 대한 이해가 필요하다.

Kim(2015a)에 따르면, '-은/는'의 본질적 의미는 화제나 대조를 나타내는 것이 아니라 '-은/는'과 결합하는 요소의 의미에 두드러짐(salience)을 부과하는 것이다. 그리고 '-은/는'이 화제나 대조를 나타내는 것은 바로 이 두드러짐 부과라는 '-은/는'의 본질적 기능과 다양한 통사적, 의미적, 화용적 요소들이 서로 상호작용하여 도출되는 해석적(interpretive) 혹은 화용적(pragmatic) 효과(effect)일 뿐이다.

어떤 의미에 두드러짐을 부과한다는 것이 무엇인지를 이해하기 위해 우선 두드러진다(salient)는 것이 무엇인지부터 살펴보자. 예를 들어, 일상적인 대화 상황에서 청자가 '철수가 영희를 만나서 함께 밥을 먹었어'라는 문장을 들었다고 가정해 보자. 이 문장을 듣는 순간 청자의 머릿속에는 다른 어떤 의미보다도 '철수', '영희', '밥을 먹다'의 의미가 두드러진다. 하지만 그 문장에 이어 '그리고 민수는 민희를 만나서 함께 영화를 봤어'라는 문장을 듣는다면 '철수', '영희', '밥을 먹다'의 의미는 기억 속에서 점차 사라지고 '민수', '민희', '영화를 보다'의 의미가 더욱 두드러지게 된다. 다시 말해, 의사소통이 가능하기 위해서는 대화 참여자가 현재 이루어지는 발화의 내용/의미에 주의(attention)를 기울여야 하는데 주의를 (의식적으로든 무의식적으로든) 기울인 결과 그 의미들이 다른 의미들보다 머릿속에서 더욱 뚜렷해지고 부각될 때 바로 그 의미들이 두드러진다고 말할 수 있다. 이를 바탕으로 Kim(2015a)에서 제시하는 두드러짐의 정의는 아래와 같다.

(5) 두드러짐의 정의(Kim 2015a: 93)

Discourse salience is cognitive prominence of the meaning of any part of an utterance made by discourse participants, the degree of which is determined by the amount of attention allotted to it.

즉, 담화 상의 두드러짐이란 발화된 문장의 일부 혹은 전체의 의미가 담화 참여자의 머릿속에서 두드러지는 것을 의미하며, 두드러짐의 정도는 그 의미에 할당된 주의의 정도에 의해 결정된다.

'-은/는'과 두드러짐 사이의 관계를 더욱 깊이 이해하기 위해 다음으로 알아야 할 것은 두드러짐에는 두 가지 종류가 있다는 것이다. Clamons et al. (1993)에서도 그 중요성을 지적하고 있듯이 두드러짐은 두 종류로 나뉠 수 있는데, 하나는 '주어진 두드러짐(given salience)'이고 다른 하나는 '부과된 두드러짐(imposed salience)'이다.

주어진 두드러짐은 이전 문맥에 의해 결정되는 두드러짐이다. 예를 들어, '철수가 영희를 만났어'라는 문장을 들은 직후에 '철수', '영희', '만나다'의 의미가 청자의 머릿속에서 두드러지게 되는 것이 주어진 두드러짐이다. 반면, 부과된 두드러짐은 담화의 이전 문맥에 의해 결정되는 것이 아니라 이전 문맥에 의해 결정된 두드러짐에 화자가 변화를 주어 어느 특정한 요소를 다른 요소들보다 더욱 두드러지게 만드는 것이다.

Mulkern(2003, 2007)에 따르면 화자가 주어진 두드러짐에 변화를 주어 특정 요소에 두드러짐을 부과하는 동기는 두 가지이다. 첫 번째 동기는 대조(contrast)이고, 두 번째 동기는 강조(emphasis)이다. Mulkern(2003, 2007)은 강조의 가장 대표적인 예로 '새로운 화제의 소개(introducing a new topic)'를 제시하는데, 이전 담화에서 충분히 부각되지 않아 화제의 역할을 하지 못하는 지시 대상에 두드러짐을 부과하여 강조함으로써 진행 중인 담화에 새로운 화제를 소개할 수 있다는 것이다.

사실 기능적인(functional) 측면에서 화자가 새로운 화제를 소개하거나 대조를 일으키고 싶을 때 특정 요소에 두드러짐을 부과하는 것은 매우 자연스럽다. 우선, 화제와 화제가 아닌 것의 결정적인 차이는 화제가 화제가 아닌 것에 비해 훨씬 더 강한 주목(focus of attention)을 받는다는 것이다. 따라서 이전 문맥에서 화제가 아니었던 대상을 새로이 화제로 만들기 위해서는 그것에 두드러짐을 부과하여 청자로 하여금 충분히 주목을 할 수 있도록 해야 한다. 아래 (6)은 '-은/는'을 사용하여 새로운 화제를 소개하는 예를 잘 보여준다.

(6) A: 민수는 요즘 뭐 하고 지내나?
B: 최근에 결혼 했대.
A: 그렇구나. 잘 됐네. 그나저나 철수는 어떻게 지내나?

화자 A는 대화를 시작하며 민수를 화제로 소개하기 위해 '-은/는'을 사용하여 민수를 두드러지게 하였으며, 뒤이어 화제를 철수로 변경하기 위해 다시 한 번 '-은/는'을 사용하여 민수보다 철수를 더욱 두드러지게 하는 것을 볼 수 있다.

새로운 화제 소개와 관련하여 Kim(2015a)에서 아래와 같은 통사적 제약을 제시하는데, 새로 소개되는 화제는 문두에 와야 한다는 제약이다.

(7) [S [NP X]Topic [VP/S Y]Comment](Kim 2015a: 106)

위의 제약은 기능적인 측면에서 볼 때 역시 충분히 설득력이 있다. 일반적으로 화제를 소개한 후에 그에 대한 언급(comment)을 하는 것이 자연스럽지 그 반대는 부자연스럽기 때문이다.[5)]

다음으로 두드러짐을 부과하여 대조를 일으키는 경우를 살펴보자. 어떤 두 집단 간에 대조를 일으키는 방법 중 하나는 둘 중 한 집단만 부각시켜 부각된 집단과 그렇지 않은 집단 사이에 대조가 느껴지도록 하는 것이다. 이 때 한 집단만을 부각시키는 것은 바로 그 집단에만 두드러짐을 부과함으로써 가능하다. (8)의 밑줄 친 '철수는'이 바로 그러한 방식으로 대조를 일으키는 대표적인 예이다.

(8) A: 철수와 민수 둘 다 시험 잘 봤니?
B: 철수는 잘 봤어.

즉, 철수와 민수 중 철수에게만 두드러짐을 부과함으로써 부각된 철수와 부각되지 않은 민수 사이에 대조 관계가 만들어진 것이다.

이로써 우리는 '-은/는'이 화제와 대조를 나타내는 것이 어떻게 가능한지, 화제와 대조가 공유하는 의미/화용적 속성이 무엇인지에 대한 답을 할 수 있게 되었다. '-은/는'의 본질적인 기능은 두드러짐 부과이며 이것이 바로 화제와 대조가 공유하는 속성인 것이다. 여기서 한 가지 주의할 점이 있는데, '-은/는'이 화제와 대조를 표시하거나 나타낸다고 할 때 "표시한다"나 "나타낸다"는 애매한 표현이며 더욱 정확한 표현은 화제를 "(새로이) 소개하"고 대조를 "일으킨"다고 해야 한다. Kim(2015a)의 말뭉치 연구 결과는 '-은/는'이 새로운 화제를 소개하거나 화제를 변경할 때 주로 사용되며 한 번 소개된 이후에 ((6B)에서처럼) '계속되는 화제(continuing topic)'를 나타낼 때는 거의 사용되지 않음을 보여줌으로써 '-은/는'의 기능이 단순히 화제 표지가 아니라 두드러짐 부과라는 것을 지지한다.[6)]

---

5) 하지만 계속되는 화제(continuing topic)는 위의 제약으로부터 자유롭다.

6) 대부분의 기존 연구는 '-은/는'과 화제의 관계를 논의할 때 '새로 소개되는 화제'와 '계속되는 화제'를 구분하지 않음으로써 '-은/는'의 정확한 의미를 포착하는 데 실패했다.

Kim(2015a)에 의하면 '-은/는'은 화제를 소개하고 대조를 일으키는 기능 외에 두 가지 기능을 더 가지고 있다. 그것은 '단순 강조(simple emphasis)' 및 '대조화제(contrastive topic)'를 나타내는 것인데, 이 기능들 또한 두드러짐 부과라는 속성을 공유한다는 것이 중요하다. 우선 단순 강조의 정의는 아래와 같다.

(9) 단순 강조의 정의(Kim 2015a: 97)

Simple emphasis is a non-information-structural effect of attracting attention, which is caused by the difference between the actual (and unexpected) salience of an item and its expected salience.

여기서 "정보구조적이지 않은(non-informational-structural)"이란 표현은 "화제, 초점, 대조를 나타내지 않는(non-topical, non-contrastive, non-focal)" 것을 의미한다(Kim 2015a: 97). 즉, 단순 강조란 '-은/는'을 사용하여 특정 의미를 부각시키기는 하지만 그로 인해 화제를 소개하거나 대조를 일으키는 효과는 발생하지 않는 경우를 의미한다. 그러한 예는 아래 (10)과 같다.

(10) A: 이 책 얼마야? 5,000원이라고 들은 것 같긴 한데.
B: 5,000원은 아니야.

주어진 문맥에서(10B)의 화제는 '5,000원'이 아닌 생략된 주어인 '이 책(의 가격)'이다. 따라서 '5,000원'이 화제라고 보기는 힘들다.[7] 또한, (4b)와 (6)에서처럼 '-은/는'의 사용으로 인해 직관적으로 대조가 분명히 느껴지지도 않는다. 그럼에도 불구하고 '-은/는' 때문에 분명히 5,000원이라는 가격이 강조된다는 것은 확실하다. ('-은/는'이 사용되지 않은 '5,000원 아니야'와 (5B)를 비교하면 그 차이를 확실히 느낄 수 있다.) 따라서 화자가 '-은/는'을 사용하여 5,000원이라는 가격을 두드러지게 하는 것은 5,000원을 화제로 만들거나 5,000원과 다른 금액을 대조하기 위한 것이 아니라 단순히 책의 가격이 5,000원이 아니라는 사실을 강조하기 위함이라고 볼 수 있다.

'-은/는'이 단순한 화제 외에 대조화제도 나타낼 수 있다는 것은 '-은/는'이 화제 소개와 대조 유발이라는 두 가지 기능을 할 수 있다는 점을 고려할 때 전혀 놀라운 일이 아니다. 새로운 화제를 소개할 때

---

7) 한 문장에 화제가 두 개 이상이 있을 수 있다는 입장도 있다(Lambrecht 1994). 하지만 본 장은 그러한 입장에 회의적이며 한 문장에 화제는 하나만 존재한다는 입장이다. 이 문제는 추후 해결해야 할 과제로 남겨둔다.

그 화제와 대조 관계를 지닌 대안 집합이 존재하면 그것이 바로 대조화제인 것이다.

(11) 대조 화제의 정의(Kim 2015a: 96)

Contrastive topic is a topic whose alternatives are evoked in the context and is distinguished from the alternatives with respect to some semantic property P in that some truth value results when P is applied to the topic and the opposite truth value or 'unknown' when applied to the alternatives.

위에서 확인할 수 있듯이 Kim(2015a)은 대조와 화제의 정의를 합치는 방식으로 대조화제를 정의하고 있으며 본 장에서도 이 정의를 따르고자 한다. 위의 정의에 따르면 (12)에서 '-은/는'에 의해 소개되는 화제는 단순한 화제가 아닌 대조화제이다.

(12) A: 철수 축구 진짜 잘 하더라.
B: 철수 동생은 하나도 못하는데 신기하네.

즉, (12B)의 화제인 철수의 동생은 축구를 잘 하는지 여부와 관련하여 철수와 대조되고 있으며, 여기서 대조의 의미는(화제의 의미와 더불어) '-은/는'에 의해 실현된다.

지금까지 우리는 '-은/는'이 사용되는 다양한 문맥을 살펴보며 '-은/는'이 화제와 대조를 "나타낸다"는 것이 정확히 무슨 의미인지에 대해 고찰했다. 그 결과 화제와 대조는 '-은/는' 자체의 의미가 아니라 두드러짐 부과라는 '-은/는'의 기능이 여러 요인과 상호작용하여 만들어지는 해석적 효과임을 알 수 있었다. '-은/는'을 사용하여 얻을 수 있는 효과는(대조)화제 소개, 대조 유발, 단순 강조인데 이 효과들 모두 '부과된 두드러짐'을 필요로 한다는 것이 가장 중요한 근거이다.

마지막으로, '-은/는'의 의미와 관련하여 다시 한 번 명확히 할 것이 있다. '-은/는'의 의미는 '사과'나 '먹다'와 같은 일반적인 단어들과 중요한 차이점이 있다. '사과', '먹다'와 같은 단어들은 문장의 진리조건적 의미에 실질적인 기여를 하는 반면 '-은/는'의 의미는 그렇지 않다. 본 장에서는 '-은/는'(과 '-이/가')의 의미를 진리조건적 의미에는 기여하지 않지만 문맥에 기반한 사용의 적절성(felicity)에 기여한다는 의미에서 '사용조건적(use-conditional)' 의미로 파악하고자 한다.[8] 보다 구체적으로, '-은/는'의 의미는 수행적인(performative) 성격을 지닌 것으로, 화자는 '-은/는'을 통해 일종의 '행위'를 하는 것이고 그

8) 사용-조건적 의미에 대한 자세한 논의는 Gutzmann(2015) 참고.

행위란 다름아닌 '-은/는'과 결합한 요소의 의미를 두드러지게 하는 것이다. 그런 의미에서 '-은/는'이 어떤 '의미'를 지닌다기보다는 두드러짐성을 부과하는 '기능'을 한다고 표현하는 것이 더욱 정확하다.

3. '-이/가'

3.1. 초점

초점에 대해서는 형식의미론(Rooth 1985, 1992; Krifka 2007)과 기능주의적 입장(Lambrecht 1994; Gundel & Fretheim 2004)에서 서로 다르게 정의를 내리고 있다. 전자는 초점을 '해당 요소를 대체할 수 있는 대안들(alternatives)의 집합 형성'으로 정의하며, 후자는 한 문장에서 '관계적으로 새로운(relationally new) 정보'로 정의한다. 둘 중 '-이/가'의 쓰임을 더욱 잘 설명할 수 있는 정의는 기능주의적 접근에서 제시하는 정의이다. 형식의미론에서 제시하는 정의는 이론 내적인 동기에 의해 만들어진 정의이기 때문에[9] 초점에 대한 우리의 직관에도 맞지 않을뿐더러(Umbach 2004) '-이/가'의 쓰임을 이해하는 데에도 큰 도움이 되지 않는다. 기능주의적 입장에서 제시하는 관계적 새로움이라는 개념은 아래 Lambrecht(1994: 207)에서 제시하는 초점의 정의를 통해 쉽게 이해할 수 있다.

> [T]he focus of a sentence ... is ... the element of information whereby the presupposition and the assertion DIFFER from each other. The focus is that portion of a proposition which cannot be taken for granted at the time of speech. It is the UNPREDICTABLE or pragmatically NON-RECOVERABLE element in an utterance. The focus is what makes an utterance into an assertion.

즉, 화자가 발화하는 모든 문장은 청자에게 새로운 정보를 제공한다는 전제 하에, 초점이란 한 문장에서 청자가 새로운 정보로 받아들일 수 있는 부분을 말한다.

9) 이와 관련한 더욱 자세한 논의는 Kim(2013) 참고.

(13) A: 어제 누가 거실에서 잤어?

B: 아빠(가 거실에서 잤어).

예를 들어, 위의(13B)에서 괄호 안의 부분은 이전 문백으로 인해 청자 입장에서 충분히 예측할 수 있으며 오직 '아빠'만이 예측할 수 없는 '새로운' 정보이고 따라서 '아빠'가 문장의 초점이 된다. 이 때 괄호 안의 부분은 '관계적으로 주어진(relationally given)' 정보로, '아빠'는 관계적으로 새로운 정보로 분류된다.[10)]

3.2. '-이/가'의 의미

'-이/가'는 주격 조사로 널리 알려져 있지만 기능이 그것 뿐인 것은 아니다. 주어가 아닌 요소에도 '-이/가'가 붙을 수 있다는 사실, 그리고 주어라고 해서 항상 '-이/가'가 붙는 것은 아니라는 사실 등이 '-이/가'가 주격을 표시하는 기능 외에 다른 의미를 갖고 있다는 것을 단적으로 보여준다. 예를 들어, 위의 (14a)와 (14b)의 밑줄 친 부분은 각각 주어가 아닌 요소에 '-이/가'가 붙은 경우와 주어이지만 '-이/가'가 붙지 않은 경우를 보여주고 있다.

(14) a. 철수는 영희가 싫다.

b. 철수 영희 좋아하니?

주격 표시 외에 '-이/가'가 어떤 기능 혹은 의미를 지니고 있는지와 관련하여 기존의 많은 연구들은 초점(focus)이나 대안집합(alternative set) 표시를 제시한다(Han 1999; 고석주 2002). 하지만 Kim(2014)에 따르면 이런 주장에는 문제가 있다. 예를 들어, (15B)의 '철수'는 (15A)의 발화를 통해 이미 전제된 내용의 일부이기에 초점이 될 수 없음에도 불구하고 '-이/가'와 결합하는 데 아무런 문제가 없다.

10) 그런 의미에서 화제는 필연적으로 관계적으로 주어진 정보이어야 하며 그것이 화제와 주어(subject)를 가르는 기준이다. 화제를 대하여성에만 기반하여 정의를 내리면 사실 주어와 구별하는 것이 불가능하다. 일반적으로 주어 또한 술어에 '대한' 것으로 이해되기 때문이다. 주어와 화제 모두 대하여성에 기반하고 있지만 주어와 달리 화제는 반드시 관계적으로 주어진 정보라는 측면에서 관계적 주어짐-새로움과는 상관이 없는 주어라는 개념과 구별되는 것이다.

(15) A: 철수가 공항에 도착 했을 때 누가 마중 나갔니?

B: 철수가 공항에 도착 했을 때 영희가 마중 나갔어.

또한 (15B)에서 '철수'에 '-가'가 붙었다고 해서 '철수'의 대안들이 표시되는 것도 아니다. 주어진 문맥에 '철수'의 대안(들)이 없다면 아무리 '-이/가'가 사용된다 하더라도 대안이 떠오를 수 없는 것이다.

이러한 사실을 바탕으로 Kim(2014)에서는 '-이/가'의 본질적 기능이 초점 표시도, 대안집합 표시도 아닌 '고유 지정(unique specification)'이며 바로 이 기능 때문에 초점이 발생하는 환경이나 대안집합이 존재하는 문맥에서 특정 요소를 골라낼 때 '-이/가'가 자연스럽게 쓰일 수 있다고 주장한다.

사실, '-이/가'의 의미가 일종의 지정 혹은 지칭이라는 주장은 새로운 것이 아니다. 많은 기존 연구들이 '지정'(안용준 2009; 홍기선 2017), '선택 지정'(이미지 2013), '배타적 지칭'(금기심 1991) 등의 용어를 사용하여 '-이/가'의 의미를 설명하였다. 본 장에서는 Kim(2014)을 포함한 이전 연구들의 주장을 기본적으로 받아들여 '-이/가'의 의미를 '지정'이라고 하되 여기서 지정이란 '가리키어 확실하게 정함'(표준국어대사전)이라는 사전적 의미를 그대로 따르고 있음을 명확히 하고자 한다.[11] '-은/는'의 의미와 마찬가지로 '-이/가'의 의미 또한 일종의 수행적인 성격을 지닌 것으로 파악해야 하고, 화자가 '-이/가'를 사용하여 수행하는 행위는 다름아닌 '-이/가'와 결합하는 요소의 의미를 '가리키는(pointing)' 행위인 것이다.

무엇인가를 가리키기 위해서는 손가락을 사용하는 것이 일반적인데, '-이/가'라는 어휘로 가리킨다는 것이 어떤 것인지 명확히 이해하기 위해 다음과 같은 예를 살펴보자. 철수가 영희에게 책상 위에 놓인 두 개의 휴대폰 중 어떤 것이 영희의 것인지 궁금해 하는 상황에서 영희가 할 수 있는 행위는 둘 중 자기의 것을 가리키는 것이다. 이것은 두 가지 방식으로 가능한데, 손가락으로 직접 가리킬 수도 있고 손이 아닌 구두로(verbally) 가리킬 수도 있다는 것이 본 장의 입장이다. 예를 들어, 영희가 손가락으로 가리키는 대신 "네가 보기에 오른 쪽에 있는 휴대폰이 내 휴대폰이야."라고 말을 한다면, 이 때 '휴대폰이'의 '-이'를 통해 화자가 해당 휴대폰을 가리키는 행위를 한다는 것이고, 바로 이것이 '-이/가'로 휴대폰을 '지정'하는 것이다. 물론 "네가 보기에 오른쪽에 있는 휴대폰."이라고만 해도 충분히 자기의 휴대폰이 어떤 것인지 알려줄 수 있지만 이 때에는 단순히 필요한 정보를 전달함으로써 알려준 것이지 해당 휴대폰을 가리키는 혹은 지정하는 '행위'가 있다고는 볼 수 없다.

'-이/가'의 의미를 지정으로 받아들이면 '-이/가'가 왜 초점을 나타내는 요소와 결합할 수 있는지도

11) Kim(2014)에서도 '지정'이란 일종의 '가리키는 행위'임을 명시하고 있다.

자연스럽게 설명된다. 초점은 '누가', '누구를', '언제', '어디서', '무엇이' 등 소위 의문사가 들어간 (비)명시적 질문의 대답에 해당하는 경우가 전형적인데, 이 때 필요한 것이 바로 여러 가능한 대안들 중 하나를 '가리키는' 것이다. 따라서 초점에 해당하는 요소를 '-이/가'를 사용하여 지정하는 것이 매우 자연스러운 것이다.

또한 '-이/가'의 의미를 지정 행위로 이해하면 '-이/가'의 의미를 본질적으로 초점/대안 표시로 보는 입장과는 달리 '-이/가'가 언제나 초점을 나타내는 요소와 함께 사용되지는 않는다는 사실, 그리고 반드시 여러 대안이 있는 문맥에서 그 중 하나를 가리키는 역할을 하지는 않는다는 사실도 자연스럽게 해결된다. '-은/는'이 화제나 대조의 의미를 나타내는 것은 두드러짐 부과라는 본질적 기능과 다른 요인들의 상호작용 결과일 뿐인 것처럼, '-이/가'가 초점이나 여러 대안 중 하나를 표시하는 기능 또한 지정이라는 '-이/가'의 본질적 기능과 담화 문맥이 상호작용하여 만들어지는 화용적 효과일 뿐인 것이다.

'-이/가'의 본질적 기능이 지정이라는 것을 뒷받침하는 근거로 Kim(2014)에서는 크게 다섯 가지 문맥을 제시한다. 첫째, 복수의 대안 중 하나를 선택해야 하는 문맥에서 '-은/는'이 아닌 '-이/가'가 자연스럽게 쓰일 수 있다.

(16) 선택(selection)

A: 영희가 늦었니, 철수가 늦었니?

B: 철수-(가/#는).

(16B)에서 볼 수 있듯이 '-이/가'는 선택의 문맥에서 하나의 요소를 선택하기 위해 자연스럽게 쓰일 수 있는 반면 '-은/는'은 그렇지 않다. 둘 중 하나를 선택하는 것은 선택하고자 하는 요소를 특정하여 가리킴으로써 가능하기 때문에 '-이/가'의 지정 기능과 잘 어울린다고 할 수 있다.

둘째, Lambrecht(1994)의 용어로 '논항-초점 구조(argument-focus structure)'의 문맥에서도 '-은/는'이 아닌 '-이/가'가 자연스럽다.

(17) A: 누가 파티에 왔니?

B: 철수(-가/#는).

C: 아니야. 민수-가/#는 왔어.

위에서도 언급했듯이, 초점 역시 초점 대상을 가리키는 지정이라는 행위를 통해 표시되는 것이 매우 자연스럽기 때문에 (17B)의 논항-초점에 해당하는 요소에 '-가'가 결합하는 것이 자연스럽다는 사실은 '-이/가'의 기능이 지정이라는 주장을 지지해 준다.

셋째, 위의 (17)에서 파티에 온 사람이 철수가 아니라 민수라고 정정(correction)하는 발화인 (17C)에서도 확인할 수 있듯이, 정정의 문맥에서도 '-은/는'이 아닌 '-이/가'만이 자연스럽게 쓰일 수 있는데, 이 또한 '-이/가'가 특정 요소를 가리키는 기능을 가지고 있다면 자연스럽게 설명된다. 즉, 정정이라는 것이 이전에 초점이라고 여겨지던 요소를 부정하고 새로운 요소를 초점으로 만드는 것이라는 측면에서 지정이라는 행위와 자연스럽게 어울릴 수 있는 것이다.

넷째, 아래 (18B)에서처럼 방금 들은 내용의 일부를 다시 한번 확인하고 싶을 때 사용하는 '메아리 질문(echo question)'에서도 '-이/가'가 사용된다.

(18) A: 이번 시험에서 철수가 1등을 했대!

B: 수-가/#는?

여기서 중요한 것은 메아리 질문의 기능인데, 청자가 자신이 들은 내용이 사실인지 확인하기 위해 할 수 있는 일은 확인하고 싶은 요소, 즉 메아리 질문의 대상이 되는 요소를(손으로 혹은 구두로) '가리킴으로써' 그 요소가 정말 맞는지 확인하는 것이다. 이것 역시 '-이/가'의 지정 기능으로 설명 가능하다.

'-이/가'의 가리키기 기능을 뒷받침해 주는 마지막 근거는 '부분 언급 해석("mention-some reading" (van Rooy 2003))'이 요구되는 문맥이다. 예를 들어, 담배를 피우기 위해 라이터를 찾는 상황에서 (19A)와 같은 질문을 한 경우 화자는 주위 사람 중 라이터가 있는 사람을 모두 알고 싶은 것이 아니다. 단지 어느 누구든 자신에게 라이터를 빌려줄 사람 한 명만 있으면 만족하는 상황이다.

(19) A: 라이터 있는 사람?

B: 철수 있어.

C: 철수가 있어.

이처럼 부분 언급 해석이 기대되는 문맥에서 '-이/가'의 유무는 명확한 차이를 드러낸다. (19B)처럼 '-이/가'를 사용하지 않는 경우 의도된 대로 부분 언급 해석이 도출되지만 (19C)처럼 '-이/가'를 사용한 경우 총망라성(exhaustiveness) 혹은 '전체 언급 해석(mention-all reading)'의 의미가 발생한다. '-이/가'의 사용이 부분 언급 해석을 막는 이유는 바로 '-이/가'의 지정 기능 때문인 것으로 이해할 수 있다. 즉, 여러 대안 중 한 요소만을 특정하여 가리킴으로써 문맥에서 주어진 어떤 속성(예를 들어, 라이터를 가지고 있는지 여부)과 관련하여 지정된 개체만 그 속성을 가진 것으로 파악되는 것이다.[12)]

4. '-은/는'과 '-이/가'가 일으키는 대조의 차이

2절과 3절에서 '-은/는'과 '-이/가'의 의미에 대해 살펴봤다면 4절에서는 이 둘이 일으키는 대조의 의미에 대해 살펴보도록 하겠다. '-은/는'과 '-이/가'가 대조의 의미를 나타낼 수 있다는 것은 널리 알려진 사실인데, 중요한 것은 '-은/는'에 의한 대조와 '-이/가'에 의한 대조가 서로 다른 의미를 동반한다는 것이다. '-은/는'의 경우 주로 불확실성(uncertainty), 양보(concessivity) 등의 의미를 전달하며 '-이/가'의 경우 총망라성을 전달한다. 4절에서는 이 차이에 대해 더욱 구체적으로 살펴보도록 하겠다.

4.1. '-은/는'의 대조

Kim(2019)에서는 '은/는'이 일으키는 대조의 의미를 아래와 같이 크게 다섯 가지로 분류한다.

(20) a. 불확실성(uncertainty)

A: 얘들은 다 도착했니?

B: 철수는 도착했어.

b. 척도성(scalarity)

(비틀즈 멤버의 명성: 링고 스타 < 조지 해리슨 < {존 레논, 폴 매카트니})

A: 너는 비틀즈 멤버 중 누구의 사인을 가지고 있니?

B: 조지 해리슨 사인은 있어.

12) Lee(1995)와 Kim(2015b)에서는 '-이/가'가 일으키는 총망라성의 의미를 '-이/가'의 고유한 의미가 아닌 대화함축(conversational implicature)이라고 주장한다.

c. 양보(concessivity)

A: 너 그 영화 봤니?

B: 보기는 했어.

d. 열거(listing)

A: 아이들이 어떤 과일을 좋아하니?

B: 철수는 사과를 좋아하고, 영희는 바나나를 좋아하고, 민수는 딸기를 좋아해.

e. 단순 대조(simple contrast)

A: 그 반지 예쁘다! 어디서 났어?

B: 남자친구가 사 줬어.

A: 부럽다. 내 남자친구는 한 번도 사준 적 없는데…

우선, (20a)는 '-은/는'을 사용하여 불확실성 함축(uncertainty implicature)을 생성할 수 있다는 것을 보여준다. 예를 들어, (20a)의 화자 B는 '-은/는'을 사용하여 철수는 도착했지만 다른 아이들은 모르겠다는 함축을 전달하는 것이 가능하다.

(20b)에서는 '-은/는'과 비틀즈 멤버들의 명성으로 형성된 화용적 척도가 상호작용하여 척도 함축이 만들어 진다. 즉, (20b)의 화자 B는 조지 해리슨의 사인이 있다고 말을 함으로써 그보다 명성이 높은 존 레논이나 폴 매카트니의 사인은 가지고 있지 않다는 척도 함축(scalar implicature)을 전달하게 된다.

(20c)에서는 화자 B가 '-은/는'을 사용하여 양보의 의미를 전달하는데, 여기서 양보란 '비록 말해진 것(what is said)은 사실로 인정하지만 화자가 정말로 전달하고 싶은 의미는 함축된 것(what is implicated)'이라는 의미이다. 즉, 화자 B는 '-은/는'을 사용함으로써 영화를 봤다는 사실은 인정하지만 정작 청자에게 전달하고 싶은 의미는 말해진 것이 아닌 함축된 것임을 표현한다. 주어진 문맥만으로는 화자의 의도를 정확히 파악할 수 없지만 '하지만 영화에 충분히 집중하진 못 했어.'와 같은 양보 함축(concessive implicature)이 가능하다.[13)]

(20d)와 (20e)의 경우 '-은/는'의 사용으로 어떠한 함축도 발생하지는 않지만 여전히 대조의 의미는 전달된다. (20d)에서는 화자 B가 아이들을 한 명씩 열거하며 그 아이들의 속성(어떤 과일을 좋아하는지)을 기술하는데, '-은/는'을 사용함으로써 각 아이가 좋아하는 과일이 무엇인지와 관련하여 아이들이 대조 관계를 이루고 있음을 나타낸다. (20e)에서는 화자 A의 두 번째 발화에서 사용된 '-은/는'에 의해

13) (20b)에서 만들어지는 함축은 척도 함축임과 동시에 양보 함축이 될 수도 있다.

A의 남자친구와 B의 남자친구 사이에 대조 관계가 발생한다.

위의 다섯 가지 종류의 대조가 공유하는 공통점이 있는데 그것은 바로 '-은/는'과 결합한 요소가 관계적으로 주어진 정보(relationally old information)가 되며 그 뒤를 이어 나오는 요소가 관계적으로 새로운 정보(relationally new information)가 된다는 것이다. 이 공통점 외에 불확실성, 척도, 양보 등의 의미는 '-은/는'의 고유한 의미가 아니라 두드러짐 부과 기능과 다양한 통사적, 의미적, 화용적 요인들의 상호작용으로 발생하는 것임을 기억할 필요가 있다.

4.2. '-이/가'의 대조

'-은/는'과는 달리 '-이/가'를 사용하여 대조를 나타내는 경우 불확실성이나 양보의 의미는 전달되지 않는다. 대신 (17)에서 확인했듯이 '-은/는'이 전달할 수 없는 총망라성이 동반된다. 총망라성의 의미가 더욱 뚜렷이 느껴지도록 아래 예문을 살펴보자.

(21) A: 철수, 민수, 영희 중에 누가 파티에 왔니?
B: 철수가 왔어.
C: 아니야. 영희가 왔어.

(21)에서는 화자 A에 의해 대안 집합이 세 명으로 명시되고 화자 B의 '-이/가' 사용으로 그 중 한 명만 지정됨으로써 자연스럽게 대조의 의미가 전달된다. 그와 동시에 B는 '-은/는'이 아닌 '-이/가'를 사용함으로써 불확실성이나 양보의 의미가 아닌 셋 중 파티에 참석한 사람은 오직 철수뿐이라는 총망라성을 전달하게 된다. 또한 화자 C가 파티에 참석한 사람에 대한 정보를 정정하는 과정에서 '-이/가'를 사용함으로써 다시 한 번 대조와 총망라성이 함께 전달되는 것을 확인할 수 있다.

'-은/는'의 대조와 '-이/가'의 대조 사이에는 정보구조 측면에서 한 가지 중요한 차이가 있다. 우선 (21)을 통해 확인할 수 있듯이 '-이/가'와 결합하여 대조를 일이키는 요소는 모두 초점, 즉 관계적으로 새로운 정보이다. 반면 (20)에서 볼 수 있듯이 '-은/는'과 결합하여 대조를 일으키는 요소는 모두 관계적으로 주어진(relationally given) 역할을 한다.[14] 따라서 한국어에서 대조초점(contrastive focus)은 '-이/

14) '-은/는'과 결합하는 요소가 관계적으로 주어진 정보이면서 동시에 화제인 것은 아니다. 예를 들어, (20cB)의 경우 문장의 화제는 화자

가'에 의해, 대조화제는 '-은/는'에 의해 실현된다고 할 수 있으며, 그 결과 대조초점은 총망라성의 의미를, 대조화제는 불확실성과 양보의 의미를 전달하는 것으로 이해할 수 있다.[15)]

5. 나가며

지금까지 우리는 '-은/는'과 '-이/가'의 의미에 대해 살펴봤다. 이 둘 모두 문장의 진리조건(truth condition)에 실질적인 기여를 하는 진리조건적(truth-conditional) 의미가 아니라 화자가 이 조사들을 통해 일종의 행위를 하는 수행적인 성격을 지닌 사용조건적(use-conditional) 의미로 이해되어야 함을 알 수 있었다. 좀 더 구체적으로, 화자는 '-은/는'을 통해 그것이 결합하는 요소의 의미에 두드러짐을 부과하는 행위를 하며, '-이/가'를 통해서는 그것과 결합하는 요소의 의미를 지정하는 행위를 한다. 또한 화제, 대조, 초점 등의 의미는 이러한 본질적인 의미와 여러 다른 요소들이 상호작용하여 나타남을 보았다. 이 둘의 의미를 요약하면 아래와 같다.

〈표 1〉 '-은/는'과 '-이/가'의 의미

구분	'-은/는'	'-이/가'
지정	X	O
두드러짐 부과	O	X

'-은/는'과 '-이/가'의 의미 관련하여 반드시 기억해야 할 것이 있는데, '-이/가'를 사용하여서는 두드러짐을 부과하지 못한다는 것이고 '-은/는'을 통해서는 지정을 하지 못한다는 것이다. 이 점이 중요한 이유는 최소한 논리적으로는 두드러짐 부과와 지정 두 기능이 동시에 이루어질 수도 있기 때문이다. 두 기능을 동시에 하지 못한다는 점이 '-이/가'가 자연스러운 환경에서는 '-은/는'이 부자연스럽고 '-은/는'이 자연스러운 환경에서는 '-이/가'가 부자연스럽다는 사실을 설명해 준다.

자신이지 '보기는'의 '보기'는 아니다. 본 장의 입장과는 달리 '-은/는'과 결합하는 모든 요소를 화제로 보는 입장에 대해서는 Lee(2003, 2007) 참고.

15) 본 장의 입장과는 달리 '-은/는'이 대조초점을 나타낼 수 있다는 입장도 있다(전영철 2005, 2006, 2019).

'-은/는'과 '-이/가'의 의미와 관련하여 아직 해결되지 못한 문제들이 많이 남아있다. 그 중 몇 가지만 소개를 하자면, '-은/는'의 사용으로 발생하는 함축이 고정함축(conventional implicature)인지 대화함축인지에 대한 의견의 일치가 아직 이루어지지 않고 있으며, '-은/는'이 대조초점을 나타낼 수 있는지에 대해서도 모두가 동의하는 입장이 없는 상황이다. 또한 '두드러짐 부과'와 '지정'이라는 기능을 담당하는 요소가 다른 언어에도 존재하는지에 대한 범언어적(crosslinguistic) 연구는 올바른 정보구조의 유형론(typology)을 정립하기 위해 반드시 필요하다.

참고문헌

고석주(2002) 조사 '가'의 의미. 국어학, 40, 221-246.

남기심(1991) 국어의 격과 격조사에 대하여. 겨레문화, 5, 25-42.

안용준(2009) 한국어 교재에 나타난 '-이/가, -은/는'의 의미 · 기능과 효과적인 교수 방안 (석사학위논문). 한양대학교 대학원.

이미지(2013) 한국어 초급 교재에서 '이/가', '은/는'의 제시 방법에 대한 연구. 한국어의미학, 42, 407-441.

홍기선(2017) 한국어의 조사 '가'와 '를' - 격과 의미. 언어, 42(4), 961-988.

Chafe, A. L.(1976) Givenness, contrastiveness, definiteness, subjects, topics and point of view. In C. Li (Ed.), Subject and topic (pp. 25-56). New York: Academic Press.

Clamons, C. R., Mulkern, A. E., & Sanders, G.(1993) Salience signaling in Oromo. Journal of Pragmatics, 19, 519-536.

Gundel, J. K., & Fretheim, T.(2004) Topic and focus. In L. Horn & G. Ward (Eds.), The handbook of pragmatics (pp. 175-196).

Gutzmann, D.(2015) Use-conditional meaning: Studies in multidimensional semantics. Oxford University Press.

Han, J.(1999) Grammatical coding of information structure in Korean: A Role & Reference Grammar (RRG) account (Doctoral dissertation). SUNY, Buffalo.

Jacobs, J.(2001) The dimensions of topic-comment. Linguistics, 39(4), 641-681.

Jun, Y.(2005) Contrastive focus in Korean. Eonehak, 43, 215-237.

Jun, Y.(2006) Korean marker 'NUN' for contrastive topic and contrastive focus. Hankul, 274, 171-200.

Kim, I.(2013) Korean -(n)un, salience, and information structure (Ph.D. dissertation). Yale University.

Kim, I.(2014) On the meaning of Korean -i/ka. Language and Linguistics, 63, 1-26.

Kim, I.(2015a) Is Korean -(n)un a topic marker? On the nature of -(n)un and its relation to information structure. Lingua, 154, 87-109.

Kim, I.(2015b) How can Korean -i/ka express exhaustivity? Language and Information, 19(2), 37-53.

Kim, I.(2019) On the mechanism of generating contrastive implicature of CT in Korean. Korean Linguistics, 85, 1-33.

Krifka, M.(2007) Basic notions of information structure. In C. Fery, G. Fanselow, & M. Krifka (Eds.), The notions of information structure: Interdisciplinary studies on information structure (Vol. 6, pp. 13-55).

Lambrecht, K.(1994) Information structure and sentence form: Topic, focus, and the mental representation of discourse referents. Cambridge University Press.

Lee, C.(2003) Contrastive topic and/or contrastive focus. In B. McClure (Ed.), Japanese/Korean Linguistics

(Vol. 12). CSLI.

Lee, C.(2007) Contrastive (predicate) topic, intonation, and scalar meanings. In C. Lee & M. Gordon (Eds.), Topic and focus: Cross-linguistic perspectives on meaning and intonation (pp. 151-175). Springer.

Lee, Y.-S.(1995) Scales and alternatives: Disjunction, exhaustivity, and emphatic particles (Ph.D. dissertation). University of Texas at Austin.

Mulkern, A.(2003) Cognitive status, discourse salience, and information structure: Evidence from Irish and Oromo (Ph.D. dissertation). University of Minnesota.

Mulkern, A.(2007) Knowing who's important: Relative discourse salience and Irish pronominal forms. In N. A. Hedberg & R. Zacharski (Eds.), The grammar-pragmatics interface: Essays in honor of Jeanette K. Gundel (pp. 113-142). John Benjamins.

Repp, S.(2010) Defining 'contrast' as an information-structural notion in grammar. Lingua, 120, 1333-1345.

Rooth, M.(1985) Association with focus (Ph.D. dissertation). University of Massachusetts, Amherst.

Rooth, M.(1992) A theory of focus interpretation. Natural Language Semantics, 1, 75-116.

Umbach, C.(2004) On the notion of contrast in information structure and discourse structure. Journal of Semantics, 21, 155-175.

van Rooy, R.(2003) Questioning to resolve decision problems. Linguistics and Philosophy, 26, 727-763.

V

대조 화제와 대조 초점의 표지 '는'

05

대조 화제와 대조 초점의 표지 '는'*

전영철

1. 머리말

한국어 보조사 '는'이 화제와 대조의 두 용법을 가진다는 것은 널리 알려진 사실이다. 그리고 이 두 용법의 상호 작용에 대한 논의는 '는'의 연구에서 핵심이 되는 중요한 논쟁거리 중의 하나이다. 화제와 대조의 두 용법 중 어느 것이 '는'의 기본적인 용법인지가 관건인데, 대조가 기본이고 여기에서 화제의 의미가 도출된다는 주장(이익섭·채완 1999 등)과 그 반대의 주장(박철우 1998, 남윤진 2005 등)으로 대별할 수 있다.

본고는, 이러한 태도와는 달리, '는'의 두 용법이 서로 독립적인 기반을 가지고 있어서 독립적으로 존재함을 주장하고자 한다. 정보구조의 관점에서 화제는 초점과의 상대적인 관계에 의해 정의되는 정보이다. 한 문장의 화제는 그 문장이 속한 담화 속에서 이전 발화와의 연결 고리에 해당하는 정보로 기능하고, 초점은 이 연결 고리에 대해 새로운 정보를 덧붙여주는 기능을 한다. 한편 대조는 정보구조의 관점에서 화제-초점의 기능과는 구별되는 기능을 수행하는 것으로 파악하여, 화제 및 초점 모두 에 대해 대조의 기능이 첨가될 수 있는 것으로 파악할 것이다. 나아가, 화제에 대조가 부가된 대조 화제와 초점에 대조가 부가 된 대조 초점이 한국어에서 모두 '는'에 의해 실현됨을 확인할 것이며, 이를 토대로 하여 한국어에는 대조가 독립된 범주로서 존재한다고 주장하려고 한다. 이러한 논의를 통해 화제와 대조가 서로 독립적임이 밝혀질 것이며, 따라서 화제와 대조 중에서 어느 것이 더 기본인지에 대한 논쟁이 더 이상 필요하지 않게 될 것이다.

---

* 이 논문은 〈한글〉(274호 pp 171∽200)에 실린 "대조 화제와 대조 초점의 표지 '는'"을 수정· 보완한 것입니다.

본고는 범언어적인 대조의 연구에도 기여하는 바가 있을 것 이다. 여러 언어들에서 나타나는 대조 현상이 아주 다양하다고 보고되고 있는데(Molnár 2001, Hetland 2003 등), 이는 여러 언어 들에서 대조의 범주가 확실하게 정립되어 있지 않은 것과 관련 이 있다고 생각된다. 본고에서는 한국어의 대조가 '는'에 의해 분명하게 문법 범주로 자리 잡았음을 보일 것이며, 두 하위 범주인 대조 화제와 대조 초점의 구별 또한 분명함을 보일 것이다. 한국어의 이러한 특징은 대조를 독립적인 문법 범주로 파악 하는 데 어려움이 있는 언어들에서 나타나는 대조 현상을 연구 하는 데 도움을 줄 수 있으리라 생각된다.

2절에서는 본고에서 사용하는 화제와 초점이라는 용어의 정 의를 살펴본다. 3절과 4절에서는 각각 대조 화제와 대조 초점에 대해 논하고, 그 존재의 범위를 구획 짓는다. 5절에서는 한국어 의 독립적인 범주로서의 대조에 대해 논하고 다른 언어들과도 비교해 본다.

2. 관계적 주어짐성: 화제와 초점

자연 언어의 정보 구조를 파악하기 위하여 사용되는 용어들은 상당한 수에 이른다. 예를 들면, 화제(topic)-초점(focus), 화제-평언(comment), 전제(presupposition)-초점, 바탕(ground)-초점 등이 있다. 더구나 이 용어들에 대한 정의도 학자에 따라 차이가 나서 상당한 혼란이 초래되어 왔다. 따라서 대조 화제 및 대조 초점의 본격적인 논의에 앞서, 본고에서 사용하고 있는 화제-초점 이라는 용어에 대해 보다 분명하게 밝히고자 한다.

화제와 초점은 문장의 구정보와 신정보에 각각 대응하는 개념으로 상당히 널리 사용되고 있다. 그런데 구정보와 신정보를 구별하는 기준인 주어짐성(givenness)은 관계적(relational) 주어짐성과 지시적(referential) 주어짐성의 두 가지가 존재한다(Gundel & Fretheim 2004). 즉 관계적 구정보와 신정보, 지시적 구정보와 신정보의 두 층위의 구별이 가능하다. 본고에서 채택하는 화제와 초점은 이 중에서 관계적 구정보와 신정보에 해당하는 개념이다. 그런데 간혹 화제와 초점을 지시적 구정보와 신정보로 처 리하여 혼란이 초래되는 경우가 발생한다. 이 두 가지 주어짐성 을 분명하게 구별하지 못하여 초래되는 화제 및 초점의 개념적 혼란을 피하기 위해, 이 두 주어짐성의 속성을 분명히 구별하 고, 나아가 화제와 초점이 관계적 주어짐성에 의해 정의되는 개념임을 살펴보도록 하자.

대화상에서 정보의 한 단위로서 어떤 문장이 주어진다는 것은, 이 문장이 새로운 정보를 정보의 흐름에 편입시킴으로써 그 대화의 목적에 이바지함을 뜻한다. 이때 문장 전체가 새로운 정보일 수도 있으나 그런 경우는 대화의 첫머리 등으로 국한되며, 대부분의 경우는 문장의 일부가 새로운 정보가 된다. 대화의 흐름 속에서 이전 발화와의 연결 고리를 제시하고 거기에 덧붙여 새로운 정보를 제공하는 것이 일반적이다. 물론 이전 발화와의 연결 고리는 구정보로 기능하는 것이며, 이에 대하여 새로운 정보가 서술되어진다고 할 수 있다. 전체가 새로운 정보인 문장을 제외하면, 모든 문장은 이와 같은 방식으로 구정보와 신정보로 양분될 수 있어서 이들은 서로 상보적인 관계이다. 이러한 구정 보와 신정보는 한 문장 내에서 서로의 상대적인 관계에 의해 신구 관계가 포착되므로, 이때 작용하는 주어짐성을 관계적 주어짐성이라고 한다. 본고에서는 이와 같은 관계적 주어짐성에 근거한 구정보와 신정보를 화제와 초점으로 파악한다.

관계적 주어짐성과는 다른 관점에서 어떤 표현의 신구성을 포 착할 수도 있는데, 어떤 표현이 지시하는 지시체(referent)가 대 화 참여자의 관심의 범위 내에 들어 있는지의 여부와 관련하여 그 표현의 신구성을 판단하기도 있다. 대화 중에 이미 언급되었 다든지, 담화 참여자들이 이미 알고 있는 지시체를 지시한다든 지, 총칭적 표현이라든지 하여 대화 참여자의 관심의 범위 내에 이미 존재하는 지시체를 지시하는 표현은 지시적인 관점에서 대화 참여자에게 이미 주어진 것으로 볼 수 있다. 이러한 주어짐성을 지시적 주어짐성이라 하여 관계적 주어짐성과 구별한다. 관계적 구정보가 한 문장 내에서 관계적 신정보와 상보적 관계를 형성하는 것과는 달리, 지시적 구정보는 한 문장 내의 다른 정보와 아무런 관계를 맺지 않는다. 단지 그 표현이 발화될 당 시에 그 표현의 지시체가 담화 참여자의 관심의 범위 내에 존 재하느냐의 여부만이 고려된다. 지시적 주어짐성은 주로 명사구 의 지시와 관련되는 개념으로, 명사구의 한정성(definiteness) 또는 특정성(specificity)과 직결된다. 한정적 혹은 특정적 표현은 지시 적 구정보가 된다.

이상에서 관계적 주어짐성과 지시적 주어짐성을 구별해 보았 고, 화제와 초점은 관계적 주어짐성에 입각한 구정보와 신정보 임을 확인하였다.

그런데 관계적 주어짐성과 지시적 주어짐성이 서로 독립적인 기반 위에 정의된다고 하여 이들이 아무런 연관성이 없다는 것 은 아니다. 이 두 주어짐성의 연관성을 파악하는 것이 주어짐성의 이해를 돕고, 나아가 화제와 초점의 이해에도 도움이 될 것이므로 그 연관성에 대해서도 알아 볼 필요가 있다.

어떤 문장이 신정보를 제공할 때 이전 발화와의 연결 고리가 필요한데, 이 연결 고리 역할을 하는 것을 관계적 구정보라고 하였다. 그런데 이전 발화와의 연결 고리는 그 속성상 기존의 담화 영역 내에 존재해야만 한다. 그리고 기존의 담화 영역 내에 존재한다는 것은 지시적으로 주어졌음을 의미한다. 따라서 관계적으로 주어진 정보는 지시적으로 주어진 정보를 함의한다. 그러나 그 역의 관계는 성립하지 않는다. 지시적으로 주어진 정보가 항상 관계적으로도 주어진 정보이지는 않다. 기존의 담화 영역 안에 존재한다고 해서 모두 이전 발화와의 연결 고리로 사용되지는 않는다. 기존의 담화 영역에 속하는 일부만이 그 러한 연결 고리로 사용될 뿐이다. 기존의 담화 영역의 요소들은 다음 발화에서 연결 고리 이외의 역할, 즉 연결 고리에 대해 서술되는 새로운 정보로서 기능할 수도 있다. 다음의 대화에서 그와 같은 새로운 정보를 발견한다.

(1) Q: 커피와 녹차가 있는데 뭘 마실래요?
A: 커피를 마실게요.

(1)A의 '커피'의 지시체는 (1)Q에서 이미 담화 영역에 도입되 었으므로 지시적으로는 구정보이다. 그런데 관계적 주어짐성의 관점에서 보면 (1)A의 '커피'는 새로운 정보이다. (1)A는 '내가 마시고자 하는 것은 커피다.'를 뜻하는데 '내가 마시고자 하는 것'이 이전 발화와의 연결 고리인 화제에 해당하고, 이에 대한 새로운 정보로서 '커피'가 주어진다. 이렇듯 지시적 구정보가 관계적 신정보로도 사용될 수 있다.

한편, 지시적 신정보는 담화의 영역에 존재하던 것이 아니므로 이전 발화와의 연결 고리 역할을 할 수 없어서 화제로는 쓰이지 못하고 단지 초점, 즉 관계적으로 새로운 정보로만 쓰일 수 있다.

이상에서 살펴본 관계적 주어짐성과 지시적 주어짐성의 연관 성은 다음과 같이 파악할 수 있다.

(2)

<table>
<tr><td>관계적 구정보</td><td colspan="2">관계적 신정보</td></tr>
<tr><td colspan="2">지시적 구정보</td><td>지시적 신정보</td></tr>
</table>

이로써 우리는 두 종류의 주어짐성이 분명하게 구별되어야 함을 확인할 스 있다. 화제와 초점은 관계적 주어짐성을 기반으로 하는 상보적인 개념이며, 화제는 관계적 구정보이고 초점은 관계적 신정보이다.

3. 대조 화제

이제 앞 절에서 파악한 화제 및 초점의 개념이 대조와 어떠 한 관계를 맺고 있는지를 알아 보자. 화제와 초점은 관계적 주 어짐성의 견지에서 양분되는 개념인데, 이 관계적 주어짐성이 대조에 일정한 영향을 미치는지가 관건이 될 것이다. 본고는 대조가 관계적 주어짐성과 독립적으로 작용한다고 본다. 따라서 대조는 화제와 초점 모두에 대하여 적용될 수 있는 개념이어서 화제의 대조 및 초점의 대조가 모두 가능하다고 본다. 우선 이 절에서 화제의 대조에 대해 알아 볼 것이며, 절을 달리 하여 초점의 대조에 대해 알아 보고자 한다.

모든 적절한 문장은 새로운 정보를 담화 속으로 끌어들이는 기능을 하므로 모든 문장은 관계적 신정보를 필수 요소로 가지 고 있다. 관계적 주어짐성의 관점에서 볼 때, 문장 전체가 새로 관계적 구정보 관계적 신정보 지시적 구정보 지시적 신정보운 정보인 경우도 있고, 문장의 일부가 새로운 정보이고 나머지 는 오래된 정보인 경우도 있으나, 문장 전체가 오래된 정보일 수는 없다. 문장 전체가 오래된 정보이면 그 문장은 담화의 전 개상에서 적절한 역할을 수행하지 못하는 불필요한 문장이 된 다. 우리가 이 절에서 관심을 갖는 문장들은 관계적으로 새로운 정보와 오래된 정보를 모두 갖춘 것들이다. 이런 문장에서 오래 된 정보는 이전 발화와의 연결 고리 역할을 하며, 이 연결 고리에 대해 새로운 정보가 덧붙여진다고 볼 수 있다. 즉, 관계적 구정보인 화제는 관계적 신정보인 초점에 의해 서술된다.

이렇게 화제가 초점에 의해 서술될 때, 화제와 초점의 관계 외에도 고려해야 하는 정보구조상의 또 다른 측면이 있다. 한 문장 의 화제가 정보의 흐름에 있어 유일한 화제인지 아니면 다른 잠재적 화제가 존재하는지가 고려되어야 한다. 전자의 경우에는 드러난 화제가 이전 발화와의 유일한 연결 고리로 작용하면서 초점의 서술을 받는 단순한 상황이지만, 후자의 경우에는 이보다 복잡한 상황이 연출된다. 이전 발화와의 연결 고리로 작용할 수 있는 여러 잠재적 화제들 중에서 어떤 것이 선택되고 이것에 대해서 초점이 서술되는 상황인데, 이 선택된 화제와 나머지 잠재 적 화제 사이에는 또 다른 관계가 형성된다. 이 관계가 바로 대조이다. 대조가 발생하는 상황을 이렇게 파악해 볼 때, 어떤 문장 에서 화제에 대해 대조가 발생하는 것과 화제에 대해 초점이 서술되는 것은 서로 독립적인 기능이다. 다음의 예를 보자.

(3) Q: 애들 뭐 해?
A: 큰 애는 자요.

Q의 발화를 잇는 A의 발화에서 모든 형제들 각각이 화제로 작용할 수 있다. 그런데 그 중에서 큰 애만이 선택되어 후속 발 화를 이어 가고 있다. 이 상황에서 큰 애에 대해 잔다는 새로운 정보가 서술되는 것과 큰 애가 다른 애들과 대조되고 있다는 것 사이에는 직접적인 연관성이 없다. 만약 Q가 '큰 애는 뭐 해?'라고 묻고 A가 동일하게 답한다면, '큰 애' 외에는 잠재 화 제가 없어서 대조가 발생하지는 않으나 여전히 동일한 화제-초점의 관계는 성립한다.

화제-초점의 관계가 화제의 대조성과는 독립적으로 성립하기는 하지만, 화제의 초점이 잠재 화제의 초점에 관여하는 측면도 있다. 가령 (3)A에서 큰 애와 대조되는 다른 애들에 대해 (3)A의 초점 정보가 일정한 영향을 미친다. (3)A의 발화는 '큰 애는 자요. 그런데 다른 애들은 모르겠어요.' 혹은 '큰 애는 자요. 그 렇지만 다른 애들은 안 자요.' 정도에 해당한다. 대조가 되는 잠재 화제가 존재한다는 것은 그 잠재 화제에 대하여 관심이 여 전히 부여되어 있음을 뜻하는데, 그 관심이란 잠재 화제에 적용 될 만한 초점에 대하여 일정한 정보를 가지고 있음을 뜻한다고 볼 수 있다. 그리고 잠재 화제에 대한 초점은 선택된 화제에 대 한 초점과 연관되어 있다.

이렇게 화제-초점의 관계와 화제의 대조 사이에 연관성이 있 다고 하더라도 이들이 서로 독립적이라고 파악하는 것은 그 연관성이 직접적이지 않다는 데 있다. 어떤 화제에 대해 대조가 성 립하는 것은 발화 상황에 의해 여러 잠재 화제가 설정되기만 하면 기본적으로 가능하다. 선택된 화제에 대해 성립하는 화제- 초점의 관계가 대조의 형성 여부를 결정짓지 않는다. 물론 여러 잠재 화제들이 동일한 속성을 가지는 경우에는, 즉 여러 잠재 화제들이 동일한 초점에 의해 서술되는 상황이라면 일반적으로 대조가 발생하지는 않을 것이다. 대조란 일종의 대립(opposition) 을 의미하는데, 모든 잠재적 화제들이 동일한 초점에 의해 서술 된다면 대립의 의미가 상실되기 때문이다. 이와 같이 화제-초점 의 관계와 화제의 대조 간에는 기본적인 독립성이 존재한다. 따라서 '는'의 두 용법으로 화제와 대조를 상정하고 이들 상호 간의 관계를 설정하여 하나가 다른 하나로부터 도출된다는 식의 설명은 상당한 무리가 있다고 판단된다. 화제의 '는'에 대조의 의미가 부가되는 경우와 그렇지 않은 경우가 있으며, 전자의 경우에 대조 화제가 발생한다.

4. 대조 초점

대조가 화제-초점의 관계와 독립적으로 성립한다는 주장을 받아들인다면 화제뿐만 아니라 초점에도 대조가 작용한다고 예측 할 수 있다. 그러나 실제로 이러한 예측은 상당한 난관에 부딪 힌다. 화제에 대한 대조에 비해 초점에 대한 대조는 그 실체를 파악하기가 어려운데, 그 원인은 초점과 대조가 상당한 속성을 공유한다는 사실에 기인한다.[1] 대조 화제를 논할 때 화제와 대조가 되는 잠재적 화제들의 존재에 대해 언급하였는데, 초점에 대한 대조도 그와 같은 존재들을 필요로 한다. 어떤 화제-초점의 구성에 있어서 초점에 대한 대조가 이루어진다는 것은 초점 의 역할을 할 수 있는 여러 잠재적 초점들이 있는데 그 중에서 하나를 뽑았음을 뜻한다고 볼 수 있다. 그런데 이러한 잠재적 초점의 존재는 초점의 개념 속에 이미 내재한다. 어떤 화제에 대해 신정보로서 초점이 서술된다는 것은 여러 가능한 정보들 중에서 선택된 하나의 정보를 화제에 부여함을 뜻한다. 초점 이론의 대안 집합(alternative set)이 바로 이러한 잠재적 초점들의 집합에 해당한다. 따라서 화제의 경우와는 달리 초점의 경우에는 잠재적 초점들의 존재만으로는 대조의 개념을 끌어들일 수 없는 듯하다. 이런 이유로 하여 대조를 논할 때 일반적으로 함께 등장하는 것은 화제이지 초점이 아니었다. '는'을 화제로 볼 것인지 대조로 볼 것인지가 주된 논의 대상의 하나였던 것도 초점의 대조가 화제의 대조에 비해 포착하기 어렵다는 데에 상당한 이유가 있을 것이다.

그러나 초점에도 대조가 관여할 수 있다는 사실은 한국어에 서 분명히 드러난다. 초점에 대조가 덧붙여진 경우와 그렇지 않은 경우가 형태적으로 서로 다른 표지인 '는'과 '가'에 의해서 구별되기 때문이다. 예문을 통해 이 사실을 확인하여 보자. 철수, 영희, 민수가 오기로 되어 있는 상황에서 다음의 대화가 이루어졌다고 가정하자.

(4) Q: 누가 왔니?
A: 철수가 왔어요.
A′: 철수는 왔어요.

---

1) 이러한 사정은 대조 초점에 대한 기존의 연구들에서 확인된다. 여러 언어들에서 대조 초점에 대한 문법화가 분명하게 진행되지 않아서 대조 초점 현상을 확인하는 데에 상당히 어려움이 따르는 것으로 판단 된다. Kiss(1998)가 헝가리어의 대조 초점을 총망라성(exhaustivity)에 의존하여 파악함으로써 본고와는 다른 대조 초점을 상정하고, Buring(1997)이 독일어의 B-악센트를 모두 대조 화제로 처리하여 대조 초점을 설정하지 않는 등의 연구 결과를 내는 것은 각 언어들에서 나타나 는 초점의 대조가 제각기 다르기 때문으로 여겨진다. 독일어의 B-악 센트에 대해서는 5절에서 좀 더 상세히 언급한다.

(4)Q의 질문에 대해 (4)A와 (4)A′가 모두 가능한데, 두 '철수'가 모두 대안 집합으로 {철수, 영희, 민수}를 가지는 초점이다.

두 대답 모두 세 사람으로 구성된 대안 집합 중에서 철수를 선택하였음을 전달한다. 분명히 여기까지는 두 경우가 동일하다고 판단된다. 그런데 (4)A′의 경우에는 여기에 덧붙여 뭔가를 더 전달하는 것 같다. 즉, (4)A′에는 '다 온 것은 아니고' 정도의 의미가 덧붙여진다. 그래서 (4)A′을 '철수는 왔어요. 그리고 영희 도 왔어요.'와 같이 확장시키는 것이 가능하지 않다. 반면에 (4) A는 이와 같이 덧붙여지는 의미가 없어서 '철수가 왔어요. 그리고 영희도 왔어요.'라고 확장하여도 무방하다. (4)A는 철수가 왔다는 사실만을 전달할 뿐이지 다른 사람들에 대한 정보는 전달 하지 않아서, 나중에 다른 사람의 정보를 덧붙여도 상관이 없다. 동일한 질문에 대한 두 대답에서 이러한 의미적 차이가 나는 것은 이들의 유일한 차이인 '가'와 '는'의 형태적 차이에서 비롯 한다고 볼 수 있다.[2] 따라서 (4)A′에서 관찰되는 부가적 의미는 바로 '는'의 대조적 기능에서 유래한다고 보고자 한다. (4)A′의 '철수는'은 초점이어서 대안 집합을 도입하지만 보통의 초점과는 달리 대안 집합의 원소 중 하나를 선택하는데 그치지 않고 선택되지 않은 나머지 원소들에 대해서도 정보를 제공한다. 그리하여 선택되는 원소와 선택되지 않는 원소를 대조하는 효과를 얻는다.

'는'에 의해 초점에 도입되는 이러한 대조의 효과는 대조 초점을 낳는 질문의 특성을 살펴봄으로써 좀 더 분명히 알 수 있다. 예문 (4)의 질문-대답에서 질문의 특성을 부각시켜 보면 다음과 같다.

(5) Q: 철수가 왔니? 혹은 영희가 왔니? 혹은 민수가 왔니?
A: 철수가 왔어요.
A′: ??철수는 왔어요.

(6) Q: 철수가 왔니? 그리고 영희가 왔니? 그리고 민수가 왔니?
A: ??철수가 왔어요.
A′: 철수는 왔어요.

(5)Q와 같은 이접 질문에는 (5)A의 단순 초점의 대답이 적합 하고, (6)Q와 같은 연접 질문에는 (6)A′의 대조 초점의 대답이 적합하다. 이접 질문은 양자 택일을 요구하는 질문이어서 고려 의 대상 중

2) 보조사 '는'은 주격조사뿐만 아니라 많은 다른 격조사들과 대비될 수 있으나, 본고에서는 주격조사와 대비되는 예들만을 다룬다. 그러나 그 결과는 다른 격조사들에도 그대로 적용되리라 믿는다. 한편 '는'과 대비될 수 있는 격조사들의 빈도를 조사한 연구에서 주격조사가 전체 빈도의 88.56%(남윤진 2005), 90.65%(신서인 2006) 등을 차지하는 것 으로 보고되고 있다.

하나를 선택하는 대답이 적합할 것이고 이것은 바로 초점의 역할에 해당한다. 한편 연접 질문은 양자 택일의 문제가 아니라 해당되는 질문 모두에 대한 대답을 요구한다. 철수가 왔는지에 대해서만이 아니라 영희가 왔는지에 대해서도 대답을 요구한다. 따라서 단지 철수가 왔음을 알려주는 (6)A는 이러한 요구에 부응하지 못하여 적절한 대답이 되지 못한다. (6) A′의 대답은 표면적으로는 철수만 언급하지만 영희에 대한 정보도 암시적으로 제공하고 있어서 연접 질문이 요구하는 사항을 모두 수행한다. 철수와 영희의 대조에 의해 이러한 역할을 수행하며 이에 대한 표지로 '는'이 사용되고 있다. (4)Q 라는 동 일한 질문에 대해 (4)A와 (4)A′이라는 두 종류의 대답이 가능 하다기보다는 (4)A와 (4)A′은 서로 다른 질문을 각각 상정하고 있다고 보는 것이 타당할 것이다. 이접 질문에 대한 답으로는 보통의 초점이 사용되는 반면에 연접 질문에 대한 답으로는 대조 초점이 사용된다.[3)]

대조 초점을 나타내는 '는'이 보통의 초점과 구별되는 또 다른 특성이 있다. 즉 보통의 초점과는 달리, 초점에 대조의 의미가 첨부되면 대안 집합내에 척도가 도입되고 이에 대한 함축이 유발된다. (7)A의 '은메달'은 초점적 정보에 해당하면서 동시에 다른 메달과의 대조를 야기하므로 대조 초점이다.

(7) Q: 경기 결과가 어떨 것 같니?
A: 은메달은 확실해요.

이 경우에 형성되는 대안 집합은 {금메달, 은메달, 동메달}일 것인데, 이 중에서 은메달을 선택함으로써 나머지 메달에 대해서는 대조적 정보를 전달한다고 볼 수 있다. 그런데 이 경우에 전달되는 대조적 정보는 대안 집합의 나머지 구성원들인 금메달과 동메달이 확실하지 않다는 식이 아니라, 단지 금메달이 확실하지 않다는 것이어서 동메달은 확실한 것으로 처리된다. 이러한 결과는 {금메달, 은메달, 동메달}의 대안 집합에 대해 <금메달, 은메달, 동메달>의 척도가 형성되고 이 척도에 대해 함축이 발생하기 때문이다. 전형적인 척도의 함축과 마찬가지로, 은메달이 선택되면 그보다 높은 척도에 있는 금메달에 대해서는 부정적인 정보가 부여된다. 그러나 은메달보다 낮은 척도에 있는 동메달에는 동일한 속성 값이 적용되기 때문에 동메달은 배제되지 않는다.

이에 반해 보통의 초점에는 대안 집합에 대해 이러한 척도가 형성되지 않아서 척도의 함축도 발생하지 않는다. (7)Q에 대한 대답으로 '은메달이 확실해요.'를 생각해 보자. 이때는 <금메달, 은메달, 동

3) 연접 질문과 이접 질문을 통한 판별법은 이정민(2003)에서 제시되었다. 그런데 그는 본고와는 다른 대조의 체계를 택하고 있어서, 이접 질문과 연접 질문을 각각 대조 초점과 대조 화제를 확인하는 용도로 사용한다. 그러나 이는 용어 체계상의 문제일 뿐이며 다루어지는 예문 들에 대한 설명은 기본적으로 동일하다.

메달>의 척도가 부각되지 않는다. 단지 세 종류의 메달 중에서 은메달이 선택된다는 결과만이 초점적 정보를 형성 할 뿐이다. 대안 집합에 척도 함축이 작용한다는 사실은 바로 대조 현상과 직접적인 관련이 있을 것이다. 척도상의 한 요소를 선택하면 그 이상의 척도에 속하는 요소들이 배제된다는 것은 선택되는 요소와 그 이상의 척도에 속하는 요소들 사이의 대조 로 볼 수 있다.

대안 집합이 존재한다는 속성을 초점과 대조가 공유하고 있어서, 보통의 초점과 대조 초점을 가려내는 작업이 보통의 화제와 대조 화제를 가려내는 작업보다 힘이 든다. 그러나 한국어에 서는 '가'와 '는'의 차이에 의해 보통의 초점과 대조 초점이 분명히 구별된다. 그리고 이 두 종류의 초점은 두 가지 면에서 차이를 보인다. 첫째, 이접 질문과 연결되는 보통의 초점과는 달리, 대조 초점은 연접 질문과 관련되어 있다. 둘째, 보통의 초점과는 달리 대조 초점은 척도의 함축을 등반한다.

5. 대조

5.1. 독립된 범주로서의 대조

한국어에는 대조 화제와 대조 초점이 모두 존재하며 이들은 동일한 형태적 표지 '는'에 의해 표상됨을 살펴보았다. 그런데 이 '는'은 전형적인 화제 표지이기도 하여서 '는'의 중의성이 거론될 수 있다. 그러나 대조 화제 및 대조 초점의 '는'과 화제의 '는'은 음운적으로 차이가 있으므로 '는'이 엄밀한 의미에서 중의적이지는 않다.[4] 이 절에서는, 음운적 강세를 받는 대조 화제 및 대조 초점의 '는'이 독립적인 의미적 범주인 '대조'를 표상함 을 보이고자 한다. 이를 위해 대조 화제 및 대조 초점의 '는'에 의해 공유되는 정보 구조상의 공통점을 확인하고자 한다. 이에 덧붙여 이들 사이의 차이점도 논하여, 이들이 대조의 변별적 하위 범주임도 재확인하고자 한다.

대조 화제와 대조 초점의 정보 구조적 공통점을 확인하기 위하여, 먼저 대조 화제의 정보 구조적 특징을 살펴보도록 하자. 앞의 예 (3)을 다시 살펴보자.

---

4) 두 '는'의 실험음성학적 차이는 김용범(2004), 오미라(2006) 등을 참조할 수 있다.

(3) Q: 애들 뭐 해?
A: 큰 애는 자요.
A′: 애들은 자요.

(3)Q에 대해 (3)A와 (3)A′의 대답이 모두 가능할 것이다. 그런데 이 두 대답은 동일한 것이 아니다. (3)A′은 (3)Q에 대한 직접적인 대답으로, (3)Q의 화제를 그대로 이어 받아 자신의 화제로 삼고 이에 대해 새로운 정보를 제공하고 있다. 반면에 (3)A는 (3)Q에 대한 직접적인 대답이 아니라 (3)Q의 질문의 일부 에 대한 대답에 해당한다. 삼형제가 있을 때, (3)Q는 삼형제 모두에 대한 질문인데, (3)A는 그중에 큰 아이에 대해서만 질문에 답하고 있다. (3)A′은 (3)Q의 질문을 삼형제 전체에 대한 포괄적인 혹은 직접적인 질문으로 이해하여 대답하는 경우인 반면에, (3)A는 (3)Q를 삼형제 개개인에 대한 부분적인 질문들의 묶음으로 해석하여 그중 하나의 질문에 대해 대답하고 있는 경우이다. (3)A의 경우에 나머지 형제들에 대한 대답이 이어 나올 수도 있어서, 가령 '큰애는 자요. 그리고 둘째와 막내는 밖에서 놀고요.'라고도 할 수 있다. 이와 같이 (3)A는 여러 잠재 화제들을 대조시키고 각 잠재 화제에 대한 질문들을 부각시키는 기능이 있다. 이러한 (3)A의 특징을 고려하여 (3)Q~(3)A의 연쇄를 다음과 같이 포착할 수 있다.

(8)
애들은 뭐 해?
큰애는 뭐 해? 둘째는 뭐 해? 막내는 뭐 해?
큰애는 자요.

'큰애는 뭐 해?'와 '둘째는 뭐 해?', '막내는 뭐 해?'는 (3)Q-(3)A의 질문-대답 연쇄에는 표면적으로는 나타나지 않은 암시적 질문이다. 이것이 바로 대조 화제의 특징인데, 보통의 화제문으로 답한 (3)Q-(3)A′의 연쇄에는 이러한 암시적 질문이 유발되지 않는다. Büring(2003)은 이러한 대조 화제의 특성을 전략(strategy)이라는 개념으로 설명한다. 전략이란 어떤 질문과 그 하위 질문들로 이루어진 담화적 구성을 뜻한다. 위와 같은 예를 통해, 그는 대조 화제가 전략을 요구한다고 규정하여 대조 화제의 특성을 포착하였다. 즉 어떤 질문에 대해 대조 화제를 포함하는 대답이 주어지면, 이 질문-대답의 연쇄보다 더 큰 담화 구조, 즉 전략이 형성되며 원래의 질문-대답의 연쇄는 그 전략의 일부에만 관여한다고 설명하였다. 위의 예에서 '큰애는 자요.'는 '애들은 뭐 해?'-{'큰애는 뭐 해?', '둘째는 뭐 해?', '막내는 뭐 해?'}의 전략을 형성하고 그 중 일부에 대해서만 답을 하는 것이 된다. 대조 화제의 이와 같은 특성은 대조 초점에도 나타난다. (4)의 예를 다시 보자.

(4) Q: 누가 왔니?
A: 철수가 왔어요.
A′: 철수는 왔어요.

(4)Q에 대한 대답으로서 (4)A와 (4)A′은 차이를 동반한다. (4) A는 (4)Q에 대한 직접적이고 완전한 대답인 반면에, (4)A′은 그렇지 않아서 철수 이외에 고려의 대상이 더 있음을 암시한다. 나아가 그 나머지 대상들은 아직 오지 않았음도 암시한다. 이와 같이 철수 이외에 다른 고려 대상이 있다는 것은 화청자 사이에 누가 올 것으로 예정되어 있는지에 대한 공유된 지식이 있음을 뜻한다. 그리고 올 예정이었던 사람들 개개인에 대해 왔는 지의 여부를 묻는 것으로 이해할 수 있다. 철수, 영희, 민수 세 사람이 오기로 되어 있는 상황이라면 (4)Q-(4)A′의 연쇄를 다음과 같이 파악할 수 있다.

(9) 누가 왔니?

철수가 왔니? 영희가 왔니? 민수가 왔니?

철수는 왔어요.

대조 화제와 마찬가지로, 대조 초점이 포함된 '철수는 왔어요.'도 '누가 왔니?'-{'철수가 왔니?', '영희가 왔니?', '민수가 왔니?'}의 전략을 형성하고 그 일부를 통해 그 전략에 연결된다.[5] 이와 같이 대조 초점이 대조 화제와 마찬가지로 전략을 요구하는 사실은 이들 사이에 정보 구조상의 공통점이 있음을 의미 한다.[6] 대조 화제와 대조 초점은 모두 대조의 대상들이 있어서 대조의 대상들과 더불어 더 큰 담화 구조를 형성하는 데에서 이러한 정보구조상의 공통점이 발생한다. 즉, 전략은 대조 화제와 대조 초

5) Büring(2003)은 본고의 대조 초점에 해당하는 예들을 다루고 있지 않아서 (4)Q-(4)A′와 같은 연쇄가 전략을 요구하는지에 대해서는 다루지 않고 있다. 본고는 대조 초점도 대조 화제와 마찬가지로 전략을 요구한다고 본다.

6) (4)Q-(4)A′의 연쇄를 (9)의 전략으로 파악하는 것은 (4)Q-(4)A'의 연쇄를 (6)Q-(6)A′의 연쇄로 파악한 것을 연상시킨다. (6)Q의 연접 질문은 바로 전략에 대응하는 개념이다. 대조 화제도 전략을 요구하므로 연접 질문에 대한 대답으로 쓰이리라 예측되며, 실제로도 그러하다.

점의 대조성에서 기인하는 것이며, 이는 대조 화제와 대조 초점의 '는'이 하나의 독립된 범주인 '대조'를 형성하고 있음을 확인해 준다.

이와 같이 전략을 요구한다는 공통점을 가지고 있는 두 종류의 대조가 다른 한편으로는 전략 전체에 미치는 영향력에서는 차이를 보인다. 이 차이점은 대조 초점에서는 나타나는 척도의 함축이 대조 화제에서는 나타나지 않는다는 사실과 관련이 있다. 우리는 앞에서 대조 초점이 척도 함축을 가진다는 점에서 그렇지 못한 보통의 초점과 구별됨을 살펴보았다. 여기에서는 대조 화제에도 척도 함축이 발생하지 않아서 대조 화제와 대조 초점이 구별됨을 보이고, 이로 인해 두 종류의 대조가 전략 전 체에 미치는 영향력에서 차이를 보임을 살펴보고자 한다.

다음은 대조 화제의 예이다.

(10) Q: 과학 과목은 언제 배우니?
A: 생물은 1학기에 배워요.

과학 과목으로 생물, 물리, 화학이 있다고 하면, 이것들 사이에 어떤 기준에 의한 척도가 형성되고 이 척도가 (10)A의 발화에 작용하고 있다고 보기는 어렵다. 단지 이런 여러 과학 과목들 중에서 생물은 1학기에 배운다는 정보를 제공하고 있다. (10)A의 가장 일반적인 해석은 '생물은 1학기에 배우지만 다른 과 목들은 언제 배우는지 잘 모르겠다.'이다. 그런데 (10)A에 덧붙 여 '물리와 화학은 2학기에 배우고요.'라고 할 수도 있을 것이고, '그리고 물리도 1학기에 배워요'라고도 할 수 있는 등 (10)A는 여러 가지 상황에서 사용될 수 있다. 만약 생물과 물리를 1학기에 배운다는 사실을 알고 있는 경우에, '생물은 1학기에 배워요. 그리고 물리도 1학기에 배워요.'라고 대답하거나 거꾸로 '물리는 1학기에 배워요. 그리고 생물도 1학기에 배워요.'라고 대답하여도 모두 무방하다. 생물, 물리, 화학 사이에 어떤 척도가 형성된다는 징후를 감지할 수 없다.

척도 함축의 관점에서 대조 화제와 대조 초점이 차이를 보이는 것은 화제에 대한 대조와 초점에 대한 대조가 그 속성상 차이가 있기 때문이다. 물론 대조되는 대상이 있고 그 대상에 대한 관심이 유효하다는 면에서는 두 대조가 동일하다. 그러나 화제와 초점의 근본적인 차이가 대조의 현상과 어울려 작용하기 때문에 두 대조는 척도 함축의 유무와 같은 차이를 보인다.

화제는 이전 발화와의 연결 고리이다. 그런데 이 연결 고리가 하나가 아니라 여러 개일 수도 있으며 이들이 하나의 집합을 형성하는 경우에는 이들 사이에 서로 대조의 관계가 조성될 수 있는 것이다. (10)A에서 과학이 화제일 수도 있으나 과학의 하위 분야인 생물, 물리, 화학이 모두 화제일 수도 있다.

후자의 경우로 대화가 이어진다면 이 세 연결 고리는 서로 대조를 이루면서 후속 담화에 관여하게 된다. 그런데 이 대조의 관계에서는 어떤 기준에 의한 선후 관계가 나타나지 않으며, 연결 고리로서의 동등한 자격이 부여된다. 한편 초점의 경우에는 다른 상황이 전개된다. 초점은 어떤 화제에 대하여 새로운 정보를 부여 하는 것으로서 이는 여러 가능한 대안 정보들 중에서 하나를 선택함을 뜻한다. 그런데 이 선택은 정보량이라는 기준에 의해 이루어진다. 신정보로서의 초점의 정보량은 바로 한 문장의 정 보량에 해당한다. 한 문장이 담화 내에서 적절하기 위해서는 가능한 최대한의 정보를 제공해야 한다. 즉, 초점은 가능한 최대한의 정보를 담게 된다. 최대한의 정보를 선택한다는 것은 정보량에 따라 관련 정보들을 순서 매길 수 있음을, 즉 척도의 존재를 전제로 한다. 이 척도에 대하여 함축이 작용하여, 선택된 정보 보다 더 높은 척도상의 위치에 있는 정보들은 부정의 값을 부여 받는다. 그리고 선택된 정보와 선택되지 않은 정보 사이에 대조가 형성된다. 이와 같이, 대조되는 잠재 초점들에는 척도의 함축이 작동하지만, 대조되는 잠재 화제들에는 그렇지 않다.

척도 함축과 관련된 정보가 대조 화제 및 대조 초점의 전략에 어떻게 반영되는지 살펴보자. 대조 초점의 예부터 시작해 보자.

(11) Q: 경기 결과가 어떨 것 같니?
A: 은메달은 확실해요.

이 질문-대답의 연쇄는 다음과 같은 담화 구조를 구성한다.

(12) 경기 결과가 어떨 것 같니?

금메달을 딸 것 같니?	은메달을 딸 것 같니?	동메달을 딸 것 같니?
아니요.	은메달은 확실해요.	예

여기에는 <금메달, 은메달, 동메달>의 척도가 형성되는데, 은메달이 대조 초점으로 선택되었으므로 척도 상 더 낮은 위치에 있는 동메달은 딸 것이지만 그보다 더 높은 위치에 있는 금메달은 딸 것 같지 않다는 함축적 정보가 전달된다. 즉 척도상에서 더 높은 잠재 초점을 포함하는 하위 질문의 대답에 대해 대조 초점의 대답과는 반대의 극성값이 부여된다.

이에 반하여, (3)Q-(3)A의 연쇄에서와 같이 대조 화제는 어떠한 척도도 글어들이지 않는다. 즉, 큰 애, 둘째, 막내에 대해 어떤 척도가 관여하는 것이 아니어서 이를 근거로 한 척도 함축도 발생하지 않는다. 따라서 전략의 나머지 부분에 대한 대답의 극성 값에도 아무런 영향을 미치지 않는다. 이러한 사정은 관련된 전략이 반영된 (8)의 담화 구조에 드러나 있다. (8)에서 '둘째는 뭐 해?'와 '막내는 뭐 해?'의 두 하위 질문에 대한 대답에서 '큰애는 자요.'가 그 극성값에 대해 관여하지 않는다. 즉, 대조 화제는 척도 함축을 야기하지 않으므로, 척도 함축을 근거로하여 전략의 나머지 부분에 대해 어떤 영향력을 행사하지도 않는다.[7)][8)]

대조 화제와 대조 초점은 전략을 요구한다는 공통점을 가지는 동시에 전체 전략에 대해 미치는 영향력이 다르다는 차이점을 가지고 있으므로 대조라는 상위 범주의 하위 범주들임이 입증된다.

5.2. 대조의 유형론

우리는 한국어에 나타나는 대조 현상에 대해 상당히 정연한 정리를 할 수 있었다. 대조는 화제-초점과는 다른 정보구조적 근거를 가지므로 화제 및 초점에 모두 관여할 수 있어서 대조 화제 및 대조 초점이 모두 가능하며, 이들이 동일한 형태적 표지 '는'에 의해 실현되어 독립적 범주로서의 대조가 존재함을 확인하였다.

그런데 대조 현상이 여러 언어들에서 실현되는 양상은 아주 다양하다(Molnár 2001, Hetland 2003, Hedberg 2006 등). 우선 대조를 표상하기 위한 표지의 종류가 다양하며, 또한 실현되는 대조성의 본질적인 속성조차 언어에 따라 차이가 나는 것으로 보고 되고 있다. 대조 표지의 종류는 한국어와 같은 형태적 표지 이외에 통사적 표지 및 음운적 표지가 사용되기도 하며 몇 가지가 혼용되기도 한다. 통사적인 대조 표지를 가지는 언어로는 핀란드어, 헝가리어, 러시아어, 이태리어 등이 있는데 이들의 실현 양상도 몇 가지로 나눌 수 있다. 가령 핀란드어의 대조 위치는 문장 첫머리인데 이 자리에는 대조 초

7) 대조 초점의 예로 든 (4)Q-(4)A′의 담화 구조인 (9)에도 대조 화제의 담화 구조인 (8)과 동일한 상황이 연출되므로 대조 초점에 대한 우리의 주장에 오류가 있는 것처럼 보인다. 그러나 (9)는 대조 초점과 대조 화제의 공통점을 부각시키기 위하여 아주 단순화한 것이며, 실제의 상황은 다르다. '누가 왔니?'에 대해 '철수는 왔어요.'라고 답하면, '철수, 영희, 민수가 다 온 것은 아니에요.' 혹은 '철수와 영희가 온 것은 아니에요.' 등의 함축이 뒤따른다. 즉, <{철수, 영희, 민수}, {철수, 영희}/{철 수, 민수}/{영희, 민수}, 철수/영희/민수>와 같은 척도가 형성되고 이에 대해 척도의 함축이 발생한다. 즉 '철수는 왔어요.'는 더 높은 척도에 있는 두 사람 혹은 세 사람의 합에는 부정의 값이 부여됨을 함축한다. 이러한 사정이 (9)에 반영된다면 이는 (12)와 같은 종류의 담화 구조를 보일 것이며, 이는 바로 대조 초점의 특성이 반영된 결과이다.

8) 본고의 대조 화제와 대조 초점은 이정민(2003)의 체계에서는 모두 대조 화제에 해당하는데, 그는 그의 대조 화제의 한 특징으로 척도 함축을 든다. 즉 본고의 대조 초점뿐만 아니라 대조 화제도 척도 함축을 유발한다고 주장하는 셈이어서, 본고와 차이를 보인다.

점뿐만 아니라 대조 화제도 나타날 수 있지만, 헝가리어의 대조 위치인 동사 앞의 위치에는 대 조 초점만이 허용되는 등 다양한 모습을 보인다. 음운적 표지를 가진 대표적인 언어로는 독일어나 영어 등이 거론되는데, 하강-상승조의 소위 B-악센트에 의해 대조가 표상된다고 알려져 있다. 한편, 언어에 따라 실현되는 대조의 속성도 상당한 차이를 드러낸다. 즉, 대조를 표방하면서 각 언어에서 다루어지는 자료들의 범위가 동일하지 않다. 특히, 대조 초점으로 다루어지는 자료들에서 그 차이가 크게 난다. 앞에서 살펴본 한국어의 대조 초점과 같은 예들이 다루어지기도 하지만 상당히 성격이 다른 예들이 대조 초점의 이름으로 다양하게 거론되기도 한다. 이러한 상황을 고려해 볼 때 대조 현상에 대한 충분한 이해를 위해서는 유형론적 연구가 강하게 요구되며 이를 토대로 보다 정연한 대조의 개념을 추구해야 할 것이다.

이 절에서는 음운적 표지인 B-악센트를 대조 표지로 가지는 독일어 및 영어와 형태적 대조 표지를 가지는 한국어를 비교하여 한국어의 대조성에 대한 이해를 증진시키고자 한다.

다음은 독일어와 영어에서 B-악센트가 나타나는 예들이다.[9)]

(13) Die $[\text{Weisslichen}]_B$ Popstars trugen $[\text{Kaftane}]_A$.

(14) The $[\text{female}]_B$ pop stars wore $[\text{caftans}]_A$.

이 문장들은 'What did the pop stars wear?'와 같은 질문에 대한 대답으로 사용될 수 있는데, 잠재적 화제인 남자 팝스타와 의 대조를 동반한다. 그리고 이 대조는 B-악센트에서 유래한다. 이에 대한 한국어 문장은 '여자 팝스타는 카프탄을 입었어.'가 되며, 대조 표지 '는'에 의해 동일한 대조가 포착된다. 독일어와 영어의 B-악센트와 한국어의 '는'이 대조 화제를 위한 표지로 동일하게 사용됨을 확인할 수 있다.

그러나 사정이 이렇게 단순하지가 않다. 위 예문은 B-악센트 다음에 A-악센트가 문장의 마지막 악센트로 나타나는 경우인데, B-악센트가 이와 다른 환경에서 사용되면 다른 상황이 벌어진다.

(15) Q: Well, what about the beans? Who ate them?

A: $[\text{Fred}]_A$ ate the $[\text{beans}]_B$.

9) 하첨자 A, B는 각각 하강조의 A-악센트와 하강-상승조의 B-악센트를 가리킨다.

(16) Q: Did you feed the animals?

A: I fed the $[\text{cat}]_B$.

(15) A는 A-악센트 다음에 B-악센트가 나타나는 경우이고, (16) A는 B-악센트가 홀로 나타나는 경우이다. 이 예들은 영어 예인데, 흥미롭게도 독일어에서는 이에 해당하는 문장이 허용되지 않는다. 독일어에서는 B-악센트가 나타나는 평서문은 그 다음에 A-악센트가 나타나서 문장을 종결해야 하는 제약이 있다(Büring 1997, Hetland 2003). 이 제약에 따라 A-악센트 다음에 B-악센 트가 나타나는 평서문이나 B-악센트만 나타나는 평서문은 허용되지 않는다. 그러나 영어에는 이러한 제약이 없어서 독일어에는 허용되지 않는 (15)와 (16)에서와 같은 B-악센트의 실현이 가능하다. 그런데 이 문장들에서 B-악센트는 여전히 대조의 기능을 책임지고 있다. 한편 이 문장들을 한국어로 바꾸면 '콩은 프레드 가 먹었어.'와 '고양이는 키워 봤어.'와 같은 문장을 얻게 되는데, 이때에도 여전히 '는'에 의해 대조의 기능이 표상되고 있다.

이상의 관찰을 통해, 독일어와 영어에서 허용되는 모든 B-악센트가 나타내는 대조가 한국어에서는 '는'에 의해 나타난다는 사실을 확인할 수 있다. 이는 대조라는 의미론적 범주에 대해 이들 사이에 일정한 대응 관계가 형성된다는 것을 뜻한다. 그리고 독일어보다는 영어가 더 풍부한 대조적 표현이 가능하다는 사실을 알 수 있고, 이러한 영어의 다양한 대조적 표현에 대응하는 한국어의 대조적 표현이 모두 가능하다는 사실에서 영어와 한국어의 유사성을 포착할 수도 있다.

그런데 (16)과 같은 예문을 좀 더 자세히 살펴보면, 대조 현상과 관련된 한국어와 영어의 유사성이 더 강하다는 것을 알게된다. (13)~(16)의 B-악센트는 모두 대조 표지로 사용되고 있으나, (13)~(15)의 B-악센트는 대조 화제 표지이고 (16)의 B-악센트만이 대조 초점 표지이다. (16)A에서 'the [cat]B'을 제외 한 부분은 명백한 화제에 해당하므로 'the [cat]B'은 초점이어야만 한다. 만약 이것마저 화제라면 (16)A는 초점이 결여된 비정 보적인 문장이 되어 부적절한 대답이 될 것이다. (16)에 대응되 는 한국어의 질문-대답의 연쇄는 '너 동물 키워 봤니?'-'고양이는 키워 봤어.'와 같이 될 것인데, 이 대답에서도 '키워 봤어'가 화제이므로 '고양이'는 초점이어야 한다. 이것은 4절에서 제시된 대조 초점의 예인 (4), (7) 등에서 살펴본 바와 같은 것이어서, (16)은 한국어의 대조 초점과 동일한 현상이 영어에서 B-악센트에 의해 포착된다는 사실을 보여 준다. 한편 영어와는 달리 독일어에서는 B-악센트가 홀로 나타나는 (16)과 같은 문장이 허용되지 않는다고 하였다. 그래서 (16)에 대응될 만한 독일어 예는 아래의 예문 정도가 된다(Hetland 2003 : 23).

(17) Q: Hast du die Tiere versorgt?

have you the animals looked-after

'Did you look after the animals?'

A: Die $[\text{katze}]_B$ habe ich $[\text{gefüttert}]_A$.

the cat have I fed

'I fed the cat.'

독일어에서는 (16)A와 같은 문장이 허용되지 않아서 (17)A와 같은 문장으로 대신해야 하는데, 이는 바로 B-악센트 다음에 A-악센트로 문장을 종결해야 한다는 제약 때문이다. 여기에서는 '$[\text{gefüttert}]_A$'가 초점이어서 'die $[\text{katze}]_B$'가 대조 화제가 되는데 아무런 문제가 없다. 독일어이서 (16)A와 같은 문장이 허용되지 않고 (17)A로 대신한다는 사실은 한국어의 전형적인 대조 초점의 현상이 독일어에는 나타나지 않음을 뜻한다. (16)A와 같은 정보 구조를 가진 문장이 바로 한국어의 전형적인 대조 초점의 경우를 반영하기 때문이다. 이렇게 볼 때, 영어의 B-악센트는 한국어의 '는'의 대조 화제 및 대조 초점의 용법에 모두 대응하지만, 독일어의 B-악센트는 한국어 '는'의 대조 화제의 용법만을 수행한다고 할 수 있다. 이런 의미에서 한국어가 독일어보다 영어와 더 큰 유사성을 갖는다는 사실을 다시 확인할 수 있다.

독일어와 영어의 이러한 차이는 두 언어에서 실현되는 대조성의 본질적 속성이 서로 다름을 말하여 준다. 두 언어가 대조를 위해 동일한 음운적 방법을 채택하고는 있지만, 대조를 통해 관장하는 자료의 범위가 서로 다른 것이다. 앞에서, 대조가 나타나는 양상이 언어에 따라 다르다는 것은 대조를 위한 표지의 종류가 다름을 의미하거나 또는 실현되는 대조의 속성이 다름을 의미한다고 지적하였다. 독일어와 영어는 전자는 같으나, 후자에서 차이가 난다. 한국어는 전자의 관점에서는 두 언어와 다르지만 후자의 관점에서는 영어와 아주 유사하다.

6. 맺음말

관계적 주어짐성에 입각하여 정의되는 화제와 초점에 대조성이 부가되면 대조 화제와 대조 초점이 형성됨을 알아 보았다. 대조는 관계적 주어짐성과는 독립적으로 작용하므로 대조는 화제 뿐만 아니라 초점에도 작용할 수 있다. 따라서 우리는 '는'의 용법과 관련하여 대조가 화제에서 유래하는지 혹은 그 반대인지와 같은 논의에서 자유로울 수 있다. 한편 대조 화제와 대조 초점은 정보구조상 전략을 요구하는 공통점이 있음을 살펴보았고, 이들의 차이점을 척도 함축의 유무에서 찾아보았다. 그리고 대조 화제와 대조 초점이 모두 '는'에 의해 표시된다는 사실은 한국어에서 대조가 하나의 독립적인 문법 범주를 형성한다는 증거이다. 영어의 대조는 B-악센트라는 음운적 표지에 의해 표시되므로 형태적 표지를 사용하는 한국어와는 표면적인 차이가 크지만, 두 언어에 나타나는 대조 현상이 큰 유사성을 보이는 것은 상당히 흥미롭다.

여러 언어들에서 논의되는 대조의 개념이 일정하지 않아서 현재의 대조 연구는 상당히 혼란스러운 모습을 보이고 있다. 한국어의 대조 현상을 바라보는 시각도 차이가 난다. 특히, 대조 초점과 관련하여 그 시각의 차이가 크게 나고 있다. 대조에 대한 더 많은 연구들이 행해지고 결과들이 모여 합리적인 시각 조정이 이루어지기를 기대해 본다.

참고 문헌

김용범(2004) 초점과 주제의 음성학적 관련성, 언어와 정보 8-1. 한국언어정보학회. 27~52쪽.

남윤진(2005) 현대국어 조사 '-은/는'의 분포와 기능, 우리말 연구(임홍빈 외, 2005). 157~192쪽.

박철우(1998) 한국어 정보구조에서의 화제와 초점, 서울대학교 박사학위 논문.

신서인(2006) 구문 분석 말뭉치를 이용한 한국어 문형 연구, 서울대학교 박사학위 논문.

오미라(2006) 한국어 초점과 주제의 음성적 실현, 한국언어정보학회 여름학술대회 발표 논문집. 한국언어정보학회. 59~74쪽.

이익섭·채완(1999) 국어문법론 강의. 학연사.

이정민(2003) Contrastive Topic and/or Contrastive Focus. *Japanese Korean Linguistics* 12. 352~364쪽.

전영철(2005) 한국어의 대조 초점, 언어학 43. 한국언어학회. 215~ 237쪽.

Büring, D.(1997) *The Meaning of Topic and Focus-The 59th Street Bridge Accent*. Routledge.

Büring, D.(2003) On D-Tree, Beans, and B-Accents. *Linguistics and Philosophy* 26. pp. 511~545.

Gundel, J.(1999) On Different Kinds of Focus. In P. Bosch and R. van der Sandt eds. Focus. Cambridge University Press. pp. 113~127.

Gundel, J. and T. Fretheim(2004) Topic and Focus. In L. Horn and G. Ward eds. *The Handbook of Pragmatics*, Blackwell. pp. 175~196.

Hedberg, N.(2006) Topic-focus Controversies. In V. Molnár and S. Winkler. eds. *The Architecture of Focus*. Mouton de Gruyter. Hetland, J. 2003. Contrast, the Fall-rise Accent, and Information Focus. In J. Hetland and V. Molnár eds., Structures of Focus *and Grammatical Relations*. Max Niemeyer Verlag.

Kiss, K. E.(1998) Identificational Focus versus Informational Focus. *Language* 74. pp. 245~273.

Molnár, V.(2001) Contrast from a Contrastive Perspective. *Proceedings of ESSLLI* 2001. pp. 99~114.

VI 대조주제 표지 조각 의문문과 여타 조각 의문문의 해석적 비대칭성에 대해

06

대조주제 표지 조각 의문문과 여타 조각 의문문의 해석적 비대칭성에 대해

정대호

1. 서론

본 장은 한국어의 두 가지 유형의 조각 의문문(Fragmental Questions)이 보여주는 해석상의 비대칭성을 설명하는 것을 목적으로 한다. Chung (2020, 2021, 2022a)와 정대호(2021)에 따르면, [XP-은/는?] 형태의 대조주제 조각문(Contrastive Topic Fragmental Question, CTFQ)은 명시적인 의문사구나 의문문 종결어미가 포함되지 않았음에도 불구하고, 판정의문문(Yes/No Question)의 해석뿐 아니라, 내용의문문(WH-question)의 해석을 가질 수 있다(cf. Park 2021). 반면, 격조사나 대조주제(Contrastive Topic, CT) 표지 '-은/는'이 아닌 다른 한정사(Delimiter)로 끝나는 여타 조각 의문문은 내용의문문의 해석을 가질 수 없고, 오직 판정의문문의 해석만 가진다.[1] 이 두 가지 유형의 조각 의문문은 아래 (1)과 (2)의 예문에서 확인할 수 있다(2절과 3절에서 보다 많은 자료를 다룸).

(1) A: 엄마가 사과를 좋아한다.
B: 그럼, 아빠는?
R1: '그렇다면, 아빠는 무엇을 좋아하나?' (내용의문문)
R2: '그렇다면, 아빠도 사과를 좋아하나?' (판정의문문)

1) 한국어에는 (대조)주제 표지가 앞에 오는 음절의 음가에 따라 두 가지 변형이 있다: […모음]-는 (예: *영희-는*) vs. […자음]-은 (예: *톰-은*). 본문에서는 이 두 변형을 포괄하기 위해 -NUN이라는 표기를 사용할 것이다.

(2) A: (=(1A))

B1: 엄마가?

'엄마가 (정말로) 사과를 좋아하나?' (판정의문문)

B2: 엄마만?

'엄마만 사과를 좋아하나?' (판정의문문)

B3: 그럼, 아빠도?

'그러면, 아빠도 사과를 좋아하나?' (판정의문문)

본 장에서는 이러한 해석상의 비대칭성이 CT 표지 '-은/는'(앞으로 -NUN으로 표기)의 (정보)의미적 특성과 두 구조에서의 초점 요소 위치의 차이에서 초래한다고 분석한다. CTFQ의 경우, CT 표지인 -NUN의 (정보)의미적 특성으로 인해 생략 영역에(대조)초점 요소가 존재해야 한다(Chung 2021, 정대호 2021, cf. Kim 2018). 반면, -NUN이 아닌 조사(격조사 및 여타 한정사)로 이루어진 여타 조각 의문문에서는 명시적 잔존요소들이 자체적으로 초점 역할을 한다. 생략의 복원성 조건 혹은 생략조건(E-givenness Condition, Merchant 2001)으로 인해, CTFQ의 생략 영역 안에 존재하는 초점 요소는 Rooth(1985)의 관점에서 일반값(Ordinary Value)이 없고 초점값(Focus Value)단을 가져야 한다. 의문사가 이러한 특성을 충족시키는 최적의 후보가 된다. 반대로, 여타 조각 의문문의 경우에는 생략 영역 내부에 의문사구를 상정할 수 없다. 만약 의문사가 상정되는 경우, 간섭효과(Intervention Effect)가 예상되기 때문이다(Beck 2006, Beck and Kim 1997 등 참고).

본 장의 구성은 다음과 같다. 2절에서는 Chung(2021)와 정대호(2021)에서 관찰한 CTFQ의 몇 가지 통사적 및 의미적 특징을 나열한다. 3절에서는 격조사로 끝나거나 CT 표지 이외의 한정사로 끝나는 여타 조각 의문문이 내용의문문의 해석이 아닌 판정의문문의 해석만을 가질 수 있다는 점을 새롭게 관찰한다. 4절에서는 두 구문의 이러한 해석상의 비대칭성을 설명한다. 마지막으로 5절에서는 본 장의 내용을 요약한다.

2. 대조주제 조각 의문문의 특징과 Chung(2021)과 정대호(2021)의 도출

Chung(2020, 2021)은 CTFQ가 보이는 여러 가지 흥미로운 통사적 및 의미적 속성을 관찰하였으며, Merchant(2001, 2004)의 조각문 분석과 유사하게, 이동 후 생략(Move-followed-by-ellipsis) 방식의 도출을 제안하였다. 본 절에서는 논의와 관련된 CTFQ의 주요 특징을 간략히 나열한다.

Chung(2020, 2021)에 따르면, 아래 (3)과 (4)에서 각각 보여주는 바와 같이, CTFQ의 CT 표지 -NUN 앞에 나타나는 잔존요소가 단일 요소로 구성될 수도 있고 복수 요소로 구성될 수도 있다.

(3) (Chung 2021, p. 172, (5)에서 약간 변환)

A: 존이 어제 메리에게 편지를 보냈다.

B1: **톰**은?

B2: **수**에게는?

B3: **이메일**은?

cf. B4: #존은?

B5: #메리에게는?

B6: #편지는?

(4) (Chung 2021, pp. 173-174, (9)에서 일부 발췌)

A: 존이 어제 메리에게 편지를 보냈다.

B1: **톰**이 **수**에게는?

B2: 존이 **수**에게는?

B3: **톰**이 메리에게는?

cf. B4: #존이 메리에게는?

B5: #존이 메리에게 편지는?

대조성(Contrastiveness)은 CTFQ의 허가 여부에 중요한 역할을 한다. 단일 잔존요소로 구성된 (3)에서는 잔존요소가 이전 담화의 평행 표현에 대해 대조적인 해석을 전달해야 한다(대조주제 요소는 굵게 표시됨). 대조성이 확보되지 않은 경우((3B4), (3B5), (3B6)), CTFQ가 허가되지 않는다. 다중 잔존요소로 구성된 CTFQ의 경우, 적어도 하나의 잔존요소가 대조적 해석을 가지면 충분하다. 따라서 (4B1), (4B2), (4B3)은 담화의 적절한 연속으로 간주된다. 그러나 대조적 의미의 잔존요소가 하나도 없는 경

우((4B4), (4B5)), CTFQ는 허가되지 않는다.[2)]

CTFQ가 보여주는 또 다른 흥미로운 속성은, 명시적인 의문사가 없더라도 내용의문문 (및 판정의문문) 해석을 생성할 수 있다는 점이다(cf. 영어의 'what about XP?' 질문). 예를 들어, (3B3)에 있는 CTFQ는 아래 (5)와 같은 해석을 가질 수 있다.

(5) (=Chung 2021, p. 173, (8))

(3B3) '이메일-은?'의 해석

a. 그러면, 어제 존이 수에게 이메일을 보냈나요? (판정의문문)

b. 그러면, 어제 누가 메리에게 이메일을 보냈나요? (내용의문문)

c. 그러면, 어제 존이 누구에게 이메일을 보냈나요? (내용의문문)

d. 그러면, 어제 존이 메리에게 이메일을 언제 보냈나요? (내용의문문)

e. 그러면, 이메일에 무슨 일이 있었나요? (내용의문문)

여기 나열된 해석이 전부는 아닐 수 있지만, 분명한 것은 (3B3)의 CTFQ가 (5a)와 같은 판정의문문의 해석뿐만 아니라 (5b~e)와 같은 내용의문문의 해석도 가질 수 있다는 점이다.

이제 Chung(2021)의 CTFQ의 도출과정을 간략히 반복한다. 단일 잔존요소를 가지는 CTFQ는

---

2) 일부 화자들에게는 의문사가 -NUN으로 표시된 잔존요소 이전에 명시적으로 실현될 수 있다. 다음 예문들을 살펴보자.

(i) A: =(4A)
B1: 누가 수에게는?
B2: 언제 수에게는?

이 화자들의 판단은 의문사 및 부정극어와 같이 주제가 될 수 없는 표현이 대조주제 조각문의 -NUN 이전 위치에 포함될 수 없다는 정대호(2021)의 보고와는 대치된다. (iB1) 및 (iB2)와 같은 구조가 실제로 다중의 잔존요소로 구성된 CTFQ라면, 본 장의 4절에서 제안하는 분석이 적어도 부분적으로 수정되어야 할 것이다(19번 참조). 그러나 이러한 구조와 (4B1, B2, B3)와 같은 전형적인 다중 잔존요소로 구성된 CTFQ와 중요한 차이점을 지적하고자 한다. (4B2, B3)에서 본 것처럼, -NUN 이전 요소 중 적어도 하나가 대조적 해석을 가지는 것으로 충분하다. 반면, (iB1) 및 (iB2)와 같은 구조에서는 대조초점 표지(-NUN) 바로 앞에 위치한 잔존요소가 반드시 대조적 해석을 가져야 한다. 아래 (ii)의 대화 맥락에서 '메리'가 대조적 해석을 갖지 않는 (iiB1) 및 (iiB2)의 표현이 (4A)(또는 (3A))에 대한 응답으로 부적절하다는 점에 주목하라.

(ii) A: =(4A)
B1: *누가 메리에게는?
B2: *언제 메리에게는?

따라서 현재로서는 (iB1) 및 (iB2)와 같은 구조가 일부 화자에게 허용된다고 하더라도, 의문사는 대조초점 표지(-NUN)의 영역에 속하지 않는다고 추정된다. 이러한 구조가 실제로 허용 가능한지, 그리고 화자 간 변이의 원인이 무엇인지 확인하기 위해 더 광범위한 자료를 조사해야 한다. 이러한 문제들은 향후 연구 과제로 남겨두겠다.

Merchant(2001, 2004)가 제안한 조각문에 대한 이동 및 삭제(Move-followed-by-ellipsis) 분석과 유사한 방식으로 도출한다. 아래 (6)에서 추상적으로 표현한 바와 같이, XP는 대조주제 요소로서 TP 내부에서 생성되고, 대조주제구(Contrastive Topic Phrase, CTP)의 지정어(Specifier)로 이동한 뒤, TP가 삭제 과정을 거친다.[3)]

(6) (=Chung 2021, 176, (12))

[$_{CTP}$ XP [$_{CT}$ -NUN] ~~[$_{TP}$ …〈XP〉…]~~]

내용의문문에 대한 조각문 응답에서 초점 자질([+Foc])이 초점 잔존요소를 초점구(FocP)의 지정어 위치로 유인하는 것과 유사하게(Merchant2001, 2004), Chung(2021)와 정대호(2021)는 주제 자질([+Top])이 대조주제 잔존요소를 대조주제구(CTP)의 지정어 위치로 유인한다고 주장한다(cf. Park 2021).

(4)와 같이 다중 잔존요소가 포함된 경우에 대해서는, Chung(2021)은 다중 잔존요소로 구성된 조각문에 대한 자신의 분석(Chung 2015a, b, 2020, 정대호 2021)과 유사한 방식으로, 잔존요소들이 이른바 사선적 병합(Oblique Merge)을 통해 특정 기능 범주(대부분 TP) 내에서 처음 병합된 다음, 이렇게 형성된 단위('클러스터'라고 불림)가 CTP의 지정어로 이동한다고 주장한다. 이 과정은 아래 (7)과 같이 추상적으로 나타낼 수 있다.

(7) (=Chung 2021, pp. 176-177, (14))

a. TP 까지의 도출

[$_{TP}$ …XP…YP…]]

b. 사선적 병합을 통한 대조주제 클러스터 형성[4)]

[$_{TP}$ … [$_{XP}$XP [YP]]…〈YP〉…]

---

3) Chung(2021)과 정대호(2021)에서 논의된 바와 같이, CTFQ가 절의 구조에서 출발한다는 점은 비교적 명확하다. (4B1, B2, B3)와 같은 다중 잔존요소로 구성된 CTFQ의 경우, 마지막 요소를 제외한 모든 잔존요소는 선행절(즉, (4A))의 평행한 요소가 취하는 격 형태를 유지한다는 점에 주목하라. (마지막 요소는 독립적인 이유로 구조적 격 형태를 유지할 수 없다. 이는 한국어에서 조사 -NUN이 구조격 조사와 공존할 수 없기 때문이다.) CTFQ가 절 단위 생략(clausal ellipsis)을 포함한다고 가정하면, 이러한 격 연결성(Case Connectivity)은 쉽게 설명될 수 있다.

4) 혹자는 술어의 두 의존 요소 간 사선적 병합이 일반적으로 허용되지 않는 반순환적(anti-cyclic) 작용이라고 지적할 수 있겠다. 그러나 Takano(2015), Kitahara(2019), Tozawa(2020) 등은 쌍병합(Pair-merge, Adjunction)이 특정 제한된 맥락에서 반순환성 문제를 회피할 수 있다는 주장을 제시한 바 있다. 물론, 이러한 반순환 제약이 정확히 어떤 상황에서 면제되는지를 조사하기 위한 추가 연구가 필요하다.

c. 대조주제 -NUN 병합과 대조주제 클러스터 이동

[$_{CTP}$ [$_{XP}$XP [YP]] [$_{CT}$ -NUN [$_{TP}$ ⋯⟨[$_{XP}$XP [YP]]⟩⋯⟨YP⟩⋯]]]

d. TP 생략

[$_{CTP}$ [$_{XP}$XP [YP]] [$_{CT}$ -NUN ~~[$_{TP}$ ⋯⟨[$_{XP}$XP [YP]]⟩⋯⟨YP⟩⋯]~~]]

(7b)의 클러스터 형성이 이른바 사선적 병합에 의해 이루어지는 것은, -NUN 앞에 위치한 모든 요소들이 대조적 의미를 가질 필요는 없고, 최소한 하나만 대조적 의미를 가지면 충분하다는 사실에 부합된다((4)에 대한 논의 참조). 특히, -NUN 앞의 모든 요소들이 대조적 의미를 가지지 않을 경우, 대조적 의미를 가지지 않는 요소들은 CTP의 핵과 관련된 특성, 즉 유인을 담당하는 특성과 일치하지 않는다. 따라서 Chung(2021)과 정대호(2021)에서 주장하는 바와 같이, 다중 잔존요소들이 개별적으로 CTP의 지정어로 이동한다고 볼 수 없다. 이들은 사선적 병합에 의해 대조주제 클러스터로 결합된 후에야 CTP의 핵과 일치하게 되고, 그렇게 형성된 클러스터 단위가 CTP의 지정어로 이동한다.

여기서 두 가지 질문이 제기된다. 첫째, 잔존요소들이 어떤 자질을 공유하여 클러스터를 형성하는가? 둘째, CTP의 핵과 잔존요소 클러스터는 어떤 자질을 공유하여 일치하는가? 첫 번째 질문과 관련하여 Chung(2021)과 정대호(2021)는 여러 잔존요소들이 주제 자질([+Top])을 공유할 때 클러스터 형성이 유도된다고 주장한다. CTF에서 모든 잔존요소는 반드시 [+Foc] 특성을 가지지는 않지만, [+Top] 특성을 지닌다. 이는 모든 잔존요소가 대조적 의미를 가지는 것은 아니기 때문이다. (4B2)와 (4B3)을 예시로 참조하라. CTFQ에서 클러스터 형성은 초점 자질([+Foc])에 의해 유도될 수 없는데, 이는 -NUN 앞의 모든 잔존요소들이 CT 의미를 가질 필요가 없기 때문이다.[5]

이제 두 번째 질문, 즉 CTP의 핵과 잔존요소 클러스터가 공유하는 자질에 대해 논의하자. 정대호(2021, 5장)는 Krifka(2008)와 위혜경(2010)의 대조주제 자질 분석을 바탕으로, CTP의 핵(-NUN)과 대조주제 클러스터가 자질 조합 [+Top, +Foc(us)]를 공유한다고 가정한다. 대조주제 의미를 가진 잔존요소가 최소 하나라도 포함된 클러스터는 주제 자질뿐만 아니라 초점자질 조합을 지니게 된다. 이는 Selkirk(1995)나 Büring(2003)의 초점 자질 투사(Focus Feature Projection) 메커니즘과 유사한 주제 및 초점 자질 투사 메커니즘에 기인한다. 자질의 양극값이 아닌 자질의 유무단을 표시할 경우, 대조적 의미를 가진 요소가 대조적 의미가 없는 요소와 클러스터를 형성할지라도, 자질 투사의 결과로 잔존요소

5) 반면, [+Foc] 자질은 내용의문문에 대한 조각문 대답에서 클러스터 형성을 유도한다고 가정한다. 이에 대해서는 Chung(2015)과 정대호(2021)를 참조하라.

클러스터 (및 단일 잔존요소)는 이러한 특성의 조합을 가지게 된다. 아래에서 도식적으로 설명한 바와 같이 이러한 투사가 발생한다.

(8)

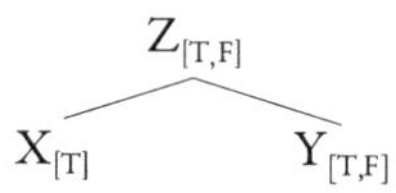

위 그림에서 Y는 대조적 의미를 지닌 잔존요소인 반면, X는 그렇지 않다. 이들이 사선적 병합으로 인해 클러스터를 형성하면, 자질 투사를 통해 결과물 Z는 대조적 의미를 가지게 된다. Z가 지니는 자질 조합은 [+Top, +Foc]의 자질 조합을 가지게 되며 역시 같은 자질 조합을 가진 CTP의 핵과 일치하게 된다.[6)]

3. 여타 조각 의문문의 해석

본 절에서는 -NUN 이외의 조사로 표시된 여타 조각 의문문의 의미를 다룬다. CTFQ와 달리, -NUN이 아닌 격조사나 여타 한정사로 끝나는 조각 의문문은 내용의문문의 해석을 전달하지 않고, 판정의문문의 해석만을 가진다. 잔존요소가 이전 담화의 평행 요소와 동일한지 여부에 상관없이 이러한 조각 의문문은 판정의문문의 해석만 가능하다. 먼저 잔존요소가 이전 담화의 평행 요소와 동일한 경우를 살펴보자.

(9) A: 존이 사과를 먹었다.
B1: 존이?/존만?
B2: 사과를?/사과만?
'사과를 (먹었냐)?/사과만 (먹었냐)?'

(10) A: 메리가 존에게 선물을 주었다.

6) 전영철(2006, 2019)은 한국어에서 -NUN으로 표시된 CT 요소들이 주제적 의미와 독립적으로 대조적 의미를 지닌다고 주장하는데, CT 잔존요소와 CTP의 핵이 [+Top, +Cont(rastive)] 자질 조합으로 구성된다고 가정할 때도 동일한 자질 일치 결과가 발생한다.

B: 존에게 선물을?/선물만?

'존에게 선물을 (주었나)?/선물만 (주었나)?'

위 (9B1, B2)와 (10B)의 조각 의문문은 놀라움이나 확인 요청을 표현하는 판정의문문의 해석을 나타낸다.

조각 의문문의 잔존요소가 이전 담화의 평행 요소와 상이한 경우에도, 내용의문문이 아닌 판정의문문의 해석만이 가능하다.

(11) A: 존이 사과를 먹지 않았다.

B1: 그래? 그러면 톰이?

'그래? 그러면, 톰이 (먹었나)?'

B2: 그래? 그러면 배를?

'그래? 그러면, 배를 (먹었나)?'

(12) A: 메리가 존에게 선물을 주지 않았다.

B: 그래? 그러면 톰에게 선물을?

'그래? 그러면, 톰에게 선물을 (주었나)?'

(13) A: 엄마가 코로나에 걸렸다.

B: 그래? 그러면, 혹시 아빠도?

'그래? 그러면, 혹시 아빠도 코로나에 (걸렸나)?'

(14) A: 메리는 사람들을 만나는 것을 싫어한다.

B: 그래? 그러면 자기 가족들도?

'그래? 그러면, 자기 가족들도 (싫어하나)?'

위 예문들에서 볼 수 있듯이, -NUN이 아닌 조사로 표시된 여타 조각 의문문은 그 잔존요소가 이전 담화의 평행 요소와 동일하거나 그렇지 않으냐에 관계없이 판정의문문의 해석만을 생성하며, 내용의문문의 해석은 생성하지 않는다. 다음 절에서는 CTFQ와 여타 조각 의문문 간의 해석적 비대칭성을 초래하는 원인을 다룬다.

4. CTFQ와 여타 조각 의문문 간의 의미적 비대칭성에 대한 설명

그렇다면 자연스럽게 제기되는 질문은 CTFQ와 격조사 또는 -NUN 외의 한정사로 표시된 조각 의문문 간의 의미 차이를 일으키는 원인이 무엇인가 하는 점이다. 본 절에서는 이 해석상의 비대칭성이 대주주제 표지 -NUN의 (정보)의미적 특징과 두 구조에서 초점 요소의 위치 차이에 기인한다고 주장한다. 대조주제 표지인 -NUN은 이 표지의 선행요소가 대조주제이어야 하고, 표지에 후행하여 (대조) 초점 요소가 있어야 한다(Chung 2021, 정대호 2021, cf. Kim 2018). 반대로, 여타의 조각 의문문에서는 잔존요소가 곧 초점요소의 역할을 하는 점을 보일 것이다. 이어서, 두 종류의 조각 의문문에서 초점의 위치 차이가 두 문장이 전달하는 해석에 어떻게 영향을 미치는지 살펴본다.

4.1. 생략 없는 대조주제 구문의 (정보)의미적 제약

본 절에서는 CTFQ와 여타 조각 의문문 간의 의미적 비대칭성에 대한 설명을 제시하기 전에, 생략이 관여되지 않은 대조주제 구문의 특별한 (정보)의미적 특성들을 살펴봅니다. Chung(2020, 2021)에서 관찰하는 바와 같이, [XP-NUN YP] 형태의 대조주제 구조는 대조주제 표지 -NUN의 선행요소, 즉 XP 내에 적어도 하나의 대조주제(CT)가 포함되어야 하며, -NUN의 후행 위치, 즉 YP 내에 대조초점(Contrastive Focus, CF)이 포함되어야 한다(cf. Kim 2018). 아래 예시를 살펴보자. 여기서 CT는 굵은 글씨체로, CF는 밑줄로 표시한다.

(15) A: 송이가 케이크를 만들었다.

B1: #송이는 <u>피자</u>를 만들었다. (XP에 CT가 없음)

B2: #**몽이**는 케이크를 만들었다. (YP에 CF가 없음)

B3: **몽이**는 <u>피자</u>를 만들었다.

B4: **몽이**는 케이크를 만들지 <u>않</u>았다.

(15B1)은 CF만 있고 CT가 없으므로 적절한 대화가 아니다.[7] (15B2)는 CT는 있지만 CF가 없으므

7) 사실, (15B1)은 특정 맥락에서, 특히 정정(correction)으로 사용될 때 (15A)에 적합한 응답이 될 수 있다.

로 역시 적합하지 않다. (15B3)은 두 가지가 모두 포함되어 있어서 적합하다. (15B4) 역시 CT와 CF를 포함하고 있으며, 여기서 CF는 극성(Polarity)에 해당한다고 볼 수 있다.

한국어에는 -NUN에 후행하는 CF가 없는 듯한 대조구문이 존재한다 (Lee 2007, 2017; Kim 2018; Oshima 2002; Hara 2005). 다음은 Kim(2018)에서 수정된 예시이다.

(16) [맥락] 응답자의 친구들—{메리, 존, 수}

A: 친구들이 모두 시험에 합격했나요?

B: 메리는 합격했다.

(15B2)와 달리 (16B)와 같은 예시는 -NUN의 후행하는 위치에 초점 요소가 없더라도 허용된다.

그러나 이 유형의 대조주제 구문은 본 절의 초입에서 제시한 대조주제 구문의 일반적 제약을 위배하는 것은 아니다. Kim(2018, p. 470-471)에 따르면, 이러한 문장에서는 -NUN의 후행 위치에 숨은 초점 요소, 즉 긍정 극성(Positive Polarity) 항목이 존재한다. Kim의 제안에 따르면, 초점 요소의 음운적 효과가 나타나지 않는 이유는 한국어에는 명시적으로 실현된 긍정 극성 항목이 없기 때문이다. (16B)가 최소한 하나의 대체 명제가 부정적인 극성을 가질 때만 발화될 수 있다는 점에서 숨은 극성 초점의 증거를 찾을 수 있다. 즉, (16B)는 존이나 수가 시험에 합격하지 않았거나 둘 다 합격하지 않았을 때만 발화될 수 있다. Kim(2018)에서처럼 (16B)는 "사실, 비밀이지만 존도 합격했다. 수만 합격하지 않았다"와 같이 대답을 이어갈 수 있지만 "사실, 비밀이지만 존과 수도 합격했다"와 같은 대답은 불가능하다. 후자는 극성에 있어서 대조가 없기 때문이다.

(i) A: (=(15A))

B: 아니야. 송이는 피자를 만들었어.

그러나 한국어에서 조사 -NUN은 대조주제뿐 아니라 비대조적(thematic) 주제 표지로 사용될 수 있다는 점에 주목해야 한다. (i)에서의 조사 '-는'은 비대조적 주제 표지자로 볼 수 있다. 두 유형은 운율적으로 다른 행동을 보이는데, (iB)에서 -NUN에 선행하는 요소는 (15B3) 또는 (15B4)에서 -NUN에 선행하는 요소에 나타나는 운율적 강세를 보이지 않는 것처럼 보인다. Krifka(2008)와 위혜경(2010)에 따르면, 비대조적 주제는 [+Top, -Foc] 자질 조합을 가지는 반면, 대조주제는 [+Top, +Foc] 자질 조합으로 구성된다는 점을 상기하라.

4.2. CTFQ에 적용

앞선 절에서 [XP-NUN YP] 형태의 대조주제 구문은 반드시 -NUN에 선행하는 XP 내에 CT가 하나 이상 있어야 하고, -NUN에 후행하는 YP 내에 CF가 있어야 한다는 제약을 살펴보았다. 이제 이러한 대조주제 구문의 (정보)의미적 제약을 CTFQ에 적용해 본다. 이 제약으로 인해, CTFQ의 생략된 TP는 이전 담화에서 관련된 요소와 평행하는 CF를 포함해야 한다. 그러나 CF는 Rooth(1985)에서 말하는 일반값(Ordinary Value)을 가진 초점 요소일 수 없다. 그 이유는 그 경우 담화에서 CF를 복원할 수 없기 때문입니다. 예를 들어, (3)의 담화를 다시 고려해 보자. (3B1)의 CTFQ에서 (3A)의 '메리에게'와 평행한 (생략 부문에 포함된) CF가 '수에게'라고 가정해 본다. 이러한 CTFQ는 다음과 같은 도출 과정을 갖게 될 것이다.

(17) a. TP까지의 도출

$[_{TP}$ **톰**$_{CT}$-이 수$_{CF}$에게 편지를 보냈니]

b. -NUN 병합과 CT 이동

$[_{CTP}$ [**톰**$_{CT}$]$_i$-은 $[_{TP}$ t_i 수$_{CF}$-에게 편지를 보냈니]]

c. TP 생략[8)]

$[_{CTP}$ [**톰**$_{CT}$]$_i$-은 ~~[$_{TP}$ t_i **수** $_{CF}$ 에게 편지를 보냈니]~~]

(17c)의 TP 생략은 CF인 '수'가 일반값을 지닌 초점요소로서 어디에서도 복원될 수 없으므로 생략조건(E-givenness Condition)을 위배하여 허용되지 않는다. 사실, 일반값을 가진 요소는 CTFQ의 생략 범위 내에 있어야 하는 CF로 작용할 수 없다.

남은 유일한 가능성은 CTFQ의 CF가 일반값을 가지지 않는 경우이다. 따라서 의문사구가 CF로 적합한 후보가 된다. 예를 들어, (17)에서 CF인 '수에게' 대신에 '누구에게'로 대체하면 다음과 같은 도출 과정을 가질 것이다.

---

8) (17)에서 의문소(Question Morpheme) [-니]가 발음되지 않는다는 점에서(TP가 아니고) CP가 생략되는 것으로 보인다. 혹은 한국어의 의문소가 명시적 통사에서 C보다 낮은 위치에 남아 있을 가능성도 있다. 예를 들어, Kim(1991)은 의문소가 Infl에 위치한다고 주장했다. 또 다른 가능성은 CTFQ에서의 생략의 범위가 C'라고 볼 수도 있겠다. 사실, Heck and Müller(2003), Thoms(2010), Döring(2014), Messick and Thoms(2016) 등은 수문문(Sluicing)이 TP 생략보다는 C' 생략 작용의 사례로 간주한다(cf. Landau 2020).

(18) a. TP까지의 도출

$[_{TP}$ **톰**$_{CT}$-이 누구$_{CF}$-에게 편지를 보냈니$]$

b. -NUN 병합과 CT 이동

$[_{CTP}$ $[$**톰**$_{CT}$ $]_i$-은 $[_{TP}$ t_i 누구$_{CF}$-에게 편지를 보냈니$]]$

c. TP 생략

$[_{CTP}$ $[$**톰**$_{CT}$ $]_i$-은 ~~$[_{TP}$ t_i **누구**$_{CF}$-에게 편지를 보냈니~~$]]$

(17c)에서는 TP 생략으로 인해 일반값을 지닌 초점요소가 어디에서도 복원될 수 없지만, (18c)에서는 의문사구가 초점값만 지닌 초점요소이므로 TP 생략으로 인해 실질적인 의미 손실이 없다고 볼 수 있다. 특히 (18)과 같은 경우에서 의문사구는 대조주제 표지인 -NUN이 요구하는 의미적 특성, 생략에 대한 일반 조건, 그리고 CTFQ에서 나타나는 의문문의 억양 등에 의해 복원될 수 있다. 대조주제 표지인 -NUN은 생략 위치에 CF가 있어야 한다고 요구하며, 생략조건(E-givenness)의 요구 사항은 CF가 일반값을 갖는 초점이 되는 것을 허용하지 않는다. 따라서 의문사구가 CTFQ의 CF로 완벽한 후보가 된다. 또한 CTFQ의 의문문 억양은 적어도 통사적으로 의문소(Question Morpheme)가 존재한다는 점을 가리키며, 이 의문소와 일치하는 의문사구 간의 일치 관계를 어느 정도 보장한다.

CTFQ에서의 생략은 Merchant(2001)의 생략조건(E-givenness)의 요구 사항을 초점폐쇄(Focus Closure)와 CT 이동을 통해 만족시킨다. 예를 들어 (3B3)과 (5)에 있는 여러 해석을 다시 살펴보자.

(5) (=Chung 2021, p. 173, (8))

(3B3) [이메일은?]의 해석

a. 그러면, 존은 어제 수에게 이메일을 보냈나요?

b. 그러면, 누가 어제 메리에게 이메일을 보냈나요?

c. 그러면, 존은 어제 누구에게 이메일을 보냈나요?

d. 그러면, 존은 언제 메리에게 이메일을 보냈나요?

e. 그러면, 이메일은 어떻게 되었나요?

(3B3)의 CTFQ가 예를 들어 (5c)에서와 같은 의문문 해석을 갖기 위해서는, 의문사구 '누구에게'와 평행하는 선행절 (3A)의 요소, 즉 '메리에게'도 CF 의미를 가져야 한다. CT 이동과 초점폐쇄 후, 관련된 선행절과 생략절은 각각 (19a)와 (19b)와 같은 구조를 갖게 될 것이다.

(19) a. 선행절

편지를$_j$ 메리에게$_i$ $[_{TP}$ 존이 어제 t_i t_j 보냈다]
CT CF

(비명시적) 초점폐쇄

(비명시적) CT 이동

b. 생략절

이메일은$_j$ ~~누구에게$_i$ $[_{TP}$ 존이 어제 t_i t_j 보냈다]~~
CT CF

(비명시적) 초점폐쇄

(명시적) CT 이동

(명시적 또는 비명시적) CT 이동과 (비명시적) 초점폐쇄 이후, 생략 위치의 TP와 선행절의 TP가 서로 함의하게 되므로 (5c)와 같은 의미를 지닌 CTFQ가 생략조건(E-givenness)을 충족하게 된다.[9) 10)]

---

9) 초점폐쇄(Focus Closure)가 Merchant(2001)에서 대조초점(Contrastive Focus)에 적용된다는 점에서, (19b)에 나타난 의문사구에 초점폐쇄를 적용하는 것이 정당한지 의문을 제기할 수 있다. 그러나 Merchant(2001, p. 36, (80h))에서 인용된 다음 예문에서 볼 수 있듯이, 의문사구가 대조적 초점 기능으로 사용될 수 있는 듯하다.

(i) She's an absolute idiot: unaware of who she is, or where.

10) (5a)와 같은 판정의문문 해석에 관여하는 의문사구가 무엇인지에 대해 궁금할 수 있다. 이에 대해 두 가지 가능성을 생각해 볼 수 있다. 첫 번째는 극성구(Polarity Phrase)가 대조초점(CF) 해석을 가질 때 추상적인 의문사구 WHETHER를 가정하는 것이다. (문장 구조 내 극성구의 정확한 위치에 대해서는 논의하지 않겠다. 이에 관해서는 Laka(1990)를 참조하라.) 물론, 이 추상적인 의문사구는 도출 과정의 어떤 단계에서도 명시적으로 실현되지 않는다. 그러나 도출을 구제하기 위해 일종의 생략에 의한 개선(Repair-by-ellipsis) 효과를 가정한다면, 이점이 반드시 문제가 되지는 않는다.
두 번째 가능성은 극성구 자체가 LF에서 대조초점(CF) 이동의 대상이 된다고 가정하는 것이다. 이는 극성 반전(Polarity Reversal)이 된 생략문이 판정의문문에 대한 조각문 대답으로 허용된다는 사실과 부합된다.

(i) A: Do you like apples?
B: No (, I don't like apples).
(ii) A: Don't you like apples?
B: Yes (, I like apples).

극성구의 초점폐쇄를 고려할 때, 극성값(긍정 vs. 부정)은 생략된 대답과 그 선행 의문문의 의미적 동일성을 계산하는 데 더 이상 중요하지 않다. 따라서 대답에서 관찰되는 극성 반전은 생략조건(E-givenness)을 위배하지 않는다고 볼 수 있다.

4.3. 여타 조각 의문문에서 내용의문문 해석의 부재에 대하여

마지막으로, 격조사나 -NUN 이외의 한정사로 끝나는 여타 조각 의문문에서는 왜 내용의문문의 해석이 불가능한지에 대한 문제를 다룬다(3절 참조.) -NUN과 달리, 격조사와 -NUN 이외의 한정사는 해당 조사의 뒤에 오는 영역에서 대조적 초점(CF)이나 어떤 초점 요소의 존재를 요구하지 않는다. -NUN 이외의 한정사('-만/-마저/-도' 등)는 명백히 초점 표지로 기능하며, 격조사도 특히 조각문 문맥에서 초점 표지처럼 행동한다. 따라서, 격조사나 -NUN 이외의 한정사로 끝나는 조각 의문문에서는 잔존요소가 곧 초점 해석을 갖는다. 예를 들어, 아래에 반복된 (9), (11), (14)를 다시 살펴보자.

(9) A: 존이 사과를 먹었어.
B1: 존{-이/-만}?
B2: 사과{-를/-만}?
(11) A: 존이 사과를 먹지 않았어.
B1: 그래? 그럼, 톰이?
B2: 그래? 그럼, 배를?
(14) A: 메리가 사람을 만나는 것을 싫어해.
B: 그래? 그럼 자기 가족들마저?

(9B1, B2), (11B1, B2), (14B)에 있는 조각문은 각각 다음과 같이 부연해서 설명할 수 있다.

(20) a. 사과를 먹은 사람이 {존/존만}인가?
b. 존이 먹은 것이 {사과/사과만}인가?
(21) a. 그렇다면 사과를 먹은 사람이 톰인가?
b. 그렇다면 존이 먹은 것이 배인가?
(22) 그렇다면 메리가 만나기를 싫어하는 사람이 심지어 자기 가족들인가?

조각문의 잔존요소가 분열문 구조의의 초점 위치를 차지할 수 있다는 점에 주목하라. 따라서 CTFQ 이외의 여타 조각 의문문에서의 잔존요소를 초점 요소로 간주하는 것이 타당한 것으로 보인다.

반면, CTFQ는 위와 같은 부연 설명이 불가능하다. 예를 들어, 아래에 반복된 (3B1, B2, B3)에 있는

CTFQ는 아래 (23a, b, c)와 같은 형태로 표현될 수 없다:

(3) A: 존이 어제 메리에게 편지를 보냈어.
B1: **톰**은?
B2: **수**에게는?
B3: **이메일**은?

(23) a. #어제 메리에게 편지를 보낸 사람이 톰인가?
b. #어제 존이 편지를 보낸 사람이 수인가?
c. #어제 존이 메리에게 보낸 것이 이메일인가?

따라서 CTFQ에서의 잔존요소는 초점 요소가 아니라, Chung(2021)에서 원래 가정한 대로 대조주제임이 분명하다(cf. Park 2021).

여타 조각 의문문의 잔존요소가 초점으로 간주될 경우, 간섭효과(Intervention Effect)로 인해 생략구문 내에 의문사구를 설정할 수 없다. 간섭효과란 의문사구가 의미 영역을 지니는 요소(Scope Bearing Element)의 영역 내에 있을 수 없다는 것을 의미한다(cf. Beck 2006, Beck and Kim 1997 등). 간섭효과가 이론적으로 어떻게 설명되든 상관없이, 다음의 추상적 구조에서 보여주는 바와 같이, 의문사구가 여타 조각 의문문의 생략 범위 내에 포함될 수 없다.

(24) XP-Case/Delimiter$_i$ ~~[$_{TP}$… t_i… WH… Q]~~

이로써 여타 조각 의문문이 내용의문문의 해석을 가질 수 없는 점을 설명할 수 있다.

이러한 여타 조각 의문문에서는 간섭효과로 인해 의문사구가 생략 범위 내에 허용되지 않으므로, 판정의문문으로만 해석된다. 예를 들어, 아래에 반복된 (13)을 살펴보자.

(13) A: 엄마가 코로나에 걸렸어.
B: 그래? 그럼 혹시, 아빠도?

생략 범위 내에 의문사구가 허용되지 않는 상황에서, 생략을 허용할 수 있는 유일한 옵션은 선행절과 동일한 내용을 가지는 것이다.

판정의문문 해석을 가진 이러한 조각문은 다음과 같이 생략절에서 명시적인 초점이동과 선행절에서의 비명시적인 초점폐쇄를 통해 생략에 대한 생략조건(E-givenness Condition)을 충족시킨다.

(25) a. 선행절

엄마가$_i$ [$_{TP}$ t_i 코로나에 걸렸다]

(비명시적) 초점폐쇄

b. 생략절

아빠도$_i$ [$_{TP}$ t_i ~~코로나에 걸렸니~~]

(명시적) 초점이동

5. 요약

대조주제로 끝나는 [XP-은/는?] 형태의 조각 의문문(Contrastive Topic Fragmental Question, CTFQ)은 명시적인 의문사구가 없더라도 판정의문문의 해석뿐만 아니라 내용의문문의 해석을 가질 수 있다. 반면, 격조사나 '-은/는' 이외의 한정사로 끝나는 여타 조각 의문문은 판정의문문의 해석만을 가진다. 이 두 유형의 조각 의문문이 보이는 해석상의 비대칭성은 대조주제 '-은/는' 표지가 가지는 독특한 (정보)의미적 속성에 기인한다. 대조주제 표지인 '-은/는'은 이에 선행하는 위치에 대조주제를, 그리고 후행하는 위치에 대조초점을 요구한다. 이러한 대조주제 표지의 특별한 속성으로 인해 CTFQ의 생략절 범위에는 초점 요소가 포함되어야 한다. 그러나 초점 요소는 생략조건(E-giveness Condition)을 충족하기 위해 일반값(Ordinary Value)을 가져서는 안 된다. 의문사구는 일반값이 없고 초점값(Focus Value)만 지닌 초점이므로, 대조주제 표지가 요구하는 생략절 내의 대조초점으로 완벽하게 부합하는 후보이다. 따라서 CTFQ는 내용의문문의 해석과 판정문 해석 둘 다 가능하다. (극성이 대조초점이 될 경우, CTFQ는 판정의문문 해석을 생성한다.) 반면, 여타의 조사로 이루어진 조각 의문문의 잔존요소는 자체적으로 초점 요소이며, 간섭효과(Intervention Effect)로 인해 생략절 내에 의문사구를 포함할 수 없다. 따라서 여타의 조각 의문문의 유일한 해석은 판정의문문 해석이다.

감사의 글

본 장은 *Journal of Cognitive Science* (2022, Vol 23, pp375-402)에 게재된 졸고 Chung(2022b)를 사소한 내용 수정을 거쳐 한국어로 번역한 것이다. 이 번역 게재를 허락한 *JCS* 편집장님(이정민교수)께 감사를 표한다. 본 연구는 대한민국 교육부와 한국연구재단(NRF-2021S1A5A2A01060843)의 지원을 받았다.

참고문헌

위혜경(2010) 대조주제의 주제성과 초점성. 『언어와 정보』 14(2), 47-70.

전영철(2006) 대조화제와 대조초점표지 '는'. 『한글』 274, 171-200.

전영철(2019) 한국어 정보구조표지 '은/는'의 의미—대조의미를 중심으로. 『언어학』 35, 99-137.

정대호(2021) 『다중초점구문과 사선적 일치/병합』. 한국문화사.

Beck, S. (2006) Intervention effects follow from focus interpretation. *Natural Language Semantics* 14, 1-56.

Beck, S. and S.-S. Kim. (1997) On wh- and operator scope in Korean. *Journal of East Asian Linguistics* 6, 339-384.

Büring, D. (2006) Focus projection and default prominence. In V. Molnár and S. Winkler (Eds.), *The Architecture of Focus*, 321-346. Mouton De Gruyter: Berlin; New York.

Chung, D. (2008) Agree but not necessarily at the same time. *Studies in Generative Grammar* 18(3), 509-524.

Chung, D. (2015a) An oblique merge analysis of multi-elemental fragment answers in Korean. In *Proceedings of the 17th Seoul International Conference on Generative Grammar*, 68-93.

Chung, D. (2015b) On the syntax of multi-focused fragment answers in Korean: An oblique merge analysis. *Linguistic Research* 32(3), 573-606.

Chung, D. (2020) Syntax and semantics of fragmental question 'XP-nun?'in Korean. Paper presented at 2020 Dongguk Occasional Workshop on Mismatches in Ellipsis. Dec 11, 2020.

Chung, D. (2021) Elliptical contrastive topic construction and theories of multi-elemental fragments. *Studies in Generative Grammar* 31(1), 169-193.

Chung, D. (2022a) Derivation of [XP-NUN?] revisited: Reply to Park (2021). *Studies in Modern Grammar* 115, 51-76.

Chung, D. (2022b) NUN-marked vs. Non-NUN-marked Fragmental Questions in Korean. *Journal of Cognitive Science* 23(3): 375-402.

Döring, S. (2014) Parentheticals are—presumably—CPs. In M. Kluck, D. Ott & M. de Vries (Eds.), *Parenthesis and Ellipsis: Cross-linguistic and Theoretical Perspectives*, 109-146. Berlin: De Gruyter.

Gundel, J. (1974) The role of topic and comment in linguistic theory. Doctoral dissertation, University of Texas, Austin.

Gundel, J. (1978) Stress, pronominalisation and the given-new distinction. *University of Hawaii Working Papers in Linguistics* 10(2), 1-13.

Halliday, M. A. K. (1967-1968) Notes on transitivity and theme in English. (Part 1-3). *Journal of Linguistics* 3(1), 37-81; 3(2), 199-244; 4(2), 179-215.

Hara, Y. (2005) Contrastives and Gricean principles. In P. Dekker & M. Franke (Eds.), *Fifteenth Amsterdam Colloquium*, 101-106. Amsterdam: Universiteit van Amsterdam.

Heck, F. & G. Müller. (2003) Derivational optimization of wh-movement. *Linguistic Analysis* 33, 97-148

Kim, J. E. (2018) Deriving the contrastiveness of contrastive -NUN in Korean. *Linguistics and Philosophy* 41, 457-482.

Kim, S. (1991) Chain scope and quantification structure. Doctoraldissertation, Brandeis University.

Kitahara, H. (2019) (Head-)Adjunction by pair-MERGE. Paper presented at the workshop "Pair-Merge under MERGE" in the ELSJ 12th International Spring Forum 2019.

Krifka, M. (2008) Basic notions of information structure. *Acta Linguistica Hungarica* 55, 243-276.

Laka, I. (1990) Negation in syntax: on the nature of functional categories and projections. Doctoral dissertation, MIT.

Landau, I. (2020) A scope argument against T-to-C movement in sluicing. *Syntax* 23(4), 375-393.

Lee, C.-M. (2007) Contrastive(predicate) topic, intonation, and scalar meanings. In C. Lee, M. Gordon, & D. *Büring*(Eds.), *Topic and Focus: Meaning and Intonation from a Crosslinguistic Perspective*, 151-171. Berlin: Springer.

Lee, C.-M. (2018) Contrastive topic, contrastive focus, alternatives, and scalar implicatures. In C. Lee, F. Kiefer, and M. Krifka(Eds.), *Contrastiveness in Information Structure, Alternatives and Scalar Implicatures*, 3-21. Charm, Switzerland: Springer.

Merchant, J. (2001) *The Syntax of Silence*. Oxford University Press: Oxford, UK.

Merchant, J. (2004) Fragments and ellipsis. *Linguistic and Philosophy* 27(6), 661-738.

Messick, T. & G. Thoms. (2016) Ellipsis, economy, and the(non)uniformity of traces. *Linguistic Inquiry* 47, 306-332.

Oshima, D. Y. (2002) Contrastive topic as a paradigmatic operator. Presented at workshop on information structure in context. Stuttgart University, November 15-16, 2002.

Park, M.-K. (2021) Single/Multiple fragments with NUN. *Language Research* 57(3), 379-400.

Rooth, M. (1985) Association with focus. Doctoral dissertation, University of Massachusetts, Amherst.

Selkirk, E. (1995) Sentence prosody: Intonation, stress, and phrasing. In J. A. Goldsmith (Ed.), *Handbook of Phonological Theory*, 550-569. Blackwell: Oxford, UK.

Schwarzschild, R. (1999) GIVENness, avoid F and other constraints on the placement of focus. *Natural Language Semantics*7 (2), 141-177.

Takano, Y. (2015) Surprising constituents as unlabeled syntactic objects. *Nansan Linguistics* 10, 55-73.

Thoms, G. (2010) "Verb floating" and VP-ellipsis: Towards a movement account of ellipsis licensing. *Linguistic Variation Yearbook* 10, 252-297.

Tozawa, T. (2020) The sideward pair-MERGE of relative clause and its antecedent. *Explorations in English Linguistics* 34, 71-97.

Ⅶ 주제로 사용된 격 표지 없는 의문사에 대한 고찰

07

주제로 사용된 격 표지없는 의문사에 대한 고찰

안희돈·조성은

1. 서론

한국어에서 격은 명사에 접미사 형태로 실현되며, 구어체에서는 종종 생략되는 경향이 있다.* 특히, 명사구가 보충어 위치에 있을 경우 대격 조사(accusative case marker)가 생략될 수 있다는 점은 잘 알려져 있다(Ahn 1988).

(1) 영희가 철수(를) 만났어.

예문 (1)에서 '철수'와 '철수를'은 모두 동사의 보충어로 자유롭게 나타날 수 있다. 이와 유사한 현상은 일본어에서도 Kuno(1973), Saito(1985) 등 여러 연구자들에 의해 관찰된 바 있다.

그러나 주격 조사(nominative case marker)의 생략은 대격 조사보다 훨씬 더 제한적인 것으로 지적되어 왔다. 특히, "전형적(canonical)" 주어 위치에 있는 주격 조사는 생략될 수 없다는 점이 다수의 연구에서 논의되었다(홍용철 1994, 2004, 2005, Ahn 1996, 1999; 김용하 1998, Kim 1998, Ahn & Cho 2006a, 2007, 2009).

* 이 장은 Ahn & Cho(2006b)를 토대로 Ahn & Cho(2007)와 Ahn & Cho(2009)의 일부를 반영해 새로 작성하였다.

(2) 철수를 영희*(가) 보았어.

예문 (2)에서 주어 '영희'는 목적어 '철수'가 이동된 결과 주어 위치(Spec-T)에 "고정(frozen)"된 것으로 보인다. 이 경우, 주격 조사는 생략될 수 없으며 이는 대격 조사가 생략될 수 있는 (1)의 구문과 뚜렷하게 대조된다.

일본어에서도 이와 유사한 패턴이 나타난다. Kuno(1973)는 일본어에서 주격 조사 '-ga'는 삭제될 수 없다고 주장하며, (Saito 1985:207에서 인용됨) 예문 (3)의 John이 주어가 아니라 주제(topic)로 기능한다고 주장한다. 그는 생략된 조사가 주격 조사 '-ga'가 아니라 주제 조사 '-wa'라고 설명한다.

(3) John kita-no? 'John이 왔니?'

또한, Kuno(1973)는 (Masunaga(1988)에서 재인용) 다음 예문에서 '-ga'로 표시된 주어와 '-wa'로 표시된 주어의 의미적 차이를 지적한다.

(4) a. Taro-ga Osaka-ni itta. '타로가 오사카에 갔다.'
  b. Taro-wa Osaka-ni itta. '타로는 오사카에 갔다.'

Kuno는 예문 (4a)의 '-ga'가 "배타적 열거(exhaustive listing)"의 해석을 유발하며, 이는 '오사카에 간 사람은 타로다'라는 의미를 암시한다고 지적한다. 반면, (4b)의 '-wa'는 이러한 배타적 열거의 의미 없이 단순히 Taro를 주제로 설정하는 역할을 한다(Masunaga 1988:145에서 재인용). 그는 더 나아가, 다음 예문 (5)의 생략된 주어가 (4b)와 동일한 의미를 가진다고 주장한다.

(5) Taro Osaka-ni itta. '타로 오사카에 갔다.'

Kuno는 (5)에서 조사 없이 나타난 주어 Taro는 주제 조사 '-wa'의 삭제에 의해 도출된 것이라고 결론지었다.

이 분석의 근거로, 일본어에서 조사가 생략된 wh-명사가 주제 조사 '-wa'와 결합한 wh-명사와 유사한 분포를 보인다는 사실을 제시한다(Saito 1985:208).

(6) a. Dare-ga kita no? '누가 왔니?'
b. *Dare-wa kita no? '누구는 왔니?'
c. *Dare kita no? '누구 왔니?'

여기서 Saito(1985)의 분석과 관련하여 몇 가지 논의가 필요하다. 첫째, wh-주제가 왜 의미론적으로 문제가 되는지 명확하지 않다. Kuno(1973)는 (Masunaga 1988:145에서 재인용) wh-명사가 주제로 해석될 수 없다고 지적하면서, 이는 wh-명사가 주제의 의미적 속성인 총칭성(genericity) 또는 조응성(anaphoricity)과 양립하지 않기 때문이라고 설명한다. 그러나 주제가 반드시 총칭적(generic)이거나 조응적(anaphoric)으로 해석되어야 하는지에 대한 근거는 부족하다.

실제로, 주제성(topicality)은 일반적으로 특정성(specificity), 한정성(definiteness), 담화 연결성(D-linking), 대하여성(aboutness) 등으로 정의된다. 이들 중 일부 특성은 wh-명사와 양립 가능하며, 이러한 점은 Ahn & Cho(2006), Grohmann(2006), Jaeger(2003, 2004), Rizzi(2006) 등의 연구에서 논의된 바 있다.

더 나아가, 중국어의 wh-주제에 대한 Wu(1999)의 분석과 Grohmann(2006)이 제시한 wh-주제의 언어 간 분포에 대한 연구를 고려할 때, wh-주제는 통사적 및 의미론적 관점에서 많은 언어에서 널리 사용되고 있는 구조로 이해될 수 있다. 이러한 연구는 wh-주제가 특정 언어에서만 제한적으로 나타나는 현상이 아니라, 다양한 언어에서 공통적으로 관찰되는 특징임을 시사한다.

둘째, 설령 wh-주제가 일본어에서는 불가능하다고 하더라도, (6c)의 비문법성이 (6b)의 비문법성과 연관되어 있다고 단정할 수 없다. 특히, 왜 주제 조사 '-wa'만 삭제될 수 있으며 주격 조사 '-ga'는 그렇지 않은지에 대한 설명이 부족하다. 사실, '-ga'의 삭제는 의미적·화용적 내용을 덜 포함한다는 점에서 오히려 '-wa'보다 생략 복원 가능성(recoverability of deletion)이 높아 보인다.

결론적으로, wh-명사구의 주격 표지 생략과 관련된 문제는 주제 조사 '-wa'의 생략 여부와 직접적인 관련이 없어 보인다. 또한, Kuno(1973)의 관찰대로 주격 표지가 생략된 주어가 주제로 해석될 수 있음을 인정하더라도, 이 생략된 주격 표지의 정체를 규명하기 위해 보다 심층적인 연구가 필요하다.

담화 연구에 따르면, 격 표지가 생략된 주어 명사구의 정보 구조는 격 표지가 명시적으로 표시된 주어 명사구와 구별될 뿐만 아니라, 격 표지가 생략된 목적어 명사구와도 여러 측면에서 차이를 보인다. 본 연구는 한국어에서 나타나는 격 표지 생략 현상을 중심으로, 주격 표지가 생략된 경우의 구조적 및 의미적 특성을 탐구하고, 이를 바탕으로 의문사 명사구에서 나타나는 주어와 목적어 간 비대칭성을 분석하는 것을 목표로 한다.

특히 본 연구는 격 표시가 없는 의문사 명사구의 해석에서 나타나는 주어와 목적어 간의 비대칭성을 설명하고자 한다. 의문사 명사구의 주격과 목적격은 (7a)와 (8a)에서처럼 격 표지가 발음되지 않을 수 있다.

(7) a. 누구 영희를 만났니?
 b. 누(구)가 영희를 만났나?

(8) a. 영희가 누구 만났니?
 b. 영희가 누구를 만났니?

(7a)의 격조사가 없는 주어 의문사 '누구'는 Pesetsky(1987)가 제안한 담화 연결(D-linked) 해석만 가능하다. 반면, (8a)의 목적어 의문사는 담화 연결 해석과 비담화 연결 해석을 모두 허용한다. 대부분의 선행 연구(홍용철 1994, 2004; Kim 1998, 김용하 1998; Choi 2004 등)는 (7a)를 비문법적이라고 간주했으나, 본 연구는 (7a)가 담화 연결 해석을 가질 경우 문법적으로 해석될 수 있다고 주장한다.

더 나아가, 격조사가 없는 주어 의문사가 (9)과 같이 담화 연결 표현과 함께 사용될 때, 그 수용성이 더욱 높아진다는 점을 제시한다.

(9) 이 중에서 누구 영희를 만났니?

'이 중에서'와 같은 담화 연결 표현이 추가된 (9)은 (7a)보다 더 자연스럽게 들린다. 이는 (7a)와 (9) 모두에서 의문사 구문이 항상 담화 연결 해석을 가질 수밖에 없기 때문이다. 여기서 다음과 같은 의문이 제기된다: 왜 격 표지가 없는 주어 의문사 구문은 격 표지가 없는 목적어 의문사 구문과 달리 이러한 의미적 제약을 가지는가?

Ahn(1999)은 격 표지가 없는 주어 명사구가 좌치(Left Dislocation)와 관련이 있다고 제안한다. 이 분석에 따르면, 좌치된(Left Dislocated) 명사구는 문장 앞에 위치하며, 주어 자리에 있는 영 대명사(pro)를 결속한다. 그렇다면 격 표지가 없는 주어 의문사 구문도 좌치 구조를 가지는가?

본 연구는 우선 좌치 구문과 '-는' 표지 의문사-구문이 보이는 유사성에 주목한다.

(10) 누구는 영희를 만났니?

(10)에서 주제 표지 '-는'이 붙은 의문사 구문은 오직 담화 연결 해석만을 허용한다. 실제로, 다음 예문에서 볼 수 있듯이, 좌치된 명사구와 '-는' 표지 명사구 간의 유사성이 관찰된다.

(11) a. 나는 어제 메리가 좋아하는 여자를 만났다.
 b. 나는 집에서 어제 메리가 존을 때렸기 때문에 화가 났다.

(12) a. *?나는 어제 메리 좋아하는 여자를 만났다.
 b. *?나는 집에서 어제 메리 존을 때렸기 때문에 화가 났다.

(13) a. *?나는 어제 메리는 좋아하는 여자를 만났다.
 b. *?나는 집에서 어제 메리는 존을 때렸기 때문에 화가 났다.

홍용철(2004, 2005)이 지적했듯이, (12)과 (13)에 나타나는 좌치된 명사구와 '-는' 표지 명사구는 내포된 문맥에서 허용되지 않는다. 본 연구는 이러한 분포적 유사성이 '-는' 표지 명사구와 좌치된 명사구가 "주제"라는 공통된 의미적 속성을 공유하기 때문이라고 분석한다.

이 주장과 관련하여 다음과 같은 질문이 제기된다. 겉보기에 의미적으로 자연스럽지 않아 보이는 "의문사-주제"는 무엇을 의미하는가? 본 연구는 "의문사-주제"와 "주제성" 개념의 의미를 명확히 규명하고자 한다. 나아가, 의문사 구문에서 격 표지가 실현되지 않을 경우, 그 해석과 의문사-주제 가능성 간의 상관관계를 탐구하는 것을 목적으로 한다.

이 연구는 다음과 같은 구성으로 이루어져 있다. 2절에서는 한국어에서 격 표시가 실현되지 않는 현상을 중심으로 주요 사례를 검토하며, 특히 Ahn & Cho(2006a, 2007, 2009)의 연구를 기반으로 격 표시 비실현 구문과 좌치 구문의 본질에 대해 논의한다. 3절에서는 한국어의 격 표시 없는 의문사 구문과 '-는' 표지 의문사 구문을 분석하여, 의문사와 주제성 간의 관계에서 도출되는 함의를 탐구한다. 마지막으로, 4절에서는 본 논문의 논의를 요약하고 결론을 제시한다.

2. 격표시 비실현 구문과 왼쪽 이탈 구문

예문 (14)에서 볼 수 있듯이, 격 표지는 구어체 문맥에서 자주 생략된다.

(14) 철수(가) 이 책(을) 샀어.

(14)에서 명사구 '철수'와 '이 책'은 격 표시 없이 나타날 수 있다. Ahn(1988)은 격 표시가 명사구(DP)의 핵 위치에서 실현되며, 격 표시가 없는 명사구는 NP로 분석된다고 주장한다.

한국어 맨 명사구(bare NP)에 관한 주요 선행 연구들은 주어와 목적어 간의 비대칭성이 여러 측면에서 관찰된다는 점을 보여준다. 예를 들어, 다양한 대화 자료에서 관찰된 바와 같이, 보어 위치에서 맨 명사구의 발생 비율이 주어 위치에서의 발생 비율보다 높다(Lee 2006a, 2006b). 따라서, (14)과 같은 구어체 담화에서는 목적격 표시가 없는 경우가 주격 표시가 없는 경우보다 더 자주 발견된다.

또한, (15)에서 나타나는 문법적 대조는 맨 명사구 주어의 분포가 맨 명사구 목적어에 비해 덜 일반적일 뿐 아니라, 특정 구조적 환경에서 심각하게 제한된다는 점을 더욱 명확히 보여준다.

(15) a. 철수를 메리*(가) 만났어.
　　b. 철수(를) 메리가 만났어.

또 다른 비대칭성은 특정/비특정 맥락에서 관찰된다.

(16) (옛날에) 한/어떤 남자*(가) 살았어.

(16)에서, 맨 명사구는 비특정 수식어 '한/어떤'과 함께 사용될 수 없다. 그러나 이 제한은 맨 명사구(bare noun) 목적어에는 적용되지 않는다.

(17) (옛날에) 메리가 한/어떤 남자(를) 만났어.

(17)에서 목적어의 목적격 표지는 비특정 수식어와 함께 자유롭게 생략될 수 있다. 그러나 (17)에서 목적격 표지가 명시적으로 실현되면 "초점화/강조" 해석을 유도하는 경향이 있다(전영철 2005; 고석주 2002, 2004; Lee 2006a; Matsuda 1995). 반면, (16)에서 주격 표지를 명시적으로 실현하는 것은 반드시 초점화된 해석을 유발하지 않으며, 이는 격 실현의 주어-목적어 비대칭성을 보여주는 또 다른 사례이다.

Ahn & Cho(2006, 2007, 2009)는 맨 명사구 목적어가 자신을 선택한 동사와 함께 "통사적" 복합 술어를 형성한다고 제안한다. 즉, 맨 명사구 목적어는 동사의 논항 역할을 수행함과 동시에 해당 동사와 함께 술어를 형성하는 이중 기능을 가진다.

이들은 이러한 옵션이 한국어의 맨 명사구에서만 가능하며, 격 표지가 붙은 명사구(DP)에서는 불가능하다고 주장한다. 또한, 맨 명사구가 V 영역 밖에 위치할 경우, 이 옵션은 적용되지 않는다고 제안한다.

이제 (18a)와 (18b)의 문법적 대조에 주목하자.

(18) a. 메리가 철수 만났어.
 b. *철수를 메리 만났어.

(18a)에서 맨 명사구 '철수'는 동사와 복합 술어를 형성한다. 반면, (18b)의 맨 명사구 '메리'는 주어 위치에 있어 V 영역 밖에 존재하므로 복합 술어를 형성할 수 없다.

김용하(1998)의 주장을 일부 수용하여, Ahn(1999)은 주어 위치에서 발음되지 않은 격 표지를 가진 명사를 좌치된 명사로 간주한다. Ahn은 (19a)의 구조가 (19b)와 동일하며, 또한 (19a)가 (19c)와 유사하다고 제안한다.

(19) a. 메리 그 책을 읽었니?
 b. 메리i pro_i 그 책을 읽었니?
 c. 메리, 그녀가 그 책을 읽었니?

(19b)의 '메리'는 좌치된 명사구로 분석되며, 주어 위치에는 영 대명사(pro)가 나타나고 두 요소는 동일 지칭을 공유한다. 범어적으로 좌치된 요소는 다른 이동된 요소들보다 더 하위의 위치에 나타날 수 없기 때문에, (18b)에서처럼 이동된 목적어 다음에 격 표지가 없는 맨 주어 명사구가 나타나면 비문이 된다(Grohmann 2003 참조).

또한, (19b)와 (19c) 사이의 미묘한 차이는 (19b)에서는 영 대명사가 나타나는 반면, (19c)에서는 발음되는 대명사가 나타난다는 점에 기인한다.

이 시점에서 자연스럽게 제기되는 질문은 한국어의 좌치(LD) 구문의 구조가 어떠한 모습인가이다. Grohmann(2000, 2003)에 따르면, 여러 언어에서 LD 구조는 적어도 두 가지 유형으로 구분될 수 있다. 예를 들어, 독일어에는 대조적 좌치(Contrastive Left Dislocation; CLD)와 매달린 주제 좌치(Hanging

Topic Left Dislocation; HTLD)라는 두 가지 유형의 LD 구문이 존재한다.

Grohmann은 독일어의 CLD 구문이 영어의 주제화 구문과 유사하고, HTLD 구문이 영어의 LD 구문과 유사하다고 보았다. 본 연구에서는 한국어의 좌치 구문이 독일어의 HTLD 구문과 영어의 LD 구문과 유사하다고 주장하려고 한다 (비슷하지만 다소 다른 견해는 Ahn & Cho(2009) 참조). 그 첫 번째 증거는 좌치된 요소 다음에 억양 단절(intonational break)이 있다는 것이다.

(20) 이광수 # 소설이 더 유명하다.

(21) Diser Satz, # ich mag ihn besonders.

'이 문장, # 나는 그것을 특별히 좋아한다.' (Grohmann 2000:140)

두 번째 증거는 좌치된 요소가 관계대명사 절 내부와 부가어 절 내부에 나타날 수 없다는 것이다.

(22) a. *Ich glaube dieser Satz, wir haben ihn nun alle satt.

'나는 이 문장 우리가 지금쯤 모두 충분히 질렸다고 믿는다.' (Grohmann 2000:145)

(23) a. 나는 어제 메리*(가) 좋아하는 여자를 만났다.

b. 나는 집에서 메리*(가) 존을 때렸기 때문에 화가 났다.

세 번째 증거는 변항 결속(variable binding)과 결속 원리 C(Binding Principle C)와 관련한 재구 효과(reconstruction effect)가 나타나지 않는다는 것이다.

(24) a. *[Sein(en)$_1$ Vater]$_2$ jeder1mag ihn$_2$.

'그의 아버지를 누구나 그를 좋아한다.' (Grohmann 2000:142)

b. [Die Tatache daβ Alex$_1$ arm ist]$_2$ er$_1$ miβt ihr$_2$ keine Bedeutung bei.

'알렉스가 가난하다는 사실, 그가 그것을 중요하게 생각하지 않는다.' (Grohmann 2000:142)

(25) a. *[자기의$_1$ 아버지]$_2$, 누구나$_1$ 그를 좋아한다.

b. [알렉스가$_1$ 가난하다는 사실]$_2$, 그 자신은$_1$ 그것을 몰랐다.

이와 같이, 한국어 LD 구문은 독일어 HTLD 구문과 영어의 LD 구문과 유사성을 보인다. 문맥 연결 가능성과 관련하여 한국어 LD 구문은 독일어의 HTLD 구문과 유사성을 보인다(Frey 2005:105).

(26) a. Die Kinder hatten ihren ersten Ferientag.

'아이들은 그들의 방학 첫날을 보냈다.'

b. Den Otto, ihn hatte Maria abgeholt.

'오토를 그를 마리아가 데려갔어,'

(26a)는 (20b)를 평가하기 위한 문맥으로 보고 (26b)의 해석을 살펴보자. 여기서 독일어의 HTLD 구문은 좌치된 요소의 지시어에 연결(D-linked) 요구를 부과하지 않는다. 즉, 주어진 문맥에서 Otto가 아이들의 집합에 속할 필요가 없다.

마찬가지로, 한국어의 좌치된 요소도 (27)에서 보이듯이 연결 요구를 부과하지 않는다.

(27) a. 그 아이들이 방학 첫날을 맞았어.

b. 철수, 걔 축구하기 원해.

(27a)가 문맥으로 주어졌을 때, 좌치 구문 (27b)의 '철수'는 반드시 그 아이들 집합의 일원으로 해석될 필요가 없다. 이는 한국어의 좌치(LD) 구문이 독일어의 HTLD 구문과 유사하다는 점을 보여준다.

지금까지 우리는 한국어의 LD 구문이 억양 단절의 존재, 내포된 문맥에서의 제한, 변항 결속의 부재, 그리고 결속 원리 C(Binding Principle C)의 위반 없음 등 여러 측면에서 독일어의 HTLD와 유사한 행동을 보인다는 것을 확인하였다.

한국어의 뒤섞기(scrambling) 구문은 독일어의 대조 좌치 (CLD) 구문과 유사하다. 첫째로, 문장 맨 앞 요소와 나머지 부분 사이에 억양 단절이 없다.

(28) a. Diesen Satz den mag ich besonders.

'이 문장을 내가 특히 좋아해.' (Grohmann 2000:145)

b. 존을 메리가 참 좋아한다.

둘째로, 한국어의 뒤섞기 구문과 독일어의 CLD 구문은 종속적(embedded) 맥락에 나타날 수 있다.

(29) a. Ich glaube, diesen Satz, den haben wir nun alle satt.

'나는 이 문장에 우리는 모두 그것에 질렸다고 믿는다.' (Grohmann 2000:145)

b. 나는 어제 철수를 영희가 좋아하는 사실을 들었다.

또한 변항 결속과 결속 원리 C와 관련한 재구 효과도 나타난다.

(30) a. [Seinen Vater], den glaubt jeder kann er nachamen.

'그의 아버지를, 그는 누구든지 따라할 수 있다고 모두가 믿어요.'

(Grohmann 2000:142)

b. *Der Tatache daβ Alex arm ist der miβt er keine Bedeutung bei.

'Alex가 가난하다는 사실은 그에게 중요하지 않다.'

(Grohmann 2000:142)

(31) a. [자기의1 아버지]2 누구나1 그를2 좋아한다.

b. *알렉스를1 그가1 비판했다.

우리의 분석은 한국어 명사의 다음과 같은 세분화된 구조에 기반을 두고 있다.

(32)

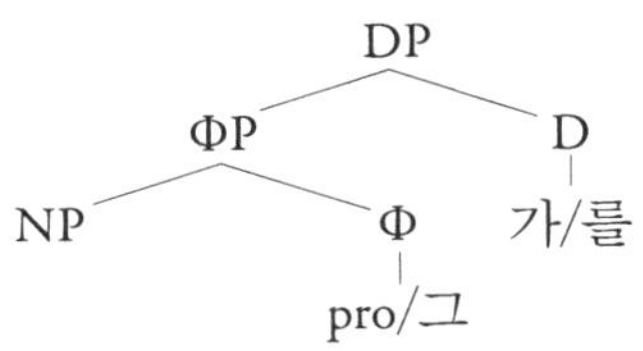

(32)에는 DP, ΦP, NP라는 세 개의 독립적인 층위가 존재한다. 이들 층위가 자유롭게 투사될 수 있다고 가정하면, (26)에는 네 가지 가능한 명사적 구성이 가능하다. 즉, 중간 층위로 ΦP가 포함될 수도 있고, 포함되지 않을 수도 있는 NP, ΦP, DP라는 네 가지 유형이다.

첫 번째 유형인 NP 구성은 보어 위치에서만 나타나며, 동사와 결합하여 구문 복합 술어를 형성한다. ΦP가 없는 DP는 전형적인 격 표시 명사구(예: NP-가, NP-를)에 해당한다. 한편, ΦP를 포함하는 DP를 투사하거나, DP 없이 ΦP만 투사하는 경우에 대해서는 추가적인 논의가 필요하다.

우선, null pro(영대명사)를 포함한 ΦP를 투사하는 경우를 살펴보자. Ahn & Cho(2006, 2007, 2009)는 ΦP가 pro를 포함하며, DP 층위 없이 독립적으로 투사될 수 있다고 주장한다. 이들은 이러한 구조가 NP의 이동을 유발하여 NP가 해당 영역을 벗어나고, 결과적으로 pro만 남게 된다고 제안한다. (32)에 묘사된 ΦP 구조는 Kayne(2005)에 의해 접어 복제(clitic doubling) 및 선행사-대명사 관계를 통합적으로 설명하기 위해 제안된 복제 성분(doubling constituents)을 연상시킨다.

(33) a. cela est-il vrai?

that is-it true

b. [cela il] est vrai → verb movement: esti [cela il] ti vrai

→ movement of the double: $cela_j$ esti[t_j il] ti vrai

(34) a. John thinks he is smart.

b. thinks [John he] is smart

→ movement of the double: $John_i$ thinks [t_i he] is smart

(33b)에 나타난 바와 같이, 접어(clitic)와 복제(double)는 기본적으로 하나의 구성 요소로 결합된 상태에서 시작하며, 이후 복제의 이동에 의해 분리된다. 이와 유사하게, 대명사와 그 선행사는 (34b)에서 보듯이 초기에는 결합된 형태로 하나의 구성 요소를 이루다가 이동 과정에서 분리된다. 여기서 John의 이동은 서술어 "smart"의 의미역이 더 큰 성분[John he]에 먼저 할당되고, 이후 복제 구조의 핵인 he로 전달된다. 이동한 John은 상위절의 동사 think로부터 의미역을 부여받는다. 이러한 방식으로, 결속자와 피결속자가 하나의 성분으로 시작하여 이동 과정에서 분리되므로, 선행사-대명사 관계는 Chomsky(1995; 2000; 2001)가 제시한 내포성 조건(inclusiveness condition)을 위반하지 않고 동지표(co-indexing) 설정 없이 자연스럽게 설명된다.

비슷하게, Ahn & Cho(2006, 2007, 2009)는 (34)에서 ΦP 내부에 위치한 NP가(33-34)에 나타나는 복제(double)와 유사하게 의미역을 부여받을 수 없다고 제안한다. 이에 따라 NP는 적절한 의미적 해석을 받기 위해 착지 지점을 찾아 이동해야 한다. Ahn & Cho(2006, 2007, 2009)는 Spec-Force가 NP가 해석될 수 있는 위치, 즉 일반화된 의미역인 "대하여성(aboutness)"이 부여되는 장소라고 주장한다. 이러한 분석에 따르면, ΦP 밖으로의 NP 이동(이를 SubMove라 명명)은 (34)에 나타나는 복제 이동과 유사하게 충분한 동기를 제공한다.

이제 좌치된 명사의 담화-연결 속성이 어떻게 유도되는지 살펴보자. Boeckx(2003; 2004)와 Boeckx & Grohmann(2004)는 좌치의 특이한 속성이 특정 유형의 이동에 의존한다고 주장한다. 그들의 분석에 따르면, 좌치된 선행사는 (35)에 나타난 복귀 대명사(resumptive pronoun, RP)와 연관된 위치에서 이동한다.

(35) $NP_i \cdots [_{TP} \cdots [_{DP}$ RP [t_i]]$\cdots$]

이 논리에 따르면, 우리는 예문 (36a)가 (36b)와 동일한 구조를 가지고 있다고 가정할 수 있다.

(36) a. 철수 영희를 만났니?

b.

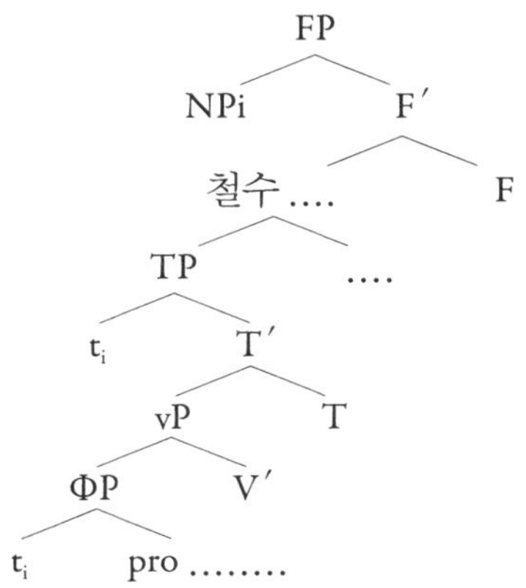

명사구(NP)의 Spec-Force로의 이동은 의미역 기준(Theta-criterion)에 의해 촉발된다. 이는 NP가 Spec-v 위치에서 의미역을 부여받을 수 없기 때문이다. pro와 그 선행사는 별개의 통사적 실체이지만, 최초 병합(First Merge) 단계에서 하나의 구성 요소를 형성한다. 한편, ΦP의 Spec-T로의 이동은 T의 Φ-특징과의 일치(Agree)에 의해 유발된다.

특히 주목할 점은, 좌치된 NP가 SubMove를 통해 Spec-Force로 이동하면서 대하여성 역할(Aboutness role)이라는 의미역을 부여받고, 이를 통해 완전한 해석(Full Interpretation) 조건을 충족한다는 점이다.

이 논리에 따르면, 우리는 예문 (37)이 (38)과 동일한 구조를 지닌다고 가정할 수 있다.

(37) 누구 영희를 만났니?

(38)

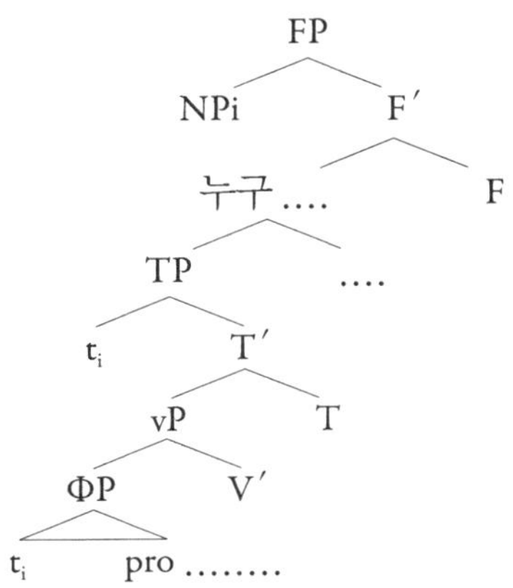

〈누구, pro〉 연쇄(chain)는 다른 많은 의문사-복귀대명사(resumption) 구조나 의문사-접어 복제(clitic doubling) 구조와 마찬가지로 담화-연결된 해석만을 유도하며, 이를 통해 한국어의 격 없는 좌치된 의문사가 담화-연결된 해석만을 가지게 되는 이유를 설명할 수 있다. 관련 논의는 다음 문헌들을 참고할 수 있다: Boeckx(2003), Boeckx & Grohmann(2004), Grohmann(2006), Hirose(2003), Jaeger(2004), Kallulli(2005a,b).

지금까지의 내용을 정리해 보면, 한국어에서 격 표지가 생략된 명사구는 주어와 목적어 위치에서의 분포와 해석에서 뚜렷한 비대칭성을 보인다. 주어 위치에서 격 표지가 없는 맨 명사구는 구조적으로 제한되며, 좌치된 명사구로 분석된다. 이러한 좌치된 명사구는 주어 위치에 영 대명사(pro)를 남기고, 담화 연결(D-linked) 해석을 강제한다. 예컨대, 주어 맨 명사구는 특정성이나 담화적 연결성을 강조하는 환경에서만 자연스럽게 사용될 수 있다.

반면, 목적어 위치의 맨 명사구는 동사와 함께 복합 술어를 형성하며, 동사의 논항 역할을 수행함과 동시에 해당 동사와 술어를 이루는 이중적인 기능을 가진다. 이러한 목적어 맨 명사구는 특정성, 비특정성 맥락에서 모두 허용되며, 담화 연결 해석을 강제하지 않는다. 또한 목적격 표지가 명시적으로 실현되면 초점화 또는 강조 효과를 유발하는 경향이 있다.

이와 같은 비대칭성은 단순히 격 표지의 유무로 인한 통사적 제약만이 아니라, 해당 명사구가 위치한 문법적 환경, 담화적 역할, 그리고 의미적 기능과 밀접하게 연관되어 있다. 특히, 좌치된 명사구는 독일어 및 영어의 유사한 좌치 구조와 유사하게 억양 단절, 특정 문맥에서의 제한, 재구 효과 부재와 같은 특징을 공유하며, 이는 좌치된 명사구가 "주제성"이라는 담화적 기능을 수행함을 시사한다. 따라서 한국어에서 격 표지가 없는 맨 명사구의 분포와 해석은 통사적 제약과 화용적 요인의 상호작용을 통해 설명될 수 있다.

3. LD 구문과 의문사-주제

Rizzi(2004:18)는 이탈리아어에서 전치 주어(preverbal subject)가 '난데없는(out-of-the-blue) 상황' 맥락(예: "무슨 일이 있었나요?"라는 질문에 대한 답변)에서 사용 가능하지만, 접어 좌측 이동(CLLD: Clitic Left Dislocation)을 통해 표현된 진정한 주제는 이러한 맥락에서 적절하지 않음을 관찰하였다. 이는 각각 (39A)와 (39A')를 통해 설명된다.

(39) Q. Che cosa e successo?

'무슨 일이 일어났니?'

A. Un camion ha tamponato l'autobus per Toma.

'트럭 한 대가 로마로 가는 버스를 받았어.'

A'. *L'autobus per Toma e stato tamponato da un camion.

'로마로 가는 버스, 트럭 한 대가 그것을 받았어.'

이 점에서, 한국어의 좌치된 명사와 '-는' 주제 명사는 이탈리아어의 접어 좌측 이동(CLLD) 구조와 밀접한 유사성을 보인다.

(40) Q. 무슨 일이 일어났니?

A. 트럭*(이) 로마로 가는 버스를 받았어.

A': *트럭은 로마로 가는 버스를 받았어.

이와 같이, 좌치된 명사구는 의미적 및 화용론적 측면에서 '-는' 표시 명사구와 유사한 행동 양식을 보인다. 한국어에서 LD와 주제화 간의 유사성을 보여주는 추가적인 증거도 관찰된다. Kim(1999)에 따르면, 지시적이거나 약한 명사구(DP)의 경우 격 표지가 생략될 수 있다.

(41) a. 세 사람(이) 왔니?

b. 철수(가) 왔니?

c. 누구(가) 왔니?

d. 그 사람(이) 왔니?

강한 양화 비지시 명사구는 격조사가 생략될 경우 수용성이 낮아진다.

(42) a. 모든 사람??(이) 왔니?

b. 대부분의 사람??(이) 왔니?

c. 세 명??(이) 왔니?

양화된 비지시적 명사구(DP)는 주제화될 경우에도 수용성이 낮아진다.

(43) a. ??모든 사람은 왔니?

b. ??대부분의 사람은 왔니?

c. ??세 명은 왔니?

우리는 (42)과 (43)에서 나타나는 수용성 저하가 동일한 원인에 기인한다고 본다. '-는' 표시 명사구와 격 표시가 생략된 명사구는 모두 주제의 사례에 해당한다. 주제는 본질적으로 양화적이거나 비지시적인 해석을 허용하지 않으므로, 이러한 특성이 (42)과 (43)의 수용성을 낮추는 '결과를 초래한다고 예측할 수 있다.

LD 구문의 제약에 주목해 보자.

(44) ?* 사과 세 개 내가 먹었다. (Kim 1993:76)

(45) Q. 사과 세 개 누가 먹었니?

A. 사과 세 개 내가 먹었다. 왜? (Lee & Cho 2003: fn. 3)

(44)은 '난데없는' 상황에서 발화될 경우 부적절하게 여겨지지만, 질문-답변 쌍에서 나타나는 (45A)는 훨씬 더 수용 가능하다. 이는 (45A)에서 '사과 세 개'가 이전 발화와 연관되어 있기 때문이다. 따라서 (45A)는 LD 구문 (46)과 동일하며, 이는 '-는' 표지를 포함하는 구문인 (47)과 유사성을 보인다.

(46) 사과 세 개 누가 pro 먹었니?

(47) 사과 세 개는 누가 먹었니?

더욱이, 발음되지 않은 격 표지가 포함된 목적어 의문사 구문이 전치될 경우, (48)에서 볼 수 있듯이 오직 담화 연결 해석만 유도된다는 점이 관찰된다.

(48) 누구 영희가 만났니?

(48)에서 목적어 의문사 구문인 '누구'는 발음되는 격 표지가 없기 때문에, 우리의 분석은 이 '누구'가 LD 명사구일 것이라고 예측한다. 이러한 예측은 〈누구, pro〉 연쇄를 포함하는 (48)가 오직 담화 연결 해석만을 갖는다는 점에서 타당성을 가진다. 더불어, (49)에서 '누구는' 또한 동일하게 담화 연결 해

석만을 유도한다는 점에 주목할 수 있다.

(49) 누구는 영희가 만났니?

'-는' 표지를 가진 명사구와 LD 명사구 간의 최소한의 본질적인 차이는, 전자만이 "대조적" 해석을 무표적으로 나타낸다는 점이다 (Jung 2001; 홍용철 2005 참고).

분포를 고려할 때, LD 명사구와 '-는' 표지 명사구는 동일한 동전의 양면이라 할 수 있으며, 넓은 의미에서 모두 "주제"로 간주된다.

(50) 누구(는) 영희를 만났니?

여기서 의문사 구문의 주제 속성에 관한 질문이 제기될 수 있다. 이는 의문문이 일반적으로 주제성보다는 초점과 연관된 것으로 여겨지기 때문이다. 그러나 Jaeger & Oshima(2002)와 Lambrecht(1994)의 기본 주장을 수용한 Jaeger(2004)는 주제성이 초점과 독립적으로 정의될 수 있으며, 하나의 요소가 동시에 초점이자 주제가 될 수 있다고 주장한다.

주제라는 개념은 대부분의 언어학자들이 지적했듯이 여전히 논란이 많은 연구 문제이다. 그럼에도 불구하고, Reinhart(1981)가 제안한 (51)에서의 주제의 "대하여성" 개념은 정보 구조를 연구하는 많은 언어학자들에 의해 널리 채택되고 있다.

(51) a. 주제는 문장이 지시하는 대상에 관한 표현이다. "주제"라는 개념은 실용적 대하여성 범주에 속한다.

b. 비한정(indefinite) 명사구(DP)도 대하여성 주제가 될 수 있다. 그러나 그렇게 될 경우, 해당 명사구는 특정적인 해석을 가지게 된다.

"특정성(specificity)"이라는 개념은 담화 연결(D-linking)을 포함할 수 있으므로, 담화 연결된 의문사는 (51b)의 정의에 따라 문장의 주제로 기능할 수 있다(Kiss 1993; Grohmann 1998 참조). Rizzi(2004)와 Rizzi & Shlonsky(2005)는 주어와 달리 [+대하여성 +D-linking]을 가진 주제를 정의하고, 주어는 [+대하여성]과 [담화 연결] 특징이 명시되지 않은 것으로 제안한다.

Rizzi(2004:18)는 "대하여성" 관계가 특정 술어와 연관될 때 발생한다고 설명하며, 이를 "어떤 사건 설명의 시작점으로 논항을 선택하고, 그 사건이 그 논항과 관련되어 있음을 표현하는 과정"으로 정의한다. 이러한 Rizzi의 주제성 개념에 따르면, '-는' 표지 명사구와 좌치(LD) 명사구의 유사한 행동은 대하여성뿐만 아니라 담화 연결이라는 해석적 속성을 공유함으로써 설명될 수 있다.

한편, Jaeger(2004)는 주제성이 "대하여성"과 동등하며, 이는 담화에서 어떤 부분이 '대하여(about)'이고 '주어진(given)' 것인지를 포괄적으로 받아들이는 개념이라고 주장한다. 그는 대하여성이 본질적으로 담화 연결성을 내포한다고 가정한다.

본 연구에서는 대하여성 또는 주제성의 정의를 특정하지 않으나, '-는' 표지 명사구와 LD 명사구가 중요한 의미론적 및 담화적 속성, 즉 "담화 연결성"을 공유한다는 점을 강조한다.

의문사-주제성에 대한 증거는 불가리아어에서 관찰된다. Jaeger(2004)에 따르면, 전치된 구성 요소의 접어 중복(clitic doubling)은 주제성을 나타낸다. 이 접어 중복 현상은 의문문에서도 나타날 수 있으며, 이 경우 주제성의 개념은 담화 연결과 밀접하게 연관된다. 의문문에서의 접어 중복은 특정한 담화 맥락에서 적절한 것으로 판단될 수 있다.

(52) a. 이 지역에서 가장 인기 있는 화가 몇 명이 최근 내 친구들 몇 명의 초상화를 그렸는데, 나는 내 친구들 각각이 특정한 화가에게 초상화를 의뢰했음을 알고 있다. 그러나 그 화가가 누구인지 알지 못한다. 그래서 질문은 다음과 같다:

b. Kogo koj go e narisuval?
"누구를 누가 그를 그렸습니까?"

(52b)의 질문은 (52a)와 같은 맥락에서 적절하다고 판단된다. 이 맥락에서 친구들의 집합이 언급되었고, 담화에서 두드러지게 나타난다.

의문문-주제성에 대한 추가적인 증거는 독일어에서 발견된다. Grohmann(2006:23-24)는 영어와 독일어의 다중 의문문 간에 중요한 차이가 있음을 지적한다. 다음은 특정 맥락에서 영어와 독일어 다중 의문문의 수용 가능성을 비교한 사례이다.

(53) 한 보석상이 점심을 위해 집에 돌아와 아내에게 흥분된 목소리로 외칩니다. "정말 좋은 아침이었어, 여보! 플래티넘 시계, 금 목걸이, 티타늄 결혼 반지를 팔았어."

a. Who bought what?

b. *Wer hat was gekauft?

"누가 무엇을 샀습니까?"

(53)에서 볼 수 있듯이, 독일어는 화자와 청자 간의 공통 기반에 포함되지 않은 경우, 즉 담화 연결되지 않은 상황에서는 다중 의문문을 허용하지 않는다. 이 관찰을 바탕으로 Grohmann은 독일어의 다중 의문문에서 모든 의문사 구문이 주제의 사례이며, 반드시 담화 연결되어야 한다고 주장한다.

좌치된 요소와 '-는' 표지된 요소가 일관되게 주제로 처리된다는 우리의 제안과 관련하여 몇 가지 추가적인 질문이 제기된다. 첫 번째 질문은 한국어에서 '-는'의 기능에 관한 것이다. 많은 연구자들은 '-는' 표지 명사구가 "대조적 초점" 해석을 유도할 수 있다고 주장한다(Han 1998; Choi 1999, 2004; 전영철 2005; Kim 2004 및 기타). 이러한 분석은 대조와 관련된 새로운 질문을 제기한다.

(54) Q. '민호가 무엇을 샀니?'

A: CD, 민호가 샀어.′

A′?*CD에 대해서는, 민호가 샀어.′

도치된 목적어가 대조적 초점 해석을 유도한다는 점을 감안할 때, (54A′)의 부적합성은 기존에 언급된 분석으로 충분히 설명되지 않는 것처럼 보인다(Choi 1999, 2004 참조). 실제로, '-는' 표지 명사구는 Wh-질문이나 선택적(alternative) 질문에 적절한 답변으로 간주되지 않는 경향이 있다.

(55) Q. 아이들이 무엇을 했니?

A.?*공부는 했어.

(56) Q: 아기가 돈을 먼저 집었니? 펜을 먼저 집었니?

A: 돈을 먼저 집었어.

A':?*돈은 먼저 집었어. (Lee 2003:6)

(55A)와 (56A')의 부적합성은 '-는' 표지 명사구에 대한 대조적 초점 분석에 의문을 제기한다. 이는 '-는'이 대조적 초점으로 해석될 수 있다면, 해당 답변들이 부적절하다고 간주될 이유가 없기 때문이다.

우리는 '-는'이 일관되게 Lee(2003)에서 논의된 맥락과 유사하게 주제 표지로 기능한다고 주장한다. 변항 질문(variable question)과 선택적 질문(alternative question)의 답변은 문장의 초점이어야 한다는 점을 고려할 때, (55A)와 (56A')와 같은 맥락에서 '-는' 표지 명사구의 부적합성은 이를 통해 설명될 수 있다.

본 연구는 한국어에서 '-는'이 단순 주제(simple topic) 또는 대조적 주제(contrastive topic)를 표시한다는 가정을 수용한다. '-는'의 기능과 의미와 관련된 주요 쟁점 중 하나는 이 조사가 대조 초점(contrastive focus)을 표시할 수 있는지에 관한 논의이다. 예를 들어, Kim (2024)은 전영철(2019)의 '-는'이 대조 초점을 표시할 수 있다는 주장을 비판적으로 검토하며, '-는'이 대조 주제를 표시할 수는 있으나 대조 초점은 표시할 수 없다고 주장한다. 본 연구는 이러한 논쟁에 대한 심층적인 분석이나 결론을 후속 연구로 미루면서, 잠정적으로 Kim(2024)의 견해를 수용하여 '-는'의 사용이 "주제"와 의미화용적으로 관련이 있으나 "초점"과는 관련이 없다는 가정을 채택한다. 특히, 아래 (57)에서 제시된 바와 같이, [담화 연결(D-linking)]과 [배제(Exhaustiveness)]라는 두 가지 특징을 통해 주제와 초점의 차이를 설명할 수 있다고 가정한다(cf. 전영철 2005).

(57)

구 분	[+담화 연결]	[- 담화 연결]
[+배제]	대조적 주제	대조적 초점
[-배제]	단순 주제	단순 초점

(57)에서 제시된 [배제] 특징은 (58)에서와 같이 대조적 주제와 단순 주제를 구분하는 역할을 한다.

(58) 영희는 학생이다.

(58)는 영희가 유일한 학생임을 의미하지 않는다. 따라서 (58)에서 '-는' 표지는 단순 주제를 나타내는 역할을 한다.

두 번째 질문은 단순 주제와 대조적 주제, 그리고 좌치된 명사구의 구조적 위치와 관련된다. 우리는 Rizzi(1997)의 제안에 따라, CP가 세분화된 영역으로 구성된다는 가정을 채택하며, 이러한 요소들이 C-영역 중 하나인 서법(Force 또는 Mood)의 지정어(Spec) 위치에 존재한다고 본다. 이 가정은 '-는' 표지 명사구가 내포된 맥락에서는 나타날 수 없다는 관찰에 부분적으로 근거한다(cf. Whitman 1989; Yang 1994; 홍용철 2005).

(59) a. 가을이/*은 오는 소리가 들린다.

b. 겨울이/*은 오면 봄이 멀지 않다. (이익섭 & 임홍빈 1983)

좌치된 명사구와 '-는' 표지 명사구 간의 차이를 요약하면, 최소한의 의미론적 차이는 '-는'의 대조적 특성에서 비롯된다(cf. 홍용철 2005; Jung 2001). Han(1995)의 제안 (60)는 '-는'의 이러한 특정한 의미적 속성을 설명하는 데 유용하게 활용될 수 있다.

(60) X-nun: ∃(y≠x)

(60)는 x가 존재하면, x 외에도 y가 존재한다는 것을 규정한다. 이를 바탕으로 (61a)와 (61b)를 비교해 보자.

(61) a. 누가 영희를 만났니?
b. 누구는 영희를 만났니?

(61a)와 달리, (61b)는 담화 영역에서 영희를 만난 사람 외에도 다른 사람들이 존재한다는 것을 전제하며, 그들이 영희를 만나지 않았음을 암시한다.

본 절의 내용을 요약하면, 한국어의 LD 구문과 주제화된 '-는' 명사구는 의미적, 화용적 측면에서 유사성을 보이며, 모두 "주제"라는 담화적 속성을 공유한다. 이들은 Rizzi(2004)가 이탈리아어에서 관찰한 CLLD와 유사하게, 예고 없는 맥락에서는 적합하지 않으나 담화 연결이 요구되는 문맥에서는 자연스럽게 사용된다. 또한, LD 명사구와 '-는' 명사구는 특정성(specificity)을 강조하고, 비특정적이거나 양화된 명사구와 결합할 경우 수용성이 낮아진다. LD와 '-는' 명사구는 모두 CP 영역의 서법 위치에서 주제성을 나타내며, 좌치된 명사구는 종종 pro와 연결되어 '주제성"을 부여받는다. 이러한 특성은 담화 연결, 초점 및 대조적 해석의 상호작용을 통해 설명되며, 주제와 초점 간의 경계가 의문사-주제와 같은 특수한 문맥에서 어떻게 작동하는지를 보여준다.

4. 결론을 대신해서

본 연구에서는 격 표시 유무에 따른 의문사 구문의 의미 차이를 체계적으로 분석하였다. 특히, 격 표시가 없는 목적어 의문사 구문이 담화 연결(D-linking) 해석과 비 담화 연결 해석을 모두 가질 수 있는 반면, 격 표시가 없는 주어 의문사 구문은 오직 담화 연결 해석만을 가지는 대조적인 특성에 주목하였다.

본 연구는 이러한 의문사 구문을 파생 위치에서 격 표시가 생략된 의문사가 기저 위치에서 영 대명사(pro)를 가진 좌치(LD) 명사구로 파생된 것으로 분석하였다. 이 구성은 의문사-복귀대명사(resumptive)나 의문사-접어(clitic doubling)와 같은 다른 언어의 유사한 구문과 마찬가지로, 오직 담화 연결 해석만을 허용하는 특성을 보인다.

또한, 본 연구는 '-는' 표지를 가진 의문사-주제 구문이 좌치된 의문사 구문과 몇 가지 중요한 측면에서 유사한 행동을 보인다는 새로운 사실을 논의하였다. 이를 바탕으로 본 연구는 담화 연결이 대하여성 주제(aboutness topic)을 결정짓는 핵심적인 특징임을 주장하였다. 아울러, 좌치된 명사구와 '-는' 표지 명사구 간의 의미적 차이는 '-는'의 대조적 특성에서 비롯된다고 지적하였으며, '-는' 표지 구문은 일관되게 (대조적) 주제로 해석되어야 한다는 Lee(2003)의 제안을 지지하였다.

본 연구의 분석은 Lee(2006a)와 같은 기능적 분석에 비해 몇 가지 중요한 장점을 갖는다. 특히, 맨 명사구(bare NP) 주어와 목적어 간의 구조적 차이를 통해 보어 위치에서 맨 명사구가 높은 빈도로 나타나는 현상을 효과적으로 예측할 수 있다. Lee(2006a:75)는 한국어의 기본 어순(SOV)에서 목적어가 동사에 더 가깝기 때문에, 목적어가 주어보다 격 표지 없이 나타나는 경우가 더 빈번할 수 있다는 가설을 제시하였으나, 이를 실증적으로 검증하지는 않았다.

반면, 본 연구는 보어 위치에 있는 맨 명사구가 통사적 술어의 일부로 자유롭게 나타날 수 있음을 고려할 때, 이러한 맨 명사구에 대한 제약은 상대적으로 약하다는 점을 예측한다. 즉, 기본 위치에 있는 맨 명사구 목적어는 문법적으로 무표적(unmarked)이며, 어떠한 의미적 또는 화용적 제약에도 영향을 받지 않는다.

그러나 비보어(non-complement) 위치에 있는 맨 명사구는 추가적인 담화적 의미를 부여하는 문법적 구조로 해석된다. 따라서 보어 위치의 맨 명사구와 달리, VP 외부에 위치한 맨 명사구는 분포적으로 더 제한되며 의미적으로 더 강한 제약을 받을 것으로 예상된다. 이러한 논의는 일본어에서 관찰된 유사한 현상과 연구(Lee 2002, Ohara 2001, Shimojo 2006)를 통해서도 뒷받침될 수 있다.

마지막으로, 형식 통사 이론과 언어에 영향을 미치는 의미적·화용적 기능 요소 간의 관계를 간략히 정리하고자 한다.

강한 최소주의 가설(Strong Minimalist Thesis, SMT)은 인간 언어의 연산 체계(Computational System, CS), 즉 넓은 의미의 통사론이 접면 조건(interface conditions)에 대한 최적의 해결책(optimal solution)임을 주장한다. 이에 따라, 통사 원칙의 타당성은 언어 사용/수행(performance)을 고려함으로써 간접적으로 검증될 수 있으며, CS에 부과된 접면 조건의 본질을 탐구하는 것은 CS의 최적 분석을 이해하고 평가하는 데 중요한 역할을 한다.

이 관점에서 CS 내부의 구조적 원칙을 CS에 부과된 외부 요구, 즉 기능적 요소로부터 도출하려는 시도가 있을 수 있다. 이는 SMT를 해석하는 하나의 방식이지만, 대부분의 최소주의자들에 의해 부정된다. 반면, SMT를 해석하는 보다 표준적인 방식은 외부 요인이나 기능적 요소를 CS 구조적 조건의 "결과"로 간주하며, "동기"로 보지 않는다. 따라서 CS의 속성은 언어 사용/수행의 기능적 고려로부터 도출될 수 없으며, CS의 형식적 조건에 외부 체계가 기능적 필요성을 부과하지 않는다.

구체적으로 본 논문에서 다루는 맨 명사구에 대해 말하자면, 맨 명사구에 부과되는 형식적 조건은 특정성(specificity), 담화 연결(D-linking), 주제성(topicality), 초점화(focalization)와 같은 의미적·화용적 요인으로부터 도출될 수 없다. 오히려 CS의 형식적(구조적) 조건이 이러한 의미적·화용적 효과를 유발한다.

마지막으로, 의미적·화용적 적합성과 사용에서의 가표성(markedness)에 관한 판단의 정도(degrees)에 대해 논의할 필요가 있다. 관련 언어 데이터에 대한 우리의 판단이 범주적(categorical)이 아니라 정도적(degree-based)이라는 점에서 형식적 원칙의 범주적 상태에 의문을 제기할 수 있다. 그러나 이는 CS 내부와 CS 외부라는 두 독립적 인지 영역의 차이를 간과한 것이다. 하나는 CS 내부의 연산 체계이고, 다른 하나는 CS 외부의 수행 체계(performance systems)이다. 이 두 영역 간의 불일치는 두 영역의 상관관계 유효성을 반박하는 직접적인 증거가 되지 않는다.

즉, 수행 체계에서 나타나는 수용성 판단의 정도성/변동성은 CS의 범주적 속성과 분리될 수 있으며, 간접적으로만 관련될 가능성이 크다. 의미·화용적 판단에서 변동성이 나타나는 이유는 여전히 명확하지 않지만, 수용성 판단의 정도성은 CS의 구조적 측면이나 확률적 성질을 직접 반영하지 않는다. 이러한 판단에서 나타나는 불명확함이나 확률적/통계적 요소는 근본적으로 범주적 현상의 부수적인(epiphenomenal) 결과로 간주할 수 있으며, 이는 추가 연구가 필요한 중요한 주제이다.

향후 통사-담화 접면 구조와 연산-수행 간 상호 관계를 보다 구체적으로 밝혀줄 연구가 활발히 이루어지길 기대한다 (이와 관련한 보다 자세한 논의는 Ahn & Cho 2007과 2009를 참고하라).

참고문헌

고석주(2002) 조사 '가'의 의미," 국어학 40:221-247. 국어학회.

(2004) 《현대 한국어 조사의 연구 I-'격 개념'과 조사 '-가'와 '-를'을 중심으로》, 한국문화사.

김용하(1998) 한국어 격과 어순의 최소주의 문법. 계명대학교 박사논문.

이익섭·임홍빈(1983) 《국어문법론》, 학연사.

전영철(2005) 한국어의 대조초점. 언어학 43: 215-237.

(2019) 한국어 정보구조표지 '은/는'의 의미—대조 의미를 중심으로. 언어학 85: 99-137.

홍용철(1994) 융합이론과 격조사 분포. 생성문법연구 4: 1-43.

(2004) 한국어의 격조사 탈락과 격조사 부재. 프랑스어문교육 18: 395-414.

(2005) 특수조사 "는"에 대한 통합적 분석. 생성문법연구 15: 397-413.

Ahn, H.-D.(1988) Preliminary remarks on Korean NP. In Papers from the Sixth International Conference on Korean Linguistics, ed. E.-J. Baek, 1-15. Seoul: Hanshin Publishing Co.

Ahn, H.-D.(1996) A study of syntactic word-formation. In Morphosyntax in Generative Grammar, eds. H-D. Ahn, M-Y. Kang, Y-S. Kim, and S. Lee, 1-21. Seoul: Hankuk Publishing Co.

Ahn, H.-D.(1999) Notes on case deletion. In Linguistic Investigation: In Honor of In-Seok Yang, eds. Y.-W. Kim, I.-K. Kim, and J.-W. Park, 1-16. Seoul: Hankuk Publishing Co.

Ahn, H.-D., and S. Cho.(2006a) Layered nominal structures: Implications for caseless nominals. Korean Journal of Linguistics 31: 165-185.

Ahn, H.-D., and S. Cho.(2006b) Wh-topics and unpronounced case markers. Studies in Generative Grammar 16: 61-90.

Ahn, H.-D., and S. Cho.(2007) Subject-object asymmetries of morphological case realization. Language and Information 11: 53-76.

Ahn, H.-D., and S. Cho.(2009) Non-case-marked wh-phrases and left dislocation. In Selected Papers from the 2006 Cyprus Syntaxfest, eds. K. Grohmann and P. Panagiotidis, 29-62. Cambridge Scholars Publishing.

Boeckx, C.(2003) Islands and chains. Amsterdam: John Benjamins.

Boeckx, C., and K. Grohmann.(2004) SubMove: Towards a unified account of scrambling and D-linking. In Peripheries, eds. D. Adger, Cécile de Cat, and G. Tsoulas, 241-257. Dordrecht: Kluwer.

Choi, H.(1999) Optimizing structure in context: Scrambling and information structure. Stanford: CSLI Publications.

Choi, H. (2004) Focus and specificity in wh-scrambling. Journal of Linguistics 29: 137-166.

Chomsky, N.(1995) The Minimalist Program. Cambridge, MA: MIT Press.

Chomsky, N.(2000) Minimalist inquiries: The framework. In Step by Step: Essays on Minimalist Syntax in Honor of Howard Lasnik, eds. R. Martin, D. Michaels, and J. Uriagereka, 89-155. Cambridge,

MA: MIT Press.

Chomsky, N.(2001) Derivation by phase. In Ken Hale: A Life in Language, ed. M. Kenstowicz, 1-52. Cambridge, MA: MIT Press.

Frey, W.(2005) Pragmatic properties of certain German and English left peripheral constructions. Linguistics 43: 89-129.

Grohmann, K.(1998) Syntactic inquiries into discourse restrictions on multiple interrogatives. Generals paper. Universityof Maryland,CollegePark.

Grohmann, K.(2000) Copy left dislocation. Proceedings of WCCFL 19: 139-152.

Grohmann, K.(2003) Prolific domains. Amsterdam: John Benjamins.

Grohmann, K.(2006) Top issues in questions: Topics, topicalization, topicalizability. In Wh-Movement: Moving On. eds. L. Cheng, and N. Corver, 249-288. Cambridge, MA: MIT Press.

Han, C.-H.(1995) A syntactic account of the ambiguity of the topic marker -(nun) in Korean. Paper presented at Japanese/Korean Linguistics 6.

Han, C.-H.(1998) Asymmetry in the interpretation of -(nun) in Korean. Japanese/Korean Linguistics 7: 1-15.

Hirose, T.(2003) The syntax of D-linking. Linguistic Inquiry 34: 499-506.

Hong, S.(1985) A and A' binding in Korean and English: Government-Binding parameters. Doctoral dissertation, University of Connecticut, Storrs.

Jaeger, T. Florian.(2003) Topics first! In- and outside of Bulgarian wh-interrogatives. Proceedings of the 10th International Conference on HPSG: 181-202.

Jaeger, T. F.(2004) Topicality and superiority in Bulgarian wh-questions. Proceedings of FASL 12: 207-228.

Jaeger, T. F., and D. Y. Oshima.(2002) Towards a dynamic model of topic marking. Pre-Proceedings of the Information Structure in Context Workshop, 153-167. Stuttgart University.

Jung, Y.-J.(2001) Thematization and topic interpretation. Studies in Generative Grammar 11: 303-337.

Kallulli, D.(2005a) On existential bare plural subjects: They don't exist! Paper presented at ZAS Syntaxzirkel, Berlin.

Kallulli, D.(2005b) D-linking, resumption, and null objects. Abstract of the conference Sound of Silence: Empty Elements in Syntax and Phonology, University of Tilburg.

Kayne, R.(2005) Movement and silence. Oxford:Oxford University Press.

Kim, D.-B.(1993) The specificity/non-specificity distinction and scrambling theory. Seoul: Taehaksa.

Kim, I.(2024) -(N)un cannot mark contrastive focus: A reply to Jun(2019). Linguistic Research 41(3): 453-473.

Kim, K.-S.(1999) Case-deletion in Korean. WECOL.

Kim, Y.-B.(2004) Focus, topic, and their phonetic relevance. Language and Information 8: 27-52.

Kim, Y.-H.(1998) Overt case and covert case in Korean. Studies in Generative Grammar 8: 177-240.

Kiss, K.(1993) Wh-movement and specificity. Natural Language and Linguistic Theory 11: 85-120.

Kuno, S.(1973) Nihon-bunpoo kenkyuu. Taisyukan, Tokyo.

Lambrecht, K.(1994) Information structure and sentence form: Topic, focus, and the mental representations of discourse referents. Cambridge: Cambridge University Press.

Lee, C.(2003) Contrastive topic and/or contrastive focus. Japanese/Korean Linguistics 12: 352-364.

Lee, H.(2006a) Effects of focus and markedness hierarchies on object case ellipsis in Korean. Discourse and Cognition 13: 205-231.

Lee, H.(2006b) Parallel optimization in case systems: evidence from case ellipsis in Korean. Journal of East Asian Linguistics 15, 69-96.

Lee, K.(2002) Nominative case marker deletion in spoken Japanese: An analysis from the perspective of information structure. Journal of Pragmatics 34: 683-709.

Lee, W., and S. Cho.(2003) Argument scrambling and object shift. Studies in Generative Grammar 13: 39-59.

Masunaga, K.(1988) Case deletion and discourse context. Papers from the Second International Workshop on Japanese Syntax, ed. W. J. Poser, CSLI.

Matsuda, K.(1995) Variable zero-marking of (o) in Tokyo Japanese. Ph.D. the sis, University of Pensylvania.

Ohara, K.(2001) Configurationality in Japanese: How grammatical functions are determined. Kobe Papers in Linguistics 3: 74-93.

Pesetsky, D.(1987) Wh-in-situ: Movement and unselective binding. In The Representation of (In)definiteness, eds. E. Reuland and A. Ter Meulen. Cambridge, MA: MIT Press.

Reinhart, T.(1981) Pragmatics and linguistics: An analysis of sentence topics. Philosophica 27: 53-94.

Rizzi, L.(1997) The fine structure of the left periphery. In Elements of Grammar: Handbook of Generative Syntax, ed. L. Haegeman, 281-337. Dordrecht: Kluwer.

Rizzi, L.(2004) On the form of chains: Criterial positions and ECP effects. Manuscript, University of Siena.

Rizzi, L.(2006) On the form of chains: Criterial positions and ECP effects. In Wh-Movement: Moving On. eds. L. Cheng, and N. Corver, 249-288. Cambridge, MA: MIT Press.

Rizzi, L., and U. Shlonsky.(2005) Strategies of subject extraction. Manuscript, University of Siena and University of Geneva.

Saito, M.(1985) Some asymmetries in Japanese and their theoretical implications. Doctoral dissertation, MIT, Cambridge, MA.

Shimojo, M.(2006) Properties of particle 'omission' revisited. Toronto Working Papers in Linguistics 26: 123-140.

Whitman, J.(1989) Topic, modality, and IP-structure. Harvard Studies in Korean Linguistics 3: 341-356.

Wu, J.(1999) Syntax and Semantics of Quantification in Chinese. Doctoral Dissertation, University of Maryland, College Park.

Yang, H.-K.(1994) Configurational properties of CP and relativization. In Explorations in Generative Grammar: A Festschrift for Dong-Wee Yang, eds. Y.-S. Kim, B.-C. Lee, K.-J. Lee, H.-K. Yang, and J.-Y. Yoon, 633-652. Seoul: Hankuk Publishing Co.

VIII 문장 제시어, 성분 제시어, 그리고 내부 제시어

08

문장 제시어, 성분 제시어, 그리고 내부 제시어 *

홍용철

1. 서론

제시어는 휴지와 함께 격 표지 없이 문장 앞에 나타나는 명사구로서 이와 관련 된 서술이 뒤따르고 흔히 청자에게 주의를 집중하도록 하는 기능을 지닌다고 알려져 있다. 다음은 제시어의 예이다.

(1) 영희, 철수가 그녀를 좋아해.

이 문장에서 "영희"가 제시어인데, 문장 앞에 나타났으며, 격 표지가 없고, 휴지와 함께 발음되며, 바로 이어지는 절은 "영희"에 대한 서술이다. 이어지는 절이 "영희"에 대한 서술이라는 점에서 제시어는 주제어의 한 종류라고 볼 수 있다. 하지만 일반적인 주제어는 흔히 담화 상에 이미 언급된 것인데 반하여 제시어는 담화 상에 새롭게 도입되는 주제어이거나 경우에 따라서는 주제어가 모호할 경 우 주제어가 무엇인지 분명히 알려준다. 제시어는 청자에게 주의를 집중하도록 하거나 또는 강조의 기능을 지닌다고 알려져 있는데, 제시어의 이런 기능은 이것이 새로 도입된 주제어이기 때문에 따라오는 부수 효과인 것 같다(Kim Y.-H. 1989, Yi S.-U. 2005, Ham B. 2016).[1)]

---

* 이 논문은 원래 동일 제목으로 <생성문법연구> 30-3호에 실렸던 Hong, Yong Tcheol(2020a)을 약간 수정하여 재게재한 것이다. 재게재를 허락하여 주신 한국생성문법학회에 감사드린다.

1) 제시어는 한국어 전통 문법에서 사용되는 용어이다(Ko & Koo 2008, Koo et al 2015). 한국어의 제시어가 일반 언어학 차원에서 어떤 요소에 해당하는지에 대해 우리는 Hong Y.-T. (2004) 에서는 'dislocated element(이탈어)', Hong Y.-T. (2012)에서는 'hanging topic(공중 주제어)'이라고 보았다. Park S.-Y. (2019)은 제시어에 대한 영어 용어로 'bare topic'을 사용했는데 이 용어는 본질에 대한 주장이 담긴 용어라기보다 형태를 근거로 한 가치 중립적인 용어이다. 아직 제시어의 본질이 무엇인지 확실히 규명되었다고 보기 힘들기 때문

Kim Y.-H. (1989)는 (1)에 예시된 문장 제시어 이외에 성분 제시어가 있다고 하였다. 다음 (2)는 Kim Y.-H.가 성분 제시어의 예로 제시한 것이다.

(2) a. 청진동은 해장국, 그걸 잘 한다.
 b. 온 겨레는 통일, 그걸 고대한다.

이 예들에서 "해장국"과 "통일"은 격 표지 없이 휴지를 동반하고 있고 또 새 정보 요소로서 '특별한 강조'의 기능을 지니고 있다는 점에서 Kim Y.-H.는 이것 또한 제시어라고 보았다. 그리고, (1)의 제시어는 문장에 대한 제시어임에 반하여 (2)의 경우는 문장 성분에 대한 제시어라고 보고 이것을 '성분 제시어'라고 불렀다.

Kim Y.-H.는 성분 제시어와 이것의 주체(host) 사이에 부사가 개입하는 다음 문장들을 비문이라고 보았다.[2)]

(3) a. *청진동은 해장국, 놀랍게도 그걸 잘 한다.
 b. *온 겨레는 통일, 확실히 그걸 고대한다.

이를 근거로 Kim Y.-H.는 성분 제시어와 이것의 주체가 복합 명사구, 즉 하나의 성분을 구성한다고 주장하였다. 이 논문에서 우리는 Kim Y.-H.의 주장과 달리 성분 제시어는 이것의 주체와 하나의 성분을 구성하지 못한다는 것을 보여줄 것이다. 그리고 Kim Y.-H.가 성분 제시어라고 말한 것은 실제로는 TP와 vP 사이에 기저 생성된 절 내부 제시어(clause-internal bare topic)라고 주장할 것이다.

논문의 구성은 다음과 같다. 2절에서는 성분 제시어를 논의하기 위한 토대로서 문장 제시어의 종류를 분류한다. 3절에서는 문장 제시어와 성분 제시어가 상호 전환이 가능하다는 점을 지적하고, 새로운 유형의 성분 제시어 구문의 예들에 대한 문법성을 논의한다. 4절은 이 논문의 핵심으로 성분 제시어가 이것의 주체와 함께 하나의 성분을 구성하지 않는다는 논거들을 제시하고 소위 성분 제시어 는 실제로는 문장 내부에 나타나는 내부 제시어라고 주장한다. 5절에서는 내부 제시어의 통사적 위치를 논의하는데, 부가어와의 상대적 위치를 근거로 그 위치가 TP와 vP 사이라고 주장한다. 6절에서는 문

에 우리는 여기서 제시어에 대한 영어 용어로 Park S.-Y.을 따라 'bare topic'을 사용하겠다.

2) Kim Y.-H.와 달리 우리는 (3)의 문장들이 문법적이라고 본다(추가 예문들인 (21)과 (22), 그리고 관련 논의를 볼 것). Hong, Y-T (2020a)의 심사자 중 한 분도 (3)의 예문들이 (2)와 마찬가지로 문법적인 문장이 라고 판단하였다.

장 제시어 또는 내부 제시어가 표층 위치에 기저 생성됐는지 아니면 이동의 결과인지를 논의한다. 7절은 결론이다.

2. 문장 제시어의 종류

소위 성분 제시어가 이것의 주체와 하나의 성분을 구성하는지 여부를 논의하기 전에 먼저 문장 제시어의 종류를 알아보겠다. 문장 제시어는 이어지는 절 내부에 문장 제시어에 상응하는 논항이 있는 경우와 그렇지 않은 경우가 있다. 상응하는 논항이 있는 경우는 이 상응 논항이 지칭 차원에서 문장 제시어의 부분 (또는 일원)인 경우와 문장 제시어와 동일 사물인 경우로 나누어진다. 다음은 상응 논항이 제시어의 부분인 경우의 예들이다.

(4) a. 과일, 철수가 사과를 샀어.
 b. 소설책, 철수가 토지를 읽었어.
 c. 꽃, 철수가 장미를 좋아해.
 d. 영희, 철수가 눈이 예쁘다고 생각해.

위 예들에서 제시어와 이것의 상응 논항은 전체-부분(whole-part)의 관계를 구성 하고 있다. 예를 들어, (4a)에서 상응 논항 "사과"는 범주 차원에서 제시어인 "과일"의 부분이다.

상응 논항은 제시어와 동일 사물을 지칭할 수도 있다. 다음이 그 예들이다.

(5) a. 영희, 철수가 그녀를 좋아해.
 b. 영희, 철수가 그 바보 같은 여자를 좋아해.
 c. 영희, 철수가 영희를 좋아해.
 d. 해장국, 철수가 해장국을 좋아해.

위 예들에서 제시어와 상응 논항은 동일 사물을 지칭한다. 한국어에서 동일 사물을 지칭하기 위한 언어적 수단에는 지시사를 사용하거나 아니면 동일 표현을 사용하는 방법이 있다. (5a, b)는 지시사를 사용한 경우이고 (5c, d)는 동일 표현을 사용한 경우이다.

제시어와 이것의 상응 논항이 동일 사물을 지칭할 수 있다고 했는데 이때 상응 논항이 영 논항(null argument)으로 나타날 수도 있다. 다음이 그 예들이다.

(6) a. 영희, 철수가 [e] 좋아해.
    b. 이순신 장군, 나는 [e] 우리나라 역사상 최고의 명장이라고 생각해.

위 예들에서 영 논항 [e]는 제시어와 동일한 사물로 해석된다.[3)]

다음 (7B)의 예에서는 제시어 "해장국"에 대해 상응 논항을 설정하기 힘들다. "해장국"이 "가다" 동사의 논항이 될 수 없기 때문이다. 하지만 (7B')에 보듯이 "해장국은"이라는 상응 요소가 나타날 수 있다. 이를 근거로 (8)에서처럼 (7B)에 대해 영 형태를 가정할 수 있다.

(7) A: 해장국을 먹고 싶은데 어디가 좋을까?
    B: 해장국, 청진동으로 가 봐. 거기 가면 해장국 잘하는 데 많아.
    B': 해장국, 해장국은 청진동으로 가 봐. 거기 가면 해장극 잘하는 데 많아.
(8) A: 해장국을 먹고 싶은데 어디가 좋을까?
    B: 해장국, [e] 청진동으로 가 봐. 거기 가면 해장국 잘하는 데 많아.

중요한 것은 논항인가 아닌가가 아니라 상응 요소가 있는가에 있으므로 우리는 (7)의 예 또한 (6)과 같은 유형이라고 본다.[4)]

---

3) Hong Y.-T. (2018, 2020b)에 따르면 제시어와 상응 논항의 관계가 전체-부분의 관계일 때도 상응 논항이 영 논항으로 나타날 수 있다고 했다. 다음 예를 보자.
(i) A: 철수가 자기 방을 청소했어.
    B: 방, 영희도 [e] 청소했어.
위 대화에서 (iB)의 영 논항은 '영희의 방' 또는 '어떤 방'으로 해석된다. 한편 (iB)의 문장 제시어 "방"은 방 일반을 의미하는 총칭적 해석을 지닌다. 따라서 이 예는 문장 제시어와 상응 논항이 지칭 차원에서 전체-부분(일원)의 관계를 맺고 있으면서 상응 논항이 영 논항인 경우이다.

4) 다음 (i)의 문장들도 얼른 보기에 제시어에 대한 상응 요소가 없는 것 같아 보이나 (ii)의 문장들을 고려할 때 상응 요소가 영 형태로 존재한다고 볼 수 있다. (ii)의 문장들은 제시어에 상응하는 요소들이 나타날 수 있음을 보여준다.
(i) a. 그 화재, 소방대가 신속히 도착했어.
    b. 수학, 취직이 어려워.
    c. 커피, 잠이 안 와.
    d. 수학, 철수가 100점을 맞았어.
(ii) a. 그 화재, 그 화재는 소방대가 신속히 도착했어.

지금까지 논의한 사항을 요약하면 모든 제시어에 대해 이어지는 문장 속에 상응하는 요소가 존재한다. 그리고 제시어와 상응 요소 사이의 관계는 지칭 차원에서 두 가지 유형이 있는데, 하나는 전체-부분 관계이고 다른 하나는 동일 사물 관계이다. 앞으로 우리의 논의에서는 전체-부분 관계 제시어 구문과 동일 사물 관계 제시어 구문의 구별이 중요하게 고려될 것이다.

3. 문장 제시어와 성분 제시어

문장 제시어와 성분 제시어는 상호 전환이 가능하다. 즉, 문장 제시어는 성분 제시어가 될 수 있고 성분 제시어는 문장 제시어가 될 수 있다. 다음은 (2)의 성분 제시어들이 문장 제시어로 전환된 경우인데 여전히 문법적이다.

(9) a. 해장국, 청진동은 그걸 잘 한다.
b. 통일, 온 겨레는 그걸 고대한다.

다음은 (5)의 문장 제시어들이 성분 제시어로 전환된 경우인데 역시 문법적이다.[5]

(10) a. 철수가 영희, 그녀를 좋아해.
b. 철수가 영희, 그 바보 같은 이웃집 여자를 좋아해.
c. 철수가 영희, 영희를 좋아해.
d. 철수가 해장국, 해장국을 좋아해.

(2)와 (9) 그리고 (5)와 (10)은 동일 사물 관계의 경우이다. 전체-부분 관계의 경우도 문장 제시어와 성분 제시어는 상호 전환이 가능하다. 다음은 전체-부분의 예 들인 (4)의 문장 제시어들을 성분 제시

b. 수학, 수학이 취직이 어려워.
c. 커피, 커피가 잠이 안 와.
d. 수학, 철수가 수학을 100점을 맞았어.

따라서 (i)의 예문 또한 (7)의 예문처럼 제시어에 상응하는 요소가 영 형태로 나타나는 (6)과 같은 유형이라고 보아야 한다.

5) (10)의 예들에서 동일 표현을 사용하는 (10c, d)에서는 성분 제시어 다음에 긴 휴지가 필 수적이다.

어로 전환한 경우인데 여전히 문법적이다.[6)]

(11) a. 철수가 과일, 사과를 샀어.
b. 철수가 소설책, 토지를 읽었어.
c. 철수가 꽃, 장미를 좋아해.
d. 철수가 영희, 눈이 예쁘다고 생각해.

(11)의 문장들이 좀 부자연스럽게 들릴는지 모른다. 이 유형의 문장들이 문법적인지 여부는 앞으로의 우리의 논의를 위해 매우 중요하다. 혹시 이 유형의 문장들이 좀 어색하게 들린다면 그것은 상황이 배제된 상태에서 문장이 주어졌기 때문이라고 우리는 생각한다. 다음은 대화로 구성된 예들인데 (11)보다 좀 더 자연스럽게 들린다.

(12) a. 너 자동차, 뭐 샀니? -나 자동차, 아반떼 샀어.
b. 철수는 클래식, 뭐 좋아하니? -철수는 클래식, 모차르트 좋아해.
c. 철수는 영희, 어디가 예쁘다고 생각하니? -철수는 영희, 눈이 예쁘다 고 생각해.
d. 철수는 무슨 과일을 먹었니? -철수는 과일, 사과를 먹었어.
e. 철수는 어떤 음악을 좋아하니? -철수는 음악, 클래식을 좋아해.

(12)의 예들은 대화로 구성되었다는 점만 (11)과 다르지 문장 구성은 동일하다. 우리는 (10)과 같은 동일 사물 관계의 성분 제시어 구문과 마찬가지로 (11)과 같은 전체-부분 관계의 성분 제시어 구문도 문법적이라고 본다.[7)]

---

6) Kim Y.-H. (1989)가 제시한 성분 제시어의 예들은 모두 동일 사물 관계의 예들이고 전체- 부분 관계의 예들은 언급하지 않았다.

7) 전체-부분 관계의 성분 제시어 구문은 Kim Y.-H. (1998)가 '비명세-명세 동격 구성'이라고 부른 구문과 유사하다. 다음은 Kim Y.-H. (1998: 330)의 관련 예들이다.
(i) a. 꽃이 노란 것이 피었다.
b. 돌이는 모자를 가죽으로 만든 것을 샀다.
Kim Y.-H.는 위 예들에서 "꽃"과 "모자"라는 비명세 요소가 "노란 것"과 "가죽으로 만든 것"이라 는 명세 요소와 동격을 구성한다고 보았다. 그리고 비명세 요소에 나타나는 격 표지는 의무적이라고 지적했다 (Kim Y.-H. 1998: 336).
(ii) a. *꽃 노란 것이 피었다.
b. *돌이는 모자 가죽으로 만든 것을 샀다.
그런데 (ii)의 예들에서 비명세 요소에 휴지가 주어지면 제시어 구문이 된다.
(iii) a. 꽃, 노란 것이 피었다.
b. 돌이는 모자, 가죽으로 만든 것을 샀다.

지금까지 상응 요소가 제시어와 동일 사물을 지칭하는 경우이든 전체-부분의 관계를 이루는 경우이든 문장 제시어와 성분 제시어는 상호 전환이 가능하다 는 것을 보았다. 이 상호 전환 가능성을 포착하는 한 방법은 성분 제시어 구문이 기저 구조이고, 이 기저 구조에서 성분 제시어가 수의적으로 문장 앞으로 이동한 다고 가정하는 것이다. 즉, 다음 (13a)에서처럼 성분 제시어가 원래 자리에 남아 있을 수도 있고 (13b)에서처럼 이것이 문장 앞으로 이동할 수도 있다고 보는 것이다.

(13) a. 청진동은 해장국, 그걸 잘 한다.

b. 해장국(i), 청진동은 t(i) 그걸 잘 한다.

이 이동 분석의 타당성 여부는 6절에서 논의하겠다.

4. 성분 제시어의 성분 구성 여부

Kim Y.-H. (1989)는 명칭이 암시하듯이 성분 제시어는 직후에 나타나는 주체(host) 와 함께 복합 명사구를 구성한다고, 즉 하나의 성분을 구성한다고 주장했다. 이 주장에 따르면 성분 제시어 구문인 (2)의 예들은 다음과 같은 구조를 지닌다.

(14) a. 청진동은 [해장국, 그걸] 잘 한다.

b. 온 겨레는 [통일, 그걸] 고대한다.

이 절에서 우리는 이 주장이 옳지 않다는 것을 보여줄 것이다. 어떤 요소가 성분을 구성하는지 여부를 알아보는 테스트로 등위접속, 관계화, 분열구문에서의 초점화 등이 있다. 만약 성분 제시어가 이것의

이 예들은 제시어 구문 중 전체-부분 관계의 제시어 구문이다. 즉, 전체-부분 제시어 구문은 소위 비명세-명세 동격 구문에서 비명세에 출현하는 격 표지 대신 휴지가 주어지는 구문이다. (ii)의 예들은 비문법적인데 (iii)의 예들은 문법성이 어떤가? 우리의 귀에 (iiia)는 부자연스럽게 들린다. 반면 (iiib)는 자연스럽게 들린다("돌이는 모자, 어떤 것을 샀니?"로 문장을 바꿔보라). 우리는 (iiia)의 문장도 수용성은 떨어지지만 문법적이라고 본다. 그 이유는 같은 구성을 지닌 다음 예는 (iiia)보다 훨씬 자연스럽게 들리기 때문이다.

(iv) 꽃, 노란 것이 선물하기에 좋아.

우리는 적절한 상황이 주어지면 (iiia)도 자연스럽게 들릴 수 있다고 본다. 따라서 우리는 소위 비명세-명세 동격 구문에서 비명세 요소에 격 표지가 나타나지 않으면 비문이지만 격 표지 대신에 휴지가 나타나서 제시어 구문이 됐을 경우는 문법적인 문장이 된다고 본다.

주체와 하나 의 성분을 구성한다면 [성분 제시어 + 주체]가 다른 요소와 등위접속 될 수 있어 야 하고, 관계화 될 수 있어야 하고, 분열구문에서 초점 요소가 될 수 있어야 할 것이다. 그런데 이들 성분 테스트들에 대해 성분 제시어와 주체와의 관계가 전체-부분 관계인가 아니면 동일 사물 관계인가에 따라 반응이 서로 다르다.

먼저 동일 사물 관계의 성분 제시어 구문을 보자. 이 경우 Kim Y.-H.(1998:336-343)와 Hong Y.-T.(2014: 288-291)은 앞에서 언급한 성분 테스트들을 통해 [성분 제시어 + 주체]가 하나의 성분임을 확인하였다. 다음은 이것을 확인해 주는 예들이다.

(15) a. 어머니가 [철수, 그 녀석]과 [영희, 그 여자]를 모두 만나 보았어.
    b. 어머니가 [철수, 그 녀석]과 [영희, 그 여자]가 카페에 있는 것을 보았어.
(16) a. [어머니가 만나 본] [영희, 그 여자]
    b. [철수가 좋아하는] [영희, 그 여자]
(17) a. 어머니가 만나 본 것은 [영희, 그 여자]야.
    b. 철수가 좋아하는 것은 [영희, 그 여자]야.

(15)는 등위접속의 예들이고 (16)은 관계화의 예들이고 (17)은 분열구문 초점화의 예들이다. 이 예들은 모두 자연스럽게 들린다. 따라서 동일 사물 관계의 성분 제시어 구문에서는 Kim Y.-H.가 주장하였듯이 성분 제시어는 이것의 주체와 하나의 성분을 구성하는 듯하다.[8)]

그런데, 동일 사물 관계에서와 달리 전체-부분 관계에서는 성분 제시어가 이것의 주체와 하나의 성분을 구성하지 못한다. 다음 전체-부분 관계의 예들을 보자.

(18) a. *철수가 시장에서 [과일, 사과]와 [채소, 상추]를 샀어.
    b. *철수가 [꽃, 장미]와 [음악, 클래식]을 좋아해.
(19) a. *[철수가 시장에서 산] [과일, 사과]
    b. *[철수가 좋아하는] [꽃, 장미]
(20) a. *철수가 시장에서 산 것은 [과일, 사과]야

8) Kim Y.-H.(1998)가 동일 사물 관계의 성분 제시어 구문에서 [성분 제시어 + 주체]가 하나의 성분을 구성한다는 것을 보여주기 위해 사용한 테스트는 부사 개입과 관계화이다. Hong Y.-T.(2014)은 등위접속과 분열구문에서의 초점화 두 가지를 추가하여 테스트하였다. 부사 개입 테스트에 대해서는 나중에 논의할 것이다.

b. *철수가 좋아하는 것은 [꽃, 장미]야.

(18)는 등위접속의 예들이고 (19)은 관계화의 예들이고 (20)은 분열구문 초점화의 예들이다. 이 예들은 모두 비문이다. 따라서 전체-부분 관계의 성분 제시어 구문 에서는 Kim Y.-H.의 주장과 달리 성분 제시어가 이것의 주체와 하나의 성분을 구성하지 못한다고 보아야 한다.

성분 여부를 점검하는 테스트로 지금까지 살펴본 것들 이외에 부가어 개입 테스트가 있다. 즉, 성분 제시어와 이것의 주체 사이에 부사 또는 부가어가 나타 날 수 있는지를 알아보는 것이다. 성분 제시어와 이것의 주체가 성분을 구성한다면 이들 사이에 부가어가 나타날 수 없을 것이고 이것들이 성분을 구성하지 않는다면 부가어가 나타날 수 있을 것이다. 이 테스트가 적용된 다음 예들을 보자.

(21) a. 요즘 철수는 베토벤, 하루 종일 그것만을 들어.
b. 철수는 영희, 어쩌면 그녀를 좋아하고 있을는지 몰라.

(22) a. 철수는 자동차, 돈이 모자라서 아반떼를 샀어.
b. 철수는 과일, 아마도 사과를 샀을 거야.
c. 철수는 꽃, 그 일 이후로 장미만을 좋아해.

(21)은 동일 사물 관계의 예들이고 (22)는 전체-부분 관계의 예들이다. 이 예들에서 성분 제시어는 "하루 종일", "돈이 모자라서" 등과 같은 부가어에 의해 이것의 주체와 분리되어 있다. 우리의 귀에는 이 예들 모두가 자연스럽게 들린다. 따라서 부가어 개입 테스트에 따르면 동일 사물 관계인가 전체-부분 관계인가에 따른 구별 없이 성분 제시어는 이것의 주체와 하나의 성분을 구성하지 못한다고 보아야 한다.[9]

---

9) (3)에서 보았듯이 Kim Y.-H.(1989: 133)는 (21)처럼 부가어가 개입하는 예들이 비문이라고 하였다. 다음은 Kim Y.-H.의 예들인데 Kim Y.-H.는 이것들을 모두 비문으로 간주하고 있다.

(i) a. *청진동은 해장국, 놀랍게도 그걸 잘 한다.
b. *온 겨레는 통일, 확실히 그걸 고대한다.
c. *돌이는 음악, 종일토록 그것만을 듣고 있다.
d. *아이들이 상여집, 병사를 그곳에 숨겼다.

우리 귀에는 이 문장들이 그렇게 어색하지 않다. 그리고 다음 예들에서처럼 상황이 주어지면 보다 자연스러워지는 것 같다.

(ii) a. 나는 어제도 청진동에서 해장국을 먹었는데, 청진동은 해장국, 확실히 그걸 잘해.
b. 돌이는 베토벤을 엄청 좋아해. -그래, 어제도 돌이가 베토벤, 하루 종일 그것만을 듣더라고.

한편, Kim Y.-H.는 전체-부분 관계의 성분 제시어 구문에 대해서는 언급하지 않았다. 따라서 이 구문에서의 부가어 개입 가능성 여부를 보여주는 (22)와 같은 예들의 문법성에 대해서도 언급하지 않았다.

지금까지의 성분 테스트 결과를 보면, 전체-부분 관계 성분 제시어 구문에서는 모든 테스트들이 성분 제시어가 이것의 주체와 성분을 구성하지 않는다는 것을 일관되게 보여준다. 반면, 동일 사물 관계 성분 제시어 구문에서는 테스트들의 반응이 일관적이지 않다. 즉, 등위접속, 관계화, 분열구문에서의 초점화 테스트들에 따르면 성분 제시어가 이것의 주체와 성분을 구성한다고 보아야 하지만 부가어 개입 테스트에 따르면 성분을 구성하지 않을 수 있다고 보아야 한다. 이런 상황 앞에서 다음 두 가지 질문이 제기된다. 첫째, 전체-부분 관계 성분 제시어 구문과 동일 사물 관계 성분 제시어 구문은 유형이 다르기는 하지만 동일한 성분 제시어 구문인데 왜 성분 구성에 있어 서로 다른가? 둘째, 동일 사물 관계 제시어 구문이 왜 성분 테스트들에 따라 반응이 일관적이지 않은가? 이 두 가지 질문을 동시에 해결해 줄 수 있는 한 방법은 성분 제시어가 이것의 주체와 성분을 구성하지 않는다고 보아야 하는 예들은 모두 제시어 구문인 반면, 이 두 요소가 하나의 성분을 구성한다고 보아야 하는 예들은 모두 성분 제시어 구문이 아닌 다른 구문이라는 것을 보여주는 것이다. 지금부터 우리는 성분을 구성하지 않는다고 보아야 하는 예들, 즉 (18)-(19)-(20)-(21)-(22)의 예들은 모두 제시어 구문인 반면, 성분을 구성한다고 보아야 하는 예들, 즉 (15)-(16)-(17)의 예들은 제시어 구문이 아닌 동격 구문이라는 논거를 제시하겠다.

성분 제시어와 이것의 주체가 이들 사이에 아무런 요소도 개입하지 않은 채 연이어 나타날 경우 두 가지 서로 다른 구문, 즉 제시어 구문 또는 동격 구문이 가능하다. 다음 예들을 보자.

(23) a. 철수가 영희, 그녀를 좋아해.
　　b. 철수가 영희, 그 바보 같은 이웃집 여자를 좋아해.
(24) a. 철수가 만화책(,) 삼국지를 샀어.
　　b. 철수가 시인(,) 김소월을 좋아해.

(23)은 동일 사물 관계의 예들이고 (24)는 전체-부분 관계의 예들이다. 이 예들은 우리의 논의에서 지금까지 성분 제시어 구문이라고 간주됐던 것이다. 그런데 (23)과 같은 예들에 대해 Kim Y.-H. (1998: 332)는 '제시어-조응사 동격 구성'이라고 했고 Hong Y.-T. (2014)은 '확인 구문'이라고 했다. 그리고, (24)와 같은 예들에 대해서는 휴지가 있는 경우와 휴지가 없는 경우를 구별해야 하는데, 휴지가 없을 경우, Kim Y.-H. (1998: 332)는 '고유 명사 동격 구성'이라 했고 Hong Y.-T. (2014)은 '속성 구문'이라고 했다.

(23)의 예들과 휴지가 없는 (24)의 예들은 각각 비제한적 동격(non-restrictive apposition)과 제한적 동

격(restrictive apposition)의 특징을 보인다. 다음 Heringa(2011)의 예들에서 보듯이 비제한적 동격은 휴지가 필수적으로 출현하고 지칭이 비제한적인데 반해, 제한적 동격은 휴지가 출현하지 않고 지칭이 제한적이다.[10)]

(25) a. My brother, Peter, is still at college. (non-restrictive apposition)

b. My brother Peter is still at college. (restrictive apposition)

(23)의 예들은 휴지가 의무적이고 (24)의 예들은 동격 구문일 경우 휴지가 없다. 그리고 (23)의 예들은 동일 사물을 지칭하고 있으므로 비제한적인데 반하여, (24)의 예들은 휴지가 없을 경우 '만화책인 삼국지' 또는 '시인인 김소월'처럼 "만화책"과 "시인"이 각각 "삼국지"와 "김소월"의 외연을 제한한다. 이 특징들을 고려 할 때 (23)은 비제한적 동격 구문이고 (24)는 휴지가 없을 경우 제한적 동격 구문이라고 볼 수 있다. (앞으로 Hong Y.-T.(2014)을 따라 (23)과 같은 비제한적 동격 구문을 '확인 동격 구문'이라고 하고 (24)와 같은 비제한적 동격 구문을 '속성 동격 구문'이라고 하겠다.)

(23)의 예들이 성분 제시어 구문이라는 것을 기억하자. 그런데 방금 이 예들이 확인 동격 구문이라고도 했다. 그렇다면 성분 제시어 구문과 확인 동격 구문은 같은 구문에 대한 서로 다른 명칭인가 아니면 본질적으로 서로 다른 구문인가? Kim Y.-H.는 같은 구문에 대한 다른 명칭들이라고 본다. 그런데 성분 제시어 구문과 동격 구문은 같은 구문으로 분석될 수 없다. 왜냐하면 제시어와 동격어는 기능이 서로 다르기 때문이다. 제시어는 일종의 주제어이지만 동격어는 주제어가 아니다. 우리는 (23)에서처럼 성분 제시어와 이것의 주체가 동일 사물 관계를 맺으면서 인접해 있는 문장은 중의적이라고 본다. 즉, (23)의 문장들은 각각 성분 제시어 구문으로 분석될 수도 있고 확인 동격 구문으로 분석될 수도 있다고 본다. (23)의 예들이 중의적일 수 있는 이유는 성분 제시어와 확인 동격어가 모두 휴지를 요구하기 때문이다. 반면, (24)에서처럼 전체-부분 관계의 경우는 휴지 유무에 의해 두 구문이 구별된다. 확인 동격어와 달리 속성 동격어는 휴지를 요구 하지 않기 때문에 휴지가 있으면 성분 제시어 구문이고 휴지가 없으면 속성 동격 구문이다.

지금까지 성분 제시어와 이것의 주체가 인접할 경우 제시어 구문 또는 동격 구문이라는 서로 다른 구문으로 분석될 수 있다는 것을 보았는데, 이제 성분 여부를 테스트했던 예들에 대해 이 예들이 제시

10) '제한적/비제한적 동격'이라는 용어와 함께 '긴밀한/느슨한 동격(close vs loose apposition)'이란 용어도 사용된다. 이 두 동격 구문들의 차별적 특징들에 대해서는 Vries(2006), Lekalou & Szendroi(2008), Heringa(2011), Kim J.-B.(2012), Hong Y.-T.(2014) 등을 참고할 것

어 구문인지 아니면 동격 구문인지를 알아보자. 먼저, (15)-(16)-(17)의 예들을 보자. 이 예들에서는 소위 성분 제시어가 이것의 주체와 성분을 구성한다는 것을 앞에서 보았다. 또한 이 예들은 모두 동일 사물 관계의 예들이다. 그런데 동일 사물 관계에서는 성분 제시어와 이것의 주체가 인접할 경우 확인 동격 구문일 가능성이 열려있다. 그리고 동격 구문에서 동격어와 이것의 주체는 하나의 성분을 구성한다. 반면, 이어지는 논의에서 성분 제시어는 이것의 주체와 성분을 구성하지 않는다는 것을 보게 될 텐데, 그렇다면 (15)-(16)-(17)의 예들은 성분 제시어 구문이 아니라 동격 구문이라고 보아야 한다. 이런 이유로 우리는 이 예들을 동격 구문이라고 본다. 그리고 이 예들에서 주체와 함께 성분을 구성하는 소위 성분 제시어는 실제로는 동격어이지 성분 제시어가 아니라고 본다.

이번에는 (21)-(22)의 예들을 보자. 이 예들에서는 소위 성분 제시어와 이것의 주체 사이에 부가어가 나타나고 있다. 이것은 이 예들에서 성분 제시어와 주체가 하나의 성분을 구성하지 못한다는 것을 의미한다. 한편, 동격어와 이것의 주체는 성분을 구성해야 한다. 따라서 이 예들은 동격 구문이 될 수 없고 제시어 구문이라고 보아야 한다. 즉, 이 예들에서 소위 성분 제시어는 동격어가 아니라 제시어라고 보아야 한다.

마지막으로 전체-부분 관계의 예들인 (18)-(19)-(20)을 보자. 이 예들에서 소위 성분 제시어에는 휴지가 나타나고 있다. 그런데 전체-부분 관계가 속성 동격 구문이 되려면 휴지가 없어야 한다 (cf. (25)). 따라서 휴지가 있는 (18)-(19)-(20)의 예들은 동격 구문이 될 수 있는 가능성이 배제된다. 혹시 전체-부분 관계의 경우에 휴지가 없으면 속성 동격 구문이 될 것이고 따라서 성분 테스트들을 만족시킬 것을 기대할 수 있지 않을까? 과연 그렇다. 다음 예들을 보자.

(26) a. 철수가 도서관에서 [만화책 삼국지와 소설책 토지를] 빌렸어.
b. 철수가 도서관에서 빌린 [만화책 삼국지]
c. 철수가 도서관에서 빌린 것은 [만화책 삼국지]야.

휴지가 없는 위 문장들은 속성 동격 구문이다. 동격 구문에서 동격어와 이것의 주체는 하나의 성분을 구성하기 때문에 이 문장들은 비문법적일 이유가 없다.[11]

11) (26)의 예들과 달리 (18)-(19)-(20)의 예들은 같은 전체-부분 관계임에도 불구하고 휴지가 없을 경우 여전히 부자연스럽다.
(i) a. *철수가 시장에서 [과일 사과]와 [채소 상추]를 샀어.
b. ?*[철수가 시장에서 산] [꽃 장미]
c. ?*철수가 좋아하는 것은 [음악 클래식]이야.
왜 (26)의 예들과 달리 위 예들은 부자연스러울까? 이것은 속성 동격 구문의 기능과 관련 있어 보인다. 속성 동격 구문에서 동격어 기종합하면, (18)-(19)-(20)-(21)-(22)의 예들은 동격 구문일 가능성이 배제되었기 때문에 성분 제시어 구문이다. 이 예들에서 성분 제시어는 이것의 주체와 성분을 구성하지 않는다. 한편, 성분을 구성하는 (15)-(16)-(17)의 예들은 성분 제시어 구문 이 아닌 동격 구문이기 때문에 성분 제시어가 주체와 성분을 구성한다는 증거가 되지 못한다. 결국, 성분 테스트를 위해 살펴본 모든 예들은 Kim Y.-H.의 주장과는 반대로 성분 제시어가 이것의 주체와 함께 성분을 구성하지 않는다는 것을 보여준다.

지금까지 동격 구문과 달리 성분 제시어 구문은 제시어가 이것의 주체와 하나의 성분을 구성하지 않는다는 논거를 보았다. 성분을 구성하지 않는다는 것과 함께 성분 제시어 구문이 지니고 있는 또 다른 특징은 제시어에 휴지가 필수적으로 출현한다는 것이다. (반면, 동격 구문은 확인 동격어에는 휴지가 나타나지만 속성 동격어에는 휴지가 나타나지 않는다.) 다음은 이것을 보여주는 예들이다.

(27) a. 철수가 영희*(,) 영희를 좋아해.
b. 철수가 해장국*(,) 해장국을 좋아해.

이 예들은 (23)과 마찬가지로 동일 사물 관계의 예들이나 (23)과 달리 상응 논항이 지시사를 포함하는 경우가 아니라 제시어와 동일 표현을 사용하는 경우이다. 이 예들은 제시어 구문이지 동격 구문이 아니다. 동격어가 이것의 주체와 표현이 동일한 경우는 없기 때문이다. 동격 구문일 가능성이 배제되었기 때문에 이 예들은 성분 제시어 구문일 수밖에 없다. 그런데 이 예들에서 휴지는 필수적이다. 따라서 이 예들은 성분 제시어 구문에서 휴지가 필수적이라는 것을 보여주는 한 증거이다.

다음은 성분 제시어 구문에서 휴지가 필수적이라는 것을 보여주는 또 다른 예이다.

(28) a. 철수가 시장에서 과일?*(,) 사과를 샀어.
b. 철수가 꽃?*(,) 장미를 좋아해.

이 예들은 전체-부분 관계의 예들인데 같은 전체-부분 관계인 (24)의 예들과 달리 휴지가 필수적이다. 그 이유는 이 예들이 (24)의 예들과 달리 동격 구문이 되기 어렵기 때문이다. 이 예들이 속성 동격 구

능은 단순히 주체의 속성만을 표현하는 것 같지 않다. 속성 이외에 대조의 기능도 있는 것 같다. 가령, (26)에서 "소설책 토지"는 만화책이 아닌 소설책 토지 그리고 "만화책 삼국지"는 소설책이 아닌 만화책 삼국지라는 대조 해석을 지니는 것이 자연스럽다. 반면 (i)에서 "과일 사과", "채소 상추", "꽃 장미", "음악 클래식"은 과일이 아닌 사과, 채소가 아닌 상추, 꽃이 아닌 장미, 음악이 아닌 클래식을 금방 상상하는 것이 쉽지 않다. 즉, 이 예들은 대조 해석을 지니기가 쉽지 않다. 우리는 (26)의 예들과 달리 (i)의 예들이 부자연스런 것은 이처럼 (i)의 동격어들이 대조 해석을 지니기 어렵기 때문이라고 본다.

문이 되려면 동격어가 대조 해석을 지녀야 하는데 과일이 아닌 사과나 꽃이 아닌 장미를 금방 상상하는 것이 쉽지 않 다 (cf. 주석 11). 동격 구문일 가능성 배제되었기 때문에 이 예들은 성분 제시어 구문일 수밖에 없다. 따라서 이 예들에서 휴지가 필수적이라는 사실은 성분 제시어에 휴지가 필수적이라는 것을 보여주는 증거이다.

지금까지 성분 제시어 구문과 동격 구문에서 성분 구성과 휴지 유무의 조건이 어떤지를 살펴보았다. 다음은 이 두 가지 사항의 유무에 대한 가능한 모든 조합을 고려하여 두 구문의 특징을 도식적으로 나타낸 것이다.

(29) 성분 구성과 휴지 출현에 따른 제시어 구문과 동격 구문의 특징

구 분	성분 제시어 구문	확인 동격 구문	속성 동격 구문	없는 구문
성분 구성	-	+	+	-
휴지 출현	+	+	-	-

지금까지 보았듯이 성분 구성 여부가 성분 제시어 구문과 동격 구문을 구별 짓는 결정적인 요인이다. 즉, 성분 제시어 구문에서는 성분 제시어가 이것의 주체와 성분을 구성하지 않는데 반하여 동격 구문에서는 확인 동격 구문이건 속성 동격 구문이건 관계없이 동격어가 이것의 주체와 성분을 구성한다. 휴지 여부는 성분 제시어 구문과 속성 동격 구문을 구별 짓는 요인이나 성분 제시어 구문과 확인 동격 구문을 구별 짓는 요인은 아니다. 속성 동격어에는 휴지가 나타나지 않지만 성분 제시어와 확인 동격어에는 휴지가 나타나기 때문이다. 한편, 인접하는 두 명사구가 성분을 구성하지 않으면서 첫째 명사구에 휴지가 주어지지 않는 경우는 없다. 왜냐하면 성분을 구성하지 않으면 제시어 구문이 되어야 하는데 제시어 는 반드시 휴지를 동반하기 때문이다.

성분 구성과 휴지 유무로 성분 제시어 구문과 동격 구문을 특징지었는데 이런 특징은 제시어와 동격어의 해석 기능과도 부합하는 것 같다. 다음 속성 동격 구문을 허용하는 전체-부분 관계의 예들을 보자.

(30) a. 철수가 만화책 삼국지를 샀어. (동격 구문 - 속성 해석)

b. 철수가 만화책, 삼국지를 샀어. (성분 제시어 구문 - 관련성 해석)

c. 만화책, 철수가 삼국지를 샀어. (문장 제시어 구문 - 관련성 해석)

속성 동격 구문인 (30a)에서 "만화책"과 "삼국지" 사이에는 휴지가 없다. 그리고 앞에서 이 두 요소는 하나의 성분을 구성한다는 것을 보았다 (cf. (26)). 성분 제시어 구문인 (30b)에서 "만화책"과 "삼국지" 사이에는 휴지가 있다. 그리고 이 두 요소는 하나의 성분을 구성하지 않는다.[12] 그런데 (30a)에서 "만화책"은 속성 해석만 가능하고 관련성(aboutness) 해석은 불가능하다. 반면, (30b)에서는 "만화책" 이 속성 해석은 불가능하고 관련성 해석만 가능하다. 즉, (30b)에서 "만화책"은 '만화책인 삼국지'라는 속성 해석은 불가능하고, '만화책과 관련하여 말하자면 삼국지를 샀어'라는 관련성 해석만 가능하다. 문장 제시어 구문인 (30c)에서는 물론 "만화책"이 관련성 해석만 가능하다. 이처럼 성분을 구성하지 않고 휴지가 주어지는 소위 성분 제시어는 문장 제시어와 마찬가지로 관련성 해석만 가능하다. 즉, (30)의 예들은 휴지가 주어지거나 또는 성분을 구성하지 않으면 속성 동격 해석은 불가능하고 관련성 해석만 가능하다는 것을 보여준다.

이번에는 확인 동격 구문을 허용하는 동일 사물 관계의 예들을 보자.

(31) a. 철수가 [영희, 그 여자를] 좋아해. (동격 구문 - 확인 해석)
b. 철수가 영희, [그 여자를 좋아해]. (성분 제시어 구문 - 관련성 해석)
c. 영희, 철수가 그 여자를 좋아해. (문장 제시어 구문 - 관련성 해석)

확인 동격 구문인 경우는 동격어 앞에 휴지가 필수적이다(cf. (25)). 성분 제시어 다음에도 휴지가 필수적이다. 결국, (31a)와 (31b)는 음성적으로는 동일하다. 하지만 구조는 서로 다르다. 즉, (31a)는 "영희"와 "그 여자"가 하나의 성분을 구성하는 확인 동격 구문인데 반하여 (31b)는 이 두 요소가 성분 을 구성하지 못하는 소위 성분 제시어 구문이다. 확인 동격 구문인 (31a)에서 "영희"는 확인 해석만 가 능하지 관련성 해석은 불가능해 보인다. 반면, 성분 제시어 구문인 (31b)에서 "영희"는 '영희와 관련하여 말하자면 그 여자를 좋아해'라는 관련성 해석만 가능하다. 문장 제시어 구문인 (31c)에서 문장 제시어인 "영희"는 물론 관련성 해석을 지닌다. (30)의 예들과 달리 (31)의 예들은 휴지의 출현이 관련성 해석을 강요한다는 것을 보여주지 않는다. 그렇더라도 관련성 해석이 있을 경우 휴지 출현이 의무적이라는 것을 보여준다. 뿐만 아니라 (21b)에서 보았듯이 (31b)에서 성분 제시어와 이것의 주체 사이에는

12) (30b)에서 "만화책"과 "삼국지"가 성분을 구성하지 않는다는 것은 등위접속, 관계화, 초 점화 테스트에 적용했을 경우 비문이라는 것으로 알 수 있다.
(i) a. *철수가 도서관에서 [만화책, 삼국지와 소설책, 토지를] 빌렸어.
b. *철수가 도서관에서 빌린 [만화책, 삼국지]
c. *철수가 도서관에서 빌린 것은 [만화책, 삼국지]야.

"어쩌면"과 같은 부가어가 개입할 수 있는데 이 경우 관련성 해석만이 가능하다. 이것은 성분 제시어와 이것의 주체가 하나의 성분을 구성하지 않을 경우 관련성 해석만 가능하다는 것을 의미한다.[13)]

(30)과 (31)의 예들을 통하여 동격어와 달리 성분 제시어는 관련성 해석을 지닌다는 것을, 즉 성분 제시어 다음에 나타나는 문장의 나머지 부분은 성분 제시어에 대한 관련 서술이어야 한다는 점을 살펴보았다. 이 사실은 성분 제시어가 이것의 주체와 하나의 성분을 구성하지 않는다는 또 다른 논거를 제공한다. 다음 예들을 보자.

(32) a. 영희, [철수가 그 여자를 좋아해].
b. 철수가 [영희, [그 여자를 좋아해]].
c. 철수가 [영희, 그 여자를] 좋아해.

제시어와 이것에 대한 관련 서술(comment) 부분은 일종의 주술 관계라고 볼 수 있다. 한편, Rothstein(1983)은 주어와 술어는 상호 성분통어(mutual c-command)하는 구조적 조건을 만족시켜야 한다고 했다. (32a)에서 문장 제시어 "영희"는 이 상호 성분통어 조건을 만족시킨다. 즉, 문장 제시어 "영희"와 관련 서술인 "철수가 그 여자를 좋아해"는 서로 성분통어 관계에 있다. 이제 성분 제시어의 경우를 보자. 앞에서 성분 제시어는 후속하는 문장의 나머지 부분과 관련하여 관련성 해석을 지닌다는 것을 보았다. 이것은 곧 성분 제시어와 후속하는 문장의 나머지 부분이 일종의 주술 관계를 형성한다는 것을 의미한다고 볼 수 있다. 예를 들어, (32b)에서 성분 제시어 "영희"와 문장의 나머지 부분인 "그 여자를 좋아해"는 주술 관계를 형성한다고 볼 수 있다. 그렇다면 이 주술 관계를 포착하기 위한 올바른 구조는 (32b)와 같아야 할까 아니면 (32c)와 같아야 할까? 구조 (32b)는 제시어 "영희"와 서술(comment) 부분인 "그 여자를 좋아해" 사이에 상호 성분통어 조건을 만족시킨다. 반면, Kim Y.-H.(1989)가 주장하는 구조 (32c)는 그렇지 못하다. (구조 (32c)는 성분 제시어의 구조가 아니라 확인 동격 구문의 구조라고 보아야 한다.) 따라서 관련성 해석에 대한 구조적 조건인 상호 성분통어 조건을 고려할 때 성분 제시어 구문에 대한 올바른 구조는 (32c)가 아니라 (32b)와 같아야 한다.

---

13) 지금까지 확인 동격 구문에서 동격어 다음에 휴지가 의무적이라고 했는데 과연 그런지는 심도 있는 연구를 통하여 확인할 필요가 있어 보인다. 우리의 귀에는 휴지가 없는 (ia)도 그렇게 이상하게 들리지 않는다.
(i) a. 철수가 영희 그 여자를 좋아해. (ok확인 해석, *관련성 해석)
b. 철수가 영희, 그 여자를 좋아해. (ok확인 해석, ok관련성 해석)
그런데 주목할 것은 휴지가 없는 (ia)는 관련성 해석이 불가능해 보인다는 점이다. 이것은 관련성 해석을 위해서 휴지가 필수적이라는 우리의 주장과 부합한다. (i)의 예들에 대한 문법성과 해석은 우리의 직관에 의존한 것으로 한국어 확인 동격 구문에서의 휴지 여부와 해석의 관계에 대한 심도 있는 연구는 다음 과제로 남겨둔다.

지금까지의 논의를 요약하면 등위접속, 관계화, 분열구문에서의 초점화, 부가어 개입이라는 성분 테스트들을 고려할 때 성분 제시어는 이것의 주체와 하나의 성분을 구성하지 않는다고 보아야 한다. 이것들이 하나의 성분을 구성한다고 보아야 하는 테스트 결과들도 있으나 이런 결과를 보이는 예들은 성분 제시어의 예들이 아니라 동격어의 예들이다. 성분 제시어는 언제나 후속하는 문장의 나머지 부분에 대해 관련성 해석을 지니는데 이것 또한 성분 제시어가 주체와 하나의 성분을 구성하지 않는다는 논거를 제공한다. 따라서 우리는 Kim Y.-H.의 주장과 달리 직후에 나타나는 명사구와만 관계하는 성분 제시어는 존재하지 않는다고 본다. 소위 성분 제시어는 문장 제시어와 마찬가지로 하나의 제시어이고, 문장 내부에 나타난다는 점에서만 문장 제시어와 다를 뿐이다. 이런 의미에서 앞으로 우리는 성분 제시어를 '내부 제시어(clause-internal bare topic)'라고 부르겠다. 다음 절에서는 이 내부 제시어의 구조적 위치에 대해서 논의하겠다.

5. 내부 제시어

앞 절에서 보았듯이 소위 성분 제시어는 이것의 주체와 분리되어 나타날 수 있다. 관련 예들을 다시 반복한다.

(21) a. 요즘 철수는 베토벤, 하루 종일 그것만을 들어.
  b. 철수는 영희, 어쩌면 그녀를 좋아하고 있을는지 몰라.
(22) a. 철수는 자동차, 돈이 모자라서 아반떼를 샀어.
  b. 철수는 과일, 아마도 사과를 샀을 거야.
  c. 철수는 꽃, 그 일 이후로 장미만을 좋아해.

위 예들은 동일 사물 관계이건 전체-부분 관계이건 소위 성분 제시어와 이것의 주체 사이에 문장 요소가 개입할 수 있다는 것을 보여준다. 그리고 앞 절에서 언급했듯이 소위 성분 제시어는 문장 제시어와 마찬가지로 후속하는 문장의 나머지 부분에 대하여 관련성 해석을 지닌다. 이 두 가지 사항, 즉 상응 논항과의 분리 가능성과 관련성 해석은 문장 제시어의 특징이기도 하다. 이를 근거로 우리는 소위 성분 제시어가 Kim Y.-H.가 주장했듯이 이것의 주체에 대한 제시어가 아니라 직후의 문장 나머지 부분에 대한 제시어라고 주장했다. 즉, 소위 성분 제시어 는 문장 제시어와 마찬가지로 문장의 나머지 부분에 대한 제시어이고, 단지 문장 내부에 나타난다는 점만 문장 제시어와 다르다는 것이다. 따라서 소위 성분 제시어에 대한 정확한 명칭은 '내부 제시어'가 되어야 한다.(주체(host)라는 명칭도 동격어(appositive)와 대립하여 사용되는 것이기 때문에 정확한 명칭은 제시어와 대립하여 사용될 수 있는 '조응어(anaphor)'가 되어야 한다.) 그렇다면 내부 제시어는 구조적으로 문장 내부의 어느 위치에 있는가? 우리는 이것의 구조적 위치가 TP와 vP 사이라고 주장할 것이다.[14)]

(33)

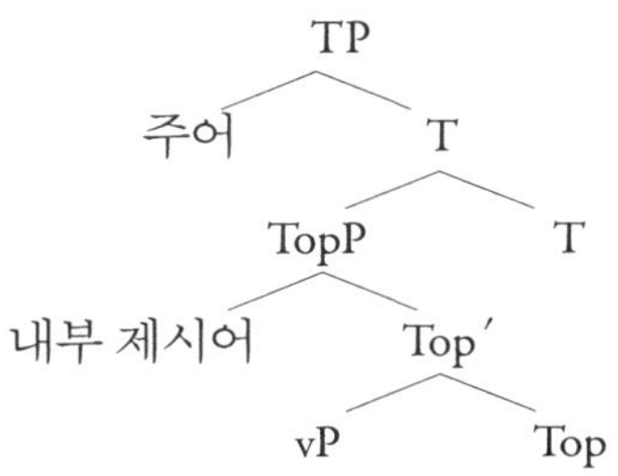

Ko H. (2007: 66)는 vP를 경계로 하위에 나타나는 하위 부가어(low adjunct)와 상위에 나타나는 상위 부가어(hight adjunct)를 구별하였다.[15)] 내부 제시어는 부가어가 하위 부가어인가 상위 부가어인가에 따라 상대적 위치가 동일하지 않다. 다음 예들에서 보듯이 상위 부가어와 함께 나타날 때는 내부 제시어가 이 부가어의 직전이나 직후 모두에 나타날 수 있다.

(34) a. 철수가 {아마도 / 놀랍게도 / 시장에서} 과일, 사과를 샀어.
b. 철수가 {다행히도 / 아마도 / 놀랍게도} 꽃, 장미를 좋아해.

(35) a. 철수가 과일, {아마도 / 놀랍게도 / 시장에서} 사과를 샀어.

---

14) 절 내부 주제어가 TP와 vP 사이에 나타난다는 주장에 대해서는 Jayaseelan(2001), Belletti(2004), Haegeman & Lohndal(2015), Park & Kim(2019) 등을 볼 것.

15) 다음은 부가어에 대한 Ko H. (2007: 66)의 분류이다.
(i) a. 하위 부가어(low adjunct)
- 방식 부사/전치사구(manner adverb/PP) (예: 빨리, 열심히)
- 도구 부사/전치사구(instrumental adverb/PP) (예: 포크로)
- 결과 부사/전치사구(resultative adverb/PP) (예: 산산조각으로)
b. 상위 부가어(hight adjunct)
- 문장 부사/전치사구(sentential adverb/PP) (예: 분명히, 아마도)
- 시간/장소 부사/전치사구(temporal/locative adverb/PP) (예: 어제, 거기서)
- 주어 관련 부사/전치사구(subject-oriented adverb/PP) (예: 놀랍게도)

b. 철수가 꽃, {다행히도 / 아마도 / 놀랍게도} 장미를 좋아해.

반면, 하위 부가어와 함께 나타날 때는 내부 제시어가 이 부가어의 앞에는 나타 날 수 있으나 뒤에 나타날 경우는 부자연스럽다.

(36) a. 철수가 과일, 맛있게 사과를 먹었어.
b. 철수가 꽃, 지나치리만치 장미를 좋아해.
(37) a. ?*철수가 맛있게 과일, 사과를 먹었어.
b. ?*철수가 지나치리만치 꽃, 장미를 좋아해.

(34)-(35)-(36)-(37)의 예들 중 내부 제시어의 통사적 위치를 알려주는 핵심적인 것은 (37)이다. 일반적으로 하위 부가어들의 위치는 vP 직전이라고 알려져 있다. 왜냐하면 이 부가어들은 동사구를 수식하는 것들이기 때문이다. (37)의 예들은 내부 제시어가 하위 부가어 다음에 나타날 수 없다는 것을 보여주는데 이것은 곧 내부 제시어의 위치가 vP 밖이란 것을 의미한다. 내부 제시어의 위치가 vP 밖이라면 (36)의 예들이 보여주듯이 이것이 하위 부가어 앞에 나타날 수 있다는 사실이 설명된다. 상위 부가어들의 위치는 vP 밖이기 때문에 내부 제시어가 이들 앞이나 뒤에 나타나는 (34)와 (35)의 예들도 물론 설명될 수 있다. 우리는 (34)-(35)-(36)-(37)의 예들을 근거로 내부 제시어의 위치가 TP와 vP 사이라고 본다.

내부 제시어의 위치를 파악하기 위해 사용한 (34)-(35)-(36)-(37)의 예들은 전체-부분 관계에서 속성 동격 구문을 허용하지 않는 경우들이다; 앞에서도 언급했듯이 "?*과일 사과"와 "?*꽃 장미"라는 동격 구성은 부자연스럽다. 다음은 "만화책 삼국지"처럼 속성 동격 구문을 허용할 수 있는 전체-부분 관계의 경우 내부 제시어의 하위 부가어와의 상대적 위치가 어떠한지를 보여주는 예들이다.

(38) a. 철수가 만화책, 재빨리 삼국지를 대출 받았어.
b. ?*철수가 재빨리 만화책, 삼국지를 대출 받았어.
c. 철수가 재빨리 만화책 삼국지를 대출 받았어.

앞에서도 논의했지만 속성 동격 구문에서 동격어 앞에는 휴지가 주어지지 않는다. 휴지가 주어지면 더 이상 동격 구문이 아니고 내부 제시어 구문이다. 따라서 휴지가 주어지는 (38a)와 (38b)에서 "만화책"은 내부 제시어이다. (38a)에서는 이 내부 제시어가 하위 부가어 "재빨리" 앞에 나타나고 있고 (38b)에서는 뒤에 나타 나고 있다. 우리 귀에는 (38a)는 자연스러우나 (38b)는 부자연스럽다. 이 두 문장 사이의 문법성의 차이는 내부 제시어의 위치가 vP 상위라는 우리의 주장과 부합한다. 한편, (38c)에서는 휴지가 없다. 따라서 (38c)는 속성 동격 구문인데 좋은 문장이다. 속성 동격 구문에서 동격어와 이것의 주체는 하나의 성분을 구성하기 때문에 목적어의 부분인 동격어 "만화책"이 하위 부가어 다음에 나타날 수 있는 것은 당연하다.

이번에는 동일 사물 관계에서 내부 제시어의 하위 부가어와의 상대적 위치 가 어떠한지를 알아보자. 다음은 관련 예들이다.

(39) a. 철수가 영희, 열렬히 그녀를 사랑해.
b. ?*철수가 열렬히 영희, 그녀를 사랑해.
c. 철수가 열렬히 영희 그녀를 사랑해.

(39a)에서 내부 제시어 "영희"는 하위 부가어 "열렬히" 앞에 나타나고 있다. 이 문장은 자연스러운데 이것은 내부 제시어가 vP 밖이라는 우리의 주장과 부합한다. (39b)에서 "영희"는 하위 부가어 다음에 나타나고 있고 휴지와 함께 이것의 주체인 (또는 조응어인) "그녀를"과 인접해 있다. (39b)의 "영희"는 내부 제시어일 수도 있고 확인 동격어일 수도 있다. 왜냐하면 내부 제시어뿐만 아니라 확인 동격어에도 휴지 출현이 필수적이기 때문이다. 그런데 휴지가 주어지지 않는 (39c)와 비교했을 때 (39b)는 상대적으로 부자연스러운 것 같다.[16] (39b)와 (39c) 사이의 문법성의 대조가 실질적인 것이라면 이것은 어쩌면 확인 동격어도 속성 동격어와 마찬가지로 휴지가 주어지지 않는다는 것을 암시하는 것 같다 (cf. 주석 13). 어쨌든 (39b)가 상대적으로 부자연스럽다면 이것은 내부 제시어가 vP 밖에 있다는 우리의 주장을 더욱 강화시켜 주는 증거가 될 수 있다.

지금까지 논의된 모든 예들은 내부 제시어의 위치가 TP와 vP 사이라는 결론을 지지한다. 그런데 이러한 결론은 주어의 격 표지 출현 여부와 관련된 문제를 안고 있다. 왜 그런지를 보기 위해 먼저 다음 (40)의 예들을 보자. 이 예들에서 주격 표지는 의무적이다. Hong Y.-T. (1994)은 이와 같은 예들을 근거로 주어 논항에는 주격 표지가 의무적으로 출현한다는 일반화를 제시했다.

16) (39b)의 문법성을 파악하기 위해서는 "열렬히"와 "영희" 사이는 휴지 없이 이어서, 그리고 "영희" 다음에는 휴지를 확실히 주고 읽어야 한다. 이 경우 우리 귀에는 (39b)가 (37)이나 (38b) 와 비슷하게 부자연스럽다.

(40) a. 어떤 사람*(이) 도서관에서 영희를 만났어.
b. 누구*(가) 사과를 좋아하니?

그런데 아래 (41a)는 이 일반화에 대한 반례처럼 보인다. 왜냐하면 이 문장은 주어 논항 "철수"에 주격 표지가 나타나고 있지 않음에도 자연스럽기 때문이다.

(41) a. 철수, 도서관에서 영희를 만났어.
b. 철수(i), [pro(i) 도서관에서 영희를 만났어]

이에 대해 Hong Y.-T. (2004)는, (41b)에 표시되었듯이, 이 격 표지 없는 주어는 사실 주어가 아니라 문두에 위치하는 이탈어(dislocated element)이고 주어 위치에는 이것에 의해 결속되는 pro가 있다고 주장하였다. (이탈어는 문장 제시어에 대한 다른 이름일 뿐이다.)

한편, Ahn(1996)는 주어 앞으로 어떤 요소가 뒤섞기 이동을 한 경우 주어에 격 표지가 의무적으로 출현한다는 것을 관찰하였다. 다음은 이 사실을 보여주는 예들이다.

(42) a. 철수를 영희*(가) 보았어.
b. 철수에게 영희*(가) 책을 주었어.

이 문장들에 대해 Hong Y.-T. (2017)은 격 표지 없는 주어는 실제로는 문장 제시어이고 문장 제시어의 위치는 문두이어서 비문이 된다고 설명하였다. 그런데, 문장 제시어와 함께 내부 제시어를 인정하면 (42)의 문장들이 비문이라는 것을 어떻게 설명할 것인가 라는 질문이 제기된다. 왜냐하면 (42)에서 격 표지 없는 주어 "영희"가 문장 제시어가 아니라 내부 제시어라고 볼 수 있기 때문이다. 이 경 우 (42)의 문장들이 비문이어야 할 이유가 없어 보인다.

이 질문에 대한 대답을 우리는 결속 조건에서 찾는다. 즉, 주어에 상응하는 내부 제시어는 항상 결속 조건을 위반한다는 것이다. 왜 그런지를 보여주기 위해, (42a)에서 주어에 격 표지가 없을 경우, 즉 이것이 내부 제시어로 간주될 경우 (42a)가 어떻게 도출되는지를 보자.

(43) a. [TP [TopP 영희(i) [vP pro(i) 철수를 보]]았어]

b. [TP pro(i) [TopP 영희(i) [vP t(i) 철수를 보]]았어]

c. 철수를(j) [TP pro(i) [TopP 영희(i) [vP t(i) t(j)보]]았어]

(43a)는 기저 구조이다. 이 기저 구조에서 내부 제시어 "영희"는 TP와 vP 사이에 생성되었고 이 제시어의 조응어인, Spec,vP에 있는 주어 논항 pro와 동일 지표를 지닌다. 다음 도출 단계인 (43b)에서 주어 논항인 pro는 격을 받기 위해, 또는 확대투사원리(EPP) 때문에, Spec,vP에서 Spec,TP로 이동했다. 그런데 이 도출 단계에서 pro는 TP와 vP 사이에 있는 내부 제시어 "영희"를 결속하게 되고 그 결과 지시 표현(referential expression)인 "영희"는 결속조건 C를 어기게 된다. ((42b) 문장에 대해서도 같은 분석이 적용된다.) 다음 예에서 보듯이 한국어에서 지시 표현이 대명사에 의해 결속됐을 경우 비문이 된다.

(44) *그녀가(i) 영희를(i) 보았어.

결국, (42)에서처럼 주어에 상응하는 내부 제시어가 출현할 경우 항상 결속조건 C를 어기게 되어 비문을 초래할 것이다.

내부 제시어와 달리 주어에 상응하는 문장 제시어의 경우는 결속조건을 위반하지 않는다. 주어에 상응하는 문장 제시어의 예인 (41a)를 보자. 다음은 (41a)에 대한 보다 상세한 표시이다.

(45) 철수(i), [TP pro(i) 도서관에서 [vP t(i) 영희를 만났어]]

위 표시에서 문장 제시어 "철수"는 문두에 기저 생성되어 있다. 따라서 주어 논항 pro가 Spec,vP에서 Spec,TP로 격을 위해 이동하더라도 문장 제시어 "철수"가 결속조건 C를 어기지 않는다. 이런 이유로 주어에 상응하는 내부 제시어와 달리 주어에 상응하는 문장 제시어는 비문을 초래하지 않을 것이다.[17]

17) Hong(2020a)의 심사자 한 분께서 (45)의 구조에서 "영희를"이 문장 제시어를 넘어 앞으로 이동할 수 없는지를 물었다. 만약 이 이동을 허용하게 되면 (42)의 예들에서 제시어가 내부 제시어가 아니라 문장 제시어로 볼 수 있는 길이 열리고 이 경우 이 (42)의 예들이 비문이라는 사실을 설명할 수 없다. 이 문제에 대해 우리는 본문에서도 언급했듯이 문장 제시어는 문장 최상위 요소라고 가정한다. 따라서 문장 제시어 앞으로는 어떤 요소도 이동할 수 없다고 본다. 문장 제시어가 문장 최상위 요소라는 논거에 대해서는 Kim Y.-H.(1989), Hong Y.-T.(2012) 등을 볼 것.

목적어에 상응하는 내부 제시어도 결속조건을 위반하지 않는다. (46a)는 관련 예인데 이것에 대한 표시인 (46b)를 보자.

(46) a. 철수가 영희, 도서관에서 만났어.

b. [TP 철수가(i) [TopP 영희(j) 도서관에서 [vP t(i) pro(j) 만났어]]]

(46b)에서 목적어 상응 내부 제시어 "영희"는 TP와 vP 사이에 생성되었다. 내부 제시어의 조응어인 목적어 pro는 동사의 보충어 위치에 있다. 설령 목적격을 위해 이 pro가 이동한다고 하더라도 vP 영역 내부이다. 내부 제시어 "영희"는 vP 영역 밖에 있으므로 pro가 격을 위해 이동하더라도 내부 제시어를 결속하지 않는다. 따라서 목적어 상응 내부 제시어는 결속조건 C를 어기지 않는다. 이런 이유로 주어에 상응하는 내부 제시어와 달리 목적어에 상응하는 내부 제시어는 비문을 초래하지 않을 것이다.[18)]

지금까지의 논의를 요약하면 내부 제시어의 위치는 TP와 vP 사이이다. 그리고 주어에 상응하는 내부 제시어는 비문을 초래하는데 그 이유는 이 내부 제시어가 필연적으로 결속조건 C를 어기게 되기 때문이다. 주어에 상응하는 내부 제시어와 달리 문장 제시어 또는 목적어 상응 내부 제시어는 결속조건 C를 어기지 않기 때문에 비문을 초래하지 않는다.

---

18) 결속 조건과는 관련 없는 사항이지만 Hong(2020a)의 심사자 한 분께서 다음 (ib)에서처럼 내부 제시어를 넘어 상응 목적어 논항이 뒤섞기 이동을 할 경우 비문이 되는 이유를 물었다.

(i) a. 철수가 만화책, 삼국지를 샀어.

b. *삼국지를 철수가 만화책, 샀어.

우리의 분석에 따르면 (ib)의 구조는 다음과 같다: 내부 제시어 "만화책"은 vP와 TP 사이에 기저 생성됐고, 주어 "철수가"가 격을 위해 Spec,vP에서 Spec,TP로 이동했고, 그 다음 목적어 논항 "삼국지를"이 문장 앞으로 뒤섞기 이동을 했다.

(ii) [삼국지를(j) [TP 철수가(i) [TopP 만화책, [vP t(i) t(j) 샀어]]]]

우리는 이 구조가 관련성 조건을 어긴다고 본다. 제시어에 대한 관련성 조건은 서술 부분(comment)이 제시어에 관련된 것이어야 한다는 조건인데, 이 조건을 만족시키는 방법에는 두 가지가 있다. 하나는 서술 부분이 제시어에 대한 조응어를 내포하는 경우이고, 다른 하나는 조응어를 내포하지 않더라도 서술 부분 전체가 제시어에 관한 서술일 경우이다. (ia)는 조응어를 통하여 관련성 조건이 만족되는 경우이다. 왜냐하면 "만화책"에 대한 조응어 "삼국지"가 이동 없이 서술 부분에 남아있기 때문이다. 반면, (ib)의 표시인 (ii)에서는 조응어 "삼국지"가 문장 앞으로 이동하여 서술 부분에 내포되어 있지 않다. 이동한 요소의 흔적은 관련성 조건과 관련하여 조응어의 역할을 하지 못하는 것 같다.

6. 제시어의 다양한 위치

3절에서 문장 제시어와 소위 성분 제시어는 상호 전환이 가능하다는 것을 보았다. 4절에서는 소위 성분 제시어는 내부 제시어이거나 아니면 동격어로 분석되어 야 한다는 것을 보았다. 이것은 한 문장 안에서 격 표지 없는 동일 명사구가 문장 제시어로, 내부 제시어로, 그리고 동격어로 나타날 수 있다는 것을 의미한다. 이것을 보여주는 다음 예들을 보자. (47)은 동일 사물 관계의 예들이고 (48)는 전체-부분 관계의 예들이다.

(47) a. 철수가 도서관에서 영희 그 여자를 만났어. (확인 동격어)
b. 철수가 영희, 도서관에서 그 여자를 만났어. (내부 제시어)
c. 영희, 철수가 도서관에서 그 여자를 만났어. (문장 제시어)

(48) a. 철수가 서점에서 만화책 삼국지를 샀어. (속성 동격어)
b. 철수가 만화책, 서점에서 삼국지를 샀어. (내부 제시어)
c. 만화책, 철수가 서점에서 삼국지를 샀어. (문장 제시어)

위 예들이 보여주는 무격 명사구의 다양한 위치는 이 예들이 하나의 기저 구조에서 이동을 통해 도출된다고 보면 간단히 설명된다. 예를 들어, (47)의 예들에 대해 제시어의 기저 위치가 확인 동격어 위치이고 이 위치에서 수의적으로 내부 제시어 위치와 문장 제시어 위치로 이동한다고 볼 수 있을 것이다. 다음은 이 이동 분석을 도식화한 것이다.[19)]

(49) 영희(i), 철수가 t(i) 도서관에서 [t(i) 그 여자를] 만났어

이 절에서 우리는 이 이동 분석이 타당한지 여부를 논의하겠다.

우선, 이동 분석은 문장 제시어와 내부 제시어가 동격 해석을 지니고 있지 않다는 사실을 설명할 수 없다. 문장 제시어 또는 내부 제시어가 동격어에서 도출된 것이라면 이것들은 제시어의 해석과 함께 동격어의 해석도 지니고 있기를 기대해야 할 것이다. 이동한 요소가 도착 위치에서 추가로 새로운 해

19) (49)에 도식화된 것과는 내용이 다르지만 문장 제시어가 문장 내부에서 이동한다는 주장은 Ahn & Cho(2006)에서 제기되었다. Hong Y.-T. (2011)은 이들 주장에 대해 문제점을 지적하고 기저 생성 분석을 제기하였다.

석을 얻을 수는 있으나 기저 위치에서 얻은 해석이 지워지지는 않기 때문이다. 동일 사물 관계의 예인 (47)에서는 이 해석의 문제가 뚜렷하게 드러나지 않는다. 반면, 전체-부분 관계의 예인 (48)에서는 이 해석의 문제가 뚜렷하게 드러난다. 즉, (48b)의 내부 제시어와 (48c)의 문장 제시어는 관련성 해석만 지니고 있지 '만화책인 삼국지'라는 (48a)의 속성 동격 해석은 지니고 있지 않다. 이러한 사실은 다음 전체- 부분 관계의 또 다른 예들에서 보다 분명히 확인된다.

(50) a. ?*철수가 시장에서 과일 사과를 샀어. (속성 동격어)
b. 철수가 과일, 시장에서 사과를 샀어. (내부 제시어)
c. 과일, 철수가 시장에서 사과를 샀어. (문장 제시어)

"과일 사과"는 "과일인 사과"가 어색한 것처럼 속성 동격 해석이 매우 부자연스럽다. 속성 동격 구문인 (50a)가 부자연스럽게 들리는 것은 이 때문이다. 그런데 이것에 상응하는 내부 제시어 문장과 문장 제시어 문장은 자연스럽다. 이것은 내부 제시어 또는 문장 제시어가 속성 동격어에서 도출되지 않았다는 증거이다.

방금 논의한 해석의 문제는 문장 제시어 또는 내부 제시어가 동격어에서 이동한 것이 아니라는 증거가 될 수는 있지만 문장 제시어가 내부 제시어에서 이동한 것이 아니라는 증거는 되지 못한다. 즉, 문장 제시어가 내부 제시어의 수의적 이동을 통하여 도출되는 가능성은 아직도 남아 있다. 다음은 이 가능성을 도 식화한 것이다.

(51) 영희(i), 철수가 t(i) 도서관에서 그 여자를 만났어

문장 제시어가 내부 제시어 위치에서 이동을 통하여 도출된다는 이 가정의 진위 여부는 다음 연구 과제로 남겨 두겠다.

7. 요약 및 결론

소위 성분 제시어는 Kim Y.-H. (1989)의 주장과 달리 이것의 주체(host)와 하나의 성분을 구성하지 않는다. 성분 테스트들을 해보면 몇몇 예들에서 이 두 요소가 성분을 구성한다는 것을 알 수 있지만 이런 예들은 성분 제시어 구문이 아니라 동격 구문이다. 그리고 소위 성분 제시어는 문장 제시어와 마찬가지로 후속하는 문장의 나머지 부분에 대해 관련성 해석을 지닌다. 이 두 가지 사항, 즉 성분을 구성하지 않는다는 점과 후속하는 문장의 나머지 부분에 대해 관련성 해석을 지닌다는 점을 근거로 우리는 Kim Y.-H.의 주장과 달리 성분 제시어는 실제로는 문장 내부에 나타나는 내부 제시어라고 주장하였다. 이 내부 제시어는 하위 부가어 직후에 나타나지 못한다는 점에서 그 위치가 TP와 vP 사이라고 보아야 한다. 그리고 주어에 상응하는 내부 제시어는 비문을 초래하는데, 그 이유는 이 내부 제시어가 필연적으로 결속조건 C를 어기게 되기 때문이다. 한편, 한 문장 안에서 무격 명사구는 문장 제시어로, 내부 제시어로, 그리고 동격어로 나타날 수 있다. 무격 명사구의 이와 같은 다양한 위치에의 출현은 이동의 결과처럼 보일 수 있으나 적어도 문장 제시어나 내부 제시어가 동격어 위치에서 이동한 것이라고는 볼 수 없다.

참고문헌

Ahn, Hee-Don.(1996) A study of syntactic word-formation. In *Morphosyntax in Generative Grammar*, ed. by H.-D. Ahn, M.-Y. Kang, Y.-S. Kim, and S. Lee, 1-21. Seoul: Hankuk Publishing Co.

Ahn, Hee-Don. & Sungeun Cho.(2006) Layered nominal structures: implications for caseless nominals. *Korean Journal of Linguistics* 31-2: 165-185.

Belletti, Adriana.(2004) Aspects of the Low IP Area. In *The Structure of CP and IP: The Cartography of Syntactic Structures*, ed. by Luigi. Rizzi, Volume 2: 16-51. Oxford University Press.

Haegeman, Liliane & Terje Lohndal.(2015) Be careful how you use the left periphery. In *Structures, Strategies and beyond,* ed. by Elisa Di Domenico, Cornelia Hamann, and Simona Matteini, 135-161. John Benjamins Publishing Co.

Ham, Byeongho.(2016) ceysiewa hwacey (Presentation Word and Topic). *Language and Information Society* 28: 351-380.

Heringa, Herman.(2011) *Appositional Constructions*. Doctoral dissertation, University of Groningen. LOT Dissertation Series 294.

Hong, Yong-Tcheol.(1994) yunghapilonkwa kyekcosa pwunpho (Incorporation theory and the distribution of case morphemes). *Studies in Generative Grammar* 4.1: 1-43.

Hong, Yong-Tcheol.(2004) hankwukeuy kyekcosa thallakkwa kyekcosa pwucay (Omission et absence de morphème casuel en coréen). *Enseignement de Langue et Littérature Françaises* 18: 295-314.

Hong, Yong-Tcheol.(2011) ceysieey tayhan nayphosengpwun itong (SubMove) pwunsekuy mwuncey (Remarks on Ahn & Cho's (2006) SubMove Analysis of Sentence-Initial Non-Case-Marked NPs). *Studies in Generative Grammar* 21-4: 537-562.

Hong, Yong-Tcheol.(2012) Sentence-initial non-Case-marked NPs in Korean. In *The Proceedings of the 2012 Meeting of The Korean Generative Grammar Circle*: 31-44. Seoul, Korea.

Hong, Yong-Tcheol.(2014) twu kaci yuhyenguy sowi hankwuke tongkyek kwumwun (Two types of so called appositional constructions in Korean). *Studies in Generative Grammar* 24-1: 281-306.

Hong, Yong-Tcheol.(2017) hankwukeeyseuy kyek phyoci silhyenkwa kyek inhe (Morphological case realization and Case licensing in Korean). *Studies in Generative Grammar* 27.1: 107-132.

Hong, Yong-Tcheol.(2018) yuyen yeng cwuceyewa yeng nonhang (Flexible Null Topics and Null Arguments), *Studies in Generative Grammar*, 28-1: 161-186.

Hong, Yong-Tcheol.(2020a) mwuncang ceysie, sengpwun ceysie, kuliko naypwu ceysie (Bare Topics in Korean), *Studies in Generative Studies* 30-3: 369-395.

Hong, Yong-Tcheol.(2020b) cwuceyewa yenkyeltoyn taymyengsaloseuy yeng nonhang (Null arguments as a pronoun linked to a topic). Studies in Modern Grammar 106: 1-28. Jayaseelan, Karattuparambil Achuthan. 2001. IP-internal topic and focus phrases. *Studia Linguistica* 55: 39-75.

Kim, Jong-Bok.(2012) Form and function mismatch in the English appositional construction. *Language Research* 48-3: 509-531.

Kim,Young-Hee.(1989) hankwuke ceysieuy mwunpep (Grammar of Bare Topics in Korean). *Cwusikyenghakpo* 4: 114-138.

Kim, Young-Hee.(1998) *Hankwuke Thongsalonul Wihan Nonuy* (Discussion for Korean Syntax). Seoul: Hankuk Publishing Co.

Ko, Heejeung.(2007) Asymmetries in scrambling and cyclic linearization. *Linguistic Inquiry* 38-1: 29-83.

Ko, Yong-kun & Bon-Kwan Koo.(2008) *Wulimal Mwunpeplon* (Theory of Korean Grammar). Seoul: Cipmwuntang Publishing Co.

Koo, Bon-Kwan et al.(2015) *Hankwuke Mwunpep Chonglon I* (Introduction to Korean Grammar I). Seoul: Cipmwuntang Publishing Co.

Lekalou, Marika & Kriszta Szendroi.(2008) Polydefinites in Greek: a close appositive analysis. Available at lingBuzz/000796.

Park, So-Young.(2019) hankwuke toklipsengpwunkwa hwayong cengpouy thongsakwuco phyosang (Korean Independent Words and the Syntactic Representation of Discourse Information). *Journal of Korean Linguistics* 89: 25-61.

Park, So-Young & Kim, Suk-Jin.(2019) '-kinun' kuliko '-kesun' pwunyelmwunkwa hankwukeuy oykwakkwuco (-kinun versus-kesun clefts and the Korean Left Periphery). *Studies in Generative Grammar* 29-2: 235-258.

Rothstein, Susan.(1983) *The Syntactic Form of Predication*. Doctoral dissertation, MIT.

Vries, Mark de.(2006) The syntax of appositive relativization: on specifying coordirnation, false free relatives, and promotion. *Linguistic Inquiry* 37-2: 229-270.

Yi, Seon-ung.(2005) kwukeuy mwuncang ceysieey tayhaye (On the Korean Sentential Theme). *Emwunyenkwu* 33-1: 59-84.

IX 한국어의 좌변부: 주제화, 초점화, 그리고 뒤섞기

09

한국어의 좌변부: 주제화, 초점화, 그리고 뒤섞기[1)]

이혜란

1. 서론

이 논문은 한국어에서 CP(Complementizer Phrase)의 좌변부(left periphery)를 분석하며, 요소(elements)의 통사적 위치(syntactic position)가 주제(topic)와 초점(focus)과 같은 특정 해석과 어떻게 연관되어 있는지를 보여준다. 나는 C와 T 사이에 TopP(주제구)와 FocP(초점구)를 가지는 CP구조를 제안한다. 또한, Chomsky(2005)를 따라 Top(주제핵)과 Foc(초점핵)이 국면핵(phase head)인 C로부터 EF(Edge Feature, 경계 자질)를 상속받는다고 가정한다. 이 EF는 DP(Determiner Phrase)를 이동시킬 수 있으며, 이러한 이동은 주제화(topicalization) 또는 초점화(focalization)로 특징지어진다. 이 논문은 장거리 전치(long-distance preposing)가 일관되게 초점화로 분석된다고 주장한다. 또한, 장거리 양화사 이동(long-distance quantifier raising)은 작용역 재구성 효과(scope reconstruction effects)와 함께 초점화 과정으로 분석되며, 의미적으로 공허(semantically vacuous)하지 않음을 보여준다. 따라서, 자유로운 어순 현상(free word order phenomenon)에서 발생하는 모호한 의미는 단순히 뒤섞기(scrambling)만이 아니라 주제화와 초점화 같은 다른 통사적 운용(different syntactic operations)에 의해 설명된다. 뒤섞기는 국면(phase) 내에서의 이동으로 분석되며, 이러한 이동은 의미적 결과(semantic import)를 가지지 않는다. 그러므로 주제화 혹은 초점화 같은 특정 해석은 통사적 요소(syntactic elements)가 점유하는 CP 내에서의 통사적 위치(syntactic position)에 의해 결정된다고 주장한다.

2장에서는 TopP와 FocP가 필요한 이유와 이들 간의 순서(order)가 어떻게 고정되는지(fixed)를 논의

1) 본고는 Lee (2008a, b)를 한국어로 번역하고 다듬은 것이다.

한다. 3장에서는 주제화와 초점화에 실제로 이동이 포함되는지, 그렇다면 그 동인은 무엇인지에 대해 다룬다. 4장에서는 주제화 과정을 보여주고 이 과정이 주제 해석으로 이어지는 방식을 설명한다. 5장에서는 초점화 과정을 제시하며 초점 해석이 형성되는 방식을 설명한다. 4장과 5장에서는 명사구(DP)가 차지하는 통사적 위치가 해석을 결정하며 형태론적 표지가 결정하지 않는다는 것을 논의한다. 6장에서는 장거리 전치(long-distance preposing)가 한국어에서 자유 어순 현상을 보이는 뒤섞기로 분석되는 것이 아니라 초점화로 분석된다는 주장을 제시한다. 7장에서는 장거리 전치에서의 작용역(scope) 현상이 작용역 복원(scope reconstruction) 효과에도 불구하고 초점화로 분석된다는 것을 보여준다. 양화사(quantifier)가 작용역을 변화시키지 않더라도 초점 해석을 얻기 위해 장거리 전치된다는 점이 논의된다. 따라서 이러한 이동은 작용역 복원 현상에도 불구하고 의미적 효과를 제공함으로써 이동이 정당화된다. 8장에서는 뒤섞기가 의미적 효과(semantic import)가 없는 국면(phase) 내에서의 이동으로 분석된다. 이 관점에서 뒤섞기가 재정의되며, 주제화와 초점화와는 다른 현상으로 분석된다. 자유 어순 현상은 의미적 효과가 없는 뒤섞기에서만 기인하는 것이 아니라, 의미적 효과를 가진 주제화와 초점화 같은 다른 통사적 운용들에 의해 발생된다는 점이 논의된다. 9장에서는 지금까지의 분석이 주제와 초점의 담화 정보를 통사적으로 담아내는 한국어의 좌변부 CP 구조를 보여준다고 결론을 내린다. 이 세분화된 CP 구조(articulated CP structure)는 초점화, 주제화, 뒤섞기와 같은 운용(operations)과 상호작용하며, 각각 다른 의미적 효과를 제공한다. 따라서 한국어의 자유 어순 현상(free word order phenomenon)은 요소의 통사적 위치와 연관된 서로 다른 통사적 운용(syntactic operations)의 결과로 분석된다.

2. 이론적 배경

2.1. Rizzi(1997, 2004)의 CP구조

Rizzi(1997, 2004)는 주제(topic)와 초점(focus)과 같은 특정 담화 기능이 CP 영역 내의 서로 다른 기능 범주를 통해 통사적으로 표현된다고 주장한다. Rizzi는 Pollock(1989)의 세분화된 IP 구조(articulated IP structure) 및 Larson(1988)의 VP 구조와 유사한, 세분화된 CP 구조(articulated CP structure)를 다음

과 같이 제안한다:

(1) [ForceP [TopicP [FocusP [TopicP [FinP [IP...]]]]]]

이 구조에서 ForceP는 문장의 유형을 나타낸다. FinP는 절(clause)의 가정법 여부(finiteness)를 결정한다. TopicP와 FocusP는 CP 구조의 상위와 하위 경계 사이에 위치한다. Rizzi의 체계에서는 주제나 초점 같은 담화 정보가 CP 영역 내에서 구별되는 핵(head)을 통해 통사적으로 실현된다.

Rizzi(1997)에 따르면 주제-초점 체계(Topic-focus system)는 필요할 때만 통사 구조에 나타난다고 주장한다. 주제나 초점 해석이 없을 때는 CP구조의 세분화는 필요 없을 것이다. 그의 주장을 바탕으로, 나는 한국어에 대해 다음과 같은 구조를 제안한다. 다음 한국어 구조에서 CP는 ForceP를 표현하고, TopP는 TopicP를, FocP는 FocusP를 줄인 것이다. Fin(ite)P와 IP는 세분화하지 않고 TP로 표현한다.

(2) [CP [TopP [FocP* [TP [vP [VP]]]]]]

위에서 별표(*)는 FocP가 여러 지정어(Specifiers)를 허용한다는 것을 나타낸다. Rizzi의 이탈리아어 예문에서는 반복된 주제구(Topic phrase)가 문법적으로 가능하지만, 반복된 초점구(Focus phrase)는 문법적으로 불가능하다(Rizzi 1997: 290). 그러나 한국어에서는 반복된 초점구는 가능하지만, 반복된 주제구는 불가능하다(이 책을, 존에게, 내일, 내가 확실히 줄 것이다./*이 책은, 존은, 내일은, 내가 확실히 줄 것이다). 다음 절에서는 왜 앞에서 제안한 (2)의 CP 구조가 한국어 통사 구조에 적합한지를 검토할 것이다.

2.2. 초점(Focus)과 다중 스펙(Multiple Specs)

Rochemont(1998)에 따르면, 초점은 wh-의문문에 대한 답변으로 진단된다. 다음 문장들을 살펴보자.

(3) a. Who does John likes?

a′. John likes **Mary**.

b. Who likes Mary?

b′. **John** likes Mary.

c. What does John do?

c′. John **likes Mary**.

(3)에서 목적어 DP, 주어 DP 및 vP는 각각의 wh-의문문에 의해 초점이 주어지며(focused), 초점이 주어진 요소에 억양 강세가 나타난다. 동일한 진단이 한국어 문장에도 적용된다. 즉, 초점이 주어진 구절은 wh-의문문에 대한 답변이다. 특히, 한국어는 PF(음운부)에서의 제자리(in-situ) 억양 강세(pitch accent)와 외현적 통사부(overt syntax)에서의 어순 변경(word order change)이 도두 사용된다. 다시 말해, 초점은 제자리에서 스트레스(stress)를 통해 표현되거나 전치(preposing)로 실현된다(영어는 초점을 위해 전치와 스트레스를 모두 사용하는데, 예를 들어 다음과 같은 문장에서 볼 수 있다: YOUR BOOK, you should give it to Paul (not mine) (Rizzi 1997: 285)). 한국어에서 초점이 주어지는 두 가지 방식을 아래 예문을 통해 살펴보도록 하자.

(4) a. John-un **Mary-lul** coaha-n-ta
John-TOP Mary-ACC like-PRES-DEC
'John likes Mary'

b. Mary-lul John-un coaha-n-ta
'Mary, John likes t'

Mary는 (4a)에서 진한 글씨체로 표현되듯이, PF에서 억양 강세를 띠며 제자리에서(in situ) 초점이 주어지고, (4b)에서는 외현적 통사부에서 전치되어 초점이 주어진다. (4b)는 전치되어 있지만 초점이 없을 수도 있다(8절 참조). (4b)에는 두 가지 해석이 가능한데, 즉, 초점 해석과 초점 없는 뒤섞기 해석이 그것이다. 다음 한국어 복합문을 살펴보자.

(5) a. John-un Mary-ka **Tom-ul** coaha-n-ta-ko sayngkakha-n-ta
John-TOP Mary-NOM Tom-ACC like-PRES-COMP think-PRES-DEC
'John thinks that Mary likes Tom'

b. Tom-ul John-un Mary-ka coaha-n-ta-ko sayngkakha-n-ta
'Tom, John thinks that Mary likes t'

(5a)는 PF에서 제자리 억양 강세로 초점 해석이 나타나며, (5b)는 외현적 통사부에서 전치되어 초점 해석이 나타난다. 장거리 전치는 항상 초점 해석을 가져오며, PF 뒤섞기 해석을 일으키지 않는다. Choe(1995: 274)는 장거리 전치가 PF 뒤섞기가 아니라 초점 이동으로 분석된다고 주장한다.

전치된 경우 FocP는 다중 스펙(multiple specs)을 가질 수 있다. 한국어에서는 다중 초점이 가능하기 때문이다(Choe 1995). 다음 예시에서 볼 수 있듯이 진한 글씨체로 표시된 DP가 전치에 의해 초점이 주어진다.

(6) a. John-i Mary-eykey senmwul-ul cafe-eyse cwu-ess-ta
John-NOM Mary-DAT gift-ACC cafe-in give-PAST-DEC
'John gave Mary a gift in a cafe'

b. **Mary-eykey** John-i senmwul-ul cafe-eyse cwu-ess-ta

c. **Senmwul-ul** John-i Mary-eykey cafe-eyse cwu-ess-ta

d. **Cafe-eyse** John-i Mary-eykey senmwul-ul cwu-ess-ta

e. **Mary-eykey senmwul-ul** John-i cafe-eyse cwu-ess-ta

f. **Senmwul-ul Mary-eykey** John-i cafe-eyse cwu-ess-ta

g. **Cafe-eyse senmwul-ul Mary-eykey** John-i cwu-ess-ta

h. **Senmwul-ul cafe-eyse Mary-eykey** John-i cwu-ess-ta

위 문장들은 어순 변경 현상을 보여 줌에도 불구하고 8절에서 다룰 뒤섞기 문장과는 다르다. 문장 (6b-d)는 요소(elements)가 초점 효과를 위해 전치된 것을 보여주며, 문장 (6e-h)는 다중 초점구(multiple focus phrases)가 가능한 것을 보여준다. 전치된 요소들 간의 순서 변경은 가능하며, 여기서 이러한 순서변경에 대해 다루지는 않는다. 따라서 순서변경에 대한 논의는 접어두고, 최소한 초점구(FocP)에 다중 스펙(multiple Specs)이 가능하다는 것을 알 수 있다.

2.3. 주제구(TopP)와 -nun 표지

초점구(FocP)와 달리, 주제구(TopP)는 한국어 문장에서 하나의 주제(Topic)만 존재하기 때문에 다중 스펙(multiple Specs)을 갖지 않는다(Choe1995, Han1998). 다음 예문은 Han(1998)에서 가져온 것이다.

(7) *Sakwa-nun John-un mek-ess-ta
apple-TOP John-TOP eat-PAST-DEC
'Speaking of the apple, speaking of John, he ate it'

(7)의 비문법성은 한국어 문장에서 하나의 주제만 허용된다는 것을 보여준다. 주제(Topic), 대조적 주제(Contrastive Topic, CT), 대조적 초점(Contrastive Focus, CF)과 같은 개념들은 동일한 -nun 표지가 여러 의미로 사용되기 때문에 혼란스럽게 사용되어 왔다. 본고에서는 Han(1998)의 정의를 채택하며, Han의 예문을 분석 목적에 맞게 수정하여 아래 제시한다.

(8) **John-un Mary-lul coaha-n-ta**
John-TOP/CT Mary-ACC like-PRES-DEC
'As for John, (he) likes Mary'
'As for John, (he) likes Mary (Tom likes Jane, and David likes Laura)'

(9) **John-i Mary-nun coaha-n-ta**
John-NOM Mary-CF like-PRES-DEC
'John likes Mary (but not others)'

(10) **Mary-nun John-i coaha-n-ta**
Mary-CT/TOP John-NOM like-PRES-DEC
'As for Mary, John likes her'
'As for Mary (not for others), John likes (her)'

(8)에서 John은 주제와 대조적 주제 해석이 가능하며, (10)에서도 Mary는 주제와 대조적 주제 해석이 가능하다. 반면, (9)에서 문장 중간에 위치한 -nun 표지를 가진 목적어 DP는 대조적 초점 해석만 가능하다. Han(1998)과 달리, Lee(2002)는 문장 중간의 -nun 표지 DP를 CF가 아닌 CT로 처리해야 한다

고 주장한다. 따라서 (9)와 (10)의 Mary에 사용된 동일한 -nun 표지는 서로 다른 의미로 해석된다. 더 많은 예문을 살펴보자.

(11) a. John-un Mary-eykey senmwul-ul cafe-eyse cwu-ess-ta
John-TOP Mary-DAT gift-ACC cafe-in give-PAST-DEC
'As for John, (he) gave Mary a gift'
b. John-un Mary-eykey-nun senmwul-ul cafe-eyse cwu-ess-ta
John-TOP Mary-DAT-CF gift-ACC cafe-in give-PAST-DEC
'As for John, (he) gave a gift to Mary in a cafe, not to others'

(11a, b) 문장은 문장 초반에 주제가 존재함을 보여준다. (11b)의 두 번째 -nun 표지는 주제로 해석되지 않고 대조적 초점으로 해석되며, 이는 존이 카페에서 메리에게 선물을 주었지만 다른 사람에게는 주지 않았음을 의미한다. 따라서 Choe(1995)와 Han(1998)의 분석과 같이 한국어에 주제가 하나라고 볼 때, 두 번째 -nun 표지는 대조적 초점으로 해석되는 것이 바람직해 보인다.

2.4. 주제구(TopP)와 초점구(FocP) 사이의 순서

그러면 한국어 CP영역에서 주제구와 초첨구 사이의 순서는 어떻게 나타나는지 언어 데이터를 통해 살펴본다. Whitman(1989)에 따르면, 주제(Topic)는 보문소(COMP)보다 낮은 위치에 나타나야 한다. 이를 증명하기 위해 그는 다음과 같은 예문을 제시하였다.

(12) a. [Cangmi-ka choeko-ta, kkos-un ha-ko] ku-nun malha-yss-ta
rose-NOM best-DEC flower-TOP do-COMP he-TOP say-PAST-DEC
'He said, 'Speaking of flowers, roses are best'
b. *[Cangmi-ka choeko-ta, ha-ko] kkos-un ku-nun malha-yss-ta
rose-NOM best-DEC do-COMP flower-TOP he-TOP say-PAST-DEC

(12a)에서 주제는 COMP보다 낮은 위치에 있다. 반면, (12b)처럼 COMP보다 높은 위치에 나타날

경우 문법적으로 비문이 된다. 아래에서와 같이 주제와 T(시제핵) 사이의 순서를 고려할 때, 주제는 T보다 높은 위치에 나타난다. 이는 다음 예문에서 확인할 수 있다.

(13) [$_{CP}$John-un   [$_{TP}$ Meli-ka   coh-ta]]
John-TOP   brain-NOM   be good-DEC
'As for John, (he) is smart'

(13)은 주제가 TP(시제구)보다 높은 위치에 나타나는 것을 보여준다. 이제 초점과 주제 사이의 순서를 비교해 보자.

(14) a. John-un   **senmwul-ul**   Mary-eykey   cwu-ess-ta
John-TOP   present-ACC   Mary-DAT   give-PAST-DEC
'As for John, (he) gave a present to Mary'

b. **Senmwul-ul**   John-un   Mary-eykey   cwu-ess-ta
present-ACC   John-CF   Mary-DAT   give-PAST-DEC
'The present, John (not others)gave to Mary'

c. Ku saken-un   senmwul-ul   John-nun   Mary-eykey   cwu-ess-nuntey
The incident-TOP   present-ACC   John-CF   Mary-DAT   give-PAST-conj
Mary-ka   ku kes-ul ilhepeli-ess-e
Mary-NOM   it-ACC   lose-PAST-DEC
'As for the incident, the present, John gave (it) to Mary and Mary lost it'

(14a)에서 주제는 초점보다 높은 위치에 나타난다. 반면 (14b)에서는 초점이 문장 중간의 -nun 표지가 붙은 DP보다 높은 위치에 있다. 앞서 언급한 바와 같이, Choe(1995)와 Han(1998)은 문장 중간의 -nun표지가 CT가 아니라 CF라고 주장한다. 따라서 (14b)에서 senmwul-ul과 John-un은 각각 초점과 대조적 초점으로 분석될 수 있다. 주제는 문장 중간 위치에 나타날 수 없기 때문이다. (14c)에서는 주제가 초점보다 높은 위치에 있는 구문이 맥락과 함께 제시될 때 매우 자연스럽다. 이러한 분석은 주제가 초점보다 높은 위치를 차지하는 고정된 순서를 초래한다. 이에 따라 한국어의 좌변부 CP구조는 앞서 제시된 (2)와 같은 형태를 갖게 된다.

3. 주제화(Topicalization)와 초점화(Focalization)의 이동 분석

3.1. 경계 자질(Edge Feature)의 동인(Driving force)

Chomsky(1993)를 따라 Rizzi(1997: 287)는 이동이 최후의 수단(last resort)이며 반드시 어떤 기준(criterion)을 충족시켜야만 촉발된다고 주장한다. 그는 주제(topic)와 초점(focus) 자질(features)을 가진 구성 요소(constituent)가 반드시 Top이나 Foc의 Spec-head(지정어-핵) 구조에 도달해야 한다고 가정한다. 또한 그는 주제-초점 체계(Topic-focus system)는 주제 또는 초점 자질을 가진 구성 요소에 의해 필요할 때만 CP구조 내에 존재한다고 가정한다.

내재된 초점 자질(inherent focus feature) 또는 내재된 주제 자질(inherent topic feature)을 가진 Focus나 Topic을 주장하는 Rizzi(1997)와 달리, Chomsky(2005)는 경계 자질(edge feature)을 제시한다. Chomsky(2005: 6)에 따르면, 어휘 항목(LI, Lexical Item)의 속성 중 하나로 병합(Merge)을 이루어지게 하는 자질이 있다. 이 자질을 LI의 경계 자질(EF)이라고 한다. 그의 체계에서 외부 병합(External Merge, EM)은 일반적인 논항 구조(argument structure)를 생성하는 반면, 내부 병합(Internal Merge, IM)은 작용역 효과(scopal efffects)와 더불어 구정보(old information)와 특정성(specificity)과 같은 담화 관련 속성(discourse-related properties)을 생성한다.

Chomsky는 또한 C와 v와 같은 국면핵(phase head)만이 연산을 유발하며, T와 V와 같은 비국면 핵(non-phase head)은 C/v에 의해 선택될 때 자질 상속(feature inheritance)을 통해 국면과 유사한 특성을 가진다고 가정한다. 예를 들어, C는 자질들의 중심지로 EF와 일치자질(Agree feature)을 포함한 두 개의 탐침(probe)(C^{EF}, C-$T^{Agree\ feature}$)으로 구성된다. A-이동(A-movement)과 A′-이동(A′-movement)은 각각 이러한 자질들에서 유래한다.

EF의 기본 개념에 근거하여 Chomsky(2005: 18)는 주제화 과정을 EF에 의한 IM으로 제안한다. 그는 이동을 유발하는 해석 불가능한 자질을 가정할 필요가 없다고 주장하며, 국면핵의 EF가 자신의 영역 내에서 어떤 목표(goal)든 찾을 수 있다고 설명한다. DP의 주제화 예를 통해, 그는 국면핵의 EF가 국면 내의 어떤 DP도 찾아 Spec-PH(Phase)로 이동시킬 수 있다고 말한다. 그는 Rizzi(1997, 2004)를 채택하여, 최종적으로 도달한 통사적 위치에 따라 이동된 요소가 주제 혹은 초점으로 식별된다고 주장한다(Chomsky 2005).

본 논문에서 나는 (2)에서 제시했듯이 TopP와 FocP를 포함하는 한국어 CP 구조를 제안한다. TopP

와 FocP는 Rizzi(1997)의 견지에서 내재적인 주제 자질(inherent topic feature]과 내재적인 초점 자질(inherent focus feature)을 가진다. 나는 CP 좌변부에서 외현적(overt) 이동에 참여하는 자질이 C에서 상속된(inherited) EF 즉 Top[EF]와 Foc[EF]이라고 제안한다. EF는 CP 영역 내에서 어떤 DP라도 Spec 위치로 이동시켜 주제 또는 초점으로 해석되도록 할 수 있다. 담화 규칙은 비문법적인 파생물을 제거하여 최적의 파생물을 선택할 것이다. 주제-초점 체계(Topic-focus system)에 따라 한국어의 CP국면은 [CP TP], [CP TopP TP], 또는 [CP TopP FocP* TP]와 같은 형태를 가지게 된다.

본 절에서는 Rizzi(1997, 2004)의 CP 구조를 간략히 검토하고, 한국어 CP 구조가 TopP와 FocP를 포함한다는 점을 제안했다. Han(1998)의 정의를 채택하여 주제와 초점에 관련된 용어를 검토했다. EF는 DP 이동을 일으키는 자질로 제안되었다. 한국어에서 주제화와 초점화의 대상은 주어, 목적어, 시간 표현, 장소 표현, 명사화된 동사구, 절 등 다양하지만 우리의 분석은 DP의 주제화와 초점화에만 제한된다.

3.2. 초점과 주제 이동

약교차 금지(Weak Cross Over, WCO), 하위 인접 효과(Subjacency effects), 복합 명사구 제약(Complex NP Constraint, CNPC), 부가어 조건(Adjunct Condition)), 의문사 섬 제약(Wh-island Condition), 그리고 등위 구조 제약(Coordinate Structure Constraint, CSC: Ross 1967)은 특정 통사적 운용(syntactic operations)에서 이동이 관련되었는지를 확인하기 위한 기준들이다. 이 절에서는 초점화와 주제화가 이동 제약에 영향을 받는지 살펴보고자 한다.

Choe(1995)는 한국어에서 주제 이동은 WCO, 하위 인접 제약, 의문사 섬 효과를 보이지 않는 반면, 초점 이동은 WCO와 하위 인접 효과를 보인다고 설명한다. 의문사 섬 효과는 주제 이동과 초점 이동, 두 운용 모두에서 적용되지 않는다(Choe(1995), Jung(2001)). 하지만 Choe(1995)가 언급한 바와 같이, 등위 구조 제약(CSC)과 범주 통합 이동 규칙(ATB: Ross 1967)은 두 운용 모두에 적용되어 이동의 증거를 제공한다. 다음 예문들을 살펴보도록 하자.

CSC

(15) a. John-un Mary-lul coaha-yss-ko
John-CT Mary-ACC like-PAST-CONJ

Tom-un Jane-lul coaha-yss-ta

No focus movement in CS

b.* Jane-lul John-un Mary-lul coaha-yss-ko Tom-un coaha-yss-ta

No topic movement in CS

c.* Jane-un John-un Mary-lul coaha-yss-ko Tom-un coaha-yss-ta

Focus movement by ATB

(16) a. John-un Mary-lul coaha-yss-ko
John-CT Mary-ACC like-PAST-CONJ
Tom-un Mary-lul coaha-ci-anh-ass-ta
Tom-CT Mary-ACC like-CI-NOT-PAST-DEC

b. Mary-lul John-un coaha-yss-ko Tom-un coaha-ci-anh-ass-ta

Topic movement by ATB

(17) a. John-un Mary-lul coaha-yss-ko
John-CT Mary-ACC like-PAST-CONJ
Tom-un Mary-lul coaha-ci-anh-ass-ta
Tom-CT Mary-ACC like-CI-NOT-PAST-DEC

b. Mary-nun John-un coaha-yss-ko Tom-un coaha-ci-anh-ass-ta

초점 이동과 달리 주제 이동에는 영 연산자가 관여하며, 주제는 원위치에서 기저 생성된다. 자세한 내용은 다음 절에서 설명된다. 초점 이동과 주제 이동 모두 CSC를 준수함을 (15)에서 확인할 수 있다. 적절한 구조가 형성되면 ATB는 두 운용에 모두 적용되어 CSC를 무효화한다는 점이 (16)과 (17)에서 입증된다. 따라서 두 운용 모두 이동을 수반하는 최소한의 증거를 가지고 있다고 할 수 있다. 다음 절에서는 주제 또는 초점으로 적절히 해석되는 통사적 위치를 보여주는 자세한 이동을 제시할 것이다.

4. 주제(Topic)와 주제화(Topicalization)

4.1. 주제(대조적 주제)와 그 위치

Li와 Thomson(1976)에 따르면, 한국어는 주제 중심 언어이면서 주어 중심 언어로 분류된다. 주제 중심 언어에서는 다양한 주제가 자주 나타나며, 주어 중심 언어에서는 주어가 반드시 존재한다(EPP). 문장 초두에 위치한 주제는 한국어에서 -nun 표지를 가지며, 문장의 나머지 브분에 대해 그 문장이 무엇에 관한 것인지를 표현한다. 문장의 나머지 부분은 주제에 대해 무언가를 말하는 논평절(comment clause)이라 불린다. 무표주제(unmarked topic)는 한정적(definite)이거나 총칭적(generic)이며 화자와 청자에게 익숙함(familiarity)를 가진다.

(18) John-un　　ku nonmwun-ul　　ilk-ess-ta
John-TOP/CT　　the paper-ACC　　read-PAST-DEC
'As for John, (he) read the paper'
'As for John, (he) read the paper, (Tom read X, and David read Y)'

(19) Ku nonmwun-un　　John-i　　ilk-ess-ta
the paper-TOP/CT　　John-NOM　　read-PAST-DEC
'As for the paper, John read (it)'
'As for the paper, John read (it), (but not other papers)'

John-un과 ku nonmwun-un은 앞서 언급된 주제의 모든 특성을 가지며 주제/대조적 주제로 해석된다.

주제 표지어 -nun은 한국어에서 주제성을 표현하는 데 필수적이지 않다. 주제 표지어 -nun이 없이도 문장의 시작 위치에 있는 주제적 주어(thematic subject)나 목적어는 주제로 해석될 수 있다. 예문 (20)과 (21)은 주제 해석 외에도 초점 해석과 PF 뒤섞기 해석을 가질 수 있다.

(20) John-i　　ku nonmwun-ul　　ilk-ess-ta
John-NOM　　the paper-ACC　　read-PAST-DEC

'As for John, (he) read the paper'

(21) Ku nonmwun-ul John-i ilk-ess-ta
the paper-ACC John-NOM read-PAST-DEC
'As for the paper, John read (it)'

(20)에서 주제적 주어(thematic subject) John은 문장이 무엇에 대한 것인지를 나타내며, 나머지 문장은 논평(comment)이다. (21)에서는 목적어 ku nonmwun-ul이 문장이 무엇에 대한 것인지를 나타내고, 나머지 문장이 논평(comment)이다.

-nun 표지어는 다음과 같은 대조적 초점 해석을 가질 수 있다.

(22) John-i ku nonmwun-un ilk-ess-ta
John-NOM the paper-CF read-PAST-DEC
'John read the paper, (but not others (other papers))'

(22)와 (19)에서 같은 -nun는 에서 '는' 탈락시키기 즉 '-nun 표지어가 사용되지만', (22)의 DP는 대조적 초점(CF)으로 해석되며, (19)의 DP는 주제/대조적주제 (Topic/CT)로 해석된다. 이는 한국어에서 주제가 -nun 표지어로 특성화될 수 없다는 것을 의미한다. 나는 주제 해석이 통사적 요소가 차지하는 통사적 위치에 의해 얻어진다고 제안한다. 이는 형태론적 표지어에 의해 해석이 얻어지는 것이 아니라는 것이다. 정(2001a)도 세부 사항은 다르지만 통사적 요소의 해석이 통사적 위치에 의해 결정된다는 유사한 제안을 했다.

4.2. 주제화 과정

Chomsky(1977)는 주제가 표면 위치에서 기저 생성되며, 주제화는 논항 위치에서 추상적인 요소(abstract element)가 주제와 인접한 위치로 이동하는 것이라고 가정한다. 이러한 이동은 관계절의 연산자 이동(operator movement)과 유사하다. Chomsky(1977, 1986, 1995)를 따른 Choe(1995)는 한국어의 주제는 문장 시작 위치에서 기저 생성되며, 추상적인 요소인 영 연산자(null operator)가 LF에서 이동하여 강한 결속(strong binding)에 의해 주제-논평(topic-comment) 관계를 형성한다고 주장한다

(Chomsky 1986, 1995). 강한 결속에서, 모든 변항(variable)은 제한된 양화사(quantifier)에 의해 범위가 고정되거나 선행사(antecedent)에 의해 값이 결정되어야 한다고 한다(Chomsky 1995: 56). Choe(1995)에서 제안된 구조는 다음과 같다.

(23) [CP [τ topic$_i$ [TopP 0$_i$ [FP focusj [TP [t$_i$ t$_j$]]]]]]

Choe(1995: 270)에 따르면, 영 대명사 연산자(null pronominal operator, 0)는 Spec-TopP (0$_i$, t$_i$)로 이동하며 강한 결속에 의해 topic$_i$(topic$_i$, 0$_i$)과 결속되어 LF에서 주제-논평 관계를 형성한다. τ는 주제-논평 관계를 나타내는 범주이다. Focus$_j$는 정보 초점, 대조적 초점, 또는 wh-초점일 수 있다. 초점은 통사부(Syntax)에서 이동(Focus movement)하거나 PF에서 이동(PF scrambling)된다. 영 연산자는 초점화에 관여하지 않는다. 이 구조를 사용하여 Choe(1995: 269)는 한국어의 초점과 주제가 S-구조나 LF에서 특정 위치로 이동하여 적절히 허가되고 LF에서 해석되어야 한다고 주장한다.

최소주의(minimalism)에서는 S-구조가 제거되고 LF와 PF가 공존하므로, 주제와 초점 이동에 대한 그의 제안을 다음과 같이 재구성해야 한다.

(24) 한국어의 주제(영 대명사 연산자)와 초점은 Spell-Out 전에 좌변부의 특정 위치로 이동하여 적절히 허가되고 해석되어야 한다(Topics(the null pronominal operator) and foci in Korean should move to certain positions in the left periphery before Spell-Out to be properly licensed and interpreted).

(24)에는 (i) 주제가 기저 생성된 상태에서 영 대명사 연산자가 이동하고, (ii) 초점 요소가 전치(preposing)되어 이동하는 것이 포함된다. 이 외에도 (24)는 (21)에서 보듯이 주제 표지어 -nun 없이 격 표지된 DP의 주제화(외현적 이동에 의한 주제화)가 추가된다. 아래 제시된 예문을 보자.

(25) John-un ku nonmwun-ul ilk-ess-ta
John-TOP/CT the paper-ACC read-PAST-DEC
'As for John, (he) read the paper'
'As for John, (he) read the paper, (Tom read X, and David read Y)'
[$_{CP}$ [$_{TopP}$ John-un 0$_i$ [$_{TP}$ [$_{vP}$ t$_i$ [$_{VP}$ ku nonmwun-ul] ilk]-ess]]-ta]

(26) Ku nonmwun-un   John-i   ilk-ess-ta

the paper-TOP/CT   John-NOM   read-PAST-DEC

'As for the paper, John read (it)'

'As for the paper, John read (it), (but not others)'

[$_{CP}$ [$_{TopP}$ ku nonmwun-un 0_i [$_{TP}$ [$_{vP}$ t_i [$_{vP}$ John-i [$_{VP}$ t_i] ilk]]-ess]]-ta]

(27) John-i   ku nonmwun-ul   ilk-ess-ta

John-NOM   the paper-ACC   read-PAST-DEC

'As for John, (he) read the paper'

[$_{CP}$ [$_{TopP}$ John-i [$_{TP}$ [$_{vP}$ (John-i) [$_{VP}$ ku nonmwun-ul] ilk]-ess]]-ta]

(28) Ku nonmwun-ul   John-i   ilk-ess-ta

the paper-ACC   John-NOM   read-PAST-DEC

'As for the paper, John read (it)'

[$_{CP}$ [$_{TopP}$ ku nonmwun-ul [$_{TP}$ [$_{vP}$ (ku nonmwun-ul) [$_{vP}$ John-i [$_{VP}$ (ku nonmwun-ul)]ilk]]-ess]]-ta]

(25)와 (26)에서 주제는 기저 생성되고 영 대명사 연산자가 상승 이동한다. (25)에서는 목적어가 Agree(Chomsky 2001)에 의해 제자리(in situ)에서 격이 부여된다. (26)의 주어는 Schütze(2001)와 Lee(1992)를 따라 디폴트(default)로 제자리(in situ)에서 nominative Case를 갖는다. Park(1994)에 따라, 한국어에서 주어는 약한 EPP 특성 때문에 Spec-TP로 이동할 필요가 없다고 가정한다. 제자리에서 nominative Case가 부여되므로 Spec-TP로 이동할 필요가 없다. 주제가 -nun으로 표지되지 않은 경우, (27)의 nominative Case 표지나 (28)의 accusative Case 표지와 같이, DP는 영 연산자 이동 없이 격 위치로부터 직접 외현적으로 주제화된다.

(29)에서 주제는 영 대명사 연산자의 이동으로 기저 생성되어 주제 해석을 제공한다. 주어 DP는 Spec-FocP로 이동하여 대조적 초점 해석을 제공한다.

(29) ku nonmwun-un   John-un   ilk-ess-ta

the paper-TOP/CT   John-CF   read-PAST-DEC

'The paper, John read'

('As for the paper, it is John (not others) who read (it)')

('As for the paper (not for other papers), it is John (not others) who read (it)'

$[_{CP}\ [_{TopP}$ ku nonmwun-un $0_i\ [_{FocP}$ John-un $[_{TP}\ [_{vP}\ t_i\ [_{vP}$ (John) $[_{VP}\ t_i\ ]$ ilk]]]-ess]]]-ta]

(29)에서 영 대명사 연산자는 주제와 인접한 위치로 이동하여 기저 생성된 주제와 강한 결속에 의해 주제-논평 관계를 형성한다. 주어 John은 TopP보다 낮은 Spec-FocP로 이동하여 대조적 초점(CF) 해석을 제공한다. John 뒤의 -(n)un 표지어는 통사적 위치 때문에 주제로 해석될 수 없고 CF로 해석된다.

위 예문(25~29)은 Spec-TopP에 위치한 문장 시작 요소가 -nun의 존재와 상관없이 주제로 해석될 수 있다는 것을 보여준다. TopP 바로 아래에 있는 -nun으로 표시된 요소는 대조적 초점으로 해석된다. 주제 해석과 -nun 표지어가 항상 함께 가는 것은 아니지만, 문장 시작의 -nun 표지어는 항상 주제 또는 대조적 주제를 나타낸다. 주제 해석은 Spec-TopP라는 통사적 위치에 의해 얻어진다. 따라서 요소(격 표시된 DP 또는 영 대명사 연산자)는 주제 해석을 제공하기 위해 Spec-TopP 위치로 각각 외현적 이동을 하거나, 또는 그 인접 위치로 내현적 이동을 해야 한다. 격 표시된 DP의 주제화의 동인은 앞서 제안한 대로 Top의 EF이다. 영 연산자 이동(내현적 이동)은 EF와 관련이 없다.

5. 초점(Focus)과 초점화(Focalization)

5.1. 초점(대조적 초점)과 그 위치

Kiss(1998)는 초점을 정보 초점(informational focus)과 확인 초점(identificational focus)으로 나눈다.

(30) 정보 초점: 주제-초점(topic-focus) 구조에서 전제되지 않은 것(Informational foci: What is not presupposed in a topic-focus structure.)

(31) 확인 초점: 확인 초점은 철저한 확인(exhaustive identification)을 나타냄(Identificational focus: Identificational focus expresses exhaustive identification)

Cinque(1993)는 정보 초점에 대해 핵심 강세 규칙(Nuclear Stress Rule, NSR)을 제안하며, 정보 초

점을 포함한 문장은 구조에서 통사적으로 가장 낮은 요소에 핵심 강세가 부여된다고 주장한다. Kiss(1998)는 확인 초점이 정보 초점과 다르게 초점화된 요소에 강세가 부여된다고 설명한다. 또한 확인 초점이 영어의 분열문(cleft construction)과 같이 철저한 확인(exhaustive identification)을 나타낸다고 말한다. Han(1998)의 정의에 따르면, 한국어의 대조적 초점은 -nun 표지를 가지며 확인 초점과 동일한 철저성(exhaustivity)을 가진다. 하지만 대조적 초점은 맥락에서 다른 실체들이 전제된다는 점에서 차이가 있다. 이 연구에서는 한국어의 세 가지 초점을 모두 채택하려고 한다. 아래를 참고하라. (22)가 (34)에 반복 제시된다.

Informational focus

(32) John-i	**ku nonmwun-ul**	ilk-ess-ta
John-NOM	the paper-ACC/FOC	read-PAST-DEC

'John read **the paper**' ('It is the paper that John read')

Identificational focus

(33) **John-i**	ku nonmwun-ul	ilk-ess-ta
John-NOM/FOC	the paper-ACC	read-PAST-DEC

'It is John who read the paper'

Contrastive focus

(34) John-i	**ku nonmwun-un**	ilk-ess-ta
John-NOM	the paper-CF	read-PAST-DEC

'John read the paper, not other papers'

한국어에서 초점은 문장 내에서 강세를 통해 실현되거나 전치(preposing)로 표현된다. 문장 (32)에서 ku nonmwun-ul은 문장에서 통사적으로 가장 낮은 요소로, 핵심 강세 규칙(NSR)에 의해 정보 초점으로 간주된다. 반면 (33)에서 John은 확인 초점이다. 이는 John이 바로 그 논문을 읽은 사람임을 의미한다. (34) 문장은 -nun 표지와 함께 대조적 초점을 보여준다. 이는 John이 논문을 읽었지만 다른 논문들은 읽지 않았음을 의미한다.

이 연구에서는 정보 초점, 확인 초점, 대조적 초점이 외현적 초점 이동(overt focus movement) 또는 논리형태 접합면(LF interface)에서의 내현적 이동(covert movement)을 통해 허가되고 해석된다고 제안한다. 이 논문에서는 구별이 필요하지 않은 경우, 정보 초점, 확인 초점, 대조적 초점을 통칭하여 초점

(focus)이라고 부르겠다. 아래 문장은 정보 초점의 내현적 이동을 보여준다. 이러한 내현적 이동은 DP가 초점으로 해석되기 위한 의미적 효과에 의해 동기화된다. (32)를 아래에서 다시 반복한다.

(35) John-i　　　**ku nonmwun-ul**　　　ilk-ess-ta
John-NOM　　　the paper-ACC/FOC　　　read-PAST-DEC
'John read the paper'
[$_{CP}$ [$_{TP}$ [$_{vP}$ John-i [$_{VP}$ ku nonmwun-ul] ilk]-ess]-ta]
LF: [$_{CP}$ [$_{FocP}$ ku nonmwun-ul [$_{TP}$ [$_{vP}$ (ku nonmwun-ul)[$_{vP}$ John-i [$_{VP}$ (ku nonmwun-ul)] ilk]-ess]]-ta]

(35)에서 주격(nominative Case)은 Schütze(1997, 2001)에 따라 한국어에서 기본적으로 부여되므로 주어는 이동하지 않는다. 목적격(accusative Case)은 Chomsky(2001, 2005)를 따라 Agree에 의해 제자리에 부여된다. LF접합면에서, DP ku nonmwun-ul은 Spec-FocP로 내현적 이동을 하여 적절히 허가되고 해석된다.

5.2. 초점화 과정(Focalization Process)

다음 문장에서 초점을 가진 주어 명사구(DP)는 Spec-FocP로 이동하고, 목적어 명사구(DP)는 본래 위치에 남아 있다. 문장 (33)을 다시 제시한다.

(36) **John-i**　　　ku nonmwun-ul　　　ilk-ess-ta
John-NOM/FOC　　　the paper-ACC　　　read-PAST-DEC
'**John** read the paper' ('It is John who read the paper')
[CP [FocP John-i [TP [vP (John-i) [VP ku nonmwun-ul] ilk]-ess]-ta]

한국어에서 주격 및 목적격 조사(-i/-ka, -ul)는 형태적으로 초점 조사와 겹친다(Schütze 1997, Jung 2001b). (36)에서 John은 주격과 초점을 동시에 나타내는 적합한 형태적 요소를 취한다. 주어 명사구와 목적어 명사구는 FocP의 다중 스펙(multiple Specs)으로 아래 (37)에서처럼 이동할 수 있다. 한국어에서는 다중 초점 구문이 가능하기 때문이다(Choe 1995).

(37) **John-i** **ku nonmwun-ul** ilk-ess-ta

John-NOM/FOC the paper-ACC/FOC read-PAST-DEC

'John read the paper' ('It is John who read the PAPER')

[$_{CP}$ [$_{FocP}$ John-i [$_{FocP}$ ku nonmwun-ul [$_{TP}$ [$_{vP}$ (ku nonmwun-ul) [$_{vP}$ (John-i) [$_{VP}$ (ku nonmwun-ul)] ilk]-ess]-ta]

-nun 표지어로 표시된 초점 구문은 한국어에서 TopP 또는 FocP 아래에 위치하며 대조적 초점(contrastive focus)을 나타낸다. 대조적 초점의 해석은 통사적 위치에 의해 제공된다.

(38) **John-i** **ku nonmwun-un** ilk-ess-ta

John-NOM/FOC the paper-CF(Contrastive Focus) read-PAST-DEC

'John read **the paper'** (It is John who read the paper, but not other papers.)

[$_{CP}$ [$_{FocP}$ John-i [$_{FocP}$ ku nonmwun-un [$_{TP}$ [$_{vP}$ (ku nonmwun) [$_{vP}$ (John-i) [$_{VP}$ (ku nonmwun)] ilk]]-ess]]]-ta]

(38)에서 ku nonmwun-un은 Spec-FocP에 위치하므로 주제로 해석되지 못한다. 만약 ku nonmwun-un이 문두에 위치한다면, (26)과 같이 주제 또는 대조적 주제 해석을 가질 수 있다. 요소가 점유하는 위치에 따라 특정 해석이 도출된다.

다음으로, 목적어가 외현적으로 전치(preposing)된 경우를 살펴본다. 목적어 명사구(DP)가 Spec-FocP로 이동하면 초점 해석이 제공된다. 주어 명사구(DP)는 주격을 가지고 초점 효과 없이 중립적일 수도 있고, 초점화될 수도 있다. 전자의 경우 주어 명사구는 vP 영역에 남아 있다(39i). 반면, 후자의 경우 Spec-FocP로 이동한다(39ii).

(39) ku nonmwun-ul John-i ilk-ess-ta

the paper-ACC/FOC John-NOM(i) (or FOC(ii)) read-PAST-DEC

(i) **'The paper**, John read' ('It is the paper that John read')

[$_{CP}$ [[$_{FocP}$ ku nonmwun-ul [$_{TP}$ [$_{vP}$ (ku nonmwun-ul) [$_{vP}$ John-i [$_{VP}$ (ku nonmwun-ul)] ilk]]-ess]]-ta]

(ii) **'The paper, John** read' ('It is the paper that JOHN read')

[$_{CP}$ [$_{FocP}$ ku nonmwun-ul [$_{FocP}$ John-i [$_{TP}$ [$_{vP}$ (ku nonmwun-ul) [$_{vP}$ (John-i) [$_{VP}$ (ku nonmwun-ul)] ilk]]-ess]]]-ta]

문장 (39)는 초점 해석을 가지므로 (21)과는 다르다. 동일한 어순이 다른 해석을 가질 수 있다. 즉, 초점 해석(39)과 주제 해석(21)의 차이가 있다. 통사적 위치에 따라 이와 같은 해석 가능성이 달라진다. 주어 명사구의 경우, (39i)는 중립적인 해석을, (39ii)는 초점 해석을 보여준다. 따라서 동일한 어순은 통사적 위치에 따라 (21), (39i), (39ii)와 같은 해석 가능성을 제공한다.

주어 명사구는 Spec-FocP로 이동하고, 목적어 명사구 또한 Spec-FocP로 이동하여 (대조적)초점 해석을 제공한다.

(40) ku nonmwun-ul　　John-un　　ilk-ess-ta

the paper-ACC(FOC)　　John-CF　　read-PAST-DEC

'It is the paper that John, not others, read'

[$_{CP}$ [$_{FocP}$ ku nonmwun-ul [$_{FocP}$ John-un [$_{TP}$ [$_{vP}$ (ku nonmwun-ul) [$_{vP}$ (John) [$_{VP}$ (ku nonmwun-ul)] ilk]]-ess]]]-ta]

동일한 어순이 통사적 위치에 따라 다른 해석을 가질 수 있다. 아래에서 (40)과 (41a, b)를 비교한다. 문장 (29)는 (41b)에서 반복된다.

(41) a. ku nonmwun-ul　　John-un　　ilk-ess-ta

the paper-ACC　　John-CF　　read-PAST-DEC

'As for the paper, John (not others) read (it)'

[$_{CP}$ [$_{TopP}$ ku nonmwun-ul [$_{FocP}$ John-un [$_{TP}$ [$_{vP}$ (ku nonmwun-ul) [$_{vP}$ (John) [$_{VP}$ (ku nonmwun-ul)] ilk]]-ess]]]-ta]

b. ku nonmwun-un　　John-un　　ilk-ess-ta

the paper-TOP(CT)　　John-CF　　read-PAST-DEC

'As for the paper, John (not others) read (it)'

'As for the paper (not for other papers)), John (not others) read (it)'

[$_{CP}$ [$_{TopP}$ ku nonmwun-un 0_i [$_{FocP}$ John-un [$_{TP}$ [$_{vP}$ t_i [$_{vP}$ (John) [$_{VP}$ t_i] ilk]]-ess]]]-ta]

(40)과 (41)에서 John은 대조적 초점으로, 주제(41a, b) 아래 또는 초점(40) 아래에 위치한다. (40)에서는 두 명사구가 초점화되어 다중 초점 이동을 겪는다. 반면, (41)에서는 둔두 명사구(sentence initial

DP)가 Spec-TopP에 위치하여 동일한 주제 해석을 제공한다. 문두 명사구의 형태적 표지가 다르더라도, (41a, b)는 동일한 통사적 위치로 인해 동일한 해석을 가질 수 있다. (41b)의 ku nonmwun-un은 대조적 해석 가능성으로 인해 약간의 차이를 보인다. (40) 문장은 문두 명사구에 동일한 형태적 표지 -ul이 붙었음에도 (41a)와는 다른 해석을 가진다: 전자는 초점 해석을 특징으로 하고, 후자는 주제 해석을 특징으로 한다.

따라서, 요소가 점유하는 통사적 위치에 따라 해석이 달라진다는 것을 볼 수 있다. 다시 말해, Spec-FocP를 점유하는 모든 요소는 그 통사적 위치로 인해 초점 해석을 가진다.

6. 장거리 전치(long-distance preposing)로서의 초점화(focalization)

6.1. 작용역 현상(scope phenomenon)과 초점화(focalization)

한국어와 일본어에서 나타나는 장거리 전치는 장거리 뒤섞기(long-distance scrambling)로 분석되어 왔다. Saito(1992)와 Bošković &Takahashi(1998)는 일본어의 장거리 뒤섞기가 의미적으로 공허하며(semantically vacuous), 논리형식부(LF)에서 완전히 되돌려진다고(undone) 주장한다. 다음 일본어 예문을 보자.

(42) Daremo-ni	dareka-ga	[Mary-ga t atta to]	omotteiru
everyone-DAT	someone	Mary-NOM met that	thinks

'Everyone, someone thinks that Mary met'

someone > everyone *everyone > someone

양화사(quantifier)가 전치되었을 때, 이동이 LF에서 되돌려지는 것으로 보인다. 동일한 현상은 한국어에서도 관찰된다. 하지만, 양화사가 아닌 경우의 전치에서는 이러한 되돌림 효과가 항상 나타나지는 않는다.

(43) I chayk-ul Mary-ka [John-i t
this book-ACC(FOC) Mary-NOM John-NOM
sa-ss-ta-ko] sayngkakha-n-ta
buy-PAST-DEC-COMP think-PRES-DEC
'**This book**, Mary thinks that John bought (it)'

위 문장은 전치된 명사구(DP)가 초점화(focus) 효과를 가진 것으로 해석된다. 이러한 장거리 초점화는 LF에서 되돌릴 수 없는 의미적 효과를 가지며, 전치되지 않은 문장과 전치된 문장의 해석이 서로 다르다. 따라서 장거리 전치는 한국어에서 되돌림 효과(undoing effects)를 가져오는 장거리 뒤섞기가 아니라 초점화로 간주되어야 한다. 그 증거들을 살펴보도록 한다.

6.2. 질문에 대한 답변으로서의 증거

전치된 문장이 전치되지 않은 문장과 다른 질문에 대한 답변이 될 수 있다는 점이 증거가 된다. 전치되지 않은 문장은 다음 질문들에 대한 답변이 될 수 있다. (43)의 한국어 문장에 대응하는 영어 문장은 다음과 같다.

(44) a. Answer: Mary thinks that John bought this book
b. What does Mary think that John bought?
c. What does Mary do?
d. Who Mary thinks bought this book?

(44a)는 (43)의 한국어 문장에 대응하는 영어 문장이다. (44a)와 같은 답변을 가지려면 (44b, c, d)와 같은 질문이 가능하다. 한국어에서는 초점이 음운부(PF)에서 강세로 실현될 수 있다. (43)과 같이 전치된 문장이 초점 해석을 가지는 경우, 해당 문장의 질문은 다음과 같다.

(45) a. Answer: **This book**, Mary thinks that John bought it.
b. What does Mary think that John bought?

c. *What does Mary do?

d. *Who Mary thinks bought it?

초점화된 문장에서 (45a)에 대한 유효한 질문은 (45b)뿐이며, (45c, d)는 가능하지 않다. 이 점에서 초점화된 전치 문장은 전치되지 않은 문장과 의미적으로 다르다. 이는 Choe(1995)의 주장과 유사하다. 그는 장거리 전치가 항상 초점 해석을 유발한다고 주장하였다. 본 논문에서는 장거리 전치가 초점 해석을 가져온다는 점을 확인하였다. 따라서, 한국어에서 장거리 전치를 단순히 장거리 뒤섞기로 정의하는 것은 적절하지 않다.

6.3. 결속 이론(Binding Theory)으로부터의 증거

한국어에서 장거리 전치(long-distance preposing)가 장거리 뒤섞기(long-distance scrambling)가 아님을 보여주는 증거는 대명사 결속(anaphor binding)에서 찾을 수 있다. 한국어와 일본어에서 절 내부의 뒤섞기가 결속 조건 A(Binding Condition A) 위반을 개선한다는 것은 잘 알려져 있다. Lee(1990, 1993)와 Yoon(1991)은 장거리 뒤섞기도 결속 조건 A의 위반을 완화하며 새로운 결속자(binder)를 생성한다고 주장한다.

(46) a.	*na-nun	[selo$_i$-ka	[Chelswu-wa Youngswu$_i$]-lul
	I-TOP	each other-NOM	Chelswu-and Youngswu-ACC
	Miwueha-n-ta-ko]		sayngkakha-n-ta
	hate-PRES-DEC-COMP		think-PRES-DEC
	'I think that each other hates Chelswu and Youngswu'		
b.	? [Chelswu-wa Youngswu$_i$]-lul		na-nun [selo$_i$-ka
	Chelswu-and Youngswu-ACC		I-TOP each other-NOM
	Miwueha-n-ta-ko]		sayngkakha-n-ta
	hate-PRES-DEC-COMP		think-PRES-DEC

Mahajan(1990)과 Saito(1992, 2004)는 (46b)에 해당하는 일본어 문장을 비문법적이라고 판단하며, 이

는 재구성(reconstruction, 되돌림) 효과에 기인한다고 본다. 그러나 일본어 데이터와 달리, (46b)는 한국어에서 좀 더 수용성이 있는 문장으로 간주되며, 이는 Lee(1990, 1993)와 Yoon(1991)에서도 언급된 바 있다. 일본어와 달리, 절 경계를 넘는 이동은 결속 조건 A 위반을 상당히 개선한다. 이는 한국어 데이터에서 항상 되돌림 효과가 적용되는 것은 아니라는 것을 의미한다.

또한, Choe(1995)에 따르면, 장거리 전치는 항상 초점 효과를 수반하기 때문에, 전치된 명사구는 초점 해석을 가져야 한다. 아래 문장은 재구성 효과가 나타나는 경우를 보여준다.

(47) $selo_i$-lul [John-un [$kutul_i$-i t coah-n-ta-ko] sayngkakha-n-ta]
each other-ACC John-CF they-NOM like-PRES-DEC-COMP think-PRES-DEC
'each other, John thinks that they like t'

문장 (47)은 결속 조건 A를 만족시키기 위해 재구성 효과가 나타나는 예이다. 그렇다면 이것을 의미적 효과가 없는 장거리 뒤섞기라고 부를 수 있을까? 전치된 명사구 selo-lul은 점유한 통사적 위치에 따라 초점 해석을 가져야 하며, 전치된 문장과 전치되지 않은 문장은 해석에서 차이를 보인다. 이러한 점에서 완전한 되돌림 효과가 적용된다고 볼 수 없다.

한편, 결속 조건 A의 만족은 Chomsky(1995)의 복사 이론(copy theory)에 의해 남겨진 복사에 의해 이루어질 수 있다. 다른 한편으로는, 전치를 통해 초점 효과가 발생한다. 따라서 한국어에서 장거리 전치는 의미적으로 공허한 이동이 아니라, 초점화라는 의미적 효과를 가져오며, 이를 통해 결속 조건 A 위반을 개선한다. 따라서 한국어에서 장거리 전치를 뒤섞기르 부르는 것은 적절하지 않다.

요약하자면, 본 논문은 다음과 같은 점을 확인하였다. (i) 명시적으로 전치된 목적어가 적절한 대답이 되기 위해 전치되지 않은 문장과는 다른 wh-질문을 필요로 하며, (ii) 절 경계를 넘어 전치된 목적어 선행사(antecedent)는 결속 조건 A 위반을 개선하며, (iii) 장거리 전치는 결속 조건 A가 전치나 복사로 만족되는 동안에도 의미적 효과를 수반한다. 이 점에서, 한국어에서의 장거리 뒤섞기는 단순한 뒤섞기가 아니라 초점화를 포함하며, 의미적 효과를 가져오기 때문에 되돌려질 수 없다.

7. 작용역 현상(Scope Phenomenon)

이전 절에서 우리는 장거리 뒤섞기(long-distance scrambling)로 보이는 현상이 사실 뒤섞기가 아니라 초점화(focalization)임을 보았다. 그런데, 작용역 현상(scope phenomenon)과 관련된 장거리 전치 문장에서는 되돌림(undoing) 효과가 나타난다는 점을 부정할 수 없다.

(48) Motun salam-ul　nwukwunka-ka　[Mary-ka　t　mana-ss-ta-ko]
everyone-ACC　someone　Mary-NOM　meet-PAST-DEC-COMP
sayngkakha -n -ta
think -PRES -DEC
'Everyone, someone thinks that Mary met'
someone > everyone　*everyone > someone

작용역 현상은 (48) 및 (42)에서 되돌림 효과(undoing effects)를 지지한다. (48)에서 전칭 양화사(universal quantifier)가 전치되었음에도 불구하고 항상 좁은 작용역(narrow scope)을 가지는 것으로 나타나, 이동이 원래 위치로 되돌려진 것처럼 보인다.

나는 이러한 작용역 변화와 관련된 되돌림 효과가 전체 명사구(DP)의 재구성(reconstruction)으로 인한 의미적 공허성(semantic vacuity) 때문이 아니라, 작용역 재구성 효과(scope reconstruction effects) 때문이라고 제안한다. 복사 이론(copy theory, Chomsky 1995)에 따라 원래 위치에 남겨진 복사가 작용역 효과에 관여한다. 이동은 절 경계를 넘는 초점화 효과(focusing effects)를 유발하며, 전치된 명사구(DP)는 이러한 초점화 효과를 담당한다. 따라서 나는 양화사의 장거리 전치가 작용역적 공허성(scopal vacuity)을 야기할 수는 있지만, 전체적으로 의미적 공허성을 초래하지는 않는다고 주장한다. 한편, Fox(2000)는 양화사구(quantifier phrase)가 C의 지정어(Spec of C)로 이동하려는 동기에 의해 절 경계를 넘어 추출될 수 있다고 주장한다. 그는 작용역 변화 운용(scope-shifting operations)이 의미적으로 공허할 수 없다고 주장하며, 이를 작용역 경제(Scope Economy) 원칙이라 부른다. 작용역 경제에 따르면, (48)의 양화사는 작용역적 공허성 때문에 이동하지 않아야 한다. 그러나 (48)에서 명시적 양화사 이동은 적법한 문장을 생성한다. 이는 양화사 상승(quantifier raising) 외에 다른 운용(operations)이 의미적 효과를 유발한다는 것을 의미하며, 나는 그 운용이 초점화라고 제안한다.

작용역 현상과 별개로, 양화사를 포함한 장거리 전치가 초점화와 같은 의미적 효과를 가진다는 점을 아래 예문을 통해 살펴본다.

(49) a. Everyone, someone thinks that Mary met

b. Who does someone think Mary met?

c. *What does someone do?

d. *Who thinks that Mary met everyone?

답변 (49a)에 대해 (49c,d)는 질문이 될 수 없지만, (49b)는 가능하다. 이는 (49a)가 전치되지 않은 문장과 동일한 해석을 가지지 않음을 보여준다. 즉, 되돌림 효과가 명백한 문장과는 해석이 다르다.

우리는 장거리 전치가 의미적으로 공허하지 않으며 따라서 되돌려질 수 없음을 보았다. 이 절에서는 양화사의 장거리 전치에서 나타나는 되돌림 효과가 남겨진 복사로 인한 작용역 재구성 효과 때문임을 논의했다. 이는 해석의 일부(작용역 해석)만 영향을 미치며, 전치된 명사구(DP)의 전체 해석에는 영향을 미치지 않는다. 장거리 전치된 문장이 작용역적으로 공허하더라도(scopally vacuous), 이것이 의미적으로 완전히 공허하다는 것을 의미하지는 않는다. 초점화에 의한 의미적 효과는 양화사의 장거리 전치 문장에서 여전히 존재하며, 적절한 질문을 통해 검증될 수 있다.

이와 같은 분석은 비양화사 명사구(non-quantified DPs)와 양화사 명사구(quantified DPs)의 장거리 전치 모두에 적용될 수 있다. 두 경우 모두 초점화 효과는 동일하게 유지되지만, 작용역적 공허성은 양화사 명사구의 장거리 전치에서만 나타나는 독특한 특징이다. 초점화 효과로 인해, 이러한 문장들은 Saito(1992) 및 Bošković and Takahashi(1998)의 주장과 달리 의미적으로 공허하지 않다. 이것이 한국어에서 양화사의 장거리 전치 문장이 작용역적 공허성에도 불구하고 적법한 이유일 수 있다.

8. 뒤섞기(Scrambling)

6절과 7절에서 우리는 한국어에서 나타나는 장거리 뒤섞기(long-distance scrambling)로 보이는 현상이 초점화(focalization)로 분석되어야 한다는 점을 확인했다. 이러한 현상에서 되돌림효과(undoing effects)는 해석의 일부로 작용역 재구성 효과(scope reconstruction effects)에 의해 나타난다. 그렇다면 뒤섞기는 어떻게 이루어지는가? 초점화와 주제화(topicalization), 그리고 뒤섞기를 구별하기 위해서는, 자유 어순 변화(free word order change)를 지칭하는 혼합된 개념으로 사용되어온 뒤섞기를 명확히 정의해야 한다.

우선, 나는 뒤섞기를 의미적 영향을 가지지 않는 PF(음운부)에서 발생하는 연산으로 정의하고자 한다. Chomsky(2001: 20) 역시 이러한 연산이 음운 부문(phonological component)에서 발생하며 표면적 의미 효과를 생성하지 않는다고 언급했다. 따라서 뒤섞기는 통사부(syntax)가 아니라 PF에서 이루어진다. 둘째, 뒤섞기는 복사 이론(copy theory)을 따른다. Bošković(2007b)의 복사 이론에 따르면, 머리 복사(head copy) 또는 꼬리 복사(tail copy)가 발음되더라도 의미적 차이는 없다. 셋째, Yang(2007)이 제안한 바와 같이, 뒤섞기는 하나의 국면(phase) 내에서 발생할 수 있다. 국면을 넘어서는 이동은 뒤섞기로 정의되지 않으며, 의미적 영향을 동반하는 초점화나 주제화로 간주된다. 이제 이러한 견지에서 뒤섞기에 대한 분석을 살펴보자.

다음 예문은 주어 명사구(DP)와 목적어 명사구가 vP 영역 내에서 뒤섞기를 통해 순서를 바꾼 경우이다.

(50) a. John-i　　　ku nonmwun-ul　　ilk-ess-ta

John-NOM　　the paper-ACC　　read-PAST-DEC

'John read the paper'

[$_{CP}$ [$_{TP}$ [$_{vP}$ John-i [$_{VP}$ ku nonmwun-ul] ilk]-ess]-ta]

b. Ku nonmwun-ul　John-i　　ilk-ess-ta

the paper-ACC　John-NOM　　read-PAST-DEC

'The paper, John read'

[$_{CP}$ [$_{TP}$ [$_{vP}$ ku nonmwun-ul [$_{vP}$ John-i [$_{VP}$ (ku nonmwun-ul)] ilk]]-ess]-ta]

나는 (50)이 한국어에서 PF-뒤섞기의 실제 사례라고 제안한다. 그런데, 겉으로 보이는 어순이 같더라도, 만약 전치된 명사구가 vP영역을 넘어 Spec-FocP 또는 Spec-TopP에 도달한다면, 이는 앞서 언급한 바와 같이 초점화(focalization)나 주제화(topicalization)로 분석되어야 한다. 이러한 경우, 어순 변화는 뒤섞기가 아니라 초점화 또는 주제화로 불려야 한다. 이는 모든 뒤섞기처럼 보이는 문장에 적용된다. 다음은 더 많은 예문들이다.

(51) a. John$_i$-i caki$_i$-lu salangha-n-ta

John-NOM self-ACC love-PRES-DEC

'John loves (him)self'

b. Caki$_i$-lul John$_i$-i t salangha-n-ta

self-ACC John-NOM love-PRES-DEC

'(him)self, John loves'

$[_{CP}$ $[_{TP}$ $[_{vP}$ caki-lul $[_{vP}$ John-i $[_{VP}$ (caki-lul)] salangha]]-n]-ta]

(51b)는 결속 이론(binding theory) 관점에서 되돌림 효과를 보여주며, 원래 위치에서 올바른 결속이 제공된다. 이는 PF에서 vP내에서 어순 변화가 발생했을 때의 뒤섞기 사례이다. 머리(head)는 발음되고 꼬리 복사(tail copy)는 결속 이론에 참여한다. 아래 예문을 보자.

(52) a. *Selo-uy sensayngnim$_i$-i kutul$_i$-ul salangha-n-ta

each other-GEN teacher-NOM them-ACC love-PRES-DEC

'each other's teacher loves them'

b. Kutul$_i$-ul selo-uy sensayngnim$_i$-i t salangha-n-ta

them-ACC each other-GEN teacher-NOM love-PRES-DEC

(i) $[_{CP}$ $[_{TP}$ kutul-ul $[_{vP}$ (kutul-ul) $[_{vP}$ selo-uy sensayngnim-i $[_{VP}$ (kutul-ul)] salangha]]-n]-ta]

(ii) $[_{CP}$ $[_{FocP}$ kutul-ul $[_{TP}$ $[_{vP}$ (kutul-ul)$[_{vP}$ selo-uy sensayngnim-i $[_{VP}$ (kutul-ul)] salangha]]-n]-ta]

(52b)는 전치(preposing)를 통해 결속 조건 A를 개선한 사례를 보여준다. 이는 통사적 A-이동의 사례이며 되돌림이 불가능하다. 전치된 DP가 항상 초점(focus) 해석을 가지지는 않는다. 이는 모든 경우에 초점 효과를 가져오는 장거리 전치(long-distance preposing)가 아니기 때문이다. 초점 해석이 없는 경우, DP는 (52bi)와 같이 Spec-TP에 위치하며, 초점 해석이 있는 경우에는 (52bii)와 같이 Spec-FocP에 위치한다.

다음으로, 절 내부에서의 양화사 전치는 한편으로는 PF에서의 뒤섞기에 속하며, 다른 한편으로는 작용역 변화로 인한 의미적 효과를 가져오는 LF 접합부에서의 통사적 이동에 속한다.

(53) Motun salam-ul nwukwunka-ka t salangha-n-ta
everyone-ACC someone-NOM love-PRES-DEC
'Everyone, someone loves' someone > everyone, everyone > someone

(i) [$_{CP}$ [$_{TP}$ [$_{vP}$ (motun salam-ul)[$_{vP}$ nwukwunka-ka [$_{VP}$ (motun salam-ul)] salangha]]-n]-ta] someone > everyone

(ii) [$_{CP}$ [$_{TP}$ motun salam-ul [$_{vP}$ (motun salam-ul)[$_{vP}$ nwukwunka-ka [$_{VP}$ (motun salam-ul)] salangha]]-n]-ta] everyone > someone

(iii) [$_{CP}$ [$_{FocP}$ motun salam-ul [$_{TP}$ [$_{vP}$ (motun salam-ul)[$_{vP}$ nwukwunka-ka [$_{VP}$ (motun salam-ul)] salangha]]-n]-ta] everyone > someone

문장 (53)은 존재 양화사(existential quantifier)와 전칭 양화사(universal quantifier)의 넓은 범위(wide scope)와 좁은 범위(narrow scope) 해석을 보여준다. 존재 양화사가 넓은 범위를 가지는 경우, 되돌림 효과가 발생하며, 이때 꼬리 복사(tail copy)가 작용역 해석에 참여한다. 이는 vP 단계 내에서 양화사가 이동하며 발생한 PF-뒤섞기의 예이다. 반면 전칭 양화사가 넓은 범위를 가지는 경우, 되돌림 효과는 발생하지 않고, 머리 복사(head copy)가 작용역 해석에 참여한다. 이는 양화사가 vP 단계를 넘어 이동하기 때문이다. 이 경우에도 전치된 DP는 항상 초점 해석을 가지지는 않는다. 초점 해석이 없는 경우 DP는 (53ii)와 같이 Spec-TP에 위치하며, 초점 해석이 있는 경우에는 (53iii)와 같이 Spec-FocP에 위치한다. 따라서, (53i)는 PF에서의 뒤섞기, (53ii)는 LF에서 작용역 효과를 위한 통사적 이동, (53iii)는 작용역 효과와 함께 초점화(focalization)가 발생한 예이다. 한편, 주제화(topicalization)는 양화사의 이동에 적용되지 않는다. 이는 주제가 본질적으로 특정(definite)하고 일반적(generic)이기 때문이다.

초점화, 주제화, 결속 조건 개선, 작용역 효과 없이 어순이 변화하는 문장은 우리의 정의에 따르면 PF-뒤섞기에 해당한다. 이 경우, 머리복사 또는 꼬리복사 중 어느 것이 발음되더라도 의미적 효과는 발생하지 않는다. 그러나 앞서 논의된 초점화와 주제화를 동반하는 전치의 경우, 초점성(focality)과 주제성(topicality)이라는 의미적 효과를 가지며 이는 PF에서의 뒤섞기로 특징지어질 수 없다. 이 분석은 이른바 "뒤섞기(scrambling)"가 모든 것을 설명했던 다양한 자유어순 현상을 명확히 구분한다.

한국어에서 발견되는 여러 가지 전치 유형은 Bošković(2007a)가 제시한 러시아어 자료로 뒷받침될 수 있다. 그는 슬라브어에서 뒤섞기, 주제화, 초점화가 모두 가능하다고 제안한다. 그러나 한국어에 대한 우리의 분석과 달리, 그는 절 경계를 넘는 전치가 주제화와 초점화뿐만 아니라 뒤섞기를 포함할 수 있다고 주장한다. 그의 연구에서 인용된 다음 문장은 내포된 목적어를 전치시킴으로써 세 가지로 해석될 수 있음을 보여준다.

(54) Ivana$_i$ tvrdis da ona voli e_i

Ivan-ACC you-claim that she loves

'You claim that she loves Ivan'

'Ivan, you claim that she loves'

문장 (54)에서 Ivan은 되돌림 효과(undoing effects)가 있는 뒤섞기로 분석될 수 있으며, 또는 주제나 초점으로도 해석될 수 있다.

한국어의 경우, 절 내부 전치를 통해 가능한 해석을 테스트할 수 있으며, 절 경계를 넘는 전치는 초점 효과를 항상 유발하기 때문에 우리의 분석에 따르면 뒤섞기가 될 수 없다. 문장 (50b)을 반복하여 뒤섞기, 주제화, 초점화로 인한 가능한 해석을 테스트할 수 있다.

(55) ku nonmwun-ul John-i ilk-ess-ta

the paper-ACC John-NOM read-PAST-DEC

i) 'The paper, John read (it)'

[$_{CP}$ [$_{TopP}$ [$_{FocP}$ [$_{TP}$ [$_{vP}$ ku nonmwun-ul [$_{vP}$ John-i (ku nonmwun-ul)] ilk]]-ess]]]-ta]

ii) 'As for the paper, John read (it)'.

[$_{CP}$ [$_{TopP}$ ku nonmwun-ul [$_{TP}$ [$_{vP}$ (ku nonmwun-ul) [$_{vP}$ John-i (ku nonmwun-ul)] ilk]]-ess]]-ta]

iii) '**The paper**, John read (it)' ('It is the paper that John read')

[$_{CP}$ [$_{FocP}$ ku nonmwun-ul [$_{TP}$ [$_{vP}$ (ku nonmwun-ul) [$_{vP}$ John-i (ku nonmwun-ul)] ilk]]-ess]]-ta]

iv) '**The paper, John read** (it)' ('It is the paper that John, not others, read')

[$_{CP}$ [$_{FocP}$ ku nonmwun-ul [$_{FocP}$ John-i [$_{TP}$ [$_{vP}$ (ku nonmwun-ul) [$_{vP}$ (John) (ku nonmwun-ul)] ilk]]-ess]]]-ta]

전치된 요소 ku nonmwun-ul은 외부 Spec-vP(outer Spec-vP)에 위치하며, (55i)와 같이 완전히 되돌림 될 수 있다. 이는 PF-뒤섞기의 경우이다. 전치된 목적어는 Spec-TopP에 위치할 때 (55ii)와 같이 주제로 해석된다. Spec-FocP에 위치할 때는 (55iii)와 같이 초점으로 해석될 수 있다. 한국어는 다중 초점(multiple foci)을 허용하므로, (55iv)와 같이 두 개의 초점구조가 가능하다. 통사적 위치에 따라 이 네

가지 해석이 모두 허용된다. 러시아어 문장과 마찬가지로, 특히 절 내부 전치는 모호한 해석을 가지며, 이러한 모호성은 요소가 점유하는 통사적 위치(syntactic position)에 기인한다.

9. 결론

한국어에서 좌변부(left periphery)는 [CP TopP FocP* TP]와 같은 주제-초점 체계(topic-focus system)를 가지고 있음을 확인하였다. 제시된 실증적 자료는 이러한 범주들의 존재와 그들 사이의 순서를 뒷받침한다. 주제와 초점 해석은 특정 요소가 점유하는 통사적 위치에 의해 결정된다. 이러한 과정은 주제화(topicalization)와 초점화(focalization)로 불리며, 여기서 EF(Edge Feature)가 외현적 이동(overt movement)의 작동 원리로 작용한다.

장거리 전치(long-distance preposing)는 초점화로 분석되며, 재구성 효과(reconstruction effects)와 초점화 효과(focusing effects)의 존재로 인해 뒤섞기(scrambling)로 간주되지 않는다고 주장한다. 재구성 효과는 남겨진 복사(copy)에서 비롯되며, 초점화 효과는 장거리 전치로 인해 얻어진다. 또한, 양화사(quantifiers)의 장거리 전치는 초점화로 분석된다. 초점화에서는 머리 복사(head copy)가 관여하며, 꼬리 복사(tail copy)는 재구성 효과에 관여한다.

뒤섞기(scrambling)는 의미적 효과(semantic import)가 없는 운용(operation)으로 재정의된다. 뒤섞기는 PF(음운부) 운용으로 간주되며, vP 단계를 넘을 수 없다. 반면, 작용역(scope) 변화를 유도하는 작업은 PF-뒤섞기가 아닌 통사적 이동(syntactic movement)이며, 주제와 초점 해석을 유도하는 운용 역시 LF(논리형식) 접합부에서의 통사적 이동에 의존한다. 뒤섞기와 달리 이러한 운용은 항상 vP 단계를 넘어 새로운 작용역(scope) 또는 주제화와 초점화 효과를 얻는다.

결론적으로, 한국어에서 담화 정보(discourse information)는 좌변부의 통사적 위치에 따라 결정된다. 자유 어순 현상(free word order phenomenon)에서 발생하는 모호한 해석들은 단순히 뒤섞기 현상에 의해 설명되는 것이 아니라, 좌변부와 관련된 다양한 통사적 운용에 의해 설명될 수 있다.

참고 문헌

Aoun, Joseph.(1985) *A grammar of anaphora*. Cambridge, MA: MIT Press.

Belletti, Adriana.(2001) Aspects of the lower IP area. Ms. Università di Suena.

Bošković Željko.(2007a) Scrambling. To appear in T. Berger, K. Gutschmidt, S. Kempgen, and P. Kosta. (eds.), *The Slavic languages*. Berlin: Mouton de Gruyter

Bošković Željko.(2007b) The copy theory of movement: A view from PF. To appear in N. Corver and J. Nunes (eds.), *The copy theory of movement on the PF side*.

Bošković Željko and Takahashi, D.(1998) Scrambling and last resort, *Linguistic Inquiry*, 29: 347-366.

Choe, Hyon-Sook.(1995) Focus and Topic movement in Korean and licensing. In K. É. Kiss (ed.), *Discourse configurational languages*, 269-334. Oxford University Press.

Choi, Hye-Won.(1997) Topic and focus in Korean: The information partition by phrase structure and morphology. In H.-M. Sohn and J. Haig (eds.), *Japanese/Korean Linguistics 6* (pp. 545-562). Stanford: CSLI.

Chomsky, Noam.(1977) On wh movement, In P. Culicover, T. Wasow, and A. Akmajian (eds.), *Formal syntax* (pp. 71-132). New York: Academic Press.

Chomsky, Noam.(1986) *Knowledge of language*: Its nature, origin and use. New York: Praeger.

Chomsky, Noam.(1993) A minimalist program for linguistic theory. In K. Hale and S. J. Keyser (eds.), *The view from building 20*. MIT Press, Cambridge, Mass.

Chomsky, Noam.(1995) *The minimalist program*. Cambridge, MA: MIT Press.

Chomsky, Noam.(2000) *Minimalist inquiries: The framework*. In R. Martin, D. Michaels, and J. Uriagereka (eds.), *Step by step: Essays on minimalist syntax in honor of Howard Lasnik* (pp. 89-155). Cambridge, MA: MIT Press.

Chomsky, Noam.(2001) Derivation by phase. In M. Kenstowicz (ed.), *Ken Hale: A Life in Language* (pp. 1-52). Cambridge, MA: MIT Press.

Chomsky, Noam.(2005) On phases. To appear in C. P. Otero et. al. (ed.), *Foundational Issues in linguistic theory*. Cambridge, MA: MIT Press.

Chomsky, Noam.(2006) Approaching UG from below. MIT.

Cinque, Guglielmo.(1993) A null theory of phrase and compound stress. *Linguistic Inquiry 24*: 239-298.

Fox, Danny.(2000) Economy and semantic interpretation. Natural Language Semantics 3: 283-341.

Gill, Kook-Hee and George Tsoulas.(2004) Peripheral effects without peripheral syntax: The left periphery in Korean. *Peripheries: Syntactic edges and their effects* (pp. 121-141). Kluwer Academic Publishers.

Han, Chung-Hye.(1998) Asymmetry in the interpretation of -(n)un in Korean. In N. Akatsuka, H. Hoji, S.

Iwasaki, S.-O. Sohn, and S. Strause (eds.), *Japanese Korean Linguistics 7* (pp. 1-15). CSLI Publications.

Hornstein, Norbert. and Weinberg, Amy.(1990) The necessity of LF. The Linguistic Review 7(2): 129-168.

Jayaseelan, Karattuparambil A.(2001) IP-internal topic and focus phrases. *Studia Linguistica 55*: 39-75.

Jung, Yeun-Jin.(2001a) Thematization and Topic interpretation. Studies *in Generative Grammar 11*: 303-337.

Jung, Yeun-Jin.(2001b) Multiple Case marking and its PF interpretation. *Korean Journal of Linguistics 26*: 239-268.

Kim, Kwang-sup.(2006) On the clause-boundedness of QR. *Studies in Generative Grammar 16*: 755-768.

Kim, Jeong-Seok.(1997) What syntactic focus movement tells about VP ellipsis in Korean and Japanese. *Korean Journal of Linguistics 22*: 433-452.

Kiss, Katalin É.(1998) Identificational focus versus informational focus. *Language 74*: 245-273.

Larson, Richard.(1988) On the double object construction. *Linguistic Inquiry 19*, 335-392.

Lee, Chungmin.(2002) Contrastive topic and proposition structure. In Di Sciullo, Anne-Marie (ed.), *Asymmetry in Grammar* (pp. 345-371). John Benjamins.

Lee, Eun-Ji.(1992) On the extended projection principle. Doctoral dissertation, University of Connecticut, Storr.

Lee, Hyeran.(2006) A study on scrambling in Korean: The minimalist approach. *Studies in Generative Grammar* 16: 425-460.

Lee, Hyeran.(2008a) Syntactic encoding of topic and focus in Korean, Questioning Linguistics, Cambridge Scholars Publishing, 143-163.

Lee, Hyeran.(2008b) Left periphery in Korean: topicalization, focalization, and scrambling, Studies in Genarative Grammar 1: 137-171.

Lee, Wonbin and Sungeun Cho.(2003) Is scrambling EPP-driven? *Studies in Generative Grammar 13*: 331-341.

Lee, Young-Suk.(1990) Investigation of scrambling in Korean, *Proceedings of the International Conference in Korean Linguistics*, Hanshin, Seoul.

Lee, Young-Suk.(1993) *Scrambling as Case driven obligatory movement*. Doctoral dissertation. University of Pennsylvania.

Li, Charles. and Thompson, Sandra.(1976) Subject and topic: A new typology of language. In C. Li (ed.), *Subject and topic* (pp. 457-489). New York: Academic Press.

Mahajan, Anoop.(1990) The A-A′ *distinction and movement theory*. MIT Dissertation. Cambridge, MA: MITWPL.

May, Robert.(1985) Logical form. Cambridge, MA: MIT Press.

Park, Myung-Kwan.(1994) *A Morphosyntactic Approach to Korean Verbal Inflections*, Doctoral dissertation, UConn, Storrs.

Pollock, Jean-Yves.(1989) Verb movement, universal grammar and the structure of IP. *Linguistic Inquiry 20*, 365-424.

Rizzi, Luigi.(1997) The fine structure of the left periphery. In L. Haegeman (ed.), *Elements of grammar* (pp. 281-337). Dordrecht: Kluwer Academic Publisher.

Rizzi, Luigi.(2004) Locality and left periphery. In A. Belletti (ed.), *Structure and beyond: The cartography of syntactic structures*, Vol. 3 (pp. 223-251). Oxford University Press.

Rochemont, Michael.(1998) Phonological focus and structural focus. In Culicover, P. and L. McNally (eds.)

Ross, John.(1967) *Constraints on variables in syntax*. Doctoral dissertation. MIT Press, Cambridge, Mass.

Saito, Mamoru.(1985) *Some asymmetries in Japanese and their theoretical implications*. MIT Dissertation. Cambridge, MA: MITWPL.

Saito, Mamoru.(1989) Scrambling as semantic vacuous A′-movement. In Mark Baltin and Anthony Kroch (eds.), *Alternative conceptions of phrase structure* (pp. 182-200) Chicago: University of Chicago Press.

Saito, Mamoru.(1992) Long distance scrambling in Japanese. *Journal of East Asian Linguistics 1*: 69-118

Saito, Mamoru.(2004) Japanese scrambling in a comparative perspective. In David Adger, Cecile de Cat, George Tsulas (eds.), *Peripheries : Syntactic edges and their effects* (pp. 143-163). Dordrecht: Kluwer Academic Publishers.

Saito, Mamoru.(2005) Further notes on the interpretation of scrambling chains. In Henk van Riemsdijk, Jan Koster, and Harry van der Hulst (eds.), *The free word order phenomenon* (pp. 335-376). Berlin, New York: Mouton de Gruyter.

Schtze, Carson T. R.(1997) INFL in child and adult language: Agreement, Case and licensing, Doctoral dissertation, MIT.

Schtze, Carson T. R.(2001) On the nature of default Case. *Syntax 4 3*: 205-238.

Wee, Hae-Kyung.(2007) An Exploration of the interpretation of the syntactic, information, and discourse structures through an analysis of focus. *Studies in Generative Studies 17*: 123-164.

Whitman, John.(1989) Topic, modality, and IP structure. In *Harvard Studies in Korean Linguistics III*. Seoul, Korea: Hanshin Publishing Company.

Yang, Dong-Whee.(2007) On the nature of edge feature movement. *Studies in Generative Grammar 17*: 535-580.

Yoon, Jeong-Me.(1991) *The Syntax of A chains: A typological study of ECM and scrambling*. Doctoral dissertation, Cornell University.

X 화제와 초점: 한국어 동사구 전치를 중심으로

10

화제와 초점: 한국어 동사구 전치를 중심으로

박명관

1. 서론

영어에서는 구문-특정적(construction-specific) 정보 구조(information structure)를 반영하는 대표적 구문으로 (1a-c)과 같은 동사구 전치(VP fronting/preposing) 구문이 있다.

(1) a. We wanted John to eat the pies, and [$_{vP}$ eat the pies] he DID.

b. John said he would be arrested, and [$_{vP}$ arrested] he certainly WAS.

c. Barbara stole the car for drug money, if [$_{vP}$ steal it] she DID.

Ward and Berner(1990)가 관찰한 것처럼, 영어의 동사구 — 사실 Huang(1993)의 연구를 바탕으로 VP가 아닌 vP – 전치는 담화에서 두 가지 기능을 수행한다. (1a-b)에서처럼 이전 담화에서 명시적으로 언급된 두드러진 명제(salient proposition)에 대한 화자의 신념을 확언(affirmation)하거나, (1c)의 'if'-가정절에서처럼 명제에 대한 화자의 신념을 보류(suspension)하는 것이다. 또한 구체적으로 통사-의미적인 측면에서, 동사구 전치 구문에서 전치되는 성분이 동사구(vP)가 되고 남아 있는 조동사가 문미 초점(sentence-end focus)을 받아 시제(tense)에 의한 명제의 실제성(actuality)뿐만 아니라 법조동사에 의한 다양한 법성(modality)을 통해 명제에 대한 신념의 정도를 나타내는 데 사용될 수 있다. 예를 들어, (2a-b)처럼 명제는 허용성(permissibility), 미래성(futurity), 필요성(necessity) 등의 방식으로 확언되거나 보류될 수 있다.

(2) a. After he finishes, he goes. And [$_{vP}$ go] he SHOULD.

b. Go ahead and leave, if [$_{vP}$ leave] you MUST.

이와 같은 영어 동사구 전치 구문의 정보 구조적 특성을 고려할 때 한국어에도 이에 상응하는 동사구 전치가 가능한지를 묻게 된다. 이와 관련하여 다음의 (3)~(5)의 (a)-문장이 외견상 영어의 동사구 전치 구문에 상응하는 것으로 볼 수 있다. ((3)~(5)의 (b)-문장 다음의 vP V 혹은 V vP는 각각 꺽쇠 괄호([ ])의 첫번째 범주와 후행하는 범주를 표현한다.)[1)]

(3) a. [영이를 만나기는] 철이가 했다.

b. 철이가 [영이를 만나기는] 했다. [$_{vP}$] - V ('하-')

(4) a. [영이를 만나기는] 철이가 만났다.

b. 철이가 [영이를 만나기는] 만났다. [$_{vP}$] - V (반복된 본동사)

(5) a. [만나기는] 철이가 영이를 만났다.

b. 철이가 [만나기는] 영이를 만났다. [$_{V}$] (반복된 본동사) - vP

(3a)는 외견상 동사구 다음에 '하-'의 구조에서 동사구가 전치된 것으로 보이며, (4a)는 동사구 다음에 동사구 내부의 동사가 반복(repetition)되는 구조에서 동사구가 전치된 것으로 보이며, (5a)는 (4a)와 대칭적으로 동사구에 선행하여 동사구 내부의 동사가 전치된 것으로 보인다.

이 논문은 전형적인 영어 동사구 전치를 예시하는 (1a-c)의 구문에 대응하여 (3)~(5)의 (a)와 (b) 문장의 구조를 밝히는 데 있다. 앞으로 논의를 먼저 정리하면, 영어의 동사구 전치에 상응하는 한국어 구문은 동사구 전치가 일어나지 않은 (3b)와 (4b)이다. (3b)와 (4b)를 제외한 (3)~(5)의 나머지 구문들은 외견상 동사구 혹은 동사의 전치가 이루어진 것처럼 보이지만 실제 동사구 전치가 이루어지지 않았으며, 두 동사구가 평행 구조(parallel structure)를 이루어 동사구 반복 성분 초점 구문을 형성하면서, 문장의 특정 성분을 초점화하며 정보 구조적 측면에서 동사구 내 성분 초점 구문의 역할을 한다고 보일 것이다.

이와 같은 논증을 위하여, 이 논문은 다음과 구성된다. 다음 절에서는 (3b)와 (4b)에 집중하면서, 영

1) (3)~(5)에서 vP - V와 V - vP은 각각 첫 번째 성분이 [ ]로 표시한 성분에 해당하며, 두 번째 성분은 후행하는 [ ]로 표시하지 않은 성분을 가리킨다.

어의 동사구 전치가 표상하는 정보 구조를 나타내기 위하여 한국어에서는 동사구 전치가 왜 불필요한지를 논의한다. 3절에서는 영어의 동사구 전치와 외견상 유사하지만 영어의 동사구 성분 초점과 유사한 한국어 상응 구문을 살펴본다. 이 절에는 한국어 상응 구문이 동사구 전치가 적용되지 않으며, 한국어에서 동사구가 반복(repetition)되는 구조에서 동사구 내의 성분이 초점을 받게 된다는 점에서 한국어에서 가용한 동사구 반복 성분 초점(constituent focus) 구문의 통사적 특성을 제시한다. 4절에서는 2절에서의 제자리 동사구 구문과 3절에서의 동사구 반복 성분 초점 구문에서 출현하는 동사 '하-'의 정체를 규명하며, 전자의 구문에서는 허사(expletive) '하-'의 성격을 갖으며 후자의 구문에서는 실사(substantive) '하-'는 선행하는 동사구를 대신하는 동사구 대용(VP replacement)의 성격을 갖고 있음을 논증하게 된다. 5절에서는 최근 Yim(2020)의 경동사 '하-'의 논의를 바탕으로 4절에서의 두 유형의 '하-'의 분류를 뒷받침하게 된다. 6절에서는 전체 논문을 요약하며 결론을 내린다.

2. 영어 동사구 전치에 상응하는 구문의 부재

(1a-c)에서 다시 가져온 영어의 동사구 전치 구문 (6a-c)를 보자.

(6) a. We wanted John to eat the pies, and [$_{vP}$ eat the pies] he DID.
b. John said he would be arrested, and [$_{vP}$ arrested] he certainly WAS.
c. Barbara stole the car for drug money, if [$_{vP}$ steal it] she DID.

이 구문에서 동사구 전치가 일어나는 IP 절은 핵/문장 강세(nuclear/sentence stress)를 받는 Infl 위치의 조동사를 제외하고 전치된 동사구와 주어가 구정보(old/given information)의 성격을 갖는다.

영어의 동사구 전치에 상응하는 한국어 구문은 동사구 전치가 외견상 발생한 것처럼 보이는 (3a)나 (4a)가 아닌 동사구 전치가 일어나지 않은 (3b)나 (4b)이다.

(3) a. [영이를 만나기는] 철이가 했다.
b. 철이가 [영이를 만나기는] 했다. [$_{vP}$] - V
(4) a. [영이를 만나기는] 철이가 만났다.

b. 철이가 [영이를 만나기는] 만났다. $[_{vP}$] - V

한국어에서 Infl에만 초점을 두기 위해서는 동사구 전치의 적용이 불필요한 것은 자명해 보인다. 한국어가 핵 후행(head-final) 어순으로 Infl이 자동적으로 문미에 위치하기 때문에 동사구 전치는 요구되지 않는다. 따라서 다음과 같이 질문과 응답의 맥락에서, 영어의 동사구 전치 구문과 유사하게, Infl에 선행하여 동사구(혹은 동사구 내부 주어(VP-internal subject)의 주어를 포함하는 동사구)가 구정보가 되고 Infl의 시제에 초점이 오는 (3b)나 (4b)의 사용이 가능하다.

(7) Q: 어제 철이가 영이를 만났어?/어제 철이가 영이를 못 만났어? (판정 의문문)
A: [철이가 영이를 만나기는] 했어.[2)]
A': [철이가 영이를 만나기는] 만났어. $[_{vP}$] - V

(7A)와 (7A')는 방금 기술한 기능(즉, 정보 구조)을 수행하기도 하지만, (7A')는 대조 초점 보조사 '-는'이 붙은 동사가 나타내는 행위(action)를 대조하는 추가 기능도 가능하다. 즉 (7A')는 "철이가 영이와 이야기를 나누지는 못했지만, 철이가 영이를 만나기는 만났어"의 의미를 나타내기도 한다.

(3b)와 (4b)의 통사적 도출과 관련하여, 먼저 (3b)에서는 동사구 오른쪽 외곽에 보조사 '-는'이 들어가는 경우 본동사(main verb)와 Infl의 결합(merger)은 불가능하게 되어 허사 '하-'가 Infl에 첨가되어 시제와 함께 실현된다. 한국어에서 본동사와 Infl의 결합이 동사 이동(verb raising)에 의해 이루어지는지 혹은 Yoon(1990), Yoon(1994) 등이 제안하는 것처럼 한국어 시제 어미가 구접사(phrasal affix)로서 동사 이동 없이 선행 본동사에 접어화되는지 분명하지 않지만, (3b)와 같이 보조사가 본동사와 Infl 사이에 오는 경우 본동사와 시제 어미는 직접 결합되지 못하며, 홀로 떨어진 시제 어미는 허사 '하-'의 도움을 받게 된다. 다음으로 동사가 반복(repetition)되는 (4b')의 경우인데, 이 경우 본동사의 소위 copy raising을 하는지 혹은 병렬 구조(parallel structure)의 본동사 반복이 적용되는지 분명하지 않다. 하지만 아래 소절에서는 관련 구문들의 논의를 바탕으로 후자 즉 병렬 구조의 반복이 발생한다고 제안하게 될 것이다.

---

2) (3b)와 (4b)의 구조적 분석과 달리 (7A)와 (7A')에서는 주격 조사가 붙은 주어가 동사구(vP) 내부에 있는 것으로 구조 분석(parsing)을 제시하고 있다. 한국어에서 주어 성분이 동사구 내부에서 외현적으로 실현되는지 혹은 상위 Spec-I로 의무적으로 이동하는지는 논란이 있다. 이 논문에서는 한국어 주어 성분이 동사구 내부에서도 외현적으로 실현될 수 있다고 가정한다.

3. 한국어 반복 동사구 성분 초점 구문

앞 절에서 설명한 (3b)와 (4b)를 제외했을 때, 나머지 다음 예문들을 동사(구) 전치가 외견상 적용된 구문들이다.

(3) a. [영이를 만나기는] 철이가 했다. $[_{vP}$] - V

(4) a. [영이를 만나기는] 철이가 만났다. $[_{vP}$] - V

(5) a. [만나기는] 철이가 영이를 만났다.

b. 철이가 [만나기는] 영이를 만났다. $[_{V}$] - vP

영어의 동사구 전치가 절의 끝 부분의 문미 초점을 초래하는 특정한 정보 구조를 표상하지만, 한국어는 어순 상 상응하는 동사구 전치가 필요하지 않음을 보았다. 그렇다면 한국어의 위 예문에서 동사(구) 전치는 어떠한 유표적(marked) 정보 구조를 나타내는가 하는 질문이 제기된다. 위 예문들은 박소영(2018), 김건희(2021) 등이 관찰한 것처럼 -- 동사구 복사 혹은 분열 구문에 관한 선행 연구는 최기용(2002), 이정훈(2013), (2014), 이수연(2014), 김건희(2018)를 참조. 그리고 이 구문과 관련한 한국어 정보 구조에 관한 연구는 박철우(2002), (2015)를 참조 -- 문장의 Infl에 초점을 두지 않고, 주어, 목적어 등 동사구 내의 문장 성분에 초점을 두는 정보 구조적인 측면에서 유표적 구문이 된다. 영어에서는 주어, 목적어 등 문장 성분에 초점을 두기 위하여 분열 구문(cleft construction) 등을 사용하지만, 동사구 내부 성분에 초점을 두는 문법적 구문으로 다음과 같이 소위 동사구 초점 구문(VP focus construction)도 가능하다.

(8) a. John even speaks ARAMAIC. (more surprising than speaking Hebrew or Arabic)

b. John even SPEAKS Aramaic. (more surprising than merely reading it)

(9) a. John only speaks SPANISH. (He doesn't speak English or Basque in addition.)

b. John only SPEAKS Spanish. (He doesn't read it or write it.)

(10) a. Kathy also wanted to interview BORIS. (in addition to interviewing Ivan)

b. Kathy also wanted to INTERVIEW Boris. (in addition to photographing him)

영어에서는 'even', 'only', 'also' 등 초점 부사들은 동사구 외곽에 위치하고 운율적 강세(prosodic accent)와 상호 작용하면서 동사구 혹은 동사구 내의 성분에 초점을 할당한다.

한국어 (3a), (4a), (5a-b)의 경우는 보조사 '-는' -- 영어의 초점 부사에 의미적으로 상응하여, 한국어에서 '-만', '-도' '조차' 등 다른 보조사도 출현할 수 있음 -- 은 다음과 같이 동사구(vP) 내의 성분들이 초점을 받는다. 김건희(2021)에서 제시한 것처럼 다음과 같이 질문과 응답의 담화 맥락에서 설명 의문문에 대한 응답문으로 (3a), (4a), (5a-b)이 가능하다는 점에서 이 구문의 정보 구조적 특성을 파악할 수 있다. 다음에서 그리고 이하 예문들에서 초점을 받는 성분들은 밑줄로 표시한다.

(11) a. [영이를 만나기는] 철이가 했어. = (3a)
<--- 누가 영이를 만났니? (설명 의문문)
b. [영이를 만나기는] 철이가 만났다. = (4a)
<--- 누가 영이를 만났니? (설명 의문문)
(12) a. [만나기는] 철이가 영이를 만났다. = (5a)
<--- 누가 누구를 만났니? (설명 의문문)
b. 철이가 [만나기는] 영이를 만났다. = (5b)
<--- 철이가 누구를 만났니? (설명 의문문)

(11a-b)와 (12a-b)의 통사 구조적 특징을 어떻게 말할 수 있을까? 흥미로운 것은 이 문장들에서 동사가 반복된다든지 혹은 (11a)에서 '하-'가 대동사(pro-verb)로 나온다. 이 동사들이 잉여적인 것은 반복되는 동사 혹은 대동사를 아래와 같이 생략하는 것이 가능하다는 점에서 알 수 있다.[3]

(13) a. [영이를 만나기는] 철이가 (했어).
b. [영이를 만나기는] 철이가 (만났다).
(14) a. [만나기는] 철이가 영이를 (만났다).
b. 철이가 [만나기는] 영이를 (만났다).

위와 같이 동사가 생략될 수 있는 문장 형태가 불가능하지 않다는 점에서, (11a-b)와 (12a-b)의 구조

3) 한 연구자는 (13a-b)과 (14a-b)에서 문장 끝의 동사가 생략되는 경우 비문이라고 지적했다. (13a-b)와 (14a-b)의 문법성에 관해서는 앞으로 추가적으로 검토할 부분으로 남겨둔다.

가 다음과 같이 논항이 공백으로 나오지만 완전절(full clause)의 형태를 갖을 수 있는 우향 전위(right dislocation) 구조와 밀접히 연관된다고 제안한다.

(15) a. [영이를 만났어], 철이가.
b. [영이를 만났어], 철이가 (만났어).

(16) a. [만났어], 철이가 영이를 (만났어).
b. 철이가 [만났어], 영이를 (만났어).

다시 말해, (11a-b)와 (12a-b)의 구조는 두 동사구가 동시에 평행(parallel) 혹은 등위접속사 없는 등위(asyndetic coordinate) 구조의 형태로 다음처럼 구조화된다고 본다.[4) 5)]

---

4) 한 연구자는 (17)과 같은 구조가 다중 관할(multi-dominance) 구조라고 지적한다. 그러나 이것이 일반적인 다중 관할 구조는 아니며 등위 혹은 평행 구조임을 밝힌다. 또한 논의 공간의 제약과 논의의 집중도 높이기 위해, 박소영(2018) 등의 선행 연구에서 일반적으로 채택한 동사(구) 이동 분석에 대한 논박을 제시하지 않는다. 이 논문에서 다루는 반복 동사구 구문이 동사(구) 이동 분석으로 물론 가능하지만, 이동 분석이 수반하는 동사구 내의 성분에 대해 소위 복사 삭제(copy deletion)를 적용해야 하는 상황이 발생하지만, 성분 통어가 되지 않는 상태에서 복사 삭제는 가능하지 않다는 가정을 고려하여, 이 구문에 대한 동사구 삭제 분석은 유효하지 않음을 보임으로써, 간접적으로 대안적 분석으로 등위 혹은 평행 구조 분석의 유효성을 추가로 주장할 수 있을 것이다.

5) Shigeru Miyagawa(개인교신)은 (17)에 제시하는 제안 구조가 선행 동사구 내의 영논항(null argument)(아래에서 ◌로 표시함)의 재구화 효과(reconstruction effects)의 측면에서 뒷받침이 되는지를 질문하였다. 반복 동사구 성분 초점과 관련한 재구화 효과를 보여주는 예문은 다음과 같다.

(i) a. *[그녀$_1$를 만나기는] [영이$_1$가 ◌ 만났다].
b. *[영이$_1$를 만나기는] [그녀$_1$가 ◌ 만났다].
(ii) a. [영이$_1$의 남동생을 만나기는] [그녀$_1$가 ◌ 만났다].
b. [영이$_1$를 만나기는] [그녀$_1$의 남동생이 ◌ 만났다].

먼저 (1)과 (2)는 서로 결속 조건 (C)의 측면에서 상반된 양상을 보여준다. (i)은 결속 조건 (C)의 측면에서 선행 동사구(즉, 첫 번째 꺽쇠 괄호된 동사구)의 재구화 효과를 보여주지만, (2)는 (1)과 달리 문법적이라는 점에서 결속 조건 (C)의 측면에서 선행 동사구가 재구화하지 않음을 보여준다. 반복 동사구 성분 초점 구문에 대하여 (17)의 구조를 상정하는 본 분석에서는 두 번째 동사구 내부의 목적어 영논항(null argument)이 재구화 과정에서 지시 표현(r-expression)이 대명사로 변환된다고 가정한다. 이 가정에 의해 (ia-b)은 결속 조건 (B)를 위반하고, (iia-b)는 결속 조건 (C)나 결속 (B)를 위반하지 않는다. 이 구문의 약교체(weak crossover) 현상과 관련하여 다음과 같이 항상 비문이 된다. (iiib) 그리고 (ivb)는 두 번째 동사구 내의 영논항을 재구화하더라고 결속 변항 대명사의 결속이 이루어지지 않아 비문이 된다. 그러나 외견상 (iiia)와 (iva)는 재구화가 가능하다면, 결속 변항 대명사의 결속이 이루어질 수 있어 보인다. 하지만 이 두 예문도 비문법적인 이유는 병렬로 기저 생성된 첫 번째 동사구 내의 결속 변항 대명사의 결속이 이루어지지 않아 비문으로 판정된다.

(iii) a. *[그$_1$의 학생을 만나기는] [누구$_1$가 ◌ 만났니]?
b. *?[누구$_1$를 만나기는] [그의 학생이 ◌ 만났니]?
(iv) a. *[그$_1$의 친척을 만나기는] [참석자 각자$_1$가 ◌ 만났다].
b. *?[참석자 각자$_1$를 만나기는] [그$_1$의 친척이 ◌ 만났다].

(17)

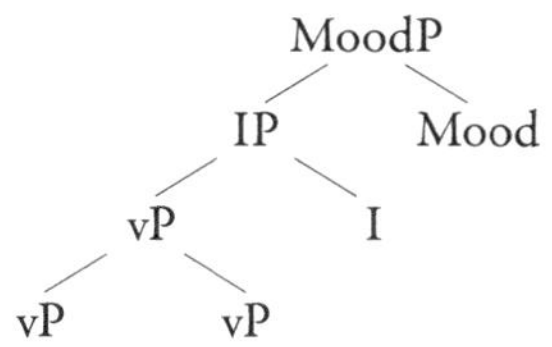

(17)의 동사구 반복(repetition)은 외견상 특이하다.[6] 하지만, 한국어에서 가용한 우향 전위 구문을 고려할 때, (11a-b)와 (12a-b)의 구문은 우향 전위 구문의 전체 한 문장(혹은 절)이 아니라 문장 내의 동사구를 구정보의 형태로 먼저 제시하고 다음으로 두 번째 동사구에서 이 동사구 내부의 초점 성분을 제시하는 통사적 방식으로 정보 구조를 반영한다. 이 같은 구조는 (11a-b)와 (12a-b)의 구조는 동사구 전치에 의해 도출되는 것이 아니라는 것을 말한다. 이는 동사구 전치에 의해 유표적인 정보 구조를 새롭게 형성하는 것이 아니라 동사구 반복 성분 초점 구문이라는 운용을 통해 특정한 정보 구조를 형성한다.[7]

물론 박소영(2018)에서 제안한 것처럼 (17)의 기본 구조에서 구정보를 나타내는 첫 번째 동사구가 다음에서처럼 장거리 이동(long-distance movement)이 가능하다.

(18) a. [영이를 만나기는] 철이가 [[e] 민수가 했다고/만났다고] 말했다.

b. [만나기는] 철이가 [[e] [민수가 영이를 만]났다고] 말했다.[8]

보조사 '-는' 앞에 나오는 동사구의 정확한 구조는 무엇인가? 다음에 (19)와 (20)으로 반복한 (13)와

---

6) Chomsky(2023)은 복사(copy)와 반복(repetition)을 구분한다. 전자는 이전의 copy trace처럼 동일한 통사체(syntactic object)의 복사를 말한다. 후자는 상이한 두 통사체를 말한다. (17)에서 두 동사구는 동시에 평행적으로 상이한 통사체의 통사 구조를 형성한다는 점에서 반복 동사구라고 부른다.

7) 물론 제기되는 질문은 (3a-b)에서 가져온 아래 (ia)가 (ib)에서 동사구 전치에 의해 도출될 수 있는가이다.

(i) a. [영이를 만나기는] 철이가 했다.
b. [철이가 영이를 만나기는] 했다.

이러한 도출은 불가능하다. 왜냐하면 정보 구조에 민감한 구조는 그 정보 구조를 보존하는 형태도만 이동이 가능하며 — 예를 들어 (ib)에서 주어와 목적어 어순 도치는 가능함 -- 정보 구조를 변경 혹은 무효화하는 이동은 불가능하다. 다시 말해, (ib)에서 동사구 전치가 발생한다면, (ib)의 Infl의 초점은 (ia)에서 주어의 초점으로 변경된다. 결국 Infl에 초점을 두어야 하는 경우 (ib)와 같은 구조를 채택하며, Infl 이외의 문장 성분에 초점을 두어야 하는 경우, (ia)의 구조를 채택하여야 한다.

8) (18b)는 박소영(2018)의 (i)을 수정하여 제시한 것이다.

(i) [만나기는] 철이가$_1$ [pro$_1$ 영이를 만났다고] 말했다. 박소영 (2018: 98)

(14)에서 왼쪽 동사구 내부에서는 주어 혹은 목적어 논항이 표현되지 않은 것은 분명하다. 우향 전위 구문의 선행절에서의 공백(gap)처럼 이 공백의 정체를 밝히는 것은 쉽지 않다. 이 공백을 아래와 같이 한국어에서 일반적으로 가용하다고 하는 영대명사, pro라고 가정해 보자.

(19) a. [pro 영이를 만나기는] 철이가 (했어).
  b. [pro 영이를 만나기는] 철이가 (만났다).
(20) a. [pro pro 만나기는] 철이가 영이를 (만났다).
  b. 철이가 [pro 만나기는] 영이를 (만났다).

이 pro는 화자가 후행하는 반복 동사구를 통하여 pro가 지시하는 대상이 누구/무엇인지를 확인한다는 점에서[9] 화자가 그 지시 대상을 알고 있는, 즉 화자 특정적(speaker-specific)이다. 따라서 앞 동사구가 공백을 포함하는 경우, 이 공백이 지시하는 대상을 후행 동사구를 통해 확인하는 경우 이 표현이 화자-특정적이라는 점에서, 박소영(2018: 104) 그리고 박소영·김석진(2019: 240)이 관찰한 것처럼, (21a)처럼 양화사인 경우 부정어(negation) 대하여 광역(wide scope)만을 갖으며, (22a)처럼 비한정 표현인 경우 화자 특정적 해석만이 가능하다. 또한 명사구와 동사가 형성하는 동사구가 관용적 해석('count the chicken before they hatch'이 이루어지는 경우, (23a)처럼 공백이 출현하면 관용적 해석이 이루어지지 않는다.

(21) a. 철이가 [pro 안 만나기는] [모든 여자를 안 만났다]. (전체 부정 해석)
  b. 철이가 [모든 여자를 안 만나기는] [안 만났다].[10] (전체/부분 부정 해석)
(22) a. 철이가 [pro 만나기는] [어떤 여자를 만났다]. (화자 특정적 해석)
  b. 철이가 [어떤 여자를 만나기는] [만났다]. (화자 불특/특정적 해석)
(23) a. 영이가 [pro 마시기는] [김치국부터 마셨다]. (비관용적 해석)

9) 선행하는 동사구 내의 공백을 확인(identification)하는 특성을 고려하여, Lee(2001) 그리고 박소영(2018)은 이 논문에서 동사구 반복 성분 초점 구문이라고 부른 구문을 분열 구문(cleft construction)이라고 명명하였다. 하지만 앞서 제안한 것처럼, 동사구 반복 성분 초점 구문이 한국어의 우향 전위 구문과 정보 구조적 면에서 유사하다는 점에서 분열 구문으로 분석하기보다는 우향 전위 구문과 유사하게 동사구가 평행하게 반복하는 구조를 갖는다고 본다.

10) 다음 (i)의 경우에도 주어 전칭 양화사는 부정어에 대하여 광역을 갖는 해석, 즉 전체 부정의 해석만이 가능하다.

(i) [pro pro 안 만나기는] 모든 학생이 김 교수를 안 만났다.

b. 영이가 [김치국부터 마시기는] [마셨다].[11] (비관용적 및 관용적 해석)[12]

물론 경우에 따라 다음 (24)와 같이 pro를 확인하는 요소가 부정 극어(negative polarity item)과 같이 화자 특정성 제약이 항상 적용되는지 의심되기도 한다.

(24) a. 철이가 [pro 안 만나기는] [아무도 안 만나]았다. 박소영, 김석진 (2019: 241)

b. [pro pro 안 만나기는] [철이가 아무도 안 만나]았다.

그러나 한국어의 부정 극어가 화자가 알고 있는 특정한 집합의 사람들이 있는 상황에서 쓴다고 할 때 동사구 반복 성분 초점 구문에서 선행 동사구의 pro를 확인하는 후행 동사구 내의 명사구의 화자 특정성은 지켜지는 듯 하다.

다음으로, 공백과 단독 동사가 첫 번째 동사구를 형성하는 것이 일반적이기도 하지만 다음 예문에서처럼 동사와 부정 조동사가 함께 첫 번째 동사구를 형성하는 것이 가능하다.

(25) [pro pro 만나지 않기는] [철이가 영이를 만나지 않]았다.

이 절을 마치며, 한국어의 동사구 반복 성분 초점 구문에 상응하는 영어 구문이 무엇일까를 잠시 고려해 보자. 영어의 경우 공백의 출현은 이동(movement)이나 생략(movement)이 적용되지 않는다면 매우 제한적이다. 영어는 pro의 출현도 다른 게르만(German) 언어처럼 허용되지 않기 때문에 한국어의 같은 동사구 반복 성분 초점 구문에 상응하는 구문을 형성할 수 없다. 하지만 영어는 주어에 PRO의 출현이 가능하다.[13]

따라서 한국어의 동사구 반복 성분 초점 구문에 상응하는 구문으로 다음과 같은 분사구(participle

---

11) (23b)와 같은 구조는 시제의 반복이 다음과 같이 허용된다. 이 경우에도 비관용적 그리고 관용적 해석 둘 다 가능해 보인다.

(i) 영이가 [김치국부터 마셨기는] [마셨다].

12) (비관용적 및 관용적 해석) 박소영·김석진(2019: 240)에서 원래 제시한 예문과 가능한 해석은 다음과 같다.

(i) a. 영이가 [pro 마시기는] [김치국을 마셨다]. (비관용적 해석)

b. 영이가 [김치국을 마시기는] [마셨다]. (비관용적 및 관용적 해석)

13) PRO 대신에 영어에서 가능한 relative head NP의 N'/NP deletion이 대안이 될 수 있다.

phrase) 즉 동사구(vP) 전치 구문(participle (vP) preposing)을 고려할 수 있다.[14)]

(26) a. [PRO [Meeting him today]] is Wiggins' new teammate.

b. [PRO [Met by him on the road]] was Bradley Wiggins.[15)]

(27) a. *Meet him next week will Wiggins' new teammate.

b. *Met him twice last week has Wiggins' new teammate.

c. *Meet him last week did Wiggins' new teammate.

(Thoms & Walkder 2019: 194)

영어의 이 구문은 동사구가 전치된 것처럼 보이지만, (26a-b)처럼 현재분사 및 수동태 동사구만이 외견상 전치될 수 있고 (26c-e)처럼 다른 동사구가 전치될 수 없다는 점에서, 사실은 축약된 관계절(reduced relatives)의 형태, 즉 관계 구문의 머리어(head)로 PRO가 나오고 이에 뒤따라서 현재분사 및 수동태 동사구가 그 다음 주절 'be' 동사에 선행하며, 축약된 관계절의 머리어 PRO를 확인하는 요소가 'be' 동사에 후행하여 문미 초점을 받는 명사구로서 온다. 여기서 강조를 두고 싶은 점은 이 구문에서 PRO를 확인되는 방식이 한국어의 동사구 반복 성분 초점 구문에서 공백(즉 pro)을 확인하는 요소가 반복되는 두 번째 후행 동사구에서 출현하는 것과 유사하다는 점이다. 물론 영어에서 두 번째 동사구가 반복되지 않는 것은 문미 초점을 유지하기 위해 두 번째 동사사구 반복되지 않는다.

14) (26a-b)와 유사한 추가 예문은 다음과 같다.

(i) [vP Sitting at the table] should be a bottle of wine chosen especially for you by the sommelier. (Thoms & Walkder (2019: 161))

15) 외견상 전치된 현재분사 혹은 수동태 동사구는 아래와 같이 장거리 이동이 가능하다.

(i) a. [PRO Sitting next to John], I insist (*that) should be the new mayor of the city.

b. [PRO Undermining Abbey's confidence] seems to be the decline in value of Lyoyd's shares. (Samko 2014: 4)

4. 좌초된 시제-지지(supporting) 구문과 반복 동사구 성분 초점 구문에서의 상이한 유형의 '하-'

(28A)와 (28A')의 '하'의 다른 성격에 대하여 위에서 잠깐 언급을 하였다. (28A)는 동사구 밖의 좌초된(stranded) 시제 요소를 강조함으로써 언급된 명제를 확언(affirm)하기 위하여 사용된다. 따라서 여기의 '하-'는 허사(expletive verb)의 성격을 갖는다. 또한 (28A)와 동일한 구조의 (28A')는 반복된 본동사의 행위성에 대해 대조 초점을 두기 위해서도 사용될 수 있지만 (28A)처럼 언급된 명제를 확언하기 위해서도 사용되며 후자의 경우 반복된 본동사는 허사 '하-'와 같은 기능을 갖는다.

(28) Q: 어제 철이가 영이를 만났어?/어제 철이가 영이를 못 만났어? (판정 의문문)

A: [철이가 영이를 만나기는] 했어.

A': [철이가 영이를 만나기는] 만났어.[16)]

(i) a. 우리의 소망에 반하여 [술을 마셨기는] 했지만, ...

b. 시어머님께서 오랜 기간 [편찮으셨기는] 하셨지만, ...

(ii) a. 교수님께서 [영이를 만나기는] 만나셨다.

b. 교수님께서 [영이를 만나시기는] 만나셨다.

c. 교수님께서 [영이를 만나셨기는] 만나셨다.

이와 대조적으로, 동사구 반복이 이루어지며 주어가 초점을 받은 (29A)에서는 허사라기 보다는 대동사구(pro-VP)의 성격을 갖는다. 따라서 (29A)에서 '하-'는 선행하는 동사구 '영이를 만나-'를 말하는 실사(substantive word)이다. 따라서 주어가 초점이 이루어지고 있는 (29A')가 외견상 동사만 반복된 것처럼 보여도 실제 동사구의 반복으로 이해될 수 있다.

(29) Q: 누가 영이를 만났니? (설명 의문문)

A: [영이를 만나기는] 철이가 했어.

A': [영이를 만나기는] 철이가 만났다.

---

16) (28A)나 (28A')와 같이 vP 다음에 '하-'가 나오거나 V만이 반복되는 경우, 존칭 '-시'나 시제 표지가 다음과 같이 반복될 수 있다.

좌초된 시제-지지 구문 (30)에서 '하-'는 허사이다. 따라서 동사구 내의 논항 혹은 수식어가 함께 출현하는 것이 불가능하다. 이와 대조적으로, 반복 동사구 성분 초점 구문 (31)에서 '하-'는 실사로서 대동사구의 역할을 하며 선행하는 동사구 내의 논항과 함께 출현이 불가능하지만, 수식어와 함께 출현하는 것이 가능하다.[17)]

(30) a. 철이가 [순이를 만나기는] {(?순이를) 만났다, (*순이를) 했다}.
 b. 철이가 [학교에 가기는] {(?학교에) 갔다, (*학교에) 했다}.
 c. 철이가 [빨리 걷기는] {(빨리) 걸었다, (*빨리) 했다}.

(31) a. [순이를 만나기는] 철이가 {(?순이를) 만났다, (*순이를) 했다}.
 b. [학교에 가기는] 철이가 {(? 학교에) 갔다, (*학교에) 했다}.
 c. [빨리 걷기는] 철이가 {(빨리) 걸었다, (빨리) 했다}.

(28) 구문에서 허사 '하-'와 (29) 구문에서 실사 '하-' 성격의 차이는 여러 구문에서 추가로 확인된다. 먼저, (32)~(34)의 (a) 문장들에서처럼, 시제에 초점을 두는 문장에 출현하는 허사 '하-'는 선행하는 술어의 성격과 상관없이 항상 정문이다. 하지만 (32)~(35)의 각 (b) 문장에서처럼, 실사 '하-'는 선행하는 동사의 외부 논항(external argument)이 행위주(Agent)가 되는 경우만 가능해 보인다. 즉, 실사 '하-'는 영어의 대동사구 'do it/that'에서의 실사 'do'와 유사해 보인다.

(32) a. 영이가 [오렌지를 먹기는] 했다/먹었다.
 b. [오렌지를 먹기는] 영이가 했다/먹었다.

---

17) 박소영(2018)은 (i)처럼 능격 동사나 형용사가 형성하는 술어와 함께 주어의 반복은 가능하지만, (ii)처럼 비능격 동사구와 함께 주어의 반복은 가능하지 않다고 관찰한다. 그러나 (ia)와 (ib) 둘 다에서 주어와 함께 술어의 반복이 아니라 허사 '하-'만의 출현은 가능하다.

(i) a. [바람이 불기는] {바람이 분다, √한다}.
 b. [날이 덥기는] {날이 덥다, √하다}.

(ii) a. [영이가 달리기는] {?*영이가 달린다, √한다}.
 b. 영이가 [밥을 먹기는] {?*영이가 밥을 먹는다, √한다}.

박소영(2018)은 또한 동사구 다음 동사만이 반복되는 경우 (iii)-(iv)처럼 방법 부사(manner adverb)의 출현은 가능하지만, 법 부사(modal adverb)나 정서적 반응 부사(emotional reaction adverb)의 출현은 가능하지 않다고 관찰한다.

(iii) 영이가 [맥주를 빨리/완전히 마시기는] (빨리/완전히) 마셨다.
(iv) 영이가 [아마/다행히 맥주를 마시기는] (*?아마/다행히) 마셨다. 박소영 (2018: 120)

(33) a. 비가 [많이 오기는] 했어요/왔어요.

b. [많이 오기는] 비가 *했어요/왔어요.

(34) a. 철이가 [무척 게으르기는] 하다/게을러요.

b. [무척 게으르기는] 철이가 *?하다/게을러요.

(35) a. 올해 현대백화점이 [추석선물을 많이 팔기는] 했다/팔았어요.

b. 올해 [추석선물을 많이 팔기는] 현대백화점이 ??했다/팔았어요.

(32)과 (33)-(35)의 대조는 (36)~(38)에서도 확인된다. (38cf(i))처럼 행위 동사의 경우 주어 초점 구문이 가능하지만 (36b)나 (37cf(i) &(ii))처럼 형용사의 경우 주어 초점 구문은 형용사의 반복은 가능하지만, 실사 '하-'는 가능하지 않다. (37A)와 (38A)는 실사 '하-'의 사용은 대동사구의 대치만이 가능하지만, 형용사 혹은 동사 단어 하나만을 대치할 수 없음을 보여준다.

(36) a. 영이가 손이 {크기는 크다/크기는 하다}.

b. 손이 크기는 {영이가 크다/*하다}.

(37) Q: 동생이 어디가 예뻐요.

A: [동생이 예쁘기는] {얼굴이 예쁘다/*얼굴이 해요}.

cf. (i) [얼굴이 예쁘기는] 동생이 예쁘다/*해요.

(ii) [예쁘기는] (동생이) 얼굴이 예쁘다/*해요.

(38) Q: 철이가 뭘 샀어.

A: [철이가 사기는] 인형을 {샀어/*했어}.

cf. (i) [인형을 사기는] 철이가 했어/샀어.

(ii) [사기는] 철이가 인형을 샀어/*했어.

(39)와 (40)은 한국어의 조동사가 본동사 다음에 출현한다. 이 때 좌초된 시제-지지 구문 (39a) 그리고 (40a)처럼, 예측되는 대로 허사 '하-'가 나타나던지 혹은 조동사가 반복할 수 있다. 그러나 반복 동사구 성분 초점 구문 (39b) 그리고 (40b)처럼, 실사 '하-'가 나타나야 하는 주어 초점 구문의 경우, 조동사만 출현한다면 비문법적인 문장을 도출한다.

(39) a. 지금 철이가 [책을 읽고] 있기는 하다/있다.

b. (i) 지금 [책을 읽고] 철이가 *(밖에) 있다. (* "-고 있다"의 조동사 해석으로)

(ii) *지금 [책을 읽고 있기는] 철이가 하다.

(iii) *지금 [책을 읽고 있기는] 철이가 있다.

(40) a. 이번 주에 철이가 [숙제를 끝내야] 하기는 한다.

b. (i) 이번 주에 [숙제를 끝내야] 철이가 *(놀이를) 할 것이다. (* "-야 한다"의 조동사 해석으로)

(ii) *이번 주에 [숙제를 끝내야 하기는] 철이가 한다.[18]

부정어 '안'이 출현하는 문장에서의 시제 초점과 주어 초점 구문에서 허사 혹은 실사 '하-'의 대조적 분포도 다시 확인된다. 다음과 같이 본동사 앞에 부정어가 출현하는 경우 (41a)처럼 시제 초점의 경우 허사 '하-'가 나타날 수 있다. 그러나 주어 초점의 경우 실사 '하-'는 나타날 수 없다. 두 구문 모두 본동사가 반복되는 경우 극성(polarity)을 나타내는 부정어도 반복해서 나타나야 한다.

(41) a. 시험 준비하느라 철이가 [저녁을 안먹기는] 했다/안먹었다.

b. 시험 준비하느라 [저녁을 안먹기는] 철이가 *했다/안먹었다.

다음으로 소위 장형 부정 구문에서, 시제 초점의 경우 (42a-ii)처럼 허사 '하-'가 나타날 수 있지만, 주어 초점의 경우 실사 '하-'가 나타날 수 없으며, 굳이 선행하는 동사구를 부정하는 경우 (42b-iii)처럼 실사 '하-'에 부정어를 붙여 나타날 수 있다.

(42) a. (i) 오늘 영이가 [아침을 먹지를] 않았다.

(ii) 오늘 영이가 [아침을 먹지를 않기는] 했다.

b. (i) *오늘 [아침을 먹지를] 영이가 않았다.

(ii) *오늘 [아침을 먹지 않기를] 영이가 했다.

(iii) ?오늘 [아침을 먹기를] 영이가 안했다.

이 절을 나가면서, 앞서 지적한 것처럼, 외견상 동사구가 장거리로 전치된 경우, 그 전치된 동사구

18) 조동사 '-야 한다'의 경우에는 반복 구문에서 허/실사 '하'인지 혹은 조동사의 일부로서 '하-'인지 분명하지 않다. 이렇게 중의적으로 해석되는 경우 보다 문법화된 조동사의 일부로서 '하-'로 간주한다.

는 주어 초점 구문에서 나온 것이지, 시제 초점 구문에서 나온 것이 아니다. 다음의 시제 초점을 받는 (43a)와 (44a)가 시제 초점으로 해석될 수 없는 것을 통해 알 수 있다. 이와 달리 (44b)는 단일 절에서 주어 초점 구문이 불가능하지만, (43b)는 단일 절에서 주어 초점 구문이 가능하며, 주어에 선행하는 동사구가 장거리 이동이 또한 가능하다.

(43) a. *[영이를 만나기는] 철이가 [민수가 [e] 했다고] 말했다.

b. [영이를 만나기는] 철이가 [[e] 민수가 했다고] 말했다.

(44) a. *[게으르기는] 철이가 [민수가 [e] 했다고] 말했다.

b. *[게으르기는] 철이가 [[e] 민수가 했다고] 말했다.

(43)과 (44)와 달리 (45)-(46)에서처럼 동사구 반복 성분 초점 구문의 경우 시제 초점이건 주어 초점이건 술어(동사 혹은 형용사)에 따른 제약은 외견상 없다. 그러나 해석상 시제 초점의 해석을 허용하기 힘들다는 점에서 (45a)나 (46a)의 도출보다는 (45b)나 (47b)가 보다 더 국지적(local) 이동이 적용한다는 점에서 전자보다는 후자가 허용되는 것으로 볼 수 있다.

(45) a. [영이를 만나기는] 철이가 [민수가 [e] 만났다고] 말했다.

b. [영이를 만나기는] 철이가 [[e] 민수가 만났다고] 말했다.

(46) a. [게으르기는] 철이가 [민수가 [e] 게으르다고] 말했다.

b. [게으르기는] 철이가 [[e] 민수가 게으르다고] 말했다.[19)]

19) 한국어에서 (43)~(46)의 (a)-문장들에서처럼 VP 전치가 국지적(local)으로 일어날 수 없는 이유는 T-머리어 지배(head government)가 부재하기 때문이다(Park(1994)을 참조). 영어는 전치된 VP가 남긴 빈자리를 허사나 조동사에 의해 지원을 받는 T-머리어로 지배할 수 있지만, 한국어는 일치 자질이 결여된 T의 성격상 그러한 구조적 지배가 가능하지 않다. 대신, 한국어는 Pro-VP 전략을 사용하여 두 개의 VP를 병렬/등위적으로 배열하거나 반복 구조를 통해 동사구 내의 성분 초점 구조를 형성한다. 이는 영어와 한국어의 문법 체계 차이를 보여주며, 한국어만의 독특한 구문적 특징을 반영한다.

5. 경동사 '하-'의 유형과 동사구 반복 주어 초점 구문

Yim(2020)은 한국어의 부정 명령(negative imperative) '-지 말라' 구문에서 경동사(light verb)의 선택성(optionality) 혹은 의무성(obligatoriness)을 다음과 같이 관찰하고 있다.

(47) a. 남 일에 간섭(하지) 말라.

b. 남 일에 섭섭*(하지) 말라.[20]

c. 너무 슬퍼(하지) 말라. Yim (2020: 351)

이를 바탕으로 Yim(2020)은 '하-'를 본동사(main verb) 한 개 유형, 경동사 세 개 유형을 다음과 같이 제시하고 있다. 먼저, 본동사는 다음과 같이 일반 명사가 목적어로 나타나는 경우이다. 이 경우는 (48b)처럼 주어 초점 구문이 가능하며, '하-'는 대동사구의 역할을 한다.

(48) Root 'ha-' as a root verb √ (having a regular lexical content)

a. 담배/머리/밥을 하-

b. 밥을 하기는 철이가 했다.[21]

다음으로, Yim(2020)이 경동사로 분류한 첫 번째 유형은 한자어(Sino-Korean, 한국어에서 중국 한자로부터 유래된 어휘)와 결합하면서 외부 논항이 행위주(Agent), 즉 행위주의 의도(volition) 그리고 행위성(action)을 나타낸다. 이 경우에도 (49b)처럼 주어 초점 구문이 가능하며, '하-'는 대동사구의 역할을 한다.

(49) Agentive 'ha-' as a spell-out of Voice which introduces an agent argument; Agent: [+volition] [+action]

20) 한 연구자는 규칙 어근인 '간섭'과 달리 '섭섭'은 소위 불규칙 어근으로 '경동사'의 도움을 받아 명령문에 사용된다.

21) 한 연구자는 (48b)에서 '밥을 하기는'은 다음 (i)처럼 -- '밥을 먹기는'과 달리 -- 부사어 '빨리'가 들어갈 수 있다는 점에서 여기의 후행하는 '하'를 허사로 분석하기 보다는 대동사로 볼 수 있는 가능성을 제기하였다. 주목할 점은 이와 같은 양상이 동사구 내의 본동사 '하'의 경우에 반복성으로 인해 발생하는 현상으로 이해된다.

(i) 철이가 [밥을 하기는] 빨리 했어.

(ii) 철이가 [밥을 먹기는] (*빨리) 했어.

a. 간섭하-, 주장하-, 판단하-

b. [그 일에 의도적으로 간섭하기는] 철이가 했다.

다음으로, 경동사와 결합하는 형용사가 심리 형용사인 경우 (50a)처럼 외부 논항이 경험주(Experiencer)의 의미역을 갖는다. Yim(2020)은 보다 구체적으로 외부 논항을 행위성 경험주(Actional Experiencer)라고 부르고 있다. 이 경우에도 다소 문법성이 떨어지지만 (50b-c)처럼 주어 초점 구문이 가능하며, 여기에서도 '하-'는 대동사구의 역할을 한다.

(50) Actional-experiential 'ha-' as a spell-out of Appl, with actional experiencers in Spec-Appl; Actional experiencer [-volition] [+action]

a. 슬퍼하-, 기뻐하-, 무서워하-, 외로워하-

b. ?[호랑이를 정말로 무서워하기는] <u>철이가</u> 한다.

c. ?[세월호 참사를 슬퍼하기는] <u>철이가</u> 했다.

위의 본동사 '하-' 그리고 두 유형의 경동사 '하-'와 달리, 명령 '-지 말라' 구문에서 '하지'가 탈락할 수 없는 상태성 경동사(stative light verb) '하-'는 비동작성, 상태성 경험주를 외부 논항으로 취한다. 이 경우 (51b-c)처럼 주어 초점 구문은 문법성이 크게 떨어진다.

(51) a. Stative 'ha-' as a spell-out of v, with experiencers in Spec-v; Experiencer: [-volition] [-action]

a. 불안하-, 지루하-, 창피하-

b. ?*[시험 결과가 챙피하기는] 철이가 했다.

c. ?*[그녀의 말에 섭섭하기는] 철이가 했다.

(51b-c)의 문법성은 왜 크게 떨어지는가? 이는 앞 절의 논의를 바탕으로 보면 자명해 보인다. (51a)에서 한자어 형용 명사와 결합하는 '하-'는 본동사 '하'의 자질에 해당하는 의도성, 행위성 자질이 결여되어 있어, 의미적으로 허사에 가깝다. 따라서 비의도성, 비행위성 경동사 '하-'는 동사구 대용의 역할이 불가능하며, 이에 따라 (51b)와 (51c)는 비문법적인 문장으르 판정된다.

6. 결론

비교통사론(comparative syntax)적 관점은 두 언어의 특정한 구문 구성의 차이를 잘 드러낸다. 본 연구에서는 영어의 동사구 전치에 대비하여 한국어의 상응 구문을 살펴보면서, 영어와 다른 한국어의 어순에 기인하여 한국어에서 Infl이 문장 혹은 절의 끝에 출현한다는 점에서 영어에서 가용한 동사구 전치가 적용되지 않으면서, 동사구가 일반 문장처럼 제자리에 머무르며 우측에 화제 표지 혹은 초점 표지가 부가되고 이에 따라 좌초된 Infl을 지지하기 위해 허사 '하-'가 붙거나 선행 동사구 내의 동사가 반복되는 구조를 취한다. 결국 이 구문이 영어의 동사구 전치에 상응하는 정보 구조의 특성을 표상하고 있으며, 따라서 한국어에서는 동사구 전치가 적용되지 않는다고 말할 수 있다.

그러나 한국어에는 이와 연관된 구문으로 외견상 영어의 동사구 전치와 유사한 구문이 가능하다. 이 논문의 주요한 논증으로 이 구문은 정보 구조적 측면에서 영어의 동사구 초점 구문과 유사하지만, 한국어의 우향 전위 구문과 유사한 형태로 동사구가 반복하는 방식으로 동사구 반복 성분 초점 구문을 형성한다고 제안하고 있다. 이에 따라, 동사구 제자리 구문과 동사구 반복 구문에 '하-'가 출현하는데, 두 구문에 출현하는 '하-' 가 상이함을 논증하였다. 즉, 동사구 제자리 구문에서의 '하-'는 허사의 성격을 가지며, 동사구 반복 구문에서의 '하-'는 대동사구 대용 표현으로 실사적 성격을 갖는다. 이를 뒷받침하기 위하여, Yim(2020)의 경동사 '하-' 분류를 원용하여, 동사구 제자리 구문과 달리 동사구 반복 구문에서의 통사적 분포가 제약을 받고 있음을 보였다.

참고문헌

김건희(2019) '-기는' 용언 반복 구문의 정보 분할과 분열문. 언어학 83: 3-25.

김건희(2021) '-기는' 용언 반복 구문에 대한 초점 분석. 언어 45.1: 1-19.

박소영(2018) 한국어 동사 반복 구문 분석. 한국어학 80: 87-124.

박소영·김석진(2019) '-기는' 그리고 '-것은' 분열문과 한국어의 외곽구조. 생성문법연구. 29-2: 235-258.

박철우(2003) 「한국어 정보 구조에서의 화제와 초점」. 역락.

박철우(2015) 보조사의 기능과 정보 구조. 국어학 73: 269-307.

이수연(2014) 동일 어간 반복 구문의 의미 특성 - 'V-기는 V, V-기만 V' 구문을 중심으로. 한국어 의미학 46: 141-161.

이정훈(2013) 'V-기' 반복 구문의 유형과 그 형성 동기 및 과정. 어문학 122: 155-180.

이정훈(2014) 동사구 주제화 구문의 통사론. 국어학 72: 205-233.

최기용(2002) 한국어 용언 반복 구문: 용언의 가시적 이동을 위한 또 하나의 근거. 생성문법연구 12: 139-167.

Chomsky, Noam. (2023) The miracle creed and SMT. In *Cartesian Dream: A Geometrical Account of Syntax in Honor of Andrea Moro*, ed. by Matteo Greco and Davide Mocci. Rivista di Grammatica Generativa/Research in Generative Grammar.

Huang, C.-T. James. (1993) Reconstruction and the structure of VP: Some theoretical consequences. *Linguistic Inquiry* 24: 103-138.

Jo, Jung-Min. (2013) Predicate contrastive topic constructions. *Lingua* 131: 80-111.

Lee, Jeong-Shik. (1995) A study on predicate clefting. *Studies in Generative Grammar* 5: 531-584.

Park, Myung-Kwan. (1994) *A morpho-syntactic study of Korean verbal inflection*. Doctoral dissertation, University of Connecticut at Storrs.

Samko, Bern. (2014) A feature-driven movement analysis of English participle preposing. In *Proceedings of the 31st West Coast Conference on Formal Linguistics*, ed. Robert E. Santana-LaBarge, 371-380. Somerville, MA: Cascadilla.

Thoms, Gary and George Walkden. (2019) vP-fronting with and without remnant movement. *Journal of Linguistics* 55: 161-214.

Yim, Changguk. (2020) Light verb ellipsis constructions in Korean. *Language and Linguistics* 21-2: 351-374.

Ward, Gregory L. (1990) The discourse functions of VP preposing. *Language* 66.4: 42-763.

Yoon, James. (1994) Korean verbal inflection and checking theory. *The Morphology-Syntax Connection: MIT Working Papers in Linguistics Volume* 22: 251-70.

Yoon, Jung-Me. (1990) Verb movement and the structure of IP in Korean. *Language Research* 26: 343-371.

XI 분열문의 초점 부분에 나타난 '것': 개체화 형태소

11

분열문의 초점 부분에 나타난 '것': 개체화 형태소

김랑혜윤

1. 서론

기존의 많은 연구에서 논의된 바와 같이, 국어에는 영어의 분열문(cleft) 혹은 의사분열구문(pseudocleft)과 유사한 '것'-분열문이 있다.[1)]

(1) a. It is the book that John bought. (분열문)
b. What John bought is the book. (의사분열문)

(2) a. 존이 산 것은 그 책이다. (것-분열문)
b. 그 책이 존이 산 것이다. (도치 것-분열문)

영어의 경우, 명사구는 분열문과 의사분열문 모두에서 (1)에서 보듯이 초점요소로 활용될 수 있지만, 부사구나 전치사구는 (3-4)에서 보듯이 분열문에서만, 동사구나 절은 (5-6)에서 보듯이 의사분열문에서만 초점요소로 사용될 수 있다(Akmajian 1970, Higgins 1971, Emonds 1970, Prince 1978, etc.).

---

* 본고 '분열문의 초점 부분에 나타난 '것': 개체화 형태소'는 <생성문법연구>지에 2021년 게재된 논문이다(vol. 31, no. 2, pp. 227-252, DOI : 10.15860/sigg.31.2.202105.227). 재출판을 허락한 한국생성문법학회 및 본 기념호 편집위원에게 감사드린다.

1) 국어에는, 영어의 분열문 혹은 의사분열문에서와같이 표면적인 허사나 의문사가 활용되지는 않지만, 분열절이 공소(gap)를 포함하고 있고 그 공소가 초점요소로 계사 '이다' 앞자리에 위치하는 (2a)와 같은 문형이 있어, 영어의 분열문 혹은 의사분열문과 유사한 구문으로 분석된다. 이 국어 구문은 초점요소가 의문화될 수 있다는 면에서는 영어의 분열문과 유사하고, 부사나 이차술어가 초점이 될 수 없다는 면에서는 영어의 의사분열문과 유사하다. 이에 대한 자세한 논의는 손근원(2000b)과 김선웅(2010)을 참조하기 바란다. 본고는 해당 국어 구문을 Sohn K.-W. (2004), Kang(2006), 김선웅(2010)의 선례에 따라 '것'-분열문'이라고 칭하기로 한다.

(3) a. It was then that I became a young revolutionary.

b. *When I became a young revolutionary was then.

(4) a. It is against pardoning these that many protest.

b. *What/Where/How many protest is against pardoning these.

(5) a. *It is tend to rob Ervin … that that does.

b. What that does is tend to rob Ervin and the grand jury with yet a third investigating group.

(6) a. *It is that the president was involved that you are saying.

b. What you are saying is (that) the president was involved. ((3)-(6) from Prince 1978)

흥미로운 것은 (6)에 보이는 영어의 절(clause) 초점 구문에 상응하는 국어 구문에서는 (7)에서 보는 바와 같이 반드시 절의 명사화가 진행되어야 한다는 것이다(이남근 2008, Yoon H.J. 2012, 홍용철 2015).

(7) a. *네가 말하고 있는 것은 [대통령이 관여되어있다]이다.

b. *네가 말하고 있는 것은 [대통령이 관여되어있다고]이다.

c. 네가 말하고 있는 것은 [대통령이 관여되어있다는 것]이다. (사유동사·발화동사)

(8)의 예문들은 동사구 또한 명사화가 되어야 한다는 것을 보여준다.

(8) a. *네가 해야 하는 것은 [소프트웨어를 먼저 주문하-](이)다.

b. 네가 해야 하는 것은 [소프트웨어를 먼저 주문하는 것]이다.

(What you must do is order the software first.) (Kim&Sells 2013)

c. *철이가 한 것은 잡지를 사-(이)다.

d. 철이가 한 것은 잡지를 산 것이다.

(What Cheoli did is buy the magazine.) (김영희 2000)

본 논문에서는 영어에서와는 달리 국어에서는 왜 초점요소 (동사구나 절)이 이렇게 반드시 명사화 되어야 하는가 하는 문제를 고찰해보고자 한다. 기존의 '것'에 대한 논의는 (2a)와 같은 '것'-분열문의 화제(Topic) '것'과 (2b)와 같은 도치분열문의 계사 '이다' 앞의 '것'을 비교 분석하는 것에 중점을 두었는

데, (2)의 두 '것'은 모두 비초점자리의 '것'이다.[2)]

(2) a. 존이 산 것은 그 책이다. ('것'-분열문)
 b. 그 책이 존이 산 것이다. (도치 '것'-분열문)

본고에서 다루는 '것'은 분열문 (7c)와 도치분열문 (9)의 초점자리의 '것'으로 이는 '것' 및 분열문의 초점요소에 대한 이해를 더 깊게 할 것으로 기대한다.

(7) c. 네가 말하고 있는 것은 [대통령이 관여되어있다는 것]이다. (것-분열문)
(9) [대통령이 관여되어있다는 것]이 네가 말하고 있는 것이다. (도치 것-분열문)

본 논문의 구성은 다음과 같다. 2장에서 먼저 우리는 기존 분석 가운데 분열문 초점 절의 명사화를 유발하는 요인으로 제시할 수 있는 것들을 검토해 보고자 한다. 3장에서는 초점부사 '바로'에 의해 수식 가능한 범주와 '것'-분열문의 초점범주가 일치함을 보이고, 두 경우 초점이 모두 총망라성(exhaustivity)을 특징으로 하는 확인초점(identificational focus)으로서, 의미론적 운용자 EXH가 내재하는 <명사를 포함한 개체화 가능 범주>를 필요로 함을 주장할 것이다. 4장에서는 분열문의 초점 절이 명사화 특히 '것'을 활용하여 명사화되는 것에 대해 논하고 초점절의 '것'을 유사한 구문의 '것'과 비교할 것이다. 5장은 마무리와 함께 본 논문의 시사점에 대해 가늠해 보고자 한다.

2) Jhang(1994), Kang (2006), Yoon H.J. (2008)은 '것'-분열문의 '것'은 보문소(complementizer)로, 도치 분열문의 '것'은 명사로 보고, Yoon H.J. (2012)은 '것'-분열문의 '것'은 허사로, 도치 분열문의 '것'은 대명사로 본다. 한편, Kim&Sells(2007, 2013)와 Kim J.B. (2016)은 두 경우의 '것' 모두 명사이나 지시성(referentiality)은 다른 것으로 본다. 또한, 박소영·김석진(2019)은 '것'-분열문 경우 명사화소 '-것'이 화제 표지 '은/는'과의 결합을 위하여 음성형식부에서 삽입되는 것으로 가정한다. 2장 3절의 박명관(2020)의 논의도 참조하기 바란다.

2. 초점화된 절의 명사화를 유발할 수 있는 요인들 검토

2.1. Yoon H. J. (2012)

Yoon H.J. (2012)은 (10)과 같이 절 전체가 초점이 되는 문장에서 '것'이 사용된 것은, 초점을 받기 위해선 이동을 해야 하고, 한국어의 경우 서술어나 절은 이동을 위해서는 명사화가 되어야 하기 때문이라고 주장한다.

(10) [드디어 몽룡이 돌아온 것]이었다.

보다 정확히 말하자면, 여기엔 하위범주화 자질(subcategorization property)이 관여되어있는데, '하다' 동사의 논항이라면 (11)과 같이 '기'를 활용해 명사화되고 '이다' 동사의 논항이라면 (10)과 같이 '것'을 활용해 명사화된다는 것이다.

(11) 도리가 그 책을 읽기는 하였다.

Yoon H.J. (2012)의 주장은 (10)과 같이 절 전체가 초점이 되는 문장에 관한 것이지만, 초점 절은 이동을 위해 명사화되어야 하고 명사화 형태소는 '이다'가 선택한 '것'이어야 한다는 주장은 문장 (7c)를 설명하는데도 설득력이 있어 보인다. 하지만 본고는 아래 두 가지 이유로 이 방법을 택하지 않으려 한다. 첫째, 홍용철(2015)에서 관찰된 것처럼 (12)의 문장은 문장의 초점화 이동이 명사화가 진행되지 않고도 가능함을 보여준다.

(12) 대통령이 관여되어있다고, (진희가) 네가 말하고 있다(고 알려주었어).

둘째, 문장 (13)은 국어에서 명사여야만 초점요소로 사용될 수 있는 것은 아니라는 것을 보여주기 때문이다.

(13) a. 존이 그 책을 산 것은 이 서점에서이다.
b. 존이 결석을 한 것은 어머니가 아프셔서이다.

2.2. 홍용철 (2015)

홍용철(2015)은 '것'-분열문에 대한 이동분석의 문제점의 하나로, (14)에 제시된 바와 같이, 부사와 '-고' 절이 초점요소가 될 수 없다는 것을 들고 있다 (이남근 2008, 손근원 2000a).

(14) a. *철수가 달린 것은 빠르게이다.

b. *철수가 주장한 것은 [제주도가 아름답다고]이다.

즉, (15)의 예문들은 부사와 '-고' 절이 뒤섞기 이동(scrambling)이나 초점이동을 할 수 있다는 것을 보여주는데, 이동분석에 따르면 뒤섞기 이동을 할 수 있는 것은 모두 '것' 분열문의 초점요소가 될 수 있어야 하므로, (14)의 문장들은 이동분석에 따르면 모두 정문이어야 하나 실제로는 비문인 것이다.

(15) a. 빠르게$_1$ 철수가 t_1 달린 것이다.

b. [제주도가 아름답다고]$_1$ 철수가 t_1 주장한 것이다

부사와 '-고' 절이 초점요소가 될 수 없다는 사실을 포착하기 위해, 홍용철 (2015)은 ① 계사 '이다'는 (16a)와 같이 초점요소가 주어이고 '것' 절이 술부인 소절을 보어(complement)로 취하며(Heggie 1988, Moro 1997), ② 표층구조는 (16b)에서와 같이 술부인 '것' 절이 주어인 초점요소를 건너 주제어 이동한 결과 도출된다는 Yoon J. (2002, 2005)의 주장을 받아들인다.

(16) a. [TopP [VP [SC [이 책] [철수가 산 것]]-이다]]

b. [TopP [철수가 산 것]1 [VP [SC [이 책] t1]-이다]]

'것'-분열문이 도치 계사 구문(inverse copular construction)이라는 이 분석하에서 초점요소는 주어이고 따라서 주어가 될 수 없는 것은 이 위치에 나타날 수 없을 것으로 예측된다. 따라서 (17a)에서처럼 주어가 될 수 없는 '-고' 절도 부사도 (14)에서처럼 초점요소로 배제된다는 것이다.

(17) a. *[철수가 영희를 때렸다고] 아버지를 화나게 했다.

b. [철수가 영희를 때린 것이] 아버지를 화나게 했다.

홍용철 (2015)의 분석을 초점 절의 명사화에 적용해보면 우리는 왜 초점절이 명사화가 되어야 하는지를 잘 설명할 수 있는 것으로 보인다. 즉 (7c)에 있어 절의 명사화는 기저구조에서 초점요소는 주어이기 때문에 절이 주어 역할을 하기 위해서는 명사화되어야 하는 것이다.

하지만 Yoon H.J. (2012)의 분석에 문제가 되었던 동일한 예문들이 홍용철 (2015)에도 문제가 된다. 즉, 위 (13)의 예문들에서 보았듯이 명사가 아닌 것들도 초점요소로 사용될 수 있으며, 이것들은 명사가 아니어서 (18)에서 보듯이 주어 역할은 할 수 없음에도 초점요소로는 가능하다.

(13) a. 존이 그 책을 산 것은 이 서점에서이다.
b. 존이 결석을 한 것은 어머니가 아프셔서이다.
(18) a. *이 서점에서가 존이 그 책을 산 것이다.
b. *어머니가 아프셔서가 존이 결석을 한 것이다.

따라서 (7c)에서 초점 절의 명사화가 주어로 기능할 수 있기 위해서라고 주장하는 것은 적절해 보이지 않는다.

(7) c. 네가 말하고 있는 것은 [대통령이 관여되어있다는 것]이다.

2.3. 박명관(2020)

Jhang(1994)에 의해 처음 관찰된 이후, 많은 학자(Kang 2006, Kim&Sells 2007, 2013, Yoon H.J. 2008, 2012, 최기용 2011, Kim J.B. 2016)에 의해 논의되어 오던 (19b)와 (20b)의 문법성 차이를 설명하기 위하여 박명관(2020)은 '것'은 절의 보문소일 수도 있고, 의존명사로서 관계사 절을 이끄는 핵(head)이 될 수도 있다고 제안했다.

(19) a. 존이 산 것은 이 책이다
b. 존이 만난 것은 이 여자이다. (것-분열문)
(20) a. 이 책이 존이 산 것이다.
b. *이 여자가 존이 만난 것이다. (도치 것-분열문)

이 제안에 더하여, 박명관(2020)은 계사 '이다'는 영어의 seem이나 appear 등과 같은 비대격술어이고, 따라서 분열축과 '것'절이 기저에서 '[것-절, 분열축]+계사+시제' 형태의 평행구조로 생성되며 (Heggie 1988, Moro 1997), 표면구조로 전환되는 과정에서 Labeling(Chomsky 2013)에 따라 분열축과 '것'절의 두 성분 중 한 성분이(TP spec 혹은 TopP spec으로) 이동하게 되는데, 계사 '이다'의 보어 위치는 의미역 자리이기 때문에 의미역을 받을 수 있는 성분이 남게 된다고 주장한다. (19b)의 경우엔 '것'이 보문소인 경우이고 이 '것' 절은 형식자질만 지닌 it과 동일하여 의미역을 받지 못하기에 비의미역 자리로 이동한 경우이고, (20b)의 경우엔 '것'이 의존명사인 경우이고 의미역을 받을 수 있는 자리에 있을 수 있으나 명사 '것'은 사람을 지칭할 수 없기에 비문이 된다는 것이다.[3)]

'이다'의 보어 자리는 의미역 자리이기에 (20b)의 '것'은 의존명사라는 박명관(2020)의 주장을 (7c)의 초점요소 절의 명사화의 이유로 제시해볼 수 있을까? (21)의 문장들은 '이다'의 초점 자리에는 장소부가어, 이유부가어, 시간부가어 등이 올 수 있음을 보이는데, 이것은, '이다'가 부여하는 의미역을 평행구조 보어 속의 한 성분이 받는 것이 가능한지 혹은 (21)의 다양한 부가어들을 통괄할 수 있는 '이다'의 의미역이 정확하게 어떤 것인지 하는 문제는 논외로 하더라도, (21)의 초점요소들은 명사가 아니므로 '이다'의 의미역을 받기 위해 반드시 명사화가 되어야 한다는 주장은 가능하지 않음을 보인다.[4)]

(21) a. 존이 그 책을 산 것은 이 서점에서이다.
b. 존이 결석을 한 것은 어머니가 아프셔서이다.
c. 존이 그 책을 쓴 것은 그로부터 1년 전/후이다.

뿐만이 아니라 (22)의 자료들은 동일한 성격의 부가어라도 어미형태에 따라 문법성에 차이가 나는 것을 보여준다.

(22) a. *존이 결석을 한 것은 어머니가 아프시니까이다.
b. *존이 결석을 한 것은 어머니가 아프시므로이다.
c. 존이 결석을 한 것은 어머니가 아프셔서이다.

---

3) (19b)의 '것'절이 it과 동일한 형식자질만을 갖게 되는 것은, 보다 구체적으론 CP의 통사적 범주를 결정하는 CP spec의 영운용자가 허사적 성격을 가지기 때문이라고 주장한다.

4) 한 연구자가 지적한 것처럼 PP나 절도 의미역을 받을 수 있으므로, 의미역 자리에는 반드시 명사가 와야 한다는 논지 자체가 성립되지 않는 것으로 볼 수 있다.

d. 존이 결석을 한 것은 어머니가 아프시기 때문이다.

(21-22)의 자료들은, 초점요소 절의 명사화 이유로, 의미역 그 이상의 설명이 필요함을 보여준다.

이상으로 우리는 초점요소 절의 명사화를 포착할 수 있는 가능한 분석으로 Yoon H.J. (2012), 홍용철(2015), 박명관(2020)을 고찰해보았다. 세 분석 모두 초점 절의 명사화에 대한 가능한 설명을 제시할 수는 있으나, 계사 '이다' 앞에 비 명사 초점범주가 나타나는 경우를 다루지 못하는 한계가 있는 것으로 보인다.

우리는 다음 장에서 초점 부사 '바로'에 의해 수식될 수 있는 모든 범주가 '것'-분열문의 초점 자리에 올 수 있음을 보일 것이며, 두 경우 모두 총망라성(exhaustivity)을 특징으로 하는 확인초점임을 밝히고, 총망라성은 확인초점을 유발하는 언어적 환경 -예를 들어, 초점 부사 '바로'에 의한 수식 혹은 '것'-분열문의 초점 자리-에 더하여 의미론적 운용자 EXH를 필요로 하는데, 한국어에서 <명사를 포함하여 개체화가 가능한 범주>에는 EXH가 내재함을 주장하고자 한다.

3. 총망라성, 확인초점, 개체화

3.1. 초점 부사(Focusing Adverb) '바로'

부사 '바로'는 성상부사, 초점부사, 시간부사, 정도부사 등으로 사용되며, 아래 예문 (23)에서는 초점부사로 사용되었다.[5)]

(23) a. 바로 저 사람이 범인이다.

b. 환경에 관한 관심은 (남의 일이 아니라) 바로 우리의 일이다.

5) 성상부사란 '사람이나 사물의 모양, 상태, 성질을 한정하여 꾸미는 부사'로 예문 (ia)는 성상부사 '바로'의 예시이다. 예문 (ib)는 시간부사 '바로', 예문 (ic)는 정도부사 '바로'의 예시이다.

(i) a. 바로 앉아서 수업에 임해라. (성상부사)

b. 바로 회의 발표를 시작하겠습니다. (시간부사)

c. 바로 눈앞에 있는 것도 못 찾니? (정도부사) (후총 2017)

초점 부사란 문장 내의 어떤 특정 단어 혹은 구에 주목하게 하는 부사로 영어에서는 'only', 'even', 'too', 'just' 등을 들 수 있고 한국어에서는 조사 '만', '도', 부사 '오직', '특히', '고작', '바로' 등을 들 수 있다. (23)에 사용된 초점 부사 '바로'는 영어의 'just'에 해당하는 것으로, 다른 X가 아니라 지금 말하는 '이/그/저'라는 의미를 가지고, 특정 성분을 다른 성분과 명시적(Explicit) 혹은 암묵적(Implicit)으로 대조 및 강조시킴과 동시에 화자가 말하는 내용에 대한 확신의 태도를 나타낸다 (후총 2017). 오민석(2008)은 초점 부사 '바로'를 배타성 내지 유일성의 의미를 가지는 부사라고 언급한 바가 있다.

초점 부사 '바로'는 문장 내 위치가 자유롭지 않고, 초점이 맞춰지는 대상 앞에 사용되므로, (24)에서 보는 것처럼 '바로'의 위치 변화에 따라 문장 전체의 의미도 달라진다.

(24) a. 바로 그 때 강호가 소리쳤다.
    b. 그 때, 바로 강호가 소리쳤다.

(24a)에서 '바로'는 "다른 시각이 아닌 곧 그 때"를 강조하고, (24b)에서는 "다른 사람이 아닌 곧 강호"를 강조하고 있다.

본고의 관심은 초점 부사 '바로'가 강조할 수 있는 범주가 '것'-분열문의 초점자리에 나타날 수 있는 범주와 정확하게 일치한다는 것이다.

(25) a. 존이 바로 그 책을 샀다.
    b. 존이 산 것은 그 책이다. (명사)
(26) a. 진희가 어제 바로 이 도서관에서 원하던 책을 찾았다.
    b. 진희가 어제 원하던 책을 찾은 것은 바로 이 도서관에서이다. (장소부가어)
(27) a. 진희가 바로 1년 전(에) 그 책을 썼다.
    b. 진희가 그 책을 쓴 것은 1년 전(에)이다. (시간부가어)
(28) a. *진희가 바로 빠르게/천천히 달리었다.
    b. *진희가 달린 것은 빠르게/천천히이다. (부사)
(29) a. *바로 어머니가 아프시니까 존이 결석을 했다.
    b. *존이 결석을 한 것은 어머니가 아프시니까이다.
    c. *바로 어머니가 아프시므로 존이 결석을 했다.
    d. *존이 결석을 한 것은 어머니가 아프시므로이다.

e. 바로 어머니가 아프시기 때문에 존이 결석을 했다.

f. 존이 결석을 한 것은 어머니가 아프시기 때문(에)이다.

g. 바로 어머니가 아프셔서 존이 결석을 했다.

h. 존이 결석을 한 것은 어머니가 아프셔서이다. (이유부가어)

즉, 명사, 장소 및 시간 부가어는 '바로'에 의해 수식될 수 있으며, '것'-분열문의 초점요소가 될 수 있는 반면, 부사는 '바로'에 의해 수식될 수 없고 '것'-분열문의 초점요소가 될 수 없다. 마지막으로 이유부가어의 경우, '바로'에 의해 수식될 수 있는 경우만 '것'-분열문의 초점요소로 기능할 수 있다.

우리는 '바로'에 의해 수식될 수 있는 범주와 '것'-분열문의 초점 범주가 일치한다는 것에서, '것'-분열문의 초점요소는, '바로'에 의한 초점요소가 그렇듯이, 다른 X가 아니라 지금 말하는 '이/그/저'라는 의미를 가지고, 다른 성분과 명시적 혹은 암묵적으로 대조 및 강조되며, 배타성 내지 유일성의 의미를 지니게 된다고 추정할 수 있다.

다음 절에서 우리는 '바로'에 의한 초점과 '것'-분열문의 초점이 모두 확인초점이며 총망라성을 특징으로 함을 볼 것이다.

3.2. 총망라성(Exhaustivity)과 확인초점 (Identificational focus)

Szabolcsi(1981)는 헝가리어에서 초점(Hungarian focus)은 (30b)에서 보듯이 총망라성을 유발함을 관찰하였다.[6]

(30) a. Balázs és Péter eljött tegnap. ⇒ Balázs eljött tegnap.

(Balázs and Peter came here yesterday. ⇒ Balázs came here yesterday.)

b. [Balázs és Péter]FOC jött el tegnap. ⇏ [Balázs]FOC jött el tegnap.

(BALÁZS AND PETER came here yesterday. ⇏ BALÁZS came here yesterday.)

6) 헝가리어에서 초점요소는 동사바로 앞자리에 위치한다(immediately preverbal position)고 보고되었다. 관련된 초점이동에 관하여는 Horváth (1986)나 É. Kiss (1987)를 참조하기 바란다.

즉, (30a)에서와 같이 초점이 없을 때는 'Balázs와 Peter가 어제 여기에 왔다'는 문장이 'Balázs가 어제 여기에 왔다'는 문장을 함의(entail)하지만, (30b)에서와 같이 초점이 있을 때는 그렇지 않은데, 이는 'BALÁZS가 어제 여기에 왔다'는 문장이, BALÁZS 이외의 다른 이는 아무도 오지 않았다는 의미 즉 총망라성 의미를 지니므로, 'BALÁZS와 PETER가 어제 여기에 왔다'는 문장의 함의와 다르기 때문이다.

Szabolcsi(1981)는 영어에서는 이러한 총망라성이 it-분열문에서 관찰된다고 하였다.

(31) It was Balázs and Peter who came. ⇏ It was Balázs who came.

박소영·김석진(2019)과 김석진 (2019)은 국어에서는 이러한 총망라성이 '것'-분열문의 초점에 나타난다고 주장하였다.[7] 본고는 '것'-분열문의 초점뿐만이 아니라 '바로'에 의한 초점요소에도 총망라성이 나타나는 것을 관찰하였다.

(32) 그 책을 산 것은 진희와 미희다. ⇏ 그 책을 산 것은 진희다.

(33) 바로 진희와 미희가 그 책을 샀어. ⇏ 바로 진희가 그 책을 샀어.

(32)에서 '그 책을 산 것은 진희다'라는 문장은 (정해진 집합에서) 진희 이외의 다른 사람은 그 책을 사지 않았다는 의미이기에 '그 책을 산 것은 진희와 미희다'라는 문장에 의해 함의되지 못한다. 마찬가지로 (33)에서도 '바로 진희가 그 책을 샀어'라고 말한다면 이는 (정해진 집합에서) 다른 사람이 아니라 바로 진희가 그 책을 샀다는 의미이고 따라서 '바로 진희와 미희가 그 책을 샀어'라는 문장에 의해 함의되지 못한다.

É. Kiss(1998)는 초점을 확인초점(Identificational focus)과 정보초점(information focus)으로 분류하고, 확인초점은 총망라성을 지니며 also-phrase나 even-phrase 같은 것은 확인초점으로 사용될 수 없다고 주장하였다. 이 기준으로 볼 때 우리는 '것'-분열문의 초점뿐만이 아니라 '바로'에 의한 초점도 확인초점임을 알 수 있다.

---

7) 즉, '것'-분열문의 초점은 확인초점이며 총망라성을 가지고 있어, 분열문 (ia) 경우 내가 만난 사람을 총망라한 것이 철수이므로, 철수 외에 다른 사람을 만남의 대상으로 추가하는 것은, 단순 정보초점을 포함한 (ib)와는 달리, 가능하지 않다고 관찰했다.

(i) a. *내가 만난 것은 철수였어, 그리고 영희였어.

b. 내가 철수를 만났어. 그리고 영희도 만났어. (김석진 2019)

(34) a. *바로 진희도 그 책을 샀다.

b. *바로 진희조차 그 책을 샀다.

c. *그 책을 산 것은 진희도이다.

d. *그 책을 산 것은 진희조차이다.

이상으로 우리는 '바로'에 의한 초점과 '것'-분열문의 초점이 모두 확인초점이며 총망라성을 특징으로 함을 보았다. 이 시점에서 우리는 앞의 예문 (28)과 (29 a-d) 그리고 궁극적으론 예문 (7)에 제시된 범주들은 왜 '바로'의 초점 혹은 '것'-분열문의 초점이 되지 못하는가 하는 의문, 바꾸어 말해, 왜 어떤 범주는 동일한 환경에서 총망라성을 특징으로 하는 확인초점이 되지 못하는가 하는 의문을 떠올리게 된다.

(28) a. *진희가 바로 빠르게/천천히 달리었다.

b. *진희가 달린 것은 빠르게/천천히이다. (부사)

(29) a. *바로 어머니가 아프시니까 존이 결석을 했다.

b. *존이 결석을 한 것은 어머니가 아프시니까이다.

c. *바로 어머니가 아프시므로 존이 결석을 했다.

d. *존이 결석을 한 것은 어머니가 아프시므로이다. (이유부가어)

(7) a. *네가 말하고 있는 것은 대통령이 관여되어있다이다.

b. *네가 말하고 있는 것은 대통령이 관여되어있다고이다. (절)

다음 절에서 본고는 총망라성이 의미론적 운용자(semantic operator) EXH이 의해 유발된다는 Brody and Szendrıi(2010)의 주장을 바탕으로, 국어에서는 <명사를 포함하여 개체화가 가능한 범주>에 EXH가 내재하여 확인초점을 유발하는 언어적 환경에서 활성화되는데, 개치화 가능 범주가 아닌 경우 EXH의 부재로 확인초점을 유발하는 언어적 환경과의 불일치로 비문이 형성된다고 주장하려 한다.[8)]

8) 박소영·김석진(2019)과 김석진(2019)은 정보초점은 제자리에서 해석될 수 있으나, 확인초점 해석은 Focus Phrase spec으로 이동하여야 얻어질 수 있다고 주장한다(정재형 1991, É. Kiss 1998). 확인초점을 위한 이동분석을 받아들이더라도 (7, 28, 29)의 비문들을 설명하기 위한 별도의 장치가 필요해 보인다.

3.3. EXH Operator와 개체화 범주

Brody and Szendrıi(2010)는 총망라성을 유발하는 것은 (모든 초점이 총망라성을 유발하는 것은 아니기에) 초점 자체도 아니고(이동한 모든 초점이 총망라성을 유발하는 것도 아니기에) 이동도 아니며, 총망라성은 헝가리어에선 모든 암시적 혹은 명시적(implicit or explicit) 문답(question-answer)형식의 담화 상에서, 영어에선 (35)에서와 같이 it-분열문의 문답 담화에서 나온다고 주장한다 ((35d)는 it-분열문의 의문문에 대한 답은 초점강세(focal stress)를 지니면 굳이 분열문이 아니어도 총망라성을 지님을 보여준다).

(35) a. Q: What was it that you brought to the party?

b. A: It was wine and cheese that I brought.

c. A′: #It was cheese that I brought. (in the same situation as 35b)

d. A″: I brought WINE AND CHEESE.

e. A‴: #I brought CHEESE. (in the same situation as 35d)

기술적으로(technically) Brody and Szendrıi(2010)는 의미론적 운용자(semantic operator) EXH가 헝가리어의 초점 문답이나 영어의 it-분열문의 문답에 내재하여 총망라적 해석을 유발한다고 하였다.[9)]

본고는 국어에서도 총망라적 해석은 EXH에 의해 가능하다고 보며, 다만 국어에서는 <명사를 포함한 개체화(individuation) 가능 범주>에 EXH가 내재하여, 이 범주가 확인초점을 유발하는 언어적 환경에 놓일 때 활성화(activate)된다고 가정한다.[10)]

명사를 포함한 개체화 가능 범주에 EXH가 내재한다고 보는 첫 번째 근거는 초점부사 '바로'가 기존 연구에 따르면 다른 부사와 달리 체언을 수식하는 부사로 분류되어왔다는 사실이다.[11)]

앞에서 우리는 초점부사 '바로'가 명사구 혹은 명사를 포함하고 있는 시간부가어나 장소부가어는

9) Brody and Szendrıi(2010)는 cartographic approach로 총망라성을 보이는 초점과 보이지 않는 초점을 위한 별도의 기능범주(functional category)를 각각 설정하여 기능범주로의 이동을 설정하는 것도 가능하기는 하다고 언급하였다.

10) 기술적으로, cartographic approach를 취한다면, 총망라성은 확인초점을 유발하는 언어적 환경에 있는 확인초점 관련 기능범주와 개체화 가능범주에 있는 EXH의 점검(checking) 혹은 일치(agree)에 의해 인허된다고 가정할 수 있다.

11) 이러한 관찰로 인해 '바로'를 관형사로 보고자 하는 많은 논의가 있었고, 사전 중에서도 ≪국어≫와 ≪새우리말≫은 초점 부사 '바로'를 관형사로 처리하고 있다.

수식할 수 있으나 단순 부사를 수식할 수는 없음을 보았다.[12)].

(25) a. 존이 바로 그 책을 샀다.

(26) a. 진희가 어제 바로 이 도서관에서 원하던 책을 찾았다. (장소부가어)

(27) a. 진희가 바로 1년 전(에) 그 책을 썼다. (시간부가어)

(28) a. *진희가 바로 빠르게/천천히 달리었다. (부사)

아래 (36)는 초점부사 '바로'가 형용사 및 동사와도 결합할 수 없음을 보여준다.

(36) a. *바로 예쁜 소녀가 할머니를 도와주었다.

('바로'가 '예쁜 소녀' 전체가 아니라 '예쁜'만을 수식할 때 비문)

b. *진희는 바로 도망쳤다.

("시간적인 간격을 두지 아니하고 곧" 의미의 시간부사로는 정문)

(후총 2007)

명사를 포함한 개체화 가능 범주에 EXH가 내재한다고 보는 두 번째 근거는 국어에서 총망라성을 갖는다고 주장된 또 다른 문법범주가 역시 체언지향적이라는 것에 있다. 김용범(2004)과 전영철(2005)은 국어의 총망라성은 확인초점기능을 갖는 '-가/를' 의해 표현된다고 주장하였다.[13)]

(37) A: 철수, 명수, 영희 모두 갔어? (실제 철수와 명수가 가버린 상황에서)

B: 철수가 갔어.

C: 아냐. 철수하고 명수가 갔어. (김용범 2004)

(38) A: 동창회에 누가 누가 왔었어?

B: 철수가 왔었어.

C: ??아니야. 철수하고 명수가 왔었어. (김용범 2004)

---

12) 홍용철(2006, 2008)은 한국어에서 '에서'와 같은 후치사 혹은 후치 요소를 명사 확장범주로 분석하고 있다. 우리는 체언에 내재하는 EXH가 명사 확장범주까지 투과될 수 있다고 가정한다.

13) 전영철(2005)은 초점 및 화제에 관한 다소 혼란스러운 용어의 정리가 필요함을 논한 후, 다양한 용어가운데 김용범(2004)의 용어를 채택하고 대조성과 총망라성이라는 두 자질에 근거하여 대조초점, 대조화제, 확인초점, 정보초점으로 분류한다. 전영철(2005)에 따르면, 확인초점 '-가/를'뿐만이 아니라 대조초점 '-은/는'도 총망라적이다. 보다 구체적으로 대조초점 '-은/는'의 경우 only-구와 같이 척도상의 총망라성을 보인다. 척도상의 총망라성에 대하여는 차후 연구에서 논하기로 한다.

즉, (37B)는 확인초점의 '-가', (38B)는 정보초점의 '-가'의 예시인데, (37B)의 경우 '철수, 명수, 영희' 라고 하는 개체 집합을 상정할 때, '철수가 갔다'라는 문장은 언급된 '철수' 이외의 모든 다른 대안이 부정적으로 강하게 함축되어, (37C)에서처럼 (37B)의 함축을 '아냐'로 부정할 수 있다. (38B)는 (37B)와 같은 배타적 함축을 지니지 않아, (38C)에서와 같이 '아냐'로 부정하는 것이 부적절해 보인다.

명사를 포함하여 개체화 가능 범주에 EXH가 내재한다고 보는 마지막 근거는, 이유부가어 경우, '바로'에 의한 초점 자리 혹은 '것'-분열문의 초점 자리에, 명사를 포함하고 있지 않은 범주가 오면 (29a-d)에서와 같이 비문이지만, (29e-f)에서와 같이 명사 '때문' 혹은 '-서'를 포함한 범주가 오면 정문이라는 것이다. '-서'에 대한 논의는 다음 절에서 하기로 한다.

(29) a. *바로 [어머니가 아프시니까] 존이 결석을 했다.
b. *존이 결석을 한 것은 어머니가 아프시니까이다.
c. *바로 [어머니가 아프시므로] 존이 결석을 했다.
d. *존이 결석을 한 것은 어머니가 아프시므로이다.
e. 바로 [어머니가 아프시기 때문에] 존이 결석을 했다.
f. 존이 결석을 한 것은 어머니가 아프시기 때문(에)이다.
g. 바로 [어머니가 아프셔서] 존이 결석을 했다.
h. 존이 결석을 한 것은 어머니가 아프셔서이다. (이유 부가어)

3.4. 개체화 형태소 '-서'

김건희(2012)는 〈계기, 방법, 수단, 배경〉의 의미를 나타내는 경우의 '-아서/어서' 와 '-아/어'는 (39)에서처럼 자유롭게 치환되는 것으로 보이나 분열문에서는 (40)과 같이 '서'가 반드시 요구됨을 보였다.[14]

14) '-아서/어서'와 '-아/어' 이외에도, 자유롭게 치환되는 것으로 보이는 (i)의 '-고'와 '-고서' 그리고 (ii)의 '-며'와 '-면서'의 경우에도 (iii)과 (iv)에서 보는 것과 같이 분열문에서는 다른 분포를 보인다.
(i) a. 영희는 기차를 타고/타고서 서울에 갔다.
b. 100년 넘은 해묵은 소설을 놓고/놓고서 전쟁이 일어났다.
(ii) a. 취업난이 심해지며/심해지면서 편입학을 원하는 학생들이 많다.
b. 우리들은 차를 마시며/마시면서 이야기를 했다.
(iii) a. 영희가 서울에 간 것은 기차를 *타고이다.

(39) a. 영수가 의자에 앉아 신문을 읽는다.

b. 영수가 의자에 앉아서 신문을 읽는다.

(40) a. 영수가 책을 읽는 것은 의자에 *앉아이다.

b. 영수가 책을 읽는 것은 의자에 앉아서이다.

〈순서, 이유·원인〉의 의미의 '-아서/어서'와 '-아/어'의 경우에도 분열문에서는 '서'가 반드시 요구된다.

(41) a. 배가 고파 식당에 왔다.

b. 배가 고파서 식당에 왔다.

(42) a. 식당에 온 것은 배가 *고파이다.

b. 식당에 온 것은 배가 고파서이다.

본고는 (40a)와 (40b) 그리고 (42a)와 (42b)가 문법성의 차이를 보이는 것은 형태소 '-서' 때문이라는 김건희(2012)에 동의하며, 이러한 문법성의 차이는 '것'-분열문의 초점은 확인초점으로서 EXH를 필요로 하는데, 국어에서는 앞에서 주장한 바와 같이 〈명사를 포함하여 개체화가 가능한 범주〉에 EXH가 있고, '-서'가 바로 개체화를 가능하게 하는 범주 중의 하나이기 때문이라고 본다.

김건희(2012)는 '있다'의 고어 형태인 '이시다'에서 문법화한 '-서'는, 연결어미 '-아/어'에 후행해서 '상태의 〈존재〉' 의미를 지니고 선행절의 의미 내용을 강화하는 역할을 한다고 보았다.[15][16] 또한 서정목(1984)은 '-에'와 달리 '-에서'가 동작의 영역을 나타내게 된 원인은 '서'의 특성에서 유래하는데, '서'는 동작이 일어날 공간에서의 동작의 주체 및 객체의 현실적, 구체적 〈존재〉를 요구하는 것이라고 주장하였다. 가령, (43a)에서 '서'는 '보다'는 동작이 일어나는 종로라는 공간에 그 동작의 주체와 대상의 존재를 전제하고 그 존재가 바로 '나'와 '철수'인 것이다. (43b)에서는 '에서'를 주격조사로 처리한 문법

b. 영희가 서울에 간 것은 기차를 타고서이다.

c. 전쟁이 일어난 것은 100년 넘은 해묵은 소설을 *놓고이다.

d. 전쟁이 일어난 것은 100년 넘은 해묵은 소설을 놓고서이다.

(iv) a. 편입학을 원하는 학생들이 많아진 것은 취업난이 *심해지며이다.

b. 편입학을 원하는 학생들이 많아진 것은 취업난이 심해지면서이다.

c. 우리가 오랫동안 이야기한 것은 차를 *마시며이다.

d. 우리가 오랫동안 이야기한 것은 차를 마시면서이다.

15) '서'를 '있다'와 관련시킨 논의는 박양규(1972), 김영희(1974), 서정목(1984), 이광호(1984) 등이 있다.

16) 김건희(2012)는, '-고서, -아서/어서, -(으)면서'와 같은 어미 뒤의 '서'와 함께, 부사(멀리서) 및 조사(-에서, -으로서, -에게서, -(이)서)에 나타난 '서'에 대한 통일적 설명을 시도하였다.

서들이 있기는 하지만 박양규(1972)에 따라, '정부에서'를 '정부에 x가 있어'로 해석할 수 있는데 이 x가 바로 정부라는 공간에 있어야 할, '알다'는 동작의 주체인 것이다.

(43) a. 나는 *종로에/종로에서 철수를 보았다.
 b. *정부에/정부에서 알고 있을 거야.

마지막으로, 부사에 후행하는 '서'에 관해서도 김건희(2012)는 '서'는 선행하는 어휘 범주와 관련된 '개체의 <존재>' 의미를 지니어, 아래 (44)에서 '보이다, 나타나다'의 경우 '멀리'와 '멀리서'가 모두 쓰일 수 있지만 (45)에서처럼 '사라지다'는 존재의 부재를 의미하기 때문에 '멀리서'가 쓰이면 비문이 된다고 주장하였다.

(44) a. 기차가 멀리/멀리서 보였다.
 b. 기차가 멀리/멀리서 나타났다.
(45) 가. 기차가 멀리 사라졌다.
 나. *기차가 멀리서 사라졌다.

김건희(2012)와 서정목(1984)의 논의를 종합하여 보면, '-서'는 '있다'에서 문법화한 <상태나 개체의 구체적 존재>를 전제하는 형태소이며, '-아/어'에 후행하는 경우 선행하는 절에 의해 표현된 사건이나 일을 하나의 구체적 개체로 실체화하는 기능을 갖는다고 하겠다. 본고는 이러한 형태소 '-서'를 개체화 형태소라고 부르기로 한다.

이유부가어의 (29g)와 (29h)로 돌아가서, 이 구문들이 정문이라는 것은, 앞에서 주장한 바와 같이 <명사를 포함하여 개체화 가능 범주>에 EXH가 내재하는데, 형태소 '서'가 개체화 가능 범주로 EXH를 내포하고 있어, 주어진 확인초점의 환경과 일치하기 때문이라는 것으로 설명할 수 있다.

(29) g. 바로 어머니가 아프셔서 존이 결석을 했다.
 h. 존이 결석을 한 것은 어머니가 아프셔서이다. (이유 부가어)

이상의 논의를 바탕으로 다음 절에서는 분열문에 있어 초점 절의 '것'-명사화 역시 사건(event)을 개체화하는 방법의 하나로 선택되었음을 주장하고자 한다.

4. '것'-분열문 초점 절의 명사화

4.1. 사건(event)의 개체화 형태소 '것'

국어 '것'은 다양한 구문에 다양한 용법으로 사용되며, 명사, 대명사, 허사, 보문소, 빈 NP를 채우는 요소, 음성형식부(PF)에서 삽입되는 것, 지시적 요소(deictic element) 등 다양하게 분석되어 왔다 (Jhang 1994, Kim M.J. 2004, 2007, Kang 2006, Choe 2007, Kim&Sells 2007, 2013. 최기용 2011, Yoon H.J. 2012, 2018, Kim J.B. 2016, 박명관 2020). 그러면 이 논문의 핵심주제인 (7c)의 초점 절의 '것'은 어떻게 분석하여야 할까?

(7) a. *네가 말하고 있는 것은 [대통령이 관여되어있다]이다.
b. *네가 말하고 있는 것은 [대통령이 관여되어있다고]이다.
c. 네가 말하고 있는 것은 [대통령이 관여되어있다는 것]이다.

박소영·김석진(2019)이 분열문에서 명사화소 '-것'이 <화제> 표지 '은/는'과의 결합을 위하여 음성형식부에서 삽입되는 것으로 가정한 것처럼, 초점 절의 '것'도 '이다'와의 결합을 위해 음성형식부에서 삽입되었다고 보는 것은, '은/는'과는 달리 '이다'와 결합한 모든 범주가 반드시 명사는 아니라는 면에서 한계가 있다. 또한, 초점 절의 '것'을 단순히 보문소라고 보는 것도, 단순히 보문소가 필요하다면 '-고'로도 충분할 것이기에 왜 '-것'이어야 하는지 설명이 필요하다. '이다'가 명사화된 절만을 취할 수 있어서 '고'는 안된다고 하면 왜 '음'이나 '기'는 왜 안되는지 역시 설명이 필요하다.

신선경(1993)은 '것'은 형식명사 중에서 형식성이 가장 약하며 다른 형식명사에 비해 통사적으로 비교적 자유롭게 나타날 수 있고 명사적 성격이 강한 부류라고 언급하였다.[17] 또한 임홍빈(1974)을 인용하여 '것'은 <사건> 혹은 <물건>이라는 의미를 가지는 비교적 의존성이 약한 명사로 '-음/-기'와 같은 전형적 명사화소와는 차이를 보인다고 하였다. 따라서, '것'은 (46)에서와 같이 구체적 실체(concrete entity or individual)를 언급하는데 사용되기도 하고, (47a-c)에서와 같이 선행절에 의해 묘사된 사건을 한정적(definite)으로 개체화하기도 하며 이 경우 (47 d-f)에서와 같이 구체적 개체를 언급하

17) 문숙영(2017)은 구어에서는 '-음' 절이 거의 안 쓰이고 '-기'는 그 분포가 일부 용언 앞으로 아주 제한되어 있다고 관찰하였다.

는 사실, 모습/광경, 일로 대체하는 것도 가능하다.[18]

(46) a. 내 것이 형 것보다 작아.

(47) a. 아무도 복동이가 그 물건을 훔쳤다는 것을 모른다. (사실동사)

b. 그는 도둑이 도망가는 것을 보았다. (인지동사)

c. 내가 방을 청소하는 것을 도와주세요. (핵내재 관계절)

d. 아무도 복동이가 그 물건을 훔쳤다는 사실을 모른다. (사실동사)

e. 그는 도둑이 도망가는 모습/광경을 보았다. (인지동사)

f. 내가 방을 청소하는 일을 도와주세요. (핵내재 관계절)

본고는 이러한 '것'의 어휘적 특성 즉 구체적 실체를 언급하거나 사건을 개체화할 수 있는 특성으로 인해, 총망라성을 특징으로 하는 분열문의 확인초점 자리에 절이 와야 할 때, 즉 사건을 총망라성을 지닌 하나의 개체로 인지하고자 할 때, '것'이 사용되는 것이라고 본다.

(7) c. 네가 말하고 있는 것은 [대통령이 관여되어있다는 것]이다.

따라서 본고는 (7c)에서 '것'의 역할과 (40b) 및 (42b)의 '서'의 역할이 같다고 본다.

(40) a. 영수가 책을 읽는 것은 의자에 *앉아이다.

b. 영수가 책을 읽는 것은 의자에 앉아서이다.

(42) a. 식당에 온 것은 배가 *고파이다.

b. 식당에 온 것은 배가 고파서이다.

즉, '서'가 <상태>를 개체화하고 개체화를 통해 강조를 하는 것과 같이, '것' 역시 단순히 절을 명사

18) Choe(2007)는 kes(KES)과 kes(kes)을 구분하고 (47)에서 보이는 kes(KES)은 이/그/저와 같은 지시적 요소(deictic element) E이고 (46)에 보이는 kes(kes)은 N이라고 주장한다. 한편 Kim M.J.(2009)는 (47)의 '-것'은 한정적이며, (i)의 'He'와 같은 대명사로서 그 의미가 선행절과 조응하는 E-type anaphora와 같다고 분석하였다.

(i) A man walks in the park. He whistles.

그 외에 핵내재 관계절의 '것'을 대명사로 보는 입장에는 Chung and Kim(2003), Kim M.J.(2004), Lee(2006)이 있고, 사실동사·인지동사 경우 '것'을 명사화소(nominalizer)로 보는 입장에는 Kim N.K.(1984), Jo M.J.(2003)이 있다. 한편 (47)의 '것'을 보문소로 보는 Jhang(1994)의 주장도 있다.

화하는 것을 넘어서 문장이 나타내는 사건(event)을 개체화하여 총망라성을 특징으로 하는 확인초점으로 기능할 수 있게 한다고 본다. 기술적으로는 EXH가 개체화 범주 초점 '것'에 내재하여 확인초점의 언어학적 환경에서 활성화된다고 본다.

4.2. 유사한 구문들에서의 '것'

본고를 마무리하기 전에 구문 (7c)를 이와 유사한 구문들과 비교해 보고자 한다.

먼저 (9)의 절 전체가 초점이 되는 구문을 보자. (9)는 문장 전체가 초점이 되지만 (7c)는 화제를 제외한 '이다' 앞의 절만 초점이 된다.[19)]

(9) [몽룡이 돌아온 것]이었다.

(7) c. 네가 말하고 있는 것은 [대통령이 관여되어있다는 것]이다.

또한 (7c)는 (48)에서 보는 것처럼 초점절이 화제절과 동지표(co-index)를 갖는 것이 가능하지만 (9)는 (49)에서 보듯이 초점이 되는 문장과 동지표 할 수 있는 것이 없고 혹 '돌아온 것'을 '몽룡이'와 동지표화하면 비문이 된다.[20)21)] 이는 (9)의 초점화된 문장이 지시적이거나 개체화되어 있지 않다는 것을 의미한다.

(48) 〈네가 말하고 있는 것〉1은 〈대통령이 관여되어있다는 것〉1이다.

(49) a. 〈몽룡이 돌아온 것〉이었다.

---

19) 절 전체가 초점이 되는 구문에 대하여는 신선경(1993), Kim&Sells(2007, 2013), 박나리(2012), 박소영(2014b) 등도 참조하기 바란다.

20) (48)의 문장은 Kim&Sells(2013)의 계사구문 분류에 따르면 명세적(specificational)이라고 볼 수도 있고, (i)과 같이 도치(inversion) 가능하기에 등식관계적(equational)이라고 볼 수도 있다 (Heycock and Kroch 2002, Mikkelsen 2005). 어느 경우에나 계사구문의 지시성(referentiality)에 관한 Mikkelsen (2011)과 Kim&Sells(2013)의 기준에서 볼 때, 초점 〈대통령이 관여되어있다는 것〉은 지시적인 것으로 해석된다.

(i) 〈대통령이 관여되어있다는 것〉1이 〈네가 말하고 있는 것〉1이다.

21) (i)과 같이 공범주 주어를 설정하여 (임홍빈 1985, 신선경 1993) (9)의 초점화된 문장이 공범주와 동지표를 갖는다고 주장하는 것도 가능하다.

(i) [e]1 〈몽룡이 돌아온 것〉1이었다.

하지만, 박소영(2014b)은 '것이다' 구문은 선행하는 언어표현이 없는 경우에도 사용될 수 있고 (i)의 공범주가 가시적인 '그것'으로 실현되는 경우 매우 부자연스러움을 언급한 바 있다.

b. 〈몽룡이〉1 〈돌아온 것〉*1이었다.

마지막으로, (9)의 구문과 (7c)의 구문은 강조나 초점화의 기능을 가진다는 면에서는 유사하나 좀 더 깊게 관찰해보면 두 구문은 의미와 기능에 있어 차이를 보인다. (9)의 '-것이다' 구문은 필자의 주장·기정 사실·객관적인 사실을 강조 혹은 단정하거나 초점화하는 기능이 있다고 관찰되어 왔다(남기심, 고영근 1985, 임홍빈 1987, 임동훈 1991, 신선경 1993, 박소영 2001, 김종복 외 2008). 이에 더하여 (9)의 '것이다'는 고유한 담화기능이 있다고 주장되었는데 일례로 조인정(2011)은 '것이다'가 부연설명, 화자의 결심, 논리적 추리나 결론, 규범, 제안, 권유나 명령, 시범, 놀라움이나 짜증이나 화 표시, 확신 표현 등 다양한 파생의미들을 지니고 있다고 하였다. (7c)의 분열 구문은 (9)와 같은 다양한 담화 기능이 없는 것으로 보인다. 본고는 (9)의 '것이다'는 보조용언으로 문법화했다는 견해(신선경 1993, 강소영 2004, 남길임 2004)가 적절하다고 본다.

다음으로 (20)의 도치 '것'-분열문을 보자. ((19)의 '것'과 (20)의 '것'에 대한 비교는 앞의 2.3.절 및 주석 2에서 소개한 선행연구를 참조하기 바란다.) 구문 (20)은 '것' 절 내부에 공소(gap)을 포함하고 있는 반면에 (7c)의 초점 절은 공소를 포함하고 있지 않다. 따라서 (20)의 '것' 앞의 '-ㄴ'절은 분석에 따라 '것'을 선행사로 하는 관계절로 분석될 수 있으나 (7c)의 '-ㄴ'절은 관계절로 볼 여지가 없다.

(19) a. 존이 산 것은 이 책이다. (것-분열문)

(20) a. 이 책이 [존이 산 것]이다. (도치 것-분열문)

(7) c. 네가 말하고 있는 것은 [대통령이 관여되어있다는 것]이다.

또한, (20)의 '것'도 (7c)의 '것'도 (50)에서 보듯이 개체를 언급하는 명사로 바뀔 수 있으나, (20)의 '것'은 (51)에서 보듯이 복수화되거나 -ㄴ'절 이외의 수식어로 꾸밈을 받을 수 있는 반면에, (7)의 '것'은 (52)에서 보듯이 복수화도 -ㄴ'절 이외의 수식어에 의한 꾸밈도 어색하다.[22]

(50) a. 이 책이 존이 산 책이다.

b. 네가 말하고 있는 것은 [대통령이 관여되어있다는 추측/추정]이다.

---

22) 사건을 개체화하였더라도 '것'의 복수화가 불가능한 것은, 상태 혹은 사건의 개체화가 여전히 추상성을 지니며 ((46)과 (47)의 대비), 따라서 명사도 추상명사는 셀 수 없는 것으로 생각되는 것과 같은 맥락이라고 추정해 볼 수 있다.

(51) a. 이 책들이 존이 산 것과 메리가 읽은 것들이다. (Kim&Sells 2013)

b. 이 책이 [어제 존이 산] [값비싼] 것이다.

(52) a. ??네가 말하고 있는 것은 [대통령이 관여되어있고 CIA가 이 사실을 은폐 했다는] 것들이다.

b. ?*네가 말하고 있는 것은 [대통령이 관여되어있다는] [놀라운] 것이다.

이 시점에서 우리는 앞의 (47)의 사실동사, 인지동사, 핵내재 관계절의 '것'도 (53b)와 (54b)에서 보듯이 복수화가 가능하지 않고, (53d)와 (54c)에서 보듯이 -ㄴ'절 이외의 수식어에 의한 꾸밈도 가능하지 않다는 사실에 주목해 볼 수 있다.

(46) a. 아무도 복동이가 그 물건을 훔쳤다는 것을 모른다. (사실동사)

b. 그는 도둑이 도망가는 것을 보았다. (인지동사)

c. 내가 방을 청소하는 것을 도와주세요. (핵내재 관계절)

(53) a. 나는 철수가 사표 내고 영희가 승진한 사실들을 안다.

b. *나는 철수가 사표 내고 영희가 승진한 것들을 안다. (Choe 2007)

c. 나는 [철수가 사표를 냈다는] [놀라운] 사실을 안다.

d. ?*나는 [철수가 사표를 냈다는] [놀라운] 것을 안다. (사실동사)

(54) a. 나는 학생들이 내리는 것을 모두 붙잡았다.

b. *나는 학생들이 내리는 것들을 모두 붙잡았다. (Choe 2007)

c. *나는 [학생들이 내리는] [몹쓸] 것을 모두 붙잡았다. (핵내재 관계절)

필자의 소견으로 초점 절의 '것'은 사실동사, 인지동사, 핵내재 관계절의 '것'과 가장 유사한 것으로 보인다. 즉 사실동사, 인지동사, 핵내재 관계절 모두가 구체적 존재를 필요로 하므로 이 구문에 개체화 형태소 역할을 하는 '것'이 활용된 것처럼, 초점절에는 초점 절에 의해 표현된 사건 이외의 나머지 다른 사건과 대비하여 초점절 사건이 유일하게 화제를 만족시키는 것이라는 총망라성을 표현하기 위해 초점절 사건을 하나의 개체 X로 표현하는 것이 필요하므로, 즉 총망라성을 특징으로 하는 확인초점의 기능을 제대로 수행하기 위해, 개체화 형태소 '것'이 사용된 것이라 하겠다 (구체적 문법범주에 대한 논의는 주석 13을 참조하기 바란다).

5. 마무리 및 시사점

Kim&Sells(2007, 2013)는 한국어에는 영어에서와 같은 분열문/의사분열문은 존재하지 않고 다만 계사 '이다'의 의미적 해석에 따라 몇 가지 분열문과 유사한 문장 유형들이 존재한다고 주장하였다. Kim&Sells(2007, 2013)의 접근법으로 볼 때, (7)의 구문은 명세적(specificational) 혹은 등식관계적(equational) 구문이고 이 구문의 초점은 지시적(referential)이며 지시적 기능은 명사범주에 의해 수행된다. '것'이 〈사건〉의 개체화 형태소라는 본고의 주장은 '것'-분열문의 초점요소는 지시적(referential)이라는 Kim&Sells(2007, 2103) 그리고 지시적(referential)이라는 것은 type 〈e〉라는 것을 의미한다고 보는 Mikkelsen(2005, 2011)의 견해와 어느 정도 맥을 같이 한다고 볼 수 있다. 본고의 분석은 한국어에 영어에서와 같은 분열문/의사분열문이 존재하는가의 여부에 크게 좌우되지 않는다.

하지만 본고는 명사범주와 '비명사 범주'를 아우르는 분석을 제시한다는 면에서 Kim&Sells(2007, 2013)와 차이점을 보인다. Kim&Sells(2007, 2013)는 '비명사 범주'의 초점현상을 설명하기 위해 (i) 비명사 범주 초점 구문은 명세적 구문이고 (ii) 이 구문의 경우 이 비명사 범주들은 지시성은 없지만 신구정보구조(GIVEN-NEW information structure)상 '묘사적 정보 최신화(descriptive update)'를 위해서는 '지시성이 없어도 (즉 비명사 범주여도)' 화제구의 사건의 특질을 명세화하기 위해 새로운 언어정보를 추가하는 것이 가능하다고 하였다. 비명사 범주 초점에 대한 Kim&Sells(2007, 2013)의 접근법이 맞는다 하여도, 이 접근법하에서는 (i) (7c)의 초점절이 왜 명사화되어야 하는지 즉 '묘사적 정보 최신화'를 위해 왜 절이 명사화되어야 하는지 (ii) 왜 어떤 비명사 범주는 '묘사적 정보 최신화'를 위해 추가될 수 없는지 하는 문제들은 여전히 풀리지 않은 채로 남는다. 본고는 명사범주이거나 비명사 범주이거나 개체화가 가능한 범주는 확인초점으로 기능할 수 있고 개체화 가능 형태소를 활용할 수 있을 경우에만 정문이 됨을 주장하였다.

요약하면 본고는 총망라성을 지닌 확인초점으로 기능하기 위해서는 확인초점의 언어적 환경에서 활성화되는 의미론적 운용자 EXH가 필요한데, 국어에서는 〈명사를 포함한 개체화 형태소〉에 이 EXH가 있다는 제안을 하였고 이것이 초점절의 명사화를 유발함을 보였다.

마지막으로, 본고는, 영어의 경우엔 EXH가 Brody and Szendrıi(2010)가 제안한 것처럼 it-분열문의 문답에 내재한다고 보는 것도 한 방법이지만, 영어에서도 국어와 유사한 전략을 사용하는 가능성도 열어두고자 한다. (5)의 Prince(1978) 자료에는 동사구가 to를 동반하고 있지 않지만, Aarts(2008)에는 to가 수의적으로 나타나는 것으로 제시되었다. 또한, 절의 경우에도 den Dikken(2006)에는 that이 없는 것으로 제시되었으나, Prince(1978)에는 있는 것으로 제시되었다.

즉 영어의 초점 서술구/절도, to나 that이 가시적이지 않을 경우에도, 비가시적 형태의 to나 that을 활용하여, 확인초점의 언어적 환경에서 활성화되는 EXH를 내포하는 개체화 형태소 전략을 사용하고 있을 수도 있다는 것이다. 한 연구자가 〈명사를 포함한 개체화 형태소〉 전략을 사용하는 국어와 영어의 차이를 '-이'와 be의 차이와 연계지을 수 있음을 제안하셨다. 즉 국어의 '-이'는 격조사이기에 개체화 형태소 전략을 사용하고 영어의 be는 조사가 아니기에 확인초점을 위한 다른 전략을 사용한다는 것이다. 본고는 이 제안도 향후 모색해볼 만한 가능성이라고 본다.

참고문헌

Aarts, Bas.(2008) English Syntax and Argumentation. New York: Palgrave Macmillan.

Akmajian,Adrian.(1970) On deriving cleft sentences from pseudo-cleft sentences. Linguistic Inquiry 1.1: 49-68.

Brody, Michael and Kriszta Szendrıi.(2010) Exhaustive focus is an answer. Unpublished Manuscript. Retrieved from: http://ling.auf.net/lingbuzz/ 001113.

Cho, In-Jung.(2011) Discourse functions of "-eun/neun+geos-ida." Journal of Korean Language Education 22.2: 329-349.

Chomsky, Noam.(2013) Problems of projection. Lingua 130: 33-49.

Choe, Hyon-Sook.(2007) On the categorial ambiguity of the morpheme kes in Korean. *Language Research* 43.2: 229-264.

Choi, Ki-Yong.(2001) -ita uy inun cwukyek cosaita ('i' of 'ita' is nonminative case marker). Morphology 3: 101-112.

Choi, Ki-Yong.(2011) Kes in the Korean cleft construction: kes filling in an empty NP. Studies in Generative Grammar 21.1: 21-47.

Chung, Jae-Hyung.(1991) Kwukeuy eswunkwa chocemey tayhaye (On the order and the focus of Korean). Urimal Yeonkwu 1: 275-289.

Chung, Chan and Jong-Bok Kim.(2003) Differences between externally and internally headed relative clauses. In J. Kim and S. Wechsler (eds.) Proceedings of the 9th International Conference on Head-Driven Phrase Structure Grammar, 43-65. Standford: CSLI Publications.

Dikken, Marcel. den.(2006) Specificational copular sentences and pseudoclefts. In The Blackwell Companion to Syntax, Vol. IV. ed. by H. van Riemsdijk & M. Everaert, 292-409. Oxford: Blackwell.

É. Kiss, Katalin.(1987) Configurationality in Hungarian. Springer.

É. Kiss, Katalin.(1998) Identificational focus and information focus. Language 74: 245-273.

Emonds, Joseph.(1970) Root and Structure-preserving Transformations. Doctoral Dissertation. MIT.

Heggie, Lorie.(1998) The Syntax of Copular Constructions. Doctoral Dissertation. University of Southern California.

Heycock, Caroline, and Anthony Kroch.(2002) Topic, focus, and syntactic representations. In Proceedings of WCCFL 21, ed by Christopher Potts and Line Mikkelsen, 101-125. Somerville, Mass.: Cascadilla Press.

Higgins, F. R.(1971) The pseudo-cleft construction in English. Doctoral Dissertation. MIT.

Hong, Yong-Tcheol.(2006) The extended nominal projections in Korean. Korean Journal of Linguistics, 31-4: 657-684.

Hong, Yong-Tcheol.(2008) Postpositional elements and nominal extended projections in Korean. Studies in Generative Grammar 18.4: 745-770.

Hong, Yong-Tcheol.(2015) A base-generation analysis of the focused phrase in the "kes" cleft construction. Studies in Generative Grammar 25-1: 159-180.

Hwuchong.(2017) Pwusa 'Palo'uy Thongsa Mich Uymi Yenkwu (A Study on the Syntax and Semantics of the Adverb 'Palo'). MA Thesis. Seoul National University.

Horvath, J.(1986) FOCUS in the Theory of Grammar and the Syntax of Hungarian. Dordrecht: Foris.

Im, Dong-Hoon.(1991) Hyentaykwuke Hyengsikmyengsa Yenkwu (A Study on Formal Noun in Modern Korean). MA Thesis. Seoul National University.

Im Hong-pin.(1974) Myengsahwauy uymithuksengey tayhaye (semantic features of Korean nominalizations). Journal of Korean Linguistics 2: 83-104.

Im Hong-pin.(1985) On 'syntactic' empty categories in Korean. *Language Research* 21-3: 331-384

Im Hong-pin.(1987) Kwukeuy Caykwisa Yenkwu (A Study on Korean Reflexives). Seoul: Sinkwu Mwunhwasa.

Im, Kyu-Hong.(1986) Kwuke pwunyelmwuney kwanhan yenkwu (A Study on Korean cleft construction). The Korean Language and Literature 48: 155-175.

Jhang, Sea-Eun.(1994) Headed Nominalizations in Korean: Relative Clauses, Clefts, and Comparatives. Seoul: Hankwuk Publishers.

Jo, Mi-Jeung.(2003) The correlation between syntactic nominalization and the internally headed relative constructions in Korean. Studies in Generative Grammar 13: 535-564.

Jun Youngchul.(2005) Contrastive focus. EONEOHAG: JOURNAL OF THE LINGUISTIC SOCIETY OF KOREA 43: 215-237.

Kang, Bosook.(2006) Some peculiarities of Korean kes cleft constructions. Studia Linguistica 60.3: 251-281.

Kang, Soyoung.(2004) Myengsakwu Pomwunkwsenguy Mwunpephwa (A Study on the Process of Grammaticalization in Korean Nouns). Seoul: Hankwuk Mwunhwasa.

Kim, Jeong-Sook et al.(2005) Oykwukinul Wihan Hankwuke Mwunpep 1 Cheykyey phyen (Korean Grammar 1 for Foreigners). National Institute of Korean Language: Communication Books.

Kim, Jong-Bok.(2016) Copular constructions and asymmetries in the specificational pseudocleft constructions in Korean. Language and Linguistics 17: 89-112.

Kim, Jong-Bok, Lee, Seung-Han, Kim, Kyung-Min.(2008) Grammatical properties of kes constructions in a speech corpus. Korean Journal of Cognitive Science 19.3: 257-281.

Kim, Jong-Bok and Peter Sells.(2007) Some remarks on Korean nominalizer kes and information structure. Studies in Generative Grammar 64: 45-72.

Kim, Jong-Bok and Peter Sells.(2013) Interactions between (pseudo-) cleft and copular constructions in Korean. Linguistic Research 30.1: 93-139.

Kim, Keon-hee.(2012) The study on the meaning function of the 'seo' in the connective ending '-koseo, -aseo/eoseo, -(eu)myeonseo'. Journal of Korean Linguistics 65: 109-155.

Kim, Min-Joo.(2004) Event Structure and the Internally-Headed Relative Clause Construction in Korean and Japanese. Doctoral Dissertation, University of Massachusetts Amherst.

Kim, Min-Joo.(2007) Formal linking in internally headed relatives. Natural Language Semantics 15: 279-315.

Kim, Min-Joo.(2009) E-type anaphora and three types of kes-construction in Korean. Natural Language & Linguistic Theory 27.2: 345-377.

Kim, Nam-Kil.(1984) The Grammar of Korean Complementation. University of Hawaii at Manoa: Center for Korean Studies.

Kim, Sukjin.(2019) Movement analysis on Korean 'kesun' cleft sentences. Urimal 59: 75-104

Kim, Sun-Woong.(2010) The syntax of specification and predication: (kes-)clefts in Korean and English. The Linguistic Association of Korea Journal 18.3: 167-185.

Kim,Yong-Beom.(2004) Focus, topic and Their Phonetic Relevance. Language and Information 8.1: 27-52.

Kim, Young-Hee.(2000) Ccokaynmwunuy kinungkwa thongsa (The function and the syntax of the cleft sentences). The Korean language and literature. 69: 65-90.

Lee, Jeong-Rae.(2006) The Korean Internally Headed Relative Clause Construction: Its Morphological, Syntactic and Semantic Aspects. Doctoral Dissertation. University of Arizona.

Lee, Kwang-Ho.(1984) Chekyekemi { ey }, { eyse } uy uymiwa ku thonghapyangsang (The meaning of locative case - marker { e }, { ese } and it's syntagmatic phenomenon). Emwunhaknonchong 3: 87-105, Kookmin University.

Lee, Nam-Geun.(2008) Two types of Korean cleft constructions: An HPSG Approach. Linguistic Research 25.1: 25-38.

Mun, Suk-Yeong.(2017) 'Ges' clausal nominalization in the Korean language from a typological perspective. Journal of Korean Linguistics 84: 33-88.

Mikkelson, Line.(2005) Copular Clauses: Specificational, Predicational and Equation. Amsterdam: Benjamin.

Mikkelsen, Line.(2011) Copular clauses. Semantics: An International Handbook of Natural Language Meaning, Vol. 2, ed. by Klaus von Heusinger, Claudia Maienborn & Paul Portner, 1805-1829. Berlin: De Gruyter.

Moro,Adrea.(1997) The Raising of the Predicates. Cambridge: Cambridge University Press.

Nam Kilim.(2004) Hyentaykwuke 'Ita' Kwumwun Yenkwu (A Study on Modern Korean 'ita(be)' Construction). Hankwuk Mwunhwasa.

Nam, Ki-Shim, Ko Young-Keun.(1985) Phyocwunkwukemwunpeplon (Standard Korean Grammar). Seoul: Top Publishing Company.

Oh Min-Seok.(2008) On the grammatical category of some "modifiers." Language and Linguistics. Hankuk University of Foreign Studies *Language Research* Institute.

Park, Myung-Kwan.(2001) Subject-less clefts in Korean: toward a deletion analysis. *Language Research* 37.4: 715-739.

Park, Myung-Kwan.(2020) Hankwuke myengseyhwa uysapwunyel kwumwun: 'kes'-pwunyelceluy hesacek sengkyek (Korean speficicational pseudo-cleft construction: the expletive property of kes-cleft). Hyentayenehakuy Pwunyelmwun Yenkwu (Studies on Clefts in Modern Linguistics), 25-58. Seoul: Global Contents.

Park Na-ree.(2012) The study of grammaticalized '-nun kesita' - focusing on basis of relations between its grammatical meaning, discourse function and speakers' strategy. Journal of Korean Linguistics 65: 251-278.

Park, So-Young.(2001) '-un kesita' kwusenguy theyksuthu pwunsek (Text analysis of '-nun kesita'). Hankwuk Theyksuthukwahakuy Ceykwacey (Tasks in Korean Text Science). Seoul: Yeklak.

Park, So-Young.(2014a) Hankwuke punyelmunuy thongsakwucowa saynglyakilon (The sytnactic structure of Korean clefts and the theory of ellipsis). Linguistics 68: 35-57.

Park, So-Young.(2014b) itawa hankwuke chocem kwumuney tayhaye(ita and focus constructions in Korean). Korean Linguistics 71: 3-32.

Park, So-Young and Kim, Suk-Jin.(2019) -kinun versus -kesun-clefts and the Korean left periphery. Studies in Generative Grammar 29.2: 235-258.

Park, Yangkyu.(1972) Kwuke Chekyekey Tayhan Yenkwu (A study on the Locative Case in Korean). Kwukeyenkwu 27.

Prince, E.(1978) A comparison of wh-Clefts and it-clefts in discourse. Language, 54.4: 883-906. doi:10.2307/413238.

Shin, Seon-Kyung.(1993) 'Kesita' kwumwuney kwanhaye (On the 'kesita' construction). Journal of Korean Linguistics 23: 119-158.

Sohn, Keun-Won.(2000a) Kyeysakwumwuney tayhan piswumwun, pipwunyel cepkunpep (Non-sluicing, non-clefting approach to copular construction). Studies in Generative Grammar 10.2: 267-294.

Sohn, Keun-Won.(2000b) Postposition deletion in cleft constructions and the recoverability condition. Journal of Linguistic Association of Korea. 8.3: 139-153.

Sohn, Keun-Won.(2001) Kes-clefts, connectedness Effects, and the implications thereof. Studies in Generative Grammar 14: 561-571.

Suh, Chung-Mok.(1984) Hwuchisa '-se'uy uymiey tayhaye - 'myengsakwu kwusenguy kyengwu' - (On the meaning of post-position '-seo' in noun constructions). Korean Journal of Linguistics 9.1: 155-186.

Szabolcsi, A(1981) The semantics of topic-focus articulation. Formal methods in the study of Language, ed by Groenendijk et al., 513-541. Amsterdam: Matematisch Centrum.

Woo, Soon-jo.(2000) 'ita'wa 'anita'uy sangkwanseng-phyoci kaynyemey uyhan pwunsek. Morphology 2: 129-138.

Yoon, Hang-Jin.(2008) The structure of kes-clefts and the syntactic status of kes in Korean. Studies in Generative Grammar 18: 459-475.

Yoon, Hang-Jin.(2012) Different types of kes constructions in Korean. Studies in Generative Grammar 22.3: 557-577.

Yoon, James Hye Suk.(2002) What the Korean copular reveals about the interaction of morphology and syntax. The 24th Japanese-Korean Linguistics Conference, University of California, Santa Barbara.

Yoon, James Hye Suk.(2005) Non-morphological determination of nominal particle ordering in Korean. Clitic and Affix Combinations: Theoretical Perspectives, ed. by L. Heggie and F. Ordonez, 239-283. John Benjamins.

XII 한국어 다중분열구문에 대한 소고

12

한국어 다중분열구문에 대한 소고 *

박종언

1. 서론

한국어의 분열구문은 'X-것-은 Y-이-다'의 형태를 취하는데, X는 화제 표지(topic marker)인 '-은'을 수반한 전제 절(presupposition clause)이라 칭하며 Y는 계사 '-이'에 선행하는 초점 요소에 해당된다.[1] 초점이 부여된 구가 전제 절 내부의 생략된 요소와 의미적으로 연결될 수 있으며, 아래 예문 (1)에 나타난 바와 같이 주격이나 목적격을 허용하지 않으면서도 여격(dative Case)이나 후치사(postposition)를 허용하는 점은 주목할 만하다.

(1) 한국어의 분열구문

a [미나-가 e_1 만난-것]-은 철이$_1$(-*를)-이-다.

b. [e1 철이-를 만난-것]-은 미나$_1$(-*가)-이다.

c. [미나-가 e_1 이 책-을 준-것]-은 철이$_1$(-에게)-이-다.

d. [미나-가 철이-를 만난-것]-은 도서관(-에서)-이-다.

---

* 본 논문은 <언어학> 32.4호에 출판된 필자의 영어 논문 "On Multiple Cleft Constructions in Korean"을 한글로 다시 작성한 논문이다. 재출판을 허락해준 대한언어학회 편집위원회에 감사드린다.

1) 본고에서 다루고 있는 분열문의 지위에 대해서는 학자들마다 의견이 분분하다. 우선, Cho et al.(2008)과 같은 몇몇 연구자들은 한국어의 단일 '것'-분열문이나 다중 '것'-분열문이 영어의 유사분열문(pseudoclefts)(예시: What I bought yesterday is a book)에 가까운 것으로 분석하는 반면, 정대호(2021) 등은 영어의 'It'-분열문(It-clefts)(예시: It is a book that I bought yesterday)에 상응하는 것으로 보고 있다. 또한, D.-W. Park(2021)의 경우 Hiraiwa & Ishihara(2012)가 제안한 일본어 분열문 분류체계에 따라 격이 표시된 초점 요소를 수반한 한국어의 '것'-분열문은 영어의 'It'-분열문에 상응하고, 격 표시가 없는 초점 요소를 수반한 경우는 영어의 유사분열문과 유사한 것으로 가정한다. 그러나 Sohn(2000)과 김선웅(2020) 등에서 보여주고 있듯이, 한국어의 '것'-분열문은 영어의 유사분열문과는 다른 속성을 보이므로, 본고에서는 별도의 논증 없이 해당 구문이 영어의 'It'-분열문과 상응하는 것으로 가정하고자 한다.

본 장에서는 위에 제시된 것과 같은 단일 초점 구를 수반한 분열구문이 아니라 중심 위치에 한 개 이상의 초점 구를 수반한 분열구문에 더 관심이 있다. 후자의 유형의 분열구문은 '다중분열구문'(multiple cleft construction) 혹은 '다중분열문'(multiple clefts)이라고 칭하며, 일본어의 경우 아래 (2)에서 보여주듯이 다중분열문이 가능한 것으로 연구자들 간 공감대가 형성돼 있다(Cho et al., 2008; Hiraiwa & Ishihara, 2012; Takano, 2002, 2015, 2020; Ishii & Agbayani, 2019).

(2) 일본어 다중분열문

a. [Ken-ga ageta no]-wa hono-o Mari-ni ta.
K.-Nom gave C-Top book-Acc M.-Dat Cop
'It is a book to Mari that Ken gave.'

b. [Ken-ga ageta no]-wa Mari-ni hono-o ta.
K.-Nom gave C-Top M.-Dat book-Acc Cop
'It is to Mari a book that Ken gave.'

Takano(2015: (3a,b))

이와 대조적으로 한국어에서 다중분열문이 허용되는가에 대해서는 학자들마다 서로 다른 견해를 견지하고 있고, 오직 소수의 언어학자들만이 다중 중심축(multiple pivots)을 적절하게 사용 가능한 것으로 보고하고 있다(Cho et al., 2008; Yeom, 2014; 정대호, 2021; D.-W. Park, 2021).[2] 아래의 예문들이 다중분열문으로 보고된 사례들 가운데 일부이다((3a)는 Cho et al. (2008: (2a))에서, (3b)는 D.-W. Park (2021: (5a))에서 발췌).[3]

(3) 한국어 다중분열문(부가어 초점만 수반)

a. 유미-가 그 책-을 산-것]-은 작년 LA-에서-이-다.

b. [존-이 빌-을 본 것-은] 두 시-에 식당-에서-이-다

여기서 위 예문 (3a,b)에서와 같이 중심축에 위치한 초점 구가 '것'-이 핵어인 전제 절의 술어에 의해

2) 한국어 분열구문에 대한 대부분의 연구에서는 다중분열구문에 대해 다뤄지지 않았으며, Kim & Lee(2008)와 박소영(2014) 등의 일부 연구에서 한국어는 다중분열문이 허용되지 않는다고 주장하고 있다

3) 기존 연구에서 발췌한 예문을 인용할 때 명백한 실수는 바로 잡고, 명료성을 높이기 위해 괄호 등은 추가된 것들이 있음을 밝혀둔다.

선택되지 않은 순전한 부가어(genuine adjunct)인 경우, 대부분의 한국어 원어민 화자들은 명시적인 담화 문맥이 없음에도 불구하고 두 예문의 수용성에 대해 동의를 한다는 점에 주목할 필요가 있다. 이와 대조적으로, 만일 중심축 자리의 초점구가 전제 절 술어에 의해 선택된 논항일 경우엔 다중분열구문이 (4)와 같이 수용성이 낮아지고 문법성 수준이 (화자들마다) 일정치 않다.

(4) 한국어 다중분열문(여격-대격이나 대격-여격 표시 초점 수반)
  a. (?)[존-이 준 것]-은 메리-에게 책-이-다.
  b. (?)[존-이 준 것]-은 책-을 메리-에게-이-다.

이런 배경을 바탕으로, 본 장에서는 선행 중심축(initial pivot)이 격 조사를 유지하고 화자들(interlocutors)이 담화 맥락을 공유하는 한, 한국어에서도 다중분열구문이 원칙적으로 허용될 수 있음을 입증하는 것을 목표로 하고 있다. 특히, 다중분열문은 주어진 담화 맥락에서 가장 두드러진 Roberts(2012) 식의 '논의 중 질문'(Question under Discussion, QUD)에 대한 적합한 답변으로서 기능할 때 수용 가능한 것으로 판단된다고 제안하고자 한다. 이 제안은 다음과 같은 '담화-화용적 조건'(discourse-pragmatic condition)으로 기술될 수 있다.

(5) 다중분열문은 주어진 담화 맥락에서 가장 두드러진 논의 중 질문(QUD)에 대한 적합한 답변 집합의 일원이어야만 한다.

이 조건은 다중분열구문 뿐만 아니라 단일 분열구문(single cleft construction)의 경우에도 적용되는 것으로 제안하고자 한다. 그렇다면 왜 이 조건이 필요한 것인가? 본 장에서는 이 질문에 대한 답변을 위해 우선 Park(2023)을 따라 QUD 상에서 의문의 대상인 변항(variable)이 전제절의 생략요소에 해당되고, 분열구문의 중심어 위치 상의 초점 요소가 각 변항의 값(value)에 해당된다고 가정한다. 이 가정 하에 다중분열구문에서 (5)번의 조건이 필요한 것은 전제절인 '것'-절에서 생략된 요소가 두 개 이상이므로 QUD가 가시적으로 드러나거나 쉽게 추론 가능한 선행발화가 부재한 경우, 중심축(pivot) 위치의 초점 요소가 전제절의 어떤 공백 요소인지를 파악하기 어렵기 때문이라고 하겠다.

여기서 제기할 수 있는 또 다른 질문은 다중분열구문이 통사부에서 어떻게 도출되는가이다. 본 장에서는 이 질문에 대한 답변으로 정대호(2021)가 제안한 바에 따라 다중 초점은 사선적 병합(Oblique

Merge)에 의해 구성소를 형성하는 것으로 제안한다.[4] 그러나 정대호(2021)의 제안과 다소 달리, 염재일(2014)과 위혜경(2015, 2016)의 관찰에 기초하여, 본 장은 전제 절의 술어에 의해 선택되는 초점화된 논항은 전제 절을 빠져나와 분열 문장 전체의 좌변(left periphery)에 있는 초점 위치로 이동하는 반면, 선택되지 않은 초점화된 부가어(unselected focused adjunct)는 동일한 위치에 외적 병합(External Merge)에 의해 직접 병합된다고 제안한다.

지금까지 기술한 분석을 확장하여, 본 장에서는 사선적 병합이 Chomsky(2000, 2001)가 제안한 국면 불가침 조건(Phase Impenetrability Condition)과 전이(Transfer)라는 개념에 의해 제약을 받으며, 이러한 제약에 의해 다중분열구문의 다중 중심축(multiple pivots)이 동일절 조건(clause mate condition)이 지켜져야 하는 이유를 도출할 수 있음을 주장하고자 한다.

본 장은 다음과 같이 구성되어 있다. 2절에서는 최근의 통사 이동 접근법(syntactic movement approach)과 혼합분열문 접근법(amalgam cleft approach)을 비판적으로 검토한다. 이어서, 3절은 Roberts(2012)의 QUD 개념과 정대호(2021)의 다중 초점구문에 대한 사선적 병합 접근법을 기반으로 한, 본고가 제안하고 있는 분석을 제시한다. 4절에서는 사선적 병합이 적용되는 방식이 PIC에 의해 제한된다는 점과 다중 중심축에 대한 동일절 조건이 자연스럽게 PIC에 의해 도출될 수 있음을 보여준다. 5절은 남은 논제와 함께 본 장의 결론을 제시한다.

2. 다중분열문에 대한 기존 분석들

본 절에서는 일본어와 한국어의 다중분열문에 대한 두 가지 주요 접근법을 제시한다. 첫 번째 접근법은 초점화된 구(phrase)의 통사적 이동을 활용하며, 또 다른 접근법은 어떠한 통사적 이동도 상정하지 않고, *What Yumi bought is Yumi bought a LEXUS*과 같은 Declerk(1998)이 명명한 영어의 혼합분열문(amalgam cleft)과 유사한 이중절 구조(bi-clausal structure)를 가정한다.

4) 정대호(2021)에 20여 년 앞선 Takano(2002)의 연구에서도 일본어의 다중분열구문이 사선병합과 유사한 방식에 의해 병합되는 것으로 제안하고 있다.

2.1 다일 구성소 이동 접근법

일본어 자료를 바탕으로 한 Saito(1994)의 관찰에 따르면, (6a)에서와 같은 '복합 명사구 섬 효과'(complex NP island effect)는 (6b)에서 처럼 *nani-o* 'what-Acc' 등의 추가적인 *wh*-의문사가 존재할 경우 완화될 수 있다(Takano(2002: (38)).

(6) a. *John-wa [sono hon-o naze katta hito]-o sagasiteiru no.

*John-wa	[sono	hon-o	naze	katta	hito]-o
John-Top	that	book-Acc	why	bought	person-Acc

sagasiteiru	no.
is.looking.for	Q

'Why is John looking for a person who bought that book?'

b. ??John-wa [nani-o naze katta hito]-o sagasiteiru no.

??John-wa	[nani-o	naze	katta	hito]-o
John-Top	what-Acc	why	bought	person-Acc

sagasiteiru	no.
is.looking.for	Q

'Why is John looking for a person who bought what?'

(6a)의 문장은 *wh*-부가어인 *naze* 'why'의 비가시적 이동(covert movement)하므로써 복합 명사구 제약을 위반하여 비문법적으로 판단된다. 그러나 흥미롭게도, *naze*와 동일한 절에 *nani-o* 'what-Acc'와 같은 또 다른 *wh*-구가 존재할 경우 (6b)에 표시돼 있듯이 해당 문장의 수용성이 향상된다. (6b)에서 wh-의문사구의 추가가 섬 효과를 완화시키는 이유를 설명하기 위해서 Saito는 *wh*-부가어 *naze*가 추가된 *wh*-논항인 *nani-o*에 왼쪽으로 부가된 후, 단일한 구성소로서 함께 비가시적 이동을 거쳐 상위절 작용역을 갖는다고 제안한다.

또한, 일본어에서 *wh*-부가어 *naze*는 (7a)에서와 같이 상위절 의문문의 C(interrogative C) 영역까지 비가시적 이동을 거칠 수 없는데, 이는 복합 명사구 섬 제약 위반에 기인하는 것으로 간주될 수 있다. 그러나 Sohn(1994)은 동일한 *wh*-부가어가 목적어 DP인 *sono hoto-o* 'that person-Acc'와 함께 상위절로 장거리 어순 뒤섞기 이동(scrambling)을 거칠 경우, (7b)와 같이 문장의 수용성 정도가 증가한다는 흥미로운 관찰을 한다(Takano(2002: (37)).

(7) a. *John-wa [Mary-ga sono hito-o naze uttaeta
John-Top [Mary-Nom that person-Acc why sued
toyuu uwasa]-o kiita no.
that rumor]-Acc heard Q
'Why did John hear the rumor that Mary sued that person?'

b. ??Nazei sono hito-oj John-wa [Mary-ga t_i t_j uttaeta
why that person-Acc John-Top Mary-Nom sued
toyuu uwasa]-o kiita no.
that rumor-Acc heard Q

위에서 (7b)가 (7a)보다 더 허용 가능한 것으로 판단되는 이유를 설명하기 위해, Sohn은 Saito의 '추가 *wh*-효과' 분석을 확장할 것을 제안한다. 즉, *wh*-부가어 *naze* 'why'가 DP *sono hoto-o* 'that person-Acc'에 왼쪽으로 부가된 후, 마치 단일한 구성소처럼 상위절로 장거리 어순 뒤섞기 이동을 한다는 것이다. 그러나 일본어(및 한국어)에서 부사적인 부가어는 장거리 이동이 불가능하지만, (7b)에서 *wh*-부가어 *naze*가 부가된 DP인 *sono hito-o* 'that person-Acc'의 장거리 어순 뒤섞기 이동은 그러한 제약에서 예외가 된다.

다시 다중분열구문으로 돌아가, Saito(1994)와 Sohn(1994)의 '부가 겸 이동 분석'(adjunction-cum-movement analysis)을 바탕으로, Takano(2002)는 '놀라운 구성소 분석'(surprising constituent analysis)을 제안한다. 이 분석에서는 하나의 초점구가 다른 초점구에 부가되어 단일 구성 요소가 되고, 분열 문장의 왼쪽 경계로 이동한다. Takano는 이러한 부가를 표준적인 XP-이동과 구별하기 위해 '사선적 이동'(oblique movement)이라고 명명한다.

아래 (8)에서 중심축에 대상역(theme)과 목표역(goal)을 수반한 일본어의 다중분열구문을 고려해보자. Takano의 분석 틀에서는 해당 문장은 사선적 이동에 의해 도출되며, 이 이동을 통해 (9a,b)에 제시된 것처럼 두 개의 초점구가 '놀라운 구성소'를 형성한다.[5)]

5) 일본어의 *no*의 정체성에 대해 최소 두 가지 관점이 존재한다. 이는 때때로 보문소(complementizer)로 분석되기도 하며(Koizumi, 2000), 명사화소(nominalizer)로 간주되기도 한다(Takano, 2002; 2020).

(8) [John-ga ageta no] wa hon-o Mary-ni da.
J.-Nom gave NM Top book-Acc M.-Dat Cop
'It is a book to Mary that John gave.'

(9) a. 대격 목적어의 여격 목적어로 이동

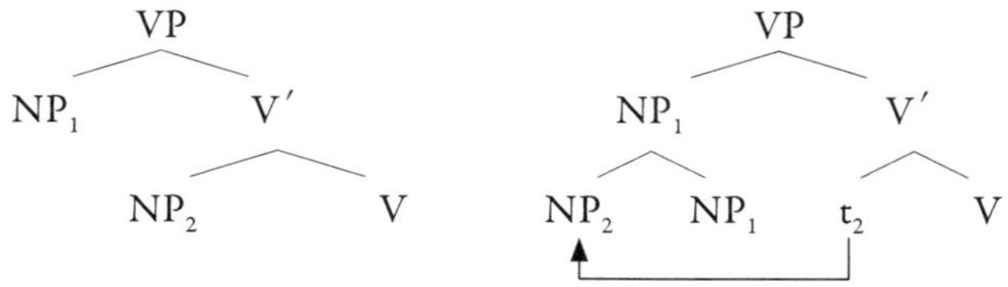

b. 좌향 이동 및 놀라운 구성소에 대한 PF 삭제

~~[hon-o$_i$ [Mary-ni]]~~$_j$ John-ga t_j t_i ageta no wa [hon-o [Mary-ni]] da.

Takano(2002: 257)

(9a)에서 사선적 이동(oblique movement)은 대격 조사가 붙은 DP *hon-o*를 여격 조사가 붙은 DP *Mary-ni*에 부가함으로써, 두 통사체(syntactic objects)를 하나의 '놀라운 구성소'로 전환시킨다. 그런 다음, 이 놀라운 구성소는 전제절의 왼쪽 가장자리로 이동하고, 초점 요소와의 동일성에 따라 PF에서 삭제되는데, 이는 (9b)에 제시되어 있다.

Takano의 놀라운 구성소 분석은 유리한 점이 있지만, 명확히 할 필요가 있는 몇 가지 문제가 있는 것으로 보인다. 첫째, (8)-(9)의 다중 초점이 놀라운 구성소가 어떻게 중심축(pivot) 위치를 차지하게 되는지가 명확하지 않다. Takano는 Hoji(1987)를 따라 전제절(즉, (8)-(9)의 *no*-절) 내에서 공연산자(null operator) 이동이 있다고 가정하지만, 그녀에 따르면 *no*-절 내의 놀라운 구성소의 상위 복사체가 중심축 위치에 있는 다중 초점과의 동일성에 따라 삭제되며, 하위 복사본은 삭제되지 않는다고 한다.

둘째, Takano(2002: pp.259-60)가 명시적으로 인정한 바와 같이, 사선적 이동의 원인을 확정하지 못하고 두 가지 가능성 있는 설명을 암시적으로 제시한다. 첫 번째 설명은 한 초점을 다른 초점에 부가시키는 사선적 이동이 초점 자질(focus feature)에 의해 유발된다는 것이고, 두 번째는 사선적 이동이 단순히 의미적으로 무의미한 어순 뒤섞기(semantically vacuous scrambling)의 형태라고 가정하는 것이다.

약 20년 후, 한국어에서 다중분열구문이 허용된다고 주장한 몇 안 되는 연구 가운데 하나인 정대호(2021)에서 다중분열구문에서 '사선적 병합'(Oblique Merge, OM)이라고 명명한 통사 작용을 통해 다중 초점이 단일 구성소를 형성한다고 주장한다. 그는 다중(유사)분열구문(multiple (pseudo-)cleft construction)뿐만 아니라 다중조각구문(multiple fragment construction), 다중대조화제구문(multiple contrast topic construction), 다중우향절점상승구문(multiple right-node raising construction) 등 여러 다중 초점 관련 구문에 대해 연구를 진행하였다. 그에 따르면, 이러한 구문들에서 공통점은 둘 이상의 구가 [+F(ocus)] 자질을 부여받고, OM을 통해 단일 구성소를 형성한다는 점이다. 두 접근법이 독립적으로 제안되었지만, 정대호의 OM은 본질적으로 Takano(2002)의 사선적 이동(oblique movement)과 동일한 기능을 수행한다. 실제로, 정대호는 OM에 대한 자신의 제안이 Saito(1994)와 Sohn(1994)의 '부가 및 이동'(adjunction-cum-movement) 접근법에 기반하고 있다고 설명한다.

그럼에도 불구하고, 정대호는 다중초점구문에서 사선적 병합을 유발하는 것이 [+F] 특징이라고 명시적으로 주장한다는 점에서 Takano와 구별된다. 더 중요한 점은, 정대호는 Park & Shin(2014)의 한국어 단일분열구문(single cleft construction)에 대한 분석을 바탕으로, 다중 초점이 보문소(complementizer) '-것'이 이끄는 전제절 내에서 생성된다고 제안한다. 이후, OM을 통해 다중 초점이 단일 구성소(이는 Takano(2002)의 '놀라운 구성소'에 상응함)를 형성한 뒤, '것-'절의 좌변(left periphery)으로 초점 이동을 거치게 된다. 마지막 단계에서, '것-'절은 주제화(topicalization)를 통해 주제(topic) 위치로 전치(fronting)된다. 다음은 정대호의 OM 분석에서 제안된 추상적인 도출 단계를 보여준다('-것'는 보문소, '-이'는 계사, '-다'는 평서형 어미를 나타냄).

(10) a. '-것' 절 내에서 다중 초점 할당

$[_{CP} \ldots X_{[+F]} \ldots Y_{[+F]} \ldots$ 것]-이-다.

b. 다중 초점과 사선적 병합

$[_{CP} \ldots [X_{[+F]}\text{-}Y_{[+F]i}] \ldots e_i \ldots$ 것]-이-다.

c. 단일 구성소로서 초점 이동(focus movement)

$[X_{[+F]}\text{-}Y_{[+F]i}]_j \; [_{CP} \ldots e_j \ldots e_i \ldots$ 것]-이-다.

d. '-것' 절의 주제화(topicalization)

$[_{CP} \ldots e_j \ldots e_i \ldots$ 것$]_k$-은 $[X_{[+F]}\text{-}Y_{[+F]i}]_j \; e_k$-이-다.

정대호(2021: (61))

정대호(2021)의 OM 분석은 겉보기에는 Takano(2002)의 사선 이동 분석과 유사해 보이지만, 전자가 후자보다 몇 가지 이유로 우월한 것으로 보인다. 첫째, 정대호의 분석은 [+F]-특징이 OM을 통해 여러 초점을 단일 구성소로 변환하게 하는 요인임을 명확히 보여주는 반면, Takano는 사선 이동의 동기에 대해 결정하지 않고 있다. 둘째, 정대호의 분석은 어떤 이유로 선행 초점(initial focus)은 반드시 격 표시가 되어야 하지만, 비선행 초점(non-initial foci)은 선택적으로 격 표시가 돼도 좋다는 점을 설명할 수 있다. 더 구체적으로, (11b)와 (11d)와 같은 사례를 배제하기 위해 그는 (12)와 같이 다중 초점에 대한 성분통어(c-command) 조건을 제안한다.

(11) a. [존-이 준-것]-은 [메리-에게 책]-이-다.
　　b. *[존-이 준-것]-은 [메리 책]-이-다.
　　c. [존-이 준-것]-은 [책-을 메리-에게]-이-다.
　　d. *[존-이 준-것]-은 [책 메리-에게]-이-다.

(12) 다중 초점 조건(정대호(2021: p.66))

비말단에 있는 초점요소는 그 초점요소를 관할(domination)하며, 후행하는 초점 요소를 성분통어하는 최소 마디까지 동반발화(pied-piping)하는 반면, 말단에 있는 초점요소는 그것을 관할하는 요소를 수의적으로만 동반발화한다.

(12)에서 제시된 조건에 따르면, (11b)의 비말단 초점요소(non-final focus element)인 Mary는 이를 지배하는 요소인 여격 조사 '-에게'를 실현하지 못해 비문이다. 마찬가지로, (11d)의 비말단 초점요소인 '책'도 이를 지배하는 요소와 대응되는 대격 조사 '-을'을 실현하지 못해 비문이다. 정대호는 구조격 조사(structural Case)가 기능 범주 KP(Kase Phrase)의 핵심어라고 가정한다. 반면에, Takano의 사선적 이동(oblique movement) 이론은 (11b)와 (11d)의 비문법성을 설명할 방법이 없는 것으로 보인다. Takano(2020)는 일본어의 다중 초점 문이 섬 제약을 보이지 않는다는 새로운 관찰을 통해, 다중 초점 요소가 이중 측면 이동(Double Sideward Movement, DSM)을 거친다고 제안한다. 그러나 한국어의 다중초점구문은 일본어와 달리 섬 제약의 영향을 받는 것으로 보이므로, Takano의 DSM 이론의 장단점을 더 이상 검토하지 않기로 한다. 이러한 이유로, 초점 이동의 동기(motivation)와 관련하여 정대호(2021)의 OM 분석을 채택하기로 한다(자세한 내용은 3.3절 참조).

2.2 혼합분열문 접근법

Cho et al. (2008)은 Hoji(1997) 및 Hoji & Ueyama(2003)가 제안한 일본어(및 한국어) 단일분열문(single cleft)에 대한 (13)에 제시된 공연산자 이동(null operator movement) 분석 및 Hiraiwa & Ishihara(2002)가 제안한 동일한 구문에 대한 (14)에 제시된 직접 이동(direct movement) 분석과는 달리, 두 언어의 분열문 구조가 실제로 이중절(bi-clausal) 구조를 포함한다고 주장한다. 편의를 위해, 일본어 원자료에 해당하는 한국어 예시를 제시한다.

(13) 공연산자 이동 분석(Hoji, 1997; Hoji & Ueyama, 2003)

[Op_i [... t_i ...] no] wa XP_{Focus} da.

Comp Top is

(14) 직접 이동 분석(Hiraiwa & Ishihara, 2002)

a. [$_{FocP}$ 책-을 세-권$_i$ [$_{CP}$ 유미-가 t_i 산 것] 이-다.

b. [$_{TopP}$ [$_{CP}$ 유미-가 t_i 산 것]$_j$-은 [$_{FocP}$ 책-을 세-권$_i$ t_j]-이-다.

Hoji와 Hoji & Ueyama에 따르면, (15)와 같이 부정극어(Negative Polarity Item, NPI)가 초점 위치에서 허용되지 않는다는 사실은 Hiraiwa & Ishihara의 직접 이동 분석 하에서는 예측되지 않는다. 이는 중심축의 NPI가 의무적으로 Spec-FocP로 이동하기 전에 단형 부정사 *an* '않다'와 동일한 절에서 생성된다고 가정되기 때문이다. 그러나 Cho et al.은 (16)에서처럼 주절의 계사가 부정될 때에도 초점 위치에서 NPI가 여전히 허용되지 않는다는 점을 지적하며 Hoji와 Hoji & Ueyama의 주장을 반박한다.

(15) *[존-이 파티-에서 안 마신 것]-은 맥주 한 병-을 조차-이-다.

(16) *[존-이 파티-에서 마신 것]-은 맥주 한 병-을 조차 아-니-다.

Cho et al. (2008: (13), (15))

Cho et al.은 공연산자 이동(null operator movement) 분석 및 직접 이동(direct movement) 분석의 실제 문제는 분열문이 단일 절(mono-clausal)이 아니라 이중 절(bi-clausal)이라는 점에 있다고 주장한다. 이중 절 구조의 근거로, 그들은 (17a)와 (17b)의 대조를 제시하며, 이는 전제 절(presupposition clause) 내의 NPI가 전제 절의 술어에 의해 독립적으로 허가되어야 함을 보여준다.

(17) a. [존-이 아무것도 안 마신 것]-은 파티-에서-이-다.

b. *[존-이 아무것도 마신 것]-은 파티-에서-가 아-니-다.

Cho et al. (2008: (20))

이러한 이유로 Cho et al.은 Declerck(1998)의 혼합분열문(amalgam cleft)(예: (18a)) 분석을 바탕으로, 한국어와 일본어의 (다중)분열문에 대해 '혼합분열문 접근법'(amalgam cleft approach)이라 불리는 비이동 이중 절(non-movement bi-clausal) 접근법을 제안한다.

(18) a. [What Yumi bought] is [she bought a LEXUS].

b. *[What Yumi bought] is [YUMI bought a lexus].

위에서 보여준 바와 같이, 혼합분열문은 의사분열문(pseudocleft)과 유사해 보이지만, 표준적인 의사분열문과는 달리 *she bought a LEXUS*와 같은 완전한 절이 계사 뒤 위치(post-copular position)에 나타날 수 있다. 또한, 계사 뒤 절의 초점화된 구성소는 반드시 변항(variable)에 대응하는 요소를 포함해야 한다. 위의 (18a)에서는 전제절(presupposition clause)의 what와 연결된 변항에 해당하는 것이 LEXUS이다. 반면에, (18b)는 전제 절의 변수와 연결된 것이 주어인 Yumi가 아니라 목적어인 lexus이기 때문에 적절하지 않다고 판단된다. 그러나 혼합분열문에서 초점화된 요소는 전제절의 변항에 대응하는 구성소로 제한될 필요는 없으며, 해당 구성소가 (19)의 경우처럼, LEXUS가 변항와 연결된 예가 이에 해당한다.

(19) a. [What she bought] is [YUMI bought a LEXUS].

b. [What Yumi bought] is [she bought a LEXUS in LA for HER BROTHER].

Cho et al. (2008: (33), (34))

Cho et al.이 보고하듯이, 동일한 정보구조(information structure)가 한국어와 일본어의 다중분열문에서도 관찰된다.

(20) 한국어 다중분열문

A: 유미-는 무엇-을 어디-에서 누구-한테 사주-었-니?

B: [유미-가 사준 것]-은 [렉서스-를 LA-에서 오빠-한테]-이-다.

그들에 따르면, (20B)의 다중분열문은 (21)과 같이 분석이 가능하다: 즉, 계사 앞의 절 주어는 pro인 반면 동사는 삭제되는데, 이는 한국어와 일본어 분열문에서 동사가 계사 앞에 나타날 수 없기 때문이다.

(21) [유미-가 사준 것]-은 [pro 렉서스-를 LA-에서 오빠-한테 사주-었]-이-다.

그러나 혼합접근법에도 고유한 문제가 있다는 점을 지적할 필요가 있다. 첫째, 분열문에서 술어가 나타나는 것을 금지하는 이유가 계사에 있다고 가정할 때, 한국어와 일본어 분열문에서 계사와 평서형 어미가 생략될 수 있다는 점((22a) 참조)을 고려하면, (21)과 달리 계사 동사가 없는 (22b) 문장은 사실과 달리 술어를 허용해야 할 것으로 예상된다.

(22) a. [유미-가 어제 산 것]-은 (바로) 이 책

b. *[유미-가 사준 것]-은 [렉서스-를 LA-에서 사주-었]

둘째, 혼합접근법이 초점화된 구에 대한 형태적 제약을 어떻게 설명하는지는 명확하지 않은 것으로 보인다. (11)에서 선행 초점 요소는 격 표시가 되어야 하고, 후행 초점 요소는 주격이나 대격이 아닌 사격(oblique case)이나 후치사(postposition)만 표시될 수 있다는 점을 확인한 바 있다. 셋째, 영어의 혼합분열문은 *It*-분열문(*It*-cleft)보다는 의사분열문(pseudocleft)에 더 가깝기 때문에, (23a)와 같이 초점 위치에서 *wh*-의문사구가 허용되지 않을 것으로 예상된다. 그러나 앞서 간략히 언급한 바와 같이, 한국어 분열문은 의사분열문이 아니라 *It*-분열문과 유사한 패턴을 보이며, 이를 뒷받침하는 증거 중 하나는 (23b)에서와 같이 한국어 분열문에서 *wh*-의문사구가 초점화될 수 있다는 점이다.

(23) a. *Where is what Yumi bought this book?

b. [유미-가 이 책-을 산 것]-은 어디-에서-이-니?

그럼에도 불구하고, Cho et al.의 혼합접근법에서 우리가 배울 수 있는 교훈이 하나 있다. 그것은 *wh*-변항(*wh*-variable)을 명시적으로 포함한 질문이 제시될 경우, 해당 질문에 대한 답변으로서 다중분열문이 보다 적절하게 받아들여지는 경향이 있다는 점이다. 이러한 경향은 곧 다음 절에 제시될 우리

의 분석을 뒷받침하게 될 것이다. 간단히 말하자면, 다중 분열문은 진행 중인 담화에서 가장 두드러진 '논의 중인 질문'(Question under Discussion, QUD)에 대한 답변과 일치해야 하는 일종의 담화-화용적(discourse-pragmatic) 조건을 충족해야 한다.

3. 다중분열문은 어떻게 인허되고 도출되는가?

3.1 논의 중 질문(QUD)과 다중분열문

Park(2023)이 논의한 바와 같이, 담화는 대화 참여자들이 세계에 대한 자신의 이해를 전달하려는 시도라고 정의할 수 있으며, 질문-답변 관계(question-answer relationship)의 계층적 구조(hierarchical structure)를 통해 일관성(coherence)이 형성된다. 특히, 대화 참여자들은 담화 맥락에서 가장 두드러진 질문에 답하기 위해 노력해야 한다. 이러한 주요 질문은 대화 참여자들이 다룰 것으로 기대되는 관련된 하위 질문들(sub-questions)의 등장을 유도한다. 담화 내에서 진행 중인 이러한 질문들은 Roberts(1996/2012) 등에서 종종 '논의 중인 질문'(Questions under Discussion, 이하 QUD)으로 언급된다.

한국어의 '-것'과 일본어의 *-no*가 핵심어(head)인 전제절과 초점화된 구로 구성된 다중분열문은 일반적으로 화자가 대화 중 이전 발화에서 이미 언급된 특정 문제에 대해 강조하거나 대조를 하거나 수정을 가하기 위해 사용되는 것으로 알려져 있다. 때로는 다중분열문이 대화 상대가 제기한 질문에 답하기 위해 사용되기도 한다. 따라서 대화 참여자들이 공유하는 QUD가 있을 것으로 예상되며, 이들은 QUD에 포함된 *wh*-의문사구가 요구하는 변항들에 값을 제공하기 위해 다중 초점을 사용한다.

QUD가 다중분열문의 허용에 어떤 역할을 하는지 보기 위해, (24)와 (25)의 예를 고려해보도록 하자. (25)는 (4)에서 반복된 예로, 이와 유사한 일본어 표현은 여러 문헌(Hiraiwa & Ishihara, 2002, 2012; Takano, 2002, 2020)에서 자연스럽다고 보고되었지만, 필자가 상담한 대부분의 한국어 화자들은 이를 완전히 자연스럽게 여기지는 않았다. 특히, (24)는 (25a,b)보다 약간 더 부자연스럽게 여겨진다고 판정을 했다.

(24) 한국어 다중분열문(주격-대격 표시 초점 수반)

$^{??}$[$_{CP}$ e_i e_j 좋아한 것]-은 $John_i$-이 $Mary_j$-이-다.

(25) 한국어 다중분열문(여격-대격이나 대격-여격 표시 초점 수반)

a. $^{(?)}$[$John_i$-이 준 것]-은 $Mary_j$-에게 책-이-다.

b. $^{(?)}$[$John_i$-이 준 것]-은 책-을 $Mary_j$-에게-이-다.

그러나 적절한 문맥이 제공된다면, 각각의 다중분열문의 수용성은 향상될 수 있다. 먼저, (24)와 관련하여, 같은 학과를 졸업한 동문인 Kyle과 Jenny가 학과 동창회에서 동기들에 대해 이야기하고 있다고 가정해 보자. Kyle의 기억에 따르면, 신입생 시절에 서로 좋아했던 커플이 있었고, 그들은 Rob과 Ellie였다. 그래서 그는 (26A)를 발화했으며, 여기에서 '-야'는 대화를 구어체로 만들기 위해 서술문의 어미로 사용되었다. 그러나 Jenny는 Rob과 Ellie가 아니라 John과 Mary가 서로 좋아했다고 생각하며, Kyle이 잘못 알고 있다고 생각한다. 따라서 Kyle이 한 말을 바로잡기 위해 Jenny는 문장 (26B)를 발화했으며, 이는 종결어미를 제외하면 (24)와 동일하다. 이 담화 문맥에서 가장 두드러지는 '논의 중 질문'(QUD)는 "누가 누구를 좋아했는가?"와 같은 질문이며, (26A)와 (26B)는 각각 이 이 논의 중 질문에 대한 답변 역할을 한다. 특히, Jenny가 제시한 답변은 앞선 발화에서 말한 내용을 수정하는 기능을 가진다. 이는 아래의 (27)로 다시 반복한 (5)에 제시된 담화-화용 조건이 충족됨을 의미하며, 따라서 (26A)가 (24) 바로 뒤에서 발화됨으로써 주어진 담화 맥락에서 가장 두드러진 논의 중 질문이 무엇인지를 파악하는 데 도움을 주기 때문에 (26B)가 (24)보다 더 자연스럽게 들린다.

(26) QUD: 누가 누구를 좋아했는가?

A: [$_{CP}$ e_i e_j 좋아한 것]-은 Rob_i-이 $Ellie_j$-이-야.

B: 아니-야, [$_{CP}$ e_i e_j 좋아한 것]-은 $John_i$-이 $Mary_j$-이-야.

(27) 다중분열문은 주어진 담화 맥락에서 가장 두드러진 논의 중 질문(QUD)에 대한 적합한 답변 집합의 일원이어야만 한다.

둘째로, (28)을 명시적으로 드러난 질문과 답변 쌍의 일부로서 다중분열문이 기능하는 경우로 생각할 수 있을 것 같다. 즉, 크리스마스 날 아들인 John이 교회에서 누군가에게 선물을 준 상황에서, 엄마가 (28b-A)와 같은 다중질문(multiple question)을 발화한다면, (25a,b)의 다중분열구문은 각각 (28b-B)와 (28b-B')처럼 보다 자연스러워진다. 참고로, 두 문장에서 사용된 서술문 어미 '-(어)요'는 일반적으로 화자가 청자보다 사회적 지위가 낮을 때 사용된다.

(28) a. QUD: 누가 누구에게 무엇을 주었나?

b. Sub-QUD: John이 누구에게 무엇을 주었나?

A : John-이 누구-에게 무엇-을 주-었-니?

B : [John-이 준 것]-은 Mary-에게 책-이-(어)요.

B′: [John-이 준 것]-은 책-을 Mary-에게-(어)요.

이 경우, (28b)에 있는 엄마의 질문은 (28a)의 더 일반적인 QUD에서 발전된 하위 QUD(sub-QUD)에 해당하며, 위에서 설명된 상황에서 가장 두드러지는 QUD이다.

셋째, (29B)는 분석이 복잡한 경우로 보이는데, 왜냐하면 전제절에는 이중타동사(ditransitive verb)만 존재하지만, 동사가 선택하는 모든 논항이 중심축(pivot) 위치에 나타나기 때문이다. 예를 들어, 엄마가 자신의 두 아들 중 한 명인 John이 크리스마스 선물을 누군가에게 주었고, 다른 아들 Rob이 누군가로부터 선물을 받았다는 이야기를 들었다고 가정해 보자. 이때 엄마는 단순히 '누가 무엇을 누구에게 주었는가'뿐만 아니라 '누가 무엇을 누구로부터 받았는가'도 알고 싶어 한다. 이러한 담화 맥락에서, 엄마는 그들의 친구('B'로 표기)에게 (29A)의 질문을 하는데, 이는 가장 두드러지는 QUD에 해당한다.

(29) QUD: 누가 누구에게 무엇을 주었고, 누가 누구로부터 무엇을 받았나?

A: 누-가 누구-에게 무엇-을 주-었-고, 누-가 누구-에게서 무엇-을 받-았-니?

B. [$_{CP}$ e_i e_j e_k 준 것]-은 $John_i$-이 $Mary_j$-에게 이 $책_k$-이-고,

[$_{CP}$ e_l e_m e_n 받은 것]-은 Rob_l-이 $Audrey_m$-에게서 저 $책_n$-이-(어)요.

이 절에서 논의된 내용을 바탕으로 다음과 같은 일반화를 도출할 수 있다: 첫째, 다중 분열구문은 (27)에서 제시된 담화-화용적 적합성 조건을 충족해야 하며, 이는 이러한 구문이 가장 두드러지는 명시적 혹은 암시적인 QUD의 적합한 답변 집합의 구성원이 되어야 함을 의미한다. 둘째, 다중분열구문의 전제절에는 가장 두드러지는 QUD에 나타나는 *wh*-의문사구 이외의 통사체(syntactic object)가 포함된다. 셋째, 다중분열구문을 뒷받침하는 QUD는 단일 쌍(single pair) 또는 쌍 목록(pair-list) 해석

을 가지는 다중 *wh*-의문문으로 특징지어질 수 있다.[6]

3.2 다중중심축(multiple pivots) 병합의 두 가지 방식

현재 접근 방식이 Cho et al.(2008)의 혼합분열문(amalgam cleft) 분석과 유사하다고 볼 수 있다는 점은 주목할 만하다. 후자는 계사 선행 위치(pre-copular position)에서 다중분열구문을 필요로하는 질문을 상정하는 반면, 전자는 화자들이 명시적 또는 암시적인 QUD를 공유하고 있다고 가정하며, 이는 혼합분열구문의 계사 선행 질문과 유사한 역할이라고 할 수 있다. 그러나 혼합분열문 접근법이 이중절(bi-clausal) 구조를 상정하는 것과 달리, 본고에서는 Takano(2002)와 정대호(2021)를 따라 다중분열구문이 단일 절(single clause)로 구성되며, 정대호가 제안한 사선적 병합(Oblique Merge, OM)을 통해 다중분열구문이 단일 구성소를 형성할 수 있다고 본다.

또한, 염재일(2014)과 위혜경(2015, 2016)의 관찰에 기반하여, 한국어 단일분열구문(single cleft)에서 초점화된 부사가 전제절 내의 어떤 것과도 의미적으로 연결되지 않는다는 점을 토대로, 우리는 다중분열구문의 모든 초점화된 구가 전제절에서 추출된 것은 아니라는 새로운 주장을 제시한다. 즉, 술어에 의해 선택된 초점화된 논항은 OM 접근법에서 주장한 대로 '것-'전제절에서 추출되지만, 술어에 의해 선택되지 않은 초점화된 부사는 '것-'절의 가장자리(left periphery)에 직접 결합된다는 것이다.

염재일과 위혜경이 관찰한 바와 같이, (30a)처럼 전제절 내의 술어에 의해 선택된 격 없는 초점 논항을 포함하는 단일분열구문에서는, 격이 없는 초점 논항은 개체(유형 e)를 나타내고, 계사는 '것-'절과 초점화된 구 사이의 동일 관계(equative relation)를 나타낸다. 이 관점은 (30b)처럼 형용사가 초점 위치에서 개체(유형 e)가 아니라 속성(유형 ⟨e,t⟩)을 나타내기 때문에 초점 위치에 허용되지 않는다는 사실에 의해 뒷받침될 수 있다.

(30) a. (민수-가 어제 어떤 남자-를 만났는데,)

[$_{CP}$ 민수-가 어제 e_i 만난 것]-은 진$_i$-이-야.

---

6) 아래 (iB)는 (iA)에 제시된 QUD에 의해 요구되는 쌍 목록(pair-list) 답변에 해당하는 다중분열구문의 사례이다(정대호, 2021: 201 참조). (iB)와 같은 사례가 어떻게 도출될 수 있는지는 차후 연구주제로 남겨둔다.

(i) A: 너 여행-중에 어디-에서 무슨 물건-들-을 샀-어?

B: 응, [pro 여행-중에 산 것]-은 홍콩-에서 목걸이, 파리-에서 핸드백, 그리고 스위스-에서 시계-이-야.

b. (민수-가 어제 어떤 남자-를 만났는데,)

*[$_{CP}$ 민수-가 어제 e 만난 것]-은 예쁘-다.

위혜경(2016: 111)에서 차용

반면에, 부가어 중심축(pivot)을 포함한 단일분열문 구조에서는 (31a)와 같이 (후치사가 표시된) 초점화된 부가어가 개체(individual)가 아니라 속성(property)을 나타낸다. 따라서 부가어 초점어는 전제절에서 나타내는 내용의 서술어로 사용할 수 있는데, 한국어 분열구문에서 중심축에 나타날 수 있는 부가어는 장소 부사구(Locative PP)로 제한되지 않으며, 이유 부사구(Reason PP)나 도구 부사구(Instrumental PP)와 같은 다른 부사구도 각각 (31b)와 (31c)에서 처럼 허용된다.

(31) a. [$_{CP}$ 미나-가 그 책-을 산 것]-은 LA-에서-이-다.

b. [$_{CP}$ 미나-가 그 이론-을 믿는 것]-은 사소한 이유 때문-이-다.

c. [$_{CP}$ 미나-가 그 문-을 연 것]-은 이 열쇠로-이-다.

위에서 중심축 위치에 나타난 모든 부가어 PP는 전제절 내부의 술어에 의해 선택되지 않으며, 그 기능은 전제절인 '것-'절에서 나타내는 사건을 서술하는 것이다.

단일분열구문의 구조에서 중심축 위치에 있는 논항과 부가어의 차이에 기반하여, 본 장에서는 다중분열문 구조에서 초점화된 논항은 전제절 내부에서 생성되며, 내적 병합(Internal Merge), 즉 이동을 통해 전제절 밖으로 추출된다고 제안한다. 반면, 초점이 된 부가어는 전제절 외부에서 외적 병합(External Merge)을 통해 직접적으로 병합된다. 다음 소절에서는 이 소절에서 제시된 제안에 대해 보다 더 자세히 설명하고자 한다.

3.3 주요 자료 다시 보기

지금까지 본 장에서 제안하고 있는 바가 어떻게 작동하는지를 이해하기 위해서, 우선 (32b)처럼 오직 초점화된 논항(argument)만을 수반한 다중분열구문과 해당 구문의 도출 단계를 먼저 살펴보자.[7]

---

7) 우리는 도출 과정에서 논항 또는 부가어 중심축이 해석 가능한 초점 자질([iFoc])을 가지고 들어오며, 이는 계사구(Copula Phrase,

(32) a. QUD: 미나-가 누구-에게 무엇-을 주-었-니?

b. [$_{CP}$ 미나-가 e_i e_j 준 것]-은Tom$_i$-에게 이 책j-이-야.

(33) a. 1단계: 기저구조

[$_{TP}$ [$_{CopP}$ [$_{CP}$ 미나-가 Tom-에게$_{[iFoc]}$ 이 책-을$_{[iFoc]}$ 준 것]-은 이] 야].

b. 2단계: DAT과 ACC 간 사선적 병합

[$_{TP}$ [$_{CopP}$ [$_{CP}$ 미나-가 [$_{YP}$ Tom-에게$_{[iFoc]}$ 이 책-을$_{[iFoc]}$] 준 것]-은 이] 야].

c. 3단계: 구성소 DAT-ACC의 Spec-CoP로의 내적 병합

[$_{TP}$ [$_{CopP}$ [$_{YP}$ Tom-에게$_{[iFoc]}$ 이 책-을$_{[iFoc]}$]$_i$ [$_{CP}$ 미나-가 t_i 준 것]-은 이] 야].

d. 4단계: '-것' CP의 Spec-TP로의 내적 병합

[$_{TP}$ [$_{CP}$ 미나-가 t_i 준 것]$_j$-은 [$_{CopP}$ [$_{YP}$ Tom-에게$_{[iFoc]}$ 이 책-을$_{[iFoc]}$]$_i$ t_j 이] 야].

(32b)에서 다중 초점은 (33a)에서 처럼 둘 다 술어 '주다'에 의해 선택된 논항들이기 때문에 전제절 내부에서 시작된다. 이들은 (32a)에서 논의 중 질문(QUD) 내의 *wh*-의문사구에 대한 가치(value)에 해당된다. (33b)에서 보여주듯, 여격 조사로 표시된 논항과 대격 조사로 표시된 논항은 정대호(2021)가 제안한 사선적 병합(Oblique Merge, OM)을 통해 단일 구성소(논의의 편의를 위해 'YP'로 칭함)가 형성된다. 그런 다음, (33c)에서 여격 및 대격 논항은 단일 구성소로서 내적 병합(Internal Merge, IM)을 통해 Spec-CopP로 전치된다. 마지막 단계에서, '-것'이 핵심어인 전제절은 (33d)와 같이 Spec-TP로 IM을 거친다.

두 번째로, (34b)의 중심축에 초점화된 부가어만 있는 또 다른 다중분열구문을 고려해보도록 하자. (35)는 (34b)에 대한 도출 단계를 보여준다.

(34) a. QUD: 미나-가 언제 어디-에서 이 바지-를 샀-니?

b. [$_{CP}$ 미나-가 이 바지-를 산 것]-은 봄-에 마트-에서-이-야.

(35) a. 1단계: 기저구조

[$_{TP}$ [$_{CopP}$ [$_{CP}$ 미나-가 이 바지-를 산 것]-은 이] 야].

b. 2단계: 처소격(locative) PP와 시간(temporal) PP의 외적 병합

CopP)의 핵에 있는 해석 불가능한 초점 자질([uFoc])과 일치(Agree) 과정을 거쳐야 한다고 가정한다. 편의상, 이후로는 중심축에 대한 [iFoc]를 구체적으로 명시하지 않겠다.

[$_{TP}$ [$_{CopP1}$ 봄-에 [$_{CopP2}$ 마트-에서 [$_{CP}$ 미나-가 이 바지-를 산 것]-은 이]] 야].

c. 3단계: '것-'CP의 Spec-TP로의 내적 병합

[$_{TP}$ [$_{CP}$ 미나-가 이 바지-를 산 것]$_i$-은 [$_{CopP1}$ 봄-에 [$_{CopP2}$ 마트-에서 t_i 이]] 야].

(32b)에 나타난 다중 초점 논항과 마찬가지로, (34b)의 다중 초점 부가어들도 (34a)의 QUD에서 *wh*-의문사구에 대한 값에 해당한다. 그러나 (34b)가 (32b)와 구별되는 점은 (35a)와 같이, 초점화된 부가어들이 '것-'절 내부에서 술어 '사다'에 의해 선택(selection)되지 않으므로 공백이 없다는 것이다. 대신, 두 부가어는 (35c)에 나타난 바와 같이 외적 병합(External Merge)을 통해 Spec-CopP에 직접 병합된다. 이는 다중분열구문의 구조에서 사선적 병합이 초점화된 구가 논항일 때에만 적용된다는 것을 의미한다. 또한, 부가어도 배경 정보(background information)의 일부로 QUD에 포함될 경우, 기본적으로 전제절 내부에서 생성될 수 있다는 점에 주목해야 한다.

초점이 된 부가어들이 전제절 외부에 직접 병합된다는 본 장의 제안을 뒷받침하는 하나의 가능성 있는 증거는 (36) 예시에서 찾을 수 있다.

(36) [인호-가 [지진-이 발생하-였-다-고] 보고한 것]-은 어제 서울-에서-이-다.

이 예시에서 초점화된 부가어는 '인호의 보고'라는 주절 사건(event)만을 수식할 수 있으며, 지진이 발생하는 내포 사건을 수식할 수는 없다. 만약 부가어가 전제절 내부에서 기본적으로 생성된 것이라면, 왜 그것이 내포 사건을 수식하지 못하는지 의문으로 남을 것이다.

이 시점에서 본 장에서 채택된 몇 가지 핵심 가정을 언급할 필요가 있다. 첫째, D.-W. Park (2021)을 따라, 우리는 계사구(Copula Phrase, CopP)의 핵이 전제(presupposition) CP를 선택하며, 비해석성(uninterpretable) 초점 자질인 [*u*Focus]를 가지고 있다고 가정한다. 이 [*u*Focus]는 초점화된 구들이 가지는 해석성(interpretable) 초점 자질인 [*i*Focus]에 의해 값이 결정되어야 한다. 이러한 이유로, [*i*Foc]를 수반한 초점 논항은 Spec-CopP로 이동해야 한다.

둘째, 전제절 CP는 해석성 화제 자질([*i*Top])을 가지는 반면 TP의 핵은 비해석성 화제 자질([*u*Top])을 가지며, 이는 전제절 CP의 [*i*Top]과 일치(Agree)를 통해 그 값이 결정될 수 있다. TP의 핵은 [*u*Top]과 함께 [EPP]-자질을 가지며, 이는 전제절 CP가 Spec-TP로 이동하도록 강제한다. 셋째, 본 장에서는 잠정적으로 CopP가 다중 지정어(multiple specifiers)를 허용한다고 가정하며, 따라서 CopP는 둘 이상의 초점화된 구를 수용할 수 있다.

마지막으로, 다중분열구문의 첫 번째 및 두 번째 사례보다 더 복잡한 경우는 다음과 같이 다중 중심축이 논항과 부가어(또는 그 반대)로 구성된 경우일 수 있다.

(37) a. QUD: 미나-가 어디-에서 무엇-을 먹-었-니?

b. [$_{CP}$ 미나-가 e_i 먹은 것]-은 식당-에서 스시$_i$-이-야.

(38) a. 1단계: 기저구조

[$_{TP}$ [$_{CopP}$ [$_{CP}$ 미나-가 스시-를 먹은 것]-은 이] 야].

b. 2단계: 대격 요소의 Spec-CopP로의 외적 병합

[$_{TP}$ [$_{CopP}$ 스시$_i$-를 [$_{CP}$ 미나-가 t_i 먹은 것]-은 이] 야].

c. 3단계: 처소격 PP의 외곽 Spec-CopP로의 외적 병합

[$_{TP}$ [$_{CopP1}$ 식당-에서 [$_{CopP2}$ 스시$_i$-를 [$_{CP}$ 미나-가 t_i 먹은 것]-은 이]] 야].

d. 4단계: '것-'CP의 Spec-TP로의 내적 병합

[$_{TP}$ [$_{CP}$ 미나-가 t_i 먹은 것]j-은 [$_{CopP1}$ 식당-에서 [$_{CopP2}$ 스시$_i$-를 t_j 이]] 야].

(37b)에서 다중 중심축은 하나의 초점화된 논항과 하나의 초점화된 부가어로 구성되며, 둘 다 (37a)의 QUD에서 *wh*-의문사구에 대한 값을 제공한다. 이 경우 즉각적으로 제기되는 질문은 두 개의 초점화된 구가 도출(derivation)에 어떻게 도입되는지와 그것들이 단일 구성소를 형성하는지 여부이다. 이는 두 초점 요소들이 그 지위에서 다르기 때문이며, 본 장이 제안한 분석에서는 초점화된 논항은 내적 병합(Internal Merge)을 통해 전제절 CP에서 추출되어야 하고, 초점화된 부가어는 외적 병합(External Merge)을 통해 직접 병합될 것으로 예상되기 때문이다. 이 질문에 관해 우리는 잠정적으로 초점화된 논항 '스시-를'이 (38b)에서처럼 Spec-CopP로 이동하고, 초점화된 부가어 '식당에서'가 (38c)에서처럼 외부 Spec-CopP로 직접 병합된다고 제안하고자 한다.[8)]

초점 논항이 초점 부가어보다 앞에 오는 경우, 순서는 반대로 될 수 있다는 점에 유의하고, 해석은 대략 다음과 같을 것이다: '고유한 개체 x와 고유한 사건 e가 존재하며, e라는 사건, 즉 미나가 x를 먹은 사건이 식당에서 발생했다.'[9)]

---

8) 초점화된 논항이 초점화된 부가어보다 앞에 오는 경우, 순서가 반대가 될 수 있다.

9) 이 해석을 얻는 한 가지 가능한 방법은 두 초점을 각각의 접속항으로 결합하는 기능을 가진 숨겨진 접속사(covert conjunction)를 상정하는 것일 수 있다(cf. Miyamoto, 2024). 그러나 우리는 이 문제에 대해 더 깊이 논의하지는 않을 것이다. 이는 우리가 주로 한국어에서 다중분열문 구조가 가능한지, 언제 허용될 수 있는지, 그리고 다중 초점이 단일 구성소를 형성할 수 있는 방법에 대해 다루고 있기 때문이다.

4. 다중분열문에서의 국부성

이 절에서는 본 장이 제안한 분석 하에서 다중분열구문에서의 국부성(locality) 문제를 어떻게 처리할 수 있는지 간략히 다루고자 한다. 구체적으로, 제안된 분석이 다중분열구문의 출처에 대한 '동일절 조건'(Clausemate Condition)으로 알려진 조건을 어떻게 설명하는지 보여줄 예정이다.

Takano(2020)에서 보고한 바에 따르면, 일본어의 다중분열구문은 동일절 조건의 영향을 받아 초점화된 구들이 동일한 절에서 생성되어야 한다는 제약을 받는다. 동일한 조건이 한국어 다중분열구문에서도 작용하는 것으로 보이며, 이는 아래 (39b)와 (40b)의 대조를 통해 확인할 수 있다.

(39) a. QUD: Ellie-가 엄마-에게 [누-가 어디-에 갈 것이-라-고] 말하-였-니?

b. [Ellie-가 엄마-에게 [e_i e_j 갈 것이-라-고] 말한 것]-은 $Jenny_i$-가 $부산_j$-이-야.

(40) a. QUD: 누-가 엄마-에게 [Jenny-가 어디-에 갈 것이-라-고] 말하-였-니?

b. *[e_i 엄마-에게 [Jenny-가 e_j 갈 것이-라-고] 말한 것]-은 $Ellie_i$-가 $부산_j$-이-야.

(39a)의 QUD에서 나타난 바와 같이, 두 초점화된 구가 동일한 절에서 생성되었을 때, 다중분열구문은 (39b)와 같이 허용되는 것으로 판단된다. 반면, (40a)의 QUD에서 보이듯이, 주격 조사를 수반한 초점 'Ellie-가'와 목표 논항(Goal argument) '부산-에'가 서로 다른 절에서 생성될 때, 다중분열구문의 수용성(acceptability)은 (40b)와 같이 저하된다.

그렇다면, 본 장의 분석 하에서 동일절 조건을 어떻게 도출할 수 있을까? 다중분열구문에서 초점화된 논항들이 전제절에서 벗어나기 전에 단일 구성소(constituent)를 형성하기 위해 사선적 병합(Oblique Merge, OM)을 거쳐야 한다는 현재 분석에 따르면, 우리는 OM이 국면(phase) 경계를 두고 분리된 두 개 이상의 통사체(syntactic objects)에는 적용될 수 없다고 제안한다. 국면은 *v*P와 CP로, 둘 모두 명제적(propositional)이며, 그 기능은 통사구조의 어떤 부분이 연산(computation)에 접근 가능한지를 결정하는 것이다(Chomsky, 2000, 2001). 더 중요한 점은, Chomsky(2000)가 제안한 '국면 불가침 조건'(Phase Impenetrability Condition, PIC)에 따르면, 한 국면의 보충어(complement) 내에 있는 통사체는 차상위 핵심어(head)에서 접근할 수 없다는 것이다((41)에서 정의됨). 또한, Chomsky(2001)가 원래 제안한 전이(Transfer) 개념은 (42)와 같이 정의될 수 있다(둘 다 Takano(2020: 23)에서 발췌함).

(41) 국면 불가침 조건(Phase Impenetrability Condition)

국면 핵심어의 보충어는 전이가 적용된 후에는 추가적인 연산에 접근할 수 없다.

(42) 전이(Transfer)

전이는 차상위 핵심어가 구조에 도입될 때 국면 핵심어의 보충어에 적용된다.

위에서 언급한 국면 불가침 조건(PIC)과 전이(Transfer)을 바탕으로, OM은 전이가 적용되기 전에 동일한 국면 내에서 해석성 초점 자질인 [*i*Focus]를 가진 통사체들에 적용되어야 한다고 제안한다. 이 조건을 통해 (39b)와 (40b)의 대조를 자연스럽게 설명할 수 있다. 우선, (39b)데서는 PIC에 따라 하위 T가 *v*P와 병합되기 전에 외부 논항 'Jenny-가'와 목표 논항 '부산-에'에 OM이 적용될 수 있다. 반대로, (40b)에서는 상위 절의 외부 논항 'Ellie-가'가 하위 절의 목표 논항 '부산-에'와 단일 구성소를 형성하지 못한다. 이는 국면의 보충어(즉, 하위 TP)가 주절의 주어와 병합되기 전에 이미 전이되었기(transferred) 때문이다. 각 사례는 다음과 같이 도식화될 수 있다.

(43) a. $[_{vP}$ XP$_{[iFoc]}$ $[_{VP}$ V … YP$_{[iFoc]}$ …]]

b. $[_{vP}$ XP$_{[iFoc]}$ $[_{VP}$ V YP $[_{CP}$ C $[_{TP}$ T $[_{vP}$ … ZP$_{[iFoc]}$ …]]]]]

(43a)는 (39b)의 내포된 *v*P의 대략적인 구조와 동일하며, 이 경우 OM은 통사체인 XP와 YP에 적용될 수 있다. 이는 두 통사체가 동일한 국면(즉, *v*P) 내에 있기 때문이다. (43b)는 (40b)의 주절 *v*P의 대략적인 형상(configuration)이며, 이 경우 OM은 XP와 ZP를 대상으로 할 수 없다. 이는 상위절 V가 하위절 CP와 병합될 때 하위절 TP가 이미 전이되었으므로 ZP가 어떤 연산에도 접근할 수 없게 되기 때문이다.

그렇다면, 다음과 같은 예측이 가능하다: 즉, 두 초점화된 요소가 국면 경계로 분리된 서로 다른 절에서 출발하더라도, 상위 요소가 논항이 아닌 부가어인 경우 중심축 위치에 나타날 수 있을 것이다. 이는 논항과 달리 부가어는 전제절 외부에서 외적 병합(External Merge)을 통해 직접 병합된다고 가정되기 때문이다. 실제로, 이 예측은 (44b)에서 확증된다. 단, 유의할 점은 (44b)는 (40b)와는 구별된다. 즉, (40b)에서는 상위절의 초점화된 구와 하위절의 초점화된 구가 사선적 병합(OM)을 통해 단일한 구성소를 형성하는 경우이다.

(44) a. QUD: Ellie-가 어제 엄마-에게 [Jenny-가 어디-에 갈 것이-라-고] 말하-였-니?

b. [Ellie-가 e_i 엄마-에게 [Jenny-가 e_k 갈 것이-라-고] 말한 것]-은 어제$_i$ 부산$_k$-이-야.

5. 결론

이 장에서는 한국어에서 다중분열구문(multiple cleft construction)이 제한적으로 가능하며, '논의 중인 질문'(Question under Discussion, QUD)이 다중분열구문을 보다 자연스럽게 만드는 데 중요한 역할을 한다는 것을 입증하였다. 특히, 다중분열구문은 '담화-화용적 조건'(discourse-pragmatic condition)을 충족해야 한다고 주장했으며, 이는 가장 두드러진 QUD에 대한 적합한 답변 집합의 일원이 되어야 한다는 조건이다.

두 개 이상의 초점화된 구가 어떻게 하나의 구성소를 형성할 수 있는지에 대한 질문과 관련하여, 정대호(2021)의 사선적 병합(Oblique Merge, OM)을 채택했지만, 그의 견해와 달리 다중 중심축(multiple pivots)을 도입하는 두 가지 방법이 제안되었다. 즉, 초점화된 논항은 그것들이 처음 생성된 절 내에서 OM을 통해 단일 구성소를 형성할 수 있는 반면, 초점화된 부가어는 전제절(presupposition clause)의 주변부(즉, CopP)에서 외적 병합(External Merge)을 통해 직접 병합된다고 제안되었다.

마지막으로, 4장에서 OM이 무제한적으로 적용되지 않는다는 점이 밝혀졌으며, OM의 적용이 국면 불가침 조건(Phase Impenetrability Condition, PIC)과 전이(Transfer)에 의해 제약된다는 점이 논의되었다. 이 개념을 통해 다중 중심축에 대한 동일절 조건(Clausemate Condition)이 도출됨을 보여주었다.

여전히 남아 있는 문제는, 초점화된 구가 전제절에서 추출된 경우, 왜 부정극어(Negative Polarity Item, NPI)가 중심축 위치에서 허용되지 않는지 설명하기 어렵다는 점이다. 이 문제는 향후 연구 과제로 남겨두고자 한다.

참고문헌

김선웅(2020) "특정성과 서술성의 통사론: '것'-분열문을 중심으로." 『현대언어학의 분열문 연구』. 김선웅·박명관·문귀선 엮음. 서울: 한국문화사, 189-214.

박소영(2014) "한국어 분열구문의 통사구조와 생략이론." 『언어학』 68, 35-57.

염재일(2014) "소위 강조구문과 "것"의 의미." 『언어와 정보 사회』 18(2), 103-122.

위혜경(2015) "분열문의 의미와 초점 후치사의 수의성." 『어학연구』 51(3), 771-792.

위혜경(2016) "것-분열문 주어의 상위언어적 의미." 『언어와 정보』 20(1), 111-125.

정대호(2021) 『한국어 다중초점구문과 사선적 일치/병합』. 서울: 한국문화사.

Cho, S., J. Whitman & Y. Yanagida.(2008) Clefts in Japanese and Korean. *Proceedings from the Annual Meeting of the Chicago Linguistic Society*, 44(1), 61-77.

Chomsky, N.(2000) Minimalist inquiries: The framework. In R. Martin, D. Michaels & J. Uriagereka (Eds.), *Step by step: Essays on minimalist syntax in honor of Howard Lasnik* (pp. 89-155). Cambridge, MA: MIT Press.

Chomsky, N.(2001) Derivation by phase. In Michael Kenstowicz (Ed.), *Ken Hale: A life in language* (pp. 1-52). Cambridge, MA: MIT Press.

Declerck, R.(1988) *Studies in copular sentences, clefts, and Pseudo-Clefts*. Dordrecht: Foris.

Hiraiwa, K. & S. Ishihara.(2012) Syntactic metamorphosis: Clefts, sluicing, and in-situ focus in Japanese. *Syntax*, 15(2), 142-180.

Hoji, H.(1987) Japanese clefts and chain binding/reconstruction effects. Paper presented at the Sixth West Coast Conference on Formal Linguistics, University of Arizona, 20-22 March.

Ishii, T. & B. Abgayani.(2019) On multiple cleft constructions in Japanese. Paper presented at Chicago Linguistic Society 55. IL, Chicago.

Kim, J.-y. & C. Lee.(2008) Why multiple clefts are disallowed. In C. B. Chang & H. J. Haynie (Eds.), *Proceedings of the 26th West Coast Conference on Formal Linguistics* (pp. 332-339). Somerville, MA: Cascadilla Proceedings Project.

Koizumi, M.(2000) String vacuous overt verb raising. *Journal of East Asian Linguistics*, 9(3), 227-285.

Miyamoto, Y.(2024) Covert conjunction in Japanese multiple clefts. Paper presented at SICOGG 26 & WAFL 18 joint conference. Jeonju, Korea.

Park, D.-W.(2021) Korean specificational pseudoclefts as caseless focus nominal extraction. *Studia Linguistica*, 75(3), 538-574.

Park, J.-U.(2023) QUD, Focus, and Adjunct Ellipsis. *The Linguistic Association of Korea Journal*, 31(4), 153-179.

Park, M.-K. & U.-J. Shin.(2014) On the syntax of multiple fragments in Korean. *Studies in Modern Grammar*, 80, 1-22.

Roberts, C.(2012) Information structure in discourse: Towards an integrated formal theory of pragmatics. *Semantics and Pragmatics*, 5(6), 1-69. Published version of draft circulated in 1996 and amended in 1998.

Saito, M.(1994) Additional-wh effects and the adjunction site theory. *Journal of East Asian Linguistics*, 3, 195-240.

Sohn, K.-W.(1994) Adjunction to argument, free ride and a Minimalist Program. In M. Koizumi & H. Ura (Eds.), *Formal Approaches to Japanese Linguistics* 1 (pp. 315-334). Department of Linguistics & Philosophy, MIT: Cambridge, MA.

Sohn, K.-W.(2000) Operator movement and cleft conditions. Paper presented at the International Workshop on Generative Grammar. Seoul, Korea.

Takano, Y.(2002) Surprising constituents. *Journal of East Asian Linguistics*, 11, 243-301.

Takano, Y.(2015) Surprising constituents as unlabeled syntactic objects. *Nanzan Linguistics*, 10, 55-73. Nagoya: Nanzan University, Center for Linguistics.

Takano, Y.(2020) Exploring Merge: A new form of sideward movement. *The Linguistic Review*, 37(1), 7-45.

XIII 한국어 유사 다중 분열문에 관한 소고

13

한국어 유사 다중 분열문에 관한 소고

박동우

1. 서론

(1)에서 보다시피, 영어의 (유사)분열문의 대표적인 특징은 바로 신정보를 전달하는 초점이 구정보를 전달하는 구성소(constituent)로부터 분리되어 위치한다는 것이다.[1] 한국어에도 이와 비슷한 특징을 가지는 구문이 (2)와 같이 존재한다.

(1) 영어

a. What Dana bought was the book.

b. It was the book John bought.

c. It is with a knife that he cut the cupcake.

(2) 한국어

a. 미나가 e_1 먹은 것은 피자(*를)$_1$ 이다.

b. e_2 선물을 유주에게 준 것은 미나(*가)$_2$ 이다.

c. 철수가 편지를 e_3 보낸 것은 민주(에게)$_3$ 이다.

d. 선호가 e_4 피자를 먹은 것은 포크*(로)$_4$ 이다.

1) 본 장은 2024년 생성문법연구 34권 3호에 게재된 논문 Park(2024)에 약간의 수정을 가한 것임을 밝힌다.

(2)의 문장에서 공통적으로 신정보를 나타내는 요소는 계사 앞에 위치하는 동시에 주제 표지인 '-은'의 뒤에 위치한다. (2a)를 예로 들어보면, 이 문장은 미나가 먹은 것 *X*가 있는데, 그 *X*는 바로 다름 아닌 피자라는 의미를 전달한다. 이 문장에서 미나가 무엇을 먹었다는 것은 구정보이며, '피자'는 신정보이다. 또한, 화제 표지 '-은'과 결합하는 구성소는 '-것'을 포함하고 있다. 이를 기반으로 한국어 (유사) 분열문의 구조를 도식적으로 (3)과 같이 나타낼 수 있다.

(3) [... e_1 ... 것]-은 XP_1 이다.

화제 표지 '-은'과 결합하는 구성소는 구정보를 전달하므로, 본 장에서는 이를 전제 구성소(presuppoisition constituent;PSC)라 지칭하고자 한다. 반면, 신정보를 전달하는 XP는 초점이라고 지칭하고자 한다. 초점은 전제 구성소와 분리된 곳에 위치해 있으며, 초점과 동지시된 변항(variable)이 전제 구성소 내에 위치한다.

(2)에서 보다시피, 초점 위치에 자리할 수 있는 요소에는 제약이 존재한다. (2a)와 (2b)의 경우, NP는 초점으로서 역할할 수 있지만, NP에 구조 격조사가 결합된 DP는 초점으로 역할할 수 없다. (2c)에서처럼, NP가 여격 표지와 결합하여 DP를 구성하면, 그 DP는 초점이 될 수 있고, 여격 조사가 없이도 해당 NP는 초점이 될 수 있다. (2d)는 후치사를 포함하는 부가어구 PP는 초점이 될 수 있으나 여격 표지와는 달리 후치사는 수의적이지 않고 필수적이라는 것을 보여준다.

전제절과 초점을 포함하는 구문은 분열문과 유사 분열문으로 구분된다 (Park 2021, Hirawa and Ishihara 2012).[2] 분열문의 경우에는 초점이 DP/PP이지만, 유사분열문의 경우에는 그 초점이 NP이다.[3] Kang(2006)에 따르면, NP 초점은 DP/PP에서 격조사나 후치사가 음성적/형태적으로 발현되지 않은 결과가 아니다. 즉, 분열문과 유사 분열문은 동일한 구조를 갖되 격조사나 후치사가 음성적/형태적으로 발현되는지의 여부에 의해 구분되는 것이 아니라, 구조적으로 상이하고, 서로 다른 방식으로 생성이 된다는 것이다. 그 근거 중 이 장의 논의와 관련된 것은 바로 다중 초점 허용 여부이다. (4a)에서처럼, 분열문은 다중 DP/PP 초점을 허용하는데, 이를 다중 분열문이라고 한다. 반면에 유사 분열

2) 분열문과 유사분열문의 구분은 영어에 나타나는 *it*-분열문과 *wh*-유사분열문의 통사적 특징에 기반한 것이 아님을 밝힌다. 대신, 초점이 DP/PP인지 NP인지에 의해 분열문과 유사분열문으로 구분된다.

3) DP의 경우, D는 NP와 결합하고, 비해석성 격자질을 가지며 해당 자질은 삭제되어야 한다고 가정한다. 이 자질은 격 허가자와 DP 사이의 Agree의 결과로 인해 삭제된다. 반면, NP는 D 층위가 통사적으로 존재하지 않아, DP보다 구조적으로 작은 구로서, 격자질을 갖지 않는다. 그러므로 NP는 격인허가 필요하지 않고, 격표지 없이 문장 내에서 나타날 수 있다.

문은 다중 초점을 허용하지 않는데, (4b)가 이를 보여준다.[4)]

(4) a. 서희가 편지를 준 것은 길에서 톰에게이다. (다중 분열문)
    b. *서희가 준 것은 편지 톰이다. (다중 유사 분열문)

한국어에는, 다중 초점을 허용한다는 점에서 다중 분열문과 비슷하지만, 두 번 째 초점이 반드시 NP여야 한다는 점에서 다중 문열문과 다른, 또 다른 분열문이 존재한다. 본 장에서는 이러한 분열문을 유사 다중 분열문이라고 지칭하고자 한다. (5)에 있는 문장은 유사 다중 분열문의 예를 보여준다.

(5) a. 수진이가 보낸 것은 메리에게 선물이다.
    b. 존이 어제 만난 것은 식당에서 철수이다.
    c. ?유섭이가 선물을 준 것은 도서관에서 미나이다.

유사 다중 분열문은 다중 분열문과 다른 통사적 특징을 보이는데, 이는 다음 장에서 논의할 예정이다. 본 장은 Chomsky(2023)의 상자 체계(box system)를 통해 (5)에 있는 유사 다중 분열문의 생성 과정을 설명하고자 한다. 다만, Chomsky의 상자 체계는 설명이 되지 않고 있는 이론적 공백이 존재하는데, 다음과 같은 수정을 통해 이론적 공백을 채움으로써, 한국어 유사 분열문의 특징을 설명할 수 있다고 주장한다. 첫째로 국면 핵(phase head)이 상자 안에 있는 요소에 접근(access)하여 이동의 효과를 내는 운용(operation)과 동일 국면 핵이 통사체와 외부 병합하는 운용, 두 가지의 운용이 있을 때, 전자의 운용이 항상 후자의 운용보다 선행하고 이 순서는 어순으로 발현된다. 둘째로, 구조적으로 동일한 요소들이 성분통어 배열(cc-configuration) 상에 놓여있게 되면, 가장 높은 복사(copy)가 외부 병합된 요소이든 외현화(Externalization)의 결과로 발음되는 요소이든 상관없이, 해당 요소들은 모두 복사로 해석된다. 마지막으로, 하나의 국면 핵(phase head)이 상자 안에 위치한 요소들에게 지시(instruction)를 주기 위해 접근(access)을 할 때, 상자 안에 여러 개의 요소가 위치해 있으면, 국면 핵은 해당 요소에 개

4) 다음의 예는 격표지 또는 후치사의 존재 여부가 통사적 차이를 야기한다는 것을 보여준다.
(i) a. 지호가 e_1 버렸어, 이 책(을)$_1$.
    b. 지호가 [e_2 버린 사람을] 찾았어, 이 책(?*을)$_2$.
우측전위(right-dislocate)된 요소는 격표지와 함께 나타날 수도 있고, 격표지 없이 나타날 수도 있다. 하지만 섬효과는 우측전위된 요소가 격표지와 함께 나타나는 경우에만 보인다. 만약 격표지의 여부가 형태적인 수의성이라든지, 아니면 음성적 발현 여부에 의한 것이라면, 이러한 문법성의 차이를 설명하기 쉽지 않다. 이는 격표지의 여부가 구조적 차이에 의한 것임을 알려준다(Takita 2014 참고).

별적으로 접근하는 것이 아니라 일괄적으로 한 번에 접근한다.

본 논문은 다음과 같이 구성되어 있다. 2장에서는 다중 분열문에 대한 기존의 논의를 간단히 살펴보고, 유사 다중 분열문의 특징을 알아본다. 이를 통해, 기존에 제안된 다중 분열문이 생성되는 방식으로 유사 다중 분열문이 생성될 수 없음을 밝힌다. 3장에서는 한국어의 분열문과 유사 분열문이 도출되는 방식을 알아보고, 구 두문이 도출되는 각각의 방식이 혼합되어 유사 다중 분열문이 도출된다는 것을 주장한다. 그리고 Chomsky(2023)의 상자 체계를 활용하되, 한국어의 유사 다중 분열문의 특징은 상자 체계의 수정이 있어야 올바로 포착될 수 있음을 주장한다. 4장은 두 개의 대안 분석과 그 문제점을 논하며, 5장에서 결론을 제시한다.

2. 다중 분열문과 유사 다중 분열문

이 장에서는 일본어 다중 분열문의 도출과 관련된 기존 논의를 간단하게 살펴보고, 기존의 논의에서 제시된 방식으로 한국어의 유사 다중 분열문이 도출되지 않음을 보인다.

2.1 다중 분열문에 관한 기존의 논의

앞서 알아본 바와 같이 다중 분열문은 두 개 이상의 초점이 있는 분열문이다. 다중 분열문이 어떻게 도출되는지에 대한 다양한 주장들이 있다. 먼저, Kuizumi(1995, 2000) 및 Kuwabara(1996)의 경우, 다중 분열문은 V가 어순에 영향을 주지 않는(string-vacuous) 핵이동을 통해 VP 밖으로 이동하고, 그 후, 두 개 이상의 신정보를 전달하는 요소를 포함하는 나머지(remnant) VP가 초점 자리에서 생성된다고 주장한다. 이를 (6)과 같이 나타낼 수 있다.

(6) a. Mari-ga agenta no-wa [Naoya-ni ringo-o mit-tu] da.
Mari-NOM gave C-TOP Naoya-DAT apple-ACC 3-CL COP
'It was three apples to Naoya that Mari gave.'

b. $[_{Op1}$ Mari-ga t_1 agenta no]-wa $[_{VP}$ Naoya-ni ringo-o tv $]_1$ da.

이러한 분석은 어떻게 두 개의 초점이 하나의 구성소를 이뤄 초점 자리에 위치할 수 있는지를 명확히 설명할 수 있다. 하지만 이 방식은 초점의 의미를 갖는 나머지 VP가 초점 자리에서 어떻게 생성되고 동일 VP가 전제 구성소와 어떻게 관계를 맺는지를 명확하게 설명고 있지 않다는 문제점을 가지고 있다. 다음으로, Hiraiwa and Ishihara(2012)는 초점이 원자리 초점 구문(in-situ focus construction)으로부터 도출되면서 분열문이 생성된다고 주장한다. 이 접근법에서 분열문이 생성되는 과정은 (7)과 같다.

(7) a. [$_{FocP}$ [$_{FinP}$ Naoya-ga KONO RINGO-o tabeta no] da].
Naoya-NOM this apple-ACC ate C COP
'It was that Naoya ate this apple.'

b. [$_{TopP}$ [$_{TP}$ Naoya-ga t_1 tabeta no]$_2$ [$_{FocP}$ kono ringo-o$_1$ [$_{FinP}$ t_2 no] da]]

(7a)의 경우, 원자리 초점 구문에서 *kono ringo-o*는 초점으로 역할을 하고, FinP 안에서 음성적으로 두드러지게 된다. 이 때, FinP는 Foc에 있는 계사 앞에 위치한다. 초점은 FinP로부터 Spec,FocP로 이동하게 되고, 그 이후, 초점의 복사/흔적을 포함하는 TP는 Spec,TopP로 나머지 이동을 하게 된다. 이 분석에 따르면, 두 개 이상의 요소가 이동할 수 있고 다중 지정어(multiple specifiers)가 이 언어에서 허용이 된다는 가정 하에, 다중 분열문은 두 개 이상의 초점이 원자리 초점 구문 문장으로부터 Spec,FcoP로 이동하고, TP는 나머지 이동을 해서 도출된다.

Hoji(1987)와 Murasugi(1991)는 분열문의 초점 요소는 전제 구성소 외부에서 생성되고, 그것과 동지시되는 영운용자(null operator)가 전제 구성소 내에서 위치한다고 주장한다(Matsuda 1997, Kizu 2005 등 참고). 이를 기반으로, Takano(2020)는 다중 분열문은 이중 측면 이동(double sideward movement)을 통해 생성된다고 주장한다. 이 주장 하에서 (8)에 있는 다중 분열문 문장이 도출되는 과정을 (9)가 보여준다.

(8) Ken-ga agenta no-wa Mari-ni hon-o da.
Ken-NOM gave C-TOP Mari-DAT book-ACC COP
'It is to Mari a book that Mari that Ken gave.' (Takano 2020:16)

(9) a. SO1 = [$_{VP}$ Mari-DAT book-ACC gave]
→ Merger of Mari-DAT and apple-ACC, forming
SO2 = {Mari-DAT, book-ACC} outside SO1

b. SO1 = [$_{VP}$ Mari-DAT book-ACC gave]

SO2 = {Mari-DAT, book-ACC}

→ construction of SO1 up to CP

c. SO1 = [$_{CP}$ [[Ken-NOM [$_{VP}$ Mari-DAT book-ACC gave]] C]]

SO2 = {Mari-DAT, book-ACC}

→ Merger of SO1 and SO2

d. [$_{CP}$ {Mari-DAT, apple-ACC} [[Ken-NOM [$_{VP}$ Mari-DAT book-ACC gave]] C]]

(Takano 2020:16)

(9a)에서, SO1인 VP안에서 생성되는 Mari-DAT와 book-ACC는 영운용자(null operator)이다. (9b)에서와 같이 SO1 외부에서 Mari-DAT와 book-ACC가 결합하여 SO2를 생성한다. (9c)와 같이, SO1를 포함하는 CP까지 구조가 형성되고, 그 이후에 SO1에 SO2에 병합된다. Tanaka는 영운용자 {Mari-DAT, book-ACC}는 전제절의 왼쪽 가장자리에 위치하지만, 이는 이동을 통해 그 곳에 위치하는 것은 아니다. SO1 안에 있는 영운용자에 대응되는 명시적 초점 {Mari-DAT, book-ACC}는 전제 구성소의 외부에서 생성된다. 이 방식은 초점이 어디에 위치하는지에 대해서는 명확히 논하지는 않는다. 다만, 공운용자 {Mari-DAT, book-ACC}에 대응되는 명시적인 초점은 초점 위치에서 병합하는 것이다.

이 분석은 일본어에서 분열문과 달리 왜 (10)에서 보이는 바와 같이 다중 분열문이 섬효과를 보이지 않는지 설명할 수 있다는 장점이 있다.

(10) a. ?*Ken-ga [Mari-ga e_1 hon-o watasu maeni] kaetta no-wa
Ken-NOM Mari-NOM book-ACC hand before left C-TOP
Masao-ni_1 da.
Masao-DAT COP
'It is to Masao that ken left before Mari handed a book.'

b. Ken-ga [Mari-ga e_1 e_2 watasu maeni] kaetta no-wa
Ken-NOM Mari-NOM hand before left C-TOP
hon-o_1 Masao-ni_2 da.
book-ACC Masao-DAT COP
'It is a book to Masao that Ken left before Mari handed.' (Takano 2020:10)

하지만, 이 분석은 과잉생성(overgeneration)의 문제점을 가지고 있다. 만약 전제 구성소 내에서 하나의 초점이 측면 이동이 가능하다면, (10a)와 같은 문장은 섬효과를 보이지 않아 문법적이 문장이 될 것이라고 잘못 예측을 하게 된다. 이는 하나의 초점 영운용자가 측면 이동을 하지 못하게끔 하는 독립적인 제약이 있어야 한다는 것을 의미한다. 하지만 Hornstein(2000)과 Nunes(2001)가 본래 제안한 측면 이동에서는 하나의 요소가 측면 이동하는 것을 허용한다는 점에서, 위와 같은 제약을 상정하는 것은 바람직해 보이지 않는다.

2.2 유사 다중 분열문의 특징

다중 분열문과 달리, 유사 다중 분열문은 초점 사이의 어순이 엄격하다는 특징을 갖는다. 이를 (11)과 (12)가 보여준다.

(11) 다중 분열문
 a. 선우가 선물을 준 것은 길거리에서 미나에게이다.
 b. 선우가 선물을 준 것은 미나에게 길거리에서이다.

(12) 유사 다중 분열문
 a. ?선우가 선물을 준 것은 길거리에서 미나이다.
 b. *선우가 선물을 준 것은 미나 길거리에서이다.

(11)과 같이 두 개의 초점을 갖는 다중 분열문에서, 두 개의 초점 중 어떤 것이 선행하든 문장은 문법적이다. 하지만 유사 다중 분열문 (12)에서는, PP 초점이 반드시 NP 초점을 선행해야 한다.[5] 만약

5) 한국어의 다중 조각문에서도 비슷한 패턴이 나타난다 (An 2019)
(i) A: 호영이가 어디에서 누구에게 선물을 주었니?
 B: 길거리에서 미나(에게).
 B': 미나에게 길거리에서.
 B'': ?*미나 길거리에서
하지만 다중 조각문이 유사 다중 분열문과 동일한 방식으로 분석될 수 있을지에 대해서는 명확하지 않다. 왜냐하면 두 구문이 다른 특징을 보이는 경우가 있기 때문이다. PP 초점에서 후치사가 생략될 수 있는지 여부가 대표적인 예라고 할 수 있다.
(ii) A: 누가 케이크를 무엇으로 먹었니?
 B: 철수가 포크(로)
(iii) 케이크를 먹은 것은 철수가 포크*(로)이다.

그 순서가 바뀐다면 문장은 비문법적이게 된다.[6] 유사 다중 분열문의 또 다른 특징은 바로 섬효과를 보인다는 것이다.

(13) a. 민희가 보낸 것은 스페인으로 편지이다.
  b. *철수가 민희가 보냈다는 소문을 들은 것은 스페인으로 편지이다.

앞선 절에서, 다중 분열문이 도출되는 과정과 관련한 세 가지 주장을 살펴보았다. 나머지 VP 이동 접근법, 다중 초점 이동 접근법, 그리고 이중 측면 이동 접근법이 그것이다. 이들 중 나머지 VP 이동 접근법과 다중 초점 이동 접근법은 (12)와 같이 유사 다중 분열문의 NP 초점은 반드시 두 번 째 초점이어야 한다는 제약을 설명하지 못한다는 한계를 가지고 있다. 왜냐하면 (14a)의 두 번 째 초점이 (14a)에 대응되는 분열문이 아닌 일반적인 문장 (14b)에서는 여격 표지 없이 NP로 나타나는 것이 허용되지 않기 때문이다.

(14) a. 톰이 말을 건넨 것은 병원에서 수미이다.
  b. 톰이 병원에서 수미(*에게) 말을 건냈다.

(13b)에서 보이는 섬효과는 한국어의 유다 다중 분열문은 이중 측면 이동 접근법으로 설명할 수 없음을 보여준다. 왜냐하면 해당 접근법은 일본어의 다중 분열문이 섬효과를 보이지 않는다는 것을 설명하기 위해 제안된 접근법이기 때문이다.[7] 지금까지의 논의는 현존하는 다중 분열문에 대한 분석법으로는 한국어의 유사 다중 분열문의 특징을 포착할 수 없다는 것을 보여준다. 다음 장에서는 Chomsky(2023)의 상자 체계를 수정 보완함으써, 그것이 한국어 유사 다중 분열문의 특징을 설명할 수 있음을 보인다.

---

6) '어제'와 같은 부사적 NP는 한국어의 유사 다중 분열문의 첫 번째 초점이 될 수 있다.
(i) 존이 e_1 e_2 먹은 것은 어제1 국수2이다.
본 장에서는 Bresnan and Grimshaw(1978)과 McCawley(1988)을 따라 부사적 NP는 PP이며, 이 PP의 핵은 음성적으로 발현되지 않는 P라고 가정한다.

7) Ishii and Agbayani(2020)는 일본어의 다중 분열문이 통사부에서 초점이 이동하여 생성되는 것이 아니라, PF에서 초점이 이동하여 생성되는 것이라고 주장한다. 그들은 이 접근법을 통해 해당 구문이 섬효과를 보이지 않는 것을 설명할 수 있다고 제안한다. 이는 한국어의 유사 다중 분열문이 다중 초점의 PF 이동을 통해 생성되지 않는다는 것을 알려준다.

3. 제안

이 장에서는 먼저 한국어에서 분열문과 유사 분열문이 각각 어떻게 도출되는지 논의하고 이를 기반으로 다음과 같은 주장을 한다. 한국어의 유사 다중 분열문의 DP/PP 초점과 NP 초점은 모두 전제 구성소 밖의 계사를 핵으로 갖는 CopP의 지정어 자리에 위치하지만, 다른 방식으로 그 자리에 위치하게 된다. 구체적으로는, DP/PP 초점은 전제 구성소 내부에서 추출되어 CopP의 외부 지정어 자리에 위치하는 반면, NP 초점은 이동을 하지 않은 채로 CopP의 내부 지정어 자리에서 외부 병합되어 그 자리에 위치하게 된다. 또한 한국어의 유사 다중 분열문을 수정 및 보완된 Chomsky(2023)의 상자 체계를 통해 설명 가능하다고 주장한다.

3.1 유사 분열문 도출 과정

먼저, 유사 분열문의 NP 초점이 어디에서 생성되는지 논의해보자. 일반적인 평서문의 경우, DP와 NP가 모두 목적어로 문장 내에서 역할할 수 있지만, 주어의 경우에는 DP만 가능하다. 이를 (15)가 보여준다.

(15) a. 철수가 이 논문(을) 읽었다.
　　b. 철수*(가) 이 논문을 읽었다.

(15b)와 같이, 주격 조사가 주어에서 생략되었을 때, 문장은 비문법적이게 된다. 이는 NP가 D-층위가 없기 때문에 DP에 비해 구조적으로 작은 통사체라는 가정을 했을 때, NP가 주어가 의미역을 받는 자리인, v*P의 지정어 자리에서 생성되지 못한다는 것을 보여준다. 하지만 유사 분열문 (16b)는, 전제 구성소 안에 위치하여 의미상으로 주어의 역할을 하는 변항(variable)과 연결된 초점이 NP일 때, 문장이 정문이라는 것을 말해준다.

(16) a. 선호가 e_1 읽은 것은 이 논문$_1$이다.
　　b. e_2 이 논문을 읽은 것은 선호$_2$이다.

만약 (16b)의 NP 초점이 전제 구성소 내에서 의미역을 받는 자리, 즉 변항의 자리에서 생성되어 이동했다고 가정해보자. 그렇다면 (15b)에서와 같이 NP는 주어로서 v*P의 지정어 자리에서 생성되지 못하는 것을 설명할 수 없게 된다. 이 문제는 전제 구성소 밖에서 NP 초점이 생성이 되고, 전제 구성소 내부 위치한 변항과 의미적으로 연결되면 쉽게 해결될 수 있다.

NP가 전제 구성소 외부에서 생성되었다는 것을 보여주는 또 다른 증거가 존재한다. 한국어에서 영논항(null argument) 내부에서 생성된 요소는 그 밖에서 발음될 수 없다는 특징을 갖는다. 이를 (17)이 잘 보여준다.

(17) A: 책을$_1$ 톰은 [$_{CP}$ 미나가 t_1 버렸다고]$_2$ 들었어.
B: *편지를 소라는 [$_{CP}$ e]$_2$ 들었어.

이를 염두에 두고, 문법적인 문장 (18)을 보자. (18B)에서는 NP 초점이 의미적으로 영논항 안에 있는 변항과 연결될 수밖에 없다. 왜냐하면 수잔이 확신할 수 있는 것은 파스타가 될 수 없고, 수잔이 확신할 수 있는 것은 미나가 먹은 것이 파스타라는 것이기 때문이다.

(18) A: 톰이 [$_{CP}$ 미나가 t_4 먹었다고]$_5$ 확신하는 것은 피자$_4$이다.
B: 수잔이 [$_{CP}$ e]$_5$ 확신하는 것은 파스타이다.

영논항에서 생성된 요소가 그 밖에서 발음이 될 수 없다는 전제 하에, 만약 (18B)의 NP 초점이 영논항 내부의 의미역을 받는 자리에서 생성되어 이동한 것이라면, 해당 문장은 비문법적일 것으로 잘못 예측된다.

유사 분열문의 또 다른 특징은 해당 구문은 (19)에서처럼 섬효과를 보인다는 것이다.[8)]

(19) *존이 [$_{DP}$ [$_{CP}$ e$_2$ 쓴] 사람을] 비판한 것은 그 논문$_2$이다. (Kim 2016:99)

이는 비록 NP 초점이 전제 구성소 외부에서 생성된다 하더라도, 초점과 동지시되는 어떠한 요소가

---

8) Park(2021)은 모든 한국어 화자가 (19)와 같은 문장을 비문법적으로 판단하는 것은 아니라는 점을 지적한다. 비슷하게, Cho et al.(2008)은 해당 문장이 문법적이라고 판단한다.

전제 구성소 내부에서 이동한다는 것을 암시한다. 본 장에서는 Park(2014)를 따라, 섬효과를 일으키며 전제 구성소에서 이동하는 요소는 영운영자(null operator)라고 가정한다. 해당 영운영자는 NP 초점과 구조가 동일하고 동지시되는 요소이지만 음성적으로는 발현되지 않는 요소라고 할 수 있다.

지금까지의 논의를 바탕으로, 유사 분열문의 구조를 다음과 같이 나타낼 수 있다.

(20)

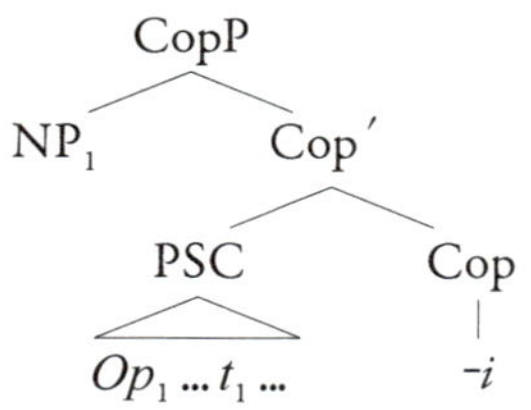

계사 구문의 경우, 지시적(referential) 명사구와 서술어가 동일한 핵에 의해 선택되고, 전자와 후자는 각각 해당 핵의 지정어와 보충어 자리에서 생성된다 (Mikkelsen 2005, 2006; den Dikken 2006). 이를 받아들여, (20)에서는 초점은 CopP의 지정어에서 생성되며, 전제 구성소는 Cop의 보충어 자리에서 생성된다고 가정한다. 전제 구성소는 구정보를 전달하며, 상위 자리로 주제 이동(topic movement)을 한다. 유사 분열문은 하나의 NP 초점만을 허용하는데, 그 이유는 계사 구문이 구조적으로 보장하는 주술 관계는 하나의 주어만 허용하기 때문이다.[9)]

3.2 분열문 도출 과정

분열문은 유사 분열문과 다음과 같은 차이점을 보인다. 유사 분열문의 경우, (18)에서처럼, NP 초점과 연결된 변항이 영논항 내부에 위치할 수 있지만, 분열문의 경우, (21)이 보여주듯이, DP/PP 초점과 연결된 변항은 영논항 내부에 위치할 수 없다.[10)]

---

9) (18)은 NP 초점과 의미적으로 연결된 변항은 영논항 내에 위치할 수 있고, 그 변항은 NP 초점과 동지시되는 영운용자의 흔적/복사임을 보여준다. 영운용자가 본질적으로 전제 구성소의 가장 높은 자리로 이동해야 하는 특징을 가지고 있다면, 영운용자는 영논항으로부터 추출될 수 있어야 한다는 것을 의미한다. 이는 영논항이 도출 과정에서 일어나는 생략의 결과라는 가정(Takahashi 2020)과 영운용자는 생략된 구성소에서 통사부에서 추출될 수 있다는 것(Abels 2012, Park, 2025)을 가정하면 가능하다.

10) (21A)와 (21B)에서 모두 여격 표지가 없으면 (21B)의 문장은 문법적이게 된다. 이는 NP 초점이 DP 초점으로부터 음성적으로 여격 표지가 생략된 것이거나 여격 표지의 영형태적 변이형이 NP에 부착된 것이 아님을 암시한다.

(21) A: 톰이 [$_{CP}$ 미나가 e_1 책을 주었다고]$_2$ 확신하는 것은 인호에게$_1$이다.

B: *존이 e_2 확신하는 것은 지후에게이다.

(21B)의 비문법성은 분열문의 경우, DP 초점은 전제 구성소 외부에서 생성되지 않는다는 점을 암시한다. 한편, 분열문은 유사 분열문과 유사하게 섬효과를 보인다.

(22) *사람들이 [$_{DP}$ [$_{CP}$ 정부가 e_2 혜택을 주었다는] 의혹을]] 제기한 것은 이 회사에게$_2$이다.

(Park 2021:540)

지금까지의 논의를 바탕으로, 우리는 DP/PP 초점이 Cop의 보충어로 역할하는 전제 구성소로부터 추출된다고 가정할 수 있다(Hiraiwa and Ishihara 2012). 이는 DP/PP 초점이 전제 구성소 밖에서 병합된다는 관점과 배치되는 것인데, 후자 관점은 이론적으로 다음과 같은 문제가 있다. 바로 여격 표지가 있는 DP나 PP가 술어로부터 멀리 떨어진 채로 어떻게 인허되는지에 대해 이론적으로 설명할 방법이 없다는 점이다.

3.3 Chomsky(2023)의 상자 체계와 유사 다중 분열문

Chomsky(2021, 2023)에 따르면, 병합(Merge)은 구조를 만들어내는 가장 간단한 운용으로서 두 개의 통사 요소를 이항 세트(binary set)로 결합하여 구조를 만들어낸다. 이는 강력 최소주의 가설(Strongest Minimalist Thesis; SMT)의 원칙과 일치하는 것인데, 해당 가설은 I-언어가 가장 간단한 운용으로 만들어지며, 언어 능력은 특정 언어에 대한 구체적 조건들을 표상한다는 것을 가정한다.

병합은 두 개의 범주로 나뉘는데, 하나는 외부 병합(External Merge; EM)이며, 다른 하나는 내부 병합(Internal Merge; IM)이다. 이 범주화는 A/A'-분리(segregation)와 긴밀히 관련되어 있다. 오직 외부 병합된 요소만이 A-위치에서 생성될 수 있고, 그 자리에서 의미역을 부여 받는다. A-위치와 A'-위치는 내부 병합에 의해 차별화된다. 내부 병합은 명제 영역(propositional domain)에서 절 영역(clausal domain)으로 이동시키는 역할을 한다. 내부 병합은 더 이상 외부 병합된 구조와 상호작용할 수 없는 요소를 만들어 낸다. 이것은 XP가 외부 논항을 허용하고 내부 병합되는 요소에 자리를 동시에 제공한다고 한다면, 내부 병합된 요소는 의미역을 받을 수 없다는 것이다. 결국, XP는 할당해야 할 의미역이 있고, 그러므로 외부 논항은 외부 병합이 되어 의미역을 받게 되는 것이다.

한편, 하나의 요소가 국면 가장자리(phase edge)로 이동하면, 해당 요소는 상자 안에 놓이게 되며, 더 이상 병합에 참여할 수 없게 된다. 하지만 접합면(interfaces)에서, 상위 국면에서 이루어지는 도출에 참가할 수는 있다. 이는 각 국면 핵은 상자에 놓여있는 요소에 접근할 수 있는 능력이 있기 때문이다. 그 결과 상자에 놓여진 요소는 개념-의도 (Concpetual-intentional; CI) 접합면에서 영향(scope) 위치에서 해석되고, 표면 위치에서 발음된다. 하지만 이 것는 연속적 내부 병합이나 연속적 순환 이동(successive cyclic movement)의 결과로 인한 것이 아니라 감각-운동(Sensory-Monitor;SM) 접합면에서의 외현화(Exterternalization)의 결과인 것이다. 그리고 구조적으로 동일한 요소가 성분통어 배열(c-command configuration; cc-configuration)상에 있을 때, 그것은 동일한 복사로 해석이 된다. 보편적인 경제성 기반 규칙에 따라, 하위 복사는 감각-운동 접합면에서 삭제된다.

(23)에 있는 문장이 Chomsky (2023)에서 제안된 상자 체계로 어떻게 생성되는지 알아보자.

(23) Who does James love?

상자 체계 도입 이전에는, 이 문장을 도출해 내는 가장 전형적인 방식은 의문사가 의미역을 받는 자리에서 생성되어 연속적 순환 이동을 통해 표면 위치로 이동하는 것이었다. 하지만 상자 체계에서는, 의문사는 의미역을 받는 자리에서 who_1으로 생성되어 국면인 v*P의 가장자리로 내부 병합이 일어나서 who_2로서 상자 안에 놓이게 된다. 그렇게 되면, 의문사는 더 이상 병합의 과정에 참가하지 못하게 된다. 이는 (24a)에 있는 상자 안에 놓인 것으로 나타낼 수 있다. (24b)에서처럼 상위의 국면 핵인 C가 병합되면, C는 상자 안에 놓여진 who_2에 접근한다. 그 결과로 who_3이 CP의 가장자리에 위치하게 된다. 이 때, who_1, who_2, who_3이 성분통어 배열 상에 있고, who_1과 who_2는 who_3과 구조적으로 동일하므로, 개념-의도 접합면에서 who_1 와 who_2는 who_3의 복사로 해석이 된다. 또한 외현화를 통해서, who_1 와 who_2과 삭제되어 음성적으로 발현되지 않는다.

(24) a. $\{_{v^*P}\ \boxed{\text{who}_2}\ , \{_{v^*P}\ v^*, \{_{VP}\ \text{love}, \text{who}_1\}\}$ (IM of who to v*P)

b. $\{C, \ldots, \{_{v^*P}\ \boxed{\text{who}_2}\ \{_{v^*P}\ v^*, \{_{VP}\ \text{love}, \text{who}_1\}\}\}$ (C가 who_2로 접근)

c. $\{\text{who}_3, \{C, \ldots, \{_{v^*P}\ \text{who}_2\ \{_{v^*P}\ v^*, \{_{VP}\ \text{love}, \text{who}_1\}\}\}$

v*P 가장자리의 상자에 놓여진 who와 달리, v*P에서 외부 병합된 외부 논항은 도출에 참가할 수 있다. 이는 외부 논항은 상자에 놓여진 의문사보다 높이 위치하기 때문이다. 다시 말해서, 국면 핵이 외부 병합과 내부 병합을 모두 허용할 때, 외부 병합된 요소는 내부 병합된 요소보다 위에 위치한다는 것이다. Chomsky는 이것을 내부 병합된 요소는 아래에 있는 국면에 위치키시고, 외부 병합된 요소는 그보다 위에 있는 국면에 위치시킴으로써 가능하다고 하였으며, 이를 (25)와 같이 나타낼 수 있다.

(25) $[_{v^*P}$ EA … (who$_1$ love who$_1$]
phase

즉, 외부 병합된 외부 논항과 내부 병합된 의문사가 국면인 v*P의 가장자리에 있다 하더라도, 전자는 상위 국면에 속하게 되고, 후자는 하위 국면에 속하게 되는 것이다.[11)]

지금부터는 상자 체계를 통해 어떻게 유사 다중 분열문이 생성되는지 논의하고자 한다. 해당 구문의 특성을 설명하기 위해서, 구문에 나타나는 계사로부터 투사되는 CopP의 구조를 다음과 같이 상정한다.

(26) $[_{CopP}$ DP/PP$_2$ NP$_1$ Cop $[_{PSC}$ t_2 Op_1 … $[_{v^*P}$ (t_2) t_1 …]]]

기존의 개념을 사용하여 (26)의 구조는 다음과 같이 설명될 수 있다. 초점인 NP는 Cop의 지정어 자리에서 생성되는 반면, 전제 구성소는 Cop의 보충어 자리에서 생성된다. NP 초점과 동시지된 영운용자는 전제 구성소 내에서 의미역을 받는 자리에서 생성되어 가장 높은 곳으로 이동한다. 이 때, 영운용자는 NP 초점과 구조적으로는 같지만 음성적으로 실현되지 않는 요소이다. 반면에 DP/PP 초점은 전제 구성소 내에서 생성된 후, 추출되어 CopP의 지정어 자리로 이동한다. 초점의 특성에 따라, 전제 구성소의 v*P 내부에서 생성될 수도 있고, v*P 밖에서 생성이 될 수도 있다. 예를 들어 DP와 낮은 부가어(low adjunct) PP는 v*P 내에서 생성이 되지만, 상위 부가어(high adjunct) PP는 v*P 외부에서 생성된다.

하지만 이러한 과거의 분석은 다음과 같은 문제가 있다. 첫째로, NP 초점과 전제 구성소에서 이동

---

11) Chomsky(2023)에서 그는 내부 병합이 일어나는 시점보다 외부 병합이 일어나는 시점보다 선행하는 것이 보장되기만 하면 v*P 전체가 하나의 국면이라는 기존의 입장을 유지할 수 있다고 언급한다.

하는 영운영자를 의미적으로 연결시키는데 동일한 색인을 사용하는 것에만 의존하고 있다. 다음으로, DP/PP 초점과 NP 초점의 순서를 결정하는 요인이 무엇인지에 대해 명확하지 않다는 점이다. 반면, Chomsky(2023)의 상자 체계에서 언급하고 있지 않은 이론적 빈틈을 메워 나갈 수 있는 주장을 하면, 수정된 상자 체계는 위에서 언급한 기존 설명 방식의 문제를 해결할 수 있다. 이를 구체적으로 논의하기에 앞서, 먼저 (26)은 상자 체계에서 (27)과 같이 나타낼 수 있다.

(27) $[_{CopP}$ DP/PP_8 NP_4 Cop $[_{PSC}$ … $[_{v*P}$ ~~Op_2 (DP/PP_6)~~ … ~~(DP/PP_5) Op_1~~]]]

DP/PP 초점은 CopP의 지정어 자리에 위치한다. 설명의 용이성을 위해, 이 DP/PP 초점은 전제 구성소 안의 v*P 내부에서 생성된다고 가정해보자. DP/PP 초점은 국면 v*P 가장자리로 내부 병합이 이뤄지고 상자 안에 놓이게 된다. 국면은 명제 영역(Chomsky 2000, 2001)이며 CopP는 명제 영역이라는 가정 하에, 국면 핵인 Cop는 전제 구성소 안의 v*P 가장자리에서 상자에 놓여진 DP/PP에 접근한다. 그리고, 전제 구성소 외부에 위치한 DP/PP, 전제 구성소 내부의 v*P에서 상자에 놓여진 DP/PP, 그리고 의미역이 부여되는 자리에 위치한 DP/PP는 성분통어 배열 상에 위치한다. 그러므로 외현화를 통해, 낮은 복사는 모두 삭제된다. 이는 상자 체계 내에서 기존의 A'-이동이 일어나는 방식을 대체하는 방식을 보여준다.

지금부터는 전제 구성소 내의 영운용자와 동지시되는 NP 초점에 대해 논의해보자. 전제 구성소 안의 v*P에서, 영운용자는 국면 가장자리로 내부 병합되어 상자 안에 놓이게 된다. 상위 국면 핵인 Cop는 상자 안에 놓여있는 영운용자에 접근한다. 그렇게 되면 CopP 명시어 자리에서 생성된 NP_4와 상자 안에 놓인 Op_2, 그리고 Op_1이 성분통어 배열 상에 위치하게 된다. 이것이 가능한 것은 영운용자가 비록 발음이 되지는 않지만 명시적인 NP 초점과 구조적으로 동일하기 때문이다. 외현화를 통해 NP_4는 발음이 된다. 이 것이 제안하는 중요한 바는 외부 병합된 요소도 가장 높은 복사로 성분통어 배열 상에 위치할 수 있다는 것이다. 이는 실질적인 이동을 상정하지 않고, 접근이라는 운용을 통해 연속적 순환 이동을 통한 A'-이동의 효과를 가져오는 결과로 이어진다. 그러므로 초점과 상자 안에 놓여진 영운용자와의 의미적 연결은 이제 접근이라는 운용의 자연스러운 결과인 것이다. 다시 말해, 접근이라는 운용은 DP/PP의 이동 효과를 이동 없이 설명하며, NP와 전제 구성소 내부에 위치한 공지시된 영운용자 사이의 연결성(connectivity)을 동일한 방식으로 설명할 수 있게 된다.

(27)에 있는 도출은 하나 이상의 요소가 국면의 가장자리에서 상자 안에 놓일 수 있다는 것을 암시한다. 유사 다중 분열문에서, Cop 핵은 두 가지 역할을 한다. 그 중 하나는 NP 초점의 외부 병합을 위

한 장소를 제공하고, 다른 하나는 전제 구성소 내의 상자에 놓여진 DP/PP에 접근하는 것이다. 비록 NP 초점과 DP/PP 초점이 CopP의 지정어 자리에서 발음이 된다고 하더라도 그 과정에는 차이가 있다. 전자의 경우에는 외부 병합에 의해 그 자리에서 위치하여 발음이 되는 것이지만, 후자의 경우에는 Cop 핵이 전제 구성소 내부의 상자에 접근한 후 접합면에서 이루어지는 외현화에 의해 그 자리에서 발음되는 것이다. 이를 기반으로 이 두 개의 운용이 일어나는 시점이 고정되어 있는데, 이 것이 DP/PP 초점과 NP 초점의 엄격한 어순의 원인이라고 주장하고자 한다. 즉, 두 개의 운용의 순서가 어순에 직접적으로 투영된다는 것이다. 유사 다중 분열문의 CopP 상위의 구조는 다음과 같다. (27)에서 CopP가 완성된 후, Cop에 있던 계사는 상위의 핵으로 이동하여 국면 확장의 결과를 낳는다(den Dikken 2006 참고). 초점이 더 이상 이동하지는 않지만, 전제 구성소는 확장된 국면의 가장자리로 내부 병합이 일어난다. 이 이동은 반국부성(anti-locality)과 적절결속조건(proper binding condition)에 위배되지 않는다(Abels 2003; Hiraiwa 2010). 더 상위에 있는 핵은 내부 병합된 전제 구성소에 접근하고, 그 결과 전제 구성소의 가장 높은 복사는 외현화의 결과로 발음된다.

지금까지의 논의에 기초하여 지금부터 논의하고자 하는 바는, 상자에 위치한 요소가 두 개 이상일 때, 국면 핵은 상자에 위치한 요소를 개별적으로 접근하는지, 아니면 한 번에 접근하는지 여부이다. 이론적인 측면에서, 경제성의 원리에 따르면 상자 안에 위치한 두 개 이상의 요소에 동시에 접근하는 것이 바람직하다. 왜냐하면 따로 접근하게 되면 핵이 상자 안에서 상위에 있는 요소에 접근한 이후에, 멈추지 않고 그 상자 안의 하위 요소에 또 접근을 해야하지만, 동시에 접근을 하게 되면 한 번만 상자 전체에 접근을 해서 더 이상의 접근이 필요 없기 때문이다. 이후의 논의는 상자 안에 위치한 두 개 이상의 요소는 비록 하나의 구성소를 이루지는 않지만, 한 번에 묶음으로서 국면 핵에 의해 접근된다는 것을 보여준다.

(28) a. *톰이 민수가 피자를 먹었다고 믿는 것은 포크로이다.
b. 톰이 민수가 피자를 먹었다고 말한 것은 스피커폰으로이다.

(28a)이 보여주는 한국어 분열문의 특징은 초점이 부가어일 때, 해당 초점은 전제 구성소 내의 내포절 술어와 의미적으로 연결될 수 없다는 것이다. 부가어 초점은 전제 구성소 내의 주절의 술어와만 연결될 수 있음을 (28b)가 보여준다. 놀라운 점은, (29)에서 보여주는 바처럼, 초점 자리에 부가어뿐만 아니라 전제 구성소 안에 있는 내포절의 술어와 의미적으로 연결된 NP가 위치할 때, 부가어 초점은 전제 구성소 내의 내포절 술어와 의미적으로 연결될 수 있으며 문법적인 문장이 된다는 것이다.

(29) ?톰이 민수가 먹었다고 믿는 것은 포크로 피자이다.

이러한 무임승차 효과는 현재의 분석으로 아래와 같이 설명할 수 있다.

(30) a. *[Cop [$_{PSC}$ … [$_{CP}$ … [$_{vP}$ PP$_2$ … ~~PP$_1$~~ …]]]] (=(23a))

b. [NP$_3$ Cop [$_{PSC}$ … [$_{CP}$ … [$_{vP}$ *Op*$_2$, PP$_2$, … ~~PP$_1$ *Op*$_1$~~ …]]]]

(28a)에서 부가어 초점이 장거리 의미 연결이 불가능하다는 사실에 근거하여, (30a)에서 나타난 바와 같이 Cop은 전제 구성소 내에 있는 상자에 위치에 놓여있는 PP에 접근할 수 없다고 말할 수 있다. 반면 (30b)의 경우, Cop은 상자에 위치한 *Op*에 접근하고, 그러면 해당 상자가 PP를 포함하고 있기 때문에 PP에도 접근할 수 있게 되는 것이다.[12)]

이 현상은 Sohn(1994)에서 제안된 비표준(non-standard) 이동 접근법을 연상시킨다. 이 접근법은 Saito(1994)가 제안한 소위 추가-*wh* 의문사 효과를 바탕으로 하고 있다. Takano(2002)에 따르면, 일본어의 부사 부가어는 장거리 이동을 할 수 없는데, (31)이 이를 잘 보여준다. 이 문장에서 부사 부가어인 naze는 주절에만 의미적으로 연결이 될 수 있다(Saito 1995 참고).

(31) Naze	John-wa	Mary-ga	kubininatta	to	itta	no?
why	John-TOP	Mary-NOM	was.fired	that	said	Q

'Why did John say that Mary was fired.'

이를 바탕으로 (32a)와 (32b)에서 보이는 문법성의 대조를 생각해보자.

(32) a. *John-wa	[Mary-ga	sono	hito-o	naze	uttaeta
John-TOP	Mary-NOM	that	person-ACC	why	sued

12) 논항의 경우에는 장거리 뒤섞기가 가능하지만 부가어의 경우에는 불가능하다는 것을 다음의 예시가 보여준다.

(i) a. 케이크를$_1$ 톰이 [$_{CP}$ 내가 t$_1$ 포크로 먹었다고] 믿는다.

b. *포크로$_2$ 톰이 [$_{CP}$ 내가 케이크를 t$_2$ 먹었다고] 믿는다.

Cho and Kim(2000)에서도 한국어의 PP는 장거리 뒤섞기가 불가능하다고 본다(Ko 2018 참고).

(ii) 술집에서$_3$ 존이 [$_{CP}$ 내가 t$_3$ 시간을 보냈다고] 말했다.

toyuu uwasa]-o kiita no.
that rumor-ACC heard Q
'Why did John hear the rumor that Mary sued that person?'

b. ?? Naze$_1$ sono hito-o$_2$ John-wa [Mary-ga t_1 t_2 uttaeta
why that person-ACC John-TOP Mary-NOM sued
toyuu uwasa]-o kiita no.
that rumor-ACC heard Q
'Why did John hear the rumor that Mary sued that person?'

(32a)은 비문법적인데, 그 이유는 부가어인 *wh*-의문사는 복합명사구섬(complex DP island)을 넘어 비명시적으로(covertly) 이동한다. 만약 이 이동이 명시적으로 일어난다면, 공범주원리(Empty Category Principle; ECP)를 위배하며, 복합 명사구섬제약에 의해 비문법적인 문장이 된다. 하지만 부가어 wh-의문사가 논항과 함께 복합명사구섬을 명시적으로 넘어가게 되던, (32b)와 같이 문장은 문법적이게 된다. 부가어는 장거리 이동을 못한다는 전제 하에, (32b)가 공범주원리를 어기지 않게 되는 이유는 논항이 함께 이동하기 때문이다. 이것을 설명하기 위해서 Sohn(1994)은 부가어 *wh*-의문사는 다른 *wh*-의문사에 부착되어, 두 개의 *wh*-의문사가 하나의 구성소를 형성하여, 명시적으로 이동할 수 있다고 주장한다. 이를 (33)이 보여준다.

(33)

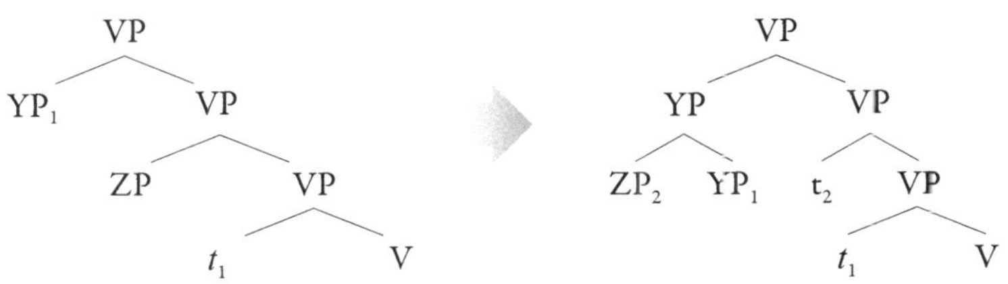

YP = 목적어 *wh*- 의문사, ZP = 부가어 *wh*- 의문사

(33)에서 새롭게 생성된 구성소, 즉 ZP$_2$와 YP$_1$을 관할하는 YP는 공범주원리를 위배하지 않고 이동을 할 수 있으므로 문법적인 문장이 된다.

얼핏 보기에, 이 접근법은 (30)에 있는 문법적 대조를 설명할 수 있을 것처럼 보인다. 하지만 Hiraiwa and Ishihara(2012)가 언급한 바대로, 이 비표준 이동은 범언어적으로 실증적 정당성을 얻기 어려우며, 그 방식 또한 명확하지 않다는 문제가 있다.

결론적으로 수정된 Chomsky의 상자 체계는 한국 유사 다중 분열문에서 나타나는 독특한 특징인 DP/PP 초점과 NP초점 간의 고정된 어순과 무임승차효과를 설명할 수 있다.

해당 장을 마무리 하기 전에, 세 가지를 명확히 하고자 한다. 먼저, Chomsky(2023)에 따르면, 외부 병합은 의미역을 받는 자리에서만 가능하다. 이를 받아들인다면, NP 초점이 외부 병합되는 CopP의 지정어 자리는 의미역을 받는 자리여야 한다. 이러한 점에서 CopP와 v*P가 비슷하다고 할 수 있다. 하지만 오직 전자만이 외현화의 결과로 발음이 되는 요소를 허용한다는 점에서 좌측 외곽의 특징을 갖고 있다. Chomsky의 상자 체계는 Cop와 같이 외부 병합을 허용하는 동시에 가장 높은 복사가 발음되는 자리를 허용하는 핵에 대해 언급하고 있지 않다. 이는 Chomsky의 논의가 v*P에 제한되어 있기 때문이기도 하다. 그러한 점에서 Cop와 같은 핵의 존재는 Chomsky의 상자 체계와 양립될 수 없다고는 할 수 없다.

다음으로, (25)에서 밝힌 바와 같이, 상자 체계에서 외부 병합된 주어와 내부 병합된 *wh*-의문사는 모두 v*P의 지정어 자리에 위치하기는 하지만 전자는 상위 국면에 속하고, 후자는 하위 국면에 속한다. 이러한 명확한 구분은 외부 병합된 요소가 상위 국면 내에서 일어나는 A-이동을 가능하게 한다. 이와 반대로, 본 장은 CopP에서 외부 병합된 NP 초점이 외현화로 인해 발음되는 DP/PP보다 낮은 지정어 자리에 위치해야 한다고 주장한다. 이 때문에 혹자는 현재의 주장에 문제가 있다고 생각할 수 있다. 하지만 외부 병합된 요소를 기준으로 CopP와 v*P를 동일시 할 수 없다는 점에서 문제가 되지 않는다고 가정할 수 있다. 또한 만약 하나의 핵이 외부 병합과 내부 병합의 자리를 모두 제공한다면, 내부 병합과 외부 병합은 순서가 정해져 있지 않다고 가정할 수 있다. 문제는 이러한 가정이 어떻게 외부 병합된 요소는 v*P의 상위 국면에 위치하고 내부 병합된 요소는 하위 v*P에 위치해야 한다는 Chomsky의 본래 주장과 양립할 수 있는가이다. 이에 관해, 이후의 도출에서 필요로 할 때만 순서가 정해진다고 가정할 수 있다. 다시 말해서, 하나의 외부 병합된 요소가 국면 내에서 A-이동을 하기 위해서, 외부 병합된 요소가 내부 병합된 요소보다 늦게 병합되며 높이 위치하게 되는 것이다. 만약에 외부 병합된 주어가 더 높은 위치로 이동하지 않는다면 내부 병합된 요소가 속한 국면보다 높은 국면에 속하지 않아도 된다는 것이다. 이것은 이동하는 요소가 국면 가장자리를 통해 이동하는 것과 비슷하다고 할 수 있다 (Chomsky 2000, 2001 등 참고). 국면 핵은 자신의 지정어 자리로 어떠한 요소를 위치시킬 수 있는 EPP-자질(또는 외곽 자질)을 가질 수 있다. 하지만 국면 핵이 항상 이 자질을 갖는 것은 아니다. 국면으로부터 어떠한 요소가 추출되어야 할 때만 그 자질을 갖는다.

다음으로, 본 장은 외부 병합된 요소와 영운용자가 성분통어 배열 상에 있게 되면, 성분통어되는 영운용자는 하위 복사로 해석된다고 주장한다. 이것이 옳다면, 이는 상자 체계가 Chomsky(2021)의 형태 복사(FormCopy)를 가정해야 한다는 점을 암시한다. 이는 영어의 tough-구문을 통해서도 확인된다. Chomsky(2021)는 tough-구문의 주어는 tough가 포함되어 있는 절에서 외부 병합되며, 내포절에 있는 공범주는 외부 병합된 요소의 복사라고 주장한다. 다시 말해서, 외부 병합된 요소는 A-bar 위치에 놓여있는 요소와 복사를 형성하게 된다. 이러한 구조는 Chomsky(2023) 상자 체계만으로는 만들어질 수 없으며, Chomsky(2021)의 형태 복사가 필요하다는 것을 의미한다.

4. 가능한 대안 분석의 문제점

4.1 초점 이동 후 생략이 일어나는 방식

Park and Li(2014)는 분열문은 계사 구문의 한 종류이며 다음의 구조를 갖는다고 주장한다.

(34) $[_{\text{small clause}}\ [_{\text{CP}}\ Op_1\ [_{\text{TP}}\ t_1]]\ [_{\text{CP}}\ \text{pivot}_1\ \sout{[_{\text{CP}}\ t_1}]]\ \text{Relator}] + \text{i} + \text{ta}$.

이 분석에 따르면, 분열문은 두 개의 CP가 소절을 이루는 구조를 갖는다. 전제 구성소는 이동하는 영운용자를 포함하고 소절의 주어로 역할하는 CP이며, 영운용자와 동지시되는 초점을 포함하는 CP는 소절 내에서 술어이다. 술어 CP에서 생성된 초점은 왼쪽 가장자리로 이동을 하고, 초점보다 아래 위치하게 되는 CP는 생략이 된다.

이러한 접근법을 따르면, 한국어의 유사 다중 분열문은 두 개 이상의 초점이 술어 역할을 하는 CP의 가장 높으로 곳으로 이동하고 그 이후 초점보다 낮은 CP가 생략되어 생성된다고 할 수 있다. 하지만 이는 두 가지 문제점이 있다. 첫째로, 이 접근법은 왜 DP/PP 초점이 항상 NP 초점보다 선행해야 하는지에 대해 설명할 수 없다. 둘째로, (35)에서 보다시피, (29)에 대응되는 평서문에서 초점으로 역할하는 요소의 장거리 이동은 불가능하다.

(35) ?*포크로 피자 톰이 수가 먹었다고 믿었다.

4.2 DP/PP 초점이 FocP로 이동하는 방식

v에서 생성되는 계사가 PredP를 선택하고, 전제 구성소와 NP 초점이 각각 PredP의 보충어자리와 지정어 자리에서 생성된다고 가정해보자(Mikkelsen 2005, 2006 참조). 이를 (36)과 같이 나타낼 수 있다.

(36)

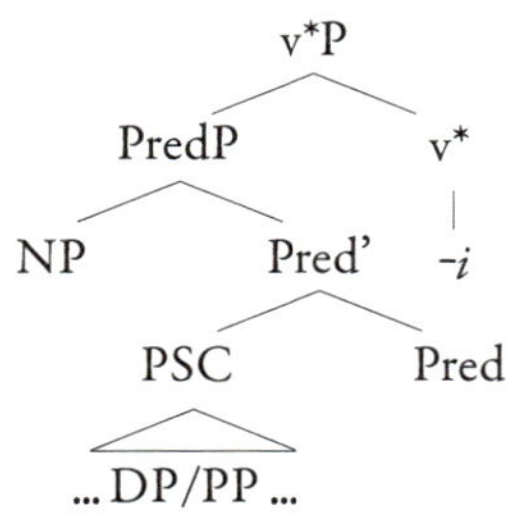

DP/PP 초점은 전제 구성소로부터 추출되어 FocP의 지정어 자리로 이동하고, 전제 구성소는 DP/PP 초점보다 높은 곳으로 이동을 한다. 이를 (37)과 같이 나타낼 수 있다.

(37) $[_{\mathrm{TopP}}$ $[_{\mathrm{PSC}}$ … $t_{\mathrm{DP/PP}}$ … kes$]_1$-un $[_{\mathrm{FocP}}$ DP/PP $[_{\mathrm{vP}}$ $[_{\mathrm{PredP}}$ NP Pred $t_1]$ i]-ta.

이 구조는 DP/PP 초점이 항상 NP 초점을 선행해야 하는 제약을 설명할 수 있는 장점이 있지만 앞서 논의한 무임승차 효과를 설명할 수 없다는 한계가 있다.

5. 결론

본 장은 DP/PP 초점이 NP 초점을 항상 선행하는 특징을 가지는 유사 다중 분열문의 구조를 알아보았다. 유사 다중 분열문은 다중 분열문과 통사적 특성에 있어 차이가 있고, 기존의 다중 분열문을 분석하는 방식으로는 유사 다중 분열문을 분석할 수 없다는 점을 논의했다.

분열문에서 DP/PP 초점의 경우에는 전제 구성소로부터 명시적으로 추출되는 반면, 유사 분열문에서는 NP 초점이 전제 구성소 외부에서 생성된다는 점에 기반하여, 본 논문은 유사 다중 분열문은 분열문과 유사 분열문의 생성 방식이 병합되어 형성된다고 주장했다. 과거의 분석법을 사용해서 설명하자면, 유사 다중 분열문에서, NP 초점은 CopP의 지정어 자리에서 생성되지만 DP/PP 초점은 전제 구성소 내부로부터 추출되어 CopP의 지정어 자리에 위치하게 된다. 이 때 DP/PP 초점이 NP 초점보다 상위의 명시어 자리에 위치하게 된다.

Chomsky(2023)의 상자 체계 내에서 운용의 순서가 어순에 반영되면 이러한 어순 제약을 설명할 수 있다고 본 논문은 주장했다. 그리고 그 과정에서 다음과 같이 상자 체계에 수정을 가해야 한다고 주장했다. 먼저, 구조적으로 동일한 요소들이 성분통어 배열 상에 위치하게 된다면, 복사로 해석이 되어야 하는데, 이 때, 가장 높은 복사가 외부 병합된 요소인지 아니면 외현화의 결과로 발음되는 요소인지는 무관하다. 둘째로, 상자에 위치하는 요소가 두 개 이상일 때, 상위의 국면 핵은 상자 안의 요소들을 개별적으로 접근하는 것이 아니라 한 번에 동시에 접근한다. 이는 일종의 경제성의 원리라고 할 수 있으며, 이를 통해 유사 다중 분열문에 나타나는 무임승차 현상을 설명할 수 있다.

참고문헌

Abels, Klaus. (2003) Successive cyclicity, anti-locality, and adposition stranding. Ph.D. dissertation, University of Connecticut, Storrs.

Abels, Klaus. (2012) *Phases: An Essay on Cyclicity in Syntax*. Berlin: De Gruyter.

An, Duk-ho. (2019) On certain adjacency effects in ellipsis contexts. *Linguistic Inquiry* 50:337-355.

Bresnan, Joan W. and Jane Grimshaw. (1978) The Syntax of Free Relatives in English. *Linguistic Inquiry* 9:331-391.

Cho, Jai-Hyoung, and Ock-Hwan Kim. (2000) Scrambling without syntactic movement. *Studies in Generative Grammar* 10:151-179.

Chomsky, Noam. (2000) Minimalist inquiries: The framework. *In Step by Step: Essays on Minimalist Syntax in Honor of Howard Lasnik*, ed. by Roger Martin, David Michaels, and Juan Uriagereka, 89-155. Cambridge, MA: MIT Press.

Chomsky, Noam. (2001) Derivation by phase. In *Ken Hale: A Life in Language*, ed. by Michael Kesntowicz, 1-52. Cambridge, MA: MIT Press.

Chomsky, Noam. (2008) On phases. In *Foundational Issues in Linguistic Theory: Essays in Honor of Jean-Roger Vergnaud*, ed. by Robert Freidin, Carlos P. Otero, and Maria Luisa Zubizarreta, 133-166. Cambridge, MA: MIT Press.

Chomsky, Noam. (2021) Minimalism: Where are we now, and where can we hope to go. *Gengo Kenkyu* 160:1-41

Chomsky, Noam. (2023) The miracle creed and SMT. Ms., University of Arizona.

den Dikken, Marcel. (2006) *Relators and Linker: The Syntax of Predication, Predicative Inversion, and Copulas*. Cambridge, MA: MITPress.

Hiraiwa, Ken. (2010) Scrambling to the Edge. *Syntax* 13:133-164.

Hiraiwa, Ken and Shinichiro Ishihara. (2012) Syntactic metamorphosis: Cleft, sluicing, and in-situ focus in Japanese. *Syntax* 15:142-180

Hoji, Hajime. (1987) Japanese clefts and chain binding/reconstruction effects. Ms., University of Southern California.

Hornstein, Norbert. (2000) *Move!: A Minimalist Theory of Construal*. Oxford: Blackwell

Ishii, Toru and Brian Agbayani. (2020) On Multiple Cleft Constructions in Japanese. In *Proceedings of the 55th Annual Meeting of the Chicago Linguistic Society* (CLS 55), eds. by Ömer. Eren, Asimina Giannoula, Sam Gray, Chi.-Dat Lam and Aurora Martinez Del Rio, 173-188. Chicago, IL: Chicago Linguistic Society.

Kang, Bosook. (2006) Some peculiarities of Korean kes cleft constructions. *Studia Linguistica* 60:251-281.

Kim, Jong-Bok. (2016) Copular constructions and asymmetries in the specificational pseudocleft constructions in Korean. *Language and Linguistics* 17:89-112.

Kizu, Mika. (2005) *Cleft Constructions in Japanese Syntax*. New York: Palgrave Macmillan.

Ko, Heejeong. (2018) Scrambling in Korean syntax. In *Oxford Research Encyclopedia of Linguistics*. Oxford: Oxford University Press.

Koizumi, Masatoshi. (1995) Phrase structure in minimalist syntax. Ph.D. dissertation, MIT, Cambridge, MA.

Koizumi, Masatoshi. (2000) String vacuous overt verb raising. *Journal of East Asian Linguistics* 9:227-285.

Kuwabara, Kazuki. (1996) Multiple wh-phrases in elliptical clauses and some aspects of clefts with multiple foci. In *Formal Approaches to Japanese Linguistics* 2 (MIT working papers in Linguistics 29), ed. by Masatoshi Koizumi, Masayuki Oishi, and Uli Sauerland, 97-116, Cambridge, MA: MITWPL.

Larson, Richard K. (1985) Bare NP-Adverbs. *Linguistic Inquiry* 16:595-621.

Matsuda, Yuki. (1997) A syntactic analysis of focus sentences in Japanese. In *Proceedings of the 8th Student Conference in Linguistics* (MIT Working Papers in Linguistics 31), ed. by Benjamin Bruening, 291-310. Cambridge, MA: MITWPL.

McCawley, James D. (1988) Adverbial NPs: Bare or Clad in See-Through Garb? *Language* 64:583-590.

Mikkelsen, Line. (2005) *Copular Clauses: Specification, Predication and Equation*. Amsterdam: John Benjamins.

Mikkelsen, Line. (2006) Specificational copular clauses. Paper presented at Kobe Area Circle of Linguistics. Kobe Shoi Women's University.

Murasugi, Keiko. (1991) Noun phrases in Japanese and English: A study in syntax, learnability, and acquisition. Ph.D. dissertation, University of Connecticut.

Park, So-Young. (2014) Hankwuke pwunyelmwunuy thongsakwucowa saynglyakilon. *Eoneohag* 68:35-57. [written in Korean]

Park, Dongwoo. (2021) Korean specificational pseudocleft as caseless focus nominal extraction. *Studia Linguistica* 75:538-574.

Park, Dongwoo. (2024) On the order of operations in the box system. *Studies in Generative Grammar* 34:161-188.

Park, Dongwoo. (2025) Korean VP-ellipsis and a derivational approach to ellipsis. *Linguistic Inquiry* 56:131-169.

Park, Myung-Kwan and Zhen-Xuan Li. (2014) Copula, and 'sluicing' constructions in Korean, Chinese, and Japanese. *The Korean Journal of Lingusitics* 39:427-452.

Sohn, Keun-Won. (1994) Adjunction to argument, free ride and a minimalist program. In *Formal Approaches to Japanese Linguistics* 1 (MIT working papers in Linguistics 24), ed. by Masatoshi Koizumi and Hiroyuki Ura, 315-334. Cambridge, MA: MITWPL.

Saito, Mamoru.(1985) Some asymmetries in Japanese and their theoretical implications, Ph.D. dissertation, MIT, Cambridge, MA.

Saito, Mamoru.(1994) Additional-wh effects and the adjunction site theory. *Journal of East Asian Linguistics* 3:195-240.

Takahashi, Daiko.(2020) Derivational argument ellipsis. *The Linguistic Review* 37:47-74.

Takano, Yuji.(2002) Surprising constituents. *Journal of East Asian Linguistics* 11:243-301.

Takano, Yuji.(2015) Surprising constituents as unlabeled syntactic objects. *Nanzan Linguistics* 10:55-73.

Takano, Yuji.(2020) Exploring Merge: A New Form of Sideward Movement. *The Linguistic Review* 37:7-45.

Takita, Kensuke.(2014) Pseudo-right dislocation, the bare-topic construction, and hanging topic constructions. *Lingua* 140:137-157.

Nunes, Jairo.(2001) Sideward movement. *Linguistic Inquiry* 32:303-344.

XIV “XP-(이)나”의 중의성

14

"XP-(이)나"의 중의성

염재일

1. 소개

국어에서 "-(이)나"가 나타나는 구조가 네 가지 있다.

(1) XP-(이)나: 인호는 늦게나 도착했다.

(2) any/wh-(X)-(이)나: 그 사찰에 {아무, 누구}-나 들어갔다.

(3) XP-(이)나 XP: 인호나 미나가 일찍 왔을 것이다.

(4) XP-(이)나 XP-(이)나: 인호나 미나나 일찍 왔을 것이다.

이들 구조에 사용되는 "-(이)나"들이 의미상 서로 관련되어 있을 것이라고 가정하면서도, 공통점이 잘 포착되지 않아서 관찰적인 수준에서 다양한 의미를 열거하였다. 최현배(1961), 양인석(1973), 염선모(1978), 홍사만(1983) 등은 "-(이)나"의 기본의미를 선택 혹은 이접이라고 가정하고 자매항이 없는 경우 '소극적 선택'이나, '차선의 선택' 등으로 특징지었다. 또한, 최현배(1961), 남기심(1993), 채완(1993), 이기동 (1993), 윤재학(2000), 홍사만(2002) 등에서 일부의 사례들이 '어림'의 의미를 나타내는 것으로 생각했다. 김석득(1995), 홍사만(1983, 2002), 이기동(1993), 윤재학(2000)은 '기대 이상' 혹은 '놀람'의 의미도 언급하였다.

이러한 의미들 중에서 본 논문에서는 (1)의 구조에 관련된 의미만 논의하겠다. 이전 연구들은 여러 의미들과 어떤 구조적 특징을 연결하는 경향이 있었다. 예를 들어, '대략'의 의미는 의문사와 함께 사용되고, '기대 이상'의 의미는 수량어와 쓰일 때 나타난다고 기술한다. 이와 같이 각 용법들이 상보적 분포를 보이는 것으로 관찰하면서, 자연스럽게 "-(이)나"의 의미를 통합적으로 다루려는 시도를 보여주었다. 예를 들어, 이정민, 정대호 & 남승호(2000), 정대호, 이정민 & 남승호(2002), 류병율(2009) 등은 차선의/소극적 선택과 기대 이상의 의미 모두 개연성이 낮은 대체항에 대한 것이라는 공통적인 의미요소를 바탕으로 통합적으로 설명하려고 하였다.

일반적으로 (1)의 구조로 쓰이는 "-(이)나"는 같은 구조의 평서문에서 크게 두 가지 의미로 해석된다.

(5) a 인호는 3시에나 도착했다.
   b. 인호는 3시간이나 일했다.

(5a)에서는 3시가 기대에 못미치는 것으로 해석되나 (5b)에서는 3시간이 기대 이상이라고 해석된다. 여기서 두 의미가 별개의 형태소에 기인하는 전혀 다른 의미일 수도 있고, 한 형태소가 맥락에 따라서 두 개의 다른 화용적 의미를 가지는 것일 수도 있다. 어느 쪽인지 결정하기 위하여 두 의미를 엄밀하게 살필 필요가 있다. 이를 위해 다음의 두 가설을 가정하자.

(6) 가설1: 두 의미는 두 개의 다른 형태소에 기인한다.
   가설2: 두 의미는 한 형태소가 맥락에 따라 달리 해석된 결과이다.

본 논문에서는 (5)에서의 두 의미가 서로 배타적 분포를 보이지 않는다는 것을 보이고, 두 의미의 허용 여부가 문장 유형이나 관여되는 양태의 종류와 강도에 따라 달라지는 것은 두 의미가 문장의 어떤 의미적 요소와 상호작용한 결과임을 보임으로써 두 의미가 독립적임을 보이고자 한다.

논문은 다음과 같은 순서로 전개된다. 2절은 긍정평서문에서의 "-(이)나"의 두 의미, 즉 하위항 해석과 상위항 해석이 상보적 분포를 보이지 않음을 보인다. 3절은 부정평서문을 통해 두 용법의 의미를 엄밀하게 정의한다. 하위항 해석은 상위항에 대해서는 성립하지 않는다는 함의를 가지는 것으로, 상위항 해석은 단지 언급된 것이 '기대 이상'이라는 함축을 가지는 것으로 정의한다. 그리고, 의문문과 명령문에서 "-(이)나"의 두 의미가 문장의 의미와 상호작용에 의하여 허용 여부가 예측됨을 보인다. 4절은 평서문에서 양태의 종류와 강도에 따라서 두 의미의 허용 여부가 결정됨을 보인다. 5절에서 결론으로 마무리한다.

2. 긍정평서문에서의 "-(이)나"의 용법

2.1. 일회성 사건 긍정평서문

먼저 지금까지 많이 주장된 관찰을 일회성 사건의 긍정평서문을 중심으로 소개하겠다. 평서문에서 "XP-(이)나"가 쓰이면, XP는 순서가 있는 대체항을 유발하고 XP는 그들 중에서 하위항으로 해석된다.

(7) 택시 > 버스

a. 인호는 택시를 잡으려고 기다리다가 버스나 탔다.

b. ??인호는 버스를 기다리다 너무 늦어져서 택시나 탔다.

이러한 해석을 채완(1977), 홍사만(2002)은 소극적 선택이라고, 양인석(1973)은 차선의 선택이라 하였다. 반면, 홍사만(1983, 2002), Lee, Chung & Nam (2000), 정대호 외(2002) 등은 양보의 의미로 취급하기도 하였다. 다양한 구조에서 이런 해석이 가능하지만, 반복적 사건이냐 일회성 사건이냐에 따라 수용성이 달라질 수 있으므로 여기서는 일회성 사건에 한하여 논의하겠다.[1)]

일회성 사건을 나타내는 경우, 수량을 나타내는 표현들은 "-(이)나"와 함께 쓰일 때 상위항으로 간주되는 경향이 있으며, 양인석(1973), 이기동(1993) 등은 이것을 '기대 이상의 수량'이라는 의미로 간주했다.[2)] 윤재학(2000), 허웅(1983) 등도 같은 용법을 언급하였는데, '기대 이상에서 오는 놀람'의 뜻으로 간주했다.[3)]

(8) 인호는 사과를 세 개나 먹었다.

---

1) 일회성의 사건이 아니면 다른 관찰이 가능하다.

(i) a. 그 성은 어제 {늦게나, ??일찍이나} 잠깐 열렸다.

b. 그 성은 보통 {늦게나, (?)일찍이나} 잠깐 열린다.

(ia)는 일회성 사건을, (ib)는 반복적 상황을 나타내는데, 이 차이가 "일찍이나"의 수용성에 차이를 낳는다. 반복적 사건이 관여된 문장은 뒤에서 다루고, 여기서는 일회성 사건을 기술하는 문장을 다루겠다.

2) 단, 수량어가 있더라도 지시사(demonstrative)와 함께 쓰이면 하위항으로 해석된다.

(i) 인호는 차를 그 세 대나 샀다. 다른 차는 사지 않았다.

3) 비슷한 의미이지만 홍사만(1983, 2002)은 '-이나'가 수량/정도 표현과 쓰일 때는 '감탄 조사'라 하여 '특수 조사'와 구별하였다.

(5b)도 같은 이유에서 수량어가 '기대 이상'의 의미로 해석되는 것이다. 이와 같이 긍정평서문에서 "-(이)나"와 어울리는 대체항이 수량어이면 기대 이상의 수량으로 해석되고, 수량어가 아니면 하위항으로 해석되는 것을 관찰하였다. 이 두 해석을 "상위항 해석"과 "하위항 해석"이라고 하겠다.[4] 그런데 이러한 관찰은 경향성일을 뿐 반대되는 자료가 없는 것은 아니다. 2.2에서 이것을 확인하겠다.

2.2. "-(이)나"의 중의성을 보이는 예들

이 소절에서 두 해석이 상보적 분포를 보이지 않는 것을 보이겠다. 그런데, 자료를 다룸에 있어서 다른 언어적 맥락의 영향을 피하기 위하여 본 소절에서는 단일 사건으로 간주될 수 있는 상황을 기술하는 문장을 고려하겠다. 우선 수량어가 하위항 해석을 받는 예를 보자.[5]

(9) a. 유의빔도 5~6개중에 한두개나 뜨지.

b. 농사철에도 거의 두어 사람이나 다니는 길이라고 하더라구요.

"한두개나"와 "두어 사람이나"는 하위항 해석을 받는다. 이와 같이 맥락에 따라 수량표현이 "-(이)나"와 쓰이면 하위항 해석도 가능하다.

비수량어도 "-(이)나"가 상위항 해석을 받을 수 있다. 앞에서 "늦게나"와 쓰인 예를 보았는데 (10)에서는 "일찍이나"가 상위어 해석을 받는 경우도 있다. 그리고 이런 예는 (11)에서처럼 많이 찾을 수 있다.

(10) 그것이 늦게 도착한다고 했는데, 이렇게 일찍이나 도착해서 기뻤다.

(11) a. 인호가 사장이나 되니까 도와준 것이다.

b. 인호는 학위를 받은지 얼마 되지 않았는데 벌써 부교수나 되었어.

c. 다른 사람은 이제 출발하는데, 인호는 이미 산 중턱에나 도달했다.

d. 인호가 늦을 것으로 생각했는데 새벽 5시에나 도착해서 장사 준비를 하고 있었다.

---

4) 일부 연구자가 하위항 해석 중에 '최대한 할 수 있는 것'이라는 의미가 들어가는 경우 상위항 해석으로 착각하는 경우가 있다. 하위항 해석이 상한선의 의미를 가질 수 있지만 그 대체항이 전체 대체항에서 아래쪽에 있는 것으로 생각한다는 점을 명심해야 한다.

5) 연구자 중에 본 논문의 이전 버전에서 사용한 자료에 공감하지 않는 분들이 있어서 인터넷에서 (9)-(10)를 찾았다. (9)의 유의빔은 투자 유의 종목으로 지정되었는데 지정 후 급등한 종목을 말하며 그 가능성이 낮다는 의미로 사용된 문장이다.

이와 같이 "-(이)나"구의 상/하위항 해석이 서로 배타적이지 않다.

그런데, 비수량어의 상위항 해석이 부자연스러운 경우가 많다.

(12) ?인호는 가는데 오래 걸릴 것 같아 일찍이나 출발했지만, 도착했을 때는 이미 깜깜했다.

그 이유를 설명하기 위해서 수량어를 다시 보자. 수량어가 상위항으로 해석될 경우 최고항을 쓰면 어색한 경우가 많다.

(13) a. 인호는 주유를 하는데 잠깐 동안이지만 {절반, ?가득}이나 채웠다.

b. 인호는 문제를 {3분의 2, ??전부}나 풀었다.

즉, 상위항 해석을 받는 경우에 최상위항은 문장을 어색하게 만들 수 있다.[6]

만약 이것이 일반적인 현상이라면, 수량어가 아닌 경우에도 "-(이)나"구가 최상위항이면 어색할 수 있다. 실제로, (11b)-(11c)에서 대체항을 최고항으로 바꾸면 어색해진다.

(14) a. ?인호는 학위를 받은 지 얼마 되지 않았는데 벌써 정교수나 되었어.

b. ?다른 사람은 이제 출발하는데, 인호는 이미 산 정상에나 도달했다.

이것이 일반적이라면, 대체항이 두 개인 경우 하나는 하위항, 다른 하나는 상위항이자 최상위항이 되므로 상위항 해석을 허용하지 않을 수 있다.

(15) 대체항 집합이 {A, B}이고 A가 하위항이라면,

(i) A-(이)나 (하위항 해석)

(ii) *B-(이)나 (상위항 해석)

---

6) 최상위 표현인 "만점"은 허용되는 것 같다. 이것은 예외적인 경우라 할 수 있다.
(i) 인호는 토익에서 만점이나 받았다.
최상위항이 언제 허용되고 언제 허용되지 않는지 추가적인 논의가 필요하지만 본 논문의 범위 밖의 문제라 생각되며 후속 연구 과제로 남기겠다.

이 제약은 엄격하게 적용되지는 않지만 (14)에서와 같이 많은 경우에 적용된다. 이것이 상위항 해석이 드문 이유이다.

지금까지 수량어이든 아니든 "-(이)나"와 결합되면, 그 구는 상위항 해석과 하위항 해석이 가능함을 보였다. 어느 한 쪽이 선호될 수는 있지만, 두 해석이 서로 배타적이지 않다. 만약 두 해석이 한 의미에 근거하되 맥락에 따라서 결정되는 것이라면 상위항 해석과 하위항 해석이 같은 제약을 보일 텐데, 최하위항에 대한 제약은 없는 것 같다.

(16) a. 떨어질 거면 차라리 꼴찌나 하지.

b. 공부를 하지 않았으니 빵점이나 맞지.

이와 같이 상/하위항 해석에 다른 제약을 보이는 것도 두 의미가 서로 독립적이라는 증거가 될 수 있다.

2.3. 척도성과 단조성

"-(이)나"는 대체항들의 순위에 의존해서 해석되므로 척도현상을 보일 수 있다. 척도함축 등의 척도현상은 단조성을 보인다. 즉, 상향함의 영역에서 척도함축이 일어나지만, 하향함의 영역에서는 (상향함의 영역에서 예측되는) 척도함축이 일어 나지 않는다.[7] "-(이)나"의 해석도 척도현상이면 단조성을 보일 것이라고 예측되는데 실제로 그런지 확인해보자.

이를 위해서는 여러 사건이 관여되는 총칭문이나 조건문을 다루겠다. 총칭문이나 조건문에서 제약부(restrictor)는 하향함의 영역이고, 핵영역부(nuclear scope)는 상향함의 영역이라 할 수 있다. 그런데, 상/하위항 해석이 모두 가능하다면 어느 영역이든 두 해석이 나타날 것이라 예측된다. 이것은 경험적으로 확인된다. 비수량어를 먼저 보자.

---

7) 예를 들어 some가 사용되면 not all의 함축이 생기지만 하향함의 영역에서는 그렇지 않다.

(i) a. John ate some apples.

b. Every boy who ate any apples regretted it.

(ia)는 John did not eat all apples라는 의미로 이해되지만 (ib)는 Every boy who ate any, but not all, apples regretted it로 해석되지 않는다.

(17) a. 인호는 미나와 등산을 가면 정상까지나 가기도 하는데, 연아와 가면 등산로 중턱까지나 갔다가 내려온다.

b. 인호가 (겨우) 결승에나 올라도 마을 사람들이 좋아하는데, (혹시라도) 은메달이나 따면 온 마을이 잔치를 할 것이다.

(17a)에서 핵영역부에서 "정상까지나"는 상위항 해석이, "중턱까지나"는 하위항 해석이 가능하다. 그리고 (17b)에서는 "결승에나"는 하위항 해석을, "은메달이나"은 상위항 해석이 가능하다.

수량어도 두 영역에서 상/하위항 해석 모두 허용된다.

(18) a. 인호는 과일을 좋아해서 보통 사과를 먹으면 세 개나 먹는다.

b. 인호는 사과를 좋아하지 않는다. 혹시 누가 사과를 주면 반 개나 먹고 나머지는 다른 사람을 준다.

(19) a. 커피를 열 잔이나 마시는 사람들은 역효과를 경험한다.

b. 보통 커피를 한 잔이나 마시는 사람들은 커피의 효과가 잘 나타나지 않는다.

(18)에서는 수량어가 핵영역부에서 상/하위항 해석이 모두 가능하다. (19)는 제약부에서도 그렇다는 것을 보여준다. 따라서 상/하위항 해석 여부가 단조성과는 관련이 없다는 결론을 내릴 수 있다.

그런데, 최상위항에 대한 제약은 단조성의 영향을 받는다. 최상위항이 핵영역부에서는 허용되지 않지만 제약부에서는 허용된다.

(20) a. 주유를 가득이나 하면, 목적지에 바로 갈 수 있다.

b. ?돈이 충분하면 주유를 가득이나 한다.

(21) a. 문제를 전부나 풀{면, 어야} 실기시험 볼 기회가 주어진다.

b. 그 책을 완전히 이해하면 문제를 {3분의 2, ??전부}나 풀 수 있다.

그 이유는, 제약부에서는 상위항이 쓰이면 그보다 더 상위항의 경우에도 문장이 참이 될 것이라고 예측된다. 그래서, (19b)에서 열한 잔 이상 마셔도 같은 결론에 이른다. 마찬가지로, (20a)에서 만약 "가득"보다 적은 양에 대해서 상위항 해석을 가지게 되면 최상위항에 대해서도 같은 결론에 이르러야 한다. 따라서 최상위항을 제한할 이유가 없는 것이다.

이와 같이 최상위항에 대한 제약이 단조성에 의하여 영향을 받기는 하지만 어떤 대체항이 상위항 해석을 받거나 하위항 해석을 받는 것 자체는 단조성에 의하여 영향을 받지 않는다. 따라서 "-(이)나"의 상/하위항 해석이 배타적 분포를 보이지 않는다고 결론지을 수 있다. 이러한 관찰의 이면에는 "-(이)나"의 두 의미가 독립적으로 존재한다는 사실이 있는 것이다. 다음 절로 넘어가기에 앞서, "-(이)나"의 자료를 고려할 때 주의사항을 언급하겠다.

2.3. "-(이)나"의 사용에서의 비규칙성

민감한 독자는 이미 "-(이)나"의 사용에는 다소 일관성이 없다는 것을 알아차렸을 것 같다. 이런 점에서 먼저 두 가지 단서를 달고 논의를 진행하는 것이 좋을 것 같다. 앞에서 "늦게"와 "일찍"이 서로 대체항을 이루는데 일회성 사건을 나타내는 평서문에서 "늦게"만 "-(이)나"와 결합되는 것을 보았고, 대개 하위항으로 해석되는 것을 보았다. 하위항 해석은 불만스러운 것인데, (22b)처럼 술어가 부정적이면 전체적으로 긍정적이 되어 부자연스러워진다. 따라서 이러한 화용적 요소를 배제해야 한다.

(22) a. 인호가 {늦게, ??일찍}-(이)나 도착했다.
b. ??날씨가 {늦게, 일찍}-(이)나 사나워졌다.

이러한 화용적 요소가 베제된 경우에도 일관성을 보이지 않는 경우가 있다. 어떤 표현들은 서로 대체항을 형성하고 척도성도 보이지만 어느 것도 "-(이)나"와 어울리지 않는 경우가 있다.

(23) a. ??인호는 밥을 {천천히나, 빨리나} 먹었다.
b. ??인호는 {느리게, 빠르게}나 걸었다.
c. ??인호는 {조금이나, 많이나} 먹었다.

일반적인 상황에서 어느 것도 "-(이)나"와 어울리지 않는다. 반면, 양태가 관계되면 하위항이 허용된다.[8)]

---

8) 경우에 따라서는 둘 다 양태의 문장에서 받아들여지는 경우도 있다.

(24) a. 인호는 밥을 {천천히나, ??빨리나} 먹었겠지.

b. 인호는 {느리게나, ??빠르게나} 걸었겠지.

c. 인호는 {조금이나, ??많이나} 먹었겠지.

양태가 관련되지 않고 사실의 여부와 관련된 문장이더라도, 일회성 사건을 나타내는 문장에서는 어색하던 대체항들이 사건에 대한 양화가 관여되는 문장에서는 기대되는 척도성이 관찰된다.

(25) a. ??인호는 지난 번에 {꼴찌, 일등}(이)나 했다.

b. 인호는 매번 {꼴찌, ??일등}(이)나 했다.

이와 같이 "-(이)나"와 함께 쓰이는 대체항들의 수용성에 일관성이 없을 수 있고 문장의 유형, 양태나 양화 등 다양한 요소에 의하여 수용성이 달라지므로 "-(이)나"에 대한 논의에서는 이러한 요소들을 잘 통제하면서 관찰하여 척도성과 관련하여 정확한 패턴을 찾아야 한다. 특정한 예에 근거하여 어떤 주장을 하면 오류에 빠질 수 있음을 미리 지적하고자 한다.

3. "-(이)나"의 의미와 다른 문장들

3.1. 부정문과 "-(이)나"의 의미

앞 소절에서 두 해석이 서로 배타적이지 않다는 점을 지적하였는데, 본 소절에서는 부정문을 통하여 두 의미의 구성요소가 완전히 다르다는 것을 보임으로써 두 해석이 서로 독립적임을 분명히 밝히겠다.

앞에서 일회성 사건을 기술하는 긍정평서문을 중심으로 논의하였는데, "-(이)나"의 의미를 잘 보여주는 문장은 부정문이다. 문장이 전하는 의미는 함의와 함축, 전제 등 다양한 요소로 구성되는데, 이

(i) 그 일을 {대충이나, 꼼꼼히나} {??했다, 하지}.

들 구성을 확인하는 중요한 시험이 부정이다. 부정은 내부부정과 외부부정이 있으나, 일반적으로 부정이라 하면 외부부정을 말한다. 이것을 분명히 하기 위하여 "... 것{이, 은} 아니다" 혹은 "... 지(는) 않다"의 표현을 사용하겠다.[9)]

하위항 해석의 "-(이)나"가 쓰인 문장을 일반적으로 한 해석이 가능하다. (26)의 문장들은 "-(이)나"가 없는 문장의 부정과 같은 의미를 가진다. 즉, 인호가 늦지 않았다는 내용을 전한다.

(26) a. 인호가 늦게나 도착{한 것이 아니다, 하지(는) 않았다}.

b. 인호가 3시에나 오지(는) 않았다. 그보다는 일찍 왔다.

그러나, "-(이)나"가 쓰인 문장이 두 가지 해석을 가지는 경우가 있다.

(27) a. 인호가 가축이나 키우지는 않았다. 더 큰 다른 사업을 했다.

b. 인호가 가축이나 키우지는 않았다. 가축은 일부일 뿐이었다.

(28) a. 인호가 미나나 만나지는 않았다. 더 조건이 좋은 여자를 만났다.

b. 인호가 미나나 만난 것은 아니다. 미나의 아버지가 재벌이었다.

(27a, 28a) 문장에서는 "-(이)나"가 없는 문장의 부정처럼 해석되지만, (27b, 28b) 문장에서는 "-(이)나"가 없는 문장 내용이 전제처럼 해석된다. 즉, "-(이)나"가 있는 문장의 부정은 다음의 두 가지 해석이 가능하다.

(29) 해석1: ¬ (인호가 가축을 키운다)

해석2: ¬ (인호가 가축을 키운다 & 그 이상의 것은 하지 않는다)

⇒ 인호가 가축을 키운다 & ¬ (그 이상의 것은 하지 않는다)

해석1은 "-(이)나"가 없는 문장의 부정처럼 행동하고, 해석2는 "-(이)나"와 결합한 항보다 상위항 문장이 부정되는 효과를 가진다.

이런 차이는 대체항들의 관계에 의존한다. (27)의 경우에는 다음의 두 가지 대체항을 생각할 수 있다.

---

9) 내부부정(internal negation)은 단순히 부정술어를 만드는 것이라 할 수 있다.

(30) (가축과 무관한 큰 기업 경영 > 가축을 키움 > 가축 없는 영세 농업)

(31) (가축을 포함해서 큰 농장 운영 > 가축을 키움 > 한 마리의 소를 키움)

(30)에서는 대체항이 배타적이다. 가축 사육이 아니면 기업 경영인 것이다. 반면에, (31)에서는 대체항이 내포적이다. 상위항이 가축 사육을 포함하여, 더 많은 것을 하지는 않는다면 가축 사육은 한다는 의미가 된다.

이러한 관찰에 따라서 "-(이)나"의 하위항 해석의 기본의미는 (차)상위항을 부정하는 것이라 할 수 있고 이것은 (32)에서처럼 진리조건에 포함되는 함의라 할 수 있다. 그리고, 언급된 대체항은 실제 구체적인 상황에 적용될 수 있는 것 중에서 최상의 대체항이라는 화용론적 의미를 가지고 있다. 그리고 이것의 부정은 (33)처럼 된다. 순서가 있는 대체항에 대해서 하위항의 부정과 상위항의 긍정의 이접은 연접으로 재해석된다.

(32) 부분순서(partial order)의 대체항 집합 {A1, ..., An}에서, ϕ(Ai-(이)나) $\Leftrightarrow \exists X[X \leq Ai \ \& \ \phi(X)] \ \& \ \forall Y[Y > Ai \rightarrow \neg \phi(Y)]$ (X>Ai: X는 Ai보다 상위항).

단, Ai가 맥락에서 정보 면에서 언급될 수 있는 최상의 대체항임.

(33) $\neg$ [ϕ(Ai-(이)나)]

$\Leftrightarrow \neg \exists X[X \leq Ai \ \& \ \phi(X)] \ OR \ \neg \forall Y[Y > Ai \rightarrow \neg \phi(Y)]$

$\Leftrightarrow \neg \exists X[X \leq Ai \ \& \ \phi(X)] \ \& \ \exists Y[Y > Ai \ \& \ \phi(Y)]$

이 해석에 의하여, (27a)에서는 긍정문이 가축을 키우거나 그보다 못한 일을 하지만(가축을 키우는 것을 포함하지 않은) 규모가 더 큰 다른 사업을 하지 않는다는 의미가 되고, 그 부정은 가축을 키우거나 그보다 못한 일을 하지 않거나, 가축사육을 포함하지 않는 더 큰 규모의 업을 한다는 것을 의미한다. 이것은 결국 가축 사육을 하지 않고 더 큰 규모의 업을 한다는 의미가 된다. (27b)에서는 긍정문의 해석은 가축을 키우거나 그보다 작은 일을 하고(가축사육을 포함해서) 더 큰 규모의 업을 하지는 않는다는 의미이고, 그 부정은 가축을 키우거나 그보다 작은 일을 하지는 않거나 가축을 포함해서 더 큰 규모의 일을 한다는 의미가 되는데, 결국(가축을 키우는 것을 포함해서) 더 큰 규모의 농업을 하는 것으로 해석된다. 따라서 가축을 키우는 사실은 변함이 없다.

(32)에서 Ai가 맥락에서 정보 면에서 언급될 수 있는 최상의 대체항이라고 한 것에 대한 설명이 필요하다. 일회성 사건의 경우 Ai가 최상의 대체항이려면 실제로 ϕ(Ai)가 일어났다고 생각할 수 있다.

그런데, 만약 일회성 사건이 아닌 경우 Ai가 대체항 중에서 언급될 수 있는 최상의 항이라는 것은 그보다 더 낮은 것도 있을 수 있다는 것을 의미한다. 예를 들어, "인호는 축구하러 가면 3시에나 온다"고 하면 오는 사건이 여러 번 일어나는데, 오는 사건마다 3시에 오는 것은 아니고 경우에 따라서 3시 넘어서 올 수도 있는데, 그중에서 가장 빠른 시간이 3시라는 의미르 이해된다. 따라서 어떤 양화영역이 있으면 그 영역 내에서 가장 최상의 경우로 이해할 수 있다.

정리하면, "-(이)나"가 하위항 해석을 가지는 경우, "-(이)나"구가 있는 문장의 의미는 (i) 그보다 상위의 항에 대해서는 모두 거짓이고 그 이하의 대체항 중의 하나에 대해 참이라는 함의와 (ii) 언급된 항이 언급될 수 있는 최상의 항이라는 화용론적 의미로 되어 있다고 할 수 있다.

이제 상위항 해석의 "-(이)나"의 의미를 보자. 그 의미는 수량어와 쓰일 경우에 더 분명하므로 수량어부터 보자.

(34) 인호가 차를 세 대나 {산 것은 아냐, 사지는 않았어}. 차는 두 대만 사고 나머지 돈은 부모님 드렸어.

수량어의 대체항들은 내포적이다. 차 세 대를 사는 것은 두 대를 사는 것을 포함한다. 긍정문의 의미에는 상위항에 대한 부정의 의미가 포함되지 않는다. 만약 포함된다면 그 부정문은 상위항에 대한 긍정을 뜻할 것이다. 그러나 (34)은 그렇지 않다. 이것은 다음의 예에서도 확인할 수 있다.

(35) A: 자녀가 셋이면 거기에 지원할 수 있대.
B: 인호가 지원했다는데.
A: 인호가 애가 셋이나 돼?
B: 셋이 뭐야. 넷이다.
B′: (?)그럼. 실은 넷이야.
B″: ??아니, 넷이야.

B의 답이 자연스럽지만, B′의 답도 가능한 것 같고, 적어도 B″의 답보다는 더 좋은 것 같다. 이것은 인호가 자녀가 넷이면, 셋이라는 말도 참으로 받아들일 수 있다. 이것은 "-(이)나"가 "적어도"의 의미를 가지는 것을 보여준다. 이것은 (19b)의 해석에서도 관찰될 수 있다.

그런데, 수량어의 이런 해석은 "-(이)나"가 없어도 가능하다. 숫자의 해석에 대한 많은 논의가 있지만, 지면 제약을 고려해서 Horn(1972, 1989)을 따라서 ‘적어도’의 의미를 가지는 것으로 가정한다.[10] (36)는 자녀 셋이면 어떤 혜택을 받는데, A가 그 조건을 확인하는 상황이다.

(36) A: 자녀가 셋입니까?
B: 그럼요. 넷이나 있는걸요.

A의 발화에서 “셋”은 ‘셋 이상’, 혹은 ‘적어도 셋’을 의미한다. ‘적어도’의 의미는 “-(이)나”에서 오는 것은 아니다.

그러면 “-(이)나”가 추가하는 의미는 무엇인가? (37)을 보자.

(37) a. 인호가 차를 세 대 샀다.
b. 인호가 차를 세 대나 샀다.

(37b) 문장이 추가하는 의미는 세 대가 기대 이상이라는 것이다. 이 의미는 문장이 부정되어 인호가 두 대를 사도 세 대를 사는 것은 기대 이상이다.

(38) 인호가 차를 세 대나 사지는 않았다.

이 추가적인 의미는 어떤 종류의 의미인가? 함의는 일차적으로 부정되는 것이다. 전제는 Heim(1983), van der Sandt(1992), Yeom(1998) 등에서 지적하였듯이 부정의 영향을 받는다.

(39) ??John has stopped smoking. He never smoked. John has not stopped smoking. He never smoked.

전제는 모순에 이르지 않는 한 투사되는데, 투사되지 않고 취소되는 것은 취소할 수 있는 연산자가 있기 때문이다. 부정이 그중 하나이다. 그런데, “-(이)나”에 의하여 추가되는 의미는 취소되지 않는다.

10) Horn(1989)의 주장은 고전적이라 할 수 있다. 더 사실적인 분석을 위해서는 화용적인 요소를 고려해야 한다. Yeom(2006, 2017) 참조.

(40) ??인호가 차를 세 대나 산 것은 아냐. 인호가 차 세 대를 사는 것은 기대 이상이 아니다.

이와 같이 부정에 전혀 영향을 받지 않는 의미는 고정함축이다. 고정함축은 진리조건에 들어가지 않으며, 부정에도 영향받지 않는다. 이를 확인하기 위하여 "-지만"이 유발하는 고정함축을 보자. 두 사건이 서로 대조를 이룬다는 고정함축은 억지로 부정하면 이상해진다.

(41) ??인호가 넘어졌지만 곧 일어난 것이 아니다. 그 두 사건은 대조되는 것이 아니다.

위 논의를 고려하면, 상위항 해석을 받는 "-(이)나"가 있는 문장의 의미를 (42)처럼 정의할 수 있다. 추가적인 함의는 없고, '기대 이상(more than expected)'의 고정함축을 추가한다.

(42) 부분순서의 대체항 집합 {..., A, ...}에서 ϕ(A-(이)나) $\Leftrightarrow$ ϕ(A)
고정함축: $\forall w \in ACC(a,w^*)[\exists X[X < A \ \& \ w \in \phi(X) \ \& \ \forall Y[X < Y \rightarrow w \notin \phi(Y)]]]$
($ACC(a,w^*)$ = {w| w는 a가 w*에서 기대하는 것과 양립함}

여기서 기대하는 사람은 일반적으로 화자이겠지만, 명제태도동사의 보어절에서 "-(이)나"가 쓰이면 화자가 아닐 수 있다. 따라서 w*는 실제 세계일 수도 있고 그렇지 않을 수도 있다. 그리고 $ACC(a,w^*)$는 a가 w*라는 세계에서 기대하는 바와 합치되는 세계들의 집합이고, 그 세계들에서 문장에서 언급된 대체항 A보다 하위항에 대하여 문장이 성립하고 그 이상의 대체항에 대해서는 성립하지 않는다. 이 상황에서 A항에 대하여 문장이 성립하면 결과적으로 뜻밖으로 생각하는 것이다. 위에서 대체항이 내포적인 경우를 보았는데, 그 해석은 대체항이 배타적인 경우에도 그대로 적용된다.

(43) 인호가 부교수나 되었다.
함의: 인호가 부교수가 되었다.
고정함축: 인호가 조교수일 것으로 기대되었다.

본 절에서 부정문을 통하여 "-(이)나"가 하위항 해석과 상위항 해석을 정의하였다. 요지는 "-(이)나"가 하나의 형태소로서 하나의 의미론적 의미(semantic meaning)를 가지면서 맥락에 따라서 상위항 해석과 하위항 해석을 가지는 것이 아니라, 상위항 해석을 받는 "-(이)나"와 하위항 해석을 받는 "-(이)나"가 별개로 존재한다는 것이다. 이어서 의문문과 명령문이 두 의미 중에 어느 의미와 어울리는지 보겠다.

3.2. 의문문

"-(이)나"가 상위항이나 하위항과 어울릴 수 있다고 하였는데, 의문문에서도 둘 다 허용하지만 다른 해석을 요구한다.

(44) 인호가 차를 세 대나 샀냐?

이 문장에서 "세 대나"가 하위항으로 해석되면, 차를 적게 샀을 것이라고 생각하면서 묻는 것이다. 반면에 상위항으로 해석되면 고정함축인 기대 이상인지를 묻는 것이 아니고 기대 이상이라고 가정하고 묻는 것인데, 이러한 가정이 자연스러우려면 세 대를 샀다는 것을 이미 들었어야 한다. 그렇지 않다면 굳이 부정의 답이 기대되는 상위항을 언급하면서 질문할 이유가 없다. 따라서 상위항으로 해석하는 의문문은 재확인하는 질문으로 해석된다. 만약 화자가 사전적 정보가 없다면 질문이 어색해진다. 수량어가 아닌 경우 하위항 해석이 더 일반적이다.

(45) 인호는 {늦게나, ??일찍이나} 도착했냐?

"일찍이나"가 (46)에서처럼 자연스러운 경우가 있는데, 직관적으로 "일찍이나"가 하위항인 느낌이다. 이유는 실제 대체항이 "일찍이나"/"늦게나"가 아니라 "일을 열심히 하다"/"일찍 도착하다"이고, "일찍 도착하다"는 "일을 열심히 하다"의 하위항이 되는 것이다.[11)]

(46) 인호가 일을 열심히 안 하는데, 일찍이나 도착했냐?

(47) ??인호가 늦을 것으로 기대했는데, 일찍이나 도착했냐?

상위항으로 해석될 때 재확인하는 질문으로 해석되는 것은 "일찍이나"가 대체항 중에 최상위항인

11) 정말 "일찍이나"가 상위항으로 해석되면 (47)처럼 문장이 이상해진다.

것과는 무관하다. 세 개 이상의 대체항이 관여되는 경우에도 상위항 해석은 사전 정보가 있을 때 자연스러워진다.

(48) 인호가 ({겨우, 벌써}) 중턱에나 올라갔냐?

"겨우"는 하위항 해석을, "벌써"는 상위항 해석을 요구하는데, 상위항 해석을 재확인하는 질문으로, 하위항 해석은 진정한 질문으로 연결된다.

지금까지 진위의문문을 설명하였는데, "-(이)나"가 의문사와 결합하는 성분의문문은 하위항으로만 해석된다.[12)]

(49) 오늘은 몇 분이나 오시나요?

이것이 상위항으로 해석되려면 기대 이상이라는 의미가 포함되어야 하는데, 답을 모르면서 기대 이상이라고 생각할 수는 없다. 반면에, 하위항 해석이 자연스러운 것은 원래의 수량을 물어보는 성분의문문은 참이 될 수 있는 최대의 숫자를 말하라는 것이기 때문이다.

이상의 논의를 보면, 진위의문문에서는 하위항 해석이 정상적이고, 상위항 해석은 '기대 이상'이라는 고정함축 때문에 재확인하는 질문에서 가능하다. 성분의문문은 재확인 질문이 안 되고, 상위항 해석이 안 생긴다.

3.3. 명령문

명령문은 평서문이나 의문문과는 많이 다르다. 평서문의 의미는 명제이고, 의문문의 의미는 명제의 집합이라고 가정한다. 따라서 둘 다 명제적이라고 할 수 있다. 반면에 명령문은 단순히 진위의 문제는 아니다. 그리고 보이지는 않지만 양태가 관여된다. 예를 들어, 일찍 오라는 명령을 받으면 그 결과 일찍 와야 한다는 의무가 생긴다. 따라서 명령에 의무의 양태가 관여된다고 할 수 있다. 이것은 이미 Kaufmann(2012), Yeom(2018) 등 많은 명령문에 대한 연구에서 논의되었다.

12) "-(이)나"구보다 더 큰 구의 대체항이 관여되는 것은 3.4에서 논의한다.

양태 해석에서는 Kratzer(1977, 1981)가 지적하였듯이 양태기반(modal base)과 함께 순위결정원(ordering source)이 관여되게 된다. 앞에서 논의했듯이, 원래 "-(이)나"와 잘 어울리지 않던 상위항이나 심지어 최상위항도 총칭문/조건문의 제약부에서 사용되는 것을 보았다. 이와 유사하게, 원래 "-(이)나"와 잘 결합되지 않던 것들도 명령문에서는 잘 쓰인다.

(50) a. 밥을 {천천히나, 빨리나} 먹어라.

b. {늦게나, 일찍이나} 와라!

c. {꼴찌나, 일등이나} 하지 마라

그런데, 명령문에서 특히 주목할 점은 "-(이)나"구가 늘 하위항으로 해석되는 것이다. 이는 상위항 해석의 고정함축과 명령문이 양립하지 않기 때문이다. 이를 확인하기 위해 다른 고정함축의 예를 보자.

앞에서 "-지만"과 "겨우"가 고정함축을 가진다고 하였는데, 이 표현들은 명령문에 사용되지 않는다.

(51) a. 인호는 데려다 주고 미나는 데려와라!

b. ??인호는 데려다 주지만 미나는 데려와라!

(52) ?? 사과를 겨우 세 개 먹어라!

즉, 고정함축이 명령의 일부가 되지 못한다. 그 이유는 Yeom(2018)에서 지적하듯이 명령문은 명제적이지 않고, 세상을 바꾸는 효과가 있어서 가능세계 사이의 관계로 정의된다.[13] 그런데, 고정함축은 특정 표현의 사용에서 오는 명제적 의미이고 그러한 의미는 명령에 포함될 수 없기 때문이다.

반면에 명령문에 대응되는 양태의 평서문은 고정함축을 허용한다.

(53) 인호는 데려다 주지만 미나는 데려와야 한다.

---

13) Yeom(2018)이 주장하듯이 명령문은 세상을 바꾸는 효과가 있다.

(i) A: 내가 2시까지 있어야 하는 것을 알지만, 지금 아내가 아프다고 합니다. B: 그래? 그럼 일은 다른 사람에게 맡기고 가!

(ii) A: 미나가 똑똑한 것을 알지만, 그 때문에 인호가 미나를 싫어해. B: #그래? 그럼 미나는 똑똑하지 않아.

(i)에서는 명령문이 A의 발화가 유발하는 전제를 무효화(presupposition override)하지만, (ii)에서 평서문은 전제를 무효화하지 못한다. 명령문은 이전의 전제가 성립하는 세계를 그렇지 않은 세계로 바꾸는 효과가 있다. 그런데, 고정함축은 이런 효과의 일부가 될 수 없는 것이다. 즉, 기대 이상이 아닌 세계를 기대 이상인 세계로 만드는 효과를 위하여 명령문을 사용하지 못하는 것이다.

이것은 고정함축과 명령문의 문제이지 고정함축과 양태의 문제는 아니라는 것을 보여준다.

이와 유사하게, "-(이)나"구가 상위항으로 해석될 때는, 그 수량이 기대보다 많다는 고정함축을 유발하고, 이것이 명령문과 어울리지 않는다. 따라서 명령문에서 "-(이)나"는 항상 하위항 해석만 가져온다.

그런데, (50)에서 "빨리나"와 "일찍이나"는 대체항 중에 (최)상의항인데, 그래도 하위항 해석을 받는다. 이것은 의문문에서 논의하였듯이 "-(이)나"구보다 더 큰 구에 대한 대체항이 고려되기 때문이다.

(54) a. 말만 하지 말고 빨리나 먹어라!

b. 다른 것 준비하려고 하지 말고 일찍이나 와라!

더 큰 구의 대체항에서는 "빨리 먹다"와 "일찍 오다"가 상대적으로 하위항이 되는 것이다.

명령문에서 하위항 해석만 허용하는 것은 수량 표현도 마찬가지이다.

(55) 사과를 세 개나 먹어라!

여기서 "세 개"는 하위항으로만 해석된다. 이것은 양태와는 관계가 없다. 의무 양태의 평서문에서는 상위항 해석이 가능하다.

(56) 인호는 사과를 세 개나 먹어야 한다.

따라서 하위항으로만 해석되는 것은 명령문의 독특한 특징이고, 이것은 상위항 해석의 고정함축이 명령의 일부가 될 수 없기 때문이다.

다음 절에서는 양태의 종류와 강도에 따른 두 의미의 가능성을 논의하는데, 그에 앞서 "-(이)나"구가 초점구와 일치하지 않는 경우 어떤 구조를 가정하고 어떻게 해석되는지 논하겠다.

3.4. 초점, 초점구, 그리고 초점연산자

앞에서 "-(이)나"구보다 더 큰 구의 대체항이 의미해석에 관여되는 것을 보았는데, 이것에 대하여 논의할 필요가 있다.

(57) 인호는 가축이나 키우기보다는 공장이나 운영하기를 원했다.

"가축"과 "공장"에 "-(이)나"가 결합되었지만, "가축을 키우다"와 "공장을 운영하 다"가 대체항으로 작용한다. 어떤 대체항이 관여되는지는 맥락에 의해 결정되지만, 다른 한편으로, 합성성의 원리에 따라 해석을 하려면 어떤 방식으로든 해석에 관여되는 대체항의 집합이 어떤 구에 의하여 결정되는지 분명하여야 한다. 그런데 이것이 간단하지 않다.

초점연산자가 해석될 때 대체항을 바탕으로 해석되는데, 대체항의 원천은 어떤 구 안에 있는 초점이 되는 것이 일반적이다. 그런데, Drubig(1994)가 지적하였듯이, 초점을 받는 표현과 해석에 사용되는 대체항을 결정하는 구를 구분하여야 한다. 여기서 대체항을 결정하는 구를 초점구(Fosus Phrase)라고 하면, 초점과 초점구 사이에는 통사적 제약이 없다.[14)]

(58) $[서울]_F$에서 출발한 사람들이나 쉽게 공항에 간다. (다른 곳에서 출발한 사람들은 공항에 어렵게 간다.)

이 문장에서 대체항의 원천은 "서울"이며, 이것이 대체항을 생성하는데, "서울"은 관계절 속에 있지만 그 절을 뛰어 넘어 "-(이)나"와 연결되어 최소한 "-(이)나"구의 대체항들을 바탕으로 해석하게 된다.

그런데, "-(이)나"는 그 자체가 대체항을 이용하여 해석하는 초점연산자가 되지 않는다. 이것을 직관적으로 더 쉽게 확인하기 위하여 비슷한 의미를 가지는 "-만"과 비교하자.

(59) 미나만 오면, 인호가 요리를 한다.

a. 미나가 오고 다른 사람이 안 오면 인호가 요리를 한다.

b. 미나가 오면 인호가 요리를 하고, 다른 사람이 오면 인호가 요리를 하지 않는다.

(60) 미나나 오면, 인호가 요리를 한다.

---

14) 이것은 우리말에도 그대로 적용된다. 염재일(2001) 참조.

a. *미나가 오고 다른 사람이 안 오면 인호가 요리를 한다.

b. 다른 사람이 오면 인호가 요리를 하지 않는다.

조건문의 선행절이 통사적 섬(syntactic island)을 형성한다고 하면, "-만"/"-(이)나"구가 조건문의 선행절에서 주절로 이동한다고 가정하기 어렵다. 그런데 (59a) 해석은 "-만"구가 조건문의 선행절 내에서 해석되므로 그 구를 초점연산자로 취급하여도 문제가 없을 것 같다. 그러나 (59b) 해석은 주절에 뭔가 별도의 초점연산자가 있다고 해야 할 것이다. 따라서 이 해석을 위해서는 "-만"구가 최종적으로 대체항을 결정하는 것이 아니다. 이러한 해석을 (60)에 적용할 수 있는데, (60a)의 해석은 부자연스럽고 (60b) 해석만 가능하다. 여기서 (59b)-(60b)의 해석은 "-만"/"-(이)나"구가 필요한 대체항을 결정하지 않는 것이 일반적일 수 있다는 것을 보여준다. 특히 "-(이)나"는 이런 해석만 허용하는 것이다.

이와 같이 통사적 이동 없이 해석되려면 어떤 식으로든 외부에 "-(이)나"의 의미가 반영되도록 해석되게 하는 초점연산자를 주절에 가정해야 한다. 여기서 Jacobs(1984)가 주장하듯이 ASSERT와 같은 발어행위(illocutionary act)에 해당하는 연산자 OP를 가정할 수 있을 것이다. 이것이 "-(이)나"구를 결속함으로써 그 연산자 가 "-(이)나"의 의미를 반영한다고 가정해야 한다.

게다가, (57)을 위해서는 "-(이)나"와 결합하는 명사구가 아니라 그보다 큰 동사구 가 초점을 받는다고 가정해야 한다. 따라서 "-(이)나"를 위해 다음의 두 구조를 가정할 수 있다.[15]

(61) a. ϕ(XP-(이)나) = OPi $[_{YP}$ … $[_{XP}$ … $[_{ZP}$ … $]_{F}$ …]-(이)나i …]

b. ϕ(XP-(이)나) = OPi $[_{YP}$ … $[_{ZP}$ … $[_{XP}$ …]-(이)나]i …$]_{F}$ …]

(61a)에서처럼 "-(이)나"구 안에 대체항의 원천이 있을 수도 있고, (61b)에서처럼 "-(이)나"구 밖에 대체항의 원천이 있을 수도 있다. (61b)가 가능한 것은 OP가 훨씬 밖에 있기 때문이라고 생각된다.

본 소절에서 대체항이 "-(이)나"구에 의하여 결정되지 않음을 보였다. 일반적인 초점 현상에 대한 논의는 별도의 논의가 필요할 것이다.

15) 여기서 문장은 주절일 필요는 없다. 종속절에 대해서도 같은 얘기를 할 수 있다.

4. 양태와 상위항/하위항 해석

4.1. 추측

앞에서 부정문을 통하여 두 의미를 정의하고, 의문문과 명령문에서 두 의미의 허용 여부가 어떻게 결정되는지 설명하였다. 본 절에서는 양태의 종류와 양태의 강도에 따라 두 의미의 허용 여부가 결정되는 것을 보인다. 양태는 가능세계에 대한 양화현상으로 제약부와 핵영역부로 나누어 생각할 수 있는데, 논의의 복잡성을 피하기 위하여 핵영역부에 나타나는 "-(이)나"구에 대해서만 논의하겠다. 우선 추측과 관련된 양태를 보겠다.

추측은 인식적 양태와 형이상학적 양태의 추측을 생각할 수 있다.[16] 인식적 양태는 직접적인 증거가 아니라 현재의 정보상태에 근거해서 어떤 것이 참일 것이라고 추측하는 것이다. "겠"은 인식적 양태의 전칭양화의 추측에 해당한다. 전칭양화의 추측은 확신을 가지고 하는 추측이므로 추측의 내용이 기대와 일치해야 하며, 기대치를 넘는 어떤 내용을 확신을 가지고 추측을 하지는 않을 것이라 예측을 할 수 있다. 따라서 기대치보다 높다는 고정함축을 가지는 상위항 해석의 "-(이)나"는 쓰이지 않을 것이라는 예측이 가능하다. 이것이 경험적으로 뒷받침된다.

(62) a. 인호는 {꼴찌나, ??2등이나} 하겠지.
　　 b. 인호는 {세 마리나, ??백 마리나} 사겠지.

여기서 "이등이나"와 "백 마리나"가 하위항으로 해석되는 경우는 문제가 없지만, 상위항으로 해석되면 어색하다.[17]

반면에 존재양화의 추측은 기대 이상의 상황도 가능성이 조금이라도 있으면 가능하므로 상위항 의미가 허용된다. (63)에서 "2등이나"는 기대 이상의 성과를 말하는 것으로 문제가 없다.

---

16) 두 양태의 자세한 논의는 염재일(2005) 참조.

17) 만약 제약부에 "-(이)나"구가 나타나면 문제가 없는 것 같다.
(i) 대통령이나 그 일을 하겠지.
여기서 "대통령이나"는 상위항 해석을 받는데 그 구가 제약부로 해석되기 때문이다.

(63) a. 인호가 {꼴찌나, 2등이나} 했을지도 모르지.

b. 인호가 {세 마리나, 백 마리나} 샀을지도 모르지.

추측에서 형이상학적 양태는 지식/정보에 관한 것이 아니라 실제 상황에 비추어 인과관계에 근거하여 앞으로 어떤 일이 일어날 것이라는 것을 추측하는 양태이다. 이런 양태는 화자의 정보상태에서 추측하는 것이 아니므로 기대 이상이라는 인식적 내용의 영향을 덜 받을 것이라는 예측이 가능하다. "-(으)ㄹ 것"이라는 표현은 형이상학적 양태의 전칭양화 추측, 즉 '틀림없이 어떨 것'이라는 것을 나타내는데, 이와 함께 쓰이는 "-(이)나"는 상위항 의미가 허용된다. 그리고, 전칭양화에서 상위항 해석이 가능하므로 가능성을 나타내는 존재양화의 경우에도 당연히 상위항 해석이 허용될 것이라 예측된다.

(64) a. 인호는 {꼴찌나, 이등이나} 할 거야.

b. 인호는 {한 마리나, 백 마리나} 살 거야.

(65) a. 인호가 {꼴찌나, 이등이나} 할 수도 있어.

b. 인호가 {한 마리나, 백 마리나} 살 수도 있어.

이와 같이 추측의 양태에서 양태의 성격에 따라서, 그리고 양화의 강도에 따라서 "-(이)나"의 상위항 의미의 수용 여부가 결정된다. 다음은 사실적인 기원과 반사실적 인 기원, 즉 후회의 양화에서의 상위항 의미의 수용 여부를 논의하겠다.

4.2. 기원과 후회

기원은 실제로 바라는 내용을 말하는 것인데, 기원의 양태드 순위결정원에 따라서 선호의 방향이 바뀔 수 있다. 예를 들어, 어떤 사람이 내일 아침 일찍 무슨 중요한 일을 해야 하는 상황에서는 그 사람에 대하여 호의를 가지는 사람은 그 사람이 내일 일찍 일어나는 것을 바랄 것이다. 그러나, 화자가 어떤 사람이 일어나기 전에 몰래 무슨 일을 도모하고자 하는 경우 화자는 그 사람이 늦게 일어나기를 바랄 수 있다. 따라서 다음의 두 문장은 다른 맥락 속에서 자연스러울 수 있다.

(66) a. 인호가 늦게나 일어나야 할텐데. 그래야 몰래 가방 싸서 나가지.

b. 인호가 일찍이나 일어나야 할텐데. 그래야 내 편지를 먼저 볼텐데.

이 예에서 “늦게”나 “일찍”이나 모두 바라는 내용이 될 수 있다. “일찍이나”도 상위항으로 해석되는 것도 문제가 없다.

수량의 표현에서도 상위어나 하위어나 모두 허용된다.

(67) a. 책이 서너 권이나 팔려야 할텐데. 그래야 내가 더 많이 사지.

b. 책이 백 권이나 팔려야 할텐데. 그런데 그렇게 팔리겠어?

“서너 권”과 “백 권”이 각각 하위항과 상위항으로 해석되는 데 문제가 없다. 그리고 “백 권”이 기대보다 많다는 고정함축을 가정하더라도 그런 예외적인 상황이라도 이루어지기를 바랄 수 있는 것이다.[18]

반면에 후회하는 문장은 다른 양상을 보인다. 하지 않은 것을 후회하는 문장도 언급되는 것이 사후적이지만 좋은 선택지라고 말하는 것이라는 점에서 기원의 문장과 비슷하다.[19]

(68) {늦게나, 일찍이나} 만날 걸.

원리를 생각하면, 상위항 해석을 하지 못하는 이유는 상위항 해석은 언급된 것이 기대 이상이라는 고정함축을 가지는데, 이러한 고정함축과 어울리려면 전에 고려되지 않은 뜻밖의 것이어야 한다. 이미 고려대상에 포함되었었고 선택하지 않은 것을 언급하면서 새삼 기대 이상이라고 놀라는 것은 부자연스럽다. 이런 점에서 하지 않은 것을 후회하는 것은 단순히 기원하는 것과는 다른 해석을 하게 된다.

수량어도 상하위항의 순서가 정해져 있고 하위항 해석만 자연스럽다.

(69) a. ??그 책을 백 권이나 살 걸.

---

18) 혹시 선호의 문제가 있을 수 있는데, 만약 적을수록 좋은 경우에도 적은 수는 하위항, 큰 수는 상위항인 것이다.

(i) 문제를 서너 개나 틀려야 할 텐데.

여기서 “서너 개”는 여전히 적은 수라는 느낌은 있으나 자연스러워진다. 적게 틀릴수록 좋은 것이기 때문이다. 만약 서너 개를 큰 수로 바꾸면 누군가를 저주하는 것 같은 효과를 원하지 않는 한 이상하게 느껴진다.

19) 그러나 후회하는 경우 이미 시행한 것이 있고 그것이 먼저 선택된 대체항이고 언급되는 것은 우선적 선택지가 아니라는 것이다. 그래서, 후회의 문장에서는 언급된 대체항이 항상 하위항으로 해석된다. (68)에서 “일찍이나”도 하위항으로 간주된다.

b. 그 책을 서너 권이나 살 걸.[20)]

(69a)에서 "백 권"은 이미 알고 있는 선택지이고 선택하지 않았던 것인데, 그것을 언급하면서 기대 이상이라는 가정을 하는 것이 자연스럽지 않다. 반면에 (69b)에서 "서너 권"은 하위항으로 해석될 때 자연스럽다.[21)]

후회하면서 어떤 대체항을 언급할 때는, 언급된 것은 우선적으로 선택된 것이 아니기 때문에 상위항 해석이 배제된다. 상위항 해석이 가지는 기대 이상의 고정함축은 후회와는 서로 어울리지 않는 것이다.

5. 결론

"-(이)나"의 두 가지 의미는 한 형태소가 맥락이나 문장의 유형에 따라서 상위항, 혹은 하위항으로 해석되는 것이 아니고, 두 의미가 서로 독립적이다. 형태론적으로는 두 해석을 유발하는 "-(이)나"라는 표현이 다르다는 증거를 찾기는 어렵다. 그러나 의미 상 서로 독립적이므로 두 어휘소(lexeme) "-(이)나1"와 "-(이)나2"가 있다고 가정하는 것이 옳다.

그리고, 문장의 유형이나 문장 해석에 따라서, 양태의 종류와 강도에 따라서 두 의미의 수용 여부가 결정된다. 여기서, 상위항 의미의 고정함축이 명령문에서는 허용되지 않고, 의문문은 확인하는 질문의 해석을 요구한다. 반면, 하위항 해석은 상위항에 대한 부정의 의미가 함의의 일부로 포함될 뿐 다른 제약이 없다. 그래서 이 해석에는 제약이 별로 없다.

---

20) 상황에 따라서 둘 다 좋을 수도 있고 하나만 좋을 수도 있다. 일찍 일어나는 것과 늦게 일어나는 것이 서로 의존적이면 하나만 선호될 것이다. 일찍 생각하면 나중에도 계속 생각하고 있는 것이므로 늦게야 생각해야 하기를 바라는 것은 이상한 상황이 된다.

(i) a. {??늦게나, 일찍이나} 좀 생각할걸.

b. 차로 보낼 거면 {?늦게나, 일찍이나} 출발시켜 주던지.

일찍 무슨 일이 일어나면 그 사건의 영향/결과가 늦게까지 유효하기 때문이다.

21) 예외처럼 보이는 경우로, 사과를 1개, 10개, 100개 단위로 파는데 10개를 사고 나서 나중에 후회하면서 다음과 같이 말한다고 가정하자.

(i) 사과를 100개나 살 걸.

이 경우에도 "-(이)나"구는 하위항으로 해석되며, 여기서는 수량어가 만드는 일반적인 순서를 가지는 대체항이라기보다는 서로 대등한 선택지로서 주어졌지만, 먼저 선택한 것이 상위항으로, 나중에 선택하는 것이 하위항으로 취급된다고 할 수 있을 것이다.

이런 결론은 "-(이)나"의 다른 구조에서의 용법에 대한 연구의 중요한 출발점이 된다. (1)-(4)에서 언급했듯이 "-(이)나"가 다른 구조에도 사용되는데, 이들이 같은 형태소인지에 대하여 많은 논의가 있다. 그런데, 가장 기본적인 구조라 할 수 있는 "XP-(이)나"에서의 "-(이)나"의 의미가 일관되게 정의되지 않으면 많은 혼란이 있을 수 있다. 본 논문은 결과적으로, 다른 구조에서의 "-(이)나"는 하위항 의미를 가지는 것이라는 결론을 내릴 수 있다. 이 점에서 본 연구는 많은 시사점이 있다고 할 수있다.

참고문헌

Chae, Wan. (1993) "Review of items of semantic particles," Chintanhakpo 82, 69-92. [채완. 1993. "특수조사 목록의 재검토," 진단학보 82, 69-92.]

Choi, Hyenpay. (1961) The Korean Grammar. Seoul: Cengummwunhwasa. [최 현배. 1961. 우리말본. 정음문화사.]

Chung, Daeho, Chungmin Lee, and Seungho Nam. (2002) "The semantics of particles '-ina' and '-to' with a classifier phrase in Korean," *Language Research* 38(1), 319-337. [정대호, 이정민 & 남승호. 2002. "'-이나'와 '-도' 의 의미론: 분류사구와 결합하는 경우를 중심으로," 어학연구 38(1), 319-337.]

Drubig, Hans Bernhard. (1994) "Island constraints and the syntactic nature of focus and association with focus," Arbeitsbericht Nr. 51 des Sonderforschungsbereichs 340, Universität Tübingen.

Heim, Irene. (1983) "On the projection problem for presuppositions" In Barlow, M. and Flickinger, D. and Westcoat, M. (eds.), Second Annual West Coast Conference on Formal Linguistics, Stanford University, 114-126.

Hong, Saman. (1983) "A semantic analysis of the postposition 'lato'," Eomunhak 43, 207-226. [홍사만. 1983. "조사 '라도'의 의미 분석," 어문학 43, 207-226.]

Hong, Saman. (2002) A New Analysis of Korean Special Postpositions. Seoul: Yeklak. [홍사만. 2002. 한국어 특수조사 신연구. 역락.]

Horn, Laurence R. (1972) On the semantic properties of the logical operators in English. Doctoral dissertation, UCLA. Distributed by IULC, Indiana University, Bloomington, IN.

Horn, Laurence R. (1989) A natural history of negation. Chicago, IL: University of Chicago Press.

Hur, Woong. (1995) The Korean Mrophology of the 20th Century. Seoul: Saymmwunhwasa. [허웅. 1995. 20세기 우리말 형태론. 샘문화사.]

Jacobs, J. (1984) "Funktionale Satzperspektive und Illokutionssemantik," Linguistische Berichte 91, 25-58.

Kaufmann, Magdalena. (2012) Interpreting imperatives. Studies in Linguistics and Philosophy. Dordrecht: Springer.

Kim, Sektuk. (1995) Korean Morphology: Linguistics. Seoul: Top chwulphansa. [김석득. 1995. 우리말 형태론: 말본론. 탑출판사.]

Kim, Sungkon. (1989) Study of Korean Postpositions. Seoul: Kentay chwulphansa. [김승곤. 1989. 우리말 토씨 연구. 건대출판사.]

Kratzer, Angelika. (1977) "What 'must' and 'can' must and can mean," Linguistics and Philosophy 1, 337-355.

Kratzer, Angelika. (1981) "The notional category of modality," in Words, Worlds, and Contexts: New Approaches in Word Semantics, H. J. Eikmeyer and H. Rieser (eds.), 33-74. Berlin/New York: Mouton de Gruyter.

Lee, Chungmin., Daeho Chung, and Seungho Nam. (2000) "The Semantics of amu-N-to/-irato/-ina in Korean: Arbitrary Choice and Concession," Language and Information 4.2, 107-123.

Lee, Kitong. (1993) A Korean Grammar on Semantic-Pragmatic Principles. Seoul: Hankwukchwulphansa. [이기동. 1993. A Korean Grammar on Semantic-Pragmatic Principles. 한국출판사.

Lee, Kiyong. (1998) Tense and modality: Possible world semantics Vol 2. Seoul: Thayhaksa. [이기용. 1998. 시제와 양상: 가능 세계 의미론 Vol. 2. 태학사.]

Löbner, Sabastian. (1989) "German schon, erst, noch: An Integrated Analysis," Linguistics and Philosophy 12, 167-212.

Mok, Jungsoo. (2003) The Theory of the Korean grammar. Seoul: Welin. [목정 수. 2003. 한국어 문법론. 월인.]

Nam, Kisim. (1993) Uses of Korean postpositions. Seoul: Sekwang hakswulcalyosa. [남기심. 1993. 국어 조사의 용법. 서광학술자료사.]

Park, Jae yon. (2005) "On the relation of epistemic modality and interrogative," *Language Research* 41(1), 101-118. [박재연. 2005. "인식 양태와 의문문의 상관관계에 대하여," 어학연구 41(1), 101-118.]

Ryu, Byung Ryul. (2009) "On the conjunction of '-(i)na (-(i)na)'," Hankwuke Uymihak 29(0), 29-56. [류병열. 2009. "한국어 접속조사 '-(이)나' ((-이)나)," 한국어 의미학 29(0), 29-56. van der Sandt, Rob. 1992. "Presupposition projection as anaphora resolution," Journal of Semantics, 9, 333-377.

Yang, In Seok. (1973) "Semantics of Delimiters," *Language Research* 9-2, 84-122. Yeom, Jae-Il. 1998. A Presuppositional Analysis of Specific Indefinites: Common Grounds as Structured Information States. NY/London: Garland.

Yeom, Jae-Il. (2001) On the distribution of '-(n)un'. Language and Information 5.2, 57-74. [염재일. 2001. "'-(은/는)'의 분포에 대하여," 언어와 정보 5.2, 57-74.]

Yeom, Jae-Il. (2005) A The Comparative Study of the Modalities of '-keyss' and '-(u)l kes' in Korean. Language and Information 9.2, 1-22. [염재일. 2005. '겠'과 '을 것'의 양태 비교 연구. 언어와 정보 9.2, 1-22.]

Yeom, Jae-Il. (2006) "Numerals and Pragmatic Interpretations," Language and Information 10.2, 47-65.

Yeom Jae-Il. (2017) "Interpretations of Numerals and Structured Contexts," in Lee, C., F. Kiefer & M. Krifka (eds.) Contrastiveness in Information Structure, Alternatives and Scalar Implicatures, Studies in Natural Language and Linguistic Theory 91, 305-320. Cham, Switzerland: Springer.

Yeom, Jae-Il. (2018) "Imperatives as world changers," ms. (available from https://www.researchgate.net/project/Imperatives-as-world-changers)

Yeom, Sunmo. (1978) A study of delimiters in Korean. Paytalmal 3(0), 74-103. [염선모. 1978. 한정사 연구. 배달말 3(0), 74-103.]

Yoon, Jae-Hak. (2000) Conjunctive -ina "or". Language and Information 4-2, 41-54. [윤재학. 2000. "연접적 '이나'," 언어와 정보 4-2, 41-54.]

XV 한국어 수사 의문문 분석: 진리치 초점의 관점에서

15

한국어 수사 의문문 분석: 진리치 초점의 관점에서

강아름

1. 서론

본 장은 한국어 수사 의문문의 의미에 대한 연구이다.* 표준국어대사전에서 정의한 수사 의문문의 정의는 다음과 같다.

(1) 문장의 형식은 물음을 나타내나 답변을 요구하지 아니하고 강한 긍정 진술을 내포하고 있는 의문문. 예를 들어 "철수한테 책 한 권 못 사줄까?"의 '못 사줄까'는 '사 줄 수 있다'는 뜻을 나타낸다.

수사 의문문에 대한 연구는 그간 광범위하게 진행되었으며(박종갑 1982, 남기심·고영근 1985, 김영희 2005, Caponigro & Jon 2007, 박재승·권선아 2009, 서정수 2013, 박진호 2019, Biezma & Rawlins 2017, 강규영 2022, Ahn & Kang 2020, Park & Kang 2020, Kim & Kim 2022, 등), (1)의 정의를 기반으로 한국어 수사 의문문은 의미화용적인 측면에서 다음과 같은 주요 특징을 지닌 것으로 알려져 있다. 첫째, 수사 의문문은 형식은 의문문이지만 강한 단언(strong assertion)을 이행한다. 둘째, 청자에게 답을 요청하는 일반 의문문과 다르게 단언의 힘을 지닌 수사 의문문은 화용적으로 청자에게 정보를 제공하여 공통 기반(common ground)을 갱신(update)한다. 셋째, 수사 의문문은 극성이 전환된 함축을 발생시킨다. 따라서 긍정문의 구조를 지닌 수사 의문문은 부정문으로 해석되고 부정문의 구조를 지닌 수사 의문문은

* 본 원고는 언어와 언어학 105호에 게재된 논문이다.

긍정문으로 해석된다.[1)]

본 장의 연구 대상이 되는 수사 의문문의 대표적인 예시는 아래와 같다.

(2) 맥락: 철수는 수요일에 학교에 나오지 않고 이 사실을 수지와 영희가 알고 있다. 이번 주 수요일에는 학교에 축제가 열린다.

수지: 수요일에 철수가 올까?

'Is 철수 coming on Wednesday?'

영희: 수요일에 철수가 오겠니?

'Would 철수 come on Wednesday?'

(Bias: 영희 believed that 철수 isn't coming on Wed.)

위 맥락에서 대화 참여자인 수지와 영희는 수요일에는 철수가 학교에 나오지 않는다는 것을 알고 있다. 그런데 수지가 이번 주 수요일은 축제가 있으므로 예외적으로 등교할 가능성에 대한 물음을 던지고 있다. 이에 대한 응답으로 영희는 자신의 믿음을 근거로 철수는 수요일에 예외없이 학교에 오지 않으며 따라서 수지는 만날 수 없을 것이라는 부정의 답을 수사 의문문으로 제공하고 있다. 위 예문에서 "수요일인데 철수를 만나겠니?"는 "수요일인데 철수를 (학교에서) 만날 수 없다"는 극성이 전환된 강한 부정 진술을 함축하여 대화 참여자들간의 공통 기반을 갱신하며 이는 앞서 서술한 수사 의문문의 조건과 특징에 부합한다.

그간 수사 의문문의 많은 연구에도 불구하고 형식적인 분석에 대한 연구는 드물었으며 특히 초점(focus)과 관련하여 분석한 연구는 전무하다. 본 장은 한국어 수사 의문문을 진리치 초점(Verum Focus; VF)에 근거하여 수사 의문문에 대한 형식적인 분석을 시도할 것이다. 구체적으로 Goodhue(2018)와 위혜경(2023)의 논의를 따라 수사 의문문은 강조된 부정의 극성값(negative pclar value)을 가진 구조로 간주한다. 강조된 극성값은 화자의 관심이 집중되어 있는 극성 초점(Polarity Focus)으로 표지되며 극성값을 제외한 나머지 문장의 내용은 문맥상 명시적으로 혹은 암시적으로 주어진 정보이다. 이는 VF에 대한 이론 중 VF 연산자(Romero&Han 2004)의 관점이 아닌 일반 초점 분석(Rooth 1992, 1996)을 따르는 견해이다.

본 논문은 다음과 같이 진행된다. 2장에서는 한국어 수사 의문문 발생의 적정 조건을 정리한다. 3

1) 한국어 수사 의문문은 광의의 범위를 가지나 본 장의 연구 대상이 되는 수사 의문문은 위의 주요 속성을 가진 것으로 그 범위를 제한한다.

장에서는 진리치 초점에 대한 선행 연구를 소개한다. 4장에서는 위혜경(2023)에 기반하여 한국어 수사 의문문의 진리치 초점과 양극성 의문문을 분석한다. 5장은 결론이다.

2. 수사 의문문 발생의 적정 조건

2.1 공통 기반

공통 기반이란 대화 참여자들이 공유하는 정보로서(Stalnaker 1978) 문맥 집합(context set)으로 모델링될 수 있다. 문맥 집합은 가능 세계들이 모여 구성된 집합 {w, w', …}으로 대화가 진행됨에 따라 순차적으로 갱신된다. 단언문 ϕ가 주장될 때, 다음과 같이 ϕ를 문맥 집합 c에 추가함으로써 문맥 집합은 업데이트 된다.

(3) $c + \phi = \{w \in c \mid \phi w\}$

대화 참여자는 세상에 대한 완전한 정보가 없기 때문에 대화를 할 때 가설을 '후보'로 세우고 후보자 집합의 범위를 축소시키기 위한 집단적 노력을 한다. ϕ가 발화되면, ϕ가 문맥 집합 c를 업데이트하고 c는 ϕ가 참인 세계의 집합으로 제한된다. 따라서 명제가 더 많이 발화될수록, c의 영역은 축소된다. 문맥 집합은 가능 세계들의 집합인 동시에 명제의 집합이기도 하다. 이러한 명제 집합을 C로 명명한다. C의 영역은 적절한 문맥(relevant context)에 의해 제한된다.

한국어 수사 의문문이 적정하게 발생되는 조건에는 공통 기반이 중요한 역할을 한다. 첫째, 수사 의문문을 구성하는 명제 p에 대해 발화자는 세상의 지식에 근거한 공통 기반을 근거로 발화될 수 있다. 아래 예시에서는 영희가 실제 날씨에 대한 직접적인 증거가 없더라고 일반적으로 보스톤 겨울의 날씨가 좋지 않다는 공통 기반을 근거로 수사 의문문을 자연스럽게 발화할 수 있다.

(4) 맥락: 보스톤의 한 대학이다. 추운 겨울 영희는 창문이 없는 지하 연구실에서 하루종일 연구를 하고 있으며 바깥 날씨가 어떤지 알 수 없다. 연구원 동료인 수지가 연구실로 들어오며 "날씨 정말 싫다!"라고 말한다. 영희가 수지에게 말한다.

영희: 그럼 보스톤 겨울 날씨가 좋겠니?

공통 기반 제약은 문맥 집합 c를 구성하는 가능 세계의 명제들은 수사 의문문을 형성할 수 있다. 앞서 문맥 집합은 명제 집합 C를 구성하며 C의 영역은 적절한 문맥에 의해 제한된 부분집합이라 정의하였다. 적절한 문맥에 의해 명제 집합 C를 구성하는 명제는 수사 의문문을 형성할 수 있게 된다. 아래의 예시를 보자.

(5) 맥락: 영희는 우유를 먹지 못하고 수지는 이것을 알고 있다.
수지: 네가 커피를 좋아하니까 라떼를 주문할게."
영희: 내가 라떼를 마시겠니?

라떼를 주문한다는 의미는 라떼를 주문한 다음 그것을 마시겠다는 의미를 함축한다. 즉 "라떼를 주문할게"라는 단언으로 업데이트 된 명제 집합 C는 "라떼를 마실 것이다"다는 가능 세계의 집합도 문맥 집합의 부분집합으로 포함시킨다. 따라서 "라떼를 마실 것이다"라는 명제는 문맥 집합으로 업데이트 되며 C의 원소가 된다. 이에 따라 해당 명제는 수사 의문문을 형성할 수 있다.

둘째, 수사 의문문이 적절히 발생하려면 맥락 상 논란을 전제하는 선행 문맥이 존재해야 한다. 수사 의문문이 갱신하는 정보는 논란이 되는 선행 문맥에 대한 극성(부정 혹은 긍정)을 가진 응답이다. 다시 말해 화자의 입장에서 선행 발화가 논란의 여지가 있다고 보았을 때, 그에 대해 긍정을 하거나 부정을 하여 공통 기반을 업데이트 하는 것이다. 선행 발화가 평서문이라면 평서문과 그 평서문이 동반하는 문맥 집합에 대해 긍정 혹은 부정한다. 선행 발화가 의문문이라면 의문문의 외연인 두 극성 명제의 집합 {p, ¬p} 중 하나의 명제를 선택하거나 그 의문문이 동반하는 문맥 집합에 대해 긍정 혹은 부정한다. 각 경우의 예시는 아래와 같다. 먼저 평서문의 선행 발화에 대해 수사 의문문이 선행 발화에 대한 부정으로 응답하는 경우이다.

(6) 맥락: 철수는 수요일에 학교에 나오지 않고 이 사실을 수지와 영희가 알고 있다. 이번 주 수요일에는 학교에 축제가 열린다.
수지: 수요일은 축제니까 철수가 학교에 올거야.
영희: 수요일인데 철수가 학교에 오겠니?

수지는 논란이 되는 명제에 극성 정보를 더하여 공통 기반을 갱신하였다. 논란이 되는 이유는 수요일에 철수가 학교에 나오지 않는다는 공통 기반에 반하여 수요일에 철수를 학교에서 만날 수 있다고 하였기 때문이다. 위의 대화를 형식적으로 표상하면 아래와 같다.

(7) 맥락: ㄱp where p: 수요일에 철수가 학교를 온다.
수지: p
영희: (I believe that) ㄱp

영희는 명제 p에 대한 응답으로 부정 극성의 정보를 담은 ㄱp를 수사 의문문의 형태로 제공하였다. 선행 발화가 의문문인 예는 앞선 (2)의 예시이고 아래와 같다.

(8) 맥락: 예문 (6)과 동일
수지: 수요일에 철수가 올까?
영희: 수요일에 철수가 오겠니?

(9) 맥락: ㄱp where p: 수요일에 철수가 학교를 온다.
수지: ?p = {p,ㄱp} where p: 수요일에 철수가 학교를 온다.
영희: (I believe that) ㄱp

위 예문에서 영희는 수지가 제공한 두 극성 명제의 집합 {p, ㄱp}에 대해 긍정과 부정 중 하나인 부정을 선택하였다. 즉 위 예문에서 수사 의문문의 발생은 {수지는 수요일에 학교에서 철수를 만날 것이다, 수지는 수요일에 학교에서 철수를 만나지 않을 것이다}의 선택을 전제하게 된다. 이 중 부정 극성 정보를 담은 '수지는 수요일에 학교에서 철수를 만나지 않을 것이다'를 선택하게 되어 수사 의문문이 발화되었다.

이 때 중요한 것은 선행 문맥은 발화자의 입장에서 논란의 여지가 있다는 것이 중요할 뿐 선행 발화에 대한 동조와 반대의 여부가 수사 의문문의 발생에 영향을 끼치지 않는다는 점이다. 아래의 예시를 보자.

(10) 맥락: 예문 (6)과 동일
수지: 아마도 수요일에 철수가 학교에 안 오겠지.

영희: 그래. 수요일인데 오겠니?

(11) 맥락: ¬ p where p: 수요일에 철수가 학교에 온다.

수지: ◇¬ p

영희: (I believe that) ¬ p

예문 (10)에서 수지는 철수를 만나지 못할 가능성에 대해서 추측하고 있다. 이에 대해 영희는 수지의 의견에 동조하며 철수를 만나지 못할 것이라는 강한 단언을 수사 의문문을 통해 표현한다.

2.2 편향적 해석

수사 의문문이 적절하게 발생하기 위한 두 번째 조건은 편향성이다. 수사 의문문은 맥락과 화자의 믿음에 강한 편향성(bias)이 갖추어져야 한다. 편향성과 관련한 의문문 구조로는 상위부정형 의문문(High Negation Polar Question; Romero&Han 2004)이 대표적으로 논의되어 왔다. 상위부정형 의문문은 극성 초점 의문문(polarity focus question)과 큰 유사성을 가지고 있다. 화자가 질문의 반대 극성(the opposite polarity)에 대한 답에 편향성(bias)을 가지고 있기 때문이다(Goodhue 2018a,b, 2022). 예시는 아래와 같다(Romero&Han 2004: (6)).

(12) A: Ok, now that Stephan has come, we are all here. Let's go!

B: Isn't JANE coming? (Bias: B believed that Jane is coming.)

위 예문에서 상위 부정형 의문문으로 구성된 B의 답은 Jane이 오는 것에 대한 화자의 편향성을 표현한다.

박유경(2020)은 한국어에서 장형부정 의문문이 영어의 상위부정형 의문문에 대응하며 편향성 해석과 깊이 관련이 있다고 주장하였다. 편향성은 증거성 편향성(evidential bias)과 인식적 편향성(epistemic bias)으로 구분될 수 있는데(Sudo 2013), 증거성 편향성이란 맥락 증거에 대해 편향적인 태도가 함축된 경우이고 인식적 편향성이란 화자의 인식적 추론에 기반한 편향적 태도 의미이다. 박유경은 한국어 장형부정 의문문의 적정적 발생은 맥락적 증거는 필요 없지만 인식적 편향성이 필요하다고 주장하며 다음과 같은 예시를 보였다(박유경 2020: (36), (39)).

(13) 맥락 증거 없음, p에 대한 화자의 편향된 믿음 있음

미나: 어제 저녁에 뭐 했어?

경호: 케이팝 슈퍼콘서트 갔다 왔어. 재밌더라.

미나: 나도 꼭 가고 싶었는데... 아이유가 오프닝 무대를 했지 않아?(14)¬ p에 대한 맥락 증거 있음, p에 대한 화자의 편향된 믿음 있음 영숙은 방금 집에 도착했고, 딸 혜리가 학교를 마치고 집에 왔을 시간이라고 예상한다. 그러나 집을 다 둘러보아도 혜리는 보이지 않는다. 영숙은 집에 있는 아들에게 묻는다.

영숙: 혜리가 집에 왔지 않니?

위의 예시에서는 상위부정형에 대한 두 가지 적정 조건을 제시한다. 첫째, 긍정명제 p에 대한 화자의 인식적 편향성이 있어야 한다. 둘째, 화자 개인의 믿음뿐만 아니라 화청자간의 공유된 믿음을 전제한다. 박유경은 Romero & Han(2004)의 진리치 연산자(Verum Operator) 이론을 기반으로 장형부정 의문문의 의미를 분석하였다. 진리치 연산자는 해당 명제가 공통 기반에 포함되어 있는지를 검증하고 상위부정형 의문문의 의미에 반드시 포함되어야 한다. 그 의미기능은 다음과 같다(박유경 2020: (57ㄴ), (59)).

(15) 상위부정형: p에 대한 편향성을 갖는 맥락에서 p에 대하여 확인하여 묻는 의문문

(16) 미나가 왔-지 않니?

LF: [ForceP Q [NegP¬ [ForceP VERUM [NegP [IP 미나가 왔다]]]]]

{¬ VERUM(p), ¬¬ VERUM(p)} = {VERUM(p),¬ VERUM(p)}

그러다면 수사 의문문과 상위 부정형 의문문의 적정 조건을 비교해보겠다. 구체적인 비교를 위해 인식적 믿음과 맥락 증거의 유무에 따른 조합을 통해 살펴보도록 한다. 아래는 Goodhue(2018)를 기반으로 하여 박유경(2020)에서 제시한 표이다. (박유경 2020: (33)).

(17) 맥락증거와 인식적 편향성에 따른 상위부정형 의문문 분포

맥락유형	1	2	3	4	5	6	7	8	9
맥락증거	없음	없음	없음	ㄱp	ㄱp	ㄱp	p	p	p
화자의 편향적 믿음	없음	p	ㄱp	없음	p	ㄱp	없음	p	ㄱp
상위부정형	x	o	x	x	o	x	x	x	x

위 표에 근거하여 수사 의문문의 분포를 살펴 보겠다. 각 유형에 대한 구체적인 예시와 수사 의문문의 발생 가능성 여부는 아래와 같다.

(18) 맥락 1: 맥락 증거 없음, 화자의 편향적 믿음 없음

영희는 어제 회의에 참석했거나 참석하지 않은 사람을 확인하여 참석하지 않은 사람들에게 회의록을 메일로 보낼 생각이다.

수지: 영호는 어제 모임에 안 왔어.

영희: a. 그럼 철수는? #철수는 왔지 않아? [상위부정형 의문문; HNPQ]

b. 그럼 철수는? #철수가 왔겠니? [수사 의문문; RQ]

(19) 맥락 2: 맥락 증거 없음, p에 대한 화자의 편향된 믿음 있음

영희: 철수가 어제 저녁에 뭐 했대?

수지: 케이팝 슈퍼콘서트 갔다 왔대. 아이유가 왔다는데 오프닝 무대를 했을까?

영희: a. 그래? 아이유가 오프닝 무대를 했지 않아? [HNPQ]

b. 그래? 아이유가 오프닝 무대를 안 했겠니? [RQ]

(20) 맥락 3: 맥락 증거 없음, ㄱp에 대한 화자의 편향된 믿음 있음

영희는 아들 철수가 하교 후 아직 집에 오지 않았다고 생각한다. 집에 들어서자마자 딸 수지가 영희에게 묻는다.

수지: 엄마, 철수 집에 왔어요? 방에 없네요.

영희: a. #철수가 벌써 집에 왔지 않니? [HNPQ]

b. 철수가 벌써 집에 왔겠니? [RQ]

(21) 맥락 4: ㄱp에 대한 맥락 증거 있음, 화자의 편향된 믿음 없음

영희는 창문이 없는 지하 연구실에서 하루종일 연구를 하고 있으며 바깥 날씨가 어떤지 알 수 없다. 연구원 동료인 수지가 연구실로 들어오며 입구의 러그에 젖은 신발을 닦는다.

수지: 날씨 정말 싫다!

영희: a. #날씨가 좋았지 않니? [HNPQ]

b. #날씨가 좋았겠니?" [RQ]

(22) 맥락 5: ㄱp에 대한 맥락 증거 있음, p에 대한 화자의 편향된 믿음 있음.

방금 집에 도착한 영희는 아들 철수가 하교하고 집에 도착했을 시간이라고 예상한다. 그러나 집에 철수가 보이지 않는다. 딸 수지가 영희에게 묻는다.

수지: 엄마, 철수 집에 왔어요? 방에 없네요.

영희: a. ?철수가 집에 왔지 않니? 2층에 가 보렴. [HNPQ]

b. 철수가 집에 안 왔겠니? 2층에 가 보렴. [RQ]

(23) 맥락 6: ㄱp에 대한 맥락 증거 있음, ㄱp에 대한 화자의 편향된 믿음 있음

영희는 창문이 없는 지하 연구실에서 하루종일 연구를 하고 있으며 바깥 날씨가 어떤지 알 수 없지만 일기예보를 통해 지금쯤 폭우가 쏟아질 것으로 예상했다. 그 때 연구원 동료인 수지가 연구실로 들어오며 입구의 러그에 젖은 신발을 닦는다.

수지: 날씨 정말 싫다!

영희: a. #그럼 오늘 날씨가 좋았지 않니? [HNPQ]

b. 그럼 오늘 날씨가 좋았겠니? [RQ]

(24) 맥락 7: p에 대한 맥락 증거 있음, 화자의 편향된 믿음 없음

영희는 여행 출발에 앞서 인원 체크 중이다. 그 중 철수가 있는 것을 보았다.

수지: 철수도 왔네?

영희: a.#철수가 왔지 않니? [HNPQ]

b.#철수가 안 왔겠니? [RQ]

(25) 맥락 8: p에 대한 맥락 증거 있음, p에 대한 화자의 편향된 믿음 있음

영희는 철수가 아메리카노만 마시는 걸 알고 있다.

수지: 어제 철수하고 카페에 갔는데, 철수는 아메리카노를 주문하고 나는 카푸치노를 마셨어.

영희: a. #그럼 철수가 아메리카노를 마셨지 않아? [HNPQ]

b. 그럼 철수가 아메리카노를 안 마셨겠니? [RQ]

(26) 맥락 9: p에 대한 맥락 증거 있음, ㄱp에 대한 화자의 편향된 믿음 있음

방금 집에 도착한 영희는 아들 철수가 하교하고 아직 집에 도착하지 않았을 거라고 예상한다. 그런데 현관에 철수의 신발이 있는 것을 보았다. 딸 수지가 영희에게 묻는다.

수지: 엄마, 철수 집에 왔어요? 방에 없네요.

영희: a. #글쎄, 철수가 벌써 집에 왔지 않니? [HNPQ]

b. 글쎄, 철수가 벌써 집에 왔겠니? [RQ]

맥락 증거와 편향적 믿음의 조합에 따른 상위부정형 의문문과 수사 의문문의 분포를 표로 정리하면 다음과 같다.

(27) 맥락의 편향성과 의문문 분포

맥락유형	1	2	3	4	5	6	7	8	9
맥락증거	없음	없음	없음	ㄱp	ㄱp	ㄱp	p	p	p
화자의 편향적 믿음	없음	p	ㄱp	없음	p	ㄱp	없음	p	ㄱp
상위부정형	x	o	x	x	o	x	x	x	x
수사 의문문	x	o	o	x	o	o	x	o	o

상위부정형 의문문과는 다르게 수사 의문문은 맥락 증거의 유무에 영향을 받지 않는다. 다만 적절한 발생을 위해서는 긍정 명제 혹은 부정 명제에 대한 화자의 편향적 믿음이 반드시 존재해야 함을 알 수 있다.

박지상(2023)은 화자의 편향적 믿음에 대한 강한 단언이 한국어 수사 의문문의 특징이라 주장하며 박유경(2020)을 기반으로 상위부정형 의문문과 한국어 수사 의문문의 속성을 다음과 같이 비교하였다.

(28) a. 상위부정형 의문문: 명제 내용이 화청자의 공통 기반에 있다는 화자의 전제에 대해 청자의 '동의' 혹은 '인정'을 요구하는 의문문

b. 수사 의문문: 명제 내용이 화청자의 공통 기반에 있다는 화자의 전제에 대해 '강한 단언'과 '설득'을 목적으로 하는 의문문

본 장은 위의 구분에 동의하며 수사 의문문의 적정 조건을 다음과 같이 정의한다. 첫째, 수사 의문문이 적절히 발생하려면 공통 기반을 근거로 화자의 입장에서 논란을 일으키는 선행 문맥이 전제되어야 한다. 둘째, 수사 의문문은 논란이 되는 명제에 대해 화자의 강한 편향적 믿음을 반영하여 새롭게 의미가 부여된 명제 내용을 공통 기반으로 갱신하는 화행이다.

(29) 한국어 수사 의문문의 적정 조건

a. 공통 기반과 논란의 조건: 공통 기반 내의 선행 명제 내용이 화자의 입장에서 논란을 일으킴

b. 편향성의 조건: 논란을 일으키는 명제에 대해 화자는 자신의 강한 편향적 믿음을 반영하여 공통 기반을 새롭게 갱신

이 때 수사 의문문에 반영된 화자의 편향적 믿음은 전환된 극성값으로 표지가 된다. 이에 따라 적정 조건은 VF와 깊은 관련성을 지닌다고 볼 수 있다. 다음 장에서는 VF에 대한 선행 연구를 소개한다.

3. 선행 연구: 진리치 초점(Verum Focus)

본 장에서는 VF에 대한 다음 세 가지 갈래의 선행 연구를 소개한다. 첫 번째 견해는 VF가 문법적인 VERUM 연산자로서 명제의 진실성을 강조하는 의미를 발생시킨다는 주장이다(Romero&Han 2004, Gutzmann&Castroviejo Miró 2011, Gutzmann et al. 2020). 두 번째 견해는 VF를 별도의 의미 연산자가 아니라 Rooth(1992, 1996)의 일반적인 초점 이론으로 설명할 수 있는 극성 초점(polarity focus, PolF)으로 간주하는 견해이다(Wilder 2013, Samko 2016, Goodhue 2018). 즉 VF를 문장의 긍정 혹은 부정을 나타내는 극성 표현에 구현된 초점으로 분석한다. 세 번째는 Goodhue(2018)의 논의를 발전시킨 위혜경(2023)의 견해이다.

3.1. Romero & Han(2004)

Romero&Han은 아래와 같이 문장의 조동사에 강세가 있는 경우 명제의 진실성을 강조하는 의미가 발생되는 것에 주목하며 이러한 조동사의 강세를 VF로 간주하였다.

(30) John DID finish the homework.

VF에 대한 논의는 Höhle(1992)에서부터 시작한다. 독일어를 기반으로 Höhle은 VF가 주어진 명제의 진실성을 강조하는 역할을 한다고 주장하였다. 이를 기반으로 Romero&Han(2004)는 (30)에서 나타나는 조동사의 음운적 강세가 VF와 유사하며, 이 강세의 형식적인 의미화용적 분석을 위해 VF라는 문법적 연산자를 도입하며 이 연산자가 일종의 양상의 의미를 더하여 극성 초점에서 발생하는 진실성을 강조시키는 것으로 분석하였다.

VF 연산자는 인식적 편향 해석과 관련이 깊다. 예를 들어 아래 예문 (31)에서 VF를 내포한 긍정 의문문에서 화자 B는 Jane이 오지 않을 것이라는 인식 편향을 나타낸다. 반면 상위 부정 의문문인 예문 (32)에서 VF는 Jane이 올 것이라는 인식 편향을 유발한다(Goodhue 2018: (5), Romero&Han 2004: (6))

(31) B: Ok, now that Stephan has come, we are all here. Let's go!

A: Wait, Jane's coming, too.

B: IS Jane coming? (Bias: B believed that Jane isn't coming.)

(32) A: Ok, now that Stephan has come, we are all here. Let's go!

B: Isn't JANE coming? (Bias: B believed that Jane is coming.)

위의 예문은 B의 발화에서 문장의 부정 혹은 긍정에 대한 강조된 극성값과 인식 편향 해석이 특징인데, 이 두 의미는 VF 연산이 조동사와 상위부정에 관여하여 유발된다고 설명한다.

3.2. Goodhue(2018)

이후 VF가 진실성의 의미를 강조하는 문법적 연산자이기보다는 문장의 극성에 초점을 받는 극성 초점(Polarity Focus: PolF)이라는 주장이 제기되었다(Wilder 2013, Samko 2016, Goodhue 2018). Rooth의 초점 이론을 기반으로 한 극성 초점 이론은 VF는 이전 문맥에서 발생하는 극성 의문문 ?p를 전제할 때 발생한다고 분석하였다. Goodhue(2018)가 주목한 점은 ?p에 대한 답으로 PolF가 반드시 발생하는 것이 아니라 수의적이라는 것이다. ?p는 {p, ¬p}을 외연으로 가질 때, 어떤 극성 명제가 더 두드러진(salient)한 명제로 간주되느냐에 따라 PolF이 발생할 수도, 그렇지 않을 수도 있다. 아래의 예시를 보자 (Wilder 2013, Goodhue 2018: (4)).

(33) A: Are you happy?

a. B: I AM happy. (B emphasizes the truth of the proposition that B is happy.)

b. B: I'm happy.

(33A)에서 극성 의문문인 'are you happy?'의 의미는 표준 의미 이론에 따르면 긍정명제와 부정명제인 {p, ¬p}의 집합이다(Hamblin 1973, Groenendijk & Stokhof 1984). 이 때 p와 ¬p는 극성 의문문의 대답이 될 수 있는 명제이다(Hamblin 1973). Goodhue는 극성 의문문의 외연인 {p, ¬p}에 대해 발화자가 p를 두드러진 명제로 여기면 극성 강세가 없는 (33b)의 답을 하고, ¬p를 두드러진 명제로 여기면 극성 강세가 있는 (33a)의 답을 한다는 것이다. 어느 명제를 두드러진 선행사로 가지느냐에 따라 PolF를 가질 수도 있고 가지지 않을 수도 있게 되는 것이다.

Goodhue(2018)은 일반 극성 의문문에 대한 대답으로는 VF의 발생이 수의적이며 대조 극성문장이 전제될 때는 VF가 강력히 선호된다고 하였다. 위의 예문에서 PolF가 발생할 때 선행 명제는 대답과는 반대 극성을 지닌 ¬p이다. 이처럼 Goodhue는 PolF 발생의 적정 조건은 극성 의문문의 선행이 아니라 PolF를 지닌 p와 대조되는 극성을 지닌 명제 ¬p가 선행되어야 하는 것이라 주장하였다. 만약 이전 문맥에서 대조 극성의 ¬p가 선행하게 되면, 현저해진 대조극성의 선행사로 인해 PolF의 초점문이 초점 없는 문장에 비해 더 강력하게 선호된다는 분석이다. 예시는 아래와 같다.

(34) A: John didn't drink yogart.

B: He DID drink yogart.

VF는 '강조된 극성값'의 해석만을 가진다. 극성값(polar value)을 강조한다는 것은 그 극성값에 대한 화자의 관심이 집중되어 있음을 의미하며 극성값을 제외한 나머지 문장의 내용인 주어진 명제가 이미 문맥에서 발생을 하거나 암시적으로 주어진 정보로 존재할 때 발생할 수 있다. 극성값은 초점이고 나머지가 주어진(given) 정보일 때 극성값의 강조 의미가 발생한다.

3.3. 위혜경(2023)

3.3.1 VF의 적정 조건

위혜경(2023)은 VF가 PolF라는 주장에 동의하지만 Goodhue가 말하는 선행사의 두드러짐만으로는 PolF 발생을 설명하기 부족하다고 지적하며 VF의 적정 조건을 위해 다음의 두 가지를 주장하였다. 첫째, 위혜경은 PolF의 적절한 발생 조건에는 PolF만이 가지는 문맥적 정보가 포함된다고 하였다. 위 예문 (33)에서 PolF 응답이 선택될 경우, 선행 문맥은 부정 극성 혹은 긍정과 부정 극성 사이의 논란이 전제되어야 한다는 것이다. 즉 B가 행복하지 않을 것이라는 암시가 내포되어 있거나 B가 행복한지 여부에 대한 논란과 불확실성을 암시하는 문맥이 있기 때문에 이를 기반으로 PolF를 사용했다는 것이다. 따라서 Goodhue가 주장한 대조 극성 선행문이 PolF 발생의 적정 조건이 아니라 선행문의 긍정 혹은 부정에 대한 "논란과 의문, 그리고 불확실성의 전제"가 적정 조건이라는 것이다. 위혜경은 다음의 예시를 근거하였다(Gutzmann et al., 2020; 위혜경 2023, (18))

(35) A: Do you sing?

a. B: Yes, I DO.

b. B: Yes, I do.

(35a)에서 조동사 do에 PolF가 발생할 수 있는 이유는 B의 노래 능력의 여부에 A가 의심을 한다고 B가 간주할 때에 적정하다는 것이다. 즉 B의 노래 실력에 대한 의심과 논란이 전제되어야 한다.

두 번째 중요한 점은 PolF의 선행 발화는 p와 ㄱp로 구성된 이중 극성(bipolar) 의문문이어야 한다고 주장하였다(Krifka 2015, 2021). Goodhue가 제안한 PolF의 선행 발화는 단일 극성(monopolar)이어서 PolF의 적정 조건에 부합하지 않는다고 지적하였다. 단일 극성 의문문과 이중 극성 의문문은 다음과 같이 응답이 다르다. (36)의 단일 극성 의문문은 Yes/No와 함께 축약된 동사구 응답이 일반적인 반면 (37)의 이중 극성 의문문은 PolF를 동반한 완전한 문장으로 대답해야 하며 축약형 대답이 부자연스럽다(위혜경 2023: (20)).

(36) A: Is Mary happy?

B: Yes, she is./No, she is not.

(37) A: Is Mary happy or not?

B: Mary IS happy./Mary ISN'T happy.

B': #She is/isn't.

Krifka(2015, 2021)에 기반하여 위혜경은 단일 극성 의문문은 p와 ¬p 의 선택을 요청하는 화행이라기 보다는 두 개의 선택항 중 한쪽에 치우친 해석인 편향성의 의미를 전달하는 의문문이라 간주하였다. 예를 들어 'Will you marry me?'와 같은 질문은 화자가 결혼을 원하고 있어 긍정의 응답을 기대할 때 발화하는 질문(Bolinger 1978)이고, 'Will you marry me or not?'과 같은 이중 극성 의문문은 결혼을 할 것인냐 말 것이냐라는 양자 택일을 기대하는 질문이라는 것이다. 이러한 편향성을 발생시키는 또 다른 의문문의 예로는 'John arrived?' 혹은 'John didn't arrive?'와 같은 평서문 의문문이 있는데 이러한 문장은 주어진 명제의 극성인 긍정과 부정 대답에 대한 편향성이 매우 높을 때 발생하는 질문이다. 모두 단일 극성 의문문으로 정의하여 긍정 명제 하나만의 단일원소 집합(singleton set)인 {p} 혹은 {¬p}를 그 외연으로 가지는 것으로 보았다.

위 두 가지 근거를 기반으로 위혜경은 VF의 의미를 전제와 단언으로 구분하여 다음과 같이 정의하였다(위혜경 2023: (25)).

(38) VF의 의미

(i) 전제(presupposed) 의미: 극성 선택의문문을 전제(presuppose)하거나 수용(accommodate)한다.

(ii) 단언적(assertive) 의미: 극성 선택의문문에 대한 대답으로서 극성에 구현된 초점이다.

VF는 긍정 명제와 부정 명제의 양극성 의미를 외연으로 하는 극성 선택 의문문을 전제해야 한다. 극성 선택 의문문은 주어진 명제의 극성값인 긍정과 부정 중 한쪽의 선택을 요청하는 의문문이고 이 의문문에 대한 답이 초점을 가질 때 긍정과 부정 중 하나로 선택될 수 있다. 이것이 VF가 초점으로서 역할을 할 때 가지는 단언적 의미라고 볼 수 있다. 이는 Rooth의 초점 이론에 준하는 것으로 주어진 질문에 대한 답을 단언하는 초점 현상이다.

3.3.2 초점 이론과 논의 중인 질문(QUD) 수용

위혜경(2023)에서 초점과 QUD 수용은 논의에서 중요한 위치를 차지한다. 전통적으로 초점은 질문-답(question-answer)으로 구성된 대화 상에서 주어진 의문문에 대한 답에서 나타난다. 이때 의문문의 외연인 선택항 중 하나의 항목을 선택할 때 새로운 정보를 전달하면서 발생한다. 예시는 다음과 같다. 아래와 같이 wh-의문문에서 who의 의미는 파티에 오는 사람들의 집합으로 맥락적으로 제한되는데, 이 대체 가능한 후보 중 하나를 답으로 선택할 때, 즉 (39B)에서 John이 선택될 때 음성적 강세를 통한 초점이 함께 동반된다.

(39) A: Who is coming to the party?

B: [John]F is coming.

초점이 발생하는 의문문-답의 관계는 다음의 적합성 조건(Rooth 1992)을 따른다. 질문은 선택항의 외연에 부분 집합으로 속하며 답은 질문의 원소이다.

(40) Congruent Question-Answer pair

(i) $〚Q〛 \subseteq 〚A〛^{F}$

(ii) $〚A〛O \in 〚Q〛^{O}$

PolF의 표지를 받는 VF의 경우도 위의 적합성 조건을 만족시킨다. VF가 발생할 때, 발화자는 VF에 선행하는 양극성 선택 의문문이 선행함을 전제한다. 이때 선행하는 의문문은 명시적으로 나타날 수도 있고 그렇지 않을 수도 있다. 먼저 의문문이 명시적으로 선행하는 경우를 보자.

(41) A: Did John arrive or not?

B: John DID arrive.

위의 대화가 적합성 조건을 충족함을 보자. (41A)와 (41B)의 의미는 각각 아래와 같다.

(42) a. $〚41A〛^{O}$= {λw(john arrived in w), λw(john does not arrive in w)}

b. 〔41B〕^{F}= {λw(john arrived in w), λw(john does not arrive in w)}

c. 〔41B〕^{O}= λw(john arrived in w)

의문문의 의미인 (42a)는 초점이 표지된 답인 (42b)의 부분집합이다. 또한 초점이 표지되지 않은 답 (42c)은 의문문(42a)의 원소이다.

다음은 의문문이 선행하지 않은 상태에서 VF가 발생하는 경우이다. 예시는 아래와 같다.

(43) A: John arrived.

B: No, [BILL]F arrived.

(44) Who arrived?

이 때는 전제 수용의 과정을 거친 의문문의 존재를 암시적으로 설정한다(위혜경 2023). 이 때 수용된 선행 의문문은 '논의 중인 질문(QUD, question under discussion; Roberts 1996)'을 전제하는 효과를 가진다. 우선 (43)의 대화가 의문문-답에서 발행하는 초점의 적정 조건을 충족시키는지 보자. 의문문과 초점은 받은 답과 초점을 받지 않는 답이 있어야 한다. 그리고 의문문은 초점을 받은 답의 부분 집합이어야 하고, 초점을 받지 않는 답은 의문문의 원소여야 한다. 그런데 (43)의 대화에서는 의문문이 존재하지 않는다. 따라서 위혜경은 (43A)와 (43B)를 원소로 하는 의문문을 (44)와 같이 QUD로 수용하여 전제한다고 간주한다. 따라서 다음과 같은 질문과 대답의 담화 구조를 가질 수 있게 된다.

(45) 〔Q〕: Who arrived? (Accommodated QUD) = {John arrived, Bill arrived, Jack arrived…}

〔A〕^{F}: {John arrived, Bill arrived, Jack arrived…}

〔A〕^{O}: {Bill arrived}

다음은 VF가 의문문에서 발생하는 경우이다. 앞서 PolF가 의문문에 대한 답에 나타난 것과는 대조적인 경우이다(Romero&Han 2004: (58)).

(46) A: After all the studying he did, Tom got an A in Ling106.

B: DID he study for that class?

(Bias: B believed that Tom didn't study for that class)

위혜경은 위의 경우도 평서문의 VF와 동일하게 의문문의 VF가 양극성 선택 의문문의 전제를 수용한다고 설명한다. 그에 따르면 평서문의 VF와 의문문의 VF의 차이는 QUD로 수용된 양극성 선택 의문문이 다른 화자가 발화하느냐 동일한 화자가 발화하느냐의 차이일 뿐이라는 것이다. 의문문 VF는 선행하는 극성 선택 의문문을 같은 화자가 연이어 질문하는 방식이다. 위 (46)의 예시에서 화자가 마음 속으로 자문하는 방식은 다음과 같다.

(47) B의 마음 속: Tom이 공부를 안했다고 생각했는데, A가 공부를 했다고 하네. Tom이 공부를 한 것인가? 하지 않은 것인가?

위와 같은 스스로에게 던지는 의문이 본인의 마음 속에서 전제되어 있는 상태에서 다음과 같은 VF 의문문이 QUD로 수용되어 발화된다는 것이다(위혜경 2023: (38)).

(48) A: (Did Tom study or not?) DID he study?

위 VF 의문문은 (49A)의 명제 내용을 B가 믿지 못하여 논란이 되고 그 논란에 관한 양극성 선택 의문문이 전제되고 Tom이 공부를 했는지 하지 않았는지의 여부에 초점이 있는 극성 의문문인 것이다. 이와 같이 VF의 적정 조건으로 양극성 선택 의문문의 전제를 수용하는 것은 평서문과 의문문의 VF를 모두 다 설명할 수 있다는 장점이 있다.

4. 분석

본장에서는 수사 의문문의 특성과 의미를 형식적으로 분석한다. 구체적으로 PolF로 표지되는 VF의 기제로 설명될 수 있음을 보인다. 앞서 초점은 질문과 답으로 구성된 대화 상에서 의문문에 대한 답으로 의문문의 외연인 선택항 중 하나를 택하여 새로운 정보를 전달하면서 발생하는 것이라 보였다. PolF의 관점에서 의문문이 VF를 수반할 때에는 선행 맥락으로 비명시적 양극성 선택 의문문을 수용한다. 양극성 선택 의문문은 긍정과 부정의 극성값 중 하나를 요청하는 의문문으로 한쪽 극성을 대답으로 제공하는 경우 극성 초점을 동반할 수 있으며 편향적 믿음을 함축된다. 그렇다면 수사 의문문이 어떻게 VF로 분석될 수 있는지를 보자. 앞서 소개한 한국어 수사 의문문의 적정 조건을 기반으로 각 예시를 설명한다.

(29') 한국어 수사 의문문의 적정 조건

a. 공통 기반과 논란의 조건: 공통 기반에 존재하는 명제 내용이 화자의 입장에서 논란이 있음

b. 편향성의 조건: 논란을 일으키는 명제에 대해 화자의 강한 편향적 믿을 반영하여 공통 기반을 새롭게 갱신

아래 예문을 보자. (2′)에서 영희가 발화한 수사 의문문은 적정 조건을 잘 준수하고 있다. (9′)의 형식 표상에서 드러나듯 맥락은 수요일에 철수가 오지 않는 것(¬ p)으로 공통 기반이 형성되어 있는 상황에서 수지는 수요일에 철수가 오는 것에 대한 여부를 질문한다(?p). 이는 공통 기반에 대해 논란을 일으키는 것으로 수지의 질문은 그 자체로 양극성 선택 의문문을 형성한다. 이에 대한 대대답으로 영희는 철수가 오지 않는다(¬ p)는 극성값에 대한 강한 편향적 믿음을 표현하는 수사 의문문을 발화함으로써 공통 기반을 새롭게 갱신한다.

(2') 맥락: 철수는 수요일에 학교에 나오지 않고 이 사실을 수지와 영희가 알고 있다. 이번 주 수요일에는 학교에 축제가 열린다.

수지: 수요일에 철수가 올까? (안올까?)[2)]

'Is 철수 coming on Wednesday or not?'

영희: 수요일에 철수가 오겠니?

'Would 철수 come on Wednesday?'

(Bias: 영희 believed that 철수 isn't coming on Wed.)

(9') 맥락: ¬ p where p: 수요일에 철수가 학교를 온다.

수지: ?p = {p,¬ p} where p: 수요일에 철수가 학교를 온다.

2) 이와 같은 의문문의 유형을 선택 의문문(alternative question)의 하위유형으로 보는 것이 적절할 것이다. 다른 말로 정반 의문문(A-not-A question)이라고도 한다. 이 점을 지적한 익명의 심사위원에게 감사를 드린다.

영희: (I believe that) ¬p

이번에는 선행 발화가 의문문이 아닌 평서문인 경우이다. 수요일에 철수가 오지 않는 것(¬p)으로 공통 기반이 형성되어 있는 상황에서 수지는 수요일에 철수가 올 것이라고(p) 단언한다. 이는 공통 기반에 대해 영희의 입장에서 논란을 발생시키고 양극성 선택 의문문의 전제가 수용된다. 따라서 아래와 같은 양극성 선택 의문문이 QUD로 수용되었다고 볼 수 있다.

(49) 영희의 마음 속: (수요일에 철수가 안온다고 알고 있는데 수지가 온다고 하네.) 수요일에 철수가 올까? 안올까?

위 의문문이 QUD로 수용될 수 있는 이유는 명제의 긍정과 부정 선택지에 대한 논란을 화자가 스스로 전제하였기 때문에 가능하다. 영희는 철수가 수요일에 오지 않는다(¬p)는 공통 기반의 정보를 마음 속에 믿고 있었는데 수지가 수요일에 철수가 온다(p)고 하니 상충되는 극성 명제들이 양극성 선택 의문문을 전제하게 된다. 영희는 스스로 전제한 위 질문에 대한 답으로 철수가 오지 않는다는(¬p) 강한 편향적 믿음을 표현하는 수사 의문문을 발화함으로써 공통 기반을 새롭게 갱신한다.

(6') 맥락: (2′)와 동일

수지: 수요일은 축제니까 철수가 학교에 올거야.

'철수 is coming on Wednesday.'

영희: 수요일에 철수가 학교에 오겠니?[3)]

'Would 철수 come on Wednesday?'

(Bias: 영희 believed that 철수 isn't coming on Wed.)

(7') 맥락: ¬p where p: 수요일에 철수가 학교를 온다.

수지: p

영희: (I believe that) ¬p

---

3) 관련하여 억양이 수사 의문문의 해석이 중요한 영향을 미칠 것이며 이는 통사적인 구조와 관련이 깊다(이정훈 2009). 한 연구자의 제안에 감사드린다.

위의 적정성 조건을 기반으로 수사 의문문의 구조와 형식적 표상을 분석한다. 수사 의문문 분석은 Han(2002)를 따른 것이다. Han은 수사 의문문에서 나타나는 전환된 극성의 의미가 LF-후 도출(post-LF derivation)에서 부정 연산이 무표적으로 반영되어 해석을 유발하는 것으로 분석하였다. 이에 따라 수사 의문문이 발생시키는 부정 단언(negative assertion)의 의미는 언표 내적 힘(illocutionary force)에 의해 수반된다. 그 해석 원리는 다음과 같다(Han 2002: (40)).

(50) In rhetorical yes-no questions, whether denotes the negative polarity.

이를 기반으로 수사 의문문은 아래와 같이 명제 p에 의문문 연산자인 Q 'whether'가 결합한 구조로 상정한다. 이때 의문문 연산자는 부정 극성을 동반하고 극성 전환의 해석을 발생시킨다.

(51) 수사 의문문: p + Q〈+negative polarity〉

부정 극성의 통사적 구조를 위해 문장 내에서 참과 거짓을 결정하는 극성 기능핵 Pol(Laka 1990)을 상정한다. 아래와 같이 TP에 의해 지배받고 vP를 c-command한다. Pol-구(the polarity phrase)는 긍정 극성(+)과 부정 극성(-)을 핵으로 가진다. 이때 각 극성값은 각각 명제를 논항으로 받아 그 결과값으로 긍정 명제와 부정 명제를 도출시키는 항등 함수(identity function)이다. 통사 구조와 의미 표상은 아래와 같다(Goodhue 2022: (2), (4)).

(52) a. $[\![+]\!] = \lambda p_{\langle s,t \rangle}.\, p$

b. $[\![-]\!] = \lambda p_{\langle s,t \rangle}.\, \neg p$

(53)
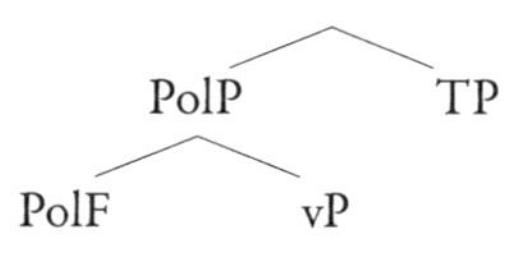

위의 항등 함수는 평서문과 결합하는 경우이므로 수사 의문문과 결합하는 부정 극성 함수를 다음과 같이 새롭게 정의한다. 아래의 의미 표상은 수사 의문문을 구성하는 명제에 부정 극성이 연산되는 것으로 수사 의문문의 극성이 전환되는 의미를 나타낸 것이다.

(54) $[\![-]\!] = \lambda p\langle s,t\rangle \lambda q\langle s,t\rangle.\neg p$

이에 기반하여 수사 의문문 구조와 의미 해석을 다음과 같이 분석한다. 수사 의문문에서 발생하는 절의 극성은 부정이기 때문에 진리치 초점에서 Neg값인 [Σp neg]을 부여받아야 한다. 이에 대한 구조와 의미 연산은 다음과 같다. (55a)의 수사 의문문은 '철수가 오겠다'는 명제에 의문문 연산자 Q 'whether'가 결합한 (55b)로 나타낼 수 있다. 이후 (54)에서 정의한 부정 극성 함수가 LF-후 도출에서 의미에 관여한다.

(55) a. 철수가 오겠니?

b. whether(철수가 오겠다) [LF]

c. $[\![-]\!]$(whether(철수가 오겠다)) [post-LF]

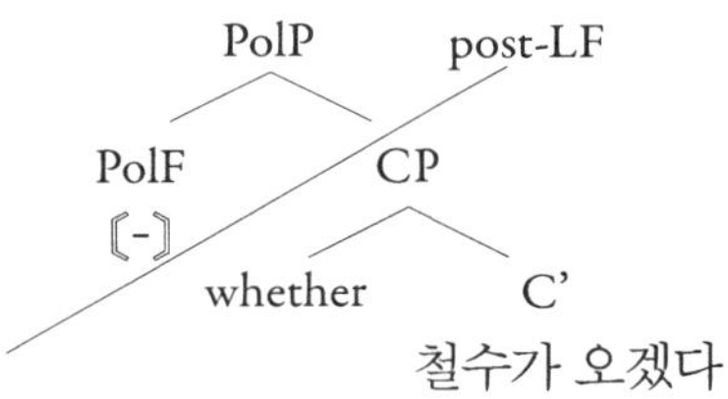

(55)의 구조를 합성적으로 연산하면 아래와 같다. 수사 의둔문 '철수가 오겠니?'가 '철수가 오지 않는다'는 극성이 전환되고 초점이 강조된 강한 단언으로 도출된다.

(56)

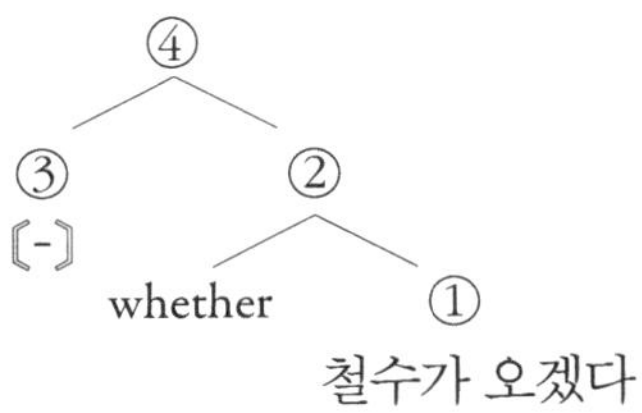

$[\![①]\!]$: p

$[\![②]\!]$: $p? = \{p, \neg p\}$

$[\![③]\!]$: $\lambda p\langle s,t\rangle \lambda q\langle s,t\rangle.\neg p$

$[\![④]\!]$: $\neg p$

다음은 수사 의문문 '철수가 안 오겠니?'가 '철수가 온다'는 의미로 해석되는 경우이다. 위의 긍정 수사 의문문과 구조와 의미 연산은 동일하다. (58)의 ④에서 부정 극성 함수가 적용되어 이중 부정이 다시 긍정으로 도출됨을 알 수 있다.

(57) a. 철수가 안 오겠니?

b. whether(철수가 안 오겠다) [LF]

c. 〔-〕(whether(철수가 안 오겠다) [post-LF]

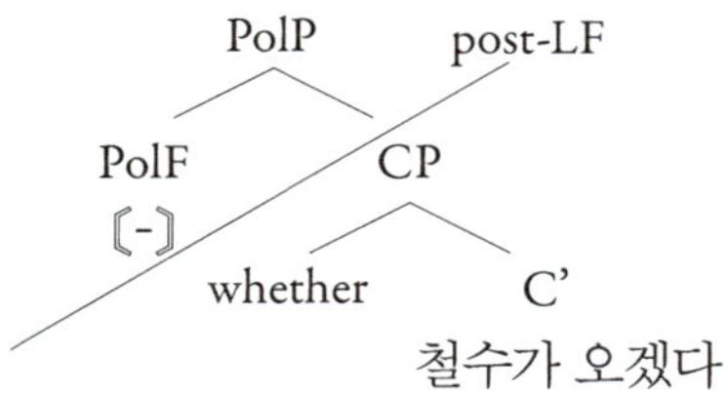

(58)

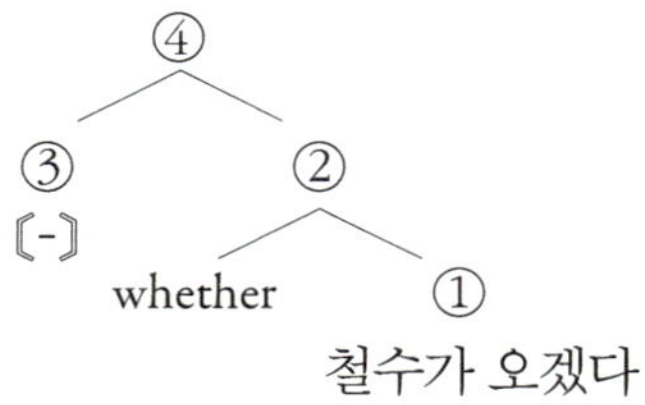

$⟦①⟧ : \neg p$

$⟦②⟧ : \neg p? \quad = \{\neg p, \neg\neg p\}$

$⟦③⟧ : \lambda p\langle_{s,t}\rangle \lambda q\langle_{s,t}\rangle . \neg p$

$⟦④⟧ : \neg\neg p = p$

5. 결론

본 장은 한국어 수사의문문의 의미를 VF 이론의 관점에서 분석하였다. 수사 의문문은 극성이 전환된 함축을 발생시키며, 강한 단언을 통해 대화 참여자들 간의 공통 기반을 갱신하는 특징을 지닌다. 본 연구에서는 수사 의문문의 적정 조건을 다음과 같이 새롭게 정의하였다: 첫째, 공통 기반 내의 선행 명제 내용이 화자의 입장에서 논란을 일으켜야 하며, 둘째, 논란을 일으키는 명제에 대해 화자는 자신의 강한 편향적 믿음이 반영된 명제로 공통 기반을 갱신해야 한다. VF는 명제의 극성 초점에서 발생하는 진실성의 강조를 표현하는데 사용되며, 본 장에서는 수사 의문문을 VF 의문문으로 간주하여 연구를 진행하였다. 구체적으로, Goodhue(2018)와 위혜경(2023)의 논의를 따라 VF는 강조된 극성값에 구현된 초점으로 화자의 편향적 믿음이 반영된 것으로 분석하였다. 수사 의문문은 VF가 표지된 의문문으로, 선행 맥락에서 전제되거나 수용된 양극성 선택의문문에 대한 대답이다. 또한, 통사 구조 내 극성 기능핵을 상정하고 LF-후 도출 과정에서 연산되는 부정 항등 함수의 의미를 부여함으로써 수사 의문문의 극성 전환에 대해 형식적으로 의미를 표상하였다. 본 연구의 의의는 한국어 수사의문문을 VF 이론에 기반하여 새롭게 분석한 데 있다. 향후 연구에서는 이러한 논의를 범언어적으로 확장할 필요가 있으며, 이는 후속 연구의 과제로 남긴다.

참고문헌

강규영(2022) 한국어 수사의문문의 두 유형에 대하여. 『국어학』 103: 473-505.

김영희(2005) 수사 의문문에서의 되풀이 현상. 『어문학』 87: 131-155.

남기심·고영근(1985) 『표준 국어문법론』 탑출판사.

박유경(2020) 장형 부정의문문의 편향적 의미에 대하여. 『한국어 의미학』 67: 53-91.

박지상(2023) "한국어 수사의문문의 기능 및 형식 연구". 서울대 대학원 석사학위 논문.

박재승·권선아(2009) 반어문의 통사적·화용적 특징에 관한 연구. 『한중언어문화연구』 19: 116-134.

박종갑(1982) 의문문과 간접 언어행위. 『한민족어문학』 9: 55-76.

박진호(2019) 正反의문문과 수사의문문. 『韓國學報』 36: 1-24.

서정수(2013) 『국어문법』 집문당.

이정훈(2009) 한국어 후보충 구문의 구조. 『어문연구』 37(2): 40-43.

위혜경(2023) 극성 선택 의문문과 극성 초점 『언어와 정보』 27: 117-137.

Ahn, M. and A. Kang.(2020) The prosody of wh-and rhetorical questions in Korean. Studies in Phonetics, Phonology and Morphology 26(3):503-522.

Biezma, M. and K. Rawlins.(2017) Rhetorical questions: Serving questioning from asking. In D. Burgdorf, & J. Collard (eds.), *Proceedings of SALT* 27: 302-322.

Bolinger, D.(1978) Asking more than one thing at a time. In H. Hiż (ed.), *Questions*, 107-150. Dordrecht.

Carponigro, I. & J. Sprouse.(2007) Rhetorical quesitons as questions. In E. Puig-Waldmueller (3d.), *Sinn und Bedeutung* 11:121-133.

Goodhue, D.(2018a) A minimal theory of verum focus and context dependent bias in questions. *The Proceedings of the North East Linguistics Society 48*, 1-10. Amherst.

Goodhue, D.(2018b) *On asking and answering biased polar questions*. Doctoral dissertation, McGill University.

Goodhue, D.(2022) Isn't there more than one way to bias a polar question? *Natural Language Semantics* 30: 379-413.

Goodhue, D.(2022) Isn't there more than one way to bias a polar question? *Natural Language Semantics* 30(4): 379-413.

Groenendijk, J. and M. Stokhof.(1984) *Studies on the semantics of questions and the pragmatics of answers*. Doctoral dissertation, Universiteit van Amsterdam.

Gutzmann, D. and E. C. Miro.(2011) The dimensions of verum. *Empirical issues in syntax and semantics* 8: 143-165.

Gutzmann, D. K. Hartmann and L. Matthewson.(2020) Verum focus is verum, not focus: Cross-linguistic evidence. Glossa: *A Journal of General Linguistics* 5(1): 1-48.

Hamblin, C. L. (1973)　Questions in Montague English. *Foundations of Language* 10(1): 41-53.

Han, C. H. (2002)　Interpreting interrogatives as rhetorical questions. *Lingua* 112(3): 201-229.

Höhle, T. N. (1992)　Über verum-fokus im deutschen [독일어의 베룸 초점에 관하여]. In J. Jacobs (ed.), *Informationsstruktur und Grammatik* [정보구조와 문법] 56: 112-141. Wiesbaden: VS Verlag für Sozialwissenschaften.

Park, M.-K. and A. Kang. (2020)　The Rhetorical Adjunct Wh mwue (-l)'what' in Korean. The Journal of Linguistic Science 95:111-135.

Kim, O. and J.-B. Kim. (2022)　Negative Wh-constructions in Korean: A Discourse-based Approach. *Studies in Generative Grammar* 32(1): 49-74.

Krifka, M. (2015)　Bias in commitment space semantics: Declarative questions, negated questions, and question tags. In S. D'Antonio, M. Moroney and C. R. Little (eds.), *Proceedings of SALT 25*, 328-345.

Krifka, M. (2021)　Modelling questions in commitment spaces. In Mo. Cordes, (ed.), *Asking and Answering: Rivalling Approaches in Interrogative Methods*, 63-95. Tübingen: Narr Francke Attempto.

Laka, I. (1990)　Negation in Syntax: *On the Nature of Functional Categories and Projections*. Doctoral dissertation, Massachusetts Institute of Technology.

Romero, M. and C.-H. Han. (2004)　On negative yes/no questions. *Linguistics and Philosophy* 27: 609-658.

Rooth, M. (1992)　A theory of focus interpretation. *Natural Language Semantics* 1(1): 5-116.

Rooth, M. (1999)　Association with focus or association with presupposition? In P. Bosch and Rob van der Sandt, (eds.), *Focus: Linguistic, Cognitive, and Computational Perspectives*, 232-244. Cambridge: Cambridge University Press.

Samko, B. (2016)　Syntax and information structure: *The grammar of English inversions*. Doctoral dissertation, UC Santa Cruz.

Stalnaker, R. C. (1978)　Assertion. In *Pragmatics*, 315-332

Wilder, C. (2013)　English 'emphatic do'. *Lingua* 128: 142-171.

『표준국어대사전』(1999)　국립국어원.

XVI 자유 선택어의 양화 의미에 대한 소고: 명령문에서의 '누구나'와 '아무나'의 비교를 중심으로

16

자유 선택어의 양화 의미에 대한 소고: 명령문에서의 '누구나'와 '아무나'의 비교를 중심으로

허세문

1. 서론

한국어에서 '누구나'와 '아무나'와 같은 문법소는 (1)에서 확인할 수 있듯이 거의 유사한 의미를 보인다.

(1) 철수가 같이 조별모임을 할 사람을 찾고 있다. 이때 영희가 과사에 {미나, 유미, 호야}가 있다는 것을 알려 주면서 말하길.
  ㄱ. 30분 후에, 누구나 만날 수 있어.
  ㄴ. 30분 후에, 아무나 만날 수 있어.

우선 (1)의 두 예문은 '철수'가 세 명의 학생들을 만날 수 있는 가능성이 동일하다는 의미와 관련되어 있다. 특히, 세 학생 중 어느 한 명만 만나는 가능성에서부터 모든 학생을 다 만나는 경우까지 다양한 상황이 모두 고려되는데, 이는 기본적으로 (2)처럼 양상 의미의 이접(disjunction)의 의미에 그 근거를 두고 있다고 연구되어 왔다.

(2) ㄱ. 30분 후에, 미나를 만날 수 있어. or

* 이 논문은 <언어와 정보 사회>(44호 pp. 127-164)에 실린 "한국어 자유 선택어의 양화적 특성과 명령문에서의 인허조건"을 전체적으로 수정, 보완한 것입니다.

ㄴ. 30분 후에, 유미를 만날 수 있어. or

ㄷ. 30분 후에, 호야를 만날 수 있어.

간단하게 말해, (2)와 같은 해석을 기반으로 세 명의 학생 중 실제 어떤 사람을 만나는지, 그리고 몇 명을 만나는지에 대한 '선택'에서 아무런 제약이 없다는 의미가 도출되고, 이러한 '자유 선택(free choice)'이 바로 (1)의 해석이 가지는 특성이라는 것이다. 이에 따라 '누구나'와 '아무나'는 일종의 자유 선택어(free choice item, 이하 FCI로 표기)라고 분석되어 왔다(Lee 1999, Choi 2005, 2007, Kim and Kaufmann 2006 등).

물론 자유 선택의 특성을 단순히 '이접'의 의미만으로 설명할 수는 없다. '이접'의 의미는 더 강한 명제로서의 '연접(conjunction)'의 해석이 부정되는 척도 함축(scalar implicature)을 야기하므로, (2) 자체는 세 학생 모두를 만날 수 있다는 해석과는 양립할 수 없는 것이다. 이러한 점에서 다양한 자유 선택어가 '이접'과 같은 특성과 어떤 식으로 연관되고, 이에 따라 어떤 환경에서 적절하게 인허(licensing)될 수 있는지에 대한 다양한 연구가 이루어져 왔다(Aloni 2007, Fox 2006, Alonso-Ovalle 2008, Dayal 2009, 2012, Chierchia 2013 등). 특히 이 과정에서 양상(modal)과 관련된 환경의 중요성이 지적되었다. 아래의 (1'ㄱ)에서도 쉽게 확인할 수 있듯이 양상 의미가 배제되거나,[1] (1'ㄴ)과 같이 '의무(obligation)'와 관련된 양상이 사용되는 경우에 두 FCI의 사용은 어색해 진다(Lee 1999, Choi 2005, 2007, Kim and Kaufmann 2007 등).

(1') ㄱ. #30분 후에, 철수는 누구나/아무나 만나.

ㄴ. #30분 후에, 철수는 누구나/아무나 만나야 해.

이에 더해서, 자유 선택의 의미는 '양화(quantification)'가 일어나는 방식과의 관계를 통해 더 명확하게 드러난다고 보는 입장이 있다(Dayal 2009, 2012, Chierchia 2013 등). 예를 들어, (1)에서 세 명의 학생을 모두 만날 수 있다는 해석은 이접의 의미 연산과 독립적으로 작용되는 일종의 '전칭(universal) 양화'적 특성을 통해 포착해야 한다는 것이다. 이러한 점에서 자유 선택의 해석과 전칭 양화의 상관관계

1) 존재 양상소가 없는 문장에서 FCI의 인허를 가능하게 하는 몇 가지 요소들이 존재한다(Choi 2007: 행동주성의 강조, 관계절을 통한 수식(i.e, subtrigging) 등). 본 논문에서는 이러한 환경들 모두 추가적인 양상의 의미를 보강해주는 기능을 한다는 주장(Dayal 2012 등)을 받아들여 더 자세하게 다루지 않을 것이다. 또 본 논문은 명령문에 중점을 두고 있으므로, 다른 양상 환경에 대한 논의는 6장에서 간단하게 다룬다.

를 설명하기 위한 다양한 연구가 이루어지고 있다(Chierchia 2006, 2013, Dayal 2004, 2009, 2012, 등).

이러한 입장에서 본 논문은 (1)의 두 FCI가 양화와 관련하여 다양한 특성을 보인다는 점을 부동 양화사(floating quantifier)를 통해서 확인할 수 있다고 주장한다.[2)]

(3) ㄱ. 지금, 아무나 한 명/두 명/다 만날 수 있어.

ㄴ. 지금, 누구나 한 명/두 명/다 만날 수 있어.

(3)의 경우 부동 양화사는 만나는 학생의 수의 결정에 실질적인 영향을 미친다. 예를 들어 '한 명'이 사용된 경우, (2)에서 살펴본 자유 선택의 특성, 다시 말해 각 학생을 만날 수 있는 가능성이 전부 동일하다는 의미는 유지된다. 다만 실제 만날 수 있는 학생의 수가 한 명으로 제약되어 두 명 이상의 학생을 만나는 해석이 배제될 뿐이다. 이와 달리, '다'와 같은 전칭 양화를 보이는 부동 양화사가 사용되면 한꺼번에 모든 학생을 만나는 상황을 가정한 진술도 가능해진다. 그러나 이 경우에도 (2)와 관련된 해석, 즉, 각 학생을 만날 수 있는 가능성이 전부 동일하다는 의미 자체가 달라지는 것은 아니다. 즉, 자유 선택의 의미는 (2)와 같은 이접의 의미와 독립적으로 작용되는 (전칭) 양화의 의미와 상호 작용할 수 있다는 주장과도 잘 어울리는 것이다

그런데, 이러한 '전칭 양화'의 입장에서 본다면 (1)의 두 FCI가 완전히 동일한 의미를 가지는 것은 아니라는 것을 다음 예시들을 통해 쉽게 확인할 수 있다. 우선 (4)에서 볼 수 있듯이 명령문에서 사용되는 경우 이 둘은 수용성에서 큰 차이를 보인다.[3)]

(4) 선배가 지나가는 후배 세 명을 보면서 말하길,

ㄱ. (너희들 중) 아무나 와라!

---

2) 본 논문에서는 '다'의 경우 수량사(numeral classifier: e.g., 개/명/사람/대 등)와 통사/의미적으로 대응되는 전칭 양화사라는 입장에서 논의를 전개하고 있고, 이들을 모두 포함하는 용어로 부동 양화사라는 표현을 사용하고 있다. 물론, 모든 전칭 부동 양화사가 FCI와 같이 사용될 수 있는 것은 아니다. 예를 들어 전칭 양화사 '모두'는 (i)에서 보듯이 어색하다.
(i) #30분 후에, 철수는 아무나/누구나 모두 만날 수 있다.
그러나 이는 각 부동 양화사가 가지는 특성에 의해 드러나는 차이일 수 있으므로, (i)을 FCI가 전칭 양화와 양립 불가능하다는 증거라고 보기는 어려울 것이다.

3) 본 논문은 전칭 양화가 적용되는 모집단이 명확한 경우를 가정하고 논의를 전개한다. 이는 양화의 외곽 경계(boundary)가 불분명한 상황 자체가 자유 선택의 해석에 독립적인 영향을 줄 수 있다는 점에서 본 논문에서 살펴보려는 주요 논점과 무관한 요인들을 피하기 위한 선택이라 할 수 있다. 이 밖에도 '아무/누구-나'가 아니라 '누구-든(지)'와 같은 FCI는 (4)의 맥락에서도 허용되는 것도 FCI의 해석과 관련해 고려해야 하는 요인이다. 그러나 각주 5에서도 언급하듯이, FCI는 구성하는 명사구의 형태나 특성에 따라서 그 분포가 완전히 달라지기도 하므로, 이는 본 논문의 범위를 넘어서는 문제이므로 후속 연구로 남긴다.

ㄴ. (너희들 중) #누구나 와라!

(4)에서 확인할 수 있듯이 단순한 명령의 의미가 강조되는 경우 '아무나'와 다르게 '누구나'가 사용되면 문장이 어색해지는 것이다. 그런데 (3ㄱ) (5ㄱ)을 비교해 보면 '아무나'도 명령문에서 그 사용이 완전히 자유로운 것이 아니라는 것을 확인할 수 있다. 전칭 양화를 보이는 부동 양화사가 사용되면 문장이 어색해 진다.

(5) 선배가 지나가는 후배 세 명을 보면서 말하길.

ㄱ. (너희들 중) 아무나 한 명/두 명/#다 와라!

ㄴ. (너희들 중) #누구나 한 명/두 명/다 와라!

물론 한 가지 짚고 넘어 갈 부분은 있다. (5ㄱ)에서 확인할 수 있듯이 '아무나'가 사용된 경우에는 전칭 양화사의 사용에 대한 제약은 있지만, 실제 세 명의 후배가 모두 오는 상황을 직접적으로 배제하는 것은 아니다. 그러므로, (5ㄱ)은 명령문 내부에서 일어나는 FCI의 인허(licensing) 과정에서 존재(existential) 양화나 전칭(universal) 양화의 해석 그 자체 보다는 전칭 부등 양화사의 사용이 차단되는 이유를 포착해낼 필요가 있다는 것을 보여준다.[4] 물론, (5ㄴ)은 공기하는 부동 양화사의 양화적 특성과 관계없이 '누구나'의 사용 자체가 명령문의 수용성을 떨어뜨린다고 해석되어야 한다.

그러나 '누구나'가 명령문에서 절대 사용될 수 없는 것은 아니다. (6)처럼 명령문 내부에 추가적인 목적(goal)과 관련된 문맥이 도입되는 경우, '누구나'의 사용이 가능해 진다(cf. Kim and Kaufmann 2007; see also Dayal 2012).

(6) 비교해서 한 명 선별하게, (너희들 중) 누구나 와라.

물론, 명령 그 자체로의 목적이 존재한다는 점에서 (4-5)와 (6)을 구분하는 것은 쉽지 않다.[5] 그러나,

---

4) 전칭 양화가 이루어지면 자유 선택어가 지칭하는 집단과 그 구성원이 화자에 의하 완전히 특정된다는 점에서 자유 선택의 기본요인 (e.g., no matter wh- <indifference>)이 어겨져 부자연스럽다고 볼 수도 있다. 그러나 아래 (8)의 예시에서 확인할 수 있듯이 화자가 자유 선택어가 지칭하는 대상의 수와 그 신원을 완전히 파악하고 있는 경우에도 전칭 부동 양화사가 사용될 수 있다는 점에서 이 가능성은 배제하고 논의를 진행한다.

5) 당연하게도, 추가적인 목적이 암묵적으로 가정된다면 (4-5)의 예문의 수용성이 나아질 것이다. 그러드로 본 논문은 우선 (4-5)의 경우 '학생들이 오는 상황'이 명령의 최종 목적인 경우로 한정해서 논의를 전개한다.

예를 들어, '특정 작업을 시작하기에 한 명이 부족하고, 이에 적절한 인원을 선별하기 위해서 지원자가 필요한 경우'를 가정해 보자. 이 경우 (6)의 수용성은 확실하게 나아진다. 그리고 이 경우 세 명 중 일부가 오는 해석에서부터 실질적으로 세 명이 다 오는 해석까지 자유롭게 허용된다. 그러나 (7)에서 확인할 수 있듯이, 이렇게 추가적인 목표가 포함된다 하더라도 전칭 부동 양화사의 사용은 여전히 허용되지 않는다.

(7) 비교해서 한 명 선별하게, (너희들 중) #누구나 다 와라.

이에 더해서 본 논문은 (8)과 같이 추가적인 목표가 가정되는 환경에서는 '아무나'의 경우 (5ㄱ)이나 (7)과 다르게 전칭 양화와 더 자연스럽게 공기될 수 있는 환경도 존재하고, 이 점이 기존 연구에서는 간과되어 왔다고 지적하려 한다.

(8) 선생님이 반에 {미나, 유미, 호야}가 있다는 것을 반장에게 알려 주면서 말하길.
비교해서 한 명 선별하게, 아무나 다 데려 와라.

(8) 역시 (7)과 동일하게 추가적인 이유가 추가된 명령이다. 그리고 이 경우에는 완벽하지는 않지만 전칭 부동 양화사 '다'의 사용이 불가능하지 않다. 반장에게 명령을 한 선생님이 지금 교실에 세 명의 학생이 있다는 점과 그 신분까지 명확하게 인지하고 있는 상황에서도 전칭 부동 양화사의 사용이 불가능하지는 않은 것이다(각주 4). 즉, 특정 목적이 들어가는 경우 (5ㄱ)과 다르게 전칭 부동 양화사의 사용은 가능해지는 것이다.

지금까지의 논의를 정리하면 다음과 같다. 우선 (5)가 어색하다는 것은 이 경우 '각 학생의 올 수 있는 가능성'과 관련된 자유 선택의 기본 의미 자체가 허용되지 않는다는 것을 의미한다. 그러나 이를 제외한 나머지 예문에서는 자유 선택의 의미가 허용되는 환경이 형성될 수 있다. 또한 (8)을 제외한 예문에서 명령문 내부에 부동 양화사 '다'의 사용이 허용되지 않는 것은, 명령문 내에서 FCI의 양화적 특성에 영향을 미치는 독립적인 요인이 존재하고, 이와 관련하여 작용되는 제약도 존재한다는 것을 의미한다. 이렇듯, 명령문은 한국어의 두 FCI가 '양화'의 측면에서 매우 특이한 모습을 보인다는 것을 명확하게 보여준다. 이러한 양화상의 차이를 설명하는 것이 이 논문의 목적이다.

이를 위한 논문의 구조는 다음과 같다. 우선 2장에서 Dayal (2009)과 Chierchia (2013)의 분석을 기반으로 FCI가 명령문에서 보이는 특성과 전칭 양화적 특성의 도출 과정에 대한 기존 논의를 간략하게 정리한다. 3장에서는 2장의 논의를 한국어의 두 FCI에 적용하여, 이들이 가지는 양화상의 특성을 새로운 관점에서 제시하고 기존 연구와 비교한다. 4장에서는 '추가적인 목적'이 명령문에서 드러나는 경우 일종의 '허가(permission)' 의 의미가 도출되어야 한다는 Dayal (2012)의 입장을 받아들이고, 3장에서 논의한 한국어의 두 FCI 특성에 맞추어 명령문의 양상성에 대해 자세히 분석한다. 특히 명령문에서 허가의 의미가 도출되는 방식에 대해 논의한 기존 연구들을 살펴보고, 이들이 한국어의 두 FCI의 특성을 설명하지 못한다는 점에서 한계가 있다는 것을 지적할 것이다. 그리고 명령문의 양상 의미가 형성되는 방식에 주목하여, 5장에서는 명령문에서 한국어의 두 FCI가 보이는 분포에 대한 새로운 분석을 제시한다. 6장에서는 명령문 이외의 양상 환경에서 확인되는 몇 가지 문제를 논의하면서 논문을 마무리 한다.

2. FCI의 인허와 전칭 양화 의미 도출

2.1. 전칭 양화사 기반 FCI: Dayal (2009)

Dayal (2009)은 영어의 'any'가 FCI로 해석되는 경우에 일종의 전칭성이 드러나는 것은 전칭 양화사인 'FCI any'가 독립적으로 어휘부(lexicon)에 존재하기 때문이라고 주장하였다. 그러나 (9ㄱ)에서 볼 수 있듯이 'every'와 같은 일반적인 전칭 양화사와 다르게 FCI any는 'may'나 'can'과 같은 '가능성 양상소(possibility modal, 이하 ◇로 표기)'가 존재하는 문장에서만 사용 가능하고, (9ㄴ)처럼 양상소가 없거나 (9ㄷ)처럼 'must'와 같은 '필연성 양상소(necessity modal, 이하 □로 표기)'가 사용된 문장에는 허용되지 않는다.[6] (예문 1과 1'의 대조도 참조)

---

6) FCI 'any'는 단독으로 사용되는 경우(e.g., any, anyone 등), 특정 명사구를 수식하는 경우 (e.g., any students 등), 또 부분 명사구(partitive NP)를 형성하는 경우 (e.g., any of these students 등), 혹은 관계절에 의해서 수식되는 경우 (e.g., any students that John met) 등이 있는데, 각각이 인허되는 환경에서 차이를 보인다(Dayal 2009, 2012, Chierchia 2013 등). 그리고 이와 유사하게 다양한 분포상의 차이가 한국어의 두 FCI에서 포착된다는 점도 이미 지적되었다(Lee 1999, Choi 2007 등). 이러한 점에서 본 논문은 편의상 '아무나', '누구나'와 같이 FCI가 단독으로 사용되는 환경만을 논의한다.

(9) ㄱ. Bill can/may read any of these books.

ㄴ. #Bill read any of these books.

ㄷ. #Bill must read any of these books.

Dayal (2009, 2012)은 (9)와 같은 분포상의 제약이 생기는 이유는 'FCI any'가 (10ㄱ)에 기술된 것처럼 관련 개체들에 대한 전칭 양화사인 동시에 (10ㄴ)과 같은 추가적인 제약을 가지기 때문이라고 주장하였다.

(10) ㄱ. $[[\text{Any}]]=\lambda P\lambda Q\forall x[P(w)(x)\rightarrow Q(x)]$

ㄴ. $\neg\exists X\forall w'$: ACC(w,w'). $\lambda x[P(w')(x)\ \&\ Q'(w')(x)]=X$ (Dayal 2012: (21))

우선, (10ㄴ)은 FCI any의 인허를 위해서는 현실 세계(w)에서 접근성 관계(accessibility relation, ACC로 표기)를 통해 형성되는 가능 세계(possible world: w')가 도입되고,FCI any의 양화의 대상이 되는 개체들은 특정 제약을 만족시키면서 각 가능 세계에 배분되어야 한다는 점을 보여 준다. 이를 (9ㄱ)의 FCI의 인허를 예시로 하여 살펴보면 다음과 같다.

우선, 양화의 대상이 되는 책이 A, B 이렇게 두 권이 있다면, (10ㄱ)과 (10ㄴ)은 (11)과 같이 기술할 수 있다.

(11) $\forall x[x\leq\iota y[\text{books}'(w)(y)]\rightarrow\exists w'$:ACC(w,w'). $[\text{read}'(w')(x)(y)]]$

(Dayal 2012: (22), adapted)

이 경우 (10ㄱ)과 (10ㄴ)이 모두 만족되는 상황을 확인하기 위해서 편의상 (12)와 같이 네 개의 가능 세계가 해석에 관여한다고 가정한 상황에서 하나의 예시를 구성해 보면 다음과 같다.

(12) ㄱ. book A: $w_1\rightarrow A$, $w_2\rightarrow A$, $w_3\rightarrow\emptyset$, $w_4\rightarrow\emptyset$

ㄴ. book B: $w_1\rightarrow\emptyset$, $w_2\rightarrow B$, $w_3\rightarrow\emptyset$, $w_4\rightarrow B$ (Dayal 2012: (22), adapted)

이 경우, 우선 개체에 대한 전칭 양화가 일어난다는 것은 책 A와 B '모두'가 각 가능 세계에 배분 대상이 될 수 있다는 점을 통해 만족된다. 그리고 (10ㄴ)에서 존재 양화의 특성은 (12)의 경우 (ㄱ)에서도 책 A가 네 가의 가능 세계 모두에 배분되지 않았고 (ㄴ)에서의 책 B도 동일하다는 점에서 만족된다. 마지막으로 모든 가능 세계가 구분되어야 한다는 점은 네 가능 세계에 두 책이 배분된 유형이 모두 다르다는 점에서 만족되는데, Dayal (2009)은 이를 '변동성(fluctuation) 제약'이라 지칭한다.

이러한 입장에서 본다면, 먼저 (12)에 기술된 것과 같은 배분 유형을 가능 세계에 대한 존재 양화가 가정된 (9ㄱ)에서는 쉽게 만족시킬 수 있다는 것을 확인할 수 있다. 그러나 이와 다르게 (9ㄴ)은 가능 세계를 야기할 수 있는 양상소 자체가 존재하지 않으므로 변동성 제약이 만족되는 환경 자체가 형성되기 어렵다. 또한 (9ㄷ)과 같이 □가 사용된 경우에는 (13)와 같은 해석이 도출되는데, (13ㄴ)에서 볼 수 있듯이 모든 가능 세계에 책 A와 B가 동일하게 존재하므로 네 가능 세계가 모두 달라야 하는 변동성 제약이 어겨진다.

(13) ㄱ. $\forall x[x \leq \iota y[\text{books}'(w)(y)] \rightarrow \forall w'{:}ACC(w,w').[\text{read}'(w')(x)(y)]]$

ㄴ. book A: $w_1 \rightarrow A$, $w_2 \rightarrow A$, $w_3 \rightarrow A$, $w_4 \rightarrow A$;

book B: $w_1 \rightarrow B$, $w_2 \rightarrow B$, $w_3 \rightarrow B$, $w_4 \rightarrow B$ (Dayal 2012: (23), adapted)

이러한 Dayal(2009)의 분석은 FCI any가 가진 전칭 양화의 특성을 잘 설명하면서 가능성 양상소, 즉 ◇와만 공기되는 이유도 동시에 포착할 수 있다는 점에서 많은 장점을 가진다. 그러나 Dayal(2012)에서도 이미 언급하고 있기도 하듯이, 'any'를 포함한 FCI를 전칭 양화사로 분석하는 것은 몇 가지 범언어적인 특성을 설명하지 못한다는 약점도 가지고 있다. 우선 많은 언어에서 FCI가 '비한정 대명사(indefinite pronoun)'와 동일한 형태를 가지고 있고 이들은 모두 전칭 양화보다는 존재 양화에 더 가까운 특성을 보인다(Dayal 2012, Chierchia 2013 등). 동시에 부정극어(negative polarity items, NPI)와 FCI가 동일한 형태를 가지는 언어도 많고, 부정극어도 존재 양화의 일종으로 분석되어 오기도 하였다(Ladusaw 1992, Chierchia 2004, 2006, 2013 등). 또한 자유 선택은 이접 접속사 'or'의 해석에서도 관찰되는 현상이므로, 이와 전칭 양화사의 유사성을 포착하기도 어렵다(Fox 2006, Dayal 2012, Chierchia 2013 등). 이러한 점에서 Dayal(2012)에서는 Chierchia(2013)의 분석을 받아들여, Dayal(2009)에서 제시한 전칭 양화 기반 분석을 수정하고 있기도 하다.

2.2. 비한정 대명사 기반 FCI: Chierchia (2013)

2.2.1. FCI의 전칭 양화 해석 도출

2.1절에서 논의된 문제점들을 해결하면서 FCI가 가진 전칭 양화 의미를 설명하기 위해서 Chierchia (2013)는 FCI로의 'any'는 특별한 하부-대체항(sub-alternatives)을 야기하는 비한정 대명사이고, 전칭 양화의 속성은 일종의 초점(focus)기반 의미론을 통해 드러나는 대화상의 함축(conversational implicature)에 의해서 도출된다고 주장하였다. 이러한 Chierchia의 분석을 Dayal(2012)에서 정리한 내용을 중심으로 간략하게 소개하면 다음과 같다.

(14) ㄱ. #Any student danced. [$student_w$ ={A, B}]

ㄴ. 단언: $\exists x\ [student_w(x) \wedge danced_w(x)]$

ㄷ. 하부-대체항: {Only [$student_w(A) \wedge danced_w(A)$], Only [$student_w(B) \wedge danced_w(B)$]}

ㄹ. FC 함축: $[A \vee B] \wedge \neg [A \wedge \neg B] \wedge \neg [B \wedge \neg A]$

$= A \vee B \wedge A \rightarrow B \wedge B \rightarrow A$

$= \forall x\ [student_w(x) \rightarrow danced_w(x)]$

ㅁ. 척도 함축: $\neg \forall x\ [student_w(x) \rightarrow danced_w(x)]$

(Dayal 2012: (30a, b, c), adapted)

(14ㄱ)의 문장을 해석하기 위해서 우선 두 명의 학생 A와 B가 있다고 가정해 보자. 이때 FCI any가 일반적인 비한정 대명사라면 (14ㄱ)은 결과적으로 (14ㄴ)과 같이 존재 양화를 포함한 단언으로 해석된다. 그런데 'any'가 FCI로서 하부-대체항을 야기한다면, 'A라는 학생이 춤을 춘다'와 'B라고 학생이 춤을 춘다'와 같은 두 하부-대체항으로 실현될 것이다. 문제는 이 두 하부-대체항은 생성됨과 동시에 더 강한 관련 표현이 부정된다는 척도 함축을 동반하게 된다(see Fox 2006). 이에 따라 척도 함축이 초점사 'only'에 대응되는 보이지 않는 운용소 Only에[7] 의해서 형성된다는 이론(Chierchia 2004, 2006, Fox 2006 등)을 따르면 두 하부-대체항은 (14ㄷ)과 같이 표상되어야 한다.

---

7) 척도 함축을 유발하는 영형태의 운용소 Only의 특성과 그 세부 의미에 대한 더 자세한 분석은 Fox(2006), Chierchia(2013) 등을 참조할 것.

이러한 입장을 받아들이면, (14ㄱ)이 정문이 되기 위해서는 (14ㄴ)의 두 하부-대체항이 더 강한, 혹은 더 정보적인(informative) 표현이라는 점에서 (14ㄴ)이 (14ㄷ) 대신에 선택된다는 것을 보장할 수 있어야 한다. 즉, 부정된 하부-대체항을 포함한 존재 양화의미가 보장되어야 하는 것인데, 이를 표상한 것이 바로 (14ㄹ)이다. 그리고 이 (14ㄹ)은 결과적으로 전칭 양화의 의미로 환원되고, Chierchia는 이러한 전칭성이 드러나는 일련의 과정을 FC 함축이라 지칭하였다.

그런데, 이러한 FC 함축을 고려한다면 한 가지 문제가 발생한다. (14ㄴ)과 같이 비한정 대명사가 가진 존재 양화 해석 역시 독립적으로 (14ㅁ)과 같은 척도 함축이 동반되는데, 이 척도 함축은 독립적으로 발생된 FC 함축과 모순 관계를 보이게 되므로 해석에 있어서 파탄이 일어날 수밖에 없다. 결과적으로, Chierchia (2013)는 이 두 함축의 모순 관계를 통해서 왜 (14ㄱ)과 같은 문장이 비문이 되어야 하는지 설명하고 있는 것이다.

두 척도의 관계는 (15ㄱ)과 같이 ◇ 양상소가 문장에 포함되는 경우에는 그 양상이 달라진다. FCI의 이동을 통해서 ◇ 양상소보다 넓은 영향권을 가지게 되어 (15ㄴ)과 같은 LF가 형성되려면 (16)의 두 함축이 형성되는데, 이 경우에는 두 함축간의 모순을 회피할 수 있는 것이다.

(15) ㄱ. Any student can dance.

ㄴ. [any student$_i$ [can [t$_i$ dance]]] (Dayal 2012: (31))

(16) ㄱ. $\neg\forall x\ [student_w(x) \rightarrow \exists w'\text{: } ACC(w,w').\ dance_{w'}(x)]$

ㄴ. $\forall x\ [student_w(x) \rightarrow \exists w'\text{: } ACC(w,w').\ dance_{w'}(x)]$ (Dayal 2012: (32))

우선, (16ㄱ)은 (15)에서 야기된 척도 함축이고 (16ㄴ)은 FC 함축이라면, 이 두 함축은 모두 포함된 양상소의 해석에서 요구되는 ACC(accessible relation; Kratzer 2012)과의 상호 작용을 통해 형성되어야 한다. Chierchia는 이때의 두 ACC가 서로 다를 수 있기 때문에 (14)의 경우와 다르게 (16)의 두 함축이 언제나 모순 관계를 가지게 되지는 않는다고 주장하였다. Kratzer식의 양상 의미론을 따르면, (16ㄱ)과 (16ㄴ) 모두 각각의 상황에 어울리는 ACC를 통해 가능 세계들의 집합이 결정되고 이 가능 세계의 집합은 양상 기저(modal base)에 대응된다. 그런데 척도 함축은 그 정의상 화자의 주관적인 믿음에 기반을 두고 유발된다는 점에서, 관련 양상 기저는 화자의 믿음(doxastic) 기반 ACC을 통해 형성되어야 할 것이다. 이러한 특성과 관련하여 Chierchia는 FC 함축은 척도 함축과 다르게 '모든 대화 참여자들이 공유하는 정보'라는 점에서 양상 기저가 대화 참여자들이 상호 작용할 수 있는 증거(evidence)에 기반을 둔 ACC를 통해 형성되어야 한다고 주장한다. 즉, 서로 다른 ACC가 적용되므로 상이한 가능 세계의 집합으로 두 함축의 양상 기저가 구성될 수 있고, 이에 따라 서로 모순되지 않을 수 있다는 것이다.

그런데, Chierchia (2013)는 이 두 함축이 서로 모순되지 않는 것만으로 FCI의 인허가 일어나지 않는다는 점을 강조하고, (17)과 (18)과 같은 두 조건까지 만족되어야 한다고 주장한다.

(17) ACC함축 포함 관계(Chierchia 2013: 316, (25))

$ACC_{척도\ 함축} \subset ACC_{FC\ 함축}$

(18) 넓은 영향권 제약(Chierchia 2013: 316, (26), adapted):

(i) [FCI MOD …] > (ii) [MOD FCI …]

먼저 (17)은 FC 함축의 결정에 필요한 가능 세계의 집합이 척도 함축과 관련된 가능 세계의 집합을 포함하고 있어야 한다는 것이다. 특히나 (17)의 두 함축 모두 후건의 경우 ◇을 통해서 가능 세계에 존재 양화만 이루어지므로 (16ㄴ)의 ACC가 모순 없이 (16ㄱ)의 ACC를 '포함'할 수 있는 가능성이 열린다는 점도 강조된다. 이러한 포함 관계에 따라 결과적으로 FC 함축에서 도출되는 전칭 양화의 의미가 FCI 해석에 영향을 미치는 것이 설명되는 것이다.

(18)은 (17)이 적용될 수 있는 통사적인 환경을 추가적으로 제한하는 제약이다. 이는 간단하게 FCI가 통사적인 작용(예: 이동, QR 등)을 통해서 양상소보다 넓은 영향권을 가지는 LF인 (18i)과 좁은 영향권을 가지는 LF인 (18ii)가 모두 형성될 수 있는 경우에 언제나 전자가 선택되어야 한다는 제약이다. 예를 들어, (15ㄱ)이 발화되면 (15ㄴ)의 LF에서 확인할 수 있듯이 주어인 FCI any의 이동이 일어나야 FCI가 ◇보다 더 넓은 영향권을 가지는 해석이 가능해 진다. 그러나 동시에 이동한 FCI가 LF-재구(LF-reconstruction)에 의해 양상소보다 좁은 영향권을 가지는 LF의 형성 가능성도 생긴다. 그러므로 (18)은 이러한 두 LF가 경쟁하게 되는 경우 언제나 FCI가 양상소보다 더 넓은 영향권을 보이는 쪽이 선택되어야 한다는 제약인 것이다.

정리하자면, Chierchia의 분석은 FCI가 ◇보다 넓은 영향권을 가지면서 $ACC_{함축}$ 포함 관계를 만족시키면 전칭 양화의 의미가 FC 함축을 통해 도출된다고 예측한다. $ACC_{FC\ 함축}$에서 포함되는 가능 세계 중 $ACC_{척도\ 함축}$과 모순되지 않고 남아 있는 가능 세계만을 통해서 전칭 양화의 의미가 유지된다는 것이다. 이에 따라 Chierchia는 FCI가 □와 같이 사용되는 경우에 부적절한(infelicitous) 발화가 야기되는 이유를 다음과 같이 설명한다.

(19) ㄱ. #Any student must dance.

ㄴ. [any $student_i$ [must [t_i dance]]] (Dayal 2012: (33))

(20) ㄱ. $\neg\forall x\ [student_w(x) \rightarrow \forall w': ACC(w,w').\ dance_{w'}(x)]$

ㄴ. $\forall x\ [student_w(x) \rightarrow \forall w': ACC(w,w').\ dance_{w'}(x)]$ (Dayal 2012: (34))

(19)에서 형성되는 (20ㄱ)의 척도 함축과 (20ㄴ)의 FC 함축은(14)의 경우와 다르게 두 양상 기저의 주체가 서로 달라진다고 하여도 후건의 가능 세계가 □인 'must'의 영향을 받아 전칭 양화되므로 두 함축이 모두 맥락상 모든 가능 세계를 포함하는 ACC를 통해 형성되어야 한다. 이 때 두 ACC 사이의 모순 관계가 필연적으로 발생되므로 (17)의 $ACC_{함축}$ 포함 관계도 만족될 수 없다.

2.2.2. 명령문과 FCI의 존재 양화 해석

Chierchia는 명령문에서 FCI any가 존재 양화의 의미만 허용한다는 것도 지적하고, 이를 다음과 같이 설명하였다.

(21) ㄱ. Push any button. (FCI: ∃)

ㄴ. □! [any $button_i$ [push (you, t_i)]] (Chierchia 2013: 326, (43), adapted)

우선, Chierchia는 (21ㄱ)에서 확인할 수 있듯이 명령문이 의무와 관련된 독립적인 □ 운용소(necessity modal operator)를 도입한다는 것을 받아들였다(cf. Portner 2007 등). 즉, 명령문도 (13)이나 (14), (19)와 같이 양상 조동사가 사용된 환경 중 하나로 볼 수 있다는 것이다. 그리고 (19)와 다르게 FCI가 적절하게 인허되는 이유를 설명하기 위해 명령문에서 사용되는 □ 운용소는 생성되는 위치가 매우 높아서 □!로 구분되고, 이에 따라 (21ㄴ)과 같이 FCI any가 단순한 이동이나 QR을 통해서 □!보다 넓은 영향권을 절대 가질 수 없다고 주장하였다. 이러한 구조의 가장 큰 특징은 (18)의 넓은 영향권 제약이 아예 적용될 수 환경이라는 것이다. 이 제약은 서로 경쟁하는 LF가 있는 경우를 전제하는데, (21ㄴ)에서는 경쟁할 수 있는 LF 자체가 따로 도출되지 못하므로 제약이 적용되는 환경 자체가 애초에 성립될 수 없다. 이에 따라 FCI가 □!보다 좁은 영향권을 가지는 LF에서 두 함축의 연산이 가능해 진다고 보았다.[8] 이를 위해 Chierchia는 (21ㄴ)의 경우 □!가 도입되기 전에 두 함축이 형성되어야 한다고 주장하였고, 이는 (22)과 (23)으로 실현된다.

(22) FC 함축: $\forall x\ [button_w(x) \rightarrow \exists w'\ push_{w'}\ (you, x)]$ (Dayal 2012: (35e), adapted)

(23) 척도 함축: $\forall w' \neg \forall x[button_w(x) \wedge push_{w'}\ (you, x)]$ (Dayal 2012: (35d))

FC 함축은 □!이 도입되지 않아도 명령문의 특성상 가능 세계가 이미 연산에 포함될 수 있으므로 (22)의 형태로 나타난다. □!가 도입되기 전에 FC 함축이 형성된다는 점에서 (20ㄴ)의 경우와 다르게 후건에 전칭 양화가 적용될 이유 자체가 없다는 점이 중요한 것이다. 척도 함축은 두 개의 버튼 A와 B를 가정하는 경우 2인칭 청자가 이 두 버튼을 동시에 누르는 가능 세계가 존재하지 않는다는 것으로 자연스럽게 유발된다. 그리고 이들의 상호작용은 (24)처럼, 2인칭 청자가 누르는 버튼 A와 B를 각각 다른 가능 세계에 배분하는 존재 양화 해석으로 이어진다, 특히, 이때의 FC 함축은 (22)의 척도 함축과 충돌하지 않으므로 ACC함축 포함 관계도 자연스럽게 만족된다는 것도 확인할 수 있다.

(24) $\forall w'\ [push_{w'}\ (you, A) \wedge \neg\ push_{w'}\ (you, B)]$

$\forall w'\ [push_{w'}\ (you, B) \wedge \neg\ push_{w'}\ (you, A)$ (Dayal 2012: (35e), adapted)

정리하자면, □의 양상성이 도입되기 이전에 두 함축이 형성/비교될 수 있는 명령문 같은 환경에서는, (18)이 적용되지 않으면서 동시에 (17)의 $ACC_{함축}$ 포함 관계를 만족시킬 수 있고, 그 결과로 비한정 대명사 기반 FCI가 '존재 양화'를 드러내게 된다는 것이다.

---

8) Chierchia(2004, 2005, 2013)는 척도 함축이 국부적으로 연산될 수 있다고 가정하고 있다. 이와 관련된 논의는 본 논문에서는 더 자세하게 논의하지 않는다.

3. '아무나'/'누구나': 양화적 특성과 그 함의

3.1. 두 종류의 전칭 양화와 두 종류의 FCI

2장에서는 FCI와 양상 환경의 상호 작용을 통해서 FCI가 보이는 전칭 양화의 특성을 설명하는 두 이론을 살펴보았다. 전자는 FCI가 본유적으로 전칭 양화를 드러낸다고 보았고, 후자는 Only 기반 FCI 척도의 연산에서 전칭성이 도출된다고 보았다. 그러나 이러한 이론은 모두 명령문에서 드러나는 '아무나'와 '누구나'의 특성을 통합적으로 설명해 주지는 못한다. 이를 확인하기 위해 1장에서 논의된 차이를 정리한 다음의 예문들을 살펴보자.

(25) 선배가 지나가는 후배 세 명을 보면서 말하길...

ㄱ. 아무나 한 명/두 명/#다 와라!

ㄴ. #누구나 한 명/두 명/다 와라!

(26) 선생님이 반에 {미나, 유미, 호야}가 있다는 것을 알려 주면서 말하길...

ㄱ. 비교해서 한 명 선별하게, 아무나 한 명/다 데려 와라.

ㄴ. 비교해서 한 명 선별하게, 누구나 한 명/#다 데려 와라.

우선 2.2절에서 간략히 언급하였듯이 기본적으로 명령문은 의무(deontic)와 관련된 □의 양상성과 관계있다고 분석되어 왔다(Han 2000, Dayal 2012, Kaufmann 2012, Chierchia 2013, cf. Portner 2007, Condoravdi and Lauer 2012, Oikonomou 2016, Starr 2018 등). 이러한 입장에서, 우선 Dayal (2009)을 따라 '누구나'와 '아무나' 모두 전칭 양화사 기반 FCI라고 가정해 보자. 이 경우 (25ㄴ)처럼 '누구나'가 명령문에서 사용되지 못하는 이유는 쉽게 설명할 수 있다. 2.1절에서 논의하였듯이 □ 환경에서는 전칭 양화 기반 FCI의 경우 변동성 조건을 만족시키지 못한다. 그러나 (25ㄱ)처럼 '아무나'가 명령문에서 존재 양화의 의미를 가지면서 인허되는 것도, (26ㄱ)에서처럼 추가적인 목적이 드러나는 환경에서만 '아무나'가 전칭 양화를 보이는 것도 설명하지 못한다. 또한 (26ㄴ)처럼 '누구나'가 존재 양화의 의미를 드러내면서 명령문 내부에서 인허되는 것도 설명할 수 없다.

Chierchia(2013)의 분석과 같이 '누구나'와 '아무나'를 모두 하부-대체항 야기하는 일종의 비한정 대명사 기반 FCI로 간주해도 (25)와 (26)의 특성을 적절하게 포착할 수 없다. 물론 2.2에서 논의하였듯이 (25)와 같은 경우에 '아무나'가 존재 양화의 해석을 허용하면서 인허되는 이유는 설명할 수 있을 것이다. 그러나 '누구나'가 일반적인 명령문에서 인허될 수 없는 이유와, 추가적인 목적이 개입되는 경우에만 드러나는 두 FCI의 특성까지는 설명할 수 없다.

이러한 차이를 모두 설명하기 위해서 본 논문은 (27)과 같이 한국어의 두 FCI가 구분되어야 한다고 주장한다. '아무나'는 Chierchia(2013)의 분석에 따라 그 전칭 양화적인 속성은 FC 함축에 의해서 드러나지만, '누구나'는 본유적으로 전칭 양화의 속성을 가진다고 보고, Dayal(2009)식의 변동성 제약이 그 인허 환경을 결정한다고 보는 것이다.

(27) ㄱ. '아무나': 비한정 대명사 기반 FCI
ㄴ. '누구나': 전칭 양화사 기반 FCI

(27)과 관련 가정들을 받아들이면 우선 (25)와 같은 명령문의 환경에서 '아무나'는 존재 양화로 해석되어야 한다는 것과, 애초에 전칭 양화사인 '누구나'는 명령문 내에서 인허될 수 없다는 것을 동시에 설명할 수 있게 된다. 물론 많은 FCI의 양화에 대한 연구에서, 2.2절에서 언급하였듯이 최근 범-언어적인 다양한 측면에서 비한정 대명사 기반 FCI의 분석이 선호되는 것은 사실이다. 이러한 점에서 본다면 (25)의 예문들은 자연 언어에 전칭 양화사 기반 FCI도 독립적으로 존재해야 한다는 것을 '누구나'의 특성을 통해서 보여준다고 할 수 있을 것이다.

3.2. 기존 연구와의 비교

사실, 이미 많은 연구에서 한국어의 두 FCI의 양화에 대한 논의가 다양하게 이루어져 왔고, 이를 간단히 정리하면 표 1과 같다.

구 분	아무나	누구(WH)-나	기존 연구
(I)	FCI	전칭 양화사	Lee 1999, Chung 1996, Choi 2005 등
(II)	∀ FCI	∀ FCI	Lee 1999 등
(III)	∀/∃ FCI	∀/∃ FCI	Choi 2007 등
(IV)	∀/∃ FCI	∀ FCI	Kim and Kaufmann 2006

[표 1] 두 FCI의 양화에 대한 기존 논의

물론 [표 1]의 정리는 FCI에 대한 분석에서 '양화'와 관련된 부분만 고려한 것으로 각 연구의 특성을 온전하게 드러내지는 못한다. 특히나 '아무-'와 '누구-'의 의미 차이는 단지 양화에 국한된 것이 아니며, '아무라도'나 '누구라도'의 형태도 FCI로 분석되어 오기도 하는 등(Lee 1999, Choi 2007 등) 고려할 요소가 많이 있다. '아무-', '누구-'가 가지는 본유적 차이(indefinite vs. indeterminate: Kratzer and Shimoyama 2002 등)에서부터[9] '영역 확장(domain widening: Kadmon and Landmann 1993 등)' 가능성의 여부, 또 한국어의 경우 FCI나 NPI의 형성에 중요한 역할을 하는 초점소 '-도', '-라도', '-나'의 특성(Lee 1999, Kim and Kaufmann 2006, Choi 2007 등)에 까지 다양한 요인이 FCI의 의미 형성에 영향을 미치는 것이다.

이러한 점에서 본 논문은 두 FCI가 보이는 '양화' 이외의 요인은 최대한 단순화 시켜서 분석하고 있다는 점에서 한계가 있을 수 있다(각주 6 참조). 그러나 이를 감안한다 하더라도, 본 논문의 분석은 기존의 논의에 비해 다음과 같은 장점이 있다.

[표1]에서 확인할 수 있듯이, 이미 많은 연구에서 '누구나'와 '아무나'의 양화적 특성에 관심을 기울였다. 그러나 (I)의 연구들의 경우 대부분은 '누구나'를 FCI가 아닌 순수한 전칭 양화사로 분석한다고 있다는 점에서 본 연구와 근본적인 차이가 있다.[10] 또 (II)의 분석은 '누구나'와 '아무나'를 모두 전칭 양

9) 혹자는 '누구-'로 대표되는 대명사가 의문사의 '어기'를 형성한다는 점에서 근본적으로 명령문과 어울리지 않을 수 있다는 가능성을 지적하였다. 그러나 (i)이 가부-의문문(polar question)으로 해석될 수 있다는 점에서, 특정 운용소와 의존 관계(dependancy relation)를 맺는 경우에만 이러한 어기가 의문사로 기능한다는 점도 계속 지적되어 왔다. 이러한 차이는 의문문의 억양의 차이 등 다양한 관점을 통해 논의되어 왔고(Yoon 2019 등), 일반적으로 (i)이 가부-의문문으로 해석될 때 '누가'는 비한정 대명사로 기능한다고 분석되어 왔다.
(i) 누가 왔어? (중의적: 정보 의문문/가부 의문문)물론 '누구도'와 같은 NPI는 '아무도'와 다르게 의문문의 형성과 관련해서 일종의 간섭 효과(intervention effect)를 야기한다는 점에서(Park et al. 2021 등), 본질적으로 '누구-'가 의문사의 특성을 가진다고 볼 여지는 있다. 그러나 이러한 차이가 FCI까지 확장되는지 확인하기도 어렵고, 무엇보다도 명령문에서 의문문과 동일한 간섭 효과가 나타난다고 볼 수도 없다.

10) 이러한 분석들은 '누구-'가 한국어의 대표적인 비한정 대명사라는 점에서 역설적으로 보일 수 있다. 이러한 점에서 '누구-'에 '-나'라는 초점사가 결합될 때 어떻게 전칭 양화의 의미가 도출되는지 더 자세한 논의가 필요할 것이다 (cf. Kim and Kaufmann 2007). 이는 후속 연구로 남겨둔다.

화 기반 FCI로 분석하므로 명령문에서 보이는 (25)의 차이를 포착할 수 없다. (III)의 분석은 두 FCI 모두 양화에 있어서 일종의 가변성(variability)을 가진다는 점은 포착하지만, 이러한 가변성이 일어나는 이유와 이들이 명령문에서 보이는 차이까지는 설명하지 못한다. 특히 Choi (2007)는 두 FCI의 차이가 '아무-'와 '누구-'의 차이에서 기인한다고 보고, 전자만이 '영역 확장'의 특성을 보인다는 점을 강조였다. 그러나 이러한 차이만으로 명령문의 해석에 따라 두 FCI의 분포가 달라지는 이유까지 설명하기는 어렵다.

물론 (IV)처럼 본 논문과 유사하게 두 FCI 중 '아무나'만 양화적 가변성을 보인다는 점을 강조하는 연구도 존재한다. 예를 들어 Kim & Kaufmann (2007)은 (28)의 두 문장을 모두 정문으로 보고, 이에 따라 '누구나'는 전칭 양화의 해석만 가능지만 '아무나'는 존재 양화의 해석도 허용한다고 주장한다.

(28) ㄱ. 누구나 데려 와라. (모두 데려 와라)
ㄴ. 아무나 데려 와라. (한 명 이상 데려 오면 된다.)
(Kim and Kaufmann 2007: (11), (12), adapted)

특히 Kim and Kaufmann은 '-나'가 전칭 양화를 야기하는 요소이고, 이 경우 (28ㄴ)에서 보이는 존재 양화의 해석은 '아무-'의 특성에서 야기된다고 주장한다. 이를 간단히 정리하면 우선 '누구-'와 다르게 '아무-'는 그 어휘 의미상 가능 세계와의 관계를 통해서 해석되어야 한다는 점이 강조된다. 그런데 이러한 가능 세계는 '존재 닫힘(existential closure)'을 통해 독립적으로 양화될 수 있고, 이러한 가능 세계에 대한 존재 양화의 영향으로 (28ㄴ)과 같은 일종의 '약화된 해석'이 허용될 수 있다는 것이 그 주장의 핵심이다.[11)]

그러나 이러한 분석도 몇 가지 한계가 있다. 우선 (28ㄱ)을 정문으로 판단하는 것부터 논란의 여지가 있다. 또 정문으로 본다하여도, 이 구문이 실제 (28ㄴ)과 다르게 전칭 양화'만'을 허가하여 약화된 해석을 배제하는지 확인할 필요가 있다. 이와 관련하여 (28ㄱ)이 전칭 양화로만 해석된다는 것을 Kim and Kaufmann (2007)은 다음의 두 구문이 보이는 해석의 차이를 통해 확인할 수 있다고 주장한다.

(29) ㄱ. 누구나 데려 와라. (우리가 비교할 수 있게)

11) Kim and Kaufmann(2007)은 이에 더해서 부정소와 '아무나', '누구나'의 영향권 등 다양한 추가적인 논의를 전개하고 있다. 관련 논의는 Choi(2007)도 참조할 것.

ㄴ. 아무나 데려 와라. (바보라 할지라도)

(Kim and Kaufmann 2007: (27), (26), adapted)

그러나 (29)는 Kim and Kaufmann에서 의도한 것처럼 각 구문의 양화에서 드러나는 차이를 명확하게 보여주지 못한다. 이를 확인하기 위해서 1장의 논의를 따라 세 명의 학생이 반에 남아 있는 상황에서, 선생님이 반장에게 (29ㄱ)과 같이 명령했다고 가정해 보자. 이 경우 반장이 필수적으로 세 명의 학생을 모두 데려와야 하는 해석이 강제된다고 보기는 어렵다.

(29) ㄱ′. (세 학생 중) 누구나 한 명/#다 데려 와라.

(바보라 할지라도 / 우리가 비교할 수 있게)

오히려 전치 양화를 보이는 '다'의 사용이 불가능하고, '한 명'과 같은 부동 양화사의 사용이 허용되는 것이다. 예를 들어 비교할 학생이 한 명 존재한다면 한 명의 학생만 데려오더라도 비교할 수 있고, 이러한 환경에서 '누구나'의 사용이 완전히 배제되는 것은 아니다. 그러므로 '누구나'는 가능 세계와 관계없이 전칭 양화를 드러낸다는 가정만으로 이 차이를 설명할 수 없다.

이렇듯, 3.1절에서 살펴 본 본 논문의 주장과 다르게 기존의 연구들 대부분이 (25)에 대한 설명에서 이미 문제를 일으킨다. 물론 (27)에 기반을 둔 본 논문의 가정이 (26)의 차이까지 설명하기 위해서는 추가적인 분석이 요구된다. 특히 명령문에서 '추가적인 목적'이 추가되는 경우에 드러나는 구조/의미적 특성을 확인하고, 이때 도출되는 환경의 특수성과 FCI의 인허 과정에 대해 논의해야 할 것이다. 그리고 무엇보다도 '누구나'와 같은 전칭 양화 기반 FCI가 (29′)에서 보이는 특성도 설명할 수 있어야 한다. 다음 4장과 5장에서 본 논문은 '추가적인 목적'이 포함된 명령문이 '허가'의 양상 의미와 대응한다는 입장에서 이에 대해 자세히 논의하려 한다.

4. 명령문의 특성과 '허가'의 의미의 도출

일반적으로 의무 양상에 대한 연구에서 '허가'와 '의무'의 구분은 양화의 차이를 통해 논의되어 왔다. 간단하게 말해서 '허가'는 ◇, 즉 존재 양화를 '의무'는 □, 즉 전칭 양화를 보인다고 분석되어 온 것이다(Kratzer 1991, Oikonomou 2016 등). 그런데 이러한 양화의 차이를 '명령문'에 대입하는 것은 쉽지 않다. 앞서 언급한 것처럼, 명령문과 관련된 양상의미는 □로 분석되어 왔다. 특히 명령문이 단순한 '의무'에 대한 진술이 아니라 '소망', '제안', '추천', '허가' 등 다양한 의미를 보이는데(Portner 2007, Condoravdi and Lauer 2012, Kaufmann 2012 등), '허가'를 제외하고는 모두 □의 의미와 연결된다고 지적된다(Oikonomou 2016 등). 이러한 이유에서 '허가'의 예외적 특성을 명령문에서 도출하기 위한 다양한 시도가 있어 왔다. 4장에서는 명령문의 '허가'의 의미를 설명하는 기존의 세 가지의 이론을 비판적으로 살펴보고, 이들이 '아무나'와 '누구나'의 분포의 설명에 적합한지 살펴볼 것이다.

4.1. Dayal(2012)

Dayal(2012)은 Han(2000)을 따라서 명령이 '허가'의 의미를 가지는 경우는 행위의 목적에 대한 추가적인 내용이 추가되는 경우에 가능하고 바로 이러한 환경에서'만' FCI가 명령문 내부에서 인허될 수 있다고 주장하였다. 명령문의 다양한 해석과 추가적인 정보의 연관성에 대해서는 Kaufmann(2012)에서도 다음과 같이 논의된 바 있다.

(30) ㄱ. Permission: Come earlier if you like!

ㄴ. Concessive: All right, don't come then! (if you think you're so clever)

특히 (30)은 명령문이 □!와 관련된 운용소를 유지하면서도 '허가' 등의 의미가 도출될 수 있다는 것을 의미한다. 조건절과 같은 추가적인 요소가 포함되는 경우에만 '허가' 등의 의미가 나타날 수 있다는 것이다. 이러한 입장에서 Dayal(2012)은 몇몇 추가 요소가 결국 특정 행위의 목적에 대한 정보를 명령문에 부여하는 것이고, 이러한 행위의 목적 자체가 바로 추가적인 양상 의미로 간주될 수 있다고 보았다. 이에 따라 (31ㄱ)의 FCI any는 명령문의 형성과 관련된 □!가 아니라 추가된 '목표 관련 양상소'에 의해서 인허된다고 주장하였다(Dayal 2012: 112-113).[12] 이를 간략하게 도식화하면 다음과 같다.

(31) ㄱ. Press any key!

ㄴ. LF: □! [any key$_i$ MOD$_{\text{GOAL-of-IMP}}$ [press t$_i$]]

우선 Dayal(2012)에서는 2.1절에서 간략하게 언급하였듯이, Chierchia(2013)을 따라 FCI any가 비한정 대명사 기반 FCI이라고 자신의 입장을 바꾼다.[13] 그러나 (17)과 관련해서는 수정된 제약을 주장하고 있는데, (31)의 경우 그 예측되는 결과가 Chierchia의 분석과 크게 다르지 않으므로 이에 대해서는 따로 다루지 않는다. 물론 (31ㄴ)의 경우 FCI가 추가된 양상소보다 넓은 영향권을 가지므로 (18)의 조건은 만족한다. 그러나 Chierchia(2013)의 분석과는 또 다르게, (31ㄴ)처럼 '목표'와 관련된 양상소가 추가되는 경우에 '만' FCI의 해석이 가능하다고 주장한다. 특히, (32)의 문답에서 확인할 수 있듯이, 목적과 관련된 양상 의미가 추가된 (32ㄴ)과 같은 명령문은 언제나(32ㄴ')과 같은 양상 구문과 유사하게 해석된다는 점을 통해 이를 증명하려 하였다.

(32) ㄱ. Speaker A: Can I take this book?

ㄴ. Speaker B: Sure, take any book (you want).

ㄴ'. Speaker B: Sure, you can take any book (you want). (Dayal 2012: 114, (61))

그러나 이는 앞서 (25)와 (26)을 통해 확인한 한국어의 특성을 설명할 수 없다. 우선 Dayal (2012)은 명령문 내에서 FCI가 인허되기 위해서는 (31ㄴ)와 같은 구조가 필요하다고 주장하고 있으므로, 이를 받아들이면 (25)와 (26)의 예문들이 모두 동일한 구조에서 인허되어야 할 것인데, 이 구조만으로는 두 FCI가 보이는 양화 차이 자체를 포착할 수 없다. 또한 (32ㄴ)에서 나타나는 해석이 기본적으로 (32ㄴ')과 관련되어야 한다는 점을 받아들이면, ◇의 존재로 인해 명령문 내부의 FCI는 두 함축의 상호작용을 통해 전체 양화를 드러내야 한다. 즉, 명령문에서 FCI가 존재 양화로 해석되는 일반적인 유형을 설명하기 어려워지는 것이다.[14]

---

12) Dayal(2012)은 추가적인 정보가 없는 경우(out-of-the-blue contexts)에 명령문이 FCI와 같이 사용되면 아예 부적절한 발화가 이루어진다고 지적한다.

13) Dayal(2012)에서는 Chierchia (2013)가 주장한 두 제약(i.e., (17), (18))의 필요성도 받아들인다.

14) Dayal(2012)은 영어의 FCI any의 경우도 '허가' 환경에서는 FCI의 전칭 해석이 가능해진다는 점을 완전하게 부정하지 않고 있다.

또한 목표가 추가된 '허가' 관련 명령문에서만 FCI가 인허될 수 있다는 가정도 받아들이기 어렵다. (33)과 같은 한국어의 예시 확인할 수 있듯이 '허가' 이외의 다양한 환경에서 존재 양화로의 '아무나'가 인허되고, 이 때의 맥락을 살펴보면 추가적인 목적이 필수적으로 포함되어 있다고 보기는 어렵다.

(33) ㄱ. 너희 들 중 아무나 (한 명) 와라. (의무: □)
ㄱ'. #너희 들 중 아무나/누구나 다 와라. (의무: □)
ㄴ. 제발 아무나 (한 명) 합격해라. (소망: □)
ㄴ'. #제발 아무나/누구나 다 합격해라. (소망: □)
ㄷ. 시청률을 위해 누구의 인터뷰를 추천하세요?
가. 아무나 (한 명) 인터뷰해라. (제안/조언: □)
나. #아무나/누구나 다 인터뷰해라. (제안/조언: □)

결론적으로 Dayal (2012)식의 분석만으로는 한국어의 두 FCI의 특성과 분포를 모두 포착할 수 없다는 점을 확인할 수 있는 것이다.

4.2. Portner (2012)

앞서 살펴본 Dayal(2012)이나 Chierchia(2013)의 분석은 명령문에 □!에 대응되는 양상 운용소가 도입된다는 가정에서 출발한다. 그러나 특별한 운용소 없이 몇몇 화용적인 조건에 의해서 명령문이 형성된다고 보는 '최소 이론(minimal approach)'에 기반을 둔 연구도 존재한다(Portner 2007, Starr 2018 등, cf. Condoravdi and Lauer 2012). 특히 Portner(2007)는 '문장 유형(sentence type)' 자체가 '의미 유형(semantic type)'의 차이를 통해서 구분된다는 입장을 전개하고 있다. 간단하게 말해서, 양상 의미의 유사성에도 불구하고 (33ㄱ)와 같은 평서문의 의미 유형은 '명제'지만 (33ㄴ)과 같은 명령문의 의미 유형은 '속성(property)'이고, 이러한 의미 유형의 차이에 기반하여 명령문의 의미가 형성된다는 것이다.

(34) ㄱ. You should leave the town.
ㄴ. Leave the town!

특히 Portner (2007)는 명령문이 '속성'의 의미 유형으로 구성되는 이유를 명령문의 발화는 속성들의 집합인 할 일 목록을 직접 갱신한다는 점과 관련이 있다고 지적한다. 간단하게 말해서 명제들의 집합인 공통기반(common ground)을 갱신하는 평서문과 갱신의 대상 자체가 다르다는 것이다. 특히 Portner (2007)는 Kratzer의 일련의 연구에서부터 강조되어온 두 대화상의 배경(conversational background) 중 '순서화 근원(ordering source)'에 대응되는 것이 바로 할 일 목록이라고 가정한다. 순서화 근원은 특정 기준을 통해 관련된 다양한 명제들에 '부분 순서(partial order)'를 부여하여 가장 최적의 명제를 뽑아내는 기능을 하므로, 할 일 목록은 결국 청자가 잠재적으로 실행해야 하는 다양한 행위 중에서 가장 '선호'되는 행위에 대한 정보를 제공한다는 것이다(Portner 2007: (16)).

그러나 Portner (2012)에서는 명령문의 할 일 목록이 '비일관적(inconsistent)'인 경우도 있을 수 있다는 점을 새롭게 지적한다. 간단히 말해서, 할 일 목록에 포함된 여러 행위에 대한 부분 순서가 정해지지 않아 모두가 동등한 정도로 선호되는 경우도 있다는 것이다. 그리고 이때 바로 '허가'의 의미가 형성된다고 주장한다. 또한 동등하게 선호되는 행위들 중 어느 것이 선택되어도 차이가 없다는 점에서 '자유 선택'과 자연스럽게 연결된다고 지적하였다. 이는 '허가'와 자유 선택의 의미가 모두 □/◇의 선택과 무관하고, 오히려 할 일 목록의 특성에 따라 분석되어야 한다는 결론으로 이어진다.[15]

이러한 Portner의 분석은 명령문에서 보이는 FCI와 '허가' 환경의 연관성과 그 상호작용을 포착하는 데 있어서는 큰 장점을 가진다. 그러나 할 일 목록의 특성만으로는 한국어의 두 FCI의 특성을 설명하기 어렵다. '허가'의 의미가 드러나는 경우에만 두 FCI가 전칭 양화를 보이며 인허될 수 있고, 그렇지 않은 경우에 존재 양화를 보이는 FCI만 허용되는 이유에 대해서는 별다른 해답을 줄 수 없는 것이다.

4.3. Oikonomou(2016)

Oikonomou(2016)는 Dayal (2012)과 Chierchia(2013)와 다르게 명령문을 형성하는 양상 운용소가 본질적으로 ◇에 대응된다고 가정하고, 이를 위해 Deal(2011)의 다음과 같은 주장을 받아들인다.

(35) ㄱ. 〈some, every〉와 같이 많은 양화사의 존재-전칭 양화 관계에 따라 형성되는 Horn의 척도

15) Portner (2012)는 이를 수행성(performativeness)의 특성으로 보았는데, 특히 이러한 분석이 Ross의 역설(paradox)을 설명하는데 있어서 큰 장점을 가진다고 지적하였다. 이와 다른 관점에서 Ross의 역설을 분석한 연구로 Barker (2012)도 참조 할 것.

와 유사하게 양상소들도 양상 작용(modal force)에 있어서 〈◇, □〉에 따라 일종의 대응쌍을 형성한다.

ㄴ. 몇몇 언어에 간혹 Horn의 척도를 이루지 못하고 ◇에 대응되는 양상소만 존재하는 경우가 있고, 이 양상소는 문맥에 따라서 양상 작용이 ◇, □ 사이에서 가변성을 드러낸다.

Kratzer의 연구 이래로 양상소는 인지/의무/능력 등의 양상 내용(modal flavor)의 중의성에 대한 연구가 다양하게 이루어져 왔다. 특히 양상소의 어휘 의미에는 양상 작용에 대한 정보만 명세되어 왔고 양상 내용은 문맥에 따라 정해진다는 분석이 주류를 이루어 왔다. 그러나 최근 몇몇 연구에서 양상 작용도 중의성의 대상이 될 수 있다고 지적하고 있고(Rullmann et al. 2008, Deal 2011, Oikonomou 2016 등), (35)는 이러한 중의성을 포착하는 한 가지 시도인 것이다.

'양상 작용의 중의성/가변성'을 받아 들여서 Oikonomou (2016)는 명령문을 야기하는 양상 운용소는 ◇이고, 이에 대응되는 더 강한 쌍인 □에 대응되는 운용소가 존재하지 않는 언어가 존재한다고 주장하였다. 그리고 이때 문맥에 따라 ◇의 양상 작용이 드러나는 경우에는 허가의 의미로 □의 양상 작용이 드러나는 경우에는 의무/소망/제안 등의 의미로 해석된다고 주장하였다.

특히 Oikonomou는 그리스어의 명령문의 경우 'only'와 같은 양화사가 허가의 의미를 드러내는 ◇ 운용소와 중의적 영향권을 보인다고 주장한다. 이는 Chierchia (2013)의 기본 가정과 다르게 명령문을 형성하는 양상 운용소가 다른 문장 내부 요소와 영향권에 있어서 상호작용을 한다는 것을 의미하기도 한다. 이에 따라 FCI가 인허되는 명령문은 FCI가 이동해야 한다는 기본 가정을 받아들이면 (36)의 LF처럼 두 두 형태 중 하나로 표상된다.

(36) LF: [FCI$_i$ OP◇/□ [... V t$_i$ ...]

ㄱ. LF◇: [FCI$_i$ OP◇ [... V t$_i$ ...]

ㄴ. LF□: [FCI$_i$ OP□ [... V t$_i$ ...]

그러나 (36)는 몇 가지 장점에도 불구하고 한국어의 두 FCI의 특성을 모두 포착하지는 못한다. 먼저 장점을 살펴보면, 우선 운용소가 ◇로 해석되는 (36ㄱ)의 경우 Dayal (2009)의 분석을 따르면 전칭대명사 기반 FCI가 인허될 수 있다. 또한 Chierchia (2013)을 따르면 비한정 대명사 기반 FCI는 전칭양화의 의미를 드러내며 인허될 것이다. 즉, 이 경우에는 추가적인 목적이 포함된 상황에서 인허되는 '누구나'와 '아무나'의 특성을 모두 설명할 수 있는 것이다. 이와 다르게 운용소가 □로 해석되는 (36ㄴ)

에서는 경우 전칭 대명사 기반 FCI가 변동성 조건을 만족시킬 수 없어 인허될 수 없는 것이 설명된다. 그러나 이러한 장점에도 불구하고, (36)은 '아무나'가 의무' 환경에서 인허될 수 있다는 점을 포착하지는 못한다(see also Chierchia 2013).

(37) ㄱ. LF_1: [아무나$_i$ OP□ [… t_i V…]]
ㄴ. LF_2: [~~아무나~~$_i$ OP□ [… 아무나$_i$ V…]]

우선, 명령문을 형성하는 운용소와 FCI가 영향권에 있어서 상호 작용을 하는 환경이 형성된다면 (37)과 같이 OP가 □로 해석되는 경우에도 두 LF 간의 경쟁이 일어나 (18)의 제약의 적용되는 환경이 형성된다. 이에 따라 (37ㄱ)이 선택되어야 하므로, 척도 함축과 FC 함축 간에 모순 관계가 야기되어 '아무나'는 인허될 수 없다. 혹자는 '아무나'의 QR을 통한 이동이 □과 영향권 관계를 가지는 경우 특별한 의미적인 차이를 야기하지 않아(i,e., scopally uninformative) QR의 적용이 일어날 수 없고(scope economy; Fox 2000), 이에 따라 (35ㄱ)이 아니라 (35ㄴ)이 선택되어야 한다고 생각할 수도 있다. 그러나 실제 QR이 의미적으로 아무런 차이를 드러낸다고 가정하는 것도 논란이 많고, 설령 (35ㄴ)이 선택된다 하더라도 '아무나'가 존재 양화의 의미로 인허되는 이유를 설명하기 어렵다. 앞서 살펴보았듯이, Chierchia (2013)는 이를 명령문을 형성하는 운용소가 도입되는 위치가 매우 높아 이 운용소가 도입되기 전에 FC 함축이 연산될 수 있다는 가정을 통해 설명하였는데, (37)의 구조에서는 관련 운용소가 TP 층위에서 도입되므로, 그 이전에 함축이 독립적으로 연산된다고 보기는 어려운 것이다.

5. '누구나/아무나'의 인허와 명령문의 특성

4장을 통해서 살펴보았듯이, 기존의 논의들은 (27)과 같이 '누구나'와 '아무나'가 서로 다른 양화적 속성을 지닌 다른 문법소라는 입장을 받아들여도 이 둘의 분포를 명확하게 설명하지 못한다. Dayal (2012)의 분석은 명령문의 '허가' 환경의 특성은 잘 설명할 수 있었지만 이 외의 환경에서 존재 양화로 해석되는 FCI가 인허될 수 있는 이유를 설명하지 못하였다. Portner (2012)는 자유 선택과 명령문의'허가' 환경의 연관성에 대해서 새로운 관점을 제공하지만, 실제 한국의 두 FCI가 보이는 차이를 포착하기는 어려웠다. Oikonomou (2016)의 분석도 '아무나'가 □ 환경에서 존재 양화의 해석을 가지면서 인허될 수 있는 이유를 설명하지 못했다.

본 논문은 이러한 문제들을 해결하기 위해 한국어의 명령문의 특징을 (38)과 같이 설명할 수 있다고 주장한다.

(38) ㄱ. 명령문을 구성하는 양상 운용소는 □!이고 이는 문두에 위치하여 문장 내 다른 양화사와 영향권에 있어서 상호 작용을 하지 않는다.
ㄴ. 명령문에서 '허가'의 의미는 ◇의 양상 작용을 가지는 양상소가 TP 층위에 추가되는 경우에 형성된다.
ㄷ. 이러한 추가적인 ◇ 양상소는 명령문 내의 다른 양화사와 영향권에 있어서 상호작용을 할 수 있다.

(38ㄱ)은 Chierchia (2013)의 입장을 따른 것이다. 이에 따라 전칭 양화 기반 FCI는 변동성 제약을 만족시킬 수 없어 인허될 수 없고, 비한정 대명사 기반 FCI만이 존재 양화로 해석되는 경우에만 (17)의 ACC함축 포함 관계를 만족시키면서 인허될 수 있다는 것이 예측된다.

이렇게 (38ㄱ)을 받아들이는 것은 '최소 주의'를 따르는 이론들과 다르게 명령문의 형성을 위해서는 독립적인 양상 운용소가 필요하다는 인정하는 것이다. 그러나 동시에 Oikonomou (2016) 식의 가변성에 기반을 둔 분석은 (한국어의) 명령문에 적용될 수 없다는 결론에도 이르게 된다. 이에 따라 본 논문은 Dayal (2012)의 분석을 일부 받아들인다. (38ㄴ)에서처럼, (보이지 않는 조건절 등을 통해) 명령문에 ◇에 대응되는 양상소가 추가되는 경우에만 '허가'의 의미가 형성된다고 가정하는 것이다. 그러나 (38ㄱ)의 상황에서도 FCI가 인허될 수 있다는 점에서 본 논문의 주장은 Dayal (2012)과 다르다. 또 (38ㄱ)과 (38ㄴ)은 □!가 도입되는 상황에서 ◇를 추가한다는 점에서 Oikonomou (2016)와도 구분된다. 마지막으로 (38ㄷ)에서처럼 '허가'의 의미를 담당하는 양상소만이 FCI와 명령문 내에서 직접인 영향권 관계를 형성할 수 있다는 점에서도 기존 분석과 차이가 있다.

(38)을 통해 명령문 내에서 드러나는 '아무나'와 '누구나'의 분포를 설명하면 다음과 같다. 우선 의무/소망/제안 등 □!의 양상 작용이 도입되는 경우에는 (39ㄱ)의 LF처럼 전칭 양화 기반 FCI는 인허될 수 없지만 (39ㄴ)의 LF처럼 비한정 대명사 기반 FCI는 인허될 수 있다.(cf. Dayal 2012). (39ㄱ)에서 변동성 조건이 어겨지므로, (40ㄱ)와 같은 예문에서 확인할 수 있듯이, 전칭 양화 기반 FCI인 '누구나'가 왜 □기반 명령문에서 사용될 수 없는지 설명할 수 있는 것이다.

(39) ㄱ. LF: #□! [universal-FCI$_i$ [… t_i V …]]

ㄴ. LF: □! [indefinite-FCI$_i$ [… t_i V …]]

(40) ㄱ. #제발 누구나 (다) 붙어라. (소망: □)

ㄴ. 제발 아무나 한 명/#다 붙어라. (소망: □)

그러나 (39ㄴ)의 경우에는 비한정 대명사 기반 FCI도 Chierchia(2013)의 분석처럼 FC 함축과 척도 함축의 모순 관계를 회피하기 위해 □!가 도입되기 전에 척도들이 형성되고, 이에 따라 존재 양화가 강제된다. 그러므로 (40ㄴ)에서 보이는 '아무나'의 특성도 설명이 가능하다. 존재 양화의 특성 상 '다'와 같은 전칭 양화가 어울리지 않는 것이다.

이와 다르게 '허가'의 의미가 드러나는 명령문에서는 다음과 같은 LF에서 FCI가 인허될 수 있다.

(41) LF: □! [$_{\text{universal/indefinite-}}FCI_i$ ◇ [… V t_i …]]

(41)은 비한정 대명사 기반 FCI와 전칭 양화사 기반 FCI가 모두 인허될 수 있는 환경이다. 우선 전칭 양화사 기반 FCI인 '누구나'를 살펴보면, '누구나'가 (40)과 같은 구조에서 사용될 때에는 추가된 ◇ 덕분에 각 가능 세계마다 서로 다른 방식으로 개체들이 적절하게 배분될 수 있다는 것을 바로 확인할 수 있다. 즉, Dayal의 변동성 제약을 만족시킬 수 있는 것이다.

(42) 세 명의 학생이 반에 남아 있으니, 비교해서 한 명 선별하게, 누구나 한 명/(#)두 명/#다 데려 와라.

이를 확인하기 위해 가능 세계의 수를 셋으로 한정하고, 여기에 '미나', '유미', '호야', 이 세 학생이 어떻게 배분될 수 있을지 고려하면, (43)과 같은 예시를 생각해 볼 수 있다.

(43) ㄱ. 미나: w_1 → 미나 , w_2 → Ø, w_3 → Ø

ㄴ. 유미: w_1 → Ø, w_2 → 유미, w_3 → Ø

ㄷ. 호야: w_1 → Ø, w_2 → Ø, w_3 → 호야

(43)의 가장 큰 특징은 우선 변동성 조건을 만족시킨다는 것이다. 이에 더해, 각 가능 세계에 배분된

학생의 수가 '한 명'이라는 것이 만족되고, 그러면서도 세 학생이 모두 특정 가능 세계에 배분 되었다는 점에서 전칭 양화도 만족시킨다. 본 논문에서는 이를 바탕으로, (42)에 사용된 부동 양화사는 실질적으로 하나의 가능 세계에 배분될 수 있는 학생의 수를 수식한다고 가정한다(각주 2 참조). 특히, 이는 '두 명'과 같은 부동 양화사와 공기하는 것이 아주 자연스럽지는 않지만 가능한 이유도 쉽게 이해할 수 있게 해준다. w_1={미나, 유미}, w_2={미나, 호야}, w_3={유미, 호야}와 같은 세 가능 세계가 구성된다면, 변동성 제약까지 만족시킬 수 있는 것이다. 동시에 '다'와 같은 전칭 부동 양화사가 사용될 수 없는 이유도 쉽게 이해할 수 있게 된다. 부동 양화사 '다' 역시 수식하는 대상이 "한 가능 세계에 포함되어야 하는 개체의 수"라면 한 가능 세계에 포함되는 학생의 수가 셋이 되어야 하고, 결과적으로 w_1, w_2, w_3 모두에 {미나, 유미, 호야}가 포함되어, 변동성 제약을 만족시킬 수 없게 되는 것이다.

그런데 1장에서 살펴보았듯이, (44)와 같이 부동 양화사가 아예 사용되지 않은 문장에서는 세 학생이 모두 오는 해석이 가능하다.

(44) 세 명의 학생이 반에 남아 있으니, 비교해서 한 명 선별하게, 누구나 데려 와라.

일견, 세 명을 동시에 데려오는 해석이 일어나기 위해서는 가능 세계에 세 학생이 모두 포함되어야 할 것이므로, 변동성 제약이 어기는 상황이 발생한다고 생각할 수 있다. 그러나 변동성 제약은 모든 가능 세계에 세 명의 학생이 모두 포함되어 있는 경우에 어겨지는 것이지, 하나의 가능 세계에만 세 학생이 모두 포함되어 있는 경우까지 배제하는 것은 아니므로, w_1={미나}, w_2={호야}, w_3={미나, 유미, 호야}와 같은 상황에서, w_3의 존재로 인해 세 학생이 모두 오는 해석이 허용될 수 있을 것이다.

이제, (41)의 LF에서 비한정 대명사 기반 FCI가 사용된 경우에 대해서 살펴보자. 우선 본 논문은 "목적"이 추가된 '허가'의 경우 다음과 같이 □!가 아직 도입되지 않은 상황에서 ◇에 의해 '아무나'가 인허될 수 있다고 가정한다.

(45) LF-pre: $[_{\text{indefinite-}}\text{FCI}_i \ \Diamond \ [\ldots \text{V } t_i \ \ldots]]$

(45)에서 '아무나'가 ◇의 관계를 통해 넓은 영향권 제약과 ACC함축 포함 관계가 모두 만족시킬 수 있다는 것은 더 설명할 필요가 없을 것이다. 또한 이 경우 (i) FC 함축에 의해 전칭 양화가 드러난다는 것과, (ii) 설령 전칭 양화사 '다'가 사용되어 모든 가능 세계에 세 명의 학생이 포함된다 하더라도 변동성 제약을 고려 대상이 아니라는 점도 쉽게 이해할 수 있다. 이를 통해, 부동 양화사의 사용이 (46)과

같이 자유로운 이유를 이해할 수 있는 가능성이 열리는 것이다.

(46) 세 명의 학생이 반에 남아 있으니, 비교해서 한 명 선별하게,
ㄱ. 아무나 다 데려 와라.
ㄴ. 아무나 한 명/(#)두 명 데려 와라.

물론, 전칭 부동 양화사 '다'가 사용되는 경우 각 가능 세계에 새 학생 도두가 포함된다는 점에서 문제가 없는 것은 아니다. 모든 가능 세계에 {미나, 유미, 호야}가 포함된다면 비한정 대명사 기반 FCI가 유발하는 척도 함축과의 갈등이 발생하기 때문이다. 그러나 본 논문은 변동성 제약과 다르게 척도 함축은 그 성격상 취소가 가능하다는 점을 통해 이 문제가 해소될 수 있다고 가정한다. 특히, (46ㄱ)과 같은 문장의 발화의 경우 화자 스스로가 '다'라는 양화사를 의도적으로 사용했다는 점에서, 척도 함축의 취소 자체가 화자의 의도라고도 해석될 수 있다. 그리고 화자의 의도에 따라 척도 함축이 유발되지 않는다면, (17)은 자동적으로 만족될 수밖에 없다. 또한 본 논문은 이러한 주장이 다음과 같은 차이를 포착할 수 있다는 점에서도 장점을 가진다는 점도 강조하려 한다.

(47) 세 명의 학생이 반에 남아 있으니, 비교해서 한 명 선별하게 아무나 데려 와라.

(47)과 같이 부동 양화사가 따로 사용되지 않는다면, (46ㄱ)과 (46ㄴ)의 해석과 모두 양립 가능해야 할 것이다. 이는 (46ㄱ)에서 허용되는 '세 명의 학생 결과적으로 다 오는 해석'도 (47)에서 허용되어야 한다는 것을 의미하지만, 많은 제보자들이 이 해석은 (47)과 어울리지 않다고 지적하였다. 본 논문은 이러한 차이가 (47)은 (46ㄱ)과 다르게 대화 참여자들이 척도 함축을 취소해야 한다는 점을 확신하기 어렵다는 점에서 발생한다고 주장한다. (46ㄱ)과 다르게 (47)은 매우 다양한 해석이 가능한데, 이러한 문장을 이용하여 척도 함축의 취소되는 경우에만 허용되는 해석을 전달하려 했다고 파악하는 것은 쉽지 않은 것이다.

그런데, (45)의 LF에서 드러나는 전칭성을 생각한다면 (46ㄴ)에 대한 설명이 어려워진다고 볼 수 있다. 그러나 이러한 전칭성 역시 FC 함축에 의해 드러난다는 점에서 양화사의 사용과 직접적으로 갈등 관계를 보이지는 않는다. FC 함축이 전칭성을 드러내는 것은 하부 대체항에 존재하는 독립적인 Only 기반 척도 함축이다. 그러므로 화자가 '두 명'과 같은 표현을 사용한다면 (48)과 같은 상황에서 FC 함축이 형성되어야 한다는 것을 의미하는 것 그 이상 그 이하도 아닌 것이다.

(48) 하부-대체항 : { *Only* [bring Mina and Yumi], *Only* [bring Yumi and Hoya], *Only* [bring Mina and Hoya] }

결과적으로 (48)이 부정되어야 하는 상황에서 전칭 양화성을 드러내는 FC 함축이 도출되는 것이므로 '한/두 명'과 같은 양화사의 사용이 '아무나'의 전체 양화적 성격과 갈등 관계를 일으킨다고 볼 수 없는 것이다.[16] 이는 또한 본 논문의 입장, 즉 부동 양화사들이 하나의 가능 세계에 포함될 수를 결정한다는 가정과도 잘 어울린다. 결과적으로, '아무나'가 허가의 의미를 가지는 명령문에서 인허될 때 보이는 다양한 분포적 특성들을 모두 설명할 수 있는 것이다.

6. 결론 및 남은 문제

본 논문에서는 한국어의 두 FCI '아무나'와 '누구나'가 명령문의 환경에서 인허되는 경우에 보이는 다양한 현상을 분석하였다. 이를 위해서 '아무나'를 비한정 대명사 기반 FCI로 '누구나'를 전칭 양화사 기반 FCI로 구분하고, 이들이 양상소와 상호 작용하여 인허될 수 있는 환경을 관련 제약들을 통해 살펴보았다. 특히 '아무나'는 Only 기반 두 함축의 상호작용을 통해 존재/전칭 가변성을 보일 수 있다는 점도 확인하였다. 그리고 '허가'의 의미가 드러나는 명령문에서 드러나는 특징을 중심으로 두 종류의 FCI의 분포 및 양화 상의 특성을 확인하였다. 동시에 명령문의 의무, 제안, 소망 등의 양상 해석은 □!에 의해 드러나고, 허가의 의미는 여기에 ◇가 추가되는 경우에 형성된다는 점도 지적하였다.

물론 3장에서 언급하였듯이, 이러한 분석은 FCI의 양화의 차이에 중점을 두고 있다는 점에서 자유선택에 영향을 미치는 다른 관련 요인들과 그 영향에 대해서는 포착하지 못한다는 한계가 있다. 그리고 이에 더해서 명령문 이외의 양상 환경까지 포괄하기 위해서 더 세심한 추가 분석이 요구된다는 점도 강조하고 싶다.

---

16) 이에 더해 한 가지 더 생각해 볼 방식도 있다. 아래 (i)과 같이 □!가 도입된 이후에 FCI가 □!에 의해 인허될 수도 있다. 우선 Chierchia (2013)의 가정을 따라 '아무나'가 □!를 넘어 QR을 할 수 없다는 점을 받아들이면 (18)의 제약은 자동적으로 만족된다고 볼 수 있다. 그리고 (i)의 LF에는 가능 세계에 대한 존재 양화가 독립적으로 강제된다는 점에서 단순히 전칭 양화만으로 인허되는 환경과는 구분되고, 존재 양화를 드러내며 (17)을 만족시키는 가능성이 완전히 배제되지 않는 것이다. 이러한 가능성에 대해서는 추후 연구로 남겨 둔다.

(i) LF : □! [indefinite-FCI$_i$ ◇ [… V t_i …]]

(49) ㄱ. 난 아무나/누구나 다 만난 거야. [-(으)ㄴ 것 구문]

ㄴ. 난 아무나/누구나 다 만날 거야. [-(으)ㄹ 것 구문]

(50) ㄱ. 난 아무나/#누구나 한 명 만난 거야. [-(으)ㄴ 것 구문]

ㄴ. 난 아무나/#누구나 한 명 만날 거야. [-(으)ㄹ 것 구문]

(49)에 사용된 두 양상 구문들은 관련 연구에서 모두 □의 양상 작용을 보인다고 분석되어 왔다(see Mun 2016: 30). 그러나 (49)는 이 양상 환경에서 '누구나'와 '아무나'가 모두 인허될 수 있고, 또 이 경우 전칭 부동 양화사의 사용도 매우 자유롭다는 것을 보여 준다. 이는 (49)의 두 양상 구문이 □로의 양상 작용을 가진다면 설명할 수 없다는 점에서 문제를 야기한다. 또한 (50)과 같이 ◇에 대응되는 부동 양화사가 같이 사용되는 것이 '아무나'의 경우에는 허용된다는 점도 간과할 수 없다. 이 해석이 완벽하다고 보기는 어렵지만, 명령문의 경우와 다르게 '목적'이나 '허가'의 의미의 추가와 상관이 없다는 점도 중요하다. (49)나 (50)에 ◇를 도입하기 위해 또 다른 양상소가 추가된다고 보기도 어려워지는 것이다.

본 논문은 이러한 문제를 해결하기 위해 (49)와 (50)에 사용된 두 양상 구문이 Deal (2012)에서 가정된 양상 작용의 가변성과 관련되어 있는지 확인할 필요가 있다고 지적하려 한다.[17] 예를 들어, (49)에서 '누구나'가 인허되기 위해 필요한 조건만 생각해도, ◇가 허가, 목적의 의미의 추가와 관계없다면, 양상 구문 그 자체에서 이 조건이 만족되어야 할 것이기 때문이다. 이러한 가능성에서 이들 구문의 경우 ◇와 □의 가변성에서 드러나는 의미의 차이를 어떻게 명확하게 구분할지에 대한 더 세밀한 연구가 필요할 것이다.[18]

이와 함께, 허가/의무와 관련해서 다음의 차이도 주목해야 한다.

(51) ㄱ. 난 (#)아무나/#누구나 다 만나야 해.

ㄴ. 난 아무나/#누구나 한 명 만나야 해.

(52) ㄱ. 난 (#)아무나/#누구나 다 만나야 돼

ㄴ. 난 아무나/#누구나 한 명 만나야 돼

17) 조금 다른 관점이지만, Mun (2016)은 한국어의 양상 구문 중 일부가 양상 내용에 따라 서로 다른 양상 작용을 보인다고 지적하기도 한다.

18) Hoe et al. (2019)에서는 (49/50 ㄴ)과 같은 구문에서 드러나는 양상 의미가 영어의 양상 조동사 'might'의 의미와 유사하다고 보고 그 반사실성의 특성을 분석하기도 하였다. 그러나 (49/50 ㄱ)과 같은 구문의 경우 대부분의 기존 연구에서 그 양상 작용이 □에 가깝다는 점을 받아들인다는 점도 고려해야 한다. 즉, 이러한 차이에도 불구하고 '아무나'와 '누구나'의 인허와 관련하여 이 두 구문이 완전히 동일하다는 것을 설명할 수 있는 분석이 필요한 것이다.

(53) ㄱ. 난 아무나/누구나 다 만나도 돼.
ㄴ. 난 #아무나/(#)누구나 한 명 만나도 돼.

기본적으로 (51)과 (52)는 의무, (53)은 허가를 나타내는 구문으로 분석되어 왔다. 그러나 수용성의 차이는 있지만 이들 구문에서 FCI의 양화적인 특성은 매우 예외적인 모습을 보인다. 특히나 (51)과 (52)는 모두 '허가'나 이에 준하는 추가적인 해석이 강조되지 않는다는 점에서 ◇가 추가된다고 보기도 어려우므로, '아무나'의 해석이 허가되고 오히려 '누구나'의 해석이 불가능한 이유를 설명할 수 있어야 할 것이다.

이와 관련하여 Chung (2019)의 분석은 새로운 관점을 제공하여 준다. Chung (2019)은 (51)에서 (53)까지의 예시에서 사용된 '-야'와 '-도'는 아래 (54) 같은 예문에서 확인할 수 있듯이 조건문의 전건을 구성하는 접속사로, 전자와 후자가 이끄는 절은 각각 'only if'와 'even if'절에 대응된다고 주장한다.

(54) ㄱ. 철수가 와-야, 영희가 집에 갈 수 있다.
ㄴ. 철수가 와-도, 영희가 집에 갈 수 없다.

이러한 분석은 (51)에서 (53)까지의 예시들은 다음과 같이 일종의 복문(complex sentence)이고, 조건절(if-clause)의 의미와 평가 술어(evaluative predicate: e.g., good)를 포함한 주절(main clause) 사이의 상호작용을 통해서 의무나 허가의 의미가 도출된다는 결론으로 이어진다. 간단히 말해, 의무와 허가의 의미가 □나 ◇의 차이만으로 단순하게 구분할 수 없다는 것을 의미하는 것이다.

(55) ㄱ. [$_{\text{only if-clause}}$ 난 FCI FQ 만나-야][$_{\text{main clause}}$ Ø good(하-/되-)].
ㄴ. [$_{\text{even if-clause}}$ 난 FCI FQ 만나-도][$_{\text{main clause}}$ Ø good(되-/*하-)].

이렇게 Chung (2019)의 분석은 '의무'나 '허가'의 의미 형성에 조건문의 구성을 요구하는데, 이는 앞서 다룬 Dayal (2012)이나 Kaufmann(2012)에서 다룬 조건절의 영향과는 구분되어야 한다. 특히나 (53)과 같은 허가 구문이 조건문을 구성한다면 이때 FCI가 조건문의 전건인 조건절에 속해있고, 일반적으로 조건문에서 양상소는 후건인 주절에 존재한다는 점에서 FCI와 양상소가 동일 절에 존재하여 (17)

의 영향을 받는지, 그렇지 않다면 어떻게 인허되는지 등 다양한 시각에서 살펴볼 필요가 있다. [19]즉, Chung(2019)의 구조를 따르면 몇몇 양상 구문들에서 보이는 두 FCI의 인허와 그 분포가 본 논문의 예측과 다른 것을 새로운 시각에서 논의할 수 있는 것이다.[20] 이는 한국어의 양상 구문에서 FCI의 인허를 다룰 때 단/복문성을 포함하여 구조적인 측면에 대한 더 세심한 주의가 필요하다는 것을 의미한다.[21] 이러한 여러 관련 논의들은 모두 후속 연구로 남겨둔다.

19) Chung(2019)의 기존 연구까지 고려하면 실제 '주절'이 어떻게 구성되는지에 대해서 다양한 가능성이 고려되어 있어, 다음과 같은 구조도 고려해 볼 수 있다. 이에 대한 더 자세한 논의는 후속 연구로 남긴다.
(i) [main clause 난 FCI를 만나-] [only if clause -야 good(하-/되-)].
(ii) [main clause 난 FCI를 만나-] [even if clause -도 good(되/*하-)].

20) Chung (2019)은 (53)만이 아니라 의무나 허가와 관련된 구문들까지 모두 조건절과의 관계 속에서 해석되어야 한다고 본다. 그러나 이러한 분석이 명령문에 까지 확대될 수 있는지에 대해서는 더 자세한 논의가 필요할 것이다.

21) 양상 구문의 단/복문성은 재구조화(restructuring)와도 관련이 있을 수 있다는 점(Mun 2016, Chung 2019 등)에서도 더 세심한 논의가 필요하다.

참고문헌

Aloni, M.(2007) "Free choice, modals, and imperatives," *Natural Language Semantics* 15, 65-94.

Alonso-Ovalle, L(2008) "Innocent exclusion in an Alternative Semantics," *Natural Language Semantics* 16, 115-128.

Barker, C.(2012) *Imperatives denotes Actions*, MS. NYU.

Chierchia, G.(2004) "Scalar implicatures, polarity phenomena, and the syntax/pragmatics interface," In Belletti, A. (Ed.), *Structure and beyond*, Oxford: Oxford University Press, 1-54.

Chierchia, G.(2006) "Broaden your views: Implicatures of domain widening and the "Logicality" of Language," *Linguistic Inquiry* 37, 535-590.

Chierchia, G.(2013) *Logic in Grammar: Polarity, Free Choice, and Intervention*, Oxford University Press.

Choi, J.(2005) "Another type of free choice effect: Korean amwu N-lato," In *Proceedings of WCCFL 24*, 88-96.

Choi, J.(2007) *Free Choice and Negative Polarity*, Phd. Diss., The University of Pennsylvania.

Chung, D.(1996) *On the Representation and Licensing of Q and Q-dependents*, Doctoral Dissertation, USC.

Chung, W.(2019) "Decomposing deontic modality: Evidence from Korean," *Journal of Semantics* 36, 655-700.

Condoravdi C., and S. Lauer(2012) "Imperatives: Meaning and illocutionary force," *Empirical Issues in Syntax and Semantics 9*, 37-58.

Dayal, V.(2004) "The universal force of free choice any," *Linguistic Variation Yearbook* 4, 5-40.

Dayal, V.(2009) "Variation in English free choice items," In Mohanty, R. and Menon, M. (Eds.), *Universals and Variation: Proceedings of GLOW in Asia VII*, Hyderabad: The English and Foreign Languages Press.

Dayal, V.(2012) "A viability constraint on alternatives for free choice," In Flus, A. (Ed.), *Alternatives in Semantics*, Basingstoke: Palgrave Macmillan, 89-122.

Deal, A. R.(2011) "Modals without scales," *Language* 87, 559-585.

Fox, D.(2000) *Economy and Semantic Interpretation*. Cambridge, MA: The MIT Press.

Fox, D.(2006) "Free choice disjunction and the theory of scalar implicatures," In Sauerland, U. and Stateva, P. (Eds.), *Presupposition and Implicature in Compositional Semantics*, New York: Palgrave Macmillan, 71-120.

Han, C-H.(2000) *The Structure and Interpretation of Imperatives: Mood and Force in Universal Grammar*, New York: Garland/Routledge.

Hoe S., Y. Park, and D. Lim(2017) "A Scope-based Approach to the Interaction of Modal and Aspect in Korean," *Korean Journal of Linguistics* 42-4, 927-959.

Kadmon, N., and F. Landman(1993) "Any," *Linguistics and Philosophy* 16, 353-422.

Kaufmann, M.(2012) *Interpreting Imperatives*, Springer Science & Business Media.

Kim, M.-J., and S. Kaufmann(2006) "Domain restriction in freedom of choice: Korean 'INDET-NA' items," In

Proceedings of Sinn und Bedeutung 11, 375-389.
Kratzer, A. (1991) "Modality," In von Stechow, A. and Wunderlich, D. (Eds.), *Handbuch Semantik/Handbook Semantics*, Berlin and New York: de Gruyter, 639-650.
Kratzer, A. (2012) *Modals and Conditionals*, Oxford: Oxford University Press.
Kratzer, A. and J. Shimoyama (2002) "Indeterminate pronouns: the view from Japanese,' a paper presented at the 3rd Tokyo Conference on Psycholinguistics.
Ladusaw, W. (1992), "Expressing Negation," In *Proceedings of SALT 2*, 237-261.
Lee, C. (1999), "Types of NPIs and nonveridicality in Korean and other Languages," *UCLA working papers in linguistics, vol 3*.
Lee Y. (1999) *A Study on the Quantificational Force of Nwukwu-na*. MA thesis, Seoul National University.
Mun, B. (2016) *The Interaction between Modal and Tense in Korean*, Phd. Dissertation, Georgetown University.
Oikonomou, D. (2016) *Covert Modals in Root Contexts*, Phd. Diss. MIT.
Park, B.-S., S. Bae, and S.-r. Oh (2021) "Notes on NPI-scrambling and Intervention Effects in Korean," *Studies on Generative Grammar* 31, 329-342.
Portner, P. (2007) "Imperatives and modals," *Natural Language Semantics* 15, 351-383.
Portner, P. (2012) "Permission and Choice," In Grewendorf, G. and Zimmermann, T. E. (Eds.), *Discourse and grammar*, Walter de Gruyter, 43-68.
Rullmann, H., L. Mathewson, and H. Davis (2008) "Modals as distributive indefinites," *Natural Language Semantics* 16, 317-357.
Starr, W. B. (2018) *A Preference Semantics for Imperatives*. MS. Cornell University.
Yun, J. (2019) "Meaning and Prosody of Wh-Indeterminates in Korean," *Linguistic Inquiry* 50, 630-647.

XVII 한국어 명령문 해체와 해라체의 차이

17

한국어 명령문 해체와 해라체의 차이

장영준·엄홍준

1. 서론

한국어의 명령문 연구에 있어서 아래 (1가)와 같은 해체와 (1나)와 같은 해라체의 차이에 대해서는 많은 논의가 있었다.[1)]

(1) 가. 밥 먹-어.
나. 밥 먹-어라.

기존 연구들의 핵심적 주장은 해체와 해라체의 차이가 상대높임법의 등급 차이 혹은 격식성의 차이라는 것이다.[2)] 그러나 이러한 주장에 대해서는 이미 여러 연구에서 문제점이 지적되었고,[3)] 필자들 역시 상대높임법의 등급 차이나 격식성의 차이를 전혀 발견할 수 없기 때문에 이러한 주장을 받아들

1) 모음조화에 따라 (1가)는 '-어'나 '-아'로, (1나)는 '-어라'나 '-아라'로 실현되지만 본 장에서는 '-어'와 '-어라'를 대표형으로 사용한다.

2) 높임의 정도에는 차이가 없고 격식성만 다르다는 견해(남기심·고영근 1985; 임지룡 2005; 백봉자 2009), 높임의 정도에서만 차이가 난다는 견해(왕문용·민현식 1994), 높임의 정도나 격식성에서 모두 차이가 있다는 견해(이관규 2005; 임동훈 2006), 높임의 정도나 격식성 모두에서 차이가 없다는 견해(허웅 1999) 등이 제시되었다.

3) 박지순(2014)는 국립국어원(2005)와 백봉자(2009)에서 해라체를 아주 낮춤의 격식체로 보면서 또 한편으로는 친구나 어린 사람을 아주 낮추어 말할 때, 그리고 친분 관계가 아주 두터운 친구에게 말할 때 쓴다고 설명하는 모순을 지적한다. 신지영(2024)는 (1나)가 (1가)보다 더 격식적이라는 증거가 없을 뿐 아니라, 두 유형이 서로 교체 가능하고, 동일한 화자가 동일한 청자를 대상으로 두 가지 유형을 모두 사용할 수 있는 것으로 보아, 격식성의 차이는 없다고 반박한다. 김태엽(2001: 9)는 "너 이리 좀 오-너라. 뭘 하고 있-어."와 같은 예를 제시하면서 '-어라'와 '-어'가 동일한 장면에서 동일한 화자와 청자 사이에서 혼용되고 있으므로 이들 사이에 장면의 차이, 상하관계의 차이, 친소관계의 차이 등을 구분하는 것은 타당하지 않다고 지적한다. 이은희(2010)은 소위 해라체라 불리는 명령문 '-어라'에 대한 설명이 다른 높임법 어미들과는 달리 학자에 따라 가장 크게 차이가 난다는 점을 지적한다. 이러한 지적은 해라체에 대한 기존의 설명이 합의를 이룰 만큼 설득력이 있지 않다는 방증이다.

이지 않는다.

그렇다면 해체와 해라체 사이의 차이는 무엇인가? 둘의 차이를 한 마디로 하자면, 명령의 '직접성' 차이라고 할 수 있다. 이를 설명하자면, 우선 해체와 하라체의 차이를 먼저 살펴볼 필요가 있다. 명령문 해체는 일반적인 의미에서의 명령문이고, 명령문은 화자가 청자에게 명령 내용을 직접적으로 전달하는 언어형식이다. 그리고 '직접적으로 전달'하기 위해서는 화자와 청자가 동일한 시공간에서 면대면으로 있는 상황을 생각해 볼 수 있다. 반면에 명령문 하라체는 해체와 매우 분명한 차이가 있다. 다음을 보자.

(2) 가. 총장은 물러나-라. (고성환 2003)
　　나. 물음에 알맞은 답의 기호를 고르-라. (고영근 1976)

명령문 하라체에 대해서는 많은 선행연구들이 조금씩 다른 설명을 제시하고 있다. 그것들을 하나하나 살펴보기 전에, 우리는 위의 예문들이 공통적으로 가지고 있는 특성이 명령의 '간접성'이라고 판단한다. 즉, (2가)와 (2나)는 화자가 청자와 같은 시공간에 있을 수도 있고, 그렇지 않을 수도 있으며, 분명한 것은 화자가 청자에게 명령 내용을 "직접적으로" 전달하고 있는 상황이 아니라는 점이다. 청자가 명령 내용을 들었는가의 여부와 상관없이 화자는 자신의 발화를 일방적으로 발신한다고도 할 수 있다. 그런 점에서 우리는 (2)의 명령 형식을 '간접적'이라고 부르고자 한다.[4] 따라서 우리는 직접명령과 간접명령을 다음과 같이 정의하고자 한다.

(3) 직접명령의 정의
　　가. 문장어미 '-어'로 표시된다.
　　나. 화자가 청자에게 명령내용을 직접적으로 발신한다.

직접명령에 대해서는 특별한 추가 설명이 필요 없을 것으로 보인다. 일반적으로 '-어'를 명령문

4) 하라체에 대한 선행연구를 몇 가지만 보자. 하라체는 '특정한 사람을 상대로 하지 않는 공개적인 상황에 쓰이는 명령'(고영근 1976), '불특정 다수에게 하는 명령'(Pak 2008), '개별화되지 않은 청자'(임동훈 2011), '선분제 사회와 잘 어울리는 화계'(신지영 2024) 등으로 설명되어왔다. 우리는 (2가)나 "최규하 씨는 스스로 나서-라"(남신혜 2012)의 예처럼 특정한 사람을 상대로 한 경우나 불특정 다수가 아닌 경우도 있고, 현대사회에서도 시위현장에서 혹은 정치가들이 언론매체를 통해 주고받는 공방에서 자주 접할 수 있다는 점을 지적해두고자 한다.

어미라 하는데,[5] 명령은 일반적으로 화자가 청자에게 그 명령내용을 직접적으로 발신하는 것이므로 이에 따른 화용적 효과들이 수반된다.[6] 예를 들면, 직접명령은 화자가 청자에게 직접적으로 어떤 행동의 수행을 요구하는 것이므로 경우에 따라서는 Brown & Levinson(1987)의 체면손상위협(face threatening)이 수반될 수도 있다. 이를 피하기 위해서 우리는 소위 완곡어법을 사용하기도 한다. 예를 들면, Clean the room!이라는 직접명령 대신에, Would you please clean the room?과 같은 완곡어법을 채택함으로써 대화 참여자 사이에 개입될 수 있는 체면손상위협을 방지하기도 한다. 다음으로 간접명령을 보자.

(4) 간접명령의 정의
  가. 문장어미 '-라'로 표시된다.[7]
  나. 화자가 청자에게 명령내용을 간접적으로 발신한다.

우리는 '직접적' 혹은 '간접적'이란 용어를 사전적 의미로 사용하고 있다. 직접적이란 가령 화자 동일한 시공간에서 면대면으로 청자에게 발화를 전달하는 것을 상정할 수 있다.[8] 반면에, 간접적이란 화자가 청자와 서로 다른 시공간에 있는 경우 흔히 일어나는 발신형식이라 볼 수 있다. "의원직을 내려놓으시-라"처럼, 정치인들이 언론매체를 통해 주고받는 공방이 이런 경우이다. 동일한 시공간에 있더라도 화자는 청자를 염두에 두지 않고 마치 청자가 존재하지 않는 것처럼 말할 수도 있다. "총장은 물러나-라"와 같은 시위 구호가 여기에 속한다고 할 수 있다. 한 가지 첨언하자면, 간접명령은 화자가 청자에게 직접 발신하는 것이 아니므로 소위 경어법과는 관련이 없게 되고, 체면손상위협과도 무관

5) 한 연구자는 '-어'가 명령문 어미라는 근거가 없음을 지적했는데 우리는 이에 전적으로 동의한다. '-어' 자체는 모든 문장 유형에 사용되므로 이를 명령문 어미라 부르는 것은 타당하지 않기 때문이다. 그럼에도 불구하고, 명령문에 '-어'가 사용되는 것 또한 사실이므로 본 장에서는 편의상 이를 '명령문 어미', 특히 '직접명령문 어미'라 부르고자 한다.

6) 앞으로 다루게 될 여러 가지 화용적 차이는 직접명령, 간접명령, 혹은 직접명령의 간접명령문화라는 구문상의 차이에서 오는 것이지, 문장 어미 '-어, -라, -어라' 자체의 의미가 아님을 밝혀둔다. 이들 문장어미는 그 자체로는 아무런 의미가 없는 문법적 기능요소(functional element)일 뿐이다. 한 연구자는 '-어'가 아무런 의미가 없다는 주장을 재고할 것을 제안했지만, 우리의 의도는 '-어'가 마치 종결어미 '-다' 혹은 격조사 '-가'처럼 오로지 문법적 기능만 있을 뿐 내용어(content words)들이 가지는 의미가 없다는 점을 지적했을 뿐이다.

7) 음운적 이유로 '-라' 앞에 매개모음 '-으-'가 삽입되어 '-으라'로 실현되기도 하지만 본 장에서는 '-라'를 대표형으로 사용한다. 기존 연구에서 이 구문은 '하라'체로 불리기도 한다. 하라체를 해라체의 한 용법으로 보는 견해도 있지만(이익섭·채완 1999), 우리는 하라체가 [동사원형 + -라]인데 비해, 해라체는 [동사원형 + -어라]로서 서로 전혀 다른 것임을 강조하고자 한다. 참고로, 서태룡(1985)에서는 하라체 명령 어미를 '-으라'로 표기하는데, 우리는 이에 동의하지 않는다. 하라체의 '-으'는 음운환경에 따라 나타나기도 하고 나타나지 않기도 하는 매개모음인데 비해, '-어라'의 '-어'는 음운환경과 상관없이 존재하는 통사적 요소이다. 따라서 해라체의 명령 어미 '-어라'와 유사하게 하라체의 명령 어미를 '-으라'로 표기하는 것은 단순한 표기상의 선택이 아니다.

8) 물론 전화나 편지처럼 동일한 시공간은 아니지만, 화자가 청자에게 자신의 발화를 발신하는 것도 직접적이라고 할 수 있을 것이다.

하게 된다. 간접명령이란 말 그대로 화자가 청자에게 '간접적으로' 말하는 것이므로 극단적으로 말하면 청자가 해당 행위를 수행해도 그만 안 해도 그만인 것이다. 한 마디로 간접명령은 화자가 주어진 명령을 간접적으로 발화했을 뿐이므로 소위 지시수행력(directive force)은 없을 수도 있다. 그러나 무엇보다도 중요한 특성은 간접명령이 화자의 의도, 즉 화자가 주어진 명령을 청자에게 간접적으로 전달하고자 한다는 의도를 표시한다는 점이다.

그렇다면 명령문 해라체는 어떻게 설명할 것인가? 해체가 명령을 '직접적으로' 전달하는 것이고, 하라체가 명령을 '간접적으로' 전달하는 것이라는 가정을 근거로 우리는 다음과 같은 결론을 제시하고자 한다.

(5) 해라체의 정의
  가. 문장어미 '-어라'로 표시된다.
  나. 화자가 청자에게 직접명령을 간접적으로 발신한다.

여기서 중요한 점은 두 가지다. 첫째, 문장어미 '-어라'가 분석불가능한 단일 구성요소가 아니라 [-어 + -라]의 복합체라는 점이고,[9] 더 나아가 '-어'는 명령의 직접발신, '-라'는 간접발신을 나타내는 표지라는 점이다. 둘째, 이 문장요소가 직접명령을 '간접적으로' 발신하는 표지라는 점이다. 본론에서 자세히 다루겠지만, 이 말의 의미는 화자가 청자에게 명령 내용을 직접적으로 발신할 수 있음에도 불구하고 마치 간접적으로 전달하는 형식을 취한다는 것이다. 우리는 해라체가 특정한 화용적 효과를 얻기 위한 책략의 결과라고 판단한다.

(5)의 정의는 얼핏 보면 자체 모순적으로 보일 수도 있다. 어떻게 동일한 발화가 직접명령이면서 동시에 간접명령일 수 있는가? 우리가 말하고자 하는 요지는, (5)가 직접명령이면서 동시에 간접명령이라기보다, 직접명령의 성격과 간접명령의 성격을 동시에 가진다고 하는 것이다. 그렇기 때문에, 화자에 따라서는 동일한 구문을 직접명령에 더 가까운 것으로 볼 수도 있고, 반대로 간접명령에 더 가까운 것으로 볼 수도 있음을 인정한다. 또 화자에 따라서는 해체와 해라체가 사이에 아무런 차이가 없다고 느끼는 화자도 있음을 인정한다. 본 장에서 우리가 드러내고자 하는 것은 둘 사이의 차이가 있다면 그

---

9) Han & Lee(2007)에서는 '-어라'를 명령문을 나타내는 하나의 문법 요소로 간주하고 있다. 이 논문이 '-어라'의 내부구조를 다루는 것은 아니므로 그들의 정확한 입장을 알 수는 없으나 적어도 논문에서는 하나의 요소로 취급하고 있는데, 본 장에서 우리는 '-어라'가 '-어'와 '-라'의 연쇄(concatenation)라고 가정한다. 본 장에서 우리가 '복합 어미'라는 용어를 사용하지 않는 이유는 그러한 용어가 또 다른 오해를 불러일으키지 않을까 하는 염려 때문이다.

것은 상대높임법의 등급차이나 격식성의 차이가 아니라 명령의 “직접성”에서 차이가 난다는 점을 밝히려는 것이다.[10)]

문장 어미는 화자의 특정한 의도 혹은 청자에 대한 화자의 태도를 표현하는 수단이다. 화자는 특정한 맥락에서 직접명령을 간접적으로 전달함으로써 특정한 화용적 효과를 얻기 위해 이러한 구문을 사용한다. 우리는 앞에서 그러한 화용적 효과 중의 하나로 Brown & Levinson(1987)의 체면손상위협의 방지를 언급했었다. 어떤 명령을 상대방에게 직접적으로 전달하기에는 부담스럽거나 체면손상의 위협이 되는 경우, 이를 회피하기 위해 완곡어법을 활용하여 간접적으로 전달하는 경우는 매우 흔하다. 다음을 비교해보자.

(6) 가. 청소 좀 해.
　　나. 청소 좀 하지.
　　다. 청소 좀 해라.
　　라. 청소 좀 해 줄래?

위 문장들은 모두 동일한 명제적 의미를 가진다. 화자에 따라 위 문장들 사이에 어떠한 차이를 느끼지 못할 수도 있고, 네 문장이 모두 다르다고 느낄 수도 있을 것이다. (6가)에 비해 (6나)가 좀 더 부드러운 명령으로 들리거나 혹은 부탁으로 들리는 이유는 직접명령 (6가)에 비해 (6나)에는 ‘권유’를 나타내는 ‘-지’가 추가되었기 때문이다. 비슷한 논리로, (6가)에 비해 (6다)는 덜 직접적이고, 약간 사정하는 듯한 뉘앙스를 가지는 것으로 보인다. 우리는 두 문장 사이에 상대높임법의 등급 차이나 격식성의 차

10) 더 이상 분석될 수 없는 것으로 기술되어오던 ‘-어라’를 하위 구성요소인 ‘-어’와 ‘-라’로 분석한 서태룡(1985)는 매우 통찰력이 있는 것으로 보인다. 이 논문에 우리의 주의를 이끌어준 서강대학교의 이정훈 교수께 감사를 표한다. 다만, 서태룡(1985)의 분석 내용은 우리가 받아들이기 어렵다. 본 장에서 우리는 ‘-어라’를 직접명령 어미 ‘-어’와 간접명령 어미 ‘-라’의 연쇄로 보는 데 비해, 그는 ‘-어라’의 ‘-어’와 직접명령 어미 ‘-어’가 서로 다른 것이라고 주장한다. 즉, ‘먹어라’는 [먹 + -어(先語末語尾) + -을(動名詞) + -아(定動詞語尾)]로 분석하고, ‘먹어’는 [먹 + -어(定動詞語尾)]로 분석하면서, 명령 전달 기능은 정동사어미인 ‘-어’가 담당한다고 주장한다(그는 선어말어미와 구분하기 위해 ‘-아’로 표기). 그리고 ‘먹어’와 ‘먹어라’의 차이는 동사와 정동사어미 사이의 거리에 기인한다고 주장한다. 그에 따르면, ‘먹어’는 동사와 정동사어미가 바로 붙어있어서 명령의 직접성이 매우 강하지만, ‘먹어라’는 동사와 정동사어미 사이에 동명사 ‘-을’이 끼어들어있어서 직접성이 덜 강하다고 주장한다. 몇 가지 문제점을 지적하자면, (ㄱ) 선어말어미가 동명사에 선행할 수 있다는 주장의 정당성, (ㄴ) ‘-을’이 동명사라는 주장 자체의 타당성, (ㄷ) ‘먹어라’의 ‘-어’와 ‘먹어’의 ‘-어’가 서로 다르다는 주장의 타당성, (ㄹ) 역사적 자료와의 충돌, (ㅁ) 동명사 ‘-을’과 정동사어미 ‘-어’는 왜 항상 ‘-라’로 융합되었는가, (ㅂ) 그가 말하는 정동사어미는 ‘-어/-아’이고 모음조화에 따라 그 중 하나가 결정된다고 하는데, 그렇다면 선행하는 동명사 ‘-을’은 ‘-아’가 아니라 ‘-어’를 필요로 할 텐데, 어떤 이유로 [-을 + -어]가 아니고 항상 [-을 + -아] 즉 ‘-라’되는지를 설명해야 한다. 특히 (ㄹ)과 관련하여, 이승희(2012: 25)에 따르면, 명령형 어미들은 ‘-(으)라 > -어라 > -어’의 순서로 발달하였다. 그런데 그의 주장은 모든 명령문의 명령전달 기능은 소위 정동사어미 ‘-어’가 담당한다는 것인데, 그렇다면 왜 고대국어, 중세국어 자료에는 이 정동사어미 ‘-어’가 단독으로는 출현하지 않고 19세기 이후에 이르러서야 단독으로 출현하였으며 그 전까지는 항상 동명사 ‘-을’과 융합한 ‘-라’의 형태로만 출현하였는가를 설명하기 어렵다. 이런 문제점들에도 불구하고, 우리는 그가 이미 40여 년 전에 ‘-어라’의 분석을 시도했다는 점에 대해 경의를 표하며 반가움을 금할 수 없다.

이를 전혀 느낄 수 없지만, 이들이 분명히 서로 다르다는 사실에는 동의한다. 그리고 그 차이는 (6가)가 직접명령인데 반해, (6다)는 직접명령에 간접명령 어미 '-라'를 추가함으로써 직접성이 약화된 것이라고 본다.[11] 다만 화자에 따라, 그 차이는 선명할 수도 있고, 매우 미세하거나 거의 없을 수도 있다는 점을 인정한다. 이러한 개인적 편차는 '-어라'의 화용적 효과가 말하자면 '-어'와 '-라'를 양극단으로 하는 스펙트럼의 어느 한 지점에 있을 수 있기 때문이라고 판단한다. 이를 증명하기 위해 다음 예문을 보자.

(7) 가. (부대) 열중 쉬-어.
　　나. *(부대) 열중 쉬-어라.
(8) 가. 앞으로 가-아!
　　나. *앞으로 가-아라.

제식행사에서 군대의 지휘관이나 학교 선생님이 사용하는 구령의 형태는 (7가, 8가)와 같은 직접명령만 가능하고, 해라체인 (7나, 8나)는 가능하지 않다.[12] 군대의 제식행사는 매우 공식적인 것이므로 소위 격식적 표현이라는 해라체가 사용되지 못할 이유는 없다. 조 선생님은 학생들에게 해체, 해요체, 해라체를 두루 사용할 수 있지만, 체육시간에 이루어지는 행진과 같은 경우에는 (8)에서 보듯이 "앞으로 가!"라고는 할 수 있지만 "앞으로 가라!" 라고는 할 수 없다. 서태룡(1985: 456)에서도 '-어'는 강하고 엄격한 명령의 기능을 수행할 수 있지만, '-어라'는 아무리 억양을 높이고 강하게 발음하여도 구령으로 쓰일 수 없다고 지적한다.

이러한 예들이 특수한 언어사용역(register)에서만 제한적으로 사용되는 형식이라고 예외시하기 전에, 우리는 도대체 왜 (7가, 8가)는 가능하고 (7나, 8나)는 가능하지 않은지를 설명할 필요가 있다. 앞의 가설 (2)에 의하면, (7나, 8나)는 직접명령 (7가, 8가)에 간접명령 어미 '-라'가 추가된 구문으로, 결과적으로는 이들이 간접명령의 속성을 부여받게 된다. 그런데 특정한 청자를 대상으로 하여 어떤 명령을 하달하는 경우, 그 명령은 반드시 직접적이고, 명료하고, 단순해야지, 마치 간접적으로 전달하듯이,

11) 이와 유사한 관찰은 서태룡(1985: 456)에서도 발견할 수 있다. 그는 '-아'가 구령으로 쓰일 만큼 강하고 엄격한 명령의 기능을 수행할 수 있지만, '-어라'는 아무리 억양을 높이고 강하게 발음하여도 구령으로 쓰일 수 없다고 언급한다. 다만 그의 이러한 관찰은 본 장의 주장과는 전혀 다른 논리에 근거를 두고 있다. 예를 들면, "(뒤로) 돌아"와 "(뒤로) 돌아라"의 차이는 전자가 [동사 + -아(정동사어미)]라는 단순구조를 가지는 데 비해, 후자는 [동사 + -어(선어말어미) + -울(동명사) + -아(정동사어미)]라는 복합구조를 가지는 데서 명령의 강도 차이가 난다고 주장한다.

12) 한 연구자는 군대 명령에서도 해라체가 사용될 수 있다고 하였으나 증거를 제시하지는 않았다. 우리는 여전히 이에 대해 부정적이고 선행연구들에서도 그러한 예가 제시된 것을 찾지 못했다.

해도 되고 안 해도 되는 식의 모호성이 있어서는 안 된다. 따라서 간접명령 어미 '-라'를 덧붙임으로써 해당 명령의 '직접성'이 약화된 (7나, 8나)는 군대의 명령어로 허용되지 않는다.

다음으로 직접명령 즉, 해체의 간접명령화 즉, 해라체만이 자연스러운 예를 보자.

(9) 가. *내 주먹을 받-아.
　　나. 내 주먹을 받-아라.

(9나)는 무협지나 아동용 애니메이션에서 흔히 접할 수 있는 표현이다. 화자와 청자는 분명히 같은 시간, 같은 장소에서 서로 마주며 결투를 하는 상황이다. 즉 직접명령이 사용될 수 있는 맥락이다. 그럼에도 불구하고 화자는 청자에게 직접명령 (9가)가 아니라 해라체인 (9나)를 사용하고 있다. 왜 그런가? 말할 필요도 없이, 화자는 청자에게 실제로 '주먹'을 주면서 그것을 받으라고 명령하는 말이 아니다. 자신이 공격할 테니 한번 혼나보라는 협박, 허풍, 혹은 예고인 것이다. 다시 말하면, 화자는 청자에게 무언가를 직접 말하면서도(그렇기 때문에 직접명령 어미 '-어'가 포함되었다), 동시에 화자에게 그 말을 간접적으로 전하듯이(그렇기 때문에 간접명령 어미 '-라'가 포함되었다), 마치 혼잣말하듯이 하는 것이다. 결투 장면에서 내뱉는 말들은 하나같이 "내 장풍을 받아라." 혹은 "나의 표창을 받아라."에서 보듯이 직접명령의 간접명령화, 즉 해라체를 사용한다.

본격적인 논의를 시작하기에 앞서 우리는 한 가지를 더 사족으로 첨언하고자 한다. 명령어미 '-어라'가 [-어 + -라]라는 우리의 주장은 결코 역사적 변천 과정이 그렇다는 것이 아니다. 현재 상태의 한국어 자료를 기반으로 해체와 해라체의 차이를 설명하고자 할 때, 세 가지 구문 집단, 즉 (ㄱ) '-어'로 표시되는 직접명령 구문들, (ㄴ) '-라'로 표시되는 간접명령 구문들, 그리고 '-어라'로 표시되는 소위 해라체 구문들이 있고, 이 세 번째 구문의 특성은 직접명령과 간접명령의 특성을 동시에 보인다는 것일 뿐이다. 이승희(2012: 25)에 의하면, 명령문 어미의 출현 순서는 '-라 > -어라 > -어'의 순서이고 '-어'의 출현은 매우 늦은 후기 근대국어에 이르러서이다. 이러한 역사적 사실은 우리의 논지에 어떠한 식으로도 영향을 주지 않는데, 그 이유는 앞에서도 언급한 것처럼, 19세기 이후 현대 한국어에서 명령문의 세 집단이 서로 뚜렷이 구분되고, 그 차이를 설명하는 모형으로서 우리는 '-어라'를 '-어'와 '-라'의 연쇄로 분석한 것이다. 역사적으로는 고대국어에서 중세국어에 이르는 동안 직접, 간접을 포함한 모든 명령이 '-라'로 표시되다가, 전기근대국어 시기에 '-어라'가 출현하면서 '-라'의 기능이 간접명령으로 축소되었고, 이후 후기근대국어에 '-어'가 출현하면서 직접명령을 전달하는 기능을 수행하게 되었을 것이다. 그 과정이 '-어라'에서 '-라'가 떨어져나간 것인지 아니면 '-어'가 독자적으로 생겨난 것인지는 본 장의 논의 주제가 아니다. 본 장에서는 다만 이 세 집단, 즉 해체, 하라체, 해라체라는 세 구문의 차이를 공시적으로 보이고자 하는 것이다. 그리고 그 주장의 핵심은, '-어라'가 직접명령 어미 '-어'와 간접명령 어미 '-라'의 연쇄로서, 이 연쇄는 화자가 청자에게 발화하는 직접명령을 마치 간접적으로 전달하듯이 함으로써 특정한 화용적 효과를 얻고자 하는 책략의 결과로 만들어진 것이라는 것이다.

본 장의 구성은 다음과 같다. 2장에서는 직접명령과 간접명령의 차이를 논하고, 3장에서는 '-어라'의 화용적 특성을 논의한다. 4장은 본 장의 요약과 결론이다.

2. 직접명령과 간접명령

직접명령과 간접명령은 그 이름에서 드러나듯이 상보적 분포(comple-mentary distribution)를 이룬다. 즉, 둘은 상호 배타적이어서 직접명령이 요구되는 상황에서는 간접명령을 쓸 수 없고, 반대로 간접명령이 요구되는 상황에서는 직접명령을 쓸 수 없다. 이제, 이들이 어떤 차이가 있는지 살펴보자.

2.1. 직접명령과 간접명령의 본질적 차이

명령문은 소위 지시수행력이라 불리는 다양한 의미기능을 전달한다. 직접적이고 단도직입적인 명령에서부터 요구, 부탁, 저주, 인사, 기원에 이르기까지 그 범위가 매우 넓다.[13] 다음을 보자.

(10) 가. 청소해.
나. 행복해.

이들은 전달하는 의미내용은 다르지만, 한 가지 공통점은 화자가 청자에게 직접적으로 명령을 한다는 사실이다. 화자와 청자의 관계가 비대칭일수록 어떤 명령은 (10가)처럼 다소 퉁명스럽고, 고압적이며, 무례하게 들릴 수도 있다. 이러한 명령은 화자와 청자 모두에게 Brown & Levinson(1987) 식의

13) 관련 논의로는 이지수(2016)와 거기 인용된 참고문헌들을 보라.

체면손상위협의 소지를 담고 있다. 화자는 청자로부터 명령수행을 거절당했을 때 체면이 손상될 수 있고, 또 청자는 화자로부터 그러한 직접적인 명령을 받는다는 사실 자체에서 체면의 손상을 느낄 수도 있다. 또한 청자는 직접적인 명령을 받았다는 사실 자체보다도 화자의 말하는 방식의 무례함에서 체면의 손상을 느낄 수도 있다.[14] 체면손상위협을 약화시키는 방법은 직접성(directness)을 줄이고 간접성을 늘이는 것이다. 그것을 우리는 보통 완곡어법이라 부른다. (10가) 대신에 "청소 좀 할래?" 혹은 "청소 좀 해 주세요."와 같이 명령을 간접적으로 전달하거나, '-해 주세요'처럼 부드럽게 들리는 요소를 추가하는 것이다.

직접명령은 (10나)처럼 매우 친근하고, 개인적이고, 가깝게 들릴 수도 있다. 개인에 따라서는 "행복해."와 "행복해라."의 뉘앙스 차이를 느낄 수도 있고 느끼지 못할 수도 있을 것이다. 그러나 가령 연인의 귀에 대고 작별인사를 하는 경우 "잘 있어라."보다는 "잘 있어."가 더 자연스러울 것으로 생각된다.[15] 더욱이 간접명령문인 "잘 있으라."는 매우 부자연스럽다. 청자에 귀에 대고 말하면서 간접명령(즉, 있으라)을 사용하는 것은 정의상 불가능하기 때문이고, 직접명령에 간접명령 어미 '-라'가 포함된 "잘 있어라"도 같은 이유로 부자연스럽다. 정리하자면, 직접명령은 '직접'이란 말의 정의상 그것이 명령일 경우 매우 직접적이고 고압적이며 무례하게 들릴 수 있고, 그것이 명령이 아니라 인사나 기원일 경우에는 반대로 '직접'이므로 매우 친근하고, 사적이고, 밀접하게 들린다는 것이다. 이를 명령의 '직접성'에 따른 화용적 효과라 부르자.

이제 간접명령을 보자.[16] 본 장에서 우리가 간접명령이라 부르는 구문은 동사 어간에 '-라'가 결합된 구문을 말한다.[17] 기존 연구에서 하라체라 불리는 이 구문을 매우 특수하고, 그 사용역(register)이 제

14) 영어에서는 모든 명령이 동일한 통사형식, 즉 명령문(imperative)이라는 형식을 통해 이루어진다. 때문에 한국어의 해체와 해라체에서 보이는 화용적 차이를 영어로 표현할 방법은 없다. 한국어 명령문을 영어로 옮기는 경우, 해체와 해라체는 모두 동일한 형식의 명령문으로 번역되지만, 반대로 영어 명령문을 한국어로 번역하는 경우에는 화용적 맥락을 고려하여 해체와 해라체 중의 하나를 선택해야 한다. 이 점은 우리의 가설 (3), (4)를 뒷받침하는 간접 증거이기도 하다. 가령, 영어 명령문 Open, sesame!를 우리말로 번역할 경우, 직접명령인 "열려, 참깨" 혹은 직접명령의 간접명령화인 "열려라, 참깨" 중의 하나로 번역할 수 있을 것이다. 왜 번역자는 후자를 선택했을까? 이 점에 대해서는 3절에서 논의한다.

15) 한 연구자는 이 경우에 "잘 있어라"도 자연스럽다고 지적한다. 본문에서 지적한 것처럼, 우리는 개별 화자간의 차이를 인정하고, 이 특정한 예문의 경우에도 개별적 차이가 있을 수 있음을 인정하지만, 우리는 개별 화자간의 차이를 인정하고, 이 특정한 예문의 경우에도 개별적 차이가 있을 수 있음을 인정한다. 다만, 우리의 취지는 해체와 해라체가 서로 배타적으로만 사용되는 경우가 있고, 어느 한쪽만이 더 자연스러운 경우가 있으며, 그러한 차이를 초래하는 요인이 무엇인가를 밝히려는 것이다.

16) 혹자는 간접명령문, 즉 하라체 문장이 현대국어에서 매우 약해졌으므로 이를 해체, 해라체와 동일선상에 놓고 비교하는 것은 적절하지 않다고 생각할 수도 있다. 일단 우리는 통계적 차이가 이들의 본질적 차이를 설명하는 데는 핵심적 고려 사항이 아니라고 본다. 특정 구문이 희소하거나 약화된 것처럼 보이는 데는 여러 가지 이유가 있을 수 있는데, 그 중 하나는 해당 구문의 사용을 필요로 하는 사회적 표현 욕구의 증감과도 관련이 있을 것이다. 가령, 신분제 사회인 조선시대에 '-어'로 대표되는 직접명령문을 사용했을 개연성은 매우 낮아보인다.

17) 고영근(1976)과 남기심·고영근(1985)에서는 이를 '간접명령', 임홍빈(1983)에서는 '절대명령'이라 칭하고 있다.

한적인 구문으로 보는 경향이 있다.[18] 우리는 이러한 주장을 받아들이지 않으며 간접명령은 청자의 속성이 아니라 오로지 발화맥락에 따른 화자의 표현 욕구에 의해서만 그 사용여부가 결정되는 것으로 이 점에서 직접명령과 하등의 차이가 없음을 보일 것이다. 다음 예문을 보자.

(11) 가. 청년이여 눈을 뜨-라. (임홍빈 1983: 115)
나. 교향악단이여 음악을 멈추-라. (임홍빈 1983: 115)
다. (제군들이여) 나를 따르-라. (Pak 2008)

위의 예문들은 틀림없이 화자가 불특정하거나 개별화되지 않은 청자를 대상으로 하는 말이다. 앞에서 언급했듯이, 우리는 이 구문들이 간접명령으로서 화자가 청자에게 명령을 간접적으로 전달하는 것으로 본다. 그러나 여기서 중요한 점은, 간접명령의 사용 여부가 청자의 속성에 의해 정해지는 것이 아니라 화자의 의도에 의해 정해진다는 사실이다.[19] 간접명령이 청자가 개별화되지 않았거나 불특정할 때, 혹은 청자가 화자와 같은 대화공간에 있지 않을 경우에 사용한다고 하는 주장은 엄밀한 의미에서 정확한 관찰이 아니다. 청자의 속성이나 물리적 위치에 상관없이 화자는 자신의 명령을 직접명령이 아니라 간접명령의 형식을 통해 전달함으로써 특정한 화용적 효과를 얻는 것이다. 다음을 보자.

(12) 가. 총장은 물러나-라. (고성환 2003: 68)
나. 최규하 씨는 스스로 나서-라. (남신혜 2012: 61)

위 예문에서 청자는 불특정한 다수도 아니고, 추상적인 대상이 아니라 특정한 개인이며, 구체적인 맥락에 존재한다. 다시 말해, 이 경우의 청자는 개별적이고 구체적인 청자이다. 그럼에도 불구하고,

---

18) 하라체에 대해서, 특정한 사람을 상대로 하지 않는 공개적인 상황(고영근 1976), 특정한 청자를 대상으로 하지 않는 단독적 장면(남기심·고영근 1985), 구체적인 화자와 청자 사이에 오고가는 담화형식의 문장이 아님(임홍빈 1983), 명령 수행 대상이 추상적인 명령 수행 대상(고성환 2003), 불특정 다수(Pak 2008), 개별화되지 않은 청자(임동훈 2011), 주로 글말(박지순 2014), 공개적인 상황에서 매체를 통해 이루어지는 경우(이지수 2016), 문어에서만 사용(신지영 2024)된다고 지적한다.

19) 비유적인 예를 들어보자. 일반적으로 상대높임 어미 '-요'는 아랫사람이 윗사람에 대해 사용하는 것이다. 학생이 선생님에게 사용하는 것은 당연히 상대높임에 맞는 행위이다. 그러면, 선생님이 자신의 학생에 대해 상대높임 어미 '-요'를 사용하는 것이 불가능한가? 불가능하지 않다. 선생은 자신의 학생에 대해 특별한 의도를 가지고 일부러 '-요'를 사용할 수도 있다. 이런 선택의 화용적 효과는 가령 거리두기라든가, 특별한 감정의 표현이라든가, 개인적인 관계가 아니라 공적인 관계를 강조한다든가 하는 것일 수 있다. 다시 말해 상대높임 어미 '-요'의 사용은 청자의 속성에 따른 것 이라기보다는 청자에 대한 화자의 의도에 따른 것이라고 해야 한다는 말이다. Grice(1975)는 여러 가지 화용적 격률을 제시하면서 동시에 화자는 의도적으로 해당 격률을 위반함으로써 특정한 화용적 효과를 얻고자 한다는 점을 지적한다.

화자는 간접명령, 즉 하라체를 사용하고 있다. 왜 그런가? 우리는 '직접성'이라는 개념으로 이를 설명할 수 있다. 화자가 청자에게 어떤 명령을 직접적으로 전달하는 경우 거기에 부수되는 화용적 효과가 있다. 앞에서 언급한 강압성, 무례함, 혹은 친밀함 등과 같은 효과 뿐 아니라 체면손상위협의 효과도 발생한다. 화자는 체면손상위협과 같은 부수적인 화용적 효과를 방지하기 위해 직접명령이라는 형식보다는 간접명령의 형식을 선택할 수 있다. 그럼으로써 청자와는 아무런 상호작용 없이 거리감을 두고 간접적으로 의사를 전달하는 것이다.

위 (12가)에서 화자는 집단 시위대일 수도 있고, 1인 시위자일 수도 있다. 이 시위 현장에 총장이 우연히 지나가다가 시위자(들)의 발언을 들을 수도 있다. 그러나 그러한 상황에서도 시위자는 여전히 간접명령 형식을 사용함으로써, 자신이 총장과 개인적으로 상호작용하는 것이 아니라는 의도를 표현할 수 있다. 만일 총장이 발길을 멈추고 시위자에게 다가가 대화를 시작했다고 가정해보자. 이제 시위자는 더 이상 간접명령 형식을 사용할 수 있는 상황이 아니고, 따라서 다음과 같은 직접명령 형식으로 어투를 전환할 것이다.

(13) 가. 총장, 물러나시-오.[20]
나. 총장, 물러나시-어.
다. 총장(님), 물러나시-어요.

(13)의 예들은 모두 직접명령이다. 위 (12)와 (13)의 차이는 통사적 차이는 우선 주격과 호격의 차이가 있다. (12)에서 주격이 사용되었다는 사실은 화자가 주어진 발화를 마치 남의 말 하듯이, 혹은 신문지상의 보도문처럼 발화한다는 점을 암시한다. 반면에, (13)에서 호격이 사용되었다는 사실은, 화자가 호격의 대상자에게 직접적으로 명령을 발화하고 있다는 사실을 가리킨다. 시위자와 총장이 얼굴을 마주보며 대화를 하는 상황은 더 이상 간접명령을 사용할 수 있는 상황이 아니고, 따라서 시위자는 (13)에서 보듯이 총장에게 직접명령 어투를 사용하는 것이다.

남신혜(2012)는 (12나)가 '상당히 예외적인 것'이라고 언급하는데 우리의 입장에서는 이 구문이 전혀 예외적이지 않다. (12가)의 '총장'이나 (12나)의 '최규하'나 모두 개인이고, 구체적이고 특정한 사람일 뿐이다. 정치인들이 공방을 주고받을 때 간접명령 즉 하라체를 사용하는 것은 매우 흔하다.

20) 명령문의 높임법 연구에서는 (13가)와 같은 문장은 하오체인데, 본 장에서는 개별 어휘들의 속성에 대해서는 논의하지 않고, 직접명령 어미 '-어'와 간접명령 어미 '-라', 그리고 이들의 연쇄인 '-어라'에 대한 문제로 논의를 국한시킨다.

(14) 가. 정권을 그만 내려놓-으라.

나. 능력도 신뢰도 없으니 2선으로 물러나-라.

다. 홍길동은 의원직을 사퇴하-라.

위 예문들은 모두 특정 정치인이 자신의 경쟁자 혹은 다른 정치인을 향해 발화한 간접명령이다. (14가, 나)에서는 주어가 생략되었지만, (14다)에서 보듯이, 주어의 사용은 간접명령이라는 형식의 사용을 더 용이하게 함을 알 수 있다. 사극이나 사극 투의 맥락에서도 간접명령이 사용된다. 다음을 보자.

(15) 가. 죄인은 사약을 받-으라.[21]

나. 피고인 홍길동은 고개를 들-라.

(15가)는 사극에서 흔히 접할 수 있는 예이고, (15나)는 유튜브에서 가져온 것이다. 위 (15)의 맥락은 특정한 화자가 특정한 개별적 청자에게 동일한 대화 장면에서 마주보며 하는 말이다. 즉, 직접명령이 가능한 상황이다. 그러므로 "이 놈아, 사약을 받아."라고 해체를 사용할 수도 있는 상황이다. 그럼에도 불구하고, 화자는 간접명령 즉 하라체를 사용하고 있다. 왜 그런가? 우리는 이 예문들이 특수한 상황에서 나온 예외적인 경우라고 도외시하기 전에, 이러한 간접명령이 어떠한 의도에서 사용되는가를 밝히려는 것이다.[22] (15가)는 포졸이 죄인에게 직접 말하면서도 마치 자신이 청자인 죄인에게 개인적으로 이 불행한 일을 수행하는 것이 아니라는 점을 강조하기 위해 마치 남의 말을 전하듯이 간접명령을 사용하는 것이라 볼 수 있다. 포졸이 다른 사람, 이를테면 왕의 명을 집행하는 것으로 이해되지만 아무튼 이 말을 실제로 하는 사람은 포졸 자신이다. 여기서 주어를 호격으로 바꾸면, 간접명령보다는 직접명령이 훨씬 더 자연스러울 것이라고 예측할 수 있다. 그리고 다음 예에서 보듯이 그 예측은 맞는 것이다.

(16) 가. 죄인, 사약을 받으시-오/*받-으라.

나. 홍길동, 고개를 들-어/*들-라.

---

21) 한 연구자가 지적하듯이 '-은'은 엄밀한 의미에서 주격조사는 아니고 화제표시(topic maker)라고 해야 할 것이다. 우리의 의도는 이것이 호격이 아니라는 취지이고, 여기서 통사적 분석을 목표로 하지는 않는다.

22) 한 연구자는 이러한 예가 '간접성'이란 개념을 더욱 모호하게 만든다는 점을 지적하였다. 그러나 필자들이 이 예문을 계속 유지하는 이유는 바로 그 점이 '간접성'이란 개념을 더욱 분명히 하는 데 중요하다고 판단되기 때문이다. 즉, 화자가 청자와 동일한 시공간에 면대면으로 있다하더라도 화자는 명령을 '간접적으로' 발신할 수 있음을 이 예문이 보여준다는 점이다.

정리하면, 화자가 청자에게 간접명령을 사용하는 이유는, 주어진 명령이 청자에게 직접적이고 개인적인 것으로 받아들여짐으로써 초래될 화용적 효과를 방지하고자 하는 의도 때문이다. 화자가 청자와 동일한 대화맥락에 있느냐 없느냐, 혹은 청자가 불특정한 다수인가 개인인가, 하는 문제는 간접명령의 본질과는 관계가 없다. 화자가 청자와 대면하는 상황이든 원거리에 있든 상관없이 화자는 직접적 개입을 지양하고 거리감을 유지하면서 마치 자신은 직접대화의 참여자가 아니라는 듯한 의도를 표현하기 위해 간접명령이라는 형식을 취할 수 있는 것이다.

2.2. 직접명령이 요구되는 맥락

직접명령이 자주 사용되는 맥락으로는 명령의 시급성이나 즉각성을 들 수 있다. 주어진 명령이 긴박하고 즉각적일수록 직접명령문의 사용이 요구된다. 다음을 보자.

(17) 가. 당장 꺼져/??당장 꺼져라/*당장 꺼지-라.[23)]
　　나. 당장 그만 둬/??당장 그만 둬라/*당장 그만 두-라.

'당장'과 같은 부사들은 행위나 사태의 긴박성과 시급성을 표시한다. 그러므로 이러한 부사들은 직접적인 명령과 더 잘 어울리는 반면, 간접명령과는 어울리지 않는다. 우리의 판단으로는 해라체인 "당장 꺼져라" 혹은 "당장 그만둬라"가 매우 부자연스럽고, "당장 꺼지라"와 "당장 그만두라"는 불가능하다.[24)] '당장'은 소위 직시표현(deictic expression)으로서 지금, 여기에서 벌어지는 사태와 관련이 있는데, 간접명령은 화자가 청자에게 간접적으로 명령을 전달하는 것이므로 둘이 어울릴 수 없는 것이다. 화가 머리끝까지 난 화자가 청자에게 소리를 지르는 상황을 가정해보자. 이런 상황에서 화자는 "당장 그만 둬"라고 하지 "당장 그만 둬라" 라고 하지는 않는다.

'당장'과 같은 부사가 없이도 긴박한 상황을 상정할 수 있다. 다음을 보자.

---

23) 본 장에서 문장 앞의 ??는 통사적으로 매우 부자연스러움을, # 표시는 해당 문장이 화용적으로 매우 부자연스러움을 표시한다.

24) 아마도 목소리를 높여 윽박지르는 상황이 아니라면, "당장 꺼져라"와 "당장 그만둬라"가 가능할 것이고, 이 경우에는 급박하고 강압적인 명령이 아니라, 해라체의 일반적 특성과 마찬가지로 매우 약화되고 부드러운 명령이나 부탁, 권유, 애원, 혹은 화자의 감정의 표현이 될 것이다.

(18) 가. 강도다. 사람 살려.

나. 강도다. ?사람 살려라.[25)]

다. 강도다. *사람 살리라.

강도를 맞닥뜨린 긴박한 상황에서 내뱉는 비명은 (18가)와 같이 직접명령인 "사람 살려"가 자연스럽고, (18나)와 같은 해라체나 (18다)와 같은 간접명령은 부자연스럽거나 불가능하다. 화자의 외침을 듣는 청자가 실제로 존재하는가 여부는 중요하지 않다. 화자가 직접명령 어미 "-어"를 선택했다는 것은, 화자가 (실제로 존재하거나 존재할 수 있는 잠재적) 청자에게 자신의 의사를 직접적으로 전달하고자 하는 의도를 표시하는 것뿐이다. 반면에 (18다)의 간접명령은 마치 책 제목이나 종교적 가르침처럼 실제의 구체적인 현장에 대한 말이 아니라 어디 멀리 있는 가상의 청자에게 하는 말처럼 한가하게 들리기 때문이다.

직접명령은 화자가 청자에게 직접 대면하여 말을 하는 상황이므로 적절한 높임법 표지가 수반되어야 한다. 박지순(2014: 87)은 "해체 어미는 해라체 어미와 달리 조사 '-요'가 붙어 해요체가 되는 형태적 특성이 있다"고 지적하면서 그 이유는 밝히지 않고 있다. 왜 해체 어미, 즉 '-어'에는 높임법 어미 '-요'가 붙을 수 있는데 반해, 해라체 어미, 즉 '-어라'에는 '-요'가 붙을 수 없는가? 우리는 앞에서 해체가 직접명령문이고, '-라'는 간접명령문이며, '-어라'는 이 둘의 연쇄라고 했다. 그렇다면 이제 이 질문에 대한 답은 아주 간단해졌다. 간접명령 어미인 '-라'는 용어의 정의상 간접명령이므로 화자가 청자에게 상대높임법 어미를 쓸 이유가 없다. 그리고 해라체 즉 '-어라' 역시 간접명령 어미 '-라'가 포함되어 있으므로 결과적으로는 간접명령문과 같기 때문에 존칭어미를 쓸 이유가 없다. 다시 말해, 존칭어미 '-요'는 화자가 청자에게 직접 명령을 하는 경우에만 해당하므로 다음과 같이 정리할 수 있다.

(19) 가. -어: 화자가 청자를 직접 응대 - 적절한 상대 높임법 필요

나. -라: 화자가 청자를 직접 응대하지 않음 - 상대 높임법 불필요[26)]

다. -어라: 화자가 청자에게 직접 말하는 것이 아님 - 상대 높임법 불필요

25) 한 연구자는 "강도다. 사람 살려라"가 자연스럽다고 지적한다. 그럼에도 불구하고, 우리는 이 문장이 "강도다. 사람 살려"와 차이가 있음을 지적한다.

26) 함경방언에 "어서 오시라요."와 같은 표현이 자주 등장하는데, 여기서 '-라'는 "어서 오시라." 혹은 "그만 두라." 등과 같은 예를 볼 때, 서울말의 '-어'에 해당하는 것으로 생각된다.

다음으로 호격 혹은 그와 유사한 기능을 하는 문법장치 (가령, "야, 이봐, 저기요" 등과 같은 장치들)의 사용은 직접명령의 사용을 요구한다. 앞에서 언급했듯이, 호격은 화자가 호격의 해당자에게 직접 말을 하는 것을 나타내므로, 청자와의 관계에 따른 적절한 높임법의 사용이 요구된다. 간접명령문의 주어를 호격으로 바꾸면 그에 따라 간접명령은 직접명령으로 바뀌는 것이 자연스럽다. 위 예문 (15)를 되풀이한 다음을 보자.

(20) 가. 죄인은 사약을 받-으라.
　　나. 피고인 홍길동은 고개를 들-라.

(20)의 예문에서 주어인 '죄인은'과 '피고인 홍길동은'을 호격으로 바꾸면 그 결과는 앞에서 보았듯이 매우 부자연스럽다.

(21) 가. #죄인, 사약을 받-으라.
　　나. #피고인 홍길동아, 고개를 들-라.

이와 비슷한 예로 다음을 보자.

(22) 가. 춘향은 수청을 들-라.
　　나. #춘향아, 수청을 들-라.
　　다. 춘향아, 수청을 들-어.

한국어 원어민 화자의 직관으로는, (22나)는 매우 어색할 것이다. 우리는 그 이유가 직접명령 상황에서 간접명령을 사용한 데 있다고 본다. 가정적인 상황을 더 이어가자면, 이몽룡이 춘향에게 선물을 주면서 할 수 있는 문장으로 다음을 가정해 보자.

(23) 가. #춘향아, 이거 받-으라.
　　나. 춘향아, 이거 받-아.

물론 이몽룡이 춘향에게 현대 국어에서처럼 반말을 했을 것 같지는 않지만, 적어도 (23가)는 매우 부자연스런 반면에, 직접명령인 (23나)가 자연스럽다는 것이다. 이러한 논의를 통해 우리가 드러내고자 하는 주장의 핵심은 호격과 같은 직접명령의 상황에서는 간접명령이 매우 부자연스럽거나 불가능하다는 점이다. 이 점에 있어서는 호격과 같은 역할을 하는 '야'도 마찬가지이다. 다음을 보자.

(24) 가. #야, 빨리 오-라.
　　나. 야, 빨리 와.

'야'는 상대방인 청자의 주의를 끌어 화자가 청자에게 말을 걸겠다는 표지이다. 그런데, 청자를 불러놓고, 다시 간접명령을 하는 것은 상황에 맞지 않기 때문에 (24가)가 부자연스러운 것이다.

2.3. 간접명령이 자연스런 경우

간접명령은 시험지의 지시문이나 책 제목에서 흔히 사용되듯이 화자가 청자에게 간접적으로 말할 수밖에 없는 상황에서 자연스럽다. 임홍빈(1983: 115)의 다음 예들을 보자.

(25) 가. 청년이여 눈을 뜨-라.
　　나. 교향악단이여 음악을 멈추-라.

(25)에서 '-이여'는 호격이긴 하지만, 화자가 특정한 개별적 청자에게 하는 명령이 아니라, Pak(2008)이 불특정 다수라고 칭했던 집단으로서의 청자이므로, 간접명령을 사용하고 있다. 이것을 호격으로 바꾼 다음의 예들은 매우 부자연스럽게 들린다.

(26) 가. #청년(들)아, 눈을 뜨-라.
　　나. #교향악단아, 음악을 멈추-라.

다음 절에서 논의하겠지만, (26)보다 아래 (27)이 더 자연스럽고, 더 널리 사용되는 추세에 있는 것으로 보인다.

(27) 가. 청년(들)아, 눈을 뜨-어라.

나. 교향악단아, 음악을 멈추-어라.

다. 꿈꾸는 청년들아, 비전을 가지-어라.

실제로 (27다)와 같은 구문들은 인터넷에 흔히 보이는 강연제목, 책 제목이다.[27] 다시 말해, 호격을 사용하는 경우 간접명령인 하라체보다는 직접명령이 자연스럽고, 더 나아가 직접명령과 간접명령이 결합된 해라체가 더 자연스럽게 들린다.[28] 간접명령이 자연스런 경우로 종교 서적이나 설교에 쓰이는 경우를 볼 수 있다. 다음을 보자.

(28) 가. 빛이 있으라 하니. (성경)[29]

나. 모든 이에게 평화 있-으라.

(28가)의 청자는 사물인 '빛'이다. 논리적으로 보자면 아직 존재하지 않는 '빛'에 신이 직접 명령할 수는 없고 또 사물이기 때문에 주어진 명령을 수행할 수 있는 대상이 아니다. 그렇기 때문에 성경번역가는 원문의 직접명령을 간접명령문의 형식으로 번역했을 것이다. (28나) 역시 청자는 '평화'이고 그것은 아직 존재하지 않는다. 따라서 화자는 간접명령문 형식을 취할 수밖에 없다. 또한 두 구문 모두 호격이 아니라 주어가 사용되고 있음을 주목하자. 이는 앞에서 언급한 것처럼 간접명령이 자연스런 상황이다.

마지막으로 간접명령이 요구되는 맥락은 인용문이다. 다음을 보자.

(29) 가. 빨리 먹-어.

나. (그는) [빨리 먹-으라]고 말했다.

---

27) 그 이유에 대해서는 다음 3장에서 자세히 논의한다.

28) 신지영(2024)는 하라체가 신분제 사회에 맞는 화계라고 언급하고 있으나, 우리는 그것이 간접명령으로서 현대 사회에서도 생산성이 있는 살아있는 구문이라고 가정한다. 앞의 각주 (14)에서도 언급했다시피, 어떤 구문의 사용빈도에 대한 통계적 관찰은 해당 구문의 본질적 속성을 밝히는 것과는 무관하다는 것이 우리의 입장이다. 하라체가 신분제 사회에 맞는 화계라는 신지영(2024)의 주장 자체는 매우 타당성이 있을 것이나, 모든 구문은 해당 시대의 언중들의 표현 욕구를 반영하는 것이므로 지금이라 해도 하라체가 필요한 상황과 맥락은 당연히 존재한다는 의미에서 우리는 통계적 관찰보다는 구문의 통사적 특성을 밝히고자 하는 것이다.

29) 영어는 Let there be light이다. 앞에서도 언급했다시피 영어는 직접명령이나 간접명령이 구분되지 않고 모든 명령은 동일한 형식을 취하는 직접명령 뿐이다. 이를 번역자들이 직접명령인 '-어'나 직접명령의 간접명령화인 '-어라'로 옮기지 않고, 간접명령인 '-라'로 옮겼다는 사실이 중요하다. 그 이유는 본문에서 설명한 대로이다.

직접명령 (29가)는 인용문으로 나타날 경우 (29나)에서 보듯이 간접명령을 나타내는 '-라'로 전환되는데, 이는 당연한 결과이다. 왜냐하면, 인용문은 화자가 청자에게 직접 명령하는 것이 아니라, 문장의 화자가 그 내용을 간접적으로 전달하는 것이므로 간접명령 형식을 띠는 것이다. 지금까지 살펴본 간접명령문 즉 '-라'로 끝나는 하라체 문장들은 전체를 관통하는 하나의 공통점이 있다. 그것은 바로 화자가 여러 가지 이유로 청자에게 명령을 간접적으로 전달한다는 사실이다. 시험출제자와 응시자, 혹은 언론매체를 매개로 하는 경우처럼 물리적 거리로 인해 화자가 청자에게 간접적으로 명령을 전할 수밖에 없는 경우도 있고, 물리적 거리와는 상관없이 의도적으로 청자와의 거리를 두고자 하는 경우에 간접명령문을 사용하기도 한다. 법정에서 판사가 피고인에게 명령하거나, 포졸이 죄인에게 사약을 전달하면서 명령하는 경우, 시위대가 청자에게 의도적으로 사적인 관계를 피하고자 간접적으로 명령을 하는 경우들이 여기에 해당된다. 종교지도자들이 설교를 할 경우에도 의도적으로 간접명령문의 형식을 취할 수도 있다. 다음 절에서는 직접명령과 간접명령이 결합된 소위 해라체의 용법과 의미에 대해 살펴본다.

3. 직접명령의 간접명령화[30)]

어떠한 가설의 타당성을 검증하는 데는 두 가지 방법이 있다. 하나는, 해당 가설이 적용되는 긍정증거(positive evidence)를 제시하는 것이고, 다른 하나는 해당 가설에 의해 배제되는 부정증거(negative evidence)를 제시함으로써 가설의 타당성을 검증하는 것이다. 일반적으로는 부정적 증거를 통한 검증법이 훨씬 더 강력하고 효과적이지만, 여기서는 두 가지 방법을 모두 사용해서 우리의 가설을 검증하고자 한다.

30) 본 장의 주제인 명령 어미 '-어라'에 대해서 우리는 아직 적절한 이름을 찾지 못했다. 기존의 연구에서는 이를 '해라'체라 통칭하는데 우리는 두 가지 이유에서 이 명칭에 대해 유보적이다. 첫째, 해라체라는 명칭이 상대높임의 등급 분류에서 주로 사용되는데, 우리는 해체와 해라체의 차이가 상대높임법의 등급이나 격식성의 차이라는 주장을 받아들이지 않기 때문이다. 둘째, 해라체로 통칭되는 등급에는 명령문뿐 아니라 다양한 문장 유형에 속하는 어미들이 함께 포함되는데, 우리는 과연 이들이 같은 등급인지에 대해서도 회의적이기 때문이다. 예를 들면, 박지순(2014)에서는 해라체에 속하는 어미들로, '-ㄴ다(평서문). -냐/니(의문문), -거라,-렴, -려무나(명령문), -자(청유문), -는구나(감탄문)' 등을 제시하고 있다. 이들의 높임법 등급이 같은지를 어떻게 측정할 수 있는지 우리로서는 매우 회의적이다. 직접명령 어미 "-어"와 간접명령 어미 '-라'가 융합되어 하나의 형태소로 전환된 것이 아니라 둘이 단순히 연쇄적으로 나열(concatenation)되어 있다는 것이 우리의 생각이기 때문에 '복합 어미'란 명칭도 오해의 소지가 있어 보인다. 임시방편적으로 '직간접명령문'이란 용어도 가능하겠지만, 우리는 두 얼굴이 서로 나란히 있는 야누스가 '-어라'의 성격을 가장 잘 드러낸다고 보아 '야누스 명령문(Janusian imperative)'과 같은 이름이 적절하다고 생각하지만, 명칭에 대해서는 차후의 과제로 남기고, 본 장에서는 '해라체'와 '-어라'라는 명칭을 혼용하고자 한다.

3.1. 부정 증거를 통한 검증

명령문의 해라체 어미 '-어라'가 직접명령을 나타내는 '-어'와 간접명령을 나타내는 '-라'의 연쇄라는 사실은 다음과 같이 서로 배타적인(exclusive) 두 가지 예측을 가능하게 한다.

(30) 가. '-어라'는 직접명령 맥락에서 허용되지 않는다.
(이유: '-어라'에 포함된 간접명령 어미 '-라' 때문)
나. '-어라'는 간접명령 맥락에서 허용되지 않는다.
(이유: '-어라'에 포함된 직접명령 어미 '-어' 때문)

먼저 (30가)의 예측을 검토해보자. 우리는 2절에서 직접명령 상황의 예로, '당장'과 같은 부사의 존재나 군대의 명령 상황 등을 제시했었다. 그리고 이 경우에 간접명령문은 허용되지 않음을 보였다. 그에 상응하는 해라체 명령문, 즉 '-어라'가 포함된 문장들의 문법성을 보자.

(31) 가. 당장 꺼져.
나. *당장 꺼지-라.
다. ??당장 꺼져라.
(32) 가. 열중 쉬-어.
나. *열중 쉬-라.
다. *열중 쉬-어라.

(31)은 '당장'과 같은 부사를 통해 알 수 있듯이 화자가 청자에게 현장에서 급박하게 어떤 일을 수행할 것을 직접적으로 명령하는 상황이다. (30가)의 예측처럼, 이런 경우에는 간접명령도, 해라체 명령도 허용되지 않는다. 다시 말해, 이 맥락에서 (31다)가 부자연스런 이유는 (31나)와 마찬가지로 간접명령 어미 '-라'의 존재 때문이라고 할 수 있다. (32)는 군대의 명령 상황이다. 2절에서도 언급했다시피, 제식훈련이나 군대의 훈련 상황에서 명령은 간단명료하고 모호하지 않아야 하기 때문에 "열중 쉬어."와 같은 직접명령은 가능하지만 간접명령이나 해라체는 허용되지 않는다. 이 경우에도 우리는 (32다)가 허용되지 않는 이유가 (32나)와 마찬가지로 간접명령 어미 '-라'의 존재 때문이라고 설명할 수 있다.

이제 반대로 간접명령 맥락을 검토해보자. 직접명령과 간접명령은 '직접'과 '간접'이란 용어에서도 알 수 있듯이 서로 배타적이기 때문에 상보적 분포를 이룬다. 즉 직접명령이 허용되는 맥락에서는 간접명령이 허용되지 않고, 반대로 간접명령이 허용되는 맥락에서는 직접명령이 허용되지 않는다. 다음을 보자.

(33) 가. 죄인은 사약을 받-으라.[31)]

나. *죄인은 사약을 받-아.

다. *죄인은 사약을 받-아라.

(33)에서 죄인이 바로 눈앞에 있지만 화자인 포졸은 의도적으로 호격이 아니라 주격을 사용하여 간접명령을 발화하고 있다. 시험지의 지시문과 달리, 이 경우에는 화자와 청자가 동일한 대화 장면에 있지만 간접명령 맥락으로 전환된 상황이다. 호격이 아니라 주격을 그대로 두는 한, (33나)와 (33다)는 둘 다 부자연스럽거나 비문인데, 그 이유는 (33나)와 (33다)에 공통적으로 존재하는 직접명령 어미 '-어' 때문이라고 설명할 수 있다.

지금까지의 내용을 요약하면 다음과 같다.

(34) '-어라'가 배제되는 경우

직접명령 맥락		
-어	-어라	-라
○	×	×

간접명령 맥락		
-어	-어라	-라
×	×	○

(34)의 도표가 의미하는 바는, 직접명령의 경우에는 '-라'가 포함되는 명령이 배제되고, 간접명령의 경우에는 '-어'가 포함되는 명령이 배제된다는 것이다. 다시 말해, 해라체 명령문 어미 '-어라'는 그것의 구성요소인 '-어'와 '-라'가 각각의 기능, 즉 직접명령과 간접명령을 전달이라는 기능을 여전히 유지함으로써 명령의 맥락에 따라 그것의 사용이 배제될 수 있다는 것이다. 이를 통해 우리는 서론에서 제시한 두 가지 가정, 즉 '-어'는 직접명령을 전달하고, '-라'는 간접명령을 전달한다는 가정이 타당함을 논증한 셈이다.

31) 한 연구자는 본 장이 공시언어학의 틀을 사용하고 있으면서 이와 같은 통시언어학 자료를 사용하는 것은 문제라는 지적을 하고 있다. 우리의 의도는 이 예문이 현대 국어의 사극에서 사용되는 경우, 해체 문장과 차이가 있고 그 차이는 명령의 직접성 차이라는 점을 보여주려는 것이다.

3.2. 긍정 증거를 통한 검증

이 절에서는 '-어라'가 어떤 맥락에서 허용되는지를 보임으로써, 그것의 화용적 효과를 살펴보고자 한다. Grice(1975)에서 언급되었듯이, 대화의 격률을 포함한 화용규칙은 지켜지는 것이 참여자 사이에서의 대화를 유용하고 효과적으로 만들지만, 그것을 의도적으로 위반하는 것은 특정한 함축적 의미를 전달하고자 하기 때문이다. Grice의 관찰을 우리의 주제에 적용해보자. 두 사람이 대화를 하는 상황에서 "니가 가, 하와이."라고 한다면 이것은 청자에게 직접적이고 분명하게 하와이에 가라고 명령, 부탁, 권유하는 것이다. 이 상황에서 "니가 가라, 하와이."라고 하면 부드러운 명령 내지 제안이 될 수도 있지만, 또 한편으로는 이 문장이 사용된 실제 영화장면에서처럼, 화자가 청자에 대해 불만스런 감정을 드러내는 표현이 될 수도 있다. 하와이가 그렇게 좋으면, 왜 나한테 가라고 하냐, 니가 가지. 다시 말해 이 말이 정말로 하와이에 가라는 명령이 아니라 나한테 불편한 일을 시키지 말라는 경고 내지 불만의 표현일 수도 있다. 이러한 해석 가능성은 어떻게 생기는가? 우리는 그것이 직접명령의 간접명령화에 따른 화용적 효과라고 주장하는 것이다. 명령의 직접성이 약화될수록, 그것은 명령이 아니라 부탁, 권유, 제안, 불평, 혼잣말, 넋두리 쪽으로 흘러갈 수 있음은 명백하다. 그러니까 직접명령이 아니라 간접명령에 가까울수록 명령의 지시수행력(directive force)은 약해질 수밖에 없고, 그런 이유로 직접명령과 간접명령이 수행력이라는 스펙트럼의 양 극단에 있다면 '-어라'는 그 중간 어디엔가 놓이게 된다고 할 수 있다. 이제 '-어라'가 허용되는 조건 즉, 긍정증거를 살펴보자.

3.2.1. 해라체를 요구하는 물리적 제약

앞에서 우리는 직접명령만이 자연스러운 경우, 간접명령만이 자연스런 경우들을 살펴보았다. 그러면 해라체 즉 '-어라' 만이 자연스런 경우가 있는가? 답은 '그렇다'이다. 다음을 보자. 화자는 길거리에서 지갑을 분실했고 도둑으로 추정되는 대상이 화자로부터 약간 떨어져 있으며 그래서 화자가 주변의 사람들에게 큰 소리로 도움을 요청하는 상황을 가정해보자.

(35) 가. 도둑이다. 저 놈 잡-아라.

나. 도둑이다. #저 놈 잡-아.

다. 도둑이다. #저 놈 잡-으라.

이 경우 화자는 특정한 화자에게 직접 말하는 것이 아니므로 직접명령인 (35나)는 부자연스럽고, 또 선언이나 시위 구호 혹은 시험지 지시문과 같은 간접명령 (35다)도 부자연스럽다. (35)의 화자는 소위 불특정하지만 잠재적으로 도움을 줄 수 있는 가상의 청자에게 직접 말을 하는 상황이므로 직접명령 어미 '-어'가 필요하면서도, 또한 누군가에게 직접 말하는 것이 아니라 혼자 외치듯이 하는 말이므로 간접명령 어미 '-라'가 필요하다고 할 수 있다. 그리고 '저 놈'이란 표현을 볼 때 화자는 물리적으로 다소 떨어져 있는 사람들에게 말하고 있음을 알 수 있다. 이러한 상황에서 일종의 타협책으로 선택된 형식이 '-어라' 즉 해라체인 것이다.[32)]

공간적 제약으로 해라체가 요구되는 상황은 또 있다. 가령, 저녁시간에 아이들이 집 주변에서 놀고 있는 상황을 가정해보자. 이때 엄마는 아이들을 직접 볼 수는 없지만, 아이들이 주변에서 놀고 있고 자신의 말을 충분히 들을 수 있는 거리에 있다고 가정해보자. 이럴 경우 엄마는 종종 다음과 같이 말한다.[33)]

(36) 가. ?얘들아, 밥 먹-어.[34)]

나. 얘들아, 밥 먹-어라.

왜 엄마는 해라체를 사용하는가? 답은 간단하다. 엄마는 아이들에게 직접적으로 명령하는 것이므로 직접명령 어미 '-어'를 사용했고, 동시에 아이들을 직접 면전에서 보면서 말하는 것이라 보이지 않는 주변에서 놀고있으므로 그들에게 간접적으로 말하는 것이라서 간접명령 어미 '-라'를 사용한 것이다. 마침내 아이들이 방으로 들어와서 식탁에 앉았다고 가정해보자. 이 때 엄마는 아이들에게 "얼른 먹어."라고 하는 것이 자연스럽지, 처음부터 밑도 끝도 없이 "얼른 먹어라."라고 하지는 않을 것이다. 후자가 부자연스런 이유는 엄마가 아이들에게 얼굴을 마주 보면서 직접 명령하는 상황이기 때문이다. 다만, 아이들이 딴 짓을 하면서 밥을 먹지 않을 경우, 엄마는 후자와 같은 해라체를 사용할 수 있는데, 이 때의 화용적 효과는 부탁이나 권유, 혹은 짜증의 표현일 수도 있다.

---

32) 유사한 예를 사극에서도 흔히 접할 수 있다. 범인을 쫓는 포졸이 "게 섰거라."라고 하는 이유는 실지로 화자와 청자 사이에 물리적 거리가 있어서 간접명령 어미 '-라'가 사용되지만 동시에 포졸이 범인에게 직접 말하는 것이므로 직접명령 어미 '-어'가 포함된다고 할 수 있다.

33) 이 예문은 한 필자의 개인적 경험에서 얻은 것이기도 하다. 어린 시절 저녁 무렵 집 주변에서 아이들과 놀고 있으면 어머니는 부엌에서 큰 소리로 "얘들아, 밥 먹어라." 하고 외치시곤 했다.

34) 화자에 따라서는 이 문장이 자연스러울 수도 있다. 그런 화자는 직접명령을 좀 더 광범위하게 사용하는 문법을 가지고 있다고 볼 수 있다. 문제의 핵심은 이 문장의 적형성 여부와 상관없이, "얘들아, 밥 먹어라."와 같은 해라체 문장이 주어진 맥락에서 어떻게 또는 왜 허용되는가를 설명하는 것이다.

경기장이나 초등학교의 운동회에서 응원을 하는 상황을 고려해 보자. 응원의 목적은 경기를 하는 선수가 가능한 한 응원 소리를 듣고 더욱 분발해서 승리하도록 북돋는 것이다. 이를 염두에 두고 다음을 보자.

(37) 가. 청군 이겨라.
　　나. *청군 이겨.
　　다. *청군 이기-라.

전형적인 응원 구호는 (37가)와 같은 해라체이다. "청군 이겨." 혹은 "청군 이기라."와 같은 구호는 부자연스럽거나 불가능하다. 응원 구호는 왜 (37가)와 같이 해라체인가? 우리의 가설 (2)에 따르면, 이러한 선택은 쉽게 예측된다. 우선, 화자는 경기를 하지 않는 아이들이고, 그들은 경기를 하는 자기네 편 선수들에게 자신들의 응원소리가 들려서 그들이 힘을 내 승리하기를 바라는 마음으로 응원을 한다. 다시 말하면, 선수들에게 직접 말하는 것이 아니라 다소 떨어진 공간에 있는 선수들에게 "간접적으로" 말하는 것이므로 간접명령 어미 '-라'가 사용된다. 그와 동시에 아이들은 자신들의 응원이 선수들에게 들리기를 바라는 것이므로 직접명령 어미 '-어'를 사용한다. 이러한 공간적 제약으로 인해 아이들이 타협책으로 선택할 수 있는 것은 직접명령 어미와 간접명령 어미가 동시에 출현하는 "-어라"인 것이다.

다음은 어느 대학의 응원가 중 일부이다.

(38) 부-어라, 마시-어라, 막걸리.

이 노래의 작사가는 왜 "부어, 마셔, 막걸리."처럼 직접명령문을 사용하거나 "부-으라, 마시-라, 막걸리."처럼 간접명령문을 사용하지 않고, 해라체인 "부어라, 마셔라, 막걸리."라고 했을까? 이 노래를 하는 사람(화자)은 특정한 청자에게 개인적으로 직접 명령을 하는 것이 아니므로, 직접명령문 (즉, "부어. 마셔.")을 사용할 수 없다. 그러나 그와 동시에 이 화자는 함께 있는 동료들 모두에게 이 말을 하는 것이므로 간접명령문(즉, "부-으라, 마시-라.")을 사용할 수도 없다. 화자가 자신과 함께 있는 동료들에게 직접 말하는 것이기도 하면서 동시에 특정한 청자에게 명령하는 것이 아니므로 매우 약화된 명령 혹은 부탁이나 권유와 같은 정도의 명령을 간접적으로 전달하기 위해 해라체를 사용할 수밖에 없다.

마지막으로 두 사람의 결투 장면을 보자. 우리는 서론에서 왜 해라체가 이 맥락에서 사용되는지 언급했었다. 해당 예문을 다시 보자.

(39) 가. 내 주먹을 받-아라.
　　나. *내 주먹을 받-아.
　　다. *내 주먹을 받-으라.

무협지나 애니메이션에서 흔히 보는 이러한 문장은 모두 해라체를 사용하고 있다. 결투를 하고 있는 두 사람이 서로 공격을 주고받는 상황을 가정해보자. 이럴 경우에는 오로지 (39가)와 같은 해라체를 사용한다. 왜 그런가? 화자는 마치 물건을 주듯이 청자에게 '주먹'을 주고 있는 것이 아니다. 또한 마주보고 대결을 하고 있는 상황이므로 화자가 (39다)와 같은 간접명령을 사용하는 것은 부자연스럽다. 그러므로 화자는 청자에게 직접 말하면서도 마치 혼잣말을 하듯이 간접적으로 말을 함으로써 청자에게 명령을 한다기보다는 자신의 의지를 표현하고 있는 셈이다. 다시 말해, 이러한 상황은 직접명령과 간접명령이 말하자면 뒤섞인 경우라고 할 수 있다.

3.2.2. 해라체를 요구하는 사물 주어

사물을 호격으로 지칭한 구문을 보자. 우리는 앞에서 "빛이 있으라." 혹은 "평화가 있으라."와 같은 간접명령에 대해 살펴보았다. 이 예문들처럼 사물이 주어가 아니라 호격으로 나타나면 어떻게 되는가? 우리의 가설은 그럴 경우 직접명령과 간접명령이 복합적으로 나타날 것을 예측한다. 왜냐하면, 호격이 사용되었다는 것은 화자가 청자에게 직접 명령을 한다는 것을 암시하지만, 동시에 행위의 주체가 사물이라는 사실은 화자가 청자에게 직접 명령을 할 수 없는 상황 (사물 주어는 명령 수행이 불가능함)을 암시한다. 이러한 모순되는 상황, 혹은 두 가지를 모두 요구하는 상황에서 화자가 '-어라'를 사용할 수밖에 없게 된다. 다음을 보자.

(40) 가. 걸음아, 날 살려라.
　　나. #걸음아, 날 살려.
　　다. #걸음아, 날 살리-라.

'걸음'은 아무리 의인화되었다고 해도 사물이므로 화자가 직접적으로 명령을 전달하는 (40나)는 부자연스럽고, 또 호격을 사용하면서 직접명령문이 아니라 간접명령문을 사용한 (40다)도 부자연스럽다. 따라서 이러한 모순되는 상황을 해결하는 타협책으로서 (40가)와 같은 해라체가 사용되는 것이다. 문자적으로는 화자가 '걸음'에게 직접 명령을 내리면서도 동시에 간접적으로 명령하는 것이라고 할 수 있지만, 화용적 효과는 화자의 심리상태를 표현하는 것에 불과하다. 비슷한 예로 책 제목이나 노랫말에서 흔히 볼 수 있는 다음과 같은 예를 보자.

(41) 가. 무기여 잘 있-거라.
　　나. 잘 있-거라 한강수야.
　　다. 열리-어라, 참깨.
　　라. 하늘 높이 날-아라, 내 꿈도 날-아라.

(41가)에서 '무기여'는 호격으로 보이지만 사물이므로 직접명령 '잘 있어'는 부자연스럽고, 그러면서도 동시에 화자가 그 호격의 지칭 대상인 '무기'에게 직접 말하는 것이므로 간접명령 "잘 있으라" 역시 부자연스럽다. 사물에게 직접 말을 해야 하는 모순을 타개하기 위해 화자는 직접명령 어미 '-어'와 간접명령 어미 '-라'를 모두 사용하는 '-어라'가 선택된 것으로 설명할 수 있다.[35] 나머지 예들도 같은 설명을 할 수 있다. 즉, 화자는 사물에게 말하고 있으므로 직접명령은 부자연스럽고, 동시에 일종의 호격을 사용하고 있으므로 화자가 청자에게 직접 말하는 상황이라 직접명령을 사용할 수 있는 상황이기도 하다. 이러한 모순되는 상황의 해결책으로 화자는 '-어라' 즉 해라체를 사용한 것이다. 다시 말하면, 화자는 청자에게 직접 말하면서도 직접 말하지 않는 상황인 셈이다. (41다)도 마찬가지이다. 화자는 동굴 입구의 닫힌 문을 향해 주문을 외고 있다. 왜 화자는(혹은 이 이야기의 번역가는) 직접명령 "열려" 혹은 간접명령 "열리라" 대신에 해라체인 "열려라"를 사용하고 있는가? 대문은 사물이므로 직접적으로 명령하는 것이 부적절하므로 '-라'를 사용하면서, 동시에 대문에게 직접 말하고 있으므로 '-어'를 사용할 수 있는 환경이다. 이러한 모순되는 상황의 해결책으로 화자 혹은 번역가는 해라체를 선택한 것이다. (41라)는 노랫말의 일부로 사물인 연에게 말하는 상황이다.[36]

---

35) 본 장에서 우리는 '-거라'를 '-어라'와 같은 구문, 즉 해라체로 본다. 다만 개별 어휘에 대한 논의는 하지 않는다.

36) 사물 주어는 아니지만 "굳세-어라, 금순아."도 같은 맥락이라 볼 수 있다. 화자는 청자인 금순에게 직접 말하는 상황이 아니다. 아마도 혼잣말이거나 이미 멀리 떨어져서 더 이상 화자의 말이 금순에게 들리지 않는 상황을 상정해볼 수 있다. 다시 말하면 화자는 청자에게 직접 말하면서도 그 말이 들리지 않는 상황에 처했기 때문에 해라체를 사용한다고 볼 수 있다. 만일 금순의 면전에서 직접 말한다면 이 문장은 "금순아, 굳세-어."가 되었을 것이다.

3.2.3. 체면손상 위협의 방지

우리는 서론에서 해라체가 직접명령 해체에 비해 Brown & Levinson(1987)의 체면손상위협을 약화시키는 기능이 있다고 언급했다. 그 이유는 직접명령이 그 속성 상 청자에게 무언가를 직접적으로 명령하거나, 강제하거나, 요구하거나, 부탁하는 것이기 때문에, 화자의 입장에서는 청자가 거절하는 경우 체면이 손상될 수 있고, 청자의 입장에서는 화자의 그러한 직접적인 명령을 받는다는 사실 자체에서 체면의 손상을 겪을 수 있기 때문이다. 따라서 체면손상의 위협을 방지하기 위해서는 직접적인 명령보다는 간접적인 명령, 단도직입적인 명령보다는 완곡어법을 활용한 간접적인 명령이 필요할 것이다. 만일 직접명령을 사용해야 하는 불가피한 상황이라면 화자는 직접성을 약화시키기 위해 간접명령 어미 '-라'를 덧붙임으로써 마치 해당 발화가 간접명령인 듯한 화용적 효과를 얻을 수 있다. 다음을 보자.

(42) 가. 빨리 좀 도와줘.
　　 나. 빨리 좀 도와줘라.

개인에 따라서는 위 두 문장 사이에 큰 차이를 느끼지 못할 수도 있다. 그러나 또 어떤 화자는 (42가)에 비해 (42나)가 명령의 강도가 약화되어 명령이라기보다 부탁에 가깝거나, 애원하는 듯한 뉘앙스가 있다고 느낄 수도 있을 것이다. 본 장에서 말하는 직접성의 약화란 그런 의미이다. 상황에 따라서는 화자가 직접명령인 (42가)보다는 간접명령에 가까운 (42나)와 같은 형식, 즉 해라체를 사용하는 것이 필요할 수도 있다.

3.3. 해라체에 '-요'가 불가능한 이유

기존의 많은 연구에서 해라체와 상대높임 어미 '-요'가 공기할 수 없다는 사실을 지적한다. 가령, 박지순(2014)은 '-어'는 상대높임 어미 '-요'와 결합할 수 있는 반면에, '-어라'는 '-요'와 결합이 불가능하다는 사실을 지적하고 있다. 왜 그런가? 우리의 답은 의외로 간단하다. 서론에서 밝혔다시피, '-어'는 직접명령 어미이고, '-라'는 간접명령 어미이며, '-어라'는 간접명령 어미 '-라'를 포함한다. 상대높임 어미 '-요'는 화자가 청자에게 직접 말할 때 필요한 것이지, 간접적으로 말하는 경우에는 화자와 청자가 대면하는 것이 아니므로 굳이 상대높임 어미를 사용할 필요가 없고, 필요가 없기 때문에 출현하지 않는 것이다. 해체와 해라체를 등급의 차이나 격식성의 차이로 보는 한, 왜 해라체에 '-요'가 불가능한지를 설명할 방법은 없다. 이 점을 염두에 두고 다음 문장을 보자.

(43) 가. 제가 했습니다-요.[37)]
　　나. 제가 갈까-요?
　　다. 빨리 주-어-요.
　　라. *빨리 주-어라-요.

(43가)는 일반적으로 표준국어에서 들을 수 있는 문장은 아닐 수도 있다. 그러나 이러한 종류의 문장은 전혀 불가능하지 않다는 점에서 시사하는 바가 크다. 어떤 점을 시사하는가? (43가)는 두 가지를 시사한다. 첫째, 평서문 종결어미 '-다' 뒤에도 상대높임 어미 '-요'를 추가할 수 있다는 점에서 이 문장은 개념의 엄밀성을 제기한다. 즉, 우리는 '종결어미'란 용어를 통사적 개념으로서의 문장유형을 종결시킨다는 의미로 받아들인다.[38)]

그렇다면 '-요'는 무엇인가? '-요'는 통사구조 상의 요소가 아니라 화용적 단위, 말하자면 화자가 청자에 대해 가지는 태도를 표현하는 다른 층위의 요소라는 점이다. 둘째, (43가)는 직접명령처럼 화자가 청자에게 직접 말하고 있다는 표지인 '-습니'가 있고, 그렇기 때문에 직접명령문과 동일하게 적절한 높이의 상대높임 표지가 필요하다는 점을 시사한다. (43가)와 다음을 비교해보자.

(43) 가. 제가 했습니다-요.
　　가'. #내가 했다-요.

---

37) 이러한 류의 문장은 드라마에서 흔히 볼 수 있지만 실제 언어생활에서도 신분차이나 권력차이가 분명한 관계에서 하급자가 흔히 사용하는 유형의 문장이다. Yim (2016)은 화행어미(speech act)를 나타내는 핵으로 보고 통사구조(syntax)의 밖에 위치하는 것으로 가정한다.

38) 지금까지 우리는 아무런 설명 없이 직접명령문, 간접명령문, 명령문 어미란 용어를 사용했는데, 우리는 '-어'와 '-라'를 엄밀한 의미에서 평서문 종결어미 '-다'와 같은 급에 속하는 종결어미라 보지 않는다. 고광모(2001)를 비롯한 여러 연구에서 '-어'를 종결어미로 칭하고 있으나, 우리가 동의하지 않는 이유는 '-어'와 '-라'가 통사적 개념으로서의 '문장유형'을 결정하지 않을 뿐 아니라(감탄문 및 "불이야"와 같은 외침말 등도 포함), 화자가 청자에게 명령을 직접적으로 혹은 간접적으로 전달하는 화행기능을 표시하는 요소라는 점에서 오히려 화자가 청자에게 공손함을 표현하는 어미인 '-요'와 동일한 범주에 속한다고 본다. 정리하면, 우리는 평서문 어미 "-다"와 의문문 어미 '-니/까' 만을 종결어미로 보고, '-어, -라, -요'는 통사구조를 벗어나서 화용기능 (혹은 화행기능)을 표시하는 범주로 본다. 이 점에 있어서는 Yim(2016)의 화행범주(speech act)와 궤 를 같이 한다.

언어습득 단계에 있는 아이들 발화가 아니라면 (43가′)과 같은 발화는 부자연스럽거나 비문법적이다. (43가)는 성인발화에서 발견할 개연성이 아주 높은 발화인데 비해, (43가′)은 성인발화에서는 허용되지 않는 발화이다. 두 발화의 차이는 화자가 청자에게 발신한 것인지, 아닌지의 차이이다. (43가)는 '제가'나 '-습니'와 같은 표지로 판단할 때 화자가 자신보다 상위에 있는 청자에게 말하는 것이고, 그렇기 때문에 상대높임 어미 '-요'가 필요하다. 반면에 (43가′)은 주어가 '내가'인 것으로 보아 화자가 굳이 상대높임을 사용할 대상이 아닌 청자에게 말하는 것임을 알 수 있고, 그렇기 때문에 상대높임 어미 '-요'가 불필요한 것이다. 다시 말하면, 상대높임 어미 '-요'의 출현 여부는 상대높임이 필요한가의 여부에 달린 것이지, 종결어미가 선행하는가 아닌가는 아무런 관련이 없다. 평서문 종결어미 '-다'와 '-요'가 공기하는 경우가 드문 이유는 평서문이 대화에서 주고받는 발신문이 아니라 보도나 진술, 선언과 같은 성격을 가지기 때문에 전혀 청자에 대한 높임을 표현할 필요가 없기 때문이지, 종결어미 '-다'와 상대높임 어미 '-요'의 내재적 속성 때문이 아니다.

(43나)에 대해서도 같은 설명을 할 수 있다. 즉, 의문문 종결어미 '-까' 뒤에 상대높임 어미 '-요'가 추가된 것이다. 이 문장에 상대높임 어미 '-요'가 추가된 것은 단 한 가지 이유, 즉 주어를 '제가'라고 한 것으로 보아 화자는 신보다 상위의 청자에게 말하고 있으므로 상대높임 어미 '-요'를 사용한 것뿐이다. 동일한 의문문 종결어미지만 '-까'는 '-요'와 공기할 수 있는 반면, '-니/냐'는 '-요'와 공기할 수 없는데, 이유는 자명하다. 후자는 화자가 자신과 같거나 자신보다 낮은 사람에게 묻는 것이므로 상대높임 어미 '-요'가 필요하지 않기 때문이다 .다시 말하지만, 우리는 '종결어미'란 용어가 통사적 개념인 문장의 유형을 종결시킨다는 단순한 의미로 사용하고 있고, '-요'는 전혀 다른 기능, 즉 화자가 청자에 대해 가지는 태도를 표시하는 화용적 어미로 본다.[39)]

그렇다면, 왜 (43다)는 가능한 반면, (43라)는 불가능한가? 여기서 우리는 상대높임 어미 '-요'가 화용적 요소라는 사실을 다시 한 번 지적하고자 한다. 화용적 요소는 화자가 청자에게 높임을 표현할 필요가 있는지 없는지가 중요한 것이지, 선행하는 요소가 종결어미인가 아닌가는 전혀 관계가 없다. (43다)는 직접명령이라는 우리의 정의에 따라 화자가 청자에게 직접 말하는 구문이고, 따라서 적절한 높임 표현이 필요하다. 그러나 (43라)는 간접명령 어미 '-라'가 포함되어있다. 다시 말해, 이 문장은 결과적으로 화자가 청자에게 직접 말하는 것이 아니므로, 상대높임 표현을 할 이유가 없는 것이다. 정리하면, '-습니-'나 '-까' 등은 자신보다 상위의 청자에게 말할 수 있는 것이므로 '-요'가 필요한 반면에, '-니/냐'와 '-라'는 상대높임 어미 '-요'를 필요로 하는 맥락이 아니기 때문에 공기하지 않는 것이다. 이 점과

39) 관련된 논의로 허재영(2012)를 보라.

관련해서 명령문의 해체, 하라체, 해라체를 다음과 같이 구분할 수 있다.

(44) 가. -어: 맥락에 따라 상대높임 어미 '-요'가 필요

나. -어라, -라: (간접명령 상황이므로) '-요'는 불필요

즉 '-요'의 유무를 결정하는 것은 '-어라' 전체가 아니라 거기에 포함된 간접명령 어미 '-라'의 존재에 따른 것이다.[40] 어떤 면에서는, 직접명령 어미 '-어'가 '-요'의 공기를 가능하게 해주는 반면에, '-라'는 '-요'의 공기를 저해한다.[41] 이를 '-라'의 존재 여부가 상대높임 어미 '-요'의 허용여부를 결정짓는다고도 볼 수 있다.

3.4. 주체 존대 '-시'의 가능 여부

왕문용·민현식(1994)는 해체, 즉 '-어'는 '-(으)시'와 공기할 수 있지만, 해라체 즉 '-어라'는 '-(으)시'와 공기할 수 없다고 지적한다. 이러한 관찰은 현대국어, 특히 최근의 구어자료와는 맞지 않는 설명이다. 먼저 다음 예문을 보자.

(45) 가. 어서 오-시-어.

나. 많이 드-시-어.

위 (45)에서 보듯이 직접명령 어미 '-어' 앞에 주체 존대 '-시'가 올 수 있음은 설명이 필요 없을 것이다. 이에 비해 다음은 매우 부자연스럽거나 비문이라 할 수 있다.

---

40) 기존의 여러 연구에서 '해, 해요, 해라'를 마치 하나의 성분처럼 분류하면서 높임의 등급이 다르다던가, 격식성이 다르다고 설명하는데, 우리는 앞에서 언급한 것처럼 이 주장을 받아들이지 않는다. 명령문을 다루면서 상대높임 등급을 '해, 해라, 해요'로 다룬다면, 같은 논리로, 위 문장들에 나타난 '-다요, -까요, -어요' 등을 하나의 성분으로 다루고 이것이 상대높임 상의 특정한 등급을 나타낸다고 주장해야 하는 이상한 결론에 이르게 된다. 다시 말하지만, '-다요'나 '-까요'가 분석할 수 없는 하나의 통사적 단위가 아닌 것처럼, '-어요'도 통사적으로 하나의 덩어리가 될 수 없다.

41) 음운론의 개념을 빌리자면, '-어'는 '-요'를 허용하는 순-적용(feeding) 관계이고, '-라'는 '-요'를 저해하는 역-적용(bleeding) 관계이다.

(46) 가. *밥 먹으-시-어라.

나. #많이 드-시-어라.

cf. 많이 드-시-어.

우리의 가설에서 (46)의 문법성은 어떻게 설명될 수 있는가? (46가)는 사용된 어휘로 보아 화자가 자신과 같거나 자신보다 낮은 청자에게 말하고 있음을 알 수 있다. 이런 맥락에서는 주체 존대 '-시'를 붙이는 것이 불필요하기 때문에 (46가)는 허용되지 않는다. (46나)는 '드시다'란 동사의 사용으로 볼 때 화자가 자신보다 상위의 청자에게 말하고 있음을 알 수 있다. 그러므로 주체존대 '-시'의 사용은 아무런 문제가 없으나, 간접명령 어미 '-라'의 사용이 문제라고 할 수 있다. 일반적으로 자신보다 상위인 사람과 대화를 하면서 혼잣말하듯이, 간접적으로, 말하는 것은 부자연스럽다. 그러나 매우 특수한 맥락에서는 (46나)와 같은 발화가 허용될 수도 있다. 가령, 할머니가 나이 지긋한 조카에게 말하는 상황을 가정해보자. 이럴 경우, 할머니는 성인이 된 조카를 예우해서 "시장할 텐데, 많이 좀 드셔라."라고 할 수 있다.[42)]

실제로, 왕문용·민현식(1994)의 주장과 달리, 해라체에 "시"가 나타나는 경우는 최근의 인터넷 자료에서 흔히 볼 수 있다.[43)]

(47) 가. 운동 좀 하시-어라.

나. 공부 좀 하시-어라.

다. 이것을 열심히 하시-어라.

이 문장들 중 일부는 해라체 대신에 하라체, 즉 '-라'로 전환될 수도 있다. 다만, 우리가 설명하고자 하는 것은 현대 국어에서 '-시-어라' 형태가 반드시 불가능하지는 않은데, 우리는 그 이유를 설명하고자 하는 것이다.[44)]

(47)의 예문들은 앞의 2절에서 살펴본 간접명령과 분명한 차이가 있다. 간접명령은 (ㄱ) 화자가 청

42) 물론, "많이 드시-게"가 자연스럽겠지만, 요점은 이러한 문장이 전혀 불가능하지는 않다는 점이다.

43) 명령문 외에도 "아이고, 용감도 하시-어라", "감사합니다. 빠르기도 하시-어라", "아이구, 딱 하시-어라" 등과 같은 표현이 등장한다. 이러한 감탄문들을 볼 때 '-어라'는 엄밀한 의미에서 명령문 어미라고 하는 것은 정확하지 않다. 우리는 Yook(2022)의 제안처럼 발신표지(address marker)라는 개념이 맞다고 생각하지만, 본 장의 목적을 고려하여 명령문 어미라는 용어를 사용한다.

44) 이러한 유형의 문장이 다소 특수한 것이든, 아주 최근에 생겨나서 퍼지기 시작한 것이든 중요하지 않다. 우리는 이러한 구문이 어떻게 가능한가를 서론에서 밝힌 가설에 따라 설명하려는 것이다.

자에게 직접 말하는 것이 아니고, 따라서 (ㄴ) 호격이 아니라 주격이 주로 나타난다. 반면에 직접명령은 호격이나 (호격 대용어인) '야-'와 같은 표현이 있는 경우에 특히 자연스럽다. 이 점을 염두에 두고 (47)의 예문들을 보자. 이 문장들은 호격도 없지만, 주격도 나타나지 않은 문장들이다. 그러니까 간접명령의 상황보다는 분명히 직접명령의 상황과 유사한 점이 있다. 동시에 이 문장들은 화자가 청자에게 직접 말하는 것이 아니라 구호, 매체나 전단지의 광고 문구, 기타 간접적인 방법으로 발신된 글말이다. 그렇기 때문에 간접명령 어미 '-라'가 나타난 것이다. 물론 이 문장들을 간접명령으로 바꾸어도 전혀 부자연스럽지 않다. 그럼에도 불구하고, 화자가 하라체가 아니라 해라체를 사용하는 이유는 간접명령에서 오는 소원함, 거리감, 관계없음 등을 희석시키고 광고의 대상이 되는 청자에게 마치 직접 말하는 듯한 화용적 효과를 내기 위해 의도적으로 직접명령 어미 '-어'가 포함된 해라체를 선택한 것이다. 이에 대응하는 간접명령문과 비교해보자.

(48) 가. 운동 좀 하-시-라.
　　나. 공부 좀 하-시-라.
　　다. 이것을 열심히 하-시-라.

이 문장들은 (47)의 예문들에 비해 확실히 거리감이 있고, 간접적이며, 매우 무미건조할 뿐 아니라, 마치 남의 말 하듯이 청자와 아무런 관계가 없는 것처럼 들린다. 광고와 같이 화자인 광고주가 청자인 소비자에게 친근하게 직접적으로 권유를 하는 것처럼 들리기 위해서는, (48)과 같은 간접명령보다, (47)의 예처럼 직접명령 어미 '-어'가 포함된 '-어라'가 훨씬 더 효과적임을 알 수 있다.

4. 요약 및 결론

본 장의 목적은 한국어 명령문 해체와 해라체의 차이를 보이는 것이다. 이를 위해 우리는 해라체 어미 '-어라'가 직접명령 어미 '-어'와 간접명령 어미 '-라'의 연쇄라는 가정에 따라 해라체의 화용적 특성을 규명하고자 했다. 그 결과 우리가 얻은 결론은 해라체는 직접명령문을 간접적으로 전달하는 방식을 취함으로써 화자가 특수한 화용적 효과를 얻기 위한 책략의 결과라는 결론에 도달했다. 특수한 화용적 효과란 예를 들면 Brown & Levinson(1987)의 체면손상위협의 약화 내지는 방지와 같은 것이다.

화자가 직접명령을 사용함으로써 청자에게 미칠 체면손상 위협을 방지하기 위해 화자가 선택할 수 있는 방법은 직접명령의 '직접성'을 줄이는 것이고, 그 방법으로 완곡어법을 사용하거나 간접명령 어미 '-라'를 추가함으로써 마치 주어진 명령이 간접적인 것처럼 들리게 하는 것이다.

이를 논증하기 위해 우리는 먼저 2절에서 직접명령과 간접명령의 구문적 특성과 화용적 특성을 살펴보았다. 좀 더 자세히 말하자면, 해체 즉 '-어'로 끝나는 직접명령이 요구되는 맥락의 특성, 하라체 즉 '-라'로 끝나는 간접명령이 요구되는 맥락의 특성을 살펴보았다. 전자의 예로는 "열중 쉬어."와 같은 군대 명령어를 들 수 있고, 후자의 예로는 "총장은 사퇴하라"와 같이 주격이 나타나는 명령의 경우를 들 수 있다.

3장에서는 소위 해라체로 불리는 '-어라'가 직접명령과 간접명령이 결합된 형태로 서 어떠한 맥락에서 이러한 구문이 요구되는가를 살펴보았다. "걸음아 날 살려라."처럼 사물이 호격으로 나타난 경우, 화자는 직접명령의 상황과 간접명령의 상황이 동시에 일어난 모순된 상황에 대한 해결책으로 해라체를 선택함을 보았다. 또한 물리적으로 직접명령과 간접명령이 동시에 사용될 수밖에 없는 경우로 "청군 이겨라"와 같은 응원 구호를 살펴보았다.

해체와 해라체가 높임법의 등급이나 격식성의 차이라는 기존의 주장에서는 본 장에서 다루어진 다양한 구문들의 속성을 타당성 있게 설명할 수 없으므로 우리는 그러한 주장을 받아들이지 않고, 그 대안으로 해체와 해라체의 차이가 명령의 직접성과 관련이 있음을 제시했다. 그리고 관련된 주제로 기존의 여러 연구에서 제시되었던 의문, 즉 해라체에는 왜 '-요'가 허용되지 않는가 하는 의문에 대한 답을 제시했다. 우리의 가설에 따르면 해라체는 간접명령 어미 '-라'를 포함하고 있고 간접명령은 상대높임법을 필요로 하지 않기 때문에 '-요'와 공기하지 않는다고 설명하였다. 또 해라체가 주체존대 표지 '-시'와 공기하지 않는다는 기존의 주장과 달리 광고문과 같은 경우에 '시-어라' 형태가 매우 생산적으로 등장함을 보이고, 그 이유를 설명하고자 했다. 우리의 설명은 화자가 청자와 아무런 상호 작용이 없이 일방적으로 명령을 발화하는 간접명령인 하라체와 달리, 광고의 특성 상 화자는 청자인 고객과 일련의 상호작용을 표현하려는 욕구에 의해 간접명령이 아니라 해라체를 선택하고 여기에 고객인 청자에 대한 공손의 표시로 주체 존대 표지 '-시'가 추가된다고 설명하였다.

참고문헌

고광모(2001) 반말체의 등급과 반말체 어미의 발달에 대하여, ≪언어학≫ 30, 한국언어학회, 3-27.

고성환(2003) ≪국어 명령문에 대한 연구≫, 역락.

고영근(1976) 현대국어 문체법 연구(現代國語 文體法 硏究), ≪어학연구≫ 12-1, 서울대학교 언어교육원, 17-53.

국립국어원(2005) ≪한국어문법 I≫, 서울: 커뮤니케이션 북스.

김태엽(2001) ≪국어 종결어미의 문법≫, 서울: 국학자료원.

김태엽(2007) 국어 청자우대법의 체계와 문제, ≪어문학≫ 96, 한국어문학회, 1-20.

남기심·고영근(1985) ≪표준국어문법론≫, 서울: 탑 출판사.

남수경(2001) '요'의 분포와 기능에 대한 연구, 서울대학교 석사학위논문.

남신혜(2012) 한국어의 중화체에 대한 연구: 일상적 글말 텍스트 장르 분석을 중심으로, 연세대학교 석사학위논문.

박석준(2005) 초급한국어교재의 청자 높임법, ≪한말연구≫ 17, 한말연구학회, 85-104.

박지순(2014) 한국어 교육을 위한 상대높임법 체계의 제 문제, ≪문법교육≫ 20, 한국문법교육학회, 77-106.

백봉자(2009) ≪외국어로서의 한국어 문법 사전≫, 서울: 도서출판 하우.

서정수(1984) ≪존대법의 연구≫, 서울: 한신문화사.

서태룡(1985) 국어의 명령형에 대하여, ≪국어학≫ 14, 국어학회, 147-462.

신지영(2024) 한국어 상대 높임법 체계를 바라보는 새로운 관점, ≪한국어문교육 ≫, 한국어문교육연구소, 41-85.

왕문용·민현식(1994) ≪국어문법론의 이해≫, 서울: 개문사.

이관규(2005) ≪국어교육을 위한 국어문법론≫, 서울: 집문당.

이은희(2010) 한국어 높임법 교육 내용 연구, ≪문법교육≫ 13, 한국문법교육학회, 281-315.

이익섭·채완(1999) ≪국어문법론 강의≫, 서울: 학연사.

이지수(2016) 한국어 명령문의 문법과 화행 연구, 서울대학교 박사학위논문.

임동훈(2006) 현대국어 상대높임의 체계, ≪국어학≫ 47, 국어학회, 287-319.

임동훈(2011) 한국어의 문장 유형과 용법, ≪국어학≫ 60, 국어학회, 323-359.

임홍빈(1983) 국어의 절대문에 대하여, ≪진단학보≫ 56, 진단학회, 97-156.

허 웅(1999) ≪20세기 우리말의 통어론≫, 서울: 샘 문화사.

허재영(2012) 비격식체 상대 높임 조사 '요'의 기능과 생성· 변화 과정, ≪한민족어문학≫ 60, 한민족어문학회, 245-270.

Brown, Penelope & Stephen C. Levinson(1987) *Politeness: Some universals in language usage*, Cambridge: Cambridge University Press.

Han, Chung-hye & Chungmin Lee(2008) On negative imperatives in Korean, *Linguistic Inquiry* 38(2), 373-395.

Pak, Miok(2008) Types of clauses and sentence end particles in Korean. Kim-Renaud, Y.-K. et al. (eds), *Korean Linguistics* 14, London: John Benjamins, 113-155.

Yim, Changgguk(2016) The unembeddable allocative marker -yo in Korean and the syntax-pragmatics interface, ≪생성문법연구≫ 26, 한국생성문법학회, 395-406.

Yook, Chungmin(2022) Hearer-addressed or not, That's the question, *Studies in Modern Grammar* 116, Daegu: Society of Modern Grammar, 95-116.

XVIII 초점 현상 분석에 의한 통사구조, 정보구조, 담화구조의 관련성 탐구

18

초점 현상 분석에 의한 통사구조, 정보구조, 담화구조의 관련성 탐구

위혜경

1. 머리말

연구의 대상과 목적

다음 (1)과 같은 문장이 어떤 억양으로 발화되는가를 알려면 이 문장이 어떤 질문에 대한 대답인가를 고려하면 그 억양을 상상할 수 있다.

(1) Bill's youngest sister kissed John.

예를 들어, Q1이나 Q2와 같은 질문에 대해서라면 (1)은 A1과 같은 운율을 갖게 될 것 이다.

Q1: What did Bill's youngest sister do?
Q2: Who did Bill's youngest sister kiss?
A1: Bill's youngest sister kissed John.

반면, Q3-Q4와 같은 질문에 대해서라면 A2와 같은 운율을 갖게 될 것이다.

Q3: What did Bill's sisters do?

Q4: Who did Bill's sisters kiss?

A2: Bill's youngest sister kissed John.[1)]

A1과 A2 의 문장의 주어인 Bill's youngest sister는 한국어의 주제조사인 '은/는'으로 표시되어 다음과 같은 (1')과 같은 문장으로 해석될 수 있다.

(1') 빌의 막내 동생은 존에게 키스했어.

두 경우는 문맥을 배제하고 문장만을 고려해 봤을 때 운율에 의해서만 그 의미의 차이 가 반영되고 있다. 운율에 반영되는 의미 현상이라는 것은 그 문장이 어떤 질문에 대한 답변인가, 이미 공유된 정보인가 아니면 새롭게 갱신되는 정보인가를 표시해 주는 현상으로서 이러한 의미적 측면은 일반적으로 문장의 정보 구조라는 개념으로 지칭된다. 이런 문장들에 대해 일반적으로 주제어, 혹은 대조 주제, 초점 등의 용어를 사용해서 문장 부분들의 정보 상태를 지칭한다. 그러나 이 용어들은 그 특징과 기능에 대한 엄격한 정의가 이루어지지 않은 상태에서 사용되어 오고 있다. 본 논문에서도 역시 이 세 개의 용어들은 우선적으로 정의를 제시하지 않고 저자와 독자의 직관에 의지해서 같은 현상을 지칭한다는 가정하에 사용할 것이다.

그러나 궁극적 목적으로 본 논문은 이 용어들이 지칭하는 정보 상태에 대한 운율적, 담화기능적, 의미적, 통사적인 특질에 근거한 정의를 제시하고자 한다. 또한 얻어진 정의를 바탕으로 (1)과 같은 영어 문장에 대한 정보 구조를 밝힐 수 있게 될 것이다.[2)] 그러나 이 문장에서 발생하는 세 개의 정보 범주-주제, 대조주제, 초점-을 이 논문에서 모두 다루지는 못하고 초점과 비초점을 구분하고 분석하는 데 관심을 국한시키고, 주제어와 관련된 범주에 대해서는 후속 논문을 통해 제시하기로 한다.[3)]

---

1) (대조)주제와 초점을 Pierrehumbert(1980) 식의 표현을 빌자면 일반적으로 각각 L+HLH%와 H*(LL%)으로 표시된다. 또한 각각은 Bolinger(1961), Jackendoff(1972) 이래로 B-강세(B-accent)와 A-강세(A-accent)라고 불리기도 한다. (Wee 1998, 2001 참조)

2) 아래의Q5-6의 질문에 대한 대답이라면 이 문장은 영어의 경우 운율의 형태도 현저히 달라지게 되고 한국어로 바꿔보면 주어도 주제격 조사가 아닌 주격조사인 '-이'와 함께 나타나야만 하는 해석이 된다. Q7-8의 문맥에 발생하는 대답은 이렇듯 한국어의 다른 조사에 해당하는 의미를 갖는다는 점에서 위의 A1-A2의 문장과는 정보 구조상의 차이를 인식할 수 있다.
(Cf.) 빌의 막내 동생이 존에게 키스했어.
Q5: Who kissed John?
Q6: What happened?
이 논문에서는 주어와 동사의 관계가 한국어의 주제어- 술어 구조, 즉 'A는 B이다'와 같은 구조를 갖는 경우의 정보 구조에 국한하여 논의하고자 한다.

3) 사실상 주제 범주에 대한 분석이 제시되어야만 그 상호 작용의 진정한 의미와 본 논문에서 제시하는 분석 방법의 일관성을 제대로 밝혀 보일 수 있는데 그 부분은 새로운 하나의 논문 분량의 논의가 필요한 바 같은 지면에서 다룰 수 없음이 아쉽다.

이와 같은 목적과 더불어 본 논문의 또 다른 목적은 초점의 의미론적 분석에 익숙하지 않은 독자에게 위의 목적을 추구하는 과정을 통해 의미론적 초점 연구들을 간략히 개관 소개(survey)하는 것이다. 우선 다음 소절에서 제시되는 여러 연구별 이론에 대한 개략 적 설명과 정보 상태를 표시하는 용어들에 대한 소개는 그러한 개관 논문의 특질로 인해 할당된 부분으로 이전 연구에 대해 충분히 익숙한 독자들은 이 부분은 건너뛰기를 바란다.

1.2 문장의 정보 상태를 표현하는 다양한 용어들

피상적 통사 구조상 같은 문장으로 보이는 두 다른 문장의 정보구조를 밝히는 것은 통사구조나 의미구조와는 다른 차원의 구조가 별도로 존재한다는 가설을 뒷받침한다. 이러한 가설은 여러 연구자들에게 당연시되기도 했다. Vallduvi(1992)는 정보 구조만 관리 하는 하나의 층위를 별도로 설정해서 다음과 같은 정보들이 그곳에서 관리된다고 설정한다. Vallduvi는 다음과 같이 문장의 정보 구조를 초점-배경(focus-ground)으로 나누고 배경 부분을 연결부-말미(link-tail)로 다시 구분했다.

focus-ground

link(topic)　　　tail

이 논문에서는 주어와 동사의 관계가 한국어의 주제어- 술어 구조, 즉 'A는 B 이다'와 같은 구조를 갖는 경우의 정보 구조에 국한하여 논의하고자 한다.

이와 같은 구분에 의하면 위의 A1과 A2에 해당하는 문장은 두 경우가 모두 다음과 같은 정보 구조를 지니게 된다.

(2) [[Bill's YOUNGEST sister]link kissed tail] [JOHN]: (Q4, Q6) Ground Focus 의 대답
　　Ground　　　　　　　　　　　　　Focus

이 분류에 따르면 정보 범주는 크게는 두 개(ground-focus), 많게는 세 개의 범주(link-tail-focus) 가 설정된다. 여기서 연결부라는 범주는 초점과 대별되는 배경(ground)의 일부로서 존재하고 있다. 그러나 위의 문맥과 운율 형태에서도 관찰되었듯이 연결부에 해당하는 my youngest sister의 일부는 음성적 강세를 가지고 있기 때문에 일종의 초점의 성질을 가지고 있다. 그러나 이 점은 이 분류에 따르면 포착되지 않는다.

Steedman(1991, 2000)의 경우는 다음과 같은 세 개의 정보 범주를 제시한다. 주제-평언-영주제(theme-rheme-null theme)로서 각각의 범주는 음성적으로 하강-상승(fall-rise), 하강(high-falling), 편평(flat intonation)의 형태를 각각 띄게 된다. 따라서 (2)의 정보 구조는 Steedman식으로 말하자면 다음과 같이 분류된다.

(2') [[Bill's YOUNGEST sister] kissed] [JOHN]: (2)와 동일한 정보구조.
theme null theme rheme

Buering(1994, 1999)도 역시 세 개의 정보 범주를 제시한다. Buering의 경우는 문장 중 일부를 일컫는 용어를 통해서가 아니라 Rooth(1985, 1992)의 대체 의미론(Alternative Semantics)의 틀을 따라 문장의 일반 의미치와 더불어 초점 의미치(focus semantic)/주제 의미치(topic semantic value)라는 부가적인 의미치를 설정해서 다차원적 의미치의 존재를 통해 초점/주제가 문장의 의미에 미치는 영향을 설명하려 하였다. 따라서 이 방법에서는 초점이나 주제는 문장의 일부로서 독자적인 의미를 갖는 항목이 아니라 문장이 발생하는 문맥의 유형을 알려 주는 문장 외적 역할만을 하는 존재이다. 즉, 아래 예에서 (3B)의 문장이 (3A)라는 문맥에서 발생할 수 있다는 점을 초점 의미치라 는 부가적 의미치를 이용하여 설명하는 방식이다. 이때 (3A)와 같은 의문문을 담화 주제라는 의미에서 D-주제(D-topic)라 부르고 초점 문장이 발생하면 그 초점 문장의 초점 의미치가 D-주제인 의문문의 의미치와 일치하게 되면 적정한 문장으로 허가를 받게 된다.

(3) A: Who did Bill's sisters kiss? : D-topic
B: They kissed $[\text{JOHN}]_F$. : Focus

(4B)가 지금 우리가 논의하고 있는 문장인데, 이때 주어진 D-주제는 (4B)의 문장을 바 로 허가하는 것이 아니다.

(4) A: Who did Bill's sisters kiss?
B: $[\text{Bill's youngest sister}]_T$ kissed $[\text{JOHN}]_F$. - S-topic (contrastive topic)

주어에 억양으로 표시된 주제 표시로 인해 (4B)의 문장은 '주제 의미치'라는 부가의 미치를 발생시키게 되고, 이것은 (4A)의 D-주제를 여러 개의 D-주제로 나누어, 예를 들 면, Who did Bill's oldest sister kiss? Who did Bill's youngest sister kiss?... 등으로, 이들 작은 의문문 중 하나의 의문문에 대한 대답이라는 표시를 하는 것으로 주제의미를 포착한다. 이때 (4B)의 주어와 같이 잘게 나누어진 작은 의문문 중 하나에 대한 답에 표시되는 주제어를 Buering(1994)은 S-주제라고 부르는데, 이것이 바로 우리의 대조 주제에 해당하는 정보 범주이다. 이 점을 인식한 후 Buering(1999)은 S-주제를 대조 주제(contrastive topic, CT)라고 명명한다. 결론적으로, Buering도 담화주제/문장주제/초점(D-topic/S-topic/focus)이라는 세 개의 정보 범주를 설정한다.

Roberts(1996)도 Buering과 비슷한 접근 방식으로 이해할 수 있다. 즉 주제/초점의 의미는 그 자체로서의 문장 내부적인 언어 표현의 의미라기 보다는 주제/초점이 포함되는 문장이 발생하는 문맥에 대한 적정성을 표시해 줌으로써 주제/초점의 기능은 문장이 문맥에 적절히 발생하도록 적정성을 확인시켜 문장의 의미에 간접적 역할을 하는 의미적 요소로 처리되고 있다. 대조주제-초점으로 이루어진 문장은 (5)와 같은 구조를 이루는 의문문 중 하부 의문문에 대한 대답으로서의 기능을 담당하는 것으로 분석된다.

(5)	(a)Who kissed who?		Super Q (QUD)
	(b) Who did Bill's youngest sister kiss?	(c) Who did Bill's oldest sister kiss?	Sub Q
	(b′) Bill's youngest sister kissed John	(c′) Bill's oldest sister kissed Fred.	CT-F

즉, (1)의 A2와 같은 문장의 경우 who kissed who? 라는 상위 질문(super question)과 그 하부 질문들(sub question)을 구성하는 who did Bill's oldest sister kiss?, who did Bill's youngest sister kiss? 등의 질문을 상정하고 이에 대한 대답으로 발생하는 문장으로 처리된다. 즉, 대조 주제는 질문의 구조 중 상위 질문의 존재를 전제하면서 그 상위 질문의 하부 질문 중 하나에 대한 대답이라는 표시의 기능을 갖는 정보 기재로 분석된다. 따라서 대조주제와 초점의 기능은 그 문장이 제시하는 대답이 어떤 구조를 이루는 질문 에 대한 대답인가를 간접적으로 표시해주는 역할을 하는 기재로 설정된다. 이때 질문과 대답의 관계는 마치 슈퍼마켓의 물건 진열장에서 한 물건이 나가면 그 뒷자리에 있던 물건이 그 자리로 튕겨 나오듯이 질문의 대기열에서 상위 질문과 그 아래 하위 질문이 대기 하고 있다가 하위 질문들이 대기열에서 차례로 튀어 나와 모든 하위 질문이 답변을 받게 되면 상위 질문도 대기열에서 빠져나가게 되는 체제로 문장의 주제와 초점의 기능을 설명한다. 이때 상위 질문을 QUD(question under discussion)라 지칭하여, 여기서도 결국 정보 범주를 QUD/대조주제/초점의 세 범주의 명칭을 사용하

여 분류한다.

Krifka(1991)는 문장을 주제와 평언(topic/comment)으로 나누고, 그 각각을 초점과 배경(Focus/Ground)으로 이분한다. 아래 문장은 (1)의 Q3에 대한 대답의 정보 구조를 가지고 있는 문장으로 볼 수 있다.

(6) $\underbrace{\text{[Bill's [YOUNGEST]}_F \text{ sister}_G]}_{\text{Topic}}$ $\underbrace{[_G \text{ kissed [JOHN]}_F]}_{\text{Comment}}$: (Q3, Q4)의 대답

이상의 연구에서 나타난 주제들은 모두 대조주제라는 범주의 성격을 지니고 있음을 알 수 있고, 한국어나 일본어에서 발생하는 일반주제어와 같은 범주는 포착되거나 다루어 지지 않고 있다는 사실을 알 수 있다. 즉, 많은 영어나 서구어 연구자들이 일컫는 주제라는 범주는 모두 대조 주제를 지칭하고 있다.

영어에 대한 연구 중 주제와 대조 주제를 구별하는 문헌은 적어도 내가 아는 한은 유 일하게 von Fintel(1994) 이다. Von Fintel(1994)은 문장의 정보 범주를 담화 주제, 문장 주제, 대조 주제, 초점(Discourse topic/sentence topic/contrastive topic/focus) 이렇게 네 개의 범주로 구분한다. 다음 대화(7)에서 B의 he를 von Fintel은 문장 주제라 일 컫는데 이는 한국어의 일반 주제어에 상응한다. beer를 초점으로, 또 아무런 강세를 받지 않는 구 정보 부분을 Buering을 따라 담화 주제(discourse topic)의 일부로 설정한다.

(7) A: What did John drink?
B: $[\text{He}]_T$ drinks $[\text{beer}]_F$. -
he: sentence topic (한국어의 일반 주제어)
beer: focus
drinks: d-topic의 일부

von Fintel이(7B)의 he를 문장 주제어로 보는 입장은 영어에서는 주어가 당연값(default)으로 주제어로 해석된다고 보는 Partee, Hajicova, Sgall (1998)의 입장과도 통하는 견해이다. 이는 한국어의 주어 들이 일반적으로 주제격 조사와 함께 발생하는 점과도 관련성이 있다. Von Fintel은 대조 주제는 다음과 같이 주제이면서 동시에 초점으로 표시된 범주로 인식한다.

(8) Do all the long-haired guys bug you?

I don'twant my sons to have it.

Now, [The sideburns]$_{CT}$ I wear [because I do TV commercials and stuff]$_{F}$.

The sideburns가 대조 주제로 표시되고 그것은 새 정보로서 초점이면서 동시에 주제어의 역할을 하는 것으로 분석한다. 따라서 von Fintel은 결국 한국어에서 필요로 하는 네 가지 정보 범주, 즉 주제어, 대조주제어, 초점, 그 나머지 이렇게 네 개의 범주를 이루 는 것으로 보게 된다.

이상의 논의를 통해서 다음의 두 가지 문제점이 발견된다.

첫째, 초점과 주제 관련된 정보 상태를 표현하기 위해서는 다음과 같은 네 범주가 필요 하다.

(9) 정보 범주

a. 화제(topic)

b. 대조 주제(contrastive topic, CT): ct-marking with stress or without

c. 초점(focus): exhaustive listing, contrastive focus

d. 그 외(QUD, null theme)

그러나 위에서 보았듯 Von Fintel의 경우를 제외하고는 대부분의 저자들은 세가지 범주로서 문장의 정보 구조를 표현한다. Von Fintel의 경우에서처럼 문장의 주어를 당연 주제(default topic)로 인식해 대조 주제와는 별도로 보는 경우는 특이한 입장이다. 또한 문장의 정보 상태를 나타내기 위해 각 저자들이 사용하는 세 개 내지 네 개의 이름은 모두 다르다. 위에서 살핀 정보 자질의 저자 별 다양한 용어들은 다음의 표에 요약되어 있다.

(10)

<table>
<tr><th>구분</th><th>대조주제</th><th>주제</th><th>나머지</th><th>초점</th></tr>
<tr><td rowspan="2">Vallduvi</td><td colspan="3">Ground</td><td rowspan="2">Focus</td></tr>
<tr><td colspan="2">Link</td><td>Tail</td></tr>
<tr><td>Steedman</td><td colspan="2">Theme</td><td>Null theme</td><td>Rheme</td></tr>
<tr><td rowspan="2">Krifka</td><td colspan="2">Topic</td><td>Comment</td><td></td></tr>
<tr><td>Focus</td><td colspan="2">Ground</td><td>Focus</td></tr>
<tr><td>Buering</td><td>S-topic/CT</td><td colspan="2">D-topic</td><td>Focus</td></tr>
</table>

Roberts	CT	QUD		Focus
Vallduvi	Contrastive Topic	Sentence Topic	Discourse-Topic	Focus
(예)	My youngest sister		Kissed	John
		My youngest sister		

이렇듯 이 네 개의 범주를 지칭하는 용어도 저자에 따라 달라 혼란스럽고 각각의 경우 서로를 구별해줄 수 있는 엄격한 정의가 이루어지지도 않는다. 문장내부 요소들의 정보 상태 혹은 문장 전체의 정보 상태에 대한 이론을 세우는 일은 이렇듯 현상에 대한 인식도 연구자 마다 다르고 그에 따라 현상을 일컫기 위한 용어들 또한 제 각각이라는 사실 때문 에 이론적 논의가 시작부터 어려워진다.

둘째, 대조 주제라고 지칭되는 범주는 음성적 강세를 받는다는 점에서 초점과 공유하는 특질이 있다. 초점 현상이라는 것은 본질적으로 음성적 표식이라는 점을 감안 한다면 대조 주제도 일종의 초점이라는 사실을 암시하고 이 점을 포착할 수 있는 분석을 추구하는 것이 바람직하다. 그러나 기존 연구에서는 이 점이 간과되고 있다. Krifka의 경우 대조주제를 주제 부분에서 발생하는 초점으로 분류를 한다는 점에서 이 문제에 관 한 한은 예외인 것 같지만 그 역시 주제라는 범주를 어떻게 의미적, 담화적, 운율적으로 포착할지에 대한 논의를 제시한 적은 없다. 따라서 존의 막내 동생이 빌에게는 키스했다. 라는 한국어 문장으로 번역될 수 있는 다음과 같은 운율의 문장에서는 Bill이 나타내는 대조 주제라는 범주를 어떻게 분류할지 예측하기 어렵다. 위에 제시된 대로 주어는 주제 로 나머지는 평언으로 분류한다면 Bill의 대조 주제는 평언에 나타나는 초점으로 일반 초 점과 구분이 되지 않는다. 그러나 운율상 Jackendoff의 B-강세에 해당하고 우리말의 주제격 조사의 의미로 표시된다는 점에서 분명 대조 주제라는 범주에 해당되어야 한다. 따라서 Krifka의 분류는 우리의 직관상 초점이라는 범주와 대조 주제라는 별개의 범주로 인식되어야 하는 두 종류를 때로는 하나의 범주로 취급해야 하는 경우가 발생하기 때문에 각 정보 범주의 본질을 포착할 수 있는 적절한 용어와 분류법은 아니라고 할 수 있 다.

(1″) John's youngest sister kissed Bill.

따라서 본 논문에서는 언어 기능의 각 분야에 걸친 통합적 탐구를 통해 초점 현상의 음성적, 담화 의미적, 통사적 속성을 규명하고, 그 속성과 일관된 정보 구조에 바탕을 두고 위에서 논의한 두 가지 문제점에 대한 해결책을 모색해 보고자 한다. 결과적으로 합리적 용어의 통일도 꾀하고자 한다.

구체적으로는, 위에서 살펴본 통일되지 않은 용어와 현상에 대한 인식을 본 논문에서는 [+-focal],

[+-topical]의 두 가지 원초적 자질의 조합을 이용해 네 가지 정보 범주로 표현하고자 한다. 네 가지 조합의 각 경우는 다음의 표에 제시된 음성적 혹은 형태적 특질을 표면적으로 갖고 있다.

(11) 정보 자질 (Informational primitives) : +-topical, +-focal

topical / focal	+	-
+	- 대조주제 - 한국어: 강세 받는 은/는 - 영어: L+H*LH% (하강-상승억양)	- 일반적인 초점 - 강세 H*로 표시
-	- 한국어의 일반 주제 (강세 없는 은/는), - 영어의당연주제어로서의주어: LH% (상승억양)	- 그 외의 부분 - 강세 없는 편평 억양(deaccented)

다음의 표가 (10)의 표에 나타난 기존 연구자들의 입장과 비교해 볼 수 있는 본 논문의 요지가 될 것이다.

구 분	대조주제	주제는	나머지는	초점
My Proposal	[+t, +f]	[+t, -f]	[-t, -f]	{-t, +f}

이러한 표면적 특질을 지니는 두 개의 자질, 즉, topical 자질과 focal 자질은 구체적으로 다음과 같은 담화적, 의미적, 통사적, 음성적 자질의 조합으로 설명하도록 하겠다.

(12) a. [+focal]:

담화적: 신정보, 질문에 대한 대답 운율적: 음성적 강세(H*)

의미적: 등가 서술에 의한 구체화(specification by an equality predication) '~ 은/이 ~이다', [+f]

통사적: [+f]의 자질을 받는 구성소

b. [+topical]:

담화적: 신정보 혹은 구정보

운율적: L* or H* LH% (한국어의 '은/는') 의미적: if-절이나 when-절과 같이 배경 설정 통사적: [+t]의 자질을 갖는 구성소

위의 내용을 다시 설명하자면, [+f] 로 표시하는 초점 자질은, (i) 담화적으로는 이전 문 맥에서 포함되지 않은 새로운 정보를 전달하거나, 질문에서 구하는 정보를 제시하는 기능을 하고, (ii) 운율적으로는 고성조의 피치로 표시된다. (iii) 의미적으로는 정체가 미확인 된 구 지시체 (old referent)를 새로운 지시체와의 상등관계의 서술(equality predication/ identification predication)을 통해 그 정체를 규명하는 역할을 한다. (iv) 통사적으로는 이러한 의미를 초래하는 [+f]라는 자질을 지니는 통사적 구성소에 해당하며 이 구성소의 통사적 구조에 대해서는 본문에서 자세히 다루게 된다.

[+t]로 표시하는 주제 자질은 (i) 담화적으로는 신정보일 수도 있고, 구정보일 수도 있 으며, (ii) 운율적으로는 신정보인 경우 H의 고성조로 표시되고, 구정보인 경우는 L의 저 성조로 표시된다. (iii) 의미적으로는 문장 부사나 조건절, 혹은 when 절과 같이 문장 전체의 배경을 제한하는 역할을 한다. (iv) 통사적으로는 초점의 경우와 마찬가지로 [+t]의 자질을 지니는 통사적 구성소를 발생시킨다.

이상에서 초점성과 화제성에 대해 가설적 정의를 제시했고 이에 대한 근거를 이제부터 살펴 보고자 한다. 이미 언급했듯이 본 논문에서는 주된 논의를 [+f]의 자질에만 국한시켜 초점과 비초점의 차이, 즉, [+f, -t]와 [-f, -t]의 범주에 대해서만 집중적인 분석을 제시하고자 한다. 2절에서는 초점의 의미적 기능을 살펴보고 3절에서는 초점을 위한 음운 통사 상호 작용에 대해, 4절에서는 통사 담화 상호작용을 논의하도록 하겠다.

2. 초점의 의미적 기능

초점의 의미에 대한 규명을 하기에 앞서 우선 무엇이 초점인지에 대한 정의가 선행되 어야 할 것이다.

2.1 초점의 정의

본 논문에서는 가장 일반적인 기존 입장을 그대로 받아 들여 초점은 문장내부의 어떤 특정 부분을 지칭하며 고성조(H*)로 표시되는 통사적 구성소를 가리키는 것으로 정의 한다. Selkir(1996)과 Schwarzschild(1999) 등을 따라 다음과 같이 고성조와 연합되어 F-표시(F-marked)된 구성소를 초점이라고 부르기로 한다.

(13) 초점의정의: H*로 표시된 단어나 단어를 포함하는 구성소(syntactic constituent)를 F- 표시(F-marked) 되었다고 한다. (Selkirk 1996, Schwarzschild 1999)F-표시된 구성소를 '초점'이라 하고 [+f] 라는 의미적 자질을 갖는다.

이는 논의를 시작하기 위한 초기적인 정의로서 F-표시된 구성소를 결정하는 구체적인 방법에 대해서는 뒤에서 논의하겠다. 이 대략적인 정의를 바탕으로 초점이 발생하는 문장의 의미 구조에 대해 살펴 보겠다.

2.2 초점 문장의 의미 구조

2.2.1 작용역 접근법(Scoping approach)

Chomsky(1971, 1976)와 Zubizarreta(1998) 등에 따르면 초점구는 LF에서의 이동을 통해 넓은 작용역(wide scope)을 얻게 된다는 분석을 제시한다. 예를 들어, 다음 (14)의 문장은 (14′)과 같은 LF 구조에 따른 해석을 가질 수 있는 반면, (15)의 문장은 (15′)과 같 은 의미로 해석 될 수 없다. Chomsky에 따르면 그 이유는 초점구가 LF에서 이동했을 때 얻어지는 구조인 (15′)은 약교차(weak crossover) 구문을 발생시키게 되어 비문이 된다는 것이다. 이것이 초점구가 LF에서 이동한다는 가설을 뒷받침한다는 주장이다.

(14) [JOHN]$_F$ was betrayed by the woman he loved.

(14') [John]$_i$ {$_s$ ________________$_i$ was betrayed by the woman he$_i$ loved}

(15) The woman he loved betrayed by [JOHN]$_F$

(15') [John]$_i$ {$_s$ the woman he$_i$ loved betrayed________________________________$_i$}

(16) the x s.t. the woman x loved betrayed x is John.

Rooth(1985)는 이러한 이동 가설에 근거한 작용역 접근법의 문제점을 다음과 같이 제시한다.

(17) Dr. Svenson rejected [$_{NP}$ the proposal that <u>no student</u> submitted]

(18) Dr. Svenson rejected [$_{NP}$ the proposal that exactly one student submitted]

(19) Dr. Svenson only rejected [$_{NP}$ the proposal [JOHN]$_F$ submitted]

Rooth에 의하면 (17-18)의 문장에 나타나는 양화표현인 no student와 exactly one student는 NP 밖으로 나가서 넓은 작용역을 갖는 해석이 불가능하다. 즉, 일반적으로 LF에서 양화 상승이동을 통해 작용역을 얻는 것으로 분석되는 양화 표현들은 이동 제약을 준수하기 때문에 NP 밖으로 벗어날 수 없다. 그러나 (19)에서의 초점구인 John은 NP를 벗어나 only와 연계되어 해석이 가능하다는 점을 고려하면 LF 이동제약을 지키지 않는 것으로 볼 수 있다. 이러한 점에 근거를 두고, Rooth(1985)는 초점구문은 이동하는 것 이 아니라 제자리(in situ) 해석을 받아야 한다고 주장한다. 이러한 입장이 Rooth(1996)에서는 완화되어(20-21)에서와 같이 비한정표현이나 제자리(in situ) wh-구도 이동제약과 무관하게 작용역을 얻게 되는 경우를 언급하며 초점 구문도 양화사로서 작용역을 얻으면서도 이동제약을 위배하지 않을 수 있는 이론적 방법이 가능하며 그런 이론에 대한 가능성을 언급하고 있다.[4)]

(20) Dr. Svenson usually rejects [$_{NP}$ the first three proposals that a student submits].

(21) Tell me who rejected [$_{NP}$ the proposal that who submitted].

Chomsky(1976)의 분석에 따르면 다음과 같은 초점을 포함하는 문장인 (22a, b)의 경우 (23a, b)와 같은 LF에 따른 해석을 받게 된다.

(22) a. [John [ate [$_F$ the pie]]] What did Johh eat?

b. [[$_F$ John] [ate [the pie]]] Who ate the pie?

Focus structure of (22a) and (22b)

(23) a. the x, such that John ate x, is the pie.

b. the x, such that x ate the pie, is John.

Zubizzareta도 같은 입장으로 초점 구문에 대한 해석을 다음과 같이 제시한다.

4) Rooth(1996)에서 Steedman(1991)의 포개진 초점 구조(nested foci)를 이용해서 작용역 섬구조(scope island)간의 연결(bridging)을 통해서 섬제약을 위배하지 않는 방법으로 분석이 가능함을 언급한다. 본 논문에서는 뒤에서 이와는 다른 설명을 제시한다.

"The variable bound by the definite quantifier the (which implies the maximal/unique assignment as a definite description (저자 주),) is assigned a value by the primitive predicate of equality (i.e. the specification or equative be)." (Zubizzareta 1998)

이에 의하면 초점화된 구성소는 양화 상승(QR)을 하게 되는데, 구체적으로 이 과정은(23a)의 의미 구조에서 보듯이 한정사로 묶여 양화 상승된 변수가 동일성의 서술(equality predication)을 통해 초점화된 표현과 같은 값을 할당 받게 되는 과정으로 해석 된다. 이 방법에 의하면 양화 상승하는 변항 x는 F-표시되는 John이나 the pie라는 지시체(referent) 자체가 아니라 나중에 동일성의 서술을 통해 그 대상이 구체화될 예정이 나 우선적으로는 the x라는 정체는 알려져 있지 않은 조응사(anaphora) 로서 존재하고 있다. 즉, F-표시된 John이 아니라 John을 제외한 나머지 초점틀(focus frame) 전체가 먼저 양화 상승되고 나중에 동일서술에 의해서 비로소 초점구는 넓은 작용역을 갖게 되는 것이다. 이렇게 the라는 한정 표현에 의해서 묶여 있으므로 그 지시체는 Russell(1905) 이후 일반적으로 한정표현의 의미로 받아들이는 최대성/특정성(maximality/uniqueness)의 의미를 지니게 되고 이 의미는 초점 구문의 전체 나열(exhaustive listing)의 의미도 함께 설명해 줄 수 있다.

이 부분에서 생겨나는 의문점은 과연 양화 상승하는 부분은 무엇인가에 대한 질문이다. 일반적으로는 초점구가 상승하는 것으로 인식되고 있었으나 위에서도 보았듯이 사실상 더 높은 작용역을 갖는 부분은 초점틀이라고 볼 수도 있기 때문이다. 따라서 구정보인 초점틀이 이동을 할 것인가 아니면 새정보인 초점구가 이동을 할 것인가에 대한 좀더 명확한 입장 정리를 해야 할 필요가 있을 것이다. 이 논문의 중요한 논의는 궁극적으로 이 의문에 대한 답을 구하게 되는 과정이라고 할 수 있다. 그 이전에 우선 초점의 의미 기능과 구조에 대한 좀 더 자세한 논의를 하도록 한다.

2.2.2 의미적 술어로서의 초점

위에서 논의한 Chomsky식의 LF 분석을 따라 Wee(1999, 2003)에서는 초점 문장의 의 미적 주-술(subject-predicate)구조는 표층적으로 나타나는 통사적 주-술 구조와는 별개의 구조가 존재한다는 분석을 제시한다. 의미적 통사적 주-술 구조의 이원론에 대한 견해는 오래 전 Frege(1884) 때부터 존재해 왔고 근래 Peregrin(1996)에서도 같은 입장이 발견된다. 또한, 초점의 기능을 의미적 서술어로 보는 견해는 오래 전 Paul(1884)에서부터 존재해 왔고, 또 많은 현대 문헌에서 발견되는 직관이다. 따라서

Wee는 초점은 문장을 초점틀로 이루어진 전제와 초점구에 의해 표현되는 단언으로 나눈다는 분석을 제시하는 데 이는 Chomsky 에서 제시된 LF의 해석과도 같은 결과가 도출된다. 예를 들어, (22a)와 같은 초점 문장의 경우 다음과 같은 전제, 단언의 구분이 이루어진다.

(22a′) 전제 : There is some x such that John ate x

단언 : The x = the pie

다시 말해, 두 개의 지시체, 즉, (i) 문장의 초점틀에 의해 표현되는 자질을 만족시키는 한정적 지시체와 (ii) F-표시된 초점구의 지시체 사이의 동일성의 서술로 이루어져서 (i)은 초점 문장의 의미적 주어로, (ii)는 의미적 술어로 분석한다. 예를 들어, 아래에서 보듯 이 (23a)에서 한정적 변항 x로 표시된 지시체는 의미적 주어로, 나머지 x=the pie 부분 은 의미적 술부로 분석한다.

(23a)의 LF 형태: the *x*, such that *x* ate the pie, is John

Semantic subject semantic predicate

즉, 초점의 기능은 다음과 같이 요약된다.

(24) 초점의 의미적 기능:

a. 문장을 전제와 단언(presupposition/assertion)으로 구분

b. 두 담화적 지시체(전제된 한정적 지시체와 초점화된 지시체) 간의 동일성의 서술

이렇게 초점문에 의해 발생하는 의미적 주-술 구조와 두 개의 지시체간의 동일성 서술부가 표층적으로 나타나는 경우가 (25a,b)에서와 같은 cleft 구문이나 자유 관계절이다.

(25) a. It is the pie that John ate.

b. What John ate is the pie. (22a)와 같은 정보 구조

즉, 초점 문장은 (25)의 문장들에서 표면적 통사구문으로 나타나는 의미적 구조와 같은 구조를 갖는 문장으로 해석할 수 있다. 다시 말해, 초점 문장의 의미적 기능은 전제된 미확인 지시체에 대한 정체확인서술이라고 요약된다.

전제된 미확인 지시체가 문맥에서 적정성을 얻는 것은, 예를 들어 he라는 조응적 대명 사가 적정성을 갖기 위해서 이전 문맥에서 선행사가 존재해야 하는 것과 마찬가지 현상 으로서, 초점구문의 전제된 지시체도 이전 문맥에서 선행사가 존재해야 한다. 이를 확인 하기 위해서 초점 구문이 발생하는 문맥을 세심하게 고려해 보면 다음과 같은 세 가지 문맥 중 하나에 해당한다는 것이 관찰된다.

(26) 초점 문장이 나타나는 세 가지 문맥

i) wh-의문문에 대한 대답으로서(answer)

ii) 이전 문맥에서 나타난 미확인 존재에 대한 구체화 구문으로서(specification)

iii)이전에 제시된 존재에 대한 정정으로서(correction)

이 세 문맥은 각각 다음과 같은 예에 해당한다.

(27) A: Who did Mary take to the movies? B: Mary took JOHN to the movies.

(28) Mary took somebody to the movies yesterday. Specifically, Mary took $[\text{JOHN}]_{x,j}$ to the movies.

(29) A: Mary took Bill to the movies.

B. No, Mary took JOHN to the movies.

즉, 초점 구문은 F-표시된 구문에 해당하는 어떤 존재가 이전 문맥에 선행할 경우에 한해서 발생한다. 다시 말해, 이전 구문에 발생한 어떤 존재와 현 문장에서 F-표시된 지 시체라는 두개의 지시체가 실제로 발생을 한다. 예를 들어, (28)의 문맥을 다시 고려해 보자.

(28) Mary took somebody_x to the movies yesterday. Specifically, Mary took $[\text{JOHN}]_{x,j}$ to the movies.

a. Mary took x to the movies

b. x = j

앞 문장에서 발생하는 somebody의 담화 표지(discourse marker)를 x라고 하고, 뒷 문장에서 발생하는 초점구인 John의 담화표지를 j라고 하면 뒷문장에서 초점이 하는 기능은 초점틀의 자질을 만족하는 담화표지인 x가 j라는 개체와 같은 존재라는 의미를 전달하는 것이다. 의미론적 표상(semantic representation)에 있어서도 전통적인 서술논리(predicate logic)에서는 somebody 와 같은 비한정 명사는 존재 양화사에 의해 결속되는 변항으로 표현해 왔으나 근래의 동적 의미론의 하나인 담화 표상이론(Discourse Representation Theory, DRT, Reyle&Kamp 1992)에서와 같이 비한정 명사도 하나의 담화 표지를 담화 구조에 도입시키는 지시체로서 취급하는 방법을 따르면, 이때의 x를 변항으로 보기보다는 하나의 담화 지시체로 볼 수 있다. 따라서 초점 문장이 두 개의 지시체 와 연결되는 것으로 보는 입장은 직관적으로도 이론적, 기술적으로도 타당하다. 더욱이 뒷문장에서 발생하는 x는 이미 앞 문장에서 도입된 x를 선행사로 갖는 조응적 한정 표현 이므로 변항으로서가 아니라 지시체로 취급하는 것이 적절하다.

같은 입장을 한국어의 예를 통해서도 확인할 수 있다. (29)과 같은 초점구를 포함한 문장을 패러프레이즈하면 (29b)와 같다.

(29) a. Maxwell이 은망치로 [판사를]$_F$ 죽였다.

b. <u>Maxwell이 은망치로 죽인 사람은 판사</u>이다.

즉, 초점틀 부분이 한국어의 주제어와 같은 의미로 해석될 수 있다. 그런데 주제어는 이정민(1992)에서 주장된 바와 같이 한정 표현과 거의 유사한 지시 표현(quasi definite description)이라 할 수 있다. 따라서 한국어의 직관을 빌어 봐도 초점틀에 의해 발생하는 하나의 지시체는 한정 표현과 같은 조응적 지시체이고, 표면적으로 F-표시된 존재가 또 하나의 지시체라는 가설의 타당성을 확인할 수 있다.

이렇게 얻어진 초점 문장의 의미적 기능에 좀 더 구체적인 의미 해석을 구해 보자. 의 미적 주부에 해당하는 지시체인 the x는 초점 틀의 내용을 만족시키는 한정 표현으로 해석되고, 이 한정 표현의 의미는 Russell(1905) 이래로 '특정성(uniqueness)/최대성(maximality)'의 의미를 지니는 것으로 여겨져 Rullman(1995)이나 Kadmon(1990) 등 이 제시한 대로 (30a)와 같은 최대항 연산자에 의해 표현된다. 이 최대항 연산자 maximility는 (28)의 경우 초점틀의 내용에 해당하는 '메리가 영화에 데려간 사람' 이라는 자질을 만족시키는 최대항을 내어 주고 이 존재는 이전 문장에서 함의된 '영화에 데려 간 어떤 사람' 이라는 선행사를 지칭하는 조응적 한정 표현의 의미를 갖게 된다.

(30) 초점에 의한 의미적 주부와 술부

a. 의미적 주어: max (x {mary took x to the movies)}

b. 의미적 술어: $\lambda y(y=j)$

그리고 John이라는 초점구는 (30b)에서와 같이 동일함수(identity function)로 타입 변 이 (type shift)되어 의미적 술어의 기능을 한다. 이 술어 함수가 (31a)에서와 같이 주어인 최대항에 함수 적용(function application)을 통해 (31b)와 같은 정체구현의 의미적 주-술 구조를 얻게 된다. 이 과정은 다음과 같이 이루어진다.

(31) a. λy(y=j) max (x {mary took x to the movies)} function application

b. max (x {mary took x to the movies)= j λ-conversion

(31b)의 식을 자연어로 해석하면 바로 다음과 같은 Chomsky의 LF 해석 그대로가 얻어진다.

(32) The x, such that Mary took x to the movies = John

이상으로 초점문장이 의미적으로 재구성된 구조를 밝혀 보았고 남은 문제는 이렇게 재구성된 의미 구조와 일반적인 LF 층위와는 어떤 관계가 있는가, 또 Vallduvi나 Lembrecht(1994) 등이 가정하는 정보 구조(information structure), 또는 DRT의 담화구조(discourse structure)에 해당하는 담화 층위와는 어떤 관계가 있으며, 통사적 연구에서 흔히 설정하는 TopP(topic phrase, 주제구)나 FocP(focus phrase, 초점구)와는 어떤 관계가 있는가에 대한 의문이다. 다음은 이에 대한 해답을 구해 보고자 한다. 우선 다음 절에서는 초점구와 관련된 음운, 통사적 분석에 대해 논의한다.

3. 음운 통사적 분석

3.1 초점의 종류

E Kiss(1998)에 따르면 초점은 정보 초점(informational focus)과 정체구현 초점(identificational focus)의 두 가지로 구분되며, 영어의 운율적 초점은 모두 정보 초점이고 헝가리어의 초점과 영어의 cleft 구문은 정체구현 초점이라고 주장한다. 이러한 구분에 바탕을 두고 E Kiss는 정체구현 초점만 LF 이동

등의 통사적으로 의미 있는 행태를 보여 양 화사와 같은 운용소의 역할을 한다고 주장한다. 정보 초점은 특별한 통사구조적인 중요성이 없다는 입장을 취한다. 그러나 이미 앞절에서도 보았듯이 일반적으로 영어의 초점에 대한 의미론적 연구에서는 오히려 운율적 초점에 대한 통사 구조적 연구가 주된 초점 연구의 대상이 되어 왔다. 이미 보았듯이 운율초점의 보이지 않는 의미적 구조에 대한 연구는 only와 같은 소위 초점 관련 운용사(focus sensitive operator)와의 결합에 따른 의미적, 통사적 분석의 중요성을 보더라도 간과될 수 없는 현상이다. 초점 관련 운용사와 운율 초점간의 결합이 이루어지기 위해서는 위에서 보았듯이 LF 이동을 설정하든 아니면 Rooth(1985)와 같은 제자리 방식의 순환 정의(in situ recursive definition)를 이용해야 하기 때문에 초점에 관한 의미적 연구에서 운율초점의 통사적 구조는 중요한 연구 대상이 아닐 수 없다.

초점에 관한 통사적 관심사는 다음의 두 가지로 나눠 볼 수 있다: (i)피치 억센트(pitch accent) 와 초점 구성소간의 관계(음운-통사적 상호작용)와 (ii) 초점 문장의 통 사적 구조. 우선 첫번째 관심사로 초점 구성소가 결정되기 위해서 피치 액센트를 받는 단어가 어떤 구성소와 연결되는가에 대한 규칙이 성립되어야 한다. 물리적인 강세를 실제로 받는 단어와 그 단어를 포함하는 상위의 구성소로 초점이 확대 연결되는 현상을 초점투사라고 흔히 부르는데 이에 대한 논의를 다음절에서 시작해 보자.

3.2. 초점 구성소 결정

초점 구성소를 결정짓는 초점 투사 현상을 이해하기 위해 먼저 2절에서 다루었던 초점의 이동제약 위반의 문제를 다시 고려해 보자.

(19′)은 논의의 편의를 위해 only 만 제거한 문장으로서, John 이 H의 피치 액센트를 받는 운율형태인데 이런 형태가 가능한 경우를 고려해 보자. 다음의 (33)과 (34)의 두 가지 문맥이 가능하다.

(19′) Dr. Svenson rejected the proposal JOHN submitted
H*

(i) 광초점(wide focus):

(33) A: Which proposal did Dr. Svenson reject?

B: Dr. Svenson rejected [$_{NP}$ the proposal [JOHN]$_F$ submitted]$_F$
H*

(ii) 협초점(narrow focus):

(34) A: Dr. Svenson rejected [$_{NP}$ the proposal Bill submitted]

B: No, Dr. Svenson rejected $_{[NP}$ the proposal [JOHN]$_F$ submitted]
H*

(33)의 경우는 Svenson 박사가 퇴짜 놓은 계획안이 어떤 계획안인지를 답해 주는 문장이다. 해당하는 의문문을 고려해 보면 목적어 NP 전체가 그 wh-질문에 대한 정보를 제공해 주는 구성소라고 할 수 있다. 따라서 담화 의미적으로는 John에 구현된 피치 액센트 는 전체 NP까지 투사되어 F-표시 되어야 한다.[5)]

반면, (34)의 경우는 Svenson박사가 Bill이 제출한 계획안을 퇴짜 놓은 것이 아니라, John이 제출한 계획안을 퇴짜 놓은 것이라는 의미로, 새로운 정보는 John에 국한되어, John에 구현된 피치 액센트도 더 이상 넓게 투사되지 않고 그대로 머무는 것으로 해석된다. 이러한 협초점의 경우는 상위 언어적 현상으로 간주하여 예외적으로 처리하는 견해들이 발견되는데 여기서도 같은 입장을 따라 본 논문에서는 논의를 생략하겠다. (cf. Kadmon 2001)

(33)의 문제는 전체 NP에 John의 피치액센트가 투사될 수 없는 통사 구조라는 점이다. Selkirk (1996)의 다음과 같은 초점 투사 규칙에 의하면 구성소의 핵이나 내항에 발생한 강세만이 전체 구성소로 초점이 투사될 수 있다.

(34) F-assignment Rules(Selkirk 1996)

A : Basic F Rule

An accented word is F-marked.

B : F projection

(a) F-marking of the head of a phrase licenses the F-marking of the phrase.

(b) F-marking of an *internal argument* of a head licenses the F-marking of the head.

위의 규칙에 따르면 (34b)에 의해[Head, Argument] 에서 논항의 강세가 핵에 F-표시 를 허가하고 (34a)에 의해 전체 구의 F-표시를 허락한다. 즉, [HF AF]F의 구조에서 A에서 시작된 강세가 전체 구의 F-표시로 투사 확대되는 현상을 기술하는 규칙이다. 이 규칙은 예를 들어 다음의 문맥에서 발생한 대답 문장에서 Mary에 부여된 강세가 전체 VP로 투사 확대되도록 한다.

---

5) (31)과 같이 전체 목적어 명사구가 초점으로 해석되어야 한다는 구조와 해석에 대해서는 Kadmon(2001)도 같은 의견을 보인다.

(35) What did John do? John [praised MARY]$_F$.
H*

그러나 (33)의 경우 내포된 CP안의 John에 나타난 강세는 위의 두 경우에 해당하지 않아서 바깥 NP로 투사 불가능한 구문이다.

게다가 이 문장의 문맥을 잘 고려해서 해석을 해 보면 전체 NP에 초점이 투사되면서 동시에 계획안을 구별 짓는 중요한 요소는 John이 제출자라는 점이기 때문에 John도 초 점의 기능을 한다. 즉 이 문장은 초점이 이중으로 발생해야 한다. 2.2.2절에서 제시한 초 점의 정체 구명의 서술어로서의 의미적 기능을 다시 한번 상기해 보자. 주어진 문장의 문 맥적 의미를 그려해서 해석하면 한국어로 바꾸어 생각하면 (33′') 과 같은 초점 구조와 (33″)과 같은 의미로 이해하는데 무리가 없다. (33)을 한국어로 바꿔보면 주어진 질문에 대한 답에 해당하는 부분인 NP 전체에 F-표시가 도어야 한다.

(33′) Svenson은 $_{NP}$[$_{CP}$ [[John]$_{F1}$ 이 제출한] 제안을]$_{F2}$ 퇴짜 놓았다.

(33″) Svenson이 퇴짜 놓은것은/ $_{CP}$[제출자가 John인]$_{predication1}$ 제안이다.] $_{predication2}$

위의 우리말 해석에 드러난 대로 'A는/가 B이다'와 같은 정체규명 서술이 두 번 나타 난다. [CPJohn이 제출한] 의 CP내부에서 '제출자가 John이다'로 한 번 나타나는데 이때의 의미는 안쪽 상자에 해당한다. 다른 한번은, 전체 문장의 목적어에 해당하는 NP 'John이 제출한 제안'이 초점이 되어 'Svenson이 퇴짜 놓은 것은 (John이 제출한) 제안이다' 라는 의미로 바깥 상자에 의해 나타난다. 즉, 다음과 같이 두 번의 의미적 주-술 관계가 발생을 한다.

(36) Predication 1: The submitter is John.

Predication 2: What Svenson rejected is the proposal that.

즉 F1에 의해 predication 1의 의미적 술어가 발생하고, F2에 의해 predication 2의 의 미적 술어가 발생을 하는 것이다. 여기에서 predication 2의 의미적 주어 역할을 하는 what Dr. Svenson rejected, 즉, '스벤슨 박사가 퇴짜 놓은 것'의 의미는 이미 이전 담화의 질문인 (31A)에서 주어진 내용으로서 조응적 지시체라는 점이 확인된다. predication 1의 의미적 주어 역할을 하는 제출한 사람(the submitter)에 해당하는 선행사는 현재 주어진 담화에는 나타나지 않지만 일상 지식을 활용하면 충분히 쉽게 수용(accommodate) 될 수 있는 전제(presupposition)에 해당한다. 즉, 계획안이라는 것은 당연히 제출하는 사람이 존재하고 그 제출자에 의해 어떤 계획안인지의 구별이 가능해지는 것은 일반적인 상황이기 때문이다.

(33)의 광초점(wide focus)은 위에서 보았듯이 Selkirk(1996)의 초점 투사 규칙으로는 설명이 되지 않는 구조이다. 또한 의미적으로도 특이성이 있는데, 일반적인 초점 투사의 경우에는 강세 받은 작은 구가 넓은 영역으로 투사되면 원래 강세 부분은 초점이라고 할 수 없고 투사된 넓은 영역만이 초점으로 간주된다. 예를 들어, (35)는 강세를 받는 Mary에서 초점이 투사가 되면 더 이상 Mary는 초점이 아니고 전체 VP가 초점으로 간주된다. 그러나 (33B)의 경우는 이미 논의했듯이 강세가 있는 John과 목적어 NP가 둘다 초점으로 해석이 되어야 하는 문맥이다. 따라서 (33)은 일반 초점 투사로 설명되지 않지만 방금 보았듯이 존재하는 현상이다. 즉, 좁은 단위에 실현된 음운적 강세가 해석상 더 넓은 구 성소의 초점으로 확대 해석되는 현상은 Selkirk의 투사 규칙에 해당하는 일반적인 통사적 투사만으로는 설명되지 않는다는 것을 알 수 있다. 이와 같은 경우는 문맥상의 필요 로 확대되는 담화적 투사 현상으로 봐야 할 것이다. 따라서 음성적 강세가 확대되는 초점 확대 현상은 다음의 두 가지 경우로 정리될 수 있다.

(37) 초점 확대(Focus spreading):

i. 통사적 투사(syntactic projection): (34)에 의해 통사적으로 허가되는 초점 투사 [6)]

ii. 담화적 투사(discoursal projection): 통사적 투사가 불가능한 구조로서 담화 적으로 허가되는 초점 확대.

(33B)에서 John은 원래 CP(john submitted) 밖으로 투사(syntactic project) 될 수 없으므로 협초점(narrow focus)으로서 의미적 정체구현 서술(identificaional predication)의 기능을 CP 내부에서 수행하고, 전체 NP는 담화상에서 필요한 초점 부분으로 또 한번 문장 전체에 대한 정체구현 서술이라는 초점의 의미적 기능을 수행한다.

지금껏, 강세와 초점구 간의 통사적, 담화적 관계를 통해 초점구가 결정되는 과정에 대 해 알아 보았다. 이제 초점 관련 두 번째 통사적 관심사인 초점 구문 전체의 통사적 구조 에 대한 분석을 통해서 지금 살펴본 이중 초점 구문은 어떤 통사적 구조를 갖는지, 그리 고 2절에서 논의한 이동 제약 위배 현

6) Schwarzschild(1999)는 (35)와 같은 통사적 제약 대신 단지 위반 가능한 다음과 같은 제약으로 처리하여 최적이론을 이용해서 분석한다. P.25 (59) A head is less prominent than its internal argument.

상은 어떻게 설명되는가에 대한 논의를 시작해 보겠다.

3.3. 초점 문장의 통사적 구조

초점 문장의 통사적 구조의 논의를 위해서는 Haegemann & Gueron(H & G 1999)을 따라 다음과 같은 구조를 채택하겠다. 다음의 통사구조는 (38B)의 문장에 해당하는 구조이다.

(38) A: Who did Bill praise?

B: Bill praised MARY.

이 구조에서 음영 처리된 부분에 해당하는 내용은 초점틀의 내용이고 초점구는 FP의 Spec에 이동되어 높은 작용역을 갖는 구조를 상정하고 있다. 초점틀에 해당하는 부분은 1절에서 논의한 초점 연구들에서 다양한 이름으로 불리던 부분들이다. Steedman의 영주 제(null theme), von Fintel과 Buering의 담화 주제(d-topic), Roberts의 QUD(question under discussion) 등으로 불리고 본고에서 제안하는 [-f, -t]에 해당한다.

한편, 주제어가 위치하게 되는 주제구(Topic Phrase)의 경우는 FP 보다 더 높게 위치 하고 있다. 이 통사 구조는 주제구가 초점구보다 더 높은 작용역의 위치에 있는 것으로 다루고 있다. 직관적으로 생각할 때 주제어는 유사 한정적 표현의 의미를 갖는다는 이정 민에서도 관찰되었듯이 이전 문맥에서 이미 알려진 구정보(old information)로서의 정보 가치를 가지는 언어 표현으로 보는데 무리가 없다. 반면 초점부분은 현재 문장의 단계에서 새롭게 갱신되어야 하는 신 정보를 전달하는 역할을 하는 언어적 표현이다. 따라서 주제어가 초점 보다 더 넓은 작용역을 가지게 되는 것은 타당하고 적절한 분석이 된다. 그런데 통사구조와 작용역간의 관련성을 이런 방식으로 이해하다 보면 한가지 문제점이 발견된다. 정

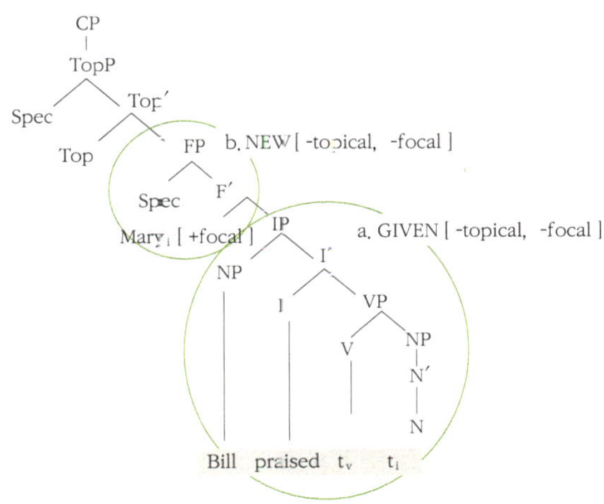

보의 신구성(givenness/newness) 혹은 작용역 관련 내용이 주어진 통사구 조로 일관되게 포착되기 어렵다는 점이다. 문장(39a,b)를 고려해 보자.

(39) a. YOUR BOOK, you should give to PAUL. (not mine)
L+H*LH% *LL%

b. YOUR book, you should give to Paul. (not mine)
H*LL%

(39) 의 두 문장은 같은 문장이지만, 주어진 억양표시에 따르면 서로 다른 억양으로 발 화되며 한국어로도 서로 다른 문장으로 번역된다. (39a)는 your book이 1절에서 본 상승- 하강 억양을 가지고 뒤의 Paul부분은 강세를 받고 하강하는 억양으로 발화된다. 이때 상 승-하강의 억양은 Bolinger(1965)이후 B-강세(B-accent)라는 이름으로, 또 강세-하강 의 억양은 A-강세(A-accent)라는 이름으로 명명되곤 했다. 그리고 B-강세의 경우 Wee(1996, 1998)에서 관찰된 이후 한국어의 주제 조사인 - 은/는과 상응하여 주제어의 의미를 띄는 것으로 알려져 있다. 반면, A-강세를 받는 부분은 주제로서의 의미는 없이 초점 으로서의 의미만 갖게 된다. (39a)에서는 하강성조인 A-초점은 Paul에게 있고 your book은 주제어인 반면, (39b)는 your book이 A-초점이 되고 나머지 부분은 편평억양으로 반강세(de-accent) 되는 문장이다. 그래서 (39a,b)는 다음과 같은 한국어로 번역된다.

(40) a. [네 책은]$_{topic}$ [폴에게 주어야 한다]$_{comment}$.

b. [네 책을]$_{F}$ 폴에게 주어야 한다.

이 문장들에서 나타난 신-구 정보와 이에 대한 H&G에서 제시하는 통사구조를 함께 고려해 보면 다음과 같은 모순점이 발견된다. 에 대한 H&G(p. 339)에 나타난 (39a)와 (39b)에 대한 그들의 입장을 비교해 보자.

(41) (39a)와 같은 초점 구조에서 TopP은 구정보(given)이고, 그 아래 부분, 즉 FocP와 IP는 평언(comment)으로서 신정보로 간주. (H&G, p. 339)

(42) (39b)의 경우는 상승된 부분이 초점으로 신정보이고, 나머지 부분은 구정보(given)로서 FocP 제외 그 아래 부분 IP는 모두 구정보. (H&G, p.522)

your book은 (39a)에서는 주제어로서 구정보에 해당하고 'you should give to Paul'은 평언(comment)으로 신정보에 해당한다. 반면, (39b)에서는 your book이 초점으로서 신정 보에 해당하고 나머지 부분인 you should give to Paul은 편평한 억양으로 구정보를 전달 한다. 결과적으로 (39)의 두 문장은 서로 신-구의 정보가 반대로 이루어져 있다. (39a)는 구-신으로, (39b)는 신-구로 이루어져 있다. 그런데 아래의 구조를 통해서도 드러나듯이 (41)과 (42)에 나타난 두 가지 입장은 서로 상충된다.

(43)

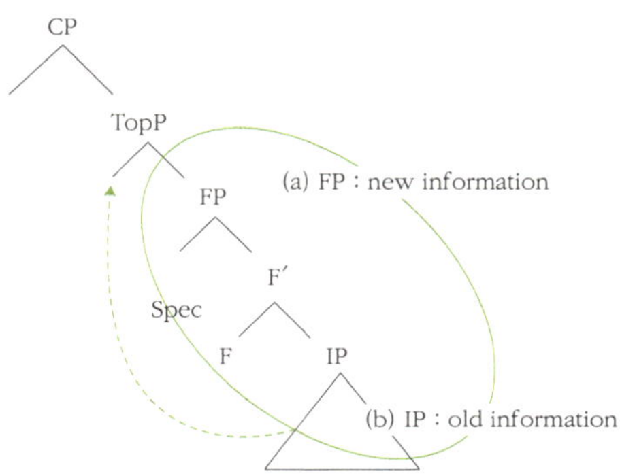

(41)에 의하면IP 포함 FP 이하는 모두 신정보이고, (42)에 의하면 IP 이하는 구정보여야 한다. 따라서 IP는 신정보일 수도 구정보일 수도 있다. 따라서 정보의 신-구성은 주어진 통사구조만 가지고는 적절히 포착하기가 어렵다는 것을 알 수 있다.

이 문제점을 해결하기 위해서는 다음의 두 가지 가능성이 있다.

(i) 첫 번째 대안으로(39b)에서 you should give to Paul에 해당하는 IP 부분이 구정보 이기 때문에 topic과 같이 취급해 TopP로의 이동을 설정하는 방법이다. 위의 (43b)의 눈금선으로 표시된 이동에 해당된다. 이는 Partee(1991)의 초점문의 삼부 구조(tripartite structure), 혹은 Chomsky(1976)의 양화 상승 구조와 비슷한 구조를 갖게 된다. 그런데 이 방법은 권장할만 하지 않다. 1절에서 제시한 정보 자질에 의하면 이 부분은 [-topical, -focal]에 해당하는 부분이다. 즉, [-topical] 의 자질을 갖는 부분인데 [+topical]의 자질을 갖는 위치로 이동하게 되어 음운적으로나 의미적으로나 1절에서 제시된 주제로서의 자질을 지니지 않는 표현에 대해 주제의 자질을 부여하는 결과가 되어 정보 자질에 의거한 분석에 일관되지 못하다.

(ii) 두 번째 방법은 [+-topical/focal]의 정보 자질과 정보의 신-구성(given/new)을 별도로 처리하는 방법이다. 즉, 주제성/초점성의 정보 자질은 문장단위의 통사 층위에 해당되는 요소이지만, 정보의 신구성은 통사층위에서 표현하기는 보다는 이전 문맥과의 관련성을 보여주는 담화 정보

층위에서 다루도록 하는 방법이다. 즉, 문장의 통사적 층 위와는 별도로 문장과 문장간의 정보의 신구성 등이 다루어지는 담화구조를 주관하는 층 위가 따로 한 단계를 형성하는 것으로 설정해서 정보의 신-구성을 관리하면서 동시에 문 장 단위의 통사 구조와 서로 소통하는 방식으로 분석하는 것이다. 이런 방법은 2.2.2절에서 제기된 문제, 즉 초점에 따른 문장의 변화된 의미 구조는 어디서 다루어지는가, 기존 하는 초점 연구에서 설정되는 정보 구조나 담화 표상이론에서의 담화 구조와 같은 층위에서 일어나는 구조와 동일하게 취급될 수 있는가의 문제에 대한 해답이 될 수 있다. 따라서 두 번째 방법을 추구해 보고자 한다.

이제 통사-담화 층위의 이원적 체계하에서 IP 이하 부분에 해당하는 정보 통사 처리 방법을 강구해 보도록 하자. IP 부분의 정보 상태는, IP 전체가 신정보로 이루어진 경우와 일부분만 신정보인 경우, 두 가지로 나눌 수 있다.

(44) IP 내부의 정보 상태 분류
  a. 일부 구성소에만 F-표시되어 있을 때 (구정보와 신정보 혼재)
  b. 전체에 F-표시 되어 있을 때 (구정보는 전혀 없는 경우)

(44a)의 경우는 위에서 (38)에서도 보았듯이 IP중 일부만이 초점으로서 일반적으로 일컫는 초점 현상에 해당한다. 초점구가 [spec, FP]로 이동하는 구조로 설정하는 것이 일반적인 방법이다. 그러나 나머지 구정보에 해당하는 부분을 어떻게 처리하는가에 대해서 는 좀 긴 논의가 필요하기 때문에, 먼저 (44b)의 경우를 처리하기로 하자. 예를 들어, 다음의 두 문장을 보자. 이 두 문장들은 두 개의 서로 다른 정보 구조를 갖는 것으로 자주 거론되는 예이지만, 둘 다 IP에 나타나는 모든 정보는 신정보로 해석되는 문장들이다.

(45) a. Your eyes are blue. (LH% on eyes, H*LL% on blue)
  b. Your eyes are red. (H* on eyes) (Gussenhoven 1983)

일반적인 개체 층위 술어(individual level predicate)인 앞 문장은 your eyes에 대한 총칭문으로 '네 눈은 푸르다' 로 주어가 주제어로서 영구적 자질을 갖도록 해석되고 술어 부분은 신정보로 처리된다. 이 때의 영어 억양은 하강-상승/하강의 짝으로 주제어-평언의 구조를 갖는다. 한국어로는 '네 눈은 푸르다'라는 주제어 구문으로 해석된다. 따라서 your eyes는 TopP에 위치하고 나머지 술어 부분은 신정보가 된다. IP 전체는 초점에 해당하는 것이다.

또한, 뒤 문장은 '네 눈이 빨갛다'로 해석되어, 단계 층위 술어(stage level predicate)의 의미를 갖고 네 눈에 대한 영구적 속성에 대한 기술이 아니라 일시적인 관찰을 기술하는 의미로 주어를 포함한 문장 전체가 신정보가 된다.[7] 이때 문장의 억양도 주어에 강세가 주어지고 그것이 문장 전체로 투사되어 문장 전체가 초점으로 분석된다. 이렇듯 주어 의 주제성에 있어 차이점을 가지고 있긴 하지만, 어쨌든 두 문장 모두 IP 전체가 신정보로서 [+f]의 자질을 가져야 한다. 이런 경우에 대해 부분 초점과 같이 IP 전체가 FP로 이 동을 하게 하는 것은 무리가 있다. 이렇게 IP 전체 초점의 경우는 이동 대신 다음과 같이 [+f]가 전체 IP 에 핵-자매(head-sister) 관계로 자질 점검(checking)이 일어나는 것으로 가정한다.

(46)

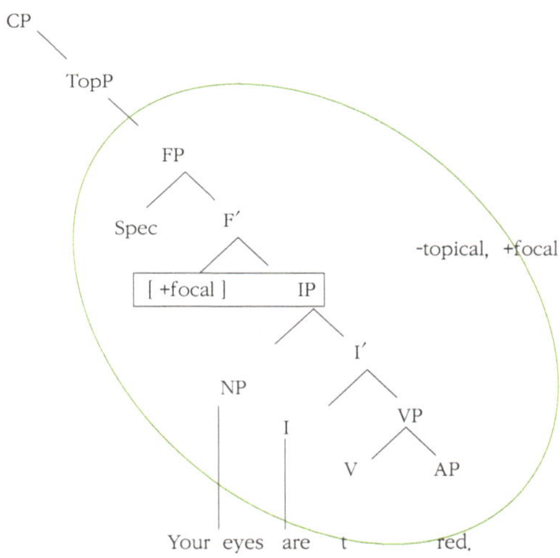

위의 경우는 IP 부분이[-topical, +focal]의 정보 자질로 분류되어[-topical, -focal]의 부분은 존재하지 않는 문장이다.

다음은 일부가 신정보인 (43b)의 구정보 부분의 처리에 대해 해결을 모색해 보자. 이 때는 신정보 부분이 [spec, FP]로 이동하고 나머지 부분 전체(focus frame)는 주제도 아니고 초점도 아닌 구정보로서 [-topcial, -focal]의 상태로 IP에 남아있게 된다. 문제는 이 부분이 [-topical] 로서 IP에 남아 있으면서 이

---

7) 모든 문장은 앞의 문맥과의 연결 부분이 있어서 구정보에 해당하는 부분이 앞문장과의 정보적 연결을 해 주어야 한다는 가정하에서 보면 이 문장은 전체가 새 정보이기 때문에 앞 문맥과의 연결이 없는 것으로 보인다. 그러나 이런 경우는 암묵적인 구정보가 담화 정보 구조에서 주어지는 것으로 분석하기도 한다. (cf. Heycock)

전 문맥의 의문문에서 이미 발생한 구정보 로서 현재 문장에서는 주제어 보다도 오히려 더 높은 작용역을 가지는 해석이 이루어 진다는 것이다. 2절에서 논의된 대로, Chomsky가 제시한 LF에 따르면 초점구 보다도 오히려 더 높이 양화 상승된 작용역을 지니고, 또한 조응성을 갖는 의미적 주어로 다루기로 했었다. 그러나 그 높은 작용역을 위해 TopP로 이동하는 방법은 [-topical]의 내용을 [+topical]의 자질을 갖도록 통사 구조를 변화시키는 결과를 초래한다는 점에서 바람직하지 않다는 입장을 언급했다. 따라서 대안으로 담화 층위와의 상호 작용을 통해서 더 높은 작용역을 얻는 방법을 모색해 보고자 한다.

좀더 구체적으로 기술하자면, 2절에서 논의한 대로 구정보인 IP 부분은 이미 이전 담화에서 발생한 내용을 다시 반복하는 조응적 표현(anaphoric expression)으로 취급하여 이전 문맥에서 선행사를 찾아야 하는 정보이다. 이 과정은 전제(presupposition) 현상에 대한 조응적 분석 방법을 제시한 van der Sandt(1992)의 확대 DRT(extended DRT)를 채택해서 설명 할 수 있다. 선행사를 찾는 과정은 Schwarzchild(1999)에서와 같이 이전 문맥에서 발생하는 선행사를 존재 변이(existential shift) 구조를 통해 얻어 내고, 이 구조가 선행사로서 조응적 표현과 공지시(corefer)되는 방식으로 설명할 수 있다. 구체적으로 각 과정을 살펴 보도록 하자.

4. 통사-담화 구조의 상호 작용

우선, 초점 현상의 통사적 구조와 담화 맥락의 관련성을 설명하기 위해 전제 현상을 표현할 수 있는 동적 의미론에 대한 간략한 소개가 필요할 듯싶다.

4.1 담화 표상 이론(Discourse Representation Theory, DRT)

앞에서 논의한대로, 초점 문장에서 초점틀에 해당하는 부분은 이미 이전 문맥에서 발생한 것으로 가정된 내용으로서 전제 혹은 구정보로 취급되어야 한다. 전제 정보에 대한 일반적인 견해에 따르면, 어떤 문장이 p를 전제한다는 것은 p를 주어진 정보로 가정한다는 것이고, p가 주어진 정보라는 말은 다시 말해 담화의 배경(common ground)에 의해 함의되었다는 것을 의미한다. (Stalnaker 1973, 1974,

Karttunen 1974, Heim 1983). 따라서 The boy is tall. 이라는 문장을 말할 때 the boy는 소년이 하나 있고, 소년이라는 존재 가 담화 배경에 이미 발생을 했다는 가정하에 발화하는 것이다. 따라서 전제의 발생은 전제를 만족시켜주는 선행 구문의 존재가 이전 배경에 발생할 때 가능한 일이라는 것은 중요한 사실이다. 그런데 이것만으로 전제의 발생을 만족시킬 수는 없다. 위의 경우 the boy가 적정하게 발생하기 위해서는, 앞에 어떤 소년의 존재가 함의되었다는 사실과 함께, 앞에 나온 소년과 같은 존재를 지시해야 한다는 공지시 관계를 만족하는 것이 더욱 중요한 요건이다. 따라서 전제 현상에 대한 적절한 설명을 위해서는 문장간에 발생하는 조응 표현의 공지시 관계를 표현할 수 있는 Kemp & Reyle(1993)의 담화 표상이론(Discourse Representation Theory, DRT)과 같은 동적 의미론(dynamic semantics)이 필요하다. DRT의 표준 체계에서는 담화의 각 단계에 대한 정보를 담화 표상 구조(discourse representation structure, DRS)라는 구조에 표시한다. DRS는 개체를 표시하 는 담화표지(discourse marker)와 담화표지간의 조건을 표시하는 조건(condition)들로 이루어져 있다. 비한정 표현은 담화 표상 구조 DRS에 새로운 담화 표지를 도입시킨다. 대명사나 조응표현들은 이미 도입된 담화 표지 중에서 적절한 것을 골라 그에 대해 조건의 서술을 통해 내용을 기술한다. 각 담화 표지들은 이렇게 기술된 조건들을 담화가 진 행됨에 따라 계속 증가시키며 보존한다. 예를 들어, A boy came. The boy was very tall. 이라는 담화를 DRS에 표현해 보면 다음과 같다.

(47)

u
boy (u)
came (u)
very_tall (u)

일반적으로 각 DRS는 위와 같이 시각적 편의를 위해 상자로 표시한다. 이때 위에 있는 u는 담화 표지로서 a boy라는 비한정 표현에 의해 처음 이 담화 구조에 도입된 담화 지시체(discourse referent)를 의미하고 이 담화표지에 대한 조건은 일반적인 술어 논리 방식인 came(u)에 의해 기술된다. 뒤 문장에 나오는 the boy는 앞에 존재하는 u와 같은 표지를 택하게 되고 그에 대한 새로운 조건인 very tall(u)가 더해진다. 이 DRT이론에서는 대명사와 한정 표현이 새로 등장할 때마다 이전 담화 표지 중에서 적절한 것을 골라 사용하도록 하는 즉각적인(on-line) 방식을 취한다. 개체 항목을 표시하는 조응적 명사구에 대해서는 쉽게 즉각적인 공지시 관계를 선택할 수 있다. 그런데 van der Sandt(1992)는 이러한 한정 명사구의 전제 정보인 조응성을 다른 일반적인 전제 현상에까지 확대 적용할 수 있는 확대 DRT 이론을 제안한다. 즉, 명사구의 조응성뿐 아니라 사실 동사(factive verb) 라든가 also와 같은 부사구의 전

제 표현까지도 이런 조응적 표현으로 다루어 DRT 이론을 확대시켜 설명하려 하였다. 즉, 담화 표지뿐 아니라 문장도 전제된 내용일 경우 조응적으로 이전 문맥에서 함의된 같은 조건을 선행사로 취해 동일시하는 과정을 DRT 이론에 첨가했다. 여기서는 Sandt의 확대 DRT이론을 빌어 초점문장의 통 사 담화간의 상호 작용을 설명해 보겠다.

4.2 초점틀의 주어짐성(givenness)

우선 다음의 대화를 고려해 보자.

(48) Q: Who did John's mother praise?

A: She praised $[\text{MARY}]_F$

초점틀의 조응성을 포착하기 위해서는 초점 발생 문맥에 대한 이해가 선행되어야 한다. 2절에서 논의된 대로 초점이 발생하는 문맥을 세 가지 종류로 분류했다. 각 경우에 초점틀 부분은 전제된 내용으로서 조응성을 가지며 적절한 선행사에 의해 허가(license)를 받고 그 선행사와 공지시 관계에 있도록 처리된다. Schwarzchild(1999)의 방법에 의하면, 어떤 발화 U가 전제된 상태를 "주어짐성(given)"이라는 개념으로 다음과 같이 정의한다.

(49) Definition of GIVEN.

An utterance U counts as GIVEN iff it has a salient antecedent A and:

a. if U is type e, then A and U corefer.

b. otherwise: modulo ∃-type shifting, A entails the Existential-F-Closure of U

(50) Existential-F-Closure of U $=_{df}$ the result of replacing F-marked phrases in U with variables and existentially closing the result, modulo existential type-shifting

발화 U는 U의 존재-F-폐쇄(existential F closure)를 함의하는 존재구문으로 타입 변이(∃-type shifting)된 선행사 A가 있으면, 그리고 그래야만, U는 주어진 정보로 여겨진 다. U의 존재-F-폐쇄는 U에서 초점구를 변항으로 대체하여 그 결과를 존재구문으로 폐쇄하여 얻어진다.

이제 (48)의 질문과 대답에 대해 존재-폐쇄(existential closure),'∃-타입 변이와 존재-F-폐쇄를 적용하면 다음이 얻어진다.

(48′) a. Q의∃-타입변이: ∃y[John's mother praised y]

b. A의존재-F-폐쇄∃x[she praised x]

'John의 엄마가 누구를 칭찬했니?'라는 의문문은 $-타입 변이에 의해 'John의 엄마가 누군가를 칭찬했다'는 내용을 제공하고 Mary에 초점이 주어진 대답은 초점 부분에 대해 존재 폐쇄를 통해 같은 존재문을 얻게 된다. 이제 이렇게 이루어진 질문–대답간의 주어진 정보와 선행사 관계를 가지고 DRS로 표현해 보자. 먼저 질문부터 DRS에 갱신되어야 한다. 질문 (48′a)로 (51)과 같은 DRS가 얻어진다. 여기에 대답 (48′b)를 더하면 (45)와 같 은 DRS가 얻어진다.

(48Q): Who did John's mother praise?
(wh-구에 대한 존재-폐쇄와 ∃-타입 변이에 의해)

(48′a) ∃y[John's mother praised y]

(51)

j u v
john(j) mother(u) poss (j,u) praise

DRS K1

(48A): She praised MARY.

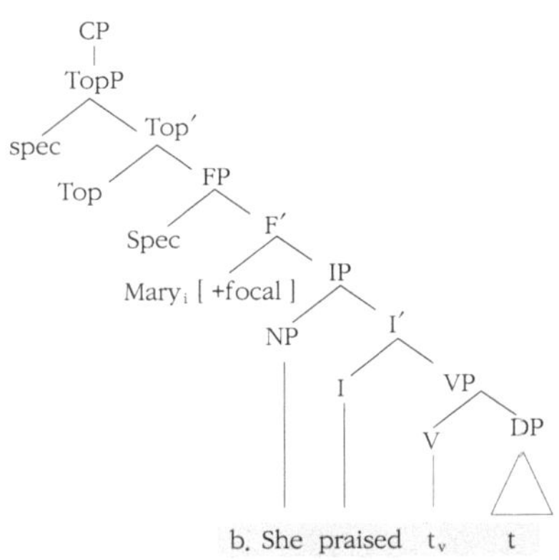

(초점구에 대한 존재 F- 폐쇄에 의해)

(48′b). ∃x[she praised x & x=mary] (by existential-F-closure)

(52) DRS K2′

j *u* r w x m

john(j)
mother(u)
poss (j,u)
praise (u,r) ◄┐ (a)질문

선행사

mary (m)
praise (w,x) ─┘
x = m
(b)대답

음영 부분은 존재-F-폐쇄에 의해 얻어진 Schwarzschild의 GIVEN 부분으로서 여기서 는 조응적인 전제정보로서 적절한 선행사를 찾아야 하는 부분이다. 나머지 x=mary는 2절에서 제시한 초점문장의 의미적 술부로서 정체규명의 술부에 해당하는 내용이다. 질문(48′a)에서 담화 표지 r은 j(=John)의 엄마인 u가 칭찬한 누군가를 지칭하는 새로운 존재로 등장해서 praise(u,r)의 조건과 함께 선행사로서 기능한다. 이들은 대답 문장인 (b) 부분의 담화 표지 w, x와 조건 praise(w, x)를 결속시키게 되어 같은 담화표지와 조건 으로 남게 된다. 즉, 음영 부분이 w=u, x=r, praise(w,x)=praise(u,r)로 모두 조응적으로 결속되어(anaphorically bound), 선행사에 흡수된 결과 다음의 DRS가 남게 된다.

(53) DRS K2

j, u, r, m

john(j)
mother(u)
poss (j,u)
praise(u,r)
(48′a)질문

mary(m)
r=m
(48b)대답

이 과정은 조응 대명사나 한정 명사구가 이전 담화에서 존재하는 담화표지를 선택해서 사용하는 것과 결과적으로 같은 절차이다. 단지 표준 DRT에서는 조응 명사구를 즉석에서 이전 담화표지와 동일한 것으로 골라 사용하는 하향식(top down) 방식으로 처리하는 반면, Sandt의 확대 DRT에서는 조응적 표현들이 갱신된 임시 DRS(위에서 K2′)를 설정 한 후에 알맞은 선행사에 결속시켜 같은 담화표지와 조건으로 바꿔주어 모든 조응 표현들이 결정(anaphora resolution)되어 완성된 DRS(위의 K2)를 얻어내는 상향식(bottom up) 방식을 취한다는 절차상의 차이가 있을 뿐이다. 이때 각 단계별로 갱신 변화되는 상자로 표시되는 DRS는 Stalnaker(1973), Kartunnen(1974) 등의 공동배경(common ground)이 갱신되는 것과 개념적으로 같은 절차로 이해하면 된다.

여기서 한가지 주의를 기울여야 할 부분이 있다. 2절에서 논의된 대로 초점을 포함하는 문장은 표층적인 통사적 주-술 구조와는 상이한 의미적 주-술 구조를 갖는다는 견해를 소개한 바 있다. 또한 이때 의미적 주-술 구조는 초점구에 대해 두 개의 지시체가 관여하여 그 두 지시체 간의 동일성의 서술이 이루어진다는 점도 언급되었다. 이 두 개의 지시체의 존재는 의미적으로나 통사적으로 상당히 중요한 부분이라고 볼 수 있다. 위의 DRT 방식의 분석에서도 드러났듯이 r과 m이라는 두 개의 지시체가 담화 표상 구조에 실지로 도입되어 Mary와 관련이 되었다. 이 때 담화표지 r은 구 지시체(=조응적 대명사)였던 x의 선행사로서 귀결되었고, m은 Mary라는 존재를 지시하는 담화 표지로서 별도로 존재하는 것이다.

이 때 이 두 지시체의 존재에 대해 일종의 입체적인 형상을 그려 볼 필요가 있다. 하나의 지시체 r은 DRS K2를 통해서도 볼 수 있듯이 이전 문맥인 질문의 wh-구에 대한 존재 구문을 통해 처음 도입된지시체로서 대답 단계에서 발생한 초점의 선행사로 연결되는 지시체이다. 그 문장 처리과정의 이미지를 그려 보자면 다음과 같다.

she praised r이라는 이미 이전 단계에서 발생한 내용을 다시 반복해 주는 부분에 불과한 초점틀 부분은 편평 억양(flat intonation/de-accent)으로 표현된다. 그리고 r이라는 목적어 부분에 r의 정체를 밝혀 주는 m이 동일성의 서술로 첨가되는 다음과 같은 입체적인 형상을 상상해 볼 수 있다.

(54)

	m
She praised	r

즉, 위의 m은 r이라는 구 지시체 위에 덧붙여 발화되는 지시체로서 다른 부분에는 없는 강세가 발생을 하게 된다. 이렇게 다소 순진한 방식으로 표현된 직관을 통사적 구조로 표현해 보자.

(55) $[_{FP}$ Mary$_m$ $[_{IP}$ [she praised e$_m$]]]

위와 같은 구조가 일반적인 초점관련 통사구조의 설정이다. 초점구인 Mary는 일반적인 선행사와 조응사간의 조응지표(anaphoric index)로서 뿐아니라 DRT의 담화표지와의 연결을 보이기 위해 m으로 표시해 보았는데, 이때 추가적으로 r이라는 지표를 하나 더 가지고 있다고 보아야 한다.

(56) $[_{FP}$ Mary$_m$ $[_{IP}$ [she praised $[e_r]_m]]]$

이 때 r은 FP로 이동한 초점인 Mary와의 결속을 나타내는 조응지표로서가 아니라 음영 부분으로 표시된 조응 표현인 문장 전체의 일부로서 존재하며, 문장 전체가 이전 담화 문맥에 함의된 내용 중에 선행사를 찾는 역할을 한다. 따라서 통사적 도출도 r로 표시되는 명사구와 먼저 이루어져야 한다. 추후에 [+focal] 자질 점검은 m을 통해 이루어지게 된다. 이 m도 결국은 (30)에서 제시된 초점의 의미기능에 의해[+focal]자질의 의미해석을 통해 r=m의 등가 서술이 이루어져 r과 동일한 개체를 지시하게 된다.

위의 방법은 Mary가 직접 [spec, FP]로 비현시적 이동을 하는 구조로 설정을 했다. 그런데 이 방법 뿐 아니라, 이동은 하지 않고 표층 형태 그대로 제자리에 머물며, 표지 r은 이전 문맥의 선행사에 의해 결속되는 조응 표현의 일부로 기능하고, 나머지 표지 m은 [+focal] 자질을 갖는 F 라는 연산자에 의해 결속을 당하는 다음과 같은 구조를 택할 수 도 있을 것이다.

(57) $[_{FP}$ F_m $[_{IP}$ [she praised $[\text{Mary}_r]_m]]]$

제자리에 머무르는 Mary는 음성적 강세를 통해, 하나의 표지 r은 조응적 표지이고 나머지 표지는 mary라는 개체의 지시체로서 두 표지를 포함하고 있음을 표시한다.

(30)에서 제시된 초점의 의미론을 사용하면 초점 연산자 F의 [+f]의 의미는 (58b)와 같은 동일함수를 통해 정체규명의 서술 기능을 한다. 결국 r이라는 지시체는 조응적 한정 명사구로서, 초점틀의 내용을 만족시키는 한정 표현으로 해석되고, 이 한정 표현의 의미는 Rullman(1995)이나 Kadmon(1990) 등이 제시한 대로 (58a)와 같은 최대항 연산자에 의해 표현된다. 이 최대항 연산자 maximility는 '그녀가 칭찬을 한'이라는 자질을 만족시키는 최대항을 내어 줌으로써 한정 표현의 '특정성 (uniqueness)/최대성 (maximality)'의 의미를 표현한다.

(58) 의미적 주부와 술부

a. 의미적 주어: *max* (λx{praise(she, x)}

b. 의미적 술어: λy(y=m)

여기서 관심을 가질 점은 이 문장에서 지시체 r을 포함하는 조응적 표현은 그 통사적 처리가 F의 연산 이전에 이루어져야 한다는 점이다. 그리고 이렇게 이미 처리된 구조는 나머지 지시체인 m과 초점사 F의 결속 과정 혹은 자질 점검 과정에서 어떤 방해도 하지 않아야 한다. 즉, 조응적 표현은 이미 이전 문맥에서 발생한 내용이기 때문에 초점구문인 m보다도 더 넓은 작용역, 다시 말해 더 광역적(global) 정보라고 할 수 있다. 이러한 점은 앞에서(14-15) 문장을 통해 본 작용역 해석과 관련된 초점 현상에 대해서도 올바른 예측을 가능하게 해준다.

(14) [JOHN] Fwas betrayed by the woman he loved.

(14′) [John]j {s [________$_i$]$_j$ was betrayed by the woman hei loved}

(15) The woman he loved betrayed [JOHN]$_F$

(15′) *[John]$_j$ {s the woman hei loved betrayed [________$_i$]$_j$}

(16) the x s.t. the woman x loved betrayed x is John.

(14′)의 해석은 가능하고 (15′)은 불가능한 이유가 약교차 구조이기 때문이라고 볼수도 있겠으나 그보다 이전에 음영 처리된 부분을 고려해 보면 그 이유가 설명된다. 중요한 점은 여기서 i라는 지표는 john 이 남겨 놓은 것이 아니라 원래부터 있었던 개체라는 점이다. 즉, 초점구와 연결된 두 지시체 중에서 john이라는 개체를 지시하는 지시체와 이전 문맥에 선행문장을 가지고 있는 전제된 문장의 일부로서의 조응적 지시체 ei는 별도로 행동하여 위에서 논의했듯이 조응표현의 구조만을 고려해 보면 (14″-15″)과 같다는 것이다.

(14″) e $_i$ was betrayed by the woman he$_i$ loved

(15″) *the woman he$_i$ loved betrayed by e$_i$

또한, 이 조응 표현들은 이미 이전 문맥에서 그대로 선행사를 가지고 있어야 하는 표현이기 때문에 다음과 같은 선행 문장이 이미 발생을 했을 것이다.

(14‴) Some man_i was betrayed by the woman he_i loved

(15‴) *the woman he_i loved betrayed by some man_i

초점틀에 속하는 he라는 대명사는 이전 문맥에서 이미 발생한 대명사이다. 따라서 he는 John과 연결된 지표 중 이전 문장과 결속되는 i와는 결속되지만 현 문장에서 새로 발 생한 j라는 지표와는 결속이 되지 않아야 한다. 이렇게 보면 두 구문의 문법성의 차이는 약교차 구조이전에 성분 통어로 설명된다. (14″)에서는 some mani는 뒤의 he를 성분 통어하지만, (15″)에서는그렇지 않기 때문에 he를 결속할 수 없다. 즉, he와 ei 가 공지시될 수 없다. 그런데, 현 문장에서 초점의 의미에 의해 j와 i는 동일하다는 서술이 성립되어야 한다. 즉, he≠ei=j 가 되어야 하는데 (15)와 같이 he=ei=j 의 공지시 관계는 성립이 될 수 없다.

결국 초점을 포함한 문장의 처리는 문장단위의 통사처리와 담화 단위인 문장간의 결속 관계 처리의 이차원으로 이루어져야 한다는 것을 알 수 있다. 문장 내부에서는 TopP가 가장 높은 작용역을 갖도록 해석되지만 담화층위를 고려해 보면 TopP와 FP를 모두 뺀 나머지 초점틀 부분, 즉, [-topical, -focal] 자질을 갖는 부분이 더 높은 작용역을 가지는 해석이 타당하다. 이와 같은 분석을 통해 한 문장 단위의 통사층위만을 고려한 분석에서 발견되었던 두 가지 문제점, 하나는 초점틀이 양화 상승을 해야 하는 해석과 초점이 양화 상승한다고 보는 일반적 견해의 상충, 또 하나는 FP 이하는 모두 신정보로 분석해야 하는 경우와 그 중 일부는 구정보로 해석되어야 하는 두 경우의 상충의 문제, 이 두 문제점 을 이차원적 방법으로 처리 할 수 있는 방법을 찾을 수 있었다.

이상의 분석 결과를 바탕으로 문제가 되었던 구문인 (33B)에 대한 통사-담화 구조의 상호작용을 통한 처리 과정을 짚어 보도록 하자.

4.3. 통사-담화 구조 상호 작용

(33) A: Which proposal did Dr. Svenson reject?

B: Dr. Svenson rejected $[_{NP}$ the proposal $[\text{JOHN}]_F$ submitted$]_F$

이미 논의했듯이 (33B)의 정보 구조는 John이라는 초점과 the proposal John submitted라는 복합명사구 초점이 발생하는 구조이다. 이 구조를 위에서 차용한 통사 구조를 사용해서 그려보면 다음과 같다.

(59)

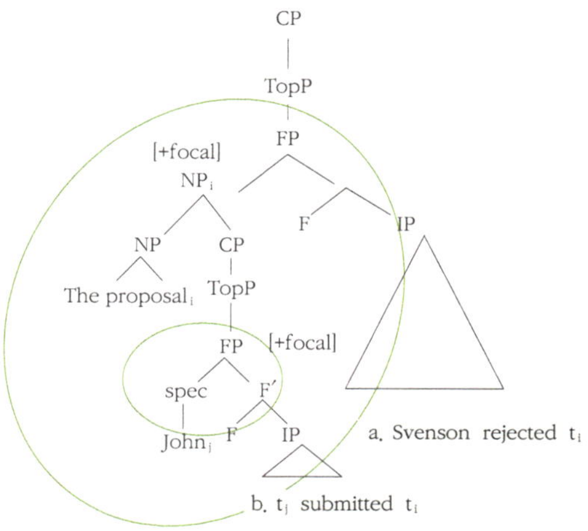

위의 구조에서 작은 원 부분이 [John]$_F$ submitted에 해당하는 서술어1이고, 큰 원 부 분이 전체 문장의 초점인 Svenson rejected [the proposal …]$_F$ 에 해당하는 서술어2 부분 이다. 이 두 개의 의미적 주술 구조가 발생할 수 있는 전제 조건은 다음과 같은 내용이 이미 문맥에서 주어졌을 때 가능하다. 누군가가 제안서를 제출했다는 전제와 Svenson이 어떤 제안서를 퇴짜 놓았다는 전지이다. 이 두 가지 전제가 만족되었을 때 이 문장의 초점 구조는 적정성을 갖게 되어 정당한 초점 문장이 발생을 할 수 있다.

위에서 논의한 바와 같이 전자의 전제는 제안서는 제출자가 있으리라는(아래 a의 내용) 일반적 상식으로 문맥에서 쉽게 수용(accommodate)될 수 있다. 후자의 전제는 이 대화의 질문에 의해서 만족이 된다. 즉, Schwarzschild의 방법에 따라 which-구에 대해 존재 폐쇄를 거치면 다음의 b와 같은 내용을 얻게 된다. 이러한 정보 구조에 (33B)와 같 은 대답을 갱신하면 CG2와 같은 상태가 된다.

(60) ∃x[x submitted a proposal] (common sense)

CG1:

x, y
submitted (x, y) proposal(y)

\+

(61) ∃z[Svenson rejected z & proposal(z)] ((31A)의 which에 대한 존재 폐쇄에 의해)

CG2: (31A)

X,Y,Z, S
submitted (x, y) proposal(y) Svenson(s) rejected (s,z) proposal(z)

\+

∃uvw[Svenson rejected u & proposal(u) & u =v & proposal(v)& w submitted v & w=John

((31B)의 외부 초점과 내부 초점의 존재 폐쇄와 초점의 정체구현 서술 기능에 의해)

(62) CG3: (31B)

x, y, z, u, v, w
submitted (x, y)
proposal (y) : common sense

Svenson (s)
rejected (s,z)
proposal (z) : (31A)

rejected (s,u)
proposal (u)]
u = v : (31B)의 외부초점
proposal (v)
submitted (w,v): (31B)의 CP 내부초점
w = j

외부 초점이 질문을 선행사로 취해서 공지시된다.

(63)

x, y, z, u, v, w, j

submitted (x, y)
proposal (y):

Svenson (s)
rejected (s,z)
proposal (z)

resolution (s, u) Anaphora rejected
proposal (u)]
u = v
proposal (v)
submitted (w, v)
John (j)
w = j

내부 초점이 상식에 의해 수용된 전제의 선행사를 찾아 공지시된다.

(64)

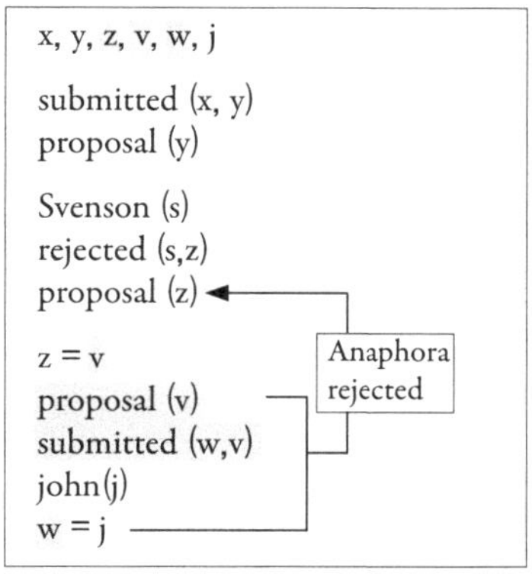

외부 초점에 의해 Svenson에 의해 거부당한 제안서가 y라는 담화표지와 정체규명 서술이 되고 내부 초점의 전체 확인 서술에 의해 y의 제출자가 John으로 확인된다.

(65)

x, y, z, j		
submitted (x, y)		
proposal (y)	:	common sense
Svenson (s)		
rejected (s,z)		
proposal (z)	:	(31B)의 외부 초점
z = y		
John (j)		
x = j	:	(31B)의 내부 초점

위와 같은 분석을 통하면, 결과적으로 초점구 'John'은 섬제약을 위반하지 않고 초점 해석을 받을 수 있게 되어 서두에 제시된 문제가 해결된다.

5. 맺음말

본 논문에서는 초점 현상을 의미적 기능과 구조, 통사적 구조, 그리고 담화 맥락과의 상호 관련성으로 설명하려 하였다. 그 결과 다음과 같은 사실에 도달했다.

(i) 문장의 각 부분의 정보 상태는 [+-topical/+-focal]의 자질로 설명할 수 있다.

(ii) 초점구는 문장의 표층 통사구조와는 다른 의미적 주술구조를 도입하여 의미적 술어의 역할을 한다.

(iii) 초점구는 [-t, +f]의 자질로 표시되고 [+f]의 의미적 기능은 초점구에 연결된 두 개 의 지시체의 동일성을 서술하는 것이다. 즉, 조응적 구지시체의 정체를 초점구의 신지시 체와 동일서술로 규명하는 일이다.

(iv) 문장에서 초점과 주제어를 빼고 남은[-t, -f]의 자질을 갖는 초점틀의 내용은 이 전 담화에서 선행사를 갖는 전제 정보로서 문장 내부의 정보 중 가장 작용역이 높은 광역 적 정보이다.

(v) 통사 구조와 담화 층위의 상호 작용을 통해 문장 내부의 작용역 관계가 설명된다: 확대 DRT의 방식으로 초점틀의 구정보성을 이전 문맥에 존재하는 선행사 결속관계로 포 착하여 초점틀의 광역적 작용역을 설명할 수 있다.

(vi) 이상과 같은 방식으로 초점 현상을 통사적, 의미적, 담화적 측면의 상호 작용으로 설명할 수 있다.

본 논문의 원래 의도는 제시된 같은 정보 자질로 대조주제 현상도 일관된 설명을 시도 하는 것까지 포함되었었다. 그러나 지면의 부족으로 인해 대조 주제에 대한 분석은 후속 논문으로 미루도록 하겠다. 그러나 마지막으로 일관된 대조주제 분석의 방향을 보여주기 위해 대조 주제에 대한 간략한 방향성을 제시하고자 한다. 본문에서 언급된 바와 같이 하강-상승 억양은 Bolinger의 B-강세라고 불리며 한국어, 일본어의 대조 주제와 상응하는 현상이다. 1절에서 논의된 대로 대조 주제는 주제어이면서도 동시에 초점의 성격을 지니는 현상으로 [+t, +f]로 정의된다. 이에 대한 근거는 후속 논문에서 자세히 밝히고자 한다. 다만 다음과 같은 대조 주제를 포함하는 문장을 간략히 고려해 보겠다.

(66) Q: 영희는 누구에게 무엇을 주었니?

A: 영희는 영수에게는 반지를 주고, 민수에게는 목걸이를 주었다.

(66Q)의 복합 질문(multiple question)에 대한 대답 문장에서 발생한 주제어, 대조 주제어, 초점, 그리고 그 이외의 부분에 대한 통사적 구조를 다음과 같이 제시하여 앞으로 대조 주제에 대한 분석의 방향만을 암시하며 논문을 맺도록 하겠다.

(67)

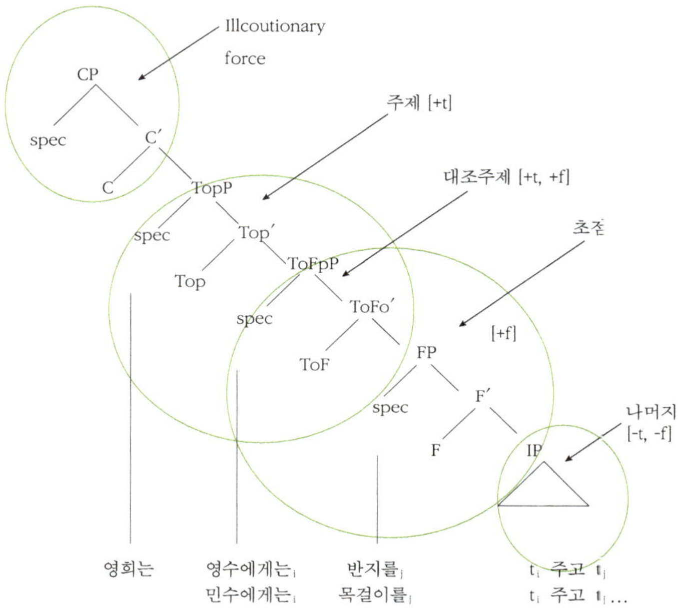

참고문헌

Bolinger, Dwight L.(1961) Contrastive Accent and Contrastive Stress. Language, 37:87-96. Buering, Daniel. 1994. Topic. In Bosche and van der Sandt (eds.), editors, IBM Working Papers of the Institute for Logic and Linguistics 2, pages 271-80.

Buering, D.(1999) On D-Trees, Beans, and B-accents. UCSC. ms.

Chomsky N.(1971) Deep Structure, Surface Structure, and Semantic Interpretation. Semantics, ed. by D.D.Stein and L:.A. Jakobovits. 183-16. Cambridge: Cambridge University Press.

Chomsky, N.(1976) Conditions on Rules of Grammar, Linguistic Analysis 2, 303-51. E Kiss K. 1998. Identificational Focus vs. Information Focus. Language 74. 245-273.

Frege G.(1982) Uber Sinn und Bedeutung. English translations. Translations from the Philosophical Writings f Gottlob Frege, ed. by P. Geach and M. Black. Blackwell Publishers, Oxford.

Gussenhoven, C.(1983) The Semantic Analysis of the Nuclear Tones of English, Indiana University Linguistics Club.

Haegeman, L &J. Gueron.(1999) English grammar, a generative perspective. Blackwell. Hajicova E, B. H. Partee & P. Sgall. 1996. Topic-Focus Articulation, Tripartite Structures, Semantic Content. Kluwer Academic Publishers, Dordrecht.

Heim E.(1983) On the Projection Problem of for Presupposition. WCCFL 2, 114-25.

Horn L.(1985) Metalinguistic Negation and Pragmatic Ambiguity. Language 61. 121-74. Jackendoff, Ray. 1972. Semantics Interpretation in Generative Grammar. MIT Press, Cambridge.

Kemp H & U Reyle.(1993) From Discourse to Logic. Kluwer, Dordrecht.

Kartunnen, L.(1974) Presupposition and Linguistic Context. Theoretical Linguistics 1, 181-94.

Kadmon N.(1990) Uniqueness. Linguistics and Philosophy 13. 273-324. Kadmon N. 2001. Formal Pragmatics. Malden: Blackwell publishers.

Krifka, Manfred.(1991) A Compositional Semantics for Multiple Focus Constructions, SALT 1:127-158.

Lambrecht, K.(1994) Information Structure and Sentence Form. Cambridge University Press, Cambridge.

Lee, Chungmin.(1992) pi-hanjungsung/pul-teukjungsung vs. hwaje/chojum. Kukehhak 22.

Partee, B.(1991) Topic, Focus and Quantification, Proceedings of SALT 1. Cornell University. Paul, H. 1880. Prinzipien der Sprachgeschichte, Niemeyer.

Peregrin J.(1995) Topic and Focus in a Formal Framework. Discourse and Meaning: Papers in Honor of Eva Hajicova., ed. by B. Partee and P.Sgall. John Benjamin.

Pierrehumbert, Janet & J Hirschberg.(1990) The Meaning of Intonation Contours in the in the Interpretation of Discourse. In P. R. Cohen, J. Morgan and M.E. Pollock (eds.), Intentions in Communication, MIT Press, 271-311.

Roberts, Craige.(1996) Information Structure in Discourse: Towards an Integrated Formal Theory of

Pragmatics. Ms. Ohio State University.

Rooth, Mats.(1985) Association with Focus. Doctoral Dissertation, University of Massachusetts.

__________.(1996) Focus. The Handbook of Contemporary Semantic Theory, In Shalom Lappin (ed.), Blackwell, Oxford, 271-98.

Russell, B.(1905) On Denoting. Mind 14. 479-93.

Schwarzschild.(1999) GIVENness, Avoid F and other Constraints on the Placement of Accent. Natural Language Semantics. 7. 2, 141-77.

Rullman, H.(1995) Maximality in the Semantics of Wh-Constructions. Ph. D dissertation. University of Massachusetts.

Selkirk, E.(1996) Sentence Prosody: Intonation, Stress and Phrasing. In Goldsmith (ed.), *Handbook of Phonological Theory*,.ed., Gikdsmith, MA: Blackwell, Cambridge, 550-69.

Stalnaker, R.(1973) Presupposition. Journal of Philosophical Logic 2, 447-457.

Steedman, Mark.(1991) Structure and Intonation. Language 67: 260-296.

Steedman, Mark.(2000) The syntactic Process. Cambridge: MIT Press

van der Sandt.(1992) Presupposition Projection as Anaphora Resolution. Journal of Semantics 9. 333-377.

Vallduvi, E.(1992) The Informational Component. New York: Garland Press.

Von Fintel, kai.(1994) Restrictions on Quantifier Domains. Doctoral Disseertation, University of Massachusetts dissertation.

__________.(1998) Semantics and Pragmatics of Contrastive Topic in Korean and English. In A Akasuka, H. Hoji, S. Sohn, and S. Strauss (ed.), Proceedings on the Seventh Conference on Japanese/Korean Linguistics. CSLI.

__________.(1999) Definite Focus, Ph. D dissertation. University of Groningen. Groningen.

__________.(2001) Sentential Logic, Discourse, and Pragmatics of Topic and Focus. Ph.D. Dissertation, Indiana University.

__________.(2003) Function of Focus as Semantic Predicate. Korean Journal of English Language and Linguistics 4: 453-474

Zubizaretta(1998) Prosody, Focus and Word Order. Cambridge, Massachusetts: The MIT Press

XIX 주제어, 초점어 그리고 긍정극어로서의 'so'

19

주제어, 초점어 그리고 긍정극어로서의 'so'*

김광섭

1. 도입

본 논문의 주요 연구 대상은 so로 시작되는 구문이다. 먼저 (1b)와 (2b)를 살펴보자. 이 두 구문은 같은 구성요소로 이루어져 있다는 공통점을 가지고 있다. 즉, 두 구문은 모두 문두의 so, 조동사, 그리고 주어라는 세 요소로 구성되어 있다. 또 다른 공통점은, so가 앞에 나온 말인 happy를 대신해서 쓰이는 대용어(pro-form)으로 쓰인다는 것이다.

(1) a. 화자 A: I am very happy.
b. 화자 B: So am I. ('So-조동사-주어' 구문)

(2) a. 화자 A: You appear to be happy.
b. 화자 B: So I am. ('So-주어-조동사' 구문)

그러나 이 두 구문은 어순에 있어서 차이를 보인다. 예문 (1b)는 '주어-조동사' 도치 현상(Subject-Aux Inversion)을 보이는 반면, (2b)는 그렇지 않다. 이러한 어순의 차이로 인해 이 둘은 분명한 의미의 차이를 보인다. (1b)는 '나도 그렇다'로 해석되고 (2b)는 '맞아, 내가 그래'라고 해석된다. So로 시작되는 구문에는 'So-조동사-주어' 구문과 'So-주어-조동사' 구문 이외에, (3)과 같은 유형도 존재한다.[1)]

---

* 본 논문은 Kim(2021)의 논문을 수정, 보완한 것임을 밝힌다.

1) 예문 (i)은 so로 시작되는 또 다른 유형의 구문이다. 이 문장에서는 so 다음에 부사가 나오고 주어-조동사 도치를 보이고 있다.
(i) So quickly did she run that the others couldn't catch up with her.

예문 (3)은 '주어-조동사' 도치가 발생했다는 점에서 'So-조동사-주어' 구문과 비슷해 보인다. 하지만 이 구문은 또 다른 유형의 So-시작 구문이다.

(3) Just as some children ignore their parents, so do some parents ignore their children.
(Wood 2008: 305) (So-조동사-절 구문)

예문 (3)이 보여주는 구문과 'So-조동사-주어' 구문의 두드러진 차이점은 도치된 조동사 다음에 완전한 절이 온다는 것이다. 이는 so가 앞의 말을 대신해서 쓰이는 대용적 표현이 아님을 말해 준다. 따라서 'So-조동사-주어' 구문과 구별하기 위하여, 이 구문을 'So-조동사-절' 구문이라고 부르기로 한다.

요약하면, so로 시작되는 구문은 크게 세 가지로 나눌 수 있다. 'So-조동사-주어' 구문, 'So-주어-조동사' 구문, 그리고 'So-조동사-절' 구문이 그들이다. 이들 구문은 수많은 흥미로운 논쟁거리를 제시한다. 본 논문에서는 그중에서 다음의 두 가지 쟁점을 중점적으로 다루고자 한다. 첫째는 예문 (1b)와 (2b)에서의 어순 차이가 어떻게 해서 해석의 차이를 유발하는가 하는 것이고, 두 번째는 예문 (1b)와 (3)에서 '주어-조동사' 도치가 발생하는 이유가 무엇인가 하는 것이다. 본 논문의 주요 주장은 예문 (1b)의 so는 주제어(Topic)이고, (2b)의 so는 초점어(focus) so이며, 예문 (3)의 so는 긍정극어 (Positive Polarity Item)라는 것이다. 본 논문에서는 이런 주장으로, 한편으로는 예문 (1b)와 (2b)의 차이점을, 또 다른 한편으로는 예문 (1b)와 (3)의 차이를 원리에 입각하여 설명할 수 있음으로 보이고자 한다.

2. So-조동사-주어 구문과 주제어로서의 So

본 절에서는 첫째, 영어에는 '주부-술부(Subject-Predicate)' 구조 이외에도 '주제-평언(Topic-Comment)' 구조가 존재한다는 점과, 둘째, 'So-조동사-주어' 구문은 '주제-평언' 구문의 한 종류임을 보이고자 한다. 다시 말해, 'So-조동사-주어' 구문은 비명사적 구성소인 so가 주제어 자리를 차지하기 때문에 '주어-조동사' 도치가 발생한 경우라는 것이 본 절에서 제시할 핵심적인 주장이다.

본 논문의 연구 대상은 so가 부사와는 관계없이 독립적으로 사용되는 경우로만 한정한다.

2.1 부정도치(Negative Inversion)와 So 도치의 차이점

먼저 부정도치와 So 도치의 차이점을 비교해보자. 예문 (4a-b)에서 보듯이 만약 부정어구가 전치된다면 그 다음에는 반드시 조동사가 나와야 한다.

(4) a. Not a word did John say.

b. Never has John tried that.

부정도치를 다루는 기존의 이론으로는 T-이동설과 주어 비이동설이 있다. 첫째, T-이동설에 의하면 T가 주어를 넘어서 이동했기 때문에 T가 주어를 선행한다는 것이다. 이러한 주장을 하는 학자로는 Culicover(1991), Haegeman과 Zanuttini(1991), Haegeman(1995, 2000a, 2000b), Rizzi(1996, 1997), Rizzi와 Roberts(1996), Roberts와 Roussou(2002) 등을 들 수 있다. 이 분석에 따르면, (4a)는 부정어 not a word가 문두로 이동할 때, 조동사도 같이 이동을 하기 때문에 도치가 발생하게 된다. 좀 더 구체적으로 말하면, (5a-d)가 보여주듯이, T의 위쪽에 Foc(us)라는 핵이 존재하고 Foc의 핵자리로는 T가 이동하게 되고, SPEC 자리로는 not a word가 이동하게 되어, 결과적으로 T가 주어를 선행하게 되는 것이다.[2)]

(5) a. [$_{vP}$ John v say not a word$_{[uFoc(us)]}$]: not a word가 SPEC-v로 이동, 그리고 T와 병합, 그리고 주어 상승

b. [$_{TP}$ John T [$_{vP}$ not a word$_{[uFoc]}$ [$_{vP}$ John v say ~~not a word~~$_{[uFoc]}$]]]: Foc와 병합

c. [$_{FocP}$ Foc [$_{TP}$ John T [$_{vP}$ not a word$_{[uFoc]}$ [$_{vP}$ John v say ~~not a word~~$_{[uFoc]}$]]]]:[3)] T-to-Foc 이동과 초점화

d. [$_{FocP}$ not a word$_{[uFoc]}$ [T Foc] [$_{TP}$ John T [$_{vP}$ ~~not a word~~$_{[uFoc]}$ [$_{vP}$ John v say ~~not a word~~$_{[uFoc]}$]]]]

한편, 주어 비이동설에 따르면, 'T > 주어' 어순이 만들어지는 이유가, 주어가 SPEC-T로 이동을 하지 않고 대신 부정어가 상승하기 때문이라는 것이다. 이러한 주장을 하는 대표적인 학자로는 Sobin(2003)을 들 수 있다. 예문 (6a-b)에서 보듯이, 만약 not a word가 SPEC-T로 이동하고 주어 John

---

2) Kim(2022, 2024b, 2024c)에 따르면, T가 이동하는 이유를 다음과 같이 설명하고 있다. 부정문의 경우 T가 비해석적 자질인 [u(ninterpretable) Neg(ative)]-자질을 가지고 있으며, 이러한 비해석적 자질이 제자리에서 지워질 수 없으면, 최후의 수단으로 이동하게 된다. 한편 부정어는[u Foc]를 가질 수 있으며, [u Foc] 자질을 지우기 위해 Foc의 SPEC 자리로 이동하게 되는데, 이렇게 이동이 발생하게 되면, 자신의[u Foc]뿐 아니라 T의[u Neg]도 지워지게 된다. 요약하면, 이동이 발생하는 이유는, 핵이동도 의문사 이동과 마찬가지로 비해석적 자질이 제자리에서 생략될 수 없으면 발생한다는 것이다.

3) 본 논문에서는 CP는 많은 다른 투사로 쪼개질 수 있고 초점이 그 중 하나라고 가정한다(Rizzi 1997, Cinque and Rizzi 2010).

이 vP안에 머물러 있다면, 조동사 did가 주어를 선행하게 되는 것이다.

(6) a. [$_{vP}$ John v say not a word$_{[uFoc]}$]]: not a word가 SPEC-v으로 이동, 그리고 T와 병합

b. [$_{TP}$ T$_{[Foc]}$ [$_{vP}$ not a word$_{[uFoc]}$ [$_{vP}$ John v say ~~not a word~~$_{[uFoc]}$]]]: not a word가 SPEC-T으로 상승

c. [$_{TP}$ not a word$_{[uFoc]}$ T$_{[Foc]}$ [$_{vP}$ ~~not a word~~$_{[uFoc]}$ [$_{vP}$ John v say ~~not a word~~$_{[uFoc]}$]]]: Do-삽입

d. [$_{TP}$ not a word$_{[uFoc]}$ [did T$_{[Foc]}$] [$_{vP}$ ~~not a word~~$_{[uFoc]}$ [$_{vP}$ John v say ~~not a word~~$_{[uFoc]}$]]]

첫 번째 접근법과 두 번째 접근법은 선행하는 조동사의 수에 있어서 서로 다른 예측을 제시한다. 전자는 단 하나의 조동사만이 주어를 선행할 수 있다고 예측하는 반면, 후자는 두 개 이상의 조동사가 주어를 선행할 수도 있다고 본다. 따라서 부정문에서 두 개 이상의 조동사가 주어를 선행할 수 있느지가 핵심 쟁점이라고 할 수 있다. 예문 (7a)와 (7b)의 문법성 차이는 부정문에서 두 개 이상의 조동사가 주어를 선행할 수 없음을 보여 준다.

(7) a. Never have I been eating pizza.

b. *Never have been I eating pizza.

이러한 점을 고려하면 우리는 첫 번째 접근법인 T-이동 접근법이 부정도치에 적합하다는 결론에 도달할 수 있다.

앞에서 언급한 두 가지 접근법을 염두에 두고 이제 So-도치를 살펴보자. 먼저 T가 주어를 지나가는 이동을 한다는 T-이동 접근법을 적용하여 보기로 하자. 이러한 접근법에 따르면, 주어 I는 SPEC-T로 상승하고, so와 [be T]는 각각 SPEC-Foc와 Foc으로 이동한다.

(8) So am I.

(9) a. [$_{TP}$ T [$_{VP}$ be so I]]: I가 SPEC-T로 상승, 그리고 be가 T로 이동

b. [$_{TP}$ I [$_{be}$ T] [$_{VP}$ ~~be~~ so I]]: Foc와 병합

c. [Foc [$_{TP}$ I [be T] [$_{VP}$ ~~be~~ so I]]]: [be T]가 Foc로 이동, 그리고 so가 SPEC-Foc로 상승

d. [$_{FocP}$ so [be T] Foc [$_{TP}$ I [~~be T~~] [$_{VP}$ ~~be so I~~]]]

이런 분석은 기본적으로 Wood(2008, 2014)가 채택한 방식이다. Neither가 '주어-조동사' 도치를 유

발하는 부정극어 표시자인 것처럼, so가 도치를 유발하는 긍정 극어 표시자라는 것이 Wood의 제안이다. 이 분석은 부정문과 긍정문이 같은 방식으로 다뤄질 수 있다는 점에서 매력적이다. 그러나 이런 접근법에는 즉각적인 반례가 있다. 예문 (10)이 보여주듯, 주어가 두 개 이상의 조동사와 도치될 수 있다는 점이 그 예이다.

(10) a. Tom had been there, and {so had Judy, so had been Judy}

b. Jimmy Carter would have been reelected, and so would have Dukakis. (COCA)

이러한 현상은 T-이동 접근법으로는 설명할 수 없다. 이는 T-이동 접근법에서는 단 하나의 조동사만이 주어를 넘어 이동할 수 있다고 보기 때문이다.

요약하면, 주어-조동사 도치를 해결하는 방법에는, (i) 상승된 주어를 넘어 T-이동이 발생한다는 것과 (ii) 주어 상승이 발생하지 않는다는 두 개의 접근법이 있다. 앞서 살펴본 바와 같이 T-이동설은 'So-조동사-주어' 구문을 설명하지 못한다. 다음절에서는 주어 비상승설의 타당성을 검토하고자 한다.

2.2 영어에서의 '주제-평언' 구문

주어 비상승설로 다룰 수 있는 대표적인 구문으로 '장소도치' 구문이 있다. '장소도치' 구문인 (11a)의 특징은 동사 stood가 주어인 three statues 앞에 위치한다는 점이다. 이러한 현상은 주어 상승이 발생하지 않았기 때문이라고 주장함으로써 쉽게 설명할 수 있다.[4]

왜냐하면 본동사는 핵이동을 하지 않는다고 알려져 있기 때문에, 도치가 발생하는 유일한 방법은 주어가 상승하지 않는 것이라고 할 수 있다.

(11) a. In the plaza stood three statues.

b. [in the plaza T [~~in the plaza~~ [stand [three statues ~~in the plaza~~]]]]

---

4) 잘 알려진 바와 같이, (11a)에서는 T가 동사구내 주어인 three statues와 수와 인칭에 있어서 일치(agreement)관계를 맺게 된다. 이런 현상은, Chomsky(2001)의 '일치'(AGREE)에 근거한 접근법을 받아들인다면 간단히 설명할 수 있다. 일치이론에 따르면, 일치관계는 이동 전에 발생하게 되며, 일치관계를 맺었다고 반드시 이동이 발생할 필요는 없다. 예를 들어, (11b)에서는 동사구내 주어는 T와 일치관계를 맺은 다음 SPEC-T로 이동하지 않고 제자리에 남게 된다.

본 절의 나머지 부분에서는 'So-조동사-주어' 구문이 '장소도치' 구문과 유사하다는 주장을 펼치고자 한다. 다시 말해, 두 구문 모두에서 도치가 발생하는 이유가 주어 상승이 일어나지 않기 때문임을 보이고자 한다.

어떤 어구가 주어인지의 여부를 가리는 진단법으로 흔히 활용하는 현상으로는 T와의 일치, 상승(raising), 조동사와의 도치, 부가의문문 등을 들 수 있다. (12a-d)에서 보듯이, 주어는 T와 수(number)/인칭(person)에 있어서 일치를 보이고, 상승을 할 수 있으며, 조동사와 도치될 수 있고, 또한 부가의문문에서 나타날 수 있다.

(12) a. John is/*are happy.

b. John seems to be happy.

c. Is John happy?

d. John is happy, isn't he?

이제, 예문 (12a-d)를 (13a-d)와 비교해보기로 하자. 예문 (13a-d)에서는, (12a-d)와는 달리, 문두에 나오는 표현이 주어의 속성을 가지고 있지 않다.

(13) a. Into the forest flow/*flows two little brooks.

b. *Into the room seemed to run John.

c. *Did into the room run John?

d. *Into the room ran John, didn't he?

문두에 나오는 전치사구 into the forest는 전형적인 주어의 자질 중 그 어떤 것도 갖고 있지 않다. (13a-d)가 보여주듯이, 전치사구 into the room은 수의 일치를 보이지도 않고, 상승을 할 수도 없으며, 도치된 조동사 다음에도 나타날 수 없으며, 부가의문문에서도 나타날 수 없다. 이 모든 것이 의미하는 바는 주어의 기능을 하지 않는 구성소가 마치 주어처럼 절의 맨 앞자리에 나올 수 있다는 것이다.

Li와 Thomson(1976)에 따르면, 영어는 전형적인 '주어 우세(Subject-Prominent)' 언어이다. 영어에서는 명령문을 제외하고는 반드시 명시적인 주어가 T의 SPEC 자리에 있어야 한다. 그러나, 예문 (13a)가 시사하는 것은 영어에 '주제-평언' 구문이 있을 가능성이 있다는 것이다. 즉, (13a)는 (14)로 표상할 수 있다.

(14) [into the forest [flow two little brooks]]
주제 평언

이러한 현상을 포착하기 위하여, Kim(2018)에서 필자는 영어의 T는 무표적(unmarked) T와 유표적(marked) T로 나눌 수 있다고 주장한 바 있다. (15a-b)가 보여 주듯이, 무표적 T는 SPEC 자리에 주어가, 그리고 보어(complement)자리에 서술어구(predicative phrase)가 나타나는 것을 요구하며, 한편 유표적 T는 SPEC 자리에 주제가, 그리고 보어자리에 평언이 나오는 것을 요구한다. 고대영어는 '주제 우세(Topic Prominent)' 언어였고,[5] 따라서 (15b)와 같은 구조가 무표적이었다. 하지만 영어가 '주어 우세' 언어로 변화하면서 (15a)와 같은 구조가 무표적인 구조로 자리잡게 된 것이다. 이러한 시각에 따르면, 구조 (15b)는 유표적인 구조로서 고대영어의 흔적 혹은 잔재라고 할 수 있다.

(15) a. [$\text{T}_{\text{[uSubject][uPredicate]}}$]

b. [$\text{T}_{\text{[uTopic][uComment]}}$]

'주제-평언' 접근법에 따르면 (13a)는 다음과 같이 도출된다.

(16) a. $\text{T}_{\text{[uTopic][}\cancel{\text{uComment}}\text{]}}$] [[flow two little brooks] [into the forest]$_{\text{[topic]}}$]$_{\text{[Comment]}}$: into the forest가 SPEC-T로 상승

b. [into the forest]$_{\text{[topic]}}$ $\text{T}_{\text{[}\cancel{\text{uTopic}}\text{][}\cancel{\text{uComment}}\text{]}}$] [[flow two little brooks] [~~into the forest~~]$_{\text{[}\cancel{\text{Topic}}\text{]}}$]$_{\text{[Comment]}}$

이러한 주장은 몇 가지 한계가 있는데, 그 중의 하나는 '주제-평언' 구문은 긍정적인 평서문만을 허용한다는 사실을 설명하기 어렵다는 것이다. (17a-b)가 보여주듯이, 주제-평언 구문에서는 의문문이나 부정문이 생성될 수가 없다.

(17) a. *Does into the forest flow two little brooks?

b. *Into the forest does not flow two little brooks.

---

5) 고대영어는 이른바 V2 현상을 보인다는 점에서 현대독일어와 유사하다. V2 현상은 다음과 같은 세 가지 조건을 만족할 경우에 발생한다. 첫째, 주제어가 반드시 있어야 하고, 둘째, 주제어는 반드시 문두 위치로 이동을 해야만 하고, 그리고 셋째 주제어구의 핵은 반드시 명시적인 핵으로 채워져야 한다. 위의 조건을 고려하면, V2 현상은 '주제 우세' 언어에서 흔하게 나타나는 현상이라고 말할 수 있다. 따라서 우리는 독일어뿐만 아니라 고대영어도 '주제 우세' 언어라고 결론을 내릴 수 있다.

이러한 현상을 구조적으로 설명하는 한 가지 방법은, Kim(2024a, 2024c)에서 주장하듯이 '주제-평언' 구문의 경우 T가 Topic으로 핵이동을 한다고 주장하는 것이다. T의 SPEC 자리는 반드시 채워져야 한다는 소위 확대투사원리(Extended Projection Principle, EPP)를 설명하기 위하여, Chomsky(2013, 2015)는 T가 투사력이 약하다는 개념을 활용하고 있다. 그의 주장에 따르면, T는 스스로 투사할 수 있는 능력이 부족하기 때문에 SPEC 자리에 일치자질을 가지고 있는 요소가 반드시 위치하여야만 자질공유(feature sharing)를 통하여 표찰을 달 수 있다는 것이다. 만약 (18a)에서 주어인 two little brooks가 T의 SPEC 자리로 이동하지 않으면 α는 표찰을 달 수 없다. 이러한 위기를 해결하는 한 가지 방법은 T가 Topic으로 핵이동을 하여 표찰을 달 필요성을 없애는 것이다.

(18) a. [Topic [α T [[flow two little brooks] [into the forest]$_{[topic]}$]]]: T의 Topic으로의 이동

b. [[Topic T] [~~T~~ [[flow two little brooks] [into the forest]$_{[topic]}$]]]: 주제화

c. [[into the forest]$_{[topic]}$ [Topic T] [~~T~~ [[flow two little brooks] [~~into the forest~~]$_{[topic]}$]]]

그 다음 [Topic T]의 SPEC 자리로 주제인 into the forest가 이동하게 되면 우리가 원하는 문장을 도출할 수 있다. 이러한 주장의 장점은 왜 (17a-b)가 비문인지를 설명할 수 있다는 것이다. T가 Topic 자리로 이동하여 그 결과물이 Topic으로 표찰이 달리게 되면, T는 통사부에서 더 이상 다른 요소와 관계를 맺을 수 없게 된다.

(19) [$_{Topic}$ Topic T] [~~T~~ ...]

만약 어떠한 문장이 (19)와 같은 구조를 갖게 되면, 부정문과 의문문을 만들어낼 수 없게 된다. 왜냐하면 부정문과 의문문은 모두 도출과정에서 T가 필수적인 역할을 하게 되는데 T가 숨겨진 구조인 (19)에서는 제대로 역할을 할 수 없기 때문이다. 예를 들어, 의문문의 경우에는 T가 C로 이동해 가는 것을 요구하는데, 만약 T가 Topic과 하나의 합성물(amalgam)을 이루고 그 합성물이 Topic이라는 표찰을 달게 된다면, T는 이동해 나갈 수 없다. 예를 들어, 예문 (20)에서 T가 Topic으로 이동한 후 그 결과물이 Topic이라는 표찰을 달게 되면 T의 C로의 이동은 불가하다.

(20) [C [... [$_{Topic}$ Topic T] [~~T~~ ...]]]: *T에서 C로의 이동

또한 부정문의 경우 NegP는 반드시 T와 인접하여야 한다. 그러나 만약 T가 Topic자리로 이동해 나

간 뒤 Topic이라는 표찰을 달게 되면, 인접성 조건을 만족시킬 수 없다. (22) 구조에서 T는 NegP와 관계를 맺을 수 없다.

(21) [... T [$_{NegP}$ ...]]

(22) *[... [$_{Topic}$ Topic T] [T [$_{NegP}$ ...]]]:

요약하면, '주제-평언' 구조는 비록 현대영어에서 유표적이지만 아직도 사용 가능하며, 이 '주제-평언' 구조는 T가 Topic으로 이동해 나감으로써 만들어지게 된다.[6]

2.3 '주제-평언' 구문으로서의 'So-조동사-주어' 구문

전장에서 우리는 '장소도치' 구문이 '주부-술부' 구조가 아니라 '주제-평언' 구조로 이루어져 있음을 알았다. '장소도치' 구문 이외에도 수많은 다른 구문들이 '주제-평언' 구조를 가지고 있다. 예를 들자면, (24)에서 보여주듯이[7], 예문 (23)은 주제 here와 평언인 comes the bus로 구성되어있다.

(23) Here comes the bus.

(24) [[here]$_{[topic]}$ [Topic T] [T [[comes the bus] [~~here~~]$_{[topic]}$]]]

예문 (23)을 '주부-술부' 구조라는 관점으로 분석할 수 없는 것은 명백하다. 왜냐하면 the bus가 주어임에도 불구하고 반드시 본동사 come이 선행해야 하기 때문이다. 만약 here가 주제어이고 주어를 포함한 나머지가 평언이라면, 왜 주어가 VP 안에 남아있는지를 잘 설명할 수 있다. (25)가 보여주듯이, (23)이 부정문이나 의문문이 될 수 없다는 사실도 '주제-평언' 분석을 뒷받침한다.

---

6) 이러한 견해에 따르면, 고대영어에서 현대영어로 발전하는 과정에서 발생한 주요한 통사적 변화는 Topic이라는 기능범주가 약화되어 매우 제한된 환경에서만 나타나는 것이라고 말할 수 있다.

7) 또 다른 가능성은 SPEC-T에 있는 주어가 중구성소 이동(Heavy Constituent Shift)을 겪는다고 주장하는 것이다. 그러나 SPEC-T에 있는 구성소가 오른쪽으로 이동하는 경우는 없기 때문에, 이 가능성은 배제할 수 있다.

(i) a. [TP here [TP the bus comes]]: 주어가 오른쪽으로 이동

b. [TP [TP here [TP the bus comes]] the bus]

(25) a. *Here does not come the bus.

b. *Does here come the bus?

본 논문에서는 'So-조동사-주어' 구문이 또 다른 '주제-평언' 구문이라고 주장하고자 한다. 주어의 특성과 문장 유형을 고려하여 볼 때, 'So-조동사-주어' 구문은 '주제-평언' 구문과 같은 패턴을 보인다. So는 어떤 의미로 보더라도 주어가 아니다. So가 INFL과 일치를 하지도 않고, 상승을 하지도 않으며, 부가의문문에 나올 수도 없기 때문이다.

(26) a. So *is/am I

b. *So seems to be I.

c. *So am I, aren't so?

더구나, 'So-조동사-주어' 구문은 의문문, 부정문, 조건문에서 발생할 수 없다.[8)]

(27) a. *Is so John?

b. *So is not John.

c. *If so is John,

이런 현상을 근거로하여 필자는 예문 (28)이 (29)와 같이 도출된다고 주장한다. 먼저 (29a)가 보여주듯, 주어 I와 so는 소절(small clause)을 이룬다. So는 선행문장의 술어를 대신하므로 술어로서 I를 논항으로 취할 수 있다. 또한 be동사는 T로 이동하게 된다. 문제는 만약 I가 [am T]의 SPEC 자리로 이동하지 않는다면 (29a)는 표찰을 달 수 없다는 것이다. T는 스스로 투사를 할만큼 강하지 못하기 때문이다. 이러한 문제는 Topic과 병합한 뒤, [am T]가 Topic으로 이동하게 되면 해결된다. 왜냐하면, 만약 [Topic [am T]]가 Topic이라는 표찰을 갖게 되면 [am T]는 투사를 할 필요가 없기 때문이다. 그다음 so

8) New England의 So AUXn't NP/DP 구문은 이 일반화에 반하는 것처럼 보인다. 그러나, 이와 같은 구문은 이 일반화에 대한 반례가 아니다. 비록 부정 형태소 n't가 나오긴 하지만 이 구문은 부정문이 아니라 긍정문이다. 예문 (ib)는 (id)가 아니라 (ic)로 해석된다 (Labov 1972, Lawler 1974, Horn 1978, 2009, 2010, Freeman 2004, Pappas 2004, Wood, 2008, 2014).

(i) a. I play guitar.

b. Yeah, but so don't I.

c. Yeah, but I do too.

d. Yeah, but I don't either.

가 Topic의 SPEC 자리로 이동하게 되면 (28)이 도출된다.

(28) So am I.

(29) a. [[$_{\text{T}}$ am T] [~~am~~ [$_{\text{Small Clause (SC)}}$ I [so]$_{\text{[Topic]}}$]]]]: Topic과의 병합

b. [$_{\text{Topic}}$ Topic [[$_{\text{T}}$ am T] [~~am~~ [$_{\text{SC}}$ I [so]$_{\text{[Topic]}}$]]]]: [am T]의 Topic으로의 이동

c. [[$_{\text{Topic}}$ Topic [am T]] [[~~am T~~] [~~am~~ [$_{\text{SC}}$ I [so]$_{\text{[Topic]}}$]]]]: So의 주제화

d. [[so]$_{\text{[Topic]}}$ [$_{\text{Topic}}$ Topic am T] [[~~am T~~] [~~am~~ [$_{\text{SC}}$ I [~~so~~]$_{\text{[Topic]}}$]]]]

위와 같은 분석이 옳다는 것은(30a-b)로 반복된 예문(10a-b)에 의하여 입증된다. 만약 So-조동사-주어 구문이 T의 이동에 의하여 발생하였다면 단 하나의 조동사만이 주어를 선행할 수 있는 반면, 주어가 이동하지 않아 발생하였다면 복수의 조동사가 주어를 선행할 수 있다. 예문 (30a-b)는 주어를 선행하는 조동사가 두 개 이상 있을 수 있다는 것을 보여준다.

(30) a. Tom had been there, and {so had Judy, so had been Judy}

b. Jimmy Carter would have been reelected, and so would have Dukakis. (COCA)

이러한 현상은, (31)이 보여주듯이 주어가 상승을 겪지 않고 제 자리에 남아있다고 주장을 하면 잘 설명할 수 있다.

(31) [$_{\text{TopicP}}$ so$_{\text{[Topic]}}$ [$_{\text{Topic}}$ Topic [had T]] [[~~had T~~] [$_{\text{VP}}$ ~~had~~ been [SC Judy ~~so~~$_{\text{[Topic]}}$]]]]

이를 바탕으로 우리는 'So-조동사-주어' 구문이 '주제-평언' 구조를 가지고 있다고 결론 지을 수 있다.

3. 다른 So-시작구문과의 비교

2절에서 우리는 'So-조동사-주어' 구문이 주제와 평언으로 구성되어 있다는 것을 알았다. 이제 'So-주어-조동사' 구문과 'So-조동사-절' 구문의 구조를 'So-조동사-주어' 구문에 비추어 분석하여 보기로 하자.

3.1 'So-주어-조동사' 구문과 'So-조동사-주어' 구문의 비교

예문 (32b)에서 so는 형용사구인 happy의 대용어구이다. 이는 so와 happy가 동시에 나타날 수 없다는 사실로 증명될 수 있다. (33b)의 도치구문에서도 so는 happy와 양립할 수 없다. 따라서, (33b)에서의 so도 happy를 지칭한다고 할 수 있다. Toda (2007)가 주장하듯이, 이 두 구문 모두에서 so는 이전 발화의 술어를 지칭하게 되는 것이다. 이제 중요한 것은 왜 (32b)가 'I am happy, indeed'로 해석되는 반면, (33b)는 'I am also happy'로 해석되는지를 알아내는 것이다.

(32) a. 화자 A: You look happy.
　　b. 화자 B: So I am (*happy).
(33) a. 화자 A: John is happy
　　b. 화자 B: So am I (*happy).

사실, (32b)가 'I am happy, indeed'로 해석되는 것은 놀라운 일이 아니다. 왜냐하면 이 구문은 서술어구 전치(Predicate Preposing)의 한 예이기 때문이다. 서술어구가 전치되면, 명제의 서술관계(predication relation)가 강조된다. 예를 들어, (34)에서처럼 서술어구 pass the exam가 전치되면 서술어구와 주어 사이의 서술관계가 강조되게 된다. 다시 말해서, (34)의 두 번째 절은 (35)가 보여주듯이 'passed the exam이 he와 서술관계를 맺는 것이 사실이야' 라고 해석된다.

(34) Bill says that John passed the exam, and pass the exam, he did.
(35) He passed the exam, indeed

만약 (32b)에서 so가 happy의 대용어구라면 happy와 I 사이의 서술관계가 강조된다. 그러므로 (32b)는 'I am happy, indeed'로 해석된다. 더구나 이런 접근법의 시각에서 보면 'So-주어-조동사' 구문에서 '주어-조동사' 도치가 발생하지 않는다는 것은 당연한 일이다. 왜냐하면 이 구문은 '주어-조동사' 도치를 요구하지 않는 동사구/형용사구-전치(Preposing)의 한 유형이기 때문이다. 이러한 시각에 따르면, (32b)는 다음과 같이 도출된다. (36a-b)가 보여주듯, 먼저 이 구문은 주부-술부 구조로 주어가 T의 SPEC 자리로 이동하게 된다. 그다음, (36b-c)에서처럼, so는 초점을 받은 요소로서 Foc의 SPEC 자리로 이동하게 된다.

(36) a. $[_{TP}$ [am T] $[_{VP}$ ~~am~~ [SC I so]]]: 주어 상승

b. $[_{TP}$ I [am T] $[_{VP}$ ~~am~~ [SC ~~I~~ so]]]: Foc와의 병합 So-전치

c. $[_{FocP}$ so Foc $[_{TP}$ I [am T] $[_{VP}$ ~~am~~ $[_{SC}$ ~~I so~~]]]]

이제 'I am also happy'로 해석되는 (33b)를 살펴보자. 이 구문에서 주의할 부분은 주어가 가장 오른쪽에 위치하고 있다는 것이다. 주어의 위치와 문장해석 사이의 상관관계를 알아보기 위해 먼저 there-구문을 검토해보자. (37a-b)가 보여주듯이 존재적(existenital) there-구문은 한정성제약(definiteness condition)을 준수한다.

(37) a. There is a helpful doctor in the vicinity.

b. *There is the helpful doctor in the vicinity.

재미있는 사실은 만약 주어가 문미로 이동해 나가면 한정성제약을 준수하지 않아도 된다는 것이다. (37b)는 비문이지만, (38b)는 정문이다.

(38) a. There is in the vicinity a helpful doctor.

b. There is t_i in the vicinity [the helpful doctor]$_i$.

There가 존재적(existential)으로 사용되지 않고 제시적(presentational)을 사용될 때에도 한정성 제약은 위배될 수 있다. 예를 들어, (39b)에서 Tom은 한정적이지만 비문을 초래하지 않는다.

(39) a. 화자 A: Who can play Hamlet?

b. 화자 B: There is Tom.

예문 (38b)와 (39b)의 공통점은 주어가 문미에 위치한다는 것이다. 주어의 전형적인 위치는 SPEC-T 이지만 위의 두 구문에서는 주어가 오른쪽 끝에 위치한다. 이런 구조에서 주어는 새로운 정보를 제공해야 한다. 따라서, 주어가 문미에 위치하게 되면 주어는 단지 개체를 지칭하지 않고, 집합속의 한 원소를 의미한다. 예를 들어, (39b)가 한정성 제약을 위반하는 듯하지만 정문인 이유는 Tom자체는 한정적(definite)이긴 하지만 유형 변화(type change)를 겪어, 'Tom이 햄릿 역할을 할 수 있는 사람들을 원소로 취하는 비한정적 집합의 한 원소이다'라고 해석되기 때문이다. 다시 말해서, (39b)는 'Tom이 햄릿 역할을 할 수 있는 사람들 중의 하나다'라고 해석된다.[9)]

이제 이러한 점을 염두에 두고 (33b)로 돌아가 보기로 하자. (33b)에서 주어 I는 가장 오른쪽 자리를 차지하고 있으며, 게다가 그것은 '평언'을 위한 자리를 차지하고 있다. 따라서 주어 I가 새로운 정보를 제공해야 하는데, 그 결과 'I가 happy에 의해 지칭되는 집합의 한 원소이다'라고 해석되게 된다. 이전 발화로부터 화자는 John이 행복한 사람들의 집합의 한 원소라는 것을 알고 있다. 그래서 (33b)는 추가적인 의미, 즉 화자도 행복한 사람들의 집합의 한 원소라는 의미를 주게 된다.

3.2 'So-조동사-절' 구문과 'So-조동사-주어' 구문의 비교

'주제-평언' 구문의 하나인 'So-조동사-주어' 구문의 특징을 다시 한번 요약해보자.

(40) a. 주어는 가장 오른쪽에 위치한 구성소이다.

b. 두 개 이상의 조동사가 주어를 선행할 수 있다.

c. 주어는 새로운 정보를 제공한다.

d. 주어-조동사 도치는 의무적이다.

e. 명시적 서술어가 없고, so가 서술어 역할을 한다.

---

9) Rando 와 Napoli (1978)는 이러한 현상을 설명하기 위해, Tom이 통사적으로는 한정적이지만 의미적으로는 비한정적으로 쓰일 수 있다고 지적하고 있다.

f. So는 대용어구로서 서술어 역할을 하지만, 동시에 주제어로서 기능한다.

위의 자질들을 염두에 두고 (41a-c)의 문장들을 살펴보자.

(41) a. Just as some children ignore their parents, so do some parents ignore their children.

b. Just as Renaissance scholars had to reconcile Platonism with Christianity, so did the Victorian Platonist have their particular reconciliation to do too. (Huddleston and Pullum 2002: 1539)

c. Just as the digital revolution has altered our contemporary musical landscape, so did technological advancements lead to the modern symphony orchestra.

위의 문장들에는 서술어가 존재한다. 이것이 의미하는 바는 so가 대용어구가 아니라는 것이다. 또한, 주어가 절의 끝 위치에 있지도 않다. 더욱이, (42-43)에서 보듯이, 단 하나의 조동사만이 주어에 선행할 수 있으며, '주어-조동사' 도치가 의무적이지도 않다.[10]

(42) *Just as soccer is loved by many young people these days, so will be the PC games loved by them in the future.

(43) a. As the demand increases, so do prices increase.

b. As the demand increases, so prices increase.

만약 So가 긍정극어 표시자이고 긍정극어 표시자는 T에 인접해야 한다면, 위의 특징들은 자연스레 도출된다.[11] (41a)의 주절을 도출하는 과정을 알아보기로 하자. (44a)는 일반적인 긍정문처럼 보이지만 T가 비해석적 자질 [u Positive]을 가지고 있다는 점에서 일반적인 긍정문과는 큰 차이가 있다. (44a)

---

10) 예문 (iB)에서 보듯이, 긍정극어 So-구문은 생략을 겪을 수도 있다.

(i) A: Tom is very nervous.

B: So would you be in his position. (Huddleston and Pullum 2002: 1539)

(iB)에서 비록 nervous가 생략되었지만, 이 문장은 주제-평언 구조일 수 없다. 왜냐하면, 주제-평언 구문에서는 주어인 you가 계사 be를 선행할 수 없기 때문이다. 따라서 (iB)는 다음과 같이 분석되어야 한다.

(ii) a. $[_{TP}$ you would $[_{vP}$ $[_{vP}$ you be nervous$]$ in his position$]]$: 초점과 병합

b. $[_{FocP}$ Focus $[_{TP}$ you would $[_{vP}$ $[_{vP}$ you be nervous$]$ in his position$]]]$: T가 상승하고 so와 병합

c. $[_{FocP}$ so would Focus $[_{TP}$ you would $[_{vP}$ $[_{vP}$ you be nervous$]$ in his position$]]]$: AP-삭제

d. $[_{FocP}$ so would Focus $[_{TP}$ you would $[_{vP}$ $[_{vP}$ you be nervous$]$ in his position$]]]$

11) 문부정이 T와 인접하듯이 문긍정 표시자도 T와 인접해야 한다.

는 아직 미완성의 구조물인데 그 이유는 비해석적 자질 [u Positive]가 아직 생략되지 못하고 있기 때문이다. 이것을 해결하는 방법은 Foc와 병합한 다음 T를 Foc로 이동시키는 것이다. 그 다음 긍정자질을 가지고 있는 so가 Foc의 SPEC 자리에 병합을 하게 되면, T가 가지고 있는 [u Positive]-자질은 생략되게 된다.

(44) a. $[_{\text{TP}}$ some parents $\text{T}_{\text{[u Positive]}}$ $[_{\text{vP}}$ ~~some parents~~ ignore their children]]: Foc와 병합

b. $[_{\text{FocP}}$ Foc $[_{\text{TP}}$ some parents $\text{T}_{\text{[u Positive]}}$ $[_{\text{vP}}$ ~~some parents~~ ignore their children]]]: T가 상승하고 so와 병합 그리고 [u Positive] 생략

c. $[_{\text{FocP}}$ $\text{so}_{\text{[Positive]}}$ $\text{T}_{\cancel{\text{[u Positive]}}}$ Foc $[_{\text{TP}}$ some parents $\text{T}_{\text{[u Positive]}}$ $[_{\text{vP}}$ ~~some parents~~ ignore their children]]]

간단히 말해서, 'So-조동사-절' 구문은 '부정도치' 구문과 같은 방식으로 생성된다. 부정문의 경우 T가 비해석적 자질인 [u Neg]-자질을 가지고 있고, 만약 이 자질이 제자리에서 지워질 수 있으면, T는 이동하지 않는다. 예를 들어, (46a)에서 T는 핵이동을 하지 않는다. 왜냐하면, [u Neg]-자질이 제자리에서 생략될 수 있기 때문이다.

(45) John does not ignore his children.

(46) a. [John $\text{T}_{\cancel{\text{[u-Neg]}}}$ $[_{\text{NegP}}$ not [ignore his children]]: [u Neg]-자질 생략

b. [John $\text{T}_{\cancel{\text{[u-Neg]}}}$ $[_{\text{NegP}}$ not [ignore his children]]

반면에 (48a)의 경우에는 $\text{T}_{\text{[u Neg]}}$가 제자리에서 비해석적 자질을 생략시킬 수 없으므로 이동하게 된다.

(47) No one did he turn to

(48) a. $[_{\text{TP}}$ he $\text{T}_{\text{[u Neg]}}$ $[_{\text{vP}}$ ~~he~~ turn to no $\text{one}_{\text{[+Foc]}}$]]: 초점과 병합

b. $[_{\text{FocP}}$ Foc $[_{\text{TP}}$ he $\text{T}_{\text{[u Neg]}}$ $[_{\text{vP}}$ ~~he~~ turn to no $\text{one}_{\text{[+Foc]}}$]]]: T-이동, 그리고 no one의 초점이동, [u Neg]-자질 생략

c. $[_{\text{FocP}}$ no $\text{one}_{\text{[+Foc]}}$ [$\text{T}_{\cancel{\text{[u-Neg]}}}$ Focus] $[_{\text{TP}}$ he $\text{T}_{\cancel{\text{[u-Neg]}}}$ $[_{\text{vP}}$ he turn to ~~no one~~$_{\cancel{\text{[+Foc]}}}$]]]

요약하면, 'So-주어-절' 구문은 '부정 도치' 구문 (47)과 유사한 방식으로 도출되게 된다.

지금까지 우리는 'So-조동사-절' 구문의 so는 긍정극어이며, 긍정극어는 부정극어와 같은 방식으로

처리할 수 있음을 보았다. 그러나 앞에서 언급하였듯이, 긍정문과 부정문 사이에는 약간의 차이가 있다. (43a-b)가 보여주듯이, 긍정극어 표시자 so는 부정어와는 달리 때때로 '주어-조동사' 도치를 요구하지 않는다. 긍정 극어 표시자 so가 왜 수의적으로 도치를 요구하는지는 불분명하다. 한 가지 해결책은 부정문의 경우에는 T가 반드시 비해석적 자질인 [u Neg]를 가지고 있는 반면, 긍정문의 경우에는 T가 반드시 [u Positive]-자질을 가지고 있지는 않다고 주장하는 것이다. (49a-b)가 보여 주듯이, 만약 T가 [u Positive]-자질을 가지고 있으면 핵이동을 하고, 그렇지 않으면 핵이동이 발생하지 않는다고 가정하는 것이다.

(49) a. $[_{\text{FocP}}$ so$_{[\text{Positive}]}$ [T$_{[\text{u Positive}]}$ Focus] $[_{\text{TP}}$ some parents T~~$_{[\text{u Positive}]}$~~ $[_{\text{vP}}$ ~~some parents~~ ignore their children]]: (핵이동 발생)

b. $[_{\text{FocP}}$ so$_{[\text{Positive}]}$ Focus $[_{\text{TP}}$ some parents T $[_{\text{vP}}$ ~~some parents~~ ignore their children]] (핵이동 미발생)

비해석적 자질이란 유표적인 상황에서 발생하게 되는데, 부정문은 항상 유표적이기 때문에 [u Neg]-자질이 반드시 필요하지만, 긍정문인 경우에는 강한 긍정이라 할지라고 [u Positive]가 반드시 필요하지는 않다고 말할 수 있다.

정리하면, 'So-조동사-절' 구문에서 so는 긍정극어의 역할을 하고 있으며, 또한 'So-주어-조동사' 구문에서처럼 초점사의 기능을 하기 때문에 Focus의 SPEC 자리를 차지하게 된다. 지금까지의 논의한 'So-조동사-절' 구문과 'So-조동사-주어' 구문의 차이는 다음과 같이 요약될 수 있다.

(50) 주제어 So-구문과 긍정 극어 So-구문의 비교

구 분	주제어 So-구문	긍정 극어 So-구문
주어의 위치	가장 오른쪽	가장 오른쪽 아님
주어의 기능	새로운 정보 제공	그렇지 않음
선행 조동사의 수	2개 이상	단 한 개
도치의 수의성	의무적	수의적
서술어의 존재	존재하지 않음	존재
So의 기능	주제어	긍정 극어 표시자

4. 요약 및 결론

본 논문의 주요 주장을 요약하면 다음과 같다.

첫째, 'So-조동사-주어' 구문에서는 전치된 so가 주제어이고, 'So-주어-조동사' 구문에서의 전치된 so는 초점을 받는 강조용법의 so이며, 또한 'So-조동사-절' 구문에서의 so는 긍정극어이다.[12)]

둘째, 문장의 끝에 나오는 주어는 평언의 역할을 하며, 술어처럼 새로운 정보를 제공하여야 하기 때문에 유형 변화를 겪어 개체가 아니라 비한정적 집합속의 원소를 의미한다.

셋째, 술어가 초점을 받아 문두에 위치하면, 주술 관계가 강조되는 의미를 준다.

넷째, 'So-조동사-주어' 구문이 도치가 되는 이유는 주어가 이동하지 않기 때문이고, 'So-조동사-절' 구문이 도치가 되는 이유는 T가 핵이동을 하기 때문이다. 우리는 위와 같은 주장으로 so로 시작되는 구문의 공통점과 차이점을 설명할 수 있음을 보였다.

12) 긍정극어로서의 so는 초점을 받는 요소이기 때문에 Focus의 SPEC 자리에 나타난다는 점에서 'So-주어-조동사' 구문에 나오는 초점사로의 so와 공통점을 가진다.

참고문헌

Chomsky, Noam.(1995) *The Minimalist Program*. Cambridge, MA: MIT Press.

Chomsky, Noam.(2001) Derivation by phase. In *Ken Hale: a Life in language*, ed. by M. Kenstowicz, 1-52. Cambridge, MA: MIT Press.

Chomsky, Noam.(2008) On phases. In *Foundational Issues in Linguistic Theory: Essays in honor of Jean-Roger Vernaud*, ed. by Robert Freidin, Carlos P. Oteroand Maria Luisa Zubizarreta, 133-166. Cambridge, MA: MIT Press.

Chomsky, Noam.(2013) Problems of Projection. *Lingua* 130: 33-49.

Chomsky, Noam.(2015.) Problems of projection. In *Structures, strategies, and beyond: Studies in honor of Adriana Belletti*, ed. by Di Domenico, E., C. Hamann and S. Matteini, 1-16. Amsterdam/Philadelphia, Benjamins Publishing Company.

Cinque, Gugliel and Luigi Rizzi.(2010) The cartography of syntactic structures. In *The Oxford handbook of linguistic analysis*, ed. by Bernd Heine and Heiko Narrog, 51-65. Oxford: Oxford University Press.

Culicover, Peter W.(1991) Topicalization, inversion, and complementizers in English. In *Going Romance and beyond*, ed. by Denis Delfitto, Martin Everaert, Arnold Evans and Fritis Stuurman, 1-43. Utrecht: University of Utrecht.

Freeman, Jason.(2004) Syntactic Analysis of the "So Don't I" Construction. *Cranberry Linguistics 2: University of Connecticut Working Papers in Linguistics* 12: 25-38.

Haegeman, Liliane.(1995) *The Syntax of Negation*. Cambridge: Cambridge University Press.

Haegeman, Liliane.(2000a) Inversion, non-adjacent-inversion, and adjuncts in CP. *Transactions of the Philological Society* 98: 121-160.

Haegeman, Liliane.(2000b) Negative preposing, negative inversion, and the split CP. In *Negation and polarity*, ed. by Laurence Horn and Yasuhiko Kato, 21-61. Oxford:Oxford University Press.

Haegeman, Liliane and Raffella Zanuttini.(1991) Negative heads and neg criterion. *Linguistic Review* 8: 233-251.

Horn, Laurence R.(1978) Some aspects of negation. In *Universals of Human Language*, Vol. 4: Syntax, ed. by Joseph Greenberg, Charles A. Ferguson, and Edith A. Moravcsik, 127-210. Stanford: Stanford University Press.

Horn, Laurence R.(2009) Hypernegation, Hyponegation, and Parole Violations. In *Proceedings of the 35th Meeting of the Berkeley Linguistics Society*, ed. Iksoo Kwon, Hannah Pritchett and Justin Spence, 403-423. Berkeley, CA: Berkeley Linguistics Society.

Horn, Laurence R.(2010) Multiple negation in English and other languages. In The *Expression of Negation*, ed. by Laurence R. Horn, 111-148. The Hague: Mouton de Gruyter.

Huddleston, Rodney and Geoffrey K. Pullum.(2002) *The Cambridge Grammar of the English Language*. Cambridge: Cambridge University Press.

Kim, Kwang-sup.(2018) Preposed PPs and three types of clausal structures in English. *Studies in Modern Grammar* 100: 145-164.

Kim, Kwang-sup.(2021) On So-initial Constructions. *Studies in Generative Grammar* 31: 419-436.

Kim, Kwang-sup.(2022) On T-Movement in English. *Lingua* 276: 1-21.

Kim, Kwang-sup.(2024a.) Locative Inversion, Unergatives, and Backward Control. Korean Journal of English Language and Linguistics 24: 155-174.

Kim, Kwang-sup.(2024b.) Negative PPs and Negative Inversion. Lingua 302.

Kim, Kwang-sup.(2024c.) Inversion and Universal Grammar. Ms. Hankuk University of Foreign Studies.

Labov, William.(1972.) Negative attraction and negative concord in English grammar. *Language*: 48: 773-818.

Lawler, John.(1974.) Ample negatives. *Chicago Linguistics Society* 10: 124.

Li, Charles N. and Thompson, Sandra A.(1976) Subject and topic: A new typology of language. In *Subject and Topic*, ed. by Charles N. Li, 457-489. New York: Academic Press.

Pappas, Dino Angelo.(2004) A Sociolinguistic and Historical Investigation of So don't I. *Cranberry Linguistics 2: University of Connecticut Working Papers in Linguistics*: 12: 53-62.

Rando, Emily and Donna Jo Napoli.(1978) Definiteness in there-sentences. *Language* 54:300-313.

Rizzi, Luigi.(1996) Residual verb second and the Wh-criterion. In *Parameters and functional heads*, ed. by Adriana Belletti and Luigi Rizzi, 63-90. Oxford: Oxford University Press.

Rizzi, Luigi.(1997) The fine structure of the left periphery. In *Elements of Grammar*, ed. by L. Haegeman, 281-337. Dordrecht: Kluwer.

Roberts, Ian and Anna Roussou.(2002) The EPP as a condition on the tense dependency. In *Subjects, Expletives, and the EPP*, ed. by Peter Svennonius, 125-155. Oxford: Oxford University Press.

Sobin, Nicholas.(2003) Negative inversion as non-movement. *Syntax* 6: 183-212.

Toda, Tatsuhiko.(2007) So-inversion revisited. *Linguistic Inquiry* 38: 188-195.

Wood, Jim.(2008) 'So'-inversion as polarity focus. In Proceedings of WECOL 38, ed. by Michael Grosvald and Dianne Soares, 304-317. UC Davis.

Wood, Jim.(2014) Affirmative semantics with negative morphosyntax: Negative exclamatives and the New England So AUXn't NP/DP construction. In *Micro-syntactic Variation in North American English*, ed. by Raffaella Zanuttini and Laurence R. Horn, 71-114. Oxford University Press.

화제와 초점
한국어 정보 구조의 통합적 탐구

초판 1쇄 2025년 11월 4일
초판 발행 2025년 11월 7일

지은이 문귀선·김선웅/이정민/홍기선/김일규/전영철/정대호/안희돈·조성은/홍용철/이혜란/박명관/김랑혜윤/박종언/박동우/염재일/강아름/허세문/장영준·엄홍준/위혜경/김광섭
발행인 김재광
편 집 바다, 임성희
디자인 임성희
발행처 솔과학
등 록 제10-140호(1997년 2월 22일)
주 소 서울특별시 마포구 염리동 164-4 삼부골든타워 302호
문 의 전화 02-714-8655 팩스 02-711-4656
E-mail_ solkwahak@hanmail.net

ISBN 979 11 7379 038 6 93700

값 50,000원